D1164233

Nederland
Netherlands

 de
MICHELIN
gids
2015

HOTELS & RESTAURANTS

Beste lezer,

Meer helderheid, *meer kleur, meer beelden: het zal u meteen opvallen wanneer u deze MICHELIN gids doorbladert. We hebben editie 2015 nog smakelijker en aangenamer om te lezen gemaakt … zodat u sneller het beste adresje vindt! Want dit is en blijft ons engagement, al meer dan een eeuw lang: u helpen om een goede keuze te maken.*

Heel het jaar door *zijn de inspecteurs van Michelin op de weg en gaan ze met passie op zoek naar kwaliteitsvolle adressen – zowel restaurants als hotels en bed & breakfasts – in uiteenlopende standing- en prijsklassen.*

Moeten we de expertise van hun fijne smaakpalet nog bewieroken, van hun smaakpapillen die aangescherpt worden bij elk contact met steeds evoluerende gerechten, van de vele vermengingen van keukenstijlen die voor vitaliteit zorgen in onze eigentijdse gastronomie?

U eet uitstekend *in al de restaurants die we aanraden. Onze sterren ❀ – één, twee of drie – bekronen de meest uitzonderlijke zaken, welke keuken ook: van lekker traditioneel tot verrassend creatief … De uitmuntendheid van de producten, de vakkennis van de chef, de originaliteit van de gerechten, de kwaliteit van de presentatie, tijdens de maaltijd en doorheen de seizoenen: dat is wat altijd en bij iedere keukenstijl de mooiste borden definieert … en dus ook het plezier van de smulpapen!*

En omdat men ook moet kunnen genieten zonder aan zijn portemonnee te denken, is er de fameuze Bib Gourmand ⊛: de trouwe gezel aan tafels die met vrienden of familie gedeeld worden, het unieke waarmerk van lekkere adresjes aan de beste prijzen.

Ons engagement *is aandacht te hebben voor de eisen en de verwachtingen van onze lezers, zowel qua kwaliteit als qua budget. We hechten dan ook veel belang aan uw mening over de adressen die in onze selectie staan, zodat we die voortdurend kunnen verrijken. Om u steeds beter te begeleiden op uw reis … op al uw reizen!*

→ *Dear reader*

As you flick through this year's MICHELIN guide, you will notice more colours, more pictures and greater clarity: we wanted the 2015 edition to be more enjoyable to read and to make your search for establishments easier and faster! This is because our commitment for over a century has been to help you make the right choice.

•

All year, the Michelin inspectors have been focusing their efforts on finding top quality establishments – restaurants, hotels and guesthouses – across all categories of comfort and price.

Our palates get sharper and sharper as they come across ever-evolving cuisines and culinary crossovers that bring an extraordinary vitality to contemporary cooking.

•

You'll eat well in all of the places we recommend but our stars ✿ – one, two and three – mark out the most remarkable kitchens. Whatever the cooking or restaurant style – from the traditional to the innovative, the modest to the extravagant – we look for the same things: the quality of the produce; the expertise of the chef; the originality of the dishes; and consistency throughout the meal and across the seasons.

Since treating yourself doesn't have to be costly, you can rely on a faithful ally when it comes to sharing meals with family and friends: the Bib Gourmand ☺, our award for good food at moderate prices.

We listen to our readers' needs and we truly value your opinions and recommendations so we can keep improving our selection and help you on your journeys... all of your journeys!

FoodCollection/Photononstop

Inhoud

deadlyphoto.com/Alamy/hemis.fr

J.-C. Amiel/hemis.fr

J.-C. Hollingsworth/Corbis/Photononstop

Contents

Het palmares van 2015

✿ De nieuwe sterren...

✿ ✿

Amsterdam	Librije's Zusje
Harderwijk	't Nonnetje
Nuenen	De Lindehof

✿

Amsterdam	Sazanka
Amsterdam	Sinne
Eindhoven	Wiesen
Haarlem	Ratatouille Food & Wine
Rotterdam	FG Food Labs

 En je kunt alle sterrenrestaurants en Bib Gourmand 2015 vindt aan het einde van de MICHELIN gids, pagina 436

... De nieuwe Bib Gourmands 😋

Amsterdam	Brasserie Van Baerle
Amsterdam	Oud-Zuid
Andijk	1619 Eten & Drinken
Andijk	Meijer's
Breda	De Stadstuin
Bussum	Faulk
Den Burg	De Kern
Eindhoven	Umami
Gemert	Kastanjehof
Gouda	Jean-Marie
Haarlem	Fris
Haarlem	Patxaran-Pintxos y tapas
Heerlen	Cucina del Mundo
Maartensdijk	Zilt & Zoet
Maastricht	Rantrée
Rhenen	Het Oude Gemeentehuis
Schagen	Tov
Tilburg	L'Olivo
Utrecht	Elvi
Velsen	Beeckestijn
Vijlen	Uit de kunst
Woerden	JanZen

De sterrenrestaurants 2015
Starred establishments

De kleur geeft het etablissement
met de meeste sterren aan in de betreffende plaats.

The colour corresponds to the establishment
with the most stars in this location.

Den Hoorn

Schoorl

Hoor

Castricum

Monnickendam

Bloemendaal Santpoort

Overveen Haarlem

Amsterd

Heemstede

Bussum

Amstelveen

Vreela

Noordwijk aan Zee

Loenen aan
de Vecht

Warmond

Driebergen-Rijsenb

Scheveningen

Linschoten

Den Haag Rijswijk

Reeuwijk Houten

Kralingen

Capelle aan den IJsse

Rotterdam

Noordelo

Etten-Leur Breda

Wouw

Wilhelminadorp

Breskens **Kruiningen**

Cadzand-Bad

Hoofdplaat

Sluis

Koewacht

Zwolle	✳✳✳	Plaats met minstens één restaurant met 3 sterren This location has at least one 3 stars restaurant
Maastricht	✳✳	Plaats met minstens één restaurant met 2 sterren This location has at least one 2 stars restaurant
Breda	✳	Plaats met minstens één restaurant met 1 ster This location has at least one 1 star restaurant

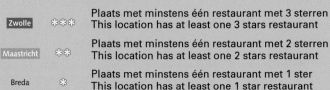

De Bib Gourmand-etablissementen 2015

The 2015 Bib Gourmand

De Waal
Den Burg

Schagen
Andijk

Bergen
Hoor

Castricum
Neck
Edam
Velsen

Bloemendaal
Amsterdam
Haarlem
Weesp
Amstelveen
Bussu
Maartens

Noorden
Bosch en Du
Voorschoten
Nieuwerbrug
Woerden
Leidschendam
Den Haag
Linschoten
Utrec
Zoetermeer
Montfoo
Gouda
Delft
Kralingen
Rotterdam
Streefkerk

Middelharnis
Sleeuwijk

Oosterhout
Helvo
Bruinisse
Breda
Hilvarenbee
Veere
Halsteren
Kortgene
Roosendaal
Etten-Leur
Tilb
Middelburg
Ossendrecht
Reusel

Lamswaarde

Hulst

Plaatsen met minstens één Bib Gourmand-etablissement.
Places with at least one Bib Gourmand establishment.

Molenrij

Groningen

Boornbergum • Beetsterzwaag

Steenwijk

Staphorst

Dalfsen

Tubbergen
Zenderen
Epe • Holterberg •
• Markelo
Deventer
Apeldoorn

Ruurlo

Wageningen • Renkum
Rhenen
Andelst
Wamel • Nijmegen
Berg en Dal
Oss • Cuijk
-Hertogenbosch

Gemert
irschot
Eindhoven

Venlo
Eersel

Stevensweert
Peij
Sittard
Beek • Heerlen
Valkenburg
Maastricht • Simpelveld
Vijlen

De principes van de MICHELIN gids

Ervaring ten dienste van de kwaliteit!

Of ze nu in Japan, de Verenigde Staten, China of Europa zijn, de inspecteurs van de MICHELIN gids hanteren steeds dezelfde criteria om de kwaliteit van een maaltijd of een hotel te beoordelen, en volgen altijd dezelfde regels bij hun bezoeken. De Gids dankt zijn wereldfaam aan de constante kwaliteit waartoe MICHELIN zich ten opzichte van zijn lezers heeft verbonden. Dit engagement leggen wij vast in de volgende principes :

ANONIEME INSPECTIE

De eerste gouden regel : onze inspecteurs testen anoniem en regelmatig de restaurants en de hotels uit de selectie om zo goed mogelijk de kwaliteit in te schatten die de klant mag verwachten. De inspecteurs betalen dus altijd hun rekening, daarna kunnen ze zich voorstellen om nadere inlichtingen over het bedrijf in te winnen. Brieven en e-mails van lezers zijn voor ons ook een belangrijke bron van informatie.

ONAFHANKELIJKHEID

Om objectief te blijven – in het belang van de lezer – gebeurt de selectie van de hotels en restaurants in alle onafhankelijkheid en is een vermelding in de Gids volledig gratis. Alle beslissingen worden besproken door de inspecteurs en de hoofdinspecteur. Voor het toekennen van de hoogste onderscheidingen wordt op Europees niveau overlegd.

SELECTIE

De Gids is zoveel meer dan een adresboek. Hij biedt een selectie van de beste hotels en restaurants in elke prijsklasse en in elke kwaliteitscategorie, gemaakt op basis van een methode die door alle inspecteurs even nauwkeurig wordt toegepast, ongeacht in welk land ze ook werken.

JAARLIJKSE UPDATE

Ieder jaar worden alle praktische inlichtingen, classificaties en onderscheidingen herzien en eventueel aangepast om zo de meest betrouwbare en actuele informatie te kunnen bieden.

EÉN SELECTIEPROCEDURE

De beoordelingscriteria zijn volledig gelijk voor alle landen waar de MICHELIN gids actief is. Iedere cultuur heeft zijn keuken, maar kwaliteit blijft ons universele streven.

ONS ULTIEME DOEL IS om alles in het werk te stellen om u te helpen om van al uw verplaatsingen een waar genoegen te maken, zodat u zich steeds in alle comfort en veiligheid kunt verplaatsen. "Bijdragen tot een betere mobiliteit" luidt dan ook de missie van MICHELIN.

→ The MICHELIN guide's commitments

Experienced in quality

Whether it is in Japan, the USA, China or Europe our inspectors use the same criteria to judge the quality of the hotels and restaurants and use the same methods of visiting. The guide can only boast this worldwide reputation thanks to its commitment to the readers and we would like to stress these here.

→ ANONYMOUS INSPECTION • *Our inspectors make regular and anonymous visits to hotels and restaurants to gauge the quality of products and services offered to an ordinary customer. They settle their own bill and may then introduce themselves and ask for more information about the establishment. Our readers' comments are also a valuable source of information, which we can follow up with a visit of our own.*

→ INDEPENDENCE • *To remain totally objective for our readers, the selection is made with complete independence. Entry into the guide is free. All decisions are discussed with the Editor and our highest awards are considered at a European level.*

→ THE BEST CHOICE • *The guide offers a selection of the best hotels and restaurants in every category of comfort and price. This is only possible because all the inspectors rigorously apply the same methods.*

→ ANNUAL UPDATES • *All the practical information, classifications and awards are revised and updated every year to give the most reliable information possible.*

→ CONSISTENCY • *The criteria for the classifications are the same in every country covered by the MICHELIN guide.*

... THE SOLE INTENTION OF MICHELIN *is to make your travels both safe and enjoyable.*

Gebruiksaanwijzing

HOTELS

Van 🏨🏨🏨🏨 tot 🏠:
comfortcategorie.
🏠: gastenkamers.
De aangenaamste:
in het rood.

NIEUW INGESCHREVEN IN DE GIDS

RESTAURANTS

Van 🍴🍴🍴🍴🍴 tot 🍴: comfortcategorie.
De aangenaamste: in het rood.

DE STERREN

😋😋😋 Voortreffelijke keuken,
de reis waard.

😋😋 Verfijnde keuken,
een omweg waard.

😋 Een heel goede keuken
in zijn categorie.

😋 BIB GOURMAND

Verzorgde maaltijden voor een
schappelijke prijs.

ASSEN — Atlas: **1** A2
Drenthe – 67 204 inw. – Atlas: **1** A2
▶ Amsterdam 187 km – Groningen 27 km – Zwoll
Michelin wegenkaart 531-Y5 en 715-K3

🏨🏨 **Museumhotel** Ⓝ
Balkenweg 45 – ⌧ 9405 CC – 𝒞 (0 592) 85
– www.museumhotel.com – gesloten decen
24 ch ⌧ – ♦ 48 € ♦♦ 65/85 € – ½ P 75 €
Rest – (alleen diner) Menu 23/48 € – C
• Dit imposante pand uit het begin va
bij de liefhebbers van Jugendstil. Kam
• Jugendstil lovers (Germanic tende
mansion built in the beginning of th

🍴🍴 **Auberge van Jasmin**
😋 Pr Bernhardtstraat 14– ⌧ 5721 GC
– www.vanjasmin.com – gesloten 2
Lunch 38 € – Menu 45/63 € – C
• Twee broers zwaaien de scep
zaal en een in de keuken. Verz
• Modern table owned in tand
the kitchen). Fancy setting, c
➜ Eendenleverterrine met
gnets. Crème brûlée met ja

🍴🍴 **Tulip Garden**
😋 Oranjestraat– ⌧ 5721 GC
– www.tulipgarden.com– g
Lunch 21 € 🍷 – Menu 3
• Dit intieme, chique re
jdse kaart wordt regeln
• This intimate, sma
modern menu is reg

ASTEN
Noord-Brabant– 16 257 in
▶ Amsterdam 152 km –
– Helmond 14 km – Ver
Michelin wegenkaart 53

🏨🏨 **Kasteel de** ▪
Boslaan 18 – ⌧
– gesloten 31
18 kam – ♦
Rest – (gesl
• Het hote
ten. Eenvc
ledikant.

LOCALISEREN VAN DE STAD

Afstand tussen de belangrijkste steden,
Referenties van de Michelin wegenkaart.
Positiebepaling van de plaatsnamen,
per provincie, op de kaarten begin gids
(nr van de kaart en de coördinaten).

LOKALISEREN
VAN HET BEDRIJF

Aanduiding op het stadsplan
(gegevens en aanwijzing).

BESCHRIJVING
VAN HET BEDRIJF

Atmosfeer, stijl, karakter
en specialiteiten.

VOORZIENINGEN
EN DIENSTEN

PRIJS

Plattegrond: AU**b**

-16 augustus en zondag

uw zal zeker in de smaak vallen
meubilair.
rt) will be keen on this imposing
sh furniture in the bedrooms.

Plattegrond: BX**c**

69 47 25
pril en woensdag
€ 88
fijnde, moderne restaurant, een in de
comfortabele salon.
passionate brothers (in the room and in
lounge and planetary cellar.
gens. Risotto, langoustine en mergbei-
joghurtijs.

Plattegrond: BZ**e**

85 88 77
ste 2 weken juli en dinsdag
– Carte 37/52 €
heeft een verfijnd, culinair register. De eigenti-
uwd. Verandering van spijs doet immers eten !
h restaurant serves sophisticated dishes. The
posed, just for a pleasant change!

10 D3
26 km – 's-Hertogenbosch 63 km

15-17

(0 115) 56 16 75 – www.kasteeldemayer.com
januari en zondag
5/75 € – 10 € – ½ P 58 €
) – Menu 31/57 € – Carte 42/52 €
wat nostalgische sfeer en staat altijd klaar voor zijn gas-
chte maar piccobello kamers, sommige met een koperen
met klassieke ambiance en een schouw met Delfts blauw.

a bit melancholic but always ready to do the traveller
ith copper bed frames, the bedrooms are sober and
styled restaurant fitted out with a chimney made

15

Indeling
& onderscheidingen

DE CATEGORIEËN

De MICHELIN gids omvat de beste adressen in elke kwaliteitscategorie en in elke prijsklasse. In de verschillende categorieën, die overeenkomen met het geboden comfort, zijn de geselecteerde etablissementen in volgorde van voorkeur opgenomen.

🏨🏨🏨	✕✕✕✕✕	**Zeer luxueus, traditioneel**
🏨🏨🏨	✕✕✕✕	**Eerste klas**
🏨🏨	✕✕✕	**Zeer comfortabel**
🏨	✕✕	**Geriefelijk**
🏠	✕	**Vrij geriefelijk**
🏠		**Andere vormen van overnachting, gastenkamers**
zonder rest.		**Hotel zonder restaurant**
met kam.		**Restaurant met kamers**

DE ONDERSCHEIDINGEN

Om u zo goed mogelijk te kunnen helpen bij uw keuze, hebben sommige bijzonder opmerkelijke adressen dit jaar een onderscheiding gekregen: ster(ren) of Bib Gourmand. Zij zijn herkenbaar aan het teken 🍃 of 🙂 in de kantlijn.

DE STERREN: DE BESTE RESTAURANTS

De sterren onderscheiden de etablissementen die de beste keuken bieden, ongeacht de stijl. Voor de beoordeling zijn de volgende criteria toegepast: keuze van de producten, persoonlijkheid van de keuken, bereiding, prijs-kwaliteitverhouding en constantheid van het kwaliteitsniveau.

Elk sterrenrestaurant wordt begeleid met drie voorbeelden van voorgestelde gerechten die zijn keuken duidt. Soms gebeurt het dat ze niet verkrijgbaar zijn: dat is dan ten voordele van andere heerlijke gerechten geïnspireerd door het seizoen.

🍃🍃🍃	**Voortreffelijke keuken, de reis waard** Het eten is altijd zeer goed, soms buitengewoon.
🍃🍃	**Verfijnde keuken, een omweg waard**
🍃	**Een heel goede keuken in zijn categorie**

Raadpleeg de Michelingids op
www.Viamichelin.com
en schrijf ons naar:
guidemichelingids@michelin.com

BIB GOURMAND:
DE BESTE ADRESSEN MET EEN SCHAPPELIJKE PRIJS

 Een eetgelegenheid die een prima maaltijd serveert onder de 37 € (prijs excl. dranken).

DE AANGENAAMSTE ADRESSEN

Met de rode tekens worden etablissementen aangeduid waar een verblijf bijzonder aangenaam is. Dit kan te danken zijn aan het gebouw, de originele inrichting, de ligging, de ontvangst of de geboden diensten.

⇑ tot 🏠🏠🏠🏠   **Aangenaam overnachten**

X tot XXXXX   **Aangename restaurants**

BIJZONDERE VERMELDINGEN

De MICHELIN inspecteurs kennen niet alleen onderscheidingen toe aan de etablissementen zelf. Zij hanteren ook andere criteria, die net zo belangrijk kunnen zijn bij de keuze van een etablissement.

LIGGING

Zoekt u een rustig etablissement of een adres met een aantrekkelijk uitzicht? Let dan op de volgende symbolen:

🐾   **Zeer rustig hotel**

⪬   **Mooi zicht**

WIJNKAART

Zoekt u een restaurant met een interessante wijnkaart? Let dan op het volgende symbool:

🍸   **Bijzonder interessante wijnkaart**
    Vergelijk echter niet de wijnkaart die door de sommelier van een beroemd restaurant wordt gepresenteerd met de wijnselectie van een herberg waarvan de eigenaar een passie heeft voor de wijnen van kleine producenten.

Nieuw ingeschreven in de gids

Voorzieningen & diensten

🛗	Lift
AC	Airconditioning (in het hele etablissement of een deel ervan)
♿	Etablissement dat gedeeltelijk toegankelijk is voor rolstoelgebruikers
🛖	Maaltijden worden geserveerd in tuin of op terras
🅢🅟🅐	Wellness centre: mooie ruimte met faciliteiten voor een weldadige lichaamsbehandeling en ontspanning
⅃⅊	Fitness
⌇ ⌇	Zwembad: openlucht of overdekt
〽	Sauna
⚘	Park of tuin
⚓	Aanlegplaats
🚲	Verhuur van fietsen
⚔	Tennisbaan
📶	Internetverbinding WIFI
🐕	Honden worden niet toegelaten (in het hele bedrijf of in een gedeelte ervan)
⚇	Salons voor apart diner
🖧	Vergaderzalen
🗝	Valet service (fooi gebruikelijk)
🚘	Garage bij het hotel (meestal tegen betaling)
P	Parkeerplaats (eventueel tegen betaling)
⊄	Betaalkaarten worden niet aanvaard
Open... / Gesloten...	Openingsperiode of sluitingsperiode door de hotelhouder opgegeven
✉ *9411 KL*	Postcode van het etablissement

Informatie over steden

1234 AZ	Postcodenummer, steeds te vermelden in het adres, vóór de plaatsnaam
4 283 inw.	Aantal inwoners

Prijzen

RESERVERING EN AANBETALING

Sommige hotelhouders vragen uw creditcard nummer of een aanbetaling als bevestiging van uw reservering. Dit bedrag is een garantie, zowel voor de hotelhouder als de gast. Vraag de hotelhouder om in zijn bevestiging alle details te vermelden betreffende reservering en verblijfsvoorwaarden.

KAMERS

30 kam	Aantal kamers
kam – ♀ 90/120 €	Prijs minimum/maximum voor een éénpersoonskamer
kam – ♀♀ 120/150 €	Prijs minimum/maximum voor een tweepersoonskamer
kam ☕	Ontbijt inbegrepen
☕ 10 €	Prijs van het ontbijt indien niet begrepen in de prijs voor een kamer.

Tijdens bijzondere evenementen, zoals congressen, beurzen, jaarmarkten, festivals en sportevenementen, kunnen de hotelhouders aanzienlijk hogere prijzen vragen. Informeer bij de reservering van een hotel naar eventuele voordelige aanbiedingen.

HALFPENSION

½ P	Hotel biedt half pension aan.

RESTAURANT

⌘	Restaurant dat een eenvoudig menu serveert **onder de 26 €**
Rest *Lunch* 18 €	Deze maaltijd wordt alleen 's middags geserveerd en uitsluitend op werkdagen
Rest 35/60 €	**Prijs van de menu's:** laagste prijs 35 €, hoogste prijs 60 € – Sommige menu's worden alleen geserveerd voor minimum 2 personen of per tafel
♟	Drank inbegrepen
Rest a la carte 40/75 €	**Maaltijd a la carte, zonder drank:** de eerste prijs betreft een keuze (voorgerecht, hoofdgerecht en dessert) uit de goedkoopste gerechten ; de tweede prijs betreft een keuze uit de duurste gerechten.

Legenda van de plattegronden

		Hotels ●
		Restaurants ●

BEZIENSWAARDIGHEDEN

Interessant gebouw

Interessant kerkelijk gebouw

WEGEN

Autosnelweg, weg met gescheiden rijbanen. Genummerde knooppunten/aansluitingen: volledig, gedeeltelijk

Hoofdverkeersweg

Onbegaanbare straat of beperkt toegankelijk

Voetgangersgebied • Tramlijn

Parkeerplaats • Parkeer en Reis

Poort • Onderdoorgang • Tunnel

Station en spoorweg

Kabelspoor

kabelbaan

OVERIGE TEKENS

Informatie voor toeristen

Moskee • Synagoge

Toren • Ruïne • Windmolen

Tuin, park, bos • Begraafplaats

Stadion • Golfterrein • Renbaan

Zwembad: openlucht, overdekt

Uitzicht • Panorama

Gedenkteken, standbeeld • Fontein

Jachthaven • Vuurtoren

Luchthaven • Metrostation • Busstation

Vervoer per boot: passagiers en auto's / uitsluitend passagiers

Hoofdkantoor voor poste-restante

Ziekenhuis • Overdekte markt

Stadhuis • Universiteit, hogeschool

Politie (hoofdbureau)

Openbaar gebouw, aangegeven met een letter:

M H Museum – Stadhuis

P T Provinciehuis – Schouwburg

Town plan key

SIGHTS

Place of interest
Interesting place of worship

ROADS

Motorway, dual carriageway
Junction: complete, limited
Main traffic artery
Unsuitable for traffic; street subject to restrictions
Pedestrian street • Tramway
Car park • Park and Ride
Gateway • Street passing under arch • Tunnel
Station and railway
Funicular
Cable car, cable way

VARIOUS SIGNS

Tourist Information Centre
Mosque • Synagogue
Tower or mast • Ruins • Windmill
Garden, park, wood • Cemetery
Stadium • Golf course • Racecourse
Outdoor or indoor swimming pool
View – Panorama
Monument • Fountain
Pleasure boat harbour • Lighthouse
Airport • Underground station • Coach station
Ferry services: passengers and cars / passengers only
Main post office with poste restante
Hospital • Covered market
Town Hall • University, College
Police (in large towns police headquarters)
Public buildings located by letter:

M   H   Museum – Town Hall
P   T   Provincial Government Office – Theatre

How to use this guide

LOCATING THE TOWN

Locate the town on the provincial map
at the begining of the guide
(map number and
coordinates).
Distances from the main
towns, and reference for
the Michelin road map.

HOTELS

From 🏨🏨 to 🏠:
categories of comfort.
🏠: Guesthouse.
The most pleasant: in red.

NEW
ESTABLISHMENT
IN THE GUIDE

RESTAURANTS

From 🍴🍴🍴🍴🍴 to 🍴:
categories of comfort
The most pleasant: in red.

STARS

❀❀❀ Worth a special journey.
❀❀ Worth a detour.
❀ A very good restaurant.

🍴 BIB GOURMAND

Good food at moderate prices.

ASSEN
Drenthe – 67 204 inw. – Atlas: **1** A2
Amsterdam 187 km – Groningen 27 km – Zw
Michelin wegenkaart 531-Y5 en 715-K3

🏨 **Museumhotel** Ⓝ
Balkenweg 45 – ✉ 9405 CC – ✆ (0 592)
– www.museumhotel.com – gesloten de
24 ch ⌂ – ♦ 48 € ♦♦ 65/85 €– ½ P 7
Rest –(alleen diner) Menu 23/48 €
• Dit imposante pand uit het begin
bij de liefhebbers van Jugenstil. Ka
• Jugendstil lovers (Germanic tend
mansion built in the beginning of

🍴🍴🍴 **Auberge van Jasmin**
Pr Bernhardtstraat 14– ✉ 5721 (
– www.vanjasmin.com – gesloten
Lunch 38 € – Menu 45/63 € –
• Twee broers zwaaien de sc
zaal en een in de keuken. Ve
• Modern table owned in ta
the kitchen). Fancy setting,
→ Eendenleverterrine me
gnets. Crème brûlée met :

🍴🍴 **Tulip Garden**
Oranjestraat – ✉ 5721 G
– www.tulipgarden.com –
Lunch 21 € ▾ – Menu
• Dit intieme, chique
jdse kaart wordt rege
• This intimate, sm
modern menu is re

ASTEN
Noord-Brabant– 16 257 i
Amsterdam 152 km –
– Helmond 14 km – Ve
Michelin wegenkaart 5

🏨 **Kasteel de**
Boslaan 18 –
– gesloten 31
18 kam – ♦
Rest –(ges
• Het hote

22

⇐ 🛏 ⬆ AC & ⚙ 🐕 **P**

Plattegrond: AU**b**

...uli-16 *augustus* en *zondag*

...eeuw zal zeker in de smaak vallen
...tijlmeubilair.
...v Art) will be keen on this imposing
...ylish furniture in the bedrooms.

🍴 🛏 & ⚙ 🐕

Plattegrond: BX**c**

...3) 69 47 25
... *april* en *woensdag*
...8 € ▨
...erfijnde, moderne restaurant, een in de
...r, comfortabele salon.
...o passionate brothers (in the room and in
...e lounge and planetary cellar.
...ngens. Risotto, langoustine en mergbei-
...en joghurtijs.

AC ⇄ ⚙ 🐕 **P**

Plattegrond: BZ**e**

...) 85 88 77
...tste 2 weken *juli* en *dinsdag*
... – Carte 37/52 €
...heeft een verfijnd, culinair register. De eigenti-
...euwd. Verandering van spijs doet immers eten !
...sh restaurant serves sophisticated dishes. The
...nposed, just for a pleasant change!

10 D3
... 26 km – 's-Hertogenbosch 63 km

🐌 🚲 AC **P**

...15-I7

...✆ (0 115) 56 16 75 – www.kasteeldemayer.com
... *januari* en *zondag*
...65/75 € – 🍵 10 € – ½ P 58 €
...g) – Menu 31/57 € – Carte 42/52 €
...wat nostalgische sfeer en staat altijd klaar voor zijn gas-
...chte maar piccobello kamers, sommige met een koperen
...met klassieke ambiance en een schouw met Delfts blauw.
...lic but always ready to do the traveller
... the bedrooms are sober and
... ut with a chimney made

LOCATING THE ESTABLISHMENT

Located on the town plan (coordinates and letters giving the location).

DESCRIPTION OF THE ESTABLISHMENT

Atmosphere, style, character and specialities.

FACILITIES AND SERVICES

PRICES

23

Classification & awards

CATEGORIES OF COMFORT

The MICHELIN guide selection lists the best hotels and restaurants in each category of comfort and price. The establishments we choose are classified according to their levels of comfort and, within each category, are listed in order of preference.

🏨🏨🏨	XXXXX	**Luxury in the traditional style**
🏨🏨🏨	XXXX	**Top class comfort**
🏨🏨	XXX	**Very comfortable**
🏨	XX	**Comfortable**
🏠	X	**Quite comfortable**
🏠		**Other recommended accommodation (Guesthouse)**
zonder rest.		**This hotel has no restaurant**
met kam		**This restaurant also offers accommodation**

THE AWARDS

To help you make the best choice, some exceptional establishments have been given an award in this year's guide: star(s) or Bib Gourmand. They are marked ✿ or 🐷.

THE BEST CUISINE

MICHELIN stars are awarded to establishments serving cuisine, of whatever style, which is of the highest quality. The cuisine is judged on the quality of ingredients, the flair and the skill in their preparation, the combination of flavours, the levels of personality, the value for money and the consistency of culinary standards.

For every restaurant awarded a star we include 3 examples from the menu that are typical of their cooking style. These specific dishes may not always be available.

✿✿✿	**Exceptional cuisine, worth a special journey** One always eats extremely well here, sometimes superbly.
✿✿	**Excellent cooking, worth a detour**
✿	**A very good restaurant in its category**

BIB GOURMAND: GOOD FOOD AT MODERATE PRICES

  Establishment offering good quality cuisine for under 37 € (price of a meal not including drinks).

PLEASANT HOTELS AND RESTAURANTS

Symbols shown in red indicate particularly pleasant or restful establishments: the character of the building, its décor, the setting, the welcome and services offered may all contribute to this special appeal.

⌂ to 🏠🏠🏠🏠   Pleasant accommodation

X to XXXXX   Pleasant restaurants

OTHER SPECIAL FEATURES

As well as the categories and awards given to the establishment, MICHELIN inspectors also make special note of other criteria which can be important when choosing an establishment.

LOCATION

If you are looking for a particularly restful establishment, or one with a special view, look out for the following symbols:

🦢   **Peaceful place**

⩹   **Great view**

WINE LIST

If you are looking for an establishment with a particularly interesting wine list, look out for the following symbol:

🍇   **Particularly interesting wine list**

This symbol might cover the list presented by a sommelier in a luxury restaurant or that of a simple inn where the owner has a passion for wine. The two lists will offer something exceptional but very different, so beware of comparing them by each other's standards.

Consult the MICHELIN Guide on:
www.Viamichelin.com
and write to:
guidemichelingids@michelin.com

Facilities & services

🛗	Lift (elevator)
AC	Air conditioning (in all or part of the establishment)
♿	Establishment at least partly accessible to those of restricted mobility
🍽	Meals served in garden or on terrace
SPA	Wellness centre: an extensive facility for relaxation and well-being
⚕	Hydrotherapy
⅃ర	Exercise room
⚊ ▣	Swimming pool: outdoor or indoor
𝄁	Sauna
�a	Park or garden
⚓	Landing stage
🚲	Bike hire
✗	Tennis court
📶	Wireless connection
🐕	No dogs allowed (in all or part of the establishment)
✧	Private dining rooms
🛎	Equipped conference room
🅿	Restaurant offering valet parking (tipping customary)
🚗	Hotel garage (additional charge in most cases)
P	Car park (a fee may be charged)
⊟	Credit cards not accepted
Open... / Gesloten...	Dates when open or closed as indicated by the hotelier
✉ *9411 KL*	Postal code

Information on localities

1234 AZ	Postal number to be shown in the address before the town name
4 283 inw.	Population

Prices

RESERVATION AND DEPOSITS

Some hotels will ask you to confirm your reservation by giving your credit card number or require a deposit which confirms the commitment of both the customer and the hotelier. Ask the hotelier to provide you with all the terms and conditions applicable to your reservation in their written confirmation.

ROOMS

30 kam	Number of rooms
kam – 👤 90/120 €	Lowest price and highest price for a comfortable single room.
kam – 👥 120/150 €	Lowest price and highest price for a double or twin room for 2 people.
kam ☕	Breakfast included
☕ 10 €	Price of breakfast

In some towns, when commercial, cultural or sporting events are taking place the hotel rates are likely to be considerably higher.

HALF BOARD

½ P	Half board offered.

RESTAURANT PRICES

🥄	Restaurant serving a menu **under 26 €**
Rest *Lunch* 18 €	This meal is served at lunchtime and normally during the working week
Rest 35/60 €	**Set meals**: Lowest price 35 €, highest price 60 €. Certain menus are only served for a minimum of 2 people or for an entire table.
🍷	Wine included
Rest a la carte 40/75 €	**A la carte dishes, not including drinks:** the first price corresponds to a selection of dishes (starter, main course, dessert) among the least expensive on the menu; the second price is a selection among the most expensive items.

PLAATS MET MINSTENS...

- ● een hotel of restaurant
- ✿ een sterrenbedrijf
- 🐨 een « Bib Gourmand »
- ✕ een aangenaam restaurant
- 🏠 een aangenaam hotel

→ PLACE WITH AT LEAST...

- ● a hotel or a restaurant
- ✿ a starred establishment
- 🐨 a restaurant « Bib Gourmand »
- ✕ a particularly pleasant restaurant
- 🏠 a particularly pleasant hotel

Nederland op kaarten
Atlas met plaatsnamen per provincie

→ *Regional maps*
   Regional maps of listed towns

Nederland in 17 kaarten
The Netherlands in 17 maps

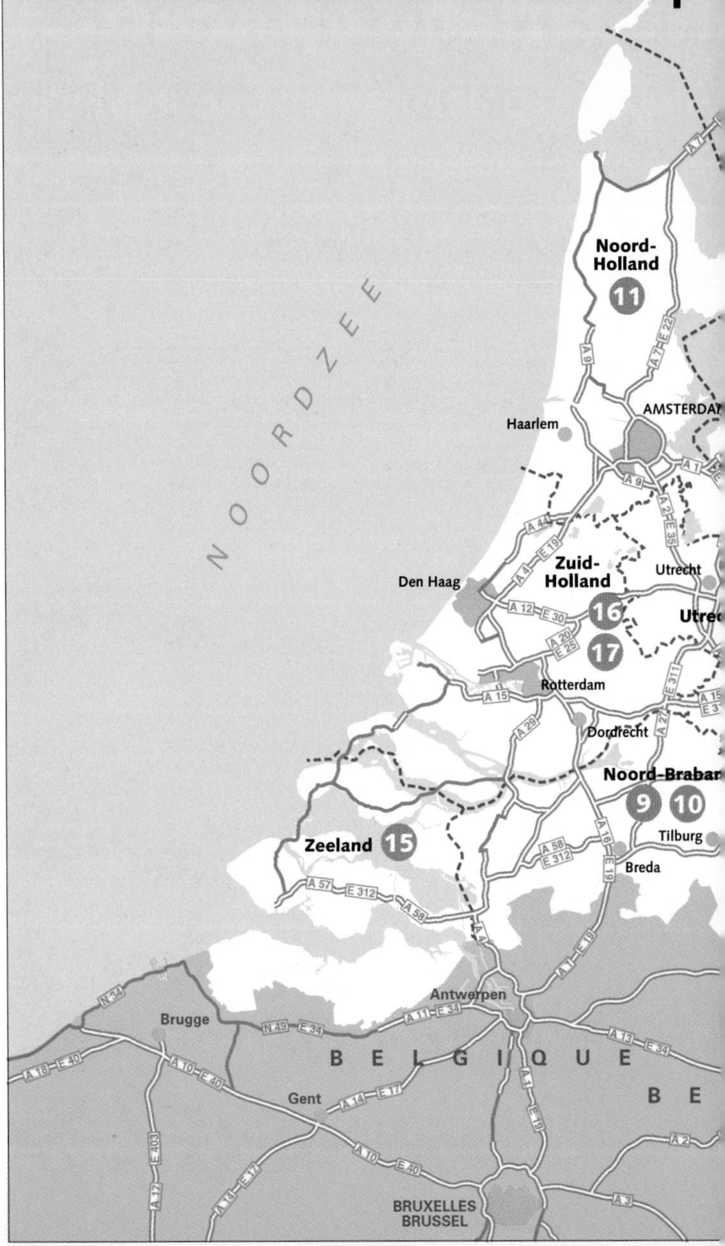

NOORDZEE

Noord-Holland **11**

AMSTERDAM

Haarlem

Zuid-Holland **16**

17

Den Haag

Utrecht

Utre

Rotterdam

Dordrecht

Noord-Braban

9 **10**

Tilburg

Zeeland **15**

Breda

Antwerpen

Brugge

BELGIQUE

BE

Gent

BRUXELLES
BRUSSEL

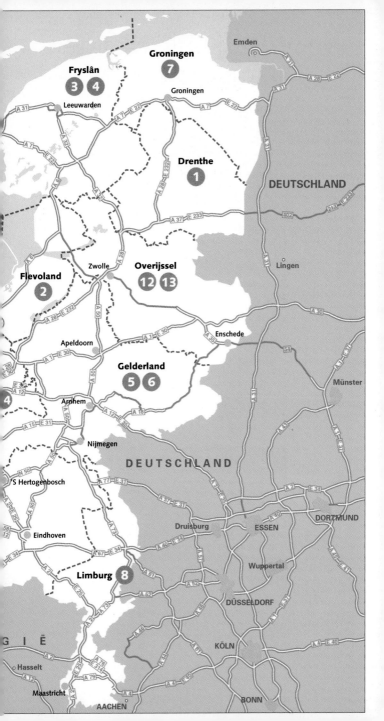

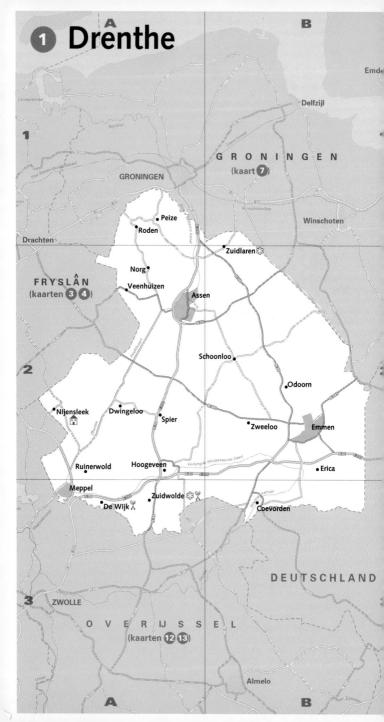

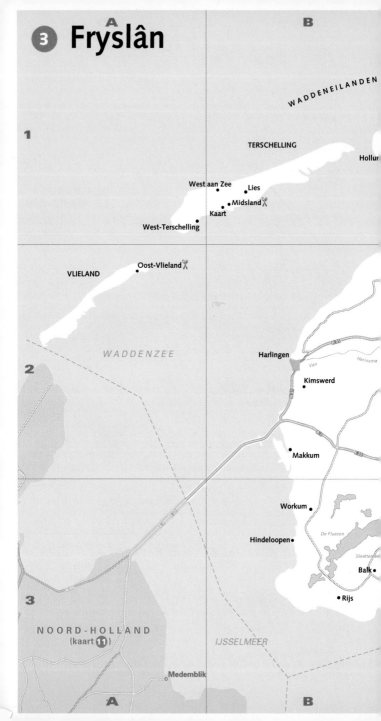

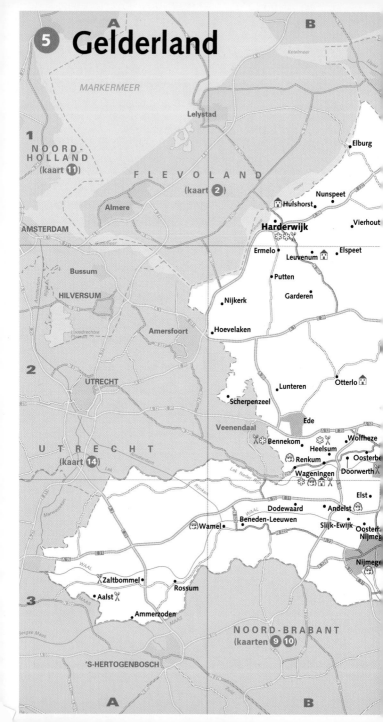

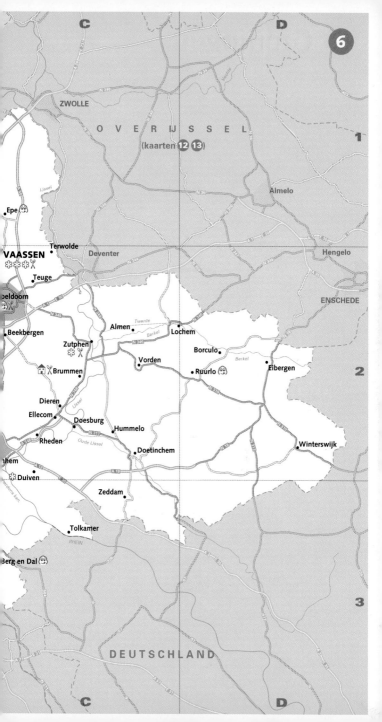

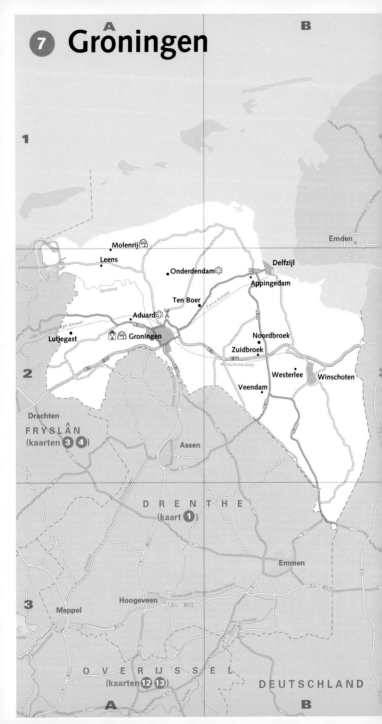

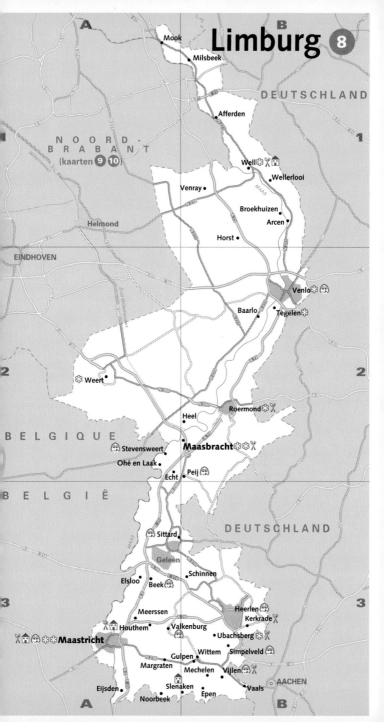

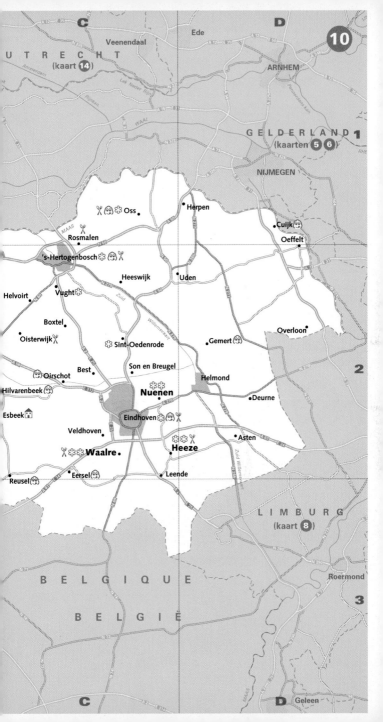

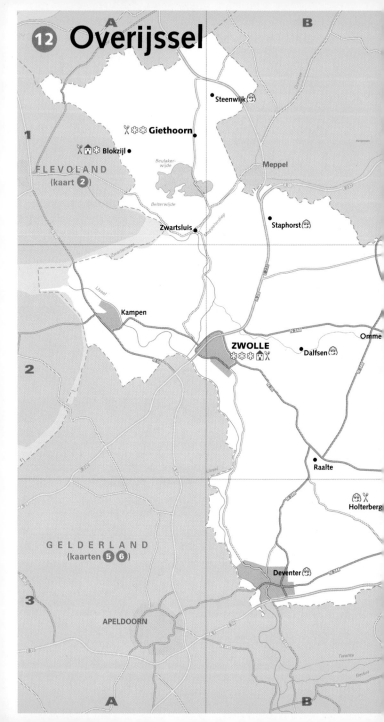

⑫ Overijssel

A **B**

FLEVOLAND
(kaart ②)

Steenwijk

Giethoorn

Blokzijl

Meppel

Staphorst

Zwartsluis

Kampen

ZWOLLE

Dalfsen

Omme

Raalte

Holterberg

GELDERLAND
(kaarten ⑤⑥)

Deventer

APELDOORN

Twente

1

2

3

A **B**

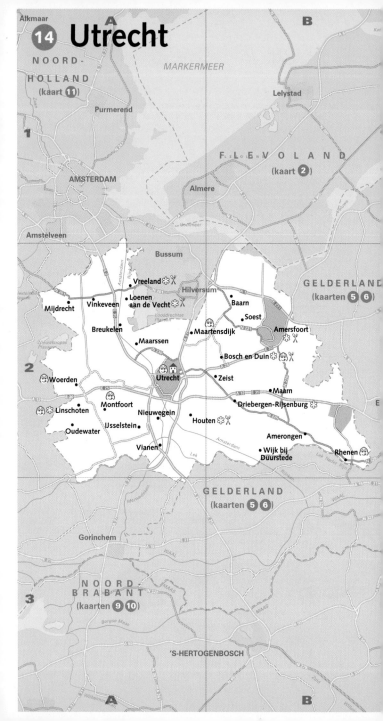

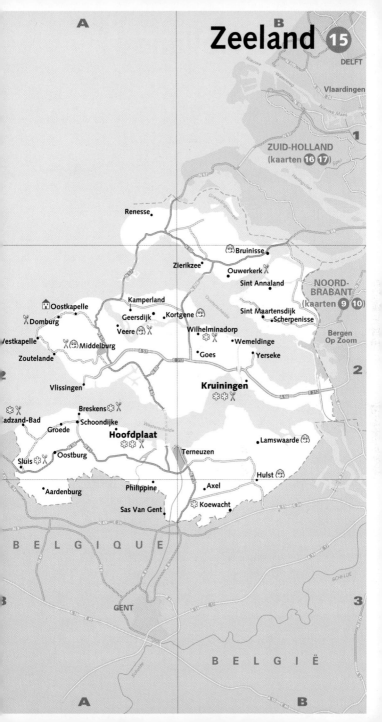

A
B

1

Noordwijk aan Zee •

Kagerplassen

Katwijk aan Zee • ❀ **Warmon**

Leid

Wassenaar •
Voorschoten•

Scheveningen •

Den Haag •
Leidschendam

Zoeterm

Rijswijk •

Delft

2

Nieuwe

Waterweg

Maasland •

Maassluis •

Vlaardingen •

Kralinge

Nieuwe Maas

Rotterdam

Brielle •

• Rockanje

Oude Maas

Heinenoord

Zuidland •

Spui

Haringvliet

• Middelharnis

3

Grevelingenmeer

Z E E L A N D
(kaart **15**)

NOORD-
BRABANT
(kaarten **9 10**)

A
B

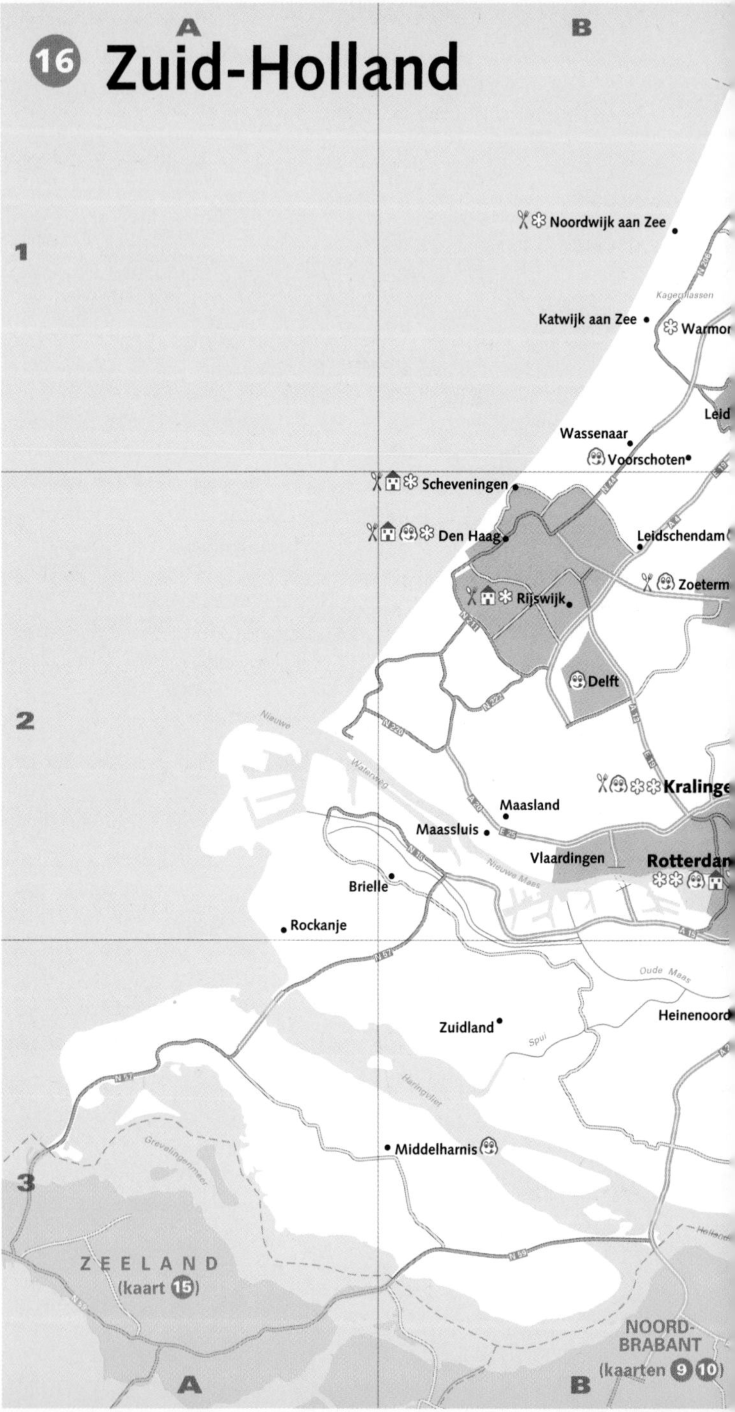

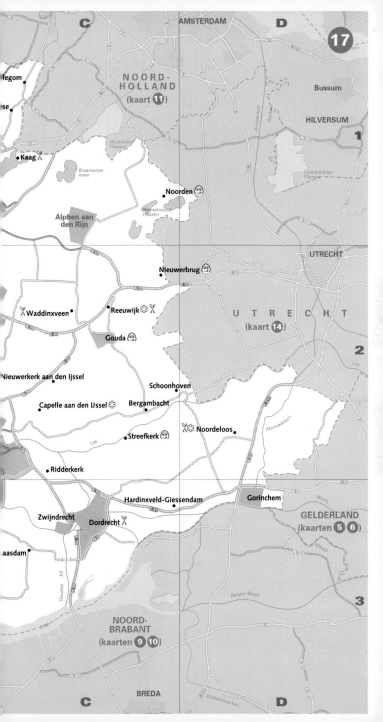

Omdat de wereld mobiel is, verbetert **Michelin** onze mobiliteit

MET ALLE MIDDELEN EN OP ALLE WEGEN

Sinds het ontstaan van het bedrijf – nu al meer dan een eeuw geleden! – heeft Michelin maar één doel gehad: de mens helpen om steeds beter vooruit te gaan. Dat is eerst en vooral een technologische uitdaging, met steeds beter presterende banden, maar het is eveneens een constant engagement met de reiziger om hem te helpen zich in de beste condities te verplaatsen. Dat is waarom Michelin daarnaast ook een hele reeks producten en diensten ontwikkelt: kaarten, atlassen, reisgidsen, autoaccessoires; maar ook mobiele applicaties, routebeschrijvingen en online dienstverlening. Michelin stelt alles in het werk om van bewegen een plezier te maken!

→ Michelin Apps

Omdat comfort en veiligheid essentiële begrippen zijn, zowel voor u als voor ons, heeft Michelin een waaier van 6 gratis mobiele apps ontwikkeld. Een volledige uitrusting zodat de reis een waar plezier is!

→ *Michelin MyCar • Om het beste uit uw banden te halen, diensten en informatie om uw verplaatsingen rustig voor te bereiden.*

→ *Michelin Navigation • Een nieuwe benadering van navigatie: het verkeer in real time met een nieuwe functie voor verbonden sturing.*

→ *ViaMichelin • Berekening van reisroutes en cartografische gegevens: onvermijdelijk om u te verplaatsen zonder tijd te verliezen.*

→ *Michelin Restaurants • Omdat de reis plezierig moet zijn, vindt u een groot aanbod restaurants, in Frankrijk en Duitsland, waaronder de volledige selectie van de MICHELIN gids.*

→ *Michelin Hotels • Om uw hotelkamer aan het beste tarief te reserveren, overal ter wereld!*

→ *Michelin Reizen • 85 landen en 30 000 toeristische sites die door de Groene Michelin Gids zijn uitgekozen. En een tool om uw eigen rittenstaat te maken.*

Een band
→ wat is dat?

Rond, zwart, zowel soepel als stevig: een band is voor een wiel wat een voet voor het lopen is. Maar waaruit is die band gemaakt? Eerst en vooral uit rubber, maar ook uit diverse textiel en/of metallieke materialen .... en lucht! Het is de ingenieuze samenstelling van al deze elementen die voor de kwaliteit van de banden zorgt: grip op de baan, schokken opvangen; in twee woorden: comfort en veiligheid van de reiziger.

1 LOOPVLAK
Een dikke rubberlaag verzekert het contact met de grond. Het moet het water evacueren en zeer lang meegaan.

2 STABILISERINGSLAGEN
Dubbele of driedubbele gewapende band die verticaal soepel en kruiselings zeer stijf is. Het zorgt voor de geleidingskracht.

3 ZIJWAND
Bedekt en beschermt het textielgeraamte, dat dient om het loopvlak van de band met de velg te verbinden.

4 HIELZONE
Dankzij de interne loopvlakdraden spannen ze de band stevig aan de velg zodat beiden verbonden zijn.

5 LUCHTDICHTE BINNENRUBBERLAAG
Het geeft de band de luchtdichtheid die de juiste bandenspanning behoudt.

Michelin
→ *innovatie in beweging*

Met de creatie en brevettering van de radiaalband met stalen gordels in 1946, heeft Michelin de wereld van de banden gerevolutioneerd. Maar Michelin houdt het daar niet bij: door de jaren heen zijn andere nieuwe, originele oplossingen ontwikkeld, waarmee Michelin zijn leidersplaats op vlak van onderzoek en innovatie bevestigde. Het beantwoordt zo continu aan de vereisten van de nieuwe technologieën van wagens.

→ *de juiste spanning!*

Een van Michelins prioriteiten is veiligere mobiliteit. Kortom, innoveren om beter vooruit te gaan. Dat is de inzet van de onderzoekers, die werken aan de ontwikkeling van banden die 'korter kunnen remmen' en de best mogelijke grip op de baan hebben. Michelin organiseert overal ter wereld ook sensibiliseringscampagnes rond verkeersveiligheid: de 'Faites le plein d'air' campagnes herinneren iedereen eraan dat de juiste bandenspanning een essentiële veiligheidsfactor is.

De Michelin strategie:
→ *multiprestatiebanden*

Wie Michelin zegt, zegt veiligheid, besparing op brandstof en het vermogen duizenden kilometers af te leggen. Een Michelin band heeft al deze kenmerken. Hoe? Dankzij ingenieurs die in dienst staan van innovatie en geavanceerde technologie.

Hun uitdaging: alle banden – wat het voertuig ook mag zijn (auto, vrachtwagen, tractor, werfmachine, vliegtuig, moto, fiets en metro!) – de best mogelijke kwaliteitscombinatie geven, voor een optimale globale prestatie.

De slijtage afremmen, het energieverbruik verminderen (en dus de uitstoot van CO_2) en de veiligheid verbeteren door de versteviging van de wegligging en de rembekrachtiging. Zoveel kwaliteit in één enkele band: dat is Michelin Total Performance.

MICHELIN
Total Performance

Michelin innoveert elke dag voor duurzame mobiliteit

OP LANGE TERMIJN EN MET RESPECT VOOR DE PLANEET

Duurzame mobiliteit
→ *dat is een schone mobiliteit...*
voor iedereen

Duurzame mobiliteit is de mens de mogelijkheid geven zich op een schonere manier te verplaatsen, maar ook veiliger, voordeliger en toegankelijker voor iedereen, ongeacht hun woonplaats. Elke dag innoveren de 113 000 medewerkers van Michelin:

• door banden en diensten te creëren die aan de nieuwe behoeften beantwoorden van de maatschappij,

• door de jongeren te sensibiliseren voor verkeersveiligheid,

• door nieuwe transportoplossingen te bedenken die minder energie verbruiken en minder CO_2 uitstoten.

→ *Michelin Challenge Bibendum*

Duurzame mobiliteit, dat is de voortzetting van het transport van goederen en mensen mogelijk maken, zodat de economische en sociale ontwikkeling verzekerd is, net als de ontwikkeling van maatschappelijke verantwoordelijkheid. In tijden van vermindering van grondstoffen en verwarming van het klimaat, engageert Michelin zich voor het respect van het milieu en de volksgezondheid. Michelin organiseert daarom regelmatig de Michelin Challenge Bibendum, het enige mondiale evenement dat gericht is op duurzame mobiliteit op de weg.

Hotels
& Restaurants

Steden van A tot Z

→ *Towns in alphabetical order*

AALSMEER

Noord-Holland – 30 759 inw. – Atlas: **11-A3**

▶ Amsterdam 22 km – Haarlem 22 km – Den Haag 44 km – Hilversum 31 km
Michelin wegenkaart 532-N9 en 715-F5

Aalsmeer 🛎 & rest, 🗚 rest, 🛜 🕹 🅿

*Dorpsstraat 15 ⊠ 1431 CA – ℰ (0 297) 38 55 00 – www.hotelaalsmeer.nl
– gesloten 24 december-1 januari*
72 kam ☑ – †83/95 € ††115/135 € – ½ P
Rest – Menu 25/35 € – Carte 32/60 €

● Familiebedrijf in het centrum van Aalsmeer, het dorp met de grootste bloe-
menveiling ter wereld. Het hotel heeft functionele kamers en enkele appartementen, de kamers in de nieuwbouw zijn erg ruim. Het gezellige restaurant met
bar is ondergebracht in een karakteristiek pand dat de sfeer van een Hollandse
herberg oproept.

● Family hotel in downtown Aalsmeer, a big flower-growing town where the
market auctions are the world's most prestigious. Functional rooms, apartments.
The restaurant with bar is located in a newly built characteristic building that
has kept the Dutch atmosphere of the old inn.

AALST

Gelderland – Zaltbommel 27 182 inw. – Atlas: **5-A3**

▶ Amsterdam 82 km – Arnhem 77 km – 's-Hertogenbosch 20 km –
Rotterdam 68 km
Michelin wegenkaart 532-P12 en 715-G6

XXX **De Fuik** ≤ 🍽 ✿ 🅿 ⚓

*Maasdijk 1 ⊠ 5308 JA – ℰ (0 418) 55 22 47 – www.defuik.nl
– gesloten zaterdagmiddag, maandag en dinsdag*
Menu 53/135 € 🍷 – Carte 64/85 €

● Het team achter De Fuik, onder leiding van een jong, nieuw eigenaarskoppel,
laat zich voor hun creatieve, bewerkelijke keuken inspireren door de prachtige
ligging, hangend boven het weidse water van de Maas. Het terras langs de rivier
is ronduit heerlijk.

● The beautiful location of this restaurant, overlooking the wide expanse of the
River Maas, provides the inspiration for the creative, elaborate cooking of the
team at De Fuik, who are led by young, new owners. The stunning terrace offers
unique, panoramic views over the water.

AARDENBURG

Zeeland – Sluis 23 886 inw. – Atlas: **15-A3**

▶ Amsterdam 240 km – Middelburg 61 km – Brugge 26 km – Gent 37 km
Michelin wegenkaart 532-F15 en 715-B8

in Heille West : 1 km – Sluis

XX **De Schaapskooi** 🍽 🕾 ✿ 🅿

*Zuiderbruggeweg 23 ⊠ 4524 KH – ℰ (0 117) 49 16 00 – www.deschaapskooi.nl
– gesloten 9 tot 27 februari, 22 tot 30 juni, 2 tot 19 november, maandag behalve
van 15 juli tot 25 augustus en dinsdag*
Carte 45/85 €

● Fijnproevers worden met zorg omringd in een rustiek, chic decor of buiten.
Goede seizoensproducten, lamsspecialiteiten, heerlijke bourgognes en bordeauxs,
tearoom door de week.

● A former sheepfold where gourmets dine in a chic, rustic indoor setting or outside. Excellent seasonal ingredients, lamb specialities, fine wine list and tea room
on weekdays.

ADUARD – Groningen ➜ Zie Groningen

AFFERDEN

Limburg – Bergen 13 275 inw. – Atlas: **8-B1**

▶ Amsterdam 142 km – Maastricht 126 km – Eindhoven 61 km – Nijmegen 30 km
Michelin wegenkaart 532-V13 en 715-J7

Auberge De Papenberg   🍴 🕯 🚲 ⚒ 🛜 🅿

Hengeland 1a (Noord : 1 km langs N 271) ✉ *5851 EA –* ✆ *(0 485) 53 17 44*
– www.papenberg.nl – gesloten 1 tot 18 januari, 15 tot 22 februari en 1 tot 10 oktober

21 kam ⬜ – 🛏83/85 € 🛏🛏95/100 € – ½ P
Rest – Menu 40/90 € 🍷 – Carte 49/72 € – *(gesloten zondag) (alleen diner)*

● De essentie van Limburg ervaart u hier! De familie Stolk ontvangt u met open armen, de tuin is heerlijk om in te wandelen en grote, moderne kamers verzekeren een comfortabele overnachting. Overweeg zeker de halfpensionformule: in het restaurant worden verse seizoensproducten in actuele gerechten verwerkt.

● Experience the essence of Limburg at this hotel, where the Stolk family welcomes you with open arms. There is a lovely garden in which to wander and the big, modern rooms ensure a comfortable night. The half-board formula is well worth considering. In the restaurant, contemporary-style food is served using fresh seasonal produce.

 Standing : verwacht niet dat de service in een ✗ of een 🏠 dezelfde is als 🏠🏠🏠🏠🏠 of een 🏠🏠🏠.

AKERSLOOT
Noord-Holland – Castricum 34 288 inw. – Atlas: **11-A2**
▶ Amsterdam 30 km – Haarlem 23 km – Alkmaar 13 km
Michelin wegenkaart 531-N7 en 715-F4

Akersloot   🕯 📺 🛁 🚲 🛗 & kam, 🎦 rest, ⚒ rest, 🛜 🧖 🅿

Geesterweg 1a (nabij A 9) ✉ *1921 NV –* ✆ *(0 251) 36 18 88*
– www.hotelakersloot.nl

214 kam – 🛏80/115 € 🛏🛏85/125 €, ⬜ 13 € – ½ P
Rest – Lunch 20 € – Carte 27/54 € – *(open tot 23.00 u.)*

● Dit zakenhotel aan de snelweg heeft grote openbare ruimten met een bedrijvige sfeer, vergaderzalen, ruime kamers, suites met een thema en bungalows. Het restaurant voert een internationale kaart. Op zaterdag en zondag lunchbuffet en 's avonds "Live Kook Spektakel".

● A modern business hotel near the motorway. Busy and spacious communal areas, conference rooms, large bedrooms, themed junior suites and bungalows. A restaurant serving international cuisine. Saturdays and Sundays, buffet lunches and "Live Cooking Show" in the evenings.

ALDTSJERK (OUDKERK)
Fryslân – Tytsjerksteradiel 31 979 inw. – Atlas: **4-C2**
▶ Amsterdam 154 km – Leeuwarden 15 km – Assen 91 km – Groningen 63 km
Michelin wegenkaart 531-T3 en 715-I2

Landgoed De Klinze   🌿 🍴 🕯 📺 🌐 🐾 🚲 🛗 & rest, 🎦 ⚒ rest, 🛜 🧖

Van Sminiaweg 36 ✉ *9064 KC –* ✆ *(0 58) 256 10 50 – www.klinze.nl*   🅿

27 kam – 🛏85/135 € 🛏🛏85/135 €, ⬜ 15 € – ½ P
Rest – Menu 40/60 € – Carte 31/51 €

● Een majestueuze laan leidt naar dit weelderige, 17de-eeuwse verblijf in een boomrijk park. Grote kamers, junior suites, knusse lounge, beautycenter en ritjes in een koets. Stijlvolle, klassieke eetzaal en grote bistro met zomerterras.

● A majestic alley leads to this opulent 17C residence and its wooded park. Large rooms, junior suites, cosy lounge, beauty centre and horse-drawn carriage trips. Elegant restaurant dining room and spacious bistro with summer terrace.

ALKMAAR
Noord-Holland – 94 866 inw. – Atlas: **11-A2**
▶ Amsterdam 39 km – Haarlem 31 km – Leeuwarden 109 km
Michelin wegenkaart 531-N7 en 715-F4

Grand Hotel

Gedempte Nieuwesloot 36 ✉ *1811 KT –* ☏ *(0 72) 576 09 70*
– www.grandhotelalkmaar.nl
42 kam ⌑ – ♦90/200 € ♦♦90/225 € – ½ P **Rest** – Carte ong. 40 €

• Grand Hotel Alkmaar heeft 3 interessante troeven uit te spelen: een charmant historisch pand uit het einde van de 19e eeuw, ruime moderne kamers en een toplocatie, pal in het centrum.

• The Grand Hotel holds three trump cards. Enjoy the charming historic building dating back to the end of the 19C, the modern, airy rooms, and the top class setting in the heart of Alkmaar.

✗✗ 't Stokpaardje

Vrouwenstraat 1 ✉ *1811 GA –* ☏ *(0 72) 512 88 70 – www.stokpaardjealkmaar.nl*
– gesloten dinsdag en woensdag
Menu 38/60 € – *(alleen diner) (een enkel menu)*

• Dit culinaire rasdier staat op stal in een steegje in het centrum. Spiegels, stoffen bankjes en wijnrekken geven sfeer aan de eetzaal. Er is slechts 1 menu met een beperkte keuze.

• The rejuvenated Battlehorse (Stokpaardje) bistro lies in a town-centre alley. There are mirrored walls, cloth-covered seats and shelves groaning with wine bottles in the dining room. Set menu.

ALMELO

Overijssel – 72 459 inw. – Atlas: **13**-C2
▶ Amsterdam 146 km – Zwolle 48 km – Enschede 23 km
Michelin wegenkaart 531-Z8 en 532-Z8 en 715-K4

Huis van Bewaring zonder rest

Marktstraat 7 ✉ *7607 HC –* ☏ *(0 546) 85 22 06 – www.huisvanbewaring.nu*
23 kam – ♦79/115 € ♦♦94/190 €, ⌑ 10 €

• Van strafinrichting tot oord van genot: uit deze voormalige gevangenis, waar de structuur van het gebouw is behouden, wilt u niet ontsnappen. Grauwe cellen hebben plaatsgemaakt voor chique, moderne kamers met veel warme en donkere kleuren. Hier bromt u met plezier.

• From a penal institution to a relaxing retreat, you will definitely not want to escape from this former prison, which remains true to its original structure. Austere cells have made way for chic, modern rooms with warm and dark colours. Doing time here has become a true pleasure!

ALMEN

Gelderland – Lochem 33 248 inw. – Atlas: **6**-C2
▶ Amsterdam 120 km – Arnhem 42 km – Apeldoorn 33 km – Enschede 52 km
Michelin wegenkaart 532-W10 en 715-J5

Landhotel De Hoofdige Boer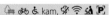

Dorpsstraat 38 ✉ *7218 AH –* ☏ *(0 575) 43 17 44 – www.dehoofdigeboer.nl*
– gesloten 31 december-2 januari
23 kam ⌑ – ♦70/90 € ♦♦79/110 € **Rest** – Menu 30/45 € – Carte 38/47 €

• Een degelijke familiezaak in een landelijk dorp, gevestigd in een 19de eeuws klassiek pand. Keurige kamers en een mooie tuin met terras. Restaurant serveert populaire klassiekers en heeft interessante buffetformules.

• This solid family business in a country village is located in a listed 19C building with neat rooms and a stunning garden with terrace. The restaurant serves traditional cuisine and also offers interesting buffet options.

ALMERE

Flevoland – 196 013 inw. – Atlas: **2**-A3
▶ Amsterdam 49 km – Lelystad 31 km – Arnhem 99 km – Haarlem 64 km
Michelin wegenkaart 531-Q8 en 532-Q8 en 715-G4

in Almere-Haven

✗✗ Het Veerhuys ← 🛖 ⅏ 🎴 🌂 ℗ ⚓

Havenhoofd 7 ⊠ 1353 PN – ℰ (0 36) 521 58 33 – www.hetveerhuys.nl
– gesloten 27 december-1 januari, zaterdagmiddag, maandag en dinsdag
Menu 29/95 € – Carte 57/76 €

● Een fraaie locatie aan de haven voor dit nieuwe paviljoen met panoramisch terras en moderne inrichting. De kunstzinnig opgemaakte borden, op basis van lokale producten, zijn een lust voor het oog.

● A handsome location opposite the port depicts this new house and panoramic terrace decorated in a modern spirit. Meals are as much a pleasure for the palate as for the eye. Regional produce sets the tone.

✗✗ Brasserie Bakboord ← 🛖 🎴 ⇕ ℗ ⚓

Veerkade 10 ⊠ 1357 PK – ℰ (0 36) 540 40 40 – www.brasseriebakboord.nl
– gesloten 27 december-8 januari
Lunch 29 € – Menu 36 € – Carte 42/69 €

● Laag paviljoen aan de haven, met terrassen pal aan het water waar u zicht hebt op de manoeuvrerende boten. Actuele keuken, met voor elk gerecht een wijnadvies per glas.

● A pavilion just above water-level on the harbour, with terraces where diners can watch the boats navigating into the harbour. Contemporary cuisine and personal advice on the right glass of wine to accompany each dish.

✗ Bij Brons 🛖 🎴 🌂

Sluis 3 ⊠ 1357 NZ – ℰ (0 36) 540 11 26 – www.bijbrons.nl – gesloten 26 en 31 december en maandag
Carte 33/51 € – *(alleen diner) (reserveren noodzakelijk)*

● Schijn bedriegt, en zo is het ook bij Brons: van buiten lijkt het een friethuisje, maar binnen blijkt het heel wat meer in zijn mars te hebben. Hier wacht u een eigentijdse maaltijd in een informele setting, pal in de havenkom van Almere-Haven.

● Appearances can be deceptive and this is true for the Bij Brons. From the outside it looks just like a snack bar but the inside reveals that it has a lot more to offer. Diners can expect contemporary meals in a relaxed setting in the very heart of the harbour at Almere-Haven.

in Almere-Stad

🏨 Almere 🛖 🖥 🛁 🚲 🛎 ⅏ 🎴 🌂 kam, 🛜 🦽 ℗ 🚗

Veluwezoom 45 (nabij A 6, afrit ⑤) ⊠ 1327 AK – ℰ (0 36) 800 08 00
– www.hotelalmere.nl
180 kam – ♦90/150 € ♦♦90/175 €, ⌑ 14 €
Rest – Carte 30/85 € – *(open tot 23.00 u.)*

● Deze gloednieuwe Van der Valk zal uw verwachtingen overtreffen met veel comfort in een hedendaagse stijl; vooral de prachtige badkamers zijn te genieten! Gelegen naast de snelweg.

● This brand new Van der Valk hotel more than exceeds expectations in its level of stylish, contemporary comfort. The wonderful bathrooms are particularly attractive. Close to the motorway.

🏨 Apollo 🛎 ⅏ kam, 🌂 🛜 🦽 ℗

Koetsierbaan 2 ⊠ 1315 SE – ℰ (0 36) 527 45 00
– www.apollohotelsresorts.com/almere – gesloten 20 december-4 januari
117 kam – ♦103/143 € ♦♦103/143 €, ⌑ 18 € – ½ P
Rest – Menu 25 € – Carte ong. 36 € – *(alleen diner)*

● Modern businesshotel in een nieuwe wijk, gelegen aan een klein meer. Comfortabele lobby, goede vergaderaccommodatie en comfortabele kamers in hedendaags design. Trendy restaurant in purperen tinten met een ruime keuze aan salades en "plancha" gerechten.

● Modern business hotel in a newly developed area facing a little lake. Comfortable common areas, meeting facilities and rooms in a bold, contemporary style. Trendy restaurant decorated in purple tones. Vast selection of salads and a la plancha recipes.

ALPHEN
Noord-Brabant – Alphen-Chaam 9 640 inw. – Atlas: **9**-B2
▶ Amsterdam 122 km – 's-Hertogenbosch 37 km – Breda 25 km – Tilburg 14 km
Michelin wegenkaart 532-O14 en 715-H6

✗ **Bunga Melati** 🍴 🅰🅲 🅿
Oude Rielseweg 2 (Noord-Oost : 2 km) ✉ *5131 NR* – 𝒸 *(0 13) 508 17 28*
– www.bungamelati.nl – gesloten 24 en 31 december
Menu 28/32 € – Carte 22/43 €
● Indonesisch restaurant in een voormalige plattelandsherberg met rieten dak.
Hollands decor, mooi terras aan de tuinkant en bediening in sarong. Heerlijke rijst-
tafel.
● A family-run Indonesian restaurant in a thatched roof country inn. Dutch décor,
lovely garden terrace and waiting staff in sarong. Delicious rijsttafel (rice table).

AMBT-DELDEN – Overijssel ➜ Zie Delden

AMELAND (Eiland) – Fryslân ➜ Zie Waddeneilanden

AMERONGEN
Utrecht – Utrechtse Heuvelrug 48 092 inw. – Atlas: **14**-B2
▶ Amsterdam 71 km – Utrecht 29 km – Arnhem 38 km
Michelin wegenkaart 532-R10 en 715-H5

✗✗ **Herberg Den Rooden Leeuw** 🍴 ⇔ 🅿
Drostestraat 35 ✉ *3958 BK* – 𝒸 *(0 343) 45 40 55 – www.denroodenleeuw.nl*
– gesloten dinsdag en woensdag
Menu 38/45 € – Carte ong. 48 € – *(alleen diner behalve zondag)*
● Gezellig pand (18de eeuw) aan de rand van het dorp, met een mooi uitzicht op
de polders. Menu met goede prijs-kwaliteitverhouding; eenvoudige formule in de
stallerij op zondag.
● 18C inn presenting a classic menu in a bright dining room with parquet flooring. On Sundays, simple meals are served in the former stables. Front terrace.

AMERSFOORT
Utrecht – 150 897 inw. – Atlas: **14**-B2
▶ Amsterdam 51 km – Utrecht 21 km – Apeldoorn 46 km – Arnhem 51 km
Michelin wegenkaart 532-R10 en 715-H5

🏨 **Amersfoort-A1** 🅿
Ruimtevaart 22 (Noord : 4 km langs A1, afrit ⑬*)* ✉ *3824 MX*
– 𝒸 (0 33) 454 00 00 – www.hotelamersfoorta1.nl
140 kam – ♗60/130 € ♗♗60/130 €, � 16 € – ½ P
Rest – Lunch 17 € – Carte 44/54 €
● Ook al is dit hotel deel van een grote budgetvriendelijke keten, het straalt erg
veel sfeer en comfort uit. De kamers zijn ruim en doen met hun sobere, grijze
interieur met felroze accenten erg design aan.
● Even though this hotel is part of a large, budget-friendly chain, it radiates atmosphere and comfort. The rooms are spacious, with the bright pink accents
adding a definite touch of design to the sober grey interiors.

🏨 **NH**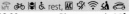
Stationsstraat 75 ✉ *3811 MH* – 𝒸 *(0 33) 422 12 00*   Plattegrond: A2**b**
– www.nh-hotels.com
114 kam – ♗65/120 € ♗♗65/120 €, � 19 € – ½ P
Rest – Carte 35/46 € – *(gesloten vrijdag, zaterdag en zondag)*
● Met haar sober en functioneel interieur en meerdere vergaderzalen trekt deze
vestiging van de Spaanse hotelketen NH Hoteles vooral zakengasten. Praktische
ligging naast het station. Restaurant met bar en terras, voor een borrel, snack of
maaltijd.
● With a modest but functional interior and various meeting rooms this hotel of
the Spanish chain NH Hoteles mainly attracts business guests. Conveniently situated next to the train station. Restaurant with bar and outdoor seating, for a
drink, a snack or a meal.

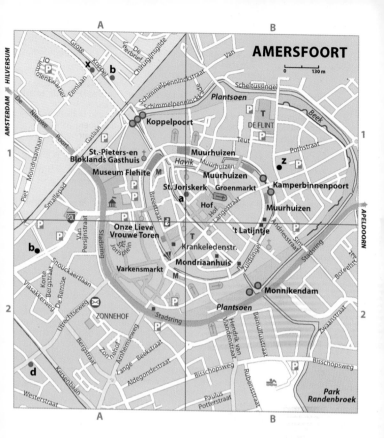

Berghotel

Utrechtseweg 225 ⊠ 3818 EG – 𝒞 (0 33) 422 42 22
– www.berghotelamersfoort.nl – gesloten 24 december-2 januari
88 kam ⌑ – ♦59/99 € ♦♦69/129 € **Rest** – Menu 28 €

• In dit honderd jaar oude hotel met moderne uitbreiding vindt u volop comfort. Bar, lounge en ontbijtruimte in het oude gedeelte. Rustige kamers aan de achterzijde. Veel vergaderzalen. Restaurant met een eigentijdse ambiance en een groot terras aan de voorkant. Up-to-date kookstijl.

• Century old building and its more recent extension offering all conveniences. Bar, lounge and breakfasting area in the old part. Several conference rooms. Restaurant with modern décor and large front terrace. Contemporary cuisine.

De Tabaksplant zonder rest

           ﹠ 奈

Coninckstraat 15 ⊠ 3811 WD – 𝒞 (0 33) 472 97 97   Plattegrond: B1**z**
– www.tabaksplant.nl
24 kam ⌑ – ♦65/125 € ♦♦75/135 €

• Er wacht u een verzorgd onthaal in deze karakteristieke, oude huizen (17e eeuw) die dienst hebben gedaan als tabaksdrogerij. Kamers van verschillend formaat.

• Guests receive a warm welcome at this establishment located in several traditional old houses (17C), once used for drying tobacco. Rooms of various sizes.

XX Tollius ⌂ ♻
Utrechtseweg 42 ⌂ 3818 EM – ℰ (0 33) 465 17 93   Plattegrond: A2**d**
– www.tollius.nl – gesloten zondag en maandag
Menu 35/55 € – Carte 32/55 € – *(alleen diner)*
• Goed aangeschreven restaurant vanwege de eigentijdse kaart, de mooie wijn-
selectie en het fashionable decor. Expo van moderne schilderijen in de eetzalen.
Kaasliefhebbers opgelet: de kaaswagen is op zich al uw bezoek waard!
• Restaurant reputed for its modern menu, fine wine list and fashionable interior
decor. Modern art exhibitions.

XX De Saffraan ⌂ AK
Kleine Koppel 3 ⌂ 3812 PG – ℰ (0 33) 448 17 53   Plattegrond: A1**x**
*– www.desaffraan.nl – gesloten 1 week met Hemelvaart, eind
juli-begin augustus, eind december-begin januari, dinsdagmiddag,
zaterdagmiddag, zondag en maandag*
Lunch 40 € – Menu 75/90 € – Carte 64/85 €
• Een verbouwde klipper in designstijl, leuk gelegen in een kanaal. De kookstijl
heeft een subtiel, persoonlijk accent en vaart een innovatieve koers. Prettig dek-
terras.
• Extremely original spot due to its unexpected designer-style barge location
and personalised, subtle cuisine that features a number of avant-garde touches.
Deck terrace.

XX Merlot ⌂
Grote Koppel 16 ⌂ 3813 AA – ℰ (0 33) 455 76 14   Plattegrond: A1**b**
– www.merlot.nl – gesloten zondag
Menu 37/73 € – Carte 51/62 € – *(alleen diner)*
• Sfeervol en trendy restaurant-wijnbar, met open keuken, waar het hedendaags
en smaakvol dineren is. Mooie wijnkaart. Parkeren aan de overzijde van de Eem.
• Attractive and trendy restaurant-wine bar with open kitchen for a contempo-
rary and tasteful dinner. Lovely wine list. Carpark on the other side of the Eem.

X Blok's (Marco Blok) ♻ ♿
❀ *Krommestraat 49 ⌂ 3811 CB – ℰ (0 33) 461 02 22*   Plattegrond: AB1**a**
*– www.bloksrestaurant.nl – gesloten 29 december-14 januari, 13 tot 18 mei,
14 juli-5 augustus, dinsdag en woensdag*
Menu 38/70 € – Carte 52/58 € – *(alleen diner tot 20.00 u.) (reserveren
aanbevolen)*
• Bij het moderne en stijlvolle Blok's vindt u creatieve gerechten tegen een
onklopbare prijs. Kwaliteitsproducten staan centraal en worden in heerlijke, zwierige combinaties tot een hoogtepunt gebracht. De kaart is niet zo uitgebreid,
maar biedt o zo veel smaken.
• In the modern and stylish Blok's you will find creative dishes at unbeatable
prices. The emphasis is on quality produce, transformed into delicious and flam-
boyant combinations. The menu is not extensive but offers flavours aplenty.
→ Zeebaars ingelegd in sherryazijn, verschillende bereidingen van knolselderij en
sherrysorbet. Anjouduif op het karkas gebraden, crème van het levertje en lavas-
jus. Ananas met avocado, kokos en gember.

AMMERZODEN
Gelderland – Maasdriel 24 092 inw. – Atlas: **5**-A3
▶ Amsterdam 81 km – Arnhem 74 km – 's-Hertogenbosch 11 km – Utrecht 51 km
Michelin wegenkaart 532-Q12 en 715-G6

XX 't Oude Veerhuis ⌂ ♻ P ⚓
*Molendijk 1 ⌂ 5324 BC – ℰ (0 73) 599 13 42 – www.hetoudeveerhuis.nl
– gesloten 27 december-15 januari en maandag*
Carte 30/71 € – *(alleen diner behalve van juni tot augustus)*
• Sinds 1870 staat dezelfde familie aan het roer van dit restaurant aan de Maas.
En met onveranderlijk succes! Overheerlijke visgerechten uit de Nederlandse keu-
ken. Mooi terras.
• The popularity of this Maas restaurant, run by the same family since 1870, has
never flagged. Wholesome seafood menu with a Dutch twist. Fine terrace.

AMSTELVEEN – Noord-Holland → Zie Amsterdam, omgeving

AMSTERDAM

Noord-Holland – 799 278 inw. – Atlas: **11** A3

▶ Brussel 204 km – Düsseldorf 227 km – Den Haag 60 km – Luxembourg 419 km
Michelin wegenkaart 531-O8, 532-O8 en 715-F4

T. Koene/age fotostock

→ Menu...

Alfabetische lijst van hotels
→ Index of hotels

Alfabetische lijst van restaurants
→ Index of restaurants

Restaurants per type keuken
→ Restauants by cuisine type

Aziatisch p.

A-Fusion	✗ 🍴	96
Geisha	✗	96
MOMO	✗	102
Oriëntal 128	✗✗	101

Chinees p.

Chang-i	✗✗	100
Dynasty	✗✗✗	90
Sichuan Food	✗✗	93

Frans p.

Blauw aan de Wal	✗✗	92
Le Garage	✗✗ 🍴	100

Frans creatief p.

Het Bosch	✗✗	110
Brasserie la Bouche	✗✗	111
Breitner	✗✗	91
DenC, Dik en Cunningham	✗✗	93
Jaspers	✗✗	105
RON Gastrobar	✗ ❀	101

Frans klassiek p.

Beulings	✗	96
Elkaar	✗ 🍴	109

Frans modern p.

Eau de Vie	✗✗	105
Le Restaurant	✗✗ ❀	104
La Rive	✗✗✗ ❀	89

Indonesisch p.

Blue Pepper	✗✗	100
Tempo doeloe	✗ 🍴	96

Italiaans p.

Bussia	✗✗	94
Fifteen	✗	109
Roberto's	✗✗	106
Segugio	✗✗	93

Japans p.

Hosokawa	✗✗	92
Izakaya	✗	106
		107

Restaurants geopend op zaterdag en zondag
→ Restaurants open on Saturday and Sunday

AMSTERDAM

A-Fusion	✗ ⊛	96	Lastage	✗ ❀	95
Amstel Brasserie	✗✗	91	MOMO	✗	102
De Belhamel	✗	95	Oriëntal 128	✗✗	101
Beulings	✗	96	Oud-Zuid	✗ ⊛	102
Bistrot Neuf	✗ ⊛	96	Prego	✗	95
Blue Pepper	✗✗	100	Ricardo's in Odeon	✗	97
Brasserie Paardenburg	✗	113	La Rive	✗✗✗✗ ❀	89
Bridges	✗✗ ❀	91	Roberto's	✗✗	106
Bussia	✗✗	94	&samhoud places	✗✗✗ ❀❀	90
Chang-i	✗✗	100	Sazanka	✗✗ ❀	106
Daalder	✗	94	Screaming Beans	✗	101
Di Sale	✗✗	100	Serre	✗✗ ⊛	106
Dynasty	✗✗✗	90	Sichuan Food	✗✗	93
Eau de Vie	✗✗	105	Sinne	✗ ❀	107
Envy	✗ ⊛	95	VandeMarkt	✗✗	109
Fyra	✗✗	92	d'Vijff Vlieghen	✗✗	91
George W.P.A.	✗	101	Vinkeles	✗✗✗ ❀	90
Hoofdstad	✗✗ ⊛	91	White Elephant	✗	107
Hosokawa	✗✗	92	Yamazato	✗✗✗ ❀	104
Izakaya	✗	106			

Restaurants 's avonds laat geopend
→ Restaurants open late

Uur laatste bestelling tussen haakjes
→ Time of last orders in brackets

A-Fusion (23.00)	✗ ⊕	96
Bistrot Neuf (23.00)	✗ ⊕	96
Blauw aan de Wal (23.00)	✗✗	92
Bordewijk (23.00)	✗✗	94
Brasserie van Baerle (23.00)	✗✗ ⊕	100
Chang-i (23.00)	✗✗	100
Di Sale (23.00)	✗✗	100
Dynasty (23.00)	✗✗✗	90
Le Garage (23.00)	✗✗ ⊕	100
Geisha (23.00)	✗	96
George W.P.A. (23.00)	✗	101
Hoofdstad (23.00)	✗✗ ⊕	91
Izakaya (23.00)	✗	106
MOMO (23.00)	✗	102
Screaming Beans (00.00)	✗	101
Visaandeschelde (23.00)	✗✗	105

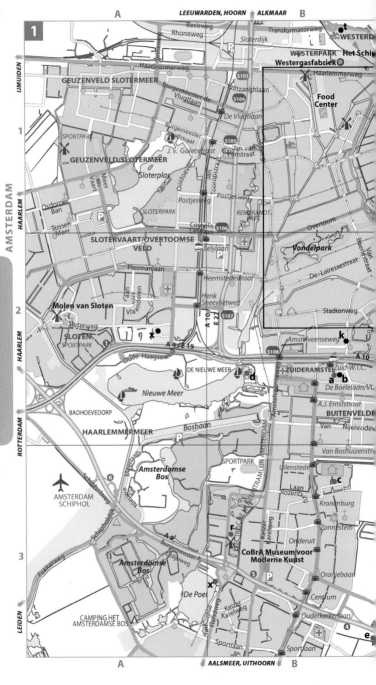

B

2

FLORA PARK

AMSTERDAM-NOORD

WERENGOUW

VAN DER PEKBUURT

U-Tunnel

CAMPING VLIEGENBOS

NIEUWENDAM

SCHELLINGWOUDE

Liergouw

OOSTELIJK HAVENGEBIED

Piet Heinkade

JAVA-EILAND

Oostelijke Handelskade

KNSM-EILAND

Koninklijk Paleis

OOSTERDOK

IJtunnel

a ● ZEEBURG

IJburglaan

Vlaughammerdijk

1

BEGIJNHOF

Amstel

Molen De Gooyer

Plantage Middenlaan

Artis

P Zuiderzeeweg

S114

KSMUSEUM

Mauritskade

TROPEN MUSEUM

FLEVO PARK

Amstelkanaal

Oosterpark

4m2

OOST

SCIENCE PARK

Wibautstraat

WATERGRAAFSMEER

DE PIJP

DE DAGERAAD

Churchilllaan

Mr. Treublaan

Hugo de Vrieslaan

Kruislaan

SPORT PARK

A 10 / E 35

A 1 / E 231

Roosevteltlaan

Linnaeusstraat

Amstel

Gooiseweg

Middenweg

Van der Madeweg

Lanxslaan

President Kennedylaan

S109

S110

Spaklerweg

S113

DIEMEN

2

S112

S111

Gooiseweg

Weesperstraat

Overamstel

Van der Madeweg

Diemen-Zuid

Verrijn Stuartweg

MSTEL PARK

Van der Madeweg

Provincialeweg

De Arft

DUIVENDRECHT

AMSTEL

Venserpolder

P

Bijlmerdreef

Amstel

Duivendrecht

Strandvliet

BIJLMERMEER

3

A 2 / E 35

Burgemeester Stramanweg

Bijlmer

BIJLMERPARK

MSTELVEEN

Machineweg

P

Bullewijk

ALMERE

t ● u ● v ● Ouderkerk a/d Amstel P

a ●

Muiderbergweg

AMSTERDAM

0 _____ 1,2 km

AMSTERDAM

IJBURG

AMERSFOORT

WEESP

ALMERE

77

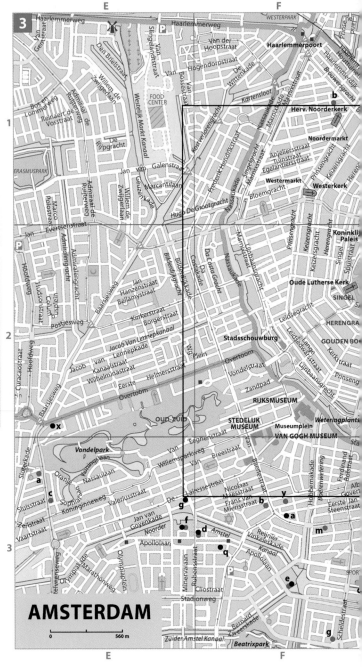

AMSTERDAM

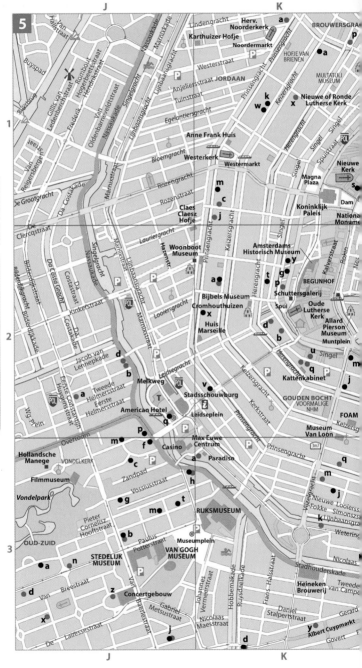

AMSTERDAM

Centrum

Amstel
Prof. Tulpplein 1 ✉ *1018 GX* – ✆ *(0 20) 622 60 60*   Plattegrond: 6L3**a**
– www.amsterdam.intercontinental.com
63 kam – ♦350/655 € ♦♦350/655 €, ☲ 35 € – 16 suites
Rest *La Rive* ❀ **Rest** *Amstel Brasserie* – zie restaurantselectie
● Een bastion van stijl en luxe, dit paleis aan de Amstel. Grote kamers die met zorg voor details zijn ingericht, stijlmeubilair, efficiënte service en alle denkbare faciliteiten.
● A veritable haven of luxury and good taste in this grand hotel on the banks of the Amstel. The vast rooms are decorated with attention to detail and stylish furnishings. Complete, efficient service.

Sofitel The Grand
O.Z. Voorburgwal 197 ✉ *1012 EX* – ✆ *(0 20)*   Plattegrond: 6L2**b**
555 31 11 – www.sofitel-legend-thegrand.com
148 kam – ♦265/570 € ♦♦265/570 €, ☲ 38 € – 29 suites
Rest *Bridges* ❀ – zie restaurantselectie
Rest *Le Petit Bistro* – ✆ *(0 20) 555 35 60* – Lunch 22 € – Menu 36 €
– Carte 34/59 €
● Willem van Oranje verbleef ooit in dit prachtige historische pand, het voormalige stadhuis van Amsterdam. Nederlandse stijlelementen en Franse elegantie. Stijlvol gerenoveerde kamers, salons, mooie binnenplaats. Chic restaurant met vis en zeevruchten in pure bereidingen.
● William of Orange once stayed in this superb historic building, formerly Amsterdam's town hall. Stylish, refurbished guestrooms, lounges and a beautiful courtyard. Chic restaurant with fish and seafood in their purest form.

Hotel de l'Europe
Nieuwe Doelenstraat 2 ✉ *1012 CP* – ✆ *(0 20)*   Plattegrond: 5K2**c**
531 17 77 – www.leurope.nl
88 kam – ♦389/699 € ♦♦389/699 €, ☲ 32 € – 23 suites
Rest *Bord'Eau* ❀❀ **Rest** *Hoofdstad* ☺ – zie restaurantselectie
● Dit luxehotel uit het einde van de 19de eeuw is een chique combinatie van charme en traditie. De kamers zijn stijlvol en de junior suites werden geïnspireerd door de Nederlandse schilder Mondriaan. Zicht op het water.
● This luxury hotel, which dates back to the end of the 19C, offers a chic combination of charm and tradition. The rooms are elegant and the junior suites were inspired by Mondrian, the Dutch painter. Views of the canals.

Grand Hotel Amrâth
Prins Hendrikkade 108 ✉ *1011 AK* – ✆ *(0 20)*   Plattegrond: 6L1**x**
552 00 00 – www.amrathamsterdam.com
165 kam – ♦204/584 € ♦♦204/584 €, ☲ 25 € – 7 suites
Rest *Seven Seas* – Menu 40/50 € – Carte 45/90 € – *(alleen diner)*
● De monumentale trappenhal van dit indrukwekkende art-nouveauhotel is uw "stairway to heaven": hier zal het u aan niets ontbreken. De ligging is lekker centraal, de kamers comfortabel en de service erg persoonlijk en attent. In Seven Seas vindt u een vleugje retro in het interieur en een internationale bries op uw bord.
● The monumental staircase in this imposing Art Nouveau hotel will be your stairway to heaven as you won't want for anything here. The location is nice and central, the rooms are comfortable and the service is very personal and attentive. In the Seven Seas restaurant, you will find a hint of retro in the decor and an international flavour on your plate.

Twijfelt u tussen twee adressen in dezelfde categorie?
Binnen elke categorie staan de zaken geordend volgens klasse
en comfort van het decor.

Andaz

Prinsengracht 587 ✉ *1016 HT* – ✆ *(0 20) 523 12 34*   Plattegrond: 5K2**x**
– *www.amsterdam.prinsengracht.andaz.com*
117 kam – 🛏325/525 € 🛏🛏345/545 €, ☕ 29 € – 5 suites
Rest *Bluespoon* – ✆ *(0 20) 523 12 50* – Lunch 32 € – Menu 56 €
– Carte 35/64 €
• Design hotel aan de Prinsengracht dat is ingericht door Marcel Wanders. Deze voormalige bibliotheek leent zich tot een beleving in luxe en stijl, waarbij een persoonlijke ontvangst en begeleiding horen. In het restaurant wordt de houtskooloven duchtig gebruikt voor actuele bereidingen, in grote of kleine porties.
• This design hotel on the Prinsengracht has an interior decor by Marcel Wanders. This former library lends itself to an experience encapsulating both luxury and style, accompanied by a personal welcome and service. In the restaurant, the charcoal oven is used for freshly cooked dishes served in large or small portions.

Waldorf Astoria 🅝

Herengracht 542 ✉ *1017 CG* – ✆ *(0 20) 718 46 00*   Plattegrond: 6L2**d**
– *www.waldorfastoria.com*
93 kam – 🛏345/595 € 🛏🛏385/655 €, ☕ 30 € – 8 suites
Rest *Librije's Zusje Amsterdam* ❀❀ – zie restaurantselectie
• Zes grachtenhuizen uit de 17de eeuw zijn omgetoverd tot een oord van luxe. Een interieur dat klasse uitstraalt, marmer in de badkamers, personeel dat altijd tot uw dienst staat … En dan dat zicht: de kamers vooraan kijken uit op de Herengracht, die achteraan op de mooie binnentuin. Heerlijk!
• Six canal houses from the 17C have been transformed into a luxury hotel with stylish decor, marble bathrooms and staff who are ever attentive to guests' needs. The views add to the appeal, with the front rooms overlooking the Herengracht and those to the rear overlooking the beautiful courtyard. Wonderful!

Zin om te vertrekken op de laatste minuut?
Bezoek de hotels op het internet om van promotieprijzen te genieten.

Pulitzer

Prinsengracht 315 ✉ *1016 GZ* – ✆ *(0 20) 523 52 35*   Plattegrond: 5K1**m**
– *www.luxurycollection.com/pulitzer*
227 kam – 🛏225/514 € 🛏🛏255/539 €, ☕ 32 € – 3 suites
Rest *Keizersgracht 238* – ✆ *(0 20) 523 52 82* – Lunch 40 € – Carte 40/83 €
• Karaktervol complex van 25 huizen (17de en 18de eeuw) rond een verzorgde tuin. De kamers zijn smaakvol en de gemeenschappelijke ruimten verfraaid met kunstwerken. In het restaurant geniet u van grillgerechten, met zicht op de Amsterdamse grachten.
• A distinctive complex of 25 houses from the 17C and 18C located around a manicured garden. The rooms are tastefully decorated and the public spaces adorned by works of art. In the restaurant, feast on grilled dishes looking out over the canals of Amsterdam.

NH Grand Hotel Krasnapolsky

Dam 9 ✉ *1012 JS* – ✆ *(0 20) 554 91 11*   Plattegrond: 6L1**k**
– *www.nh-hotels.com*
468 kam – 🛏149/489 € 🛏🛏149/489 €, ☕ 30 € – 1 suite
Rest – Menu 39/80 € – Carte 53/62 € – *(gesloten zondag en maandag) (alleen diner)*
• Historisch grand hotel aan de Dam. Diverse categorieën kamers, appartementen (per week te huur) en ontbijtbuffet onder een schitterende glazen kap (1879). Het restaurant biedt een klassiek meerkeuzemenu in een stijlvol decor.
• This historic grand hotel on Dam square has various categories of guestrooms and apartments, which can be rented per week. Enjoy the breakfast buffet underneath a spectacular glass dome (1879). The restaurant offers a traditional multi-choice menu to a backdrop of stylish decor.

Renaissance

🎧 👌 📶 📺 📶 📱

Kattengat 1 ✉ *1012 SZ – ☎ (0 20) 621 22 23* Plattegrond: 6L1**e**
– www.renaissanceamsterdam.com

396 kam – 🛏179/449 € 🛏🛏179/449 €, ☕ 29 € – 6 suites
Rest – Carte 32/53 € – *(gesloten zondag) (alleen diner)*

● Aangename kamers, suites en junior suites met modern comfort. Tal van faciliteiten, uitstekende vergadervoorzieningen onder de koepel van een voormalige lutherse kerk (1671). Internationale menukaart in het restaurant, eenvoudige eetformule in het bruin café.

● Rooms, suites and junior suites with modern comfort and numerous services on offer. Excellent conference facilities underneath the dome of an old Lutheran church dating from 1671. Restaurant with an international menu; simplified dining in the "brown café".

NH Barbizon Palace

📶 🎧 📶 👌 📺 📶 📱 📱

Prins Hendrikkade 59 ✉ *1012 AD – ☎ (0 20)* Plattegrond: 6L1**d**
556 45 64 – www.nh-hotels.com

271 kam – 🛏150/300 € 🛏🛏150/300 €, ☕ 26 € – 3 suites
Rest *Vermeer* 🌸 – zie restaurantselectie
Rest *Bar Mar-Dique* – Menu 28 € – Carte 40/55 €

● Een elegant onderkomen recht tegenover het station, met een vleugje 17de-eeuwse charme en een portie klassiek comfort. De beroemde Amsterdamse grachten wachten om door u verkend te worden vanaf de privé-aanlegsteiger. Bij Bar Mar-Dique ontdekt u gerechten in een moderne bistrostijl, met een voorliefde voor groenten.

● This elegant property directly opposite the station has a hint of 17C charm. It has plenty of traditional comfort and the famous Amsterdam canals await discovery from the private jetty. At Bar Mar-Dique discover dishes prepared in a modern bistro style, with a penchant for vegetables.

Ambassade zonder rest

◁ 👌 📶 📺 📶

Herengracht 341 ✉ *1016 AZ – ☎ (0 20) 555 02 22* Plattegrond: 5K2**t**
– www.ambassade-hotel.nl

53 kam – 🛏185/265 € 🛏🛏185/425 €, ☕ 18 € – 3 suites

● U merkt het aan de Cobra-collectie en de bibliotheek met gesigneerde boeken van auteurs die hier verbleven: dit is een kunstig adresje, erg passend voor het artistieke Amsterdam!

● The Cobra collection and the books in the library signed by authors who have stayed here all testify to the artistic style of this hotel. It is just perfect for art loving Amsterdam!

The Dylan

📶 🎧 👌 📶 📺 📶 📶 📶

Keizersgracht 384 ✉ *1016 GB – ☎ (0 20) 530 20 10* Plattegrond: 5K2**a**
– www.dylanamsterdam.nl

40 kam – 🛏290/350 € 🛏🛏300/550 €, ☕ 28 € – 2 suites
Rest *Vinkeles* 🌸 – zie restaurantselectie
Rest *Brasserie OCCO* – Lunch 25 € – Menu 36 € – Carte 33/65 € – *(open tot 23. 00 u.)*

● Ontdek de intieme harmonie van dit 17de-eeuwse boetiekhotel met verrassend designdecor. Prachtige kamers en persoonlijke service maken dit één van de bijzondere adressen van de stad. Bij Occo, 's zomers met terras, staan brasseriegerechten op de kaart.

● Discover the intimate harmony of this 17C boutique hotel with a surprising designer decor. Magnificent guestrooms and personal service make this one of the city's special addresses. Occo boasts a terrace in the summer and has brasserie dishes on its menu.

Een lekkere maaltijd voor een scherpe prijs? Ga op zoek naar de Bib Gourmand 🍴.
Ze onderscheiden restaurants met een onklopbare prijs-kwaliteitsverhouding.

American 🛜 🏮 🛏 🛎 ♿ 🄰🄲 kam, 🚫 🛜 🏋

Leidsekade 97 ✉ *1017 PN* – ✆ *(0 20) 556 30 00*   Plattegrond: 5J2**q**
– www.amsterdamamerican.com
175 kam – 🧍130/385 € 🧍🧍130/385 €, ⌁ 20 €
Rest *Café Americain* – ✆ (0 20) 556 30 10 – Menu 28/35 € – Carte 37/72 €
● Dit historisch gebouw grijpt meteen uw aandacht. De indrukwekkende façade ademt een zekere statigheid uit en is gelegen aan een levendig plein. De fijne brasseriekeuken van Café Americain wordt opgediend in een stijlvol art-decocafé, met een schitterend plafond.
● This historic building in a lively square immediately commands your attention with its imposing façade that exudes a certain dignity. The fine brasserie cuisine on offer in the Café Americain is served in a stylish Art Deco pub with a magnificent ceiling.

 Banks Mansion zonder rest   🛎 🄰🄲 🚫 🛜

Herengracht 519 ✉ *1017 BV* – ✆ *(0 20) 420 00 55*   Plattegrond: 5K2**j**
– www.banksmansion.nl
50 kam ⌁ – 🧍189/289 € 🧍🧍239/319 €
● De knappe architectuur van Berlage kondigt het al aan: hier verblijft u in stijl, zoals u het in een mansion verwacht. Leuke extra: de minibar én de whisky zijn inbegrepen!
● The handsome Berlage architecture of this hotel hints at the elegant accommodation on offer here. As an added attraction, the minibar and the whisky are included in the price of the room.

 Victoria 📺 🏮 🛏 🛎 ♿ kam, 🄰🄲 🚫 🛜 🏋

Damrak 1 ✉ *1012 LG* – ✆ *(0 20) 623 42 55*   Plattegrond: 6L1**j**
– www.parkplaza.com
306 kam – 🧍160/350 € 🧍🧍160/350 €, ⌁ 24 €   **Rest** – Carte 37/54 €
● Neoklassiek luxehotel (19de eeuw) met uitbreiding uit circa 1980, tegenover het station. Lobby met fraaie koepel en moderne glaswanden. Alle kamers zijn gerenoveerd. Café-restaurant met een traditionele kaart.
● Near the station, a neoclassical 19C luxury hotel and extension dating from the 1980s. Domed lobby with modern stained glass. Refurbished rooms. Tavern-restaurant with traditional menu.

Mövenpick ⇐ 🍴 🏮 🛏 🛎 ♿ kam, 🄰🄲 🚫 🛜 🏋 🚗

Piet Heinkade 11 ✉ *1019 BR* – ✆ *(0 20) 519 12 00*   Plattegrond: 6M1**x**
– www.moevenpick-hotels.com/amsterdam
408 kam – 🧍159/585 € 🧍🧍159/585 €, ⌁ 24 € – 1 suite
Rest – Lunch 28 € – Menu 33 € – Carte 34/69 €
● Modern ketenhotel in een nieuwe wijk tussen het station en het IJ. Kamers met weids uitzicht. Concerthal, jazzclub, cruiseship terminal en congrescentrum naast de deur. In het restaurant met uitzicht op het water wordt een creatieve internationale keuken geserveerd.
● Modern chain hotel inaugurated in 2006 in a modern district. The rooms have panoramic views. Concert hall, jazz club and congress centre next door. Restaurant serving international cuisine.

 Canal House zonder rest   🛁 🛎 🄰🄲 🚫 🛜 🏋

Keizersgracht 148 ✉ *1015 CX* – ✆ *(0 20) 622 51 82*   Plattegrond: 5K1**k**
– www.canalhouse.nl
23 kam ⌁ – 🧍285/700 € 🧍🧍285/700 € – 1 suite
● Canal House, dat is luxueus logeren langs Amsterdamse grachten. U hebt de keuze uit kamers gaande van good over better tot best, de ultieme verwennerij! Het moderne karakter van de kamers past perfect bij het historische kader van dit hotel.
● Canal House is synonymous with luxury and is set alongside one of Amsterdam's canals. Take your pick from guestrooms ranging in category from 'good' to 'better' to 'best', the ultimate treat! The modern character of the rooms fits in perfectly with the historic ambience of this hotel.

Estheréa zonder rest
Singel 305 ⊠ *1012 WJ* – ℰ *(0 20) 624 51 46*   Plattegrond: 5K2**y**
– www.estherea.nl
91 kam – ♦125/425 € ♦♦125/425 €, ⊒ 18 € – 2 suites
● Estherea is een kokette dame, een echte beauty queen: ze verleidt u met een warm interieur vol rood velours en klassieke charme en wint u helemaal voor zich met het verzorgde ontbijt.
● The Estherea is a beautiful, elegant hotel full of charm. The restaurant's warm, classic interior clad in red velvet will tempt diners, and its excellent breakfast will win them over completely.

The Toren zonder rest
Keizersgracht 164 ⊠ *1015 CZ* – ℰ *(0 20) 622 63 52*   Plattegrond: 5K1**w**
– www.thetoren.nl
38 kam – ♦80/180 € ♦♦165/360 €, ⊒ 14 € – 3 suites
● Op enkele passen van het Anne Frank Huis vindt u dit romantisch boudoirhotel. De ontbijtzaal is elegant en de kamers zijn warm ingericht, in neobarokke stijl, met als uitschieter de drie tuinsuites: een droom om in te slapen!
● This romantic boutique hotel can be found just a few steps away from the Anne Frank House. The breakfast room is elegant and the bedrooms are decorated in a warm, neo-Baroque style. The three garden suites will ensure a memorable stay.

Rembrandt Square
Amstelstraat 17 ⊠ *1017 DA* – ℰ *(0 20) 890 47 47*   Plattegrond: 6L2**s**
– www.hamsphire-hotels.com
168 kam – ♦107/450 € ♦♦107/450 €, ⊒ 19 €
Rest *Brasserie FLO* – zie restaurantselectie
● Dit oude hotelpand bij een gezellig plein is vanbinnen geheel gemoderniseerd en heeft eigentijdse, goed uitgeruste kamers. Vergaderzalen. Fietsen beschikbaar.
● Set on a lively square, the vintage façade hides a modernised interior. Contemporary, well-equipped guestrooms. Seminar facilities and bicycles available.

Eden 🏠
Amstel 144 ⊠ *1017 AE* – ℰ *(0 20) 530 78 70*
218 kam – ♦90/450 € ♦♦90/450 €, ⊒ 19 €
● Goed comfort in de kamers van de dependance ernaast.
● The guestrooms in the adjoining outbuilding are pleasantly comfortable.

Notting Hill
Westeinde 26 ⊠ *1017 ZP* – ℰ *(0 20) 523 10 30*   Plattegrond: 6L3**h**
– www.hotelnottinghill.nl
71 kam – ♦150/400 € ♦♦150/400 €, ⊒ 24 €
Rest – Menu 25 € – Carte 31/46 €
● Boetiekhotel dat van alle moderne comfort is voorzien. De kamers zien er niet alleen mooi uit, ze zijn ook ingericht met kwalitatief hoogstaande materialen. De parkeergarage van het hotel komt hier, in het stadscentrum, goed van pas. Voor design en internationale gerechten moet u in het restaurant zijn.
● A boutique hotel equipped with every type of modern comfort. The rooms not only look sumptuous, they are also finished with top quality materials. The hotel's car park is handy in this location in the city centre. Enjoy international cuisine to a backdrop of designer decor in the restaurant.

Double Tree
Oosterdoksstraat 4 ⊠ *1011 DK* – ℰ *(0 20) 530 08 00*   Plattegrond: 6L1**b**
– www.amsterdam.doubletree.com
553 kam – ♦139/599 € ♦♦139/599 €, ⊒ 25 €
Rest – Menu 35/45 € – Carte 48/56 € – *(open tot 23.00 u.)*
● De grote ramen en praktische ligging, naast het IJ en het station, zorgen voor een uitzicht dat de nieuwsgierige toerist in u doet watertanden! De kamers van dit enigszins futuristische hotel zijn licht en luchtig. Indrukwekkende Skybar.
● This hotel with its huge windows boasts dazzling views to tempt the curious traveller, as well as a great location close to the IJ and the station. The bedrooms of this rather futuristic hotel are light and airy. Impressive Sky bar.

Aitana
IJdok 6 ✉ *1013 MM* – ✆ *(0 20) 891 48 00*
Plattegrond: 4G1**a**
– *www.room-matehotels.com*
285 kam – 🛏119/279 € 🛏🛏119/279 €, ☐ 19 € – 6 suites
Rest – Lunch 26 € – Menu 38/48 € – Carte 26/45 €
● Amsterdam heeft er op het IJ een designhotel bij, en wat voor één! Veel lichtinval en minimalistisch design zorgen zowel in de themakamers als de suites voor een zengevoel. U kunt er lekker lang genieten van de heerlijke bedden want het ontbijt wordt tot 12 uur geserveerd. Leuke extra: het hotel heeft een eigen marina.
● Amsterdam has a new design hotel on the river IJ, and quite an exceptional one too! Lots of light and a minimalist design in the themed rooms and suites create a relaxed 'Zen-like' feel. Breakfast is served until noon, allowing guests a lazy morning in the comfortable beds. A nice extra touch: the hotel has its own marina.

 Amsterdam - De Roode Leeuw
Damrak 93 ✉ *1012 LP* – ✆ *(0 20) 555 06 66*
Plattegrond: 5K1**s**
– *www.hotelamsterdam.nl*
79 kam – 🛏105/420 € 🛏🛏115/430 €, ☐ 17 €
Rest *De Roode Leeuw* – Menu 35 € – Carte 35/52 € – *(gesloten oudejaarsavond)*
● Een veteraan in de Amsterdamse horeca en heel centraal gelegen aan het drukke Damrak. Kamers met goed comfort. Traditionele Nederlandse gerechten in het restaurant.
● A veteran in the Amsterdam hotel and catering industry with a central location along the busy Damrak. Guestrooms offering good levels of comfort. Choose from a traditional Dutch menu in the restaurant.

 Dikker & Thijs Fenice
Prinsengracht 444 ✉ *1017 KE* – ✆ *(0 20) 620 12 12*
Plattegrond: 5K2**v**
– *www.dtfh.nl*
42 kam – 🛏125/345 € 🛏🛏125/345 €, ☐ 15 €
Rest *Thijs* – Prinsengracht 438, ✆ *(0 20) 625 01 50* – Menu 35 €
– Carte 36/47 € – *(gesloten zondag) (alleen diner)*
● Een klein 18de-eeuws pakhuis aan de gracht en een monumentaal art-decopand, die beide in hun oude glorie zijn hersteld. Grote kamers en penthouse met zicht op de stad. Kelderrestaurant in bistrostijl, met keuzemenu aan vaste prijs.
● A small 18C warehouse along a canal and a monumental Art Deco building, both of which have been restored to their former glory. Large guestrooms and a penthouse with views over the city. Bistro-style basement restaurant with a fixed price set menu.

 Inntel zonder rest
Nieuwezijdskolk 19 ✉ *1012 PV* – ✆ *(0 20) 530 18 18*
Plattegrond: 6L1**a**
– *www.inntelhotels.nl*
239 kam – 🛏99/480 € 🛏🛏99/480 €, ☐ 18 €
● Hotel met moderne glasgevel in het bruisende Nieuwe Zijde-kwartier, een winkelbuurt dicht bij het station. Kamers met goede geluidsisolatie. Ontbijtserre.
● A modern glass-fronted establishment in the heart of the busy Nieuwe Zijde, the shopping area next to the station. Well sound-proofed rooms. Breakfast area entirely surrounded by glass.

 The Albus
Vijzelstraat 49 ✉ *1017 HE* – ✆ *(0 20) 530 62 00*
Plattegrond: 5K2**m**
– *www.albushotel.com*
74 kam – 🛏99/269 € 🛏🛏99/269 €, ☐ 19 €
Rest *Senses* – Vijzelstraat 45, ✆ *(0 20) 530 62 66* – Menu 30/35 € – Carte 36/55 €
● Een fris, modern designhotel in het centrum waar de kamers naargelang de grootte namen hebben als smart, superb en stunning. Een tip: de kamers aan de achterkant zijn zeer rustig. Ook Senses doet het rustig aan met slow food, waarbij topproducten op klassieke basis worden bereid.
● A bright, modern design hotel in the city centre, where the guestrooms have been named 'smart', 'superb' and 'stunning' depending on their size. A useful tip: the rooms at the back are particularly quiet. The Senses restaurant also has a relaxed atmosphere with slow food prepared from top quality produce in a traditional way.

NH City Centre zonder rest 🎦 ♿ ⚡ 🛜 🗄

Spuistraat 288 ⊠ 1012 VX – ℰ (0 20) 420 45 45   Plattegrond: 5K2**g**
– www.nh-hotels.com
209 kam – ♦80/150 € ♦♦80/150 €, ☲ 15 €
● De kamers in dit hotel tussen Singel en Begijnhof zijn ingericht in de eigentijdse NH-stijl. In de lobby en ontbijtruimte zorgen art-nouveau-elementen voor
een decoratief extraatje.
● Slotted between the Singel canal and the Béguine convent, this hotel has neu-
tral, contemporary-style bedrooms typical of the NH chain. Spacious and comfortable lounge.

Mercure Arthur Frommer zonder rest 🎦 🅺 ⚡ 🛜 🗄

Noorderstraat 46 ⊠ 1017 TV – ℰ (0 20) 622 03 28   Plattegrond: 5K3**j**
– www.mercure.com/1032
93 kam – ♦99/229 € ♦♦99/229 €, ☲ 19 €
● Snuif de Amsterdamse sfeer op in deze voormalige wevershuisjes, die plaats
hebben gemaakt voor een boetiekhotel. Dit is een uitstekende uitvalsbasis om
de musea te bezoeken! De kamers zijn gerenoveerd en modern, in de kelder is
een flashy bar.
● Breathe in the true atmosphere of Amsterdam in these former weavers' cottages, which have made way for a boutique hotel. It makes an excellent base for
visits to the city's museums and the guestrooms are renovated in a modern style.
The basement houses a flashy bar.

Hotel V Nesplein 🏠 🎦 ♿ 🅺 kam, 🛜 🛄

Nes 49 ⊠ 1012 KD – ℰ (0 20) 662 32 33   Plattegrond: 5K2**e**
– www.hotelv.nl
43 kam – ♦199/269 € ♦♦199/269 €, ☲ 16 €
Rest *The Lobby* – ℰ (0 20) 758 52 75 – Menu 34 € – Carte 38/45 €
● Pal in de theaterbuurt verschijnt dit modern, urban hotel op het toneel. Oude
theaterposters behangen de gangmuren en de kamers zijn comfortabel en stoer.
De brasserie is hier een hoofdrolspeler: sfeervol en lekker.
● This modern, urban hotel has hit the stage in the very heart of the theatre district. The corridors are decorated with old theatre posters, while the guestrooms
are imposing yet comfortable. The atmospheric brasserie, which serves delicious
cuisine, also plays a leading role here.

Sebastian's zonder rest 🎦 🛜

Keizersgracht 15 ⊠ 1055 CC – ℰ (0 20) 423 23 42   Plattegrond: 5K1**a**
– www.hotelsebastians.nl
34 kam – ♦70/170 € ♦♦100/260 €, ☲ 10 €
● Een boetiekhotel met gewaagde maar warme kleuren dat door z'n fijne ligging
langs de Keizersgracht, dicht bij de Jordaan, zowel zakenlui als party people zal
bevallen. Trendy bar.
● A boutique hotel with an adventurous, yet warm colour scheme. Its convenient
location on the Keizersgracht canal, close to the Jordaan area, will suit business
travellers and night-owls alike. Trendy bar.

Nes zonder rest 🎦 ⚡ 🛜

Kloveniersburgwal 137 ⊠ 1011 KE – ℰ (0 20)   Plattegrond: 6L2**f**
624 47 73 – www.hotelnes.nl
39 kam – ♦70/140 € ♦♦90/180 €, ☲ 10 €
● De familie Shaya heeft in de loop van 3 decennia een verzorgd hotel uitge-
bouwd; hun eigen kleine mirakel ("nes" in het Hebreeuws) langs de grachten.
● The Shaya family have been running this well-maintained hotel situated along
the canals for more than 30 years – their own small miracle ("nes" in Hebrew).

Nicolaas Witsen zonder rest 🚲 🎦 ⚡ 🛜

Nicolaas Witsenstraat 4 ⊠ 1017 ZH – ℰ (0 20)   Plattegrond: 5K3**b**
626 65 46 – www.hotelnicolaaswitsen.nl
28 kam ☲ – ♦59/119 € ♦♦79/159 €
● Eenvoudig hotel, handig gelegen: dicht bij het Rijksmuseum en de tram naar
het centrum. Uitgebreid ontbijtbuffet.
● A simple hotel, conveniently situated close to the Rijks Museum and the tram
to the city centre. Lavish breakfast buffet.

⌂ **Frederik Park House** zonder rest ⚑ ✎

Frederiksplein 22 ✉ 1017 XM – ✆ (0 20) 420 77 26 Plattegrond: 6L3**z**
– www.frederikparkhouse.com

4 kam ☕ – 🛏185/250 € 🛏🛏185/250 €

● Een gemoedelijk guesthouse met knusse kamers aan de parkzijde of de tuin. Het ontbijt wordt bij de kamerdeur afgegeven. Dakterras ('s zomers vol bloemen) aan de achterzijde.

● This welcoming guesthouse offers cosy rooms, facing the park or a small garden. Breakfast served in the bedrooms. Raised terrace at the rear, decked in flowers in summer.

XXXX **Bord'Eau** – Hotel de l'Europe ⟨ 🏠 🅚 ⚑ ⇄ 🛋 **P** ⚓
🕸 🕸 *Nieuwe Doelenstraat 2 ✉ 1012 CP – ✆ (0 20)* Plattegrond: 5K2**c**
531 17 77 – www.bordeau.nl
– gesloten eerste 2 weken januari, 26 juli-18 augustus, zaterdagmiddag, zondag en maandag
• CREATIEF • Lunch 38 € – Menu 88/95 € – Carte 91/161 €

● Verfijnd en geweldig, of verfijnd (culinair) geweld is de beste manier om dit prachtige restaurant te omschrijven. De chef pleziert zijn veeleisende publiek met nobele producten in gerechten die helemaal in de tijdsgeest passen. Klaar voor een culinaire eyeopener? Ga dan voor het chocolade-ijs met roquefort: een verrukkelijke voltreffer!

● Delicious and sophisticated, or deliciously sophisticated is the best way of summing up the hallmarks of this restaurant. The chef makes every effort to please his demanding clientele by serving well-sourced produce in dishes that reflect the spirit of the times completely.

➜ Ossenstaart gevuld met merg en gnocchi van gebakken cantharellen. Tournedos Rossini met knolselderij en eigen jus. Abricot surprise.

XXXX **Vermeer** – Hotel NH Barbizon Palace ⚭ ♿ 🅚 ⚑ ⇄ 🛋 **P**
🕸 *Prins Hendrikkade 59 ✉ 1012 AD* Plattegrond: 6L1**d**
– ✆ (0 20) 556 48 85
– www.restaurantvermeer.nl
– gesloten 25 december-4 januari, 13 juli-16 augustus, feestdagen en zondag
• MODERN • Menu 90/110 € – Carte ong. 102 € – *(alleen diner)*

● Elegant restaurant in een tophotel, waar de chef-kok een persoonlijke kookstijl hanteert met een snufje lef. Mooi a la carte menu, rijke wijnkelder en kundige sommelier.

● An elegant restaurant in a top class hotel, where the chef applies a personal style and a touch of daring. Beautiful à la carte menu, extensive wine cellar and an experienced sommelier.

➜ Groenten in drie bereidingen: rauw, gemarineerd en gegaard. Op het karkas gebraden duif met gepocheerde rabarber en asperges. Koffie met noten, gezouten karamel en een citroengrassausje.

XXXX **La Rive** – Hotel Amstel ⚭ ⟨ 🏠 🅚 ⚑ ⇄ 🛋 **P** ⚓
🕸 *Prof. Tulpplein 1 ✉ 1018 GX – ✆ (0 20) 520 32 64* Plattegrond: 6L3**a**
– www.restaurantlarive.com
– gesloten 1 tot 22 januari
• FRANS MODERN • Menu 95/115 € – Carte 125/164 € – *(alleen diner)*

● Intieme ambiance, geraffineerd decor, subliem comfort en prachtige wijnen kenmerken dit gastronomische restaurant van het Amstel Hotel. De keuken is innovatief en in de gerechten schemert de smaak van Azië door. De tafeltjes aan de waterkant zijn zeer gegeerd.

● An intimate ambience, refined decor, sublime comfort and exquisite wines characterise this gastronomic restaurant in the Amstel Hotel. The kitchen is highly innovative, producing dishes that show touches of Asian inspiration. The canalside tables are particularly sought after.

➜ Coquilles met venkel, grijze garnalen en yuzu. Lamsvlees gebraden met physalis, harissa en amandel. Aardbeien geserveerd met tonkabonen, mascarpone en vanille.

Rode symbolen wijzen op de bijzondere charme van de zaak 🏠🏠 XxX.

Librije's Zusje Amsterdam ⓝ – Hotel Waldorf Astoria

♨ AC ❀ ⇄ ⌂

✿✿✿ ❀❀

Herengracht 542 ✉ *1017 CG –* 𝄢 *(0 20) 718 46 00*　　Plattegrond: 6L2**d**
– www.waldorfastoria.com – gesloten 1 tot 13 januari, 26 juli-10 augustus,
dinsdagmiddag, woensdagmiddag, zondag en maandag
• INNOVATIEF • Menu 68/110 € – Carte 90/155 €
● Buitengewoon mooi! Klasse! In dit verfijnde klassieke restaurant beleeft u een echte fine dining ervaring. Elegantie is eveneens aanwezig in de gerechten: het originele samenspel van texturen en smaken is precies en zorgt voor een heerlijke harmonie, elke hap verrast. Het Zusje is groot geworden, en hoe!
● Extraordinarily beautiful and classy! This refined, classic restaurant offers a true fine dining experience. The food is elegant, with a unique interplay of textures and tastes that is spot on, creating a wonderful harmony where every bite surprises. Definitely worth a visit!
→ Op de huid gebakken zeebaars met pompoen en yoghurt, anjovis en komkommer. Gelakte kalfszwezerik met langoustines, merg en asperges. Aardbeien en rabarbercoulis met verveinecrackers en gezouten macadamiaroomijs.

Vinkeles – Hotel The Dylan

☂ ♨ ⌂

✿✿✿ ❀

Keizersgracht 384 ✉ *1016 GB –* 𝄢 *(0 20) 530 20 10*　　Plattegrond: 5K2**a**
– www.vinkeles.com
– gesloten 1 tot 11 januari, 27 juli-9 augustus en maandag
• CREATIEF • Menu 90/135 € – Carte 86/212 € – *(alleen diner)*
● Elegant restaurant in een stijlvol hotel. Creatieve, eerlijke gerechten, met stijl en egards geserveerd in de voormalige bakkerij (oude fornuizen in het zicht). Aperitief op de binnenhof.
● Smart restaurant set in a characterful hotel. Creative, tasty cuisine, served stylishly in the former bakery (view of the old ovens) or facing the courtyard.
→ Oosterscheldekreeft met asperges, morieljes en daslookolie. Gebraden duif in eigen jus met gekonfijte bospeen en abrikoos. Chocolade in acht texturen.

&samhoud places (Moshik Roth)

AC ♨ ⇄

✿✿✿ ❀❀

Oosterdokskade 5 (1ᵉ etage) ✉ *1011 AD*　　Plattegrond: 6L1**g**
– 𝄢 *(0 20) 260 20 94 – www.samhoudplaces.com*
– gesloten eerste 2 weken januari, eerste 2 weken augustus, maandag en dinsdag
• INNOVATIEF • Menu 130/180 € – Carte 109/260 €
– (alleen diner behalve vrijdag en zondag)
● Moshik Roth neemt u mee op avontuur. In deze modieuze zaak valt u van de ene verrassing in de andere: de chef weet inventiviteit met raffinement te rijmen en trakteert u op een fantastische smaakbeleving. Beneden neemt het streetfoodrestaurant uw smaakpapillen op een wereldreis. Wat een ervaring!
● Moshik Roth takes guests on a culinary adventure in his fashionable restaurant, which provides one surprise after another. The chef skilfully combines inventiveness with sophistication and rich flavours. On the ground floor the street food restaurant introduces diners to cuisine from all around the world. A real experience!
→ Ganzenlever in Sofa Boca Lips style van Salvador Dali. In hooi gegaarde kalfszwezerik en thee van combawa. Chocolade en koffie met banaan en yoghurt.

Dynasty

☂ AC ♨ ⇄

✿✿✿

Reguliersdwarsstraat 30 ✉ *1017 BM*　　Plattegrond: 5K2**q**
– 𝄢 *(0 20) 626 84 00 – www.fer.nl*
– gesloten 27 december-4 februari en dinsdag
• CHINEES • Menu 43/66 € – Carte 39/69 € – *(alleen diner tot 23.00 u.)*
● Dit aangename Aziatische restaurant in een drukke straat is sinds 1982 een begrip. Exotisch-trendy decor, even gezellig als kleurrijk. Mooi achterterras, toegewijde bediening.
● A pleasant, longstanding restaurant featuring cuisine from around Asia. The trendy exotic décor is warm and colourful. Lovely terrace in the back and attentive service.

XX Bridges – Hotel Sofitel The Grand   🍴 ♿ Ⓜ ♫ ⇆ ⌨
⌂
O.Z. Voorburgwal 197 ✉ 1012 EX – ℰ (0 20)   Plattegrond: 6L2**b**
555 35 60 – www.bridgesrestaurant.nl
• VIS EN ZEEVRUCHTEN • Lunch 30 € – Menu 95 € – Carte 44/113 €
● Een lofzang is op zijn plaats: de gerechten in dit visrestaurant combineren verfijning, verrassing, originaliteit en kwaliteit. Het interieur sluit daar mooi bij aan:
strak, modern en als eyecatcher een Raw Bar, waar u geniet van vis in zijn pure
vorm. Deze zaak slaat een brug tussen gastronomie en zachte prijzen.
● The dishes on offer in this fish restaurant combine refinement, surprise, originality and quality, and are worthy of the utmost praise. Alternatively, enjoy fish
in its purest form in the eye-catching Raw Bar. Overall, good quality, reasonably
priced cuisine.
➜ Geroosterde langoustinestaarten met foreleitjes, crème met kerrie en quinoa.
Wilde tarbot met mosterdkorst, gerookte paling, kummel en vleesjus. Rijstebrij
met advocaat, gedroogde abrikoos en citrusmelange.

XX d'Vijff Vlieghen   Ⓜ ♫ ⇆
Spuistraat 294 (via Vlieghendesteeg 1) ✉ 1012 VX   Plattegrond: 5K2**p**
– ℰ (0 20) 530 40 60 – www.vijffvlieghen.nl – gesloten 24 december-1 januari,
26 april en 27 juli-9 augustus
• TRADITIONEEL • Menu 36/100 € ♟ – Carte 50/61 € – (alleen diner)
● In deze 17de-eeuwse pandjes worden eerder klassieke gerechten geserveerd,
bereid met typisch Nederlandse producten. Keuzemenu. Diverse charmante, rustieke eetkamers met ter decoratie onder meer originele etsen van Rembrandt.
● The classic dishes on offer at these charming 17C premises are all prepared
with typical Dutch products. A set menu is served in various attractive, country-
style dining rooms where original Rembrandt sketches decorate the walls.

XX Hoofdstad – Hotel de l'Europe   🍴 Ⓜ
⌂
Nieuwe Doelenstraat 2 ✉ 1012 CP – ℰ (0 20)   Plattegrond: 5K2**c**
531 17 77 – www.hoofdstadbrasserie.nl
• KALSSIEK/TRADITIONEEL • Menu 36 € – Carte 50/82 € – (open tot 23.00 u.)
● Op het terras van deze luxueuze brasserie, langs de bruggetjes en de bootjes,
komt Amsterdam helemaal tot leven. Natuurlijk is het ook binnen echt genieten
van de heerlijke gerechten, nooit gezocht en altijd vol smaak. Sole meunière of
op kolen gegrilde entrecote: het zijn maar enkele van de smaakmakers van
deze keuken.
● On the terrace of this luxurious canal-side brasserie, with its views of bridges
and passing boats, Amsterdam really comes into its own. The delicious dishes,
which are uncomplicated yet always full of flavour, can also be enjoyed indoors.
Sole Meunière and charcoal-grilled entrecote are just two of the kitchen's culinary delights.

XX Amstel Brasserie – Hotel Amstel   ⇐ 🍴 Ⓜ ♫ ⌨ 🅿 ⚓
Prof. Tulpplein 1 ✉ 1018 GX – ℰ (0 20) 520 32 69   Plattegrond: 6L3**a**
– www.amsterdam.intercontinental.com
• KLASSIEK • Menu 36 € – Carte 51/82 €
● Het ballet van passerende boten inspireerde tot de nautische elegantie van
deze stijlvolle brasserie. Op de kaart vindt u actuele brasseriegerechten.
● The nautical elegance in this stylish eatery is inspired by the continual comings
and goings of passing boats. The menu features contemporary brasserie dishes.

XX Breitner   ⇐
Amstel 212 ✉ 1017 AH – ℰ (0 20) 627 78 79   Plattegrond: 6L2**p**
– www.restaurant-breitner.nl
– gesloten 25 december-5 januari, 20 juli-10 augustus en zondag
• FRANS CREATIEF • Menu 40/59 € – Carte 53/72 € – (alleen diner)
● Verfijnde en creatieve keuken in een klassiek-modern decor, met op de achtergrond de Amstel, rondvaartboten, ophaalbruggen en het Hermitage museum.
● Creative and elaborate meals served in a classical modern setting. There are
views over the Amstel with sightseeing boats and monuments (drawbridges, Hermitage museum) in the background.

XX Blauw aan de Wal   🏛 🌹 AK ❧ ⇄

O.Z. Achterburgwal 99 ⊠ 1012 DD   Plattegrond: 6L1-2**d**
– ℰ (0 20) 330 22 57 – www.blauwaandewal.com
– gesloten zondag en maandag
• FRANS • Menu 55/68 € – *(alleen diner tot 23.00 u.) (reserveren aanbevolen)
(een enkel menu)*
● Restaurant in een steegje op de Amsterdamse wallen. Sober interieur en moderne keuken, beperkt driegangenmenu. Goede wijnkelder en advisering, terras onder de bomen.
● A popular restaurant at the end of a cul-de-sac in the lively red light district. Discreet décor, simple and tasty modern cuisine, good wine selection and a shady terrace.

XX Le zinc... et les autres   ⇄

Prinsengracht 999 ⊠ 1017 KM – ℰ (0 20) 622 90 44   Plattegrond: 5K3**q**
– www.lezinc.nl
– gesloten 31 december-8 januari, zondag en maandag
• KLASSIEK/TRADITIONEEL • Menu 36/100 € 🍷 – *(alleen diner)*
● Stijlvol 17de-eeuws pakhuis aan de Prinsengracht. Het interieur is gemoderniseerd, maar de rustieke toog en balken zijn gebleven. Wie graag rustig dineert, kiest voor de benedenzaal. Mooi menu en interessante selectie wijnen per glas.
● This stylish 17C warehouse is on the Prinsengracht canal. The interior has been modernised but the rustic bar and beams have been left just as they were. Diners looking for a quieter meal should choose the lower room. Well-chosen menu and an interesting assortment of wines available by the glass.

XX Anna   AK

Warmoesstraat 111 ⊠ 1012 JA – ℰ (0 20) 428 11 11   Plattegrond: 6L1**f**
*– www.restaurantanna.nl – gesloten 25 en 26 december, paasmaandag,
pinkstermaandag en zondag*
• MODERN • Menu 48/55 € – Carte 50/58 €
● Aan animo geen gebrek bij Anna: het ligt midden in het bruisende red light district en ook binnen in het kosmopolitische restaurant hangt er een aanstekelijke informele sfeer. Een uitgelezen decor voor een uitgebalanceerde, hedendaagse keuken.
● There is no lack of vitality at Anna given its location in the middle of the vibrant red-light district. This cosmopolitan restaurant has a relaxed and informal atmosphere – a choice setting for balanced, modern cooking.

XX Fyra

Noorderstraat 19 ⊠ 1017 TR – ℰ (0 20) 428 36 32   Plattegrond: 5K3**m**
*– www.restaurantfyra.nl – gesloten 24 december-2 januari en 2 weken in
augustus*
• MEDITERRAANS • Menu 39 € – Carte 34/62 €
● De intieme sfeer en gezelligheid stellen u hier meteen op uw gemak. Actuele gerechten met een mediterrane inslag sieren de borden, en durven bij momenten verrassend uit de hoek te komen. Een keuken met ambitie.
● The intimate and cosy atmosphere will immediately make customers feel at home. The menu features up-to-the-minute dishes with a Mediterranean twist and an occasional surprise element. A kitchen with ambition.

XX Hosokawa   AK ⇄

Max Euweplein 22 ⊠ 1017 MB   Plattegrond: 5K3**a**
– ℰ (0 20) 638 80 86 – www.hosokawa.nl
– gesloten dinsdag
• TEPPANYAKI • Menu 60/82 € – Carte 23/68 € – *(alleen diner)*
● Strak en modern Japans restaurant, met sushibar, waar het fantastisch is om te zien hoe de gerechten met veel zwier op de bakplaat worden bereid.
● A sober, modern Japanese restaurant with cooking tables and sushi bar, worth a detour to watch the entertaining show of food rotating past your eyes!

XX **Segugio** 🔠 ⇔

Utrechtsestraat 96 ✉ *1017 VS – ☎ (0 20) 330 15 03*   Plattegrond: 6L3**b**
– www.segugio.nl – gesloten 26 april, 24, 25 en 31 december-1 januari en
zondag
• ITALIAANS • Menu 50/57 € – Carte 51/62 € – *(alleen diner)*
● Aan tafel proeft u de Italiaanse zon in dit smalle pand met drie moderne zalen,
beneden en boven. De ambachtelijke keuken wordt in het zicht bereid. Goede
Italiaanse wijnen.
● This establishment with three modern dining rooms on several levels features
sunny Italian cuisine made right before your eyes. Good selection of Italian wines.

XX **Brasserie FLO** – Hotel Rembrandt Square   🍴

Amstelstraat 9 ✉ *1017 DA – ☎ (0 20) 890 47 57*   Plattegrond: 6L2**s**
– www.floamsterdam.com – gesloten zaterdagmiddag en zondagmiddag
• VIS EN ZEEVRUCHTEN • Menu 36/50 € – Carte 36/120 €
● Brasserie met zeevruchtenbuffet en Parijse chic: rood velours op de banken,
glimmend koper, retrolampen, bediening met een witte schort. Brasseriekaart en
goede menu's.
● Brasserie/oyster bar with a chic Parisian look featuring red velvet banquettes,
sparkling brass, retro lighting and white apron service. Typical brasserie fare and
good set menus.

XX **Sichuan Food** 🔠 🍴 ⇔

Reguliersdwarsstraat 35 ✉ *1017 BK – ☎ (0 20)*   Plattegrond: 5K2**u**
626 93 27 – www.sichuanfood.nl
– gesloten 31 december
• CHINEES • Menu 32/76 € – Carte 36/86 € – *(alleen diner)*
● Dit Chinees restaurantje in een uitgaansstraat staat lokaal goed aangeschreven.
Menu Peking Duck, waarbij aan tafel wordt getrancheerd.
● Small oriental restaurant with good local reputation situated in a lively area.
Beijing Duck prepared and served in the dining room.

XX **Van Vlaanderen** 🌳 🔠 ⇔
🙂
Weteringschans 175 ✉ *1017 XD*   Plattegrond: 5K3**k**
– ☎ (0 20) 622 82 92 – www.restaurant-vanvlaanderen.nl
– gesloten 27 december-2 januari, zaterdagmiddag, zondag en maandag
• MODERN • Lunch 30 € – Menu 36/60 € – Carte 49/64 €
● Liefhebbers van de bourgondische way of life weten al langer dat Van Vlaanderen veel lekkers komt. De succesformule? Een leuke locatie in het centrum (met
aanlegsteiger op het terras) een betrokken service en een jong, begeesterd
team. U proeft hun enthousiasme in hun frisse, moderne uitvoeringen van
bekende gerechten.
● Van Vlaanderen has long been recognised as the place to go for the good
things in life. It has a pleasant location in the centre of Amsterdam with its own
jetty on the patio. The restaurant's success lies in attentive service and a young,
spirited team whose enthusiasm is evident in the modern, original versions of the
classic dishes served here.

XX **DenC, Dik en Cunningham** Ⓝ 🔠 ⇔

Kerkstraat 377 ✉ *1017 HW – ☎ (0 20) 422 27 66*   Plattegrond: 6L3**x**
– www.restaurantdenc.nl
– gesloten zaterdagmiddag en zondag
• FRANS CREATIEF • Lunch 25 € – Menu 35/60 € – Carte ong. 40 €
● Hertenkoppen prijken aan de muren van dit eigentijdse restaurant. Chef Dik
komt dan ook uit een jagersfamilie, en geeft in zijn authentieke keuken een
voorname plaats aan wild. Vinologe Cunningham schiet raak met haar wijnkeuze.
● The deer heads on the walls of this contemporary restaurant hint at chef Dik's
hunter-family upbringing and, unsurprisingly, his cooking puts the spotlight
firmly on game. Sommelier Cunningham's choice of wines make the perfect
match.

XX Bussia ⬦

Reestraat 28 ⬦ 1016 DN — Plattegrond: 5K1**c**
– ☏ (0 20) 627 87 94 – www.bussia.nl
– gesloten 1 tot 7 januari, 21 juli-7 augustus, dinsdagmiddag, woensdagmiddag en maandag
• ITALIAANS • Lunch 36 € – Menu 49/62 € – Carte 56/72 €

● Cucina moderna, sober en stijlvol, die een Italiaanse keuken met Franse invloeden op uw bord tovert. De open keuken geeft u een kijkje achter de schermen terwijl de bazin het mooie aanbod wijnen uit de laars voorstelt, met de glimlach!

● A restrained yet stylish modern restaurant that conjures up Italian cuisine with a French influence. This is accompanied by an impressive choice of fine Italian wines presented by the female owner. As a bonus, the open kitchen enables you to look behind the scenes.

XX Bordewijk 🍽 AK

Noordermarkt 7 ⬦ 1015 MV — Plattegrond: 5K1**a**
– ☏ (0 20) 624 38 99 – www.bordewijk.nl
– gesloten 24 december-2 januari, half juli-half augustus, zondag en maandag
• MODERN • Menu 39 € – Carte 52/71 € – *(alleen diner tot 23.00 u.)*

● Dit adres is in trek vanwege de eigentijdse kaart en het minimalistische decor: houten vloer, formica tafels en designstoelen. Bij grote drukte kan het hier flink rumoerig zijn.

● Popular restaurant due to its modern menu with inventive touches and minimalist décor: bare floorboards, Formica tables and designer chairs. Noisy atmosphere when busy.

XX Lion Noir 🍽 AK ⬦

Reguliersdwarsstraat 28 ⬦ 1017 BM — Plattegrond: 5K2**q**
– ☏ (0 20) 627 66 03 – www.lionnoir.nl
– gesloten zaterdagmiddag en zondagmiddag
• KLASSIEK/TRADITIONEEL • Lunch 28 € – Carte 38/52 €

● Alleen al de setting is hier de moeite waard: het interieur (aangekleed met Franse decorstukken) is intiem en warm, het terras fantastisch! U komt binnen voor een glaasje in de lounge en wordt overtuigd door de menukaart, die modern is, zonder poespas. Gooi uzelf voor deze leeuw.

● The setting alone warrants a visit: the interior (embellished with French decorative pieces) is warm and intimate with a resplendent terrace. Enjoy a drink in the lounge and you will soon be won over by the menu, which is modern yet unfussy.

X Daalder ⓝ 🍴 🍽 ⬦

Lindengracht 90 ⬦ 1015 KK – ☏ (0 20) 624 88 64 — Plattegrond: 3F1**b**
– www.daalderamsterdam.nl
• CREATIEF • Lunch 24 € – Menu 36/65 € – *(reserveren noodzakelijk voor het diner)*
(een enkel menu)

● Snuif de gezellige sfeer van de Jordaanwijk op in deze voormalige buurt-kroeg, en geniet. Fijn, creatief, evenwichtig … kortom: de gerechten zijn hier zeer lekker! De talentvolle chefs presenteren een korte kaart die steeds in beweging is, de sommelier kiest lekkere wijnen. Dit is een daaldersplekje voor fijnproevers.

● Savour the fun and friendly ambience of the Jordaan district in this former neighbourhood pub, where the delicious food is refined, creative and balanced. The talented chefs offers a concise, constantly changing menu, while the sommelier selects the finest wines for his guests. Perfect for food lovers.

De prijzen voor het symbool 🛉 komen overeen met de laagste prijs in laagseizoen en daarna de hoogste prijs in hoogseizoen voor een éénpersoonskamer.
Hetzelfde principe voor het symbool 🛉🛉, hier voor een tweepersoonskamer.

✗ **Lastage** (Rogier van Dam)   AC �
ఞ *Geldersekade 29 ⊠ 1011 EJ – ℰ (0 20) 737 08 11*   Plattegrond: 6L1**t**
– www.restaurantlastage.nl – gesloten 26 december-6 januari, 26 april,
22 juli-11 augustus, maandag en dinsdag
• CREATIEF • Menu 39/89 €
● Bij Lastage krijgt u een beperkt aanbod van aantrekkelijke gerechten vol karakter en reliëf, zoals een fluwelen soepje van aardappel met makreeltartaar of gekonfijte kalfswang met kreeft. Dat u van dit alles kunt proeven tegen een uiterst scherpe prijs, maakt uw culinaire belevenis nog zo prettig.
● At Lastage you'll find a concise selection of tempting dishes full of character and depth, like vichyssoise or potato with mackerel tartare or veal cheek confit with lobster. The relatively small bill at the end will make the experience even more enjoyable.
➜ Borst, rillettes en lever van gans, met pompoen, gerookte amandelen en kruim van zwarte olijf. Gebakken lamsrug met asperges, puree met taleggiokaas, paddenstoelen en een anijsjus. Riz au lait met aardbei, rabarber en witte chocolade.

✗ **Envy**   AC
ఞ *Prinsengracht 381 ⊠ 1016 HL – ℰ (0 20) 344 64 07*   Plattegrond: 5K1**j**
– www.envy.nl
• MEDITERRAANS • Lunch 35 € – Menu 45/60 € – Carte 37/55 € – *(alleen diner behalve weekend)*
● Brasserie nieuwe stijl waar wordt gegeten aan weerszijden van een lange toog met lichtbollen of aan een van de statafels. De producten zijn in vitrines uitgesteld.
● A new-style brasserie with dining on either side of a long refectory table under low, spherical lights or standing at one of the smaller tables. All the food is on display in glass showcases.

✗ **De Compagnon**   𝄞 ㊑ ✧
Guldehandsteeg 17 ⊠ 1012 RA – ℰ (0 20) 620 42 25   Plattegrond: 6L1**c**
– www.decompagnon.nl – gesloten zon- en feestdagen
• KLASSIEK • Lunch 35 € – Menu 42/78 € – Carte 55/74 €
● Een piepklein huis in een doodlopend steegje achter het Damrak. Smalle zalen op drie niveaus. De eigentijdse menu's worden mondeling gepresenteerd. Veelbelovende wijnkaart waar de gastvrouw u kundig doorheen leidt.
● Attractive house set in an alleyway off the Damrak. Narrow dining rooms over three floors and modern, orally presented set menus. Promising wine list.

✗ **De Belhamel**   ≤ ㊑ AC � ✧
Brouwersgracht 60 ⊠ 1013 GX – ℰ (0 20) 622 10 95   Plattegrond: 5K1**p**
– www.belhamel.nl
• KLASSIEK • Menu 35/45 € – Carte 46/53 €
● Buurtrestaurant aan de kruising van twee grachten met een beknopte kaart en een menu op een krijtbord met een eenvoudige keuze voor de lunch. Belle-époquedecor, met tussenverdieping en terras aan de gracht.
● This local brasserie is at the confluence of delightful canals. Small traditional choice plus a blackboard menu (simpler at lunchtimes). Belle Epoque-style dining room with a mezzanine. Terrace near the canals.

✗ **Prego**   AC ✧
Herenstraat 25 ⊠ 1015 BZ – ℰ (0 20) 638 01 48   Plattegrond: 5K1**x**
– www.pregorestaurant.nl – gesloten 31 december en 1 januari
• MEDITERRAANS • Carte 36/48 € – *(alleen diner)*
● Frans-mediterrane gerechten en eenvoudig, sympathiek decor met zicht op de keuken in het souterrain. Bediening door de patron, die graag zijn liefde voor de wijn met u deelt.
● Mediterranean French cuisine served in a simple and friendly setting. Stoves visible in the basement. The owner enjoys sharing his love of wine.

Wilt u een feestje organiseren of een maaltijd met zakenrelaties? Kijk dan naar de restaurants met het symbool ✧.

Tempo doeloe ⚏ 🍴

Utrechtsestraat 75 ✉ *1017 VJ* – ☎ *(0 20) 625 67 18* Plattegrond: 6L3**t**
– www.tempodoeloerestaurant.nl – gesloten 25, 26 en 31 december-1 januari,
27 april en zondag
• INDONESISCH • Menu 35/45 € – Carte 37/64 €

● Al jarenlang kunnen enthousiaste fans van Tempo doeloe, "de tijd van toen", hun glimlach niet verbergen als ze aanbellen. Ze weten dat er hun een Indonesisch feestmaal wacht zoals er in Amsterdam geen twee zijn. Het eten smaakt hier net als daar, aan de westerse smaak worden geen toegevingen gedaan. Selamat makan!

● Regular diners at Tempo Doeloe or 'Times Gone By' find it difficult to hide their enthusiasm when they visit this restaurant. They know that an Indonesian feast like no other in Amsterdam awaits them. The food here is authentically Indonesian, with no concessions to Western taste. Selamat makan!

A-Fusion 🍴

Zeedijk 130 ✉ *1012 BC* – ☎ *(0 20) 330 40 68* Plattegrond: 6L1**h**
• AZIATISCH • Menu 32/40 € – Carte 27/53 € – *(open tot 23.00 u.)*

● Samensmelting van Chinese en Japanse keuken in hartje Chinatown. U vindt hier zowel een sushibar, een grill, een dimsum- als een wokkeuken. Probeer zeker eens de dimsum van garnaal, het rundvlees met zwarte pepersaus en de oesters met gember. Of laat u verrassen en geef de koks carte blanche.

● A fusion of Chinese and Japanese cuisine in the heart of Amsterdam's Chinatown. This restaurant boasts a grill, sushi bar, dim sum and wok kitchen. Be sure to try the prawn dim sum, the beef with a black pepper sauce and the oysters with ginger. Alternatively, give the cooks carte blanche to come up with some surprising choices.

Beulings 🍴

Beulingstraat 9 ✉ *1017 BA* – ☎ *(0 20) 320 61 00* Plattegrond: 5K2**d**
– www.beulings.nl – gesloten 24 december-4 januari, maandag en dinsdag
• FRANS KLASSIEK • Menu 38/68 € – *(alleen diner)*

● Een pareltje waar mijnheer Bont in de open keuken staat en mevrouw de zaal doet. Het pand is lumineus en klein, de smaken op het bord zijn enorm. Kwaliteit voor zeer mooie prijzen.

● A delightful restaurant run by a couple with Bas Bont managing the open kitchen and his wife looking after the small but brightly decorated dining room. Top quality cuisine with an emphasis on superb flavours and good value for money.

Bistrot Neuf 🕸 ⚏

Haarlemmerstraat 9 ✉ *1013 EH* – ☎ *(0 20) 400 32 10* Plattegrond: 5K1**t**
– www.bistrotneuf.nl
• KLASSIEK/TRADITIONEEL • Lunch 19 € – Menu 32/45 € – Carte 44/75 € – *(open tot 23.00 u.)*

● Deze ongedwongen bistro past prima in de levendige buurt waar hij gelegen is. Ook in de traditionele Franse gerechten, helder gekookt en met veel smaak, proeft u de Amsterdamse flair die deze zaak uitademt. Het interieur is lekker strak, de service vlot.

● With its clean, modern design, this relaxed bistro is ideally located in a lively area of Amsterdam. Enjoy original Amsterdam flair expressed in traditional French dishes, impeccably cooked to bring out the true flavours of the ingredients. Efficient service.

Geisha ⚏ 🍴 ✦

Prins Hendrikkade 106a ✉ *1011 AJ* – ☎ *(0 20)* Plattegrond: 6L1**z**
626 24 10 – www.restaurantgeisha.nl – gesloten 30 december-4 januari en zondag
• AZIATISCH • Menu 35/55 € – Carte 29/61 € – *(alleen diner tot 23.00 u.)*

● De zussen Wang gaan voor trendy in de zaal en Aziatische gerechten met een vleugje vernieuwing op het bord. Porties in proefformaat: niet te groot, om de keuken te kunnen verkennen!

● Run by the Wang sisters, this restaurant decorated in a trendy style specialises in innovative Asian cuisine. The small portions allow diners to sample a variety of dishes.

✗ Ricardo's in Odeon

Singel 460 ⊠ *1017 AW – ℰ (0 20) 521 85 59*   Plattegrond: 5K2**b**
– www.odeonamsterdam.nl – gesloten maandag
• CREATIEF • **Menu 39/80 € – Carte 42/63 € –** *(alleen diner)*

● Bakstenen gewelven en houten balken aan het plafond zijn getuigen van de eeuwenoude geschiedenis van dit grachtenpand. Het is in de kelder dat chef Ricardo met topproducten goochelt en door middel van zijn eigentijdse kookstijl op zoek gaat naar verrassing. Hier worden uw smaakpapillen geprikkeld.

● Brick arches and wooden beams on the ceiling bear witness to the centuries-old history of this canal house. In the basement, chef Ricardo works his magic creating surprising contemporary-style dishes with top quality ingredients. A real treat for the taste buds!

Rijksmuseum (Vondelpark)

🏨 Marriott   🏛 ⅄ ⚸ 📶 ⅃ kam, ⅏ 🛜 🕍 🚗 🚘

Stadhouderskade 12 ⊠ *1054 ES – ℰ (0 20) 607 55 55*   Plattegrond: 5J3**f**
– www.amsterdammarriott.com
391 kam – ♦179/449 € ♦♦179/449 €, ⟐ 29 € – 5 suites
Rest – Carte 42/102 € – *(alleen diner)*

● Tophotel naar Amerikaans ontwerp langs een belangrijke verkeersas. Grote kamers met complete uitrusting. Goede infrastructuur voor seminaries en zakencentrum. Lounge-bar. Modern steakhouse met als specialiteit grillgerechten van Black Angus Beef.

● A high-class, American-style hotel on a major thoroughfare. The rooms are vast and well-equipped. A good seminar infrastructure and business centre. Modern steak house specialising in grilled Black Angus Beef.

🏨 Conservatorium   🕍 📺 💿 📶 ⅄ ⅃ ⅃ rest, ⅏ 🍴 rest, 🛜 🕍 🚘

Van Baerlestraat 27 ⊠ *1071 AN – ℰ (0 20) 570 00 00*   Plattegrond: 5J3**b**
– www.conservatoriumhotel.com
129 kam – ♦315/600 € ♦♦345/700 €, ⟐ 28 €
Rest – Lunch 45 € – Menu 47/90 € 🍷 – Carte 35/93 € – *(open tot 23.00 u.)*

● Met het Conservatorium heeft Amsterdam er een paradepaardje bij in zijn hotelaanbod. Kosten noch moeite werden gespaard bij de renovatie van deze neoklassieke parel uit het einde van de 19de eeuw, en dat ziet u. Voor het personeel is geen moeite te veel; hier verblijven is onversneden luxe ervaren.

● The Conservatorium is one of Amsterdam's finest hotels. Neither expense nor effort was spared in the renovation of this neo-Classical jewel that dates back to the end of the 19C. Excellent service, with staff at hand to meet your every need. Pure, unadulterated luxury.

🏨 The College   🍴 🕍 ⚸ 📶 ⅃ rest, ⅏ 🍴 🛜 🕍 🚗

Roelof Hartstraat 1 ⊠ *1071 VE – ℰ (0 20) 571 15 11*   Plattegrond: 3F3**a**
– www.thecollegehotel.com
40 kam – ♦179/249 € ♦♦179/249 €, ⟐ 20 €
Rest – Menu 45 € – Carte 51/61 €

● Dit hotel van de hotelschool is ondergebracht in een 19de-eeuws schoolpand dat stijlvol is verbouwd. Lounge-bar met chique en trendy ambiance, net als de schitterende kamers. Modern restaurant in een voormalige gymzaal, waar de keuken eigentijds is.

● This hotel is located in a former 19C "college", redecorated with refinement. Chic and fashionable lounge bar and rooms in the same style. The modern restaurant installed in a former gym serves modern cuisine.

🏨 NH Amsterdam Centre   📶 ⅄ ⅃ ⅏ 🍴 rest, 🛜 🕍 🚗

Stadhouderskade 7 ⊠ *1054 ES – ℰ (0 20) 685 13 51*   Plattegrond: 5J2**p**
– www.nh-hotels.com
232 kam – ♦124/344 € ♦♦124/344 €, ⟐ 20 € – 2 suites
Rest – Carte 30/63 € – *(gesloten zondag en maandag) (alleen diner)*

● Gerenoveerd hotel in een bakstenen pand dat werd gebouwd voor de Olympische Spelen van Amsterdam (1928). Gemeenschappelijke ruimtes in design. Grote, moderne kamers.

● Renovated chain hotel built to host athletes attending the Amsterdam Olympic Games in 1928. Designer public areas. Large modern bedrooms.

Park

Stadhouderskade 25 ✉ *1071 ZD –* ✆ *(0 20)*   Plattegrond: 5J3**h**
671 12 22 – www.parkhotel.nl
189 kam – 🛏150/375 € 🛏🛏150/375 €, ☲ 24 €
Rest *MOMO* – zie restaurantselectie

● Geheel gerenoveerd, modern hotel tussen het Vondelpark en het centrum. Vijf types royale kamers met een aangename, trendy ambiance. Vergaderzalen, fitness en prima service.

● Fully renovated hi-tech hotel set between Vondelpark and the busy centre. Five types of spacious and pleasant trendy rooms. Meeting and fitness facilities. Stylish service.

Roemer zonder rest

Roemer Visscherstraat 10 ✉ *1054 EX –* ✆ *(0 20)*   Plattegrond: 5J3**c**
589 08 00 – www.hotelroemer.com
23 kam – 🛏130/280 € 🛏🛏130/280 €, ☲ 20 €

● Een prettig hotel met smaakvol designinterieur, in een herenhuis van begin 20ste eeuw, nabij het Vondelpark. Modern interieur, onberispelijke kamers en 's zomers ontbijt in de tuin.

● An attractive hotel with an elegant, designer-style interior, in an early 20C townhouse situated close to the Vondel Park. Modern interior, immaculate rooms and breakfast served in the garden in summer.

Piet Hein zonder rest

Vossiusstraat 53 ✉ *1071 AK –* ✆ *(0 20) 662 72 05*   Plattegrond: 5J3**g**
– www.hotelpiethein.com
81 kam – 🛏100/200 € 🛏🛏150/250 €, ☲ 10 €

● Drie soorten kamers in deze statige oude panden die helemaal bij de tijd zijn. Mooie musea, een heerlijk park, een gezellig plein en chique winkels op een steenworp afstand.

● There is a choice of three types of room in these grand old buildings, which have a thoroughly contemporary style. Within easy reach of interesting museums, a delightful park, a lively square and exclusive shops.

Memphis

De Lairessestraat 87 ✉ *1071 NX –* ✆ *(0 20)*   Plattegrond: 3E3**g**
673 31 41 – www.memphishotel.nl
78 kam – 🛏75/250 € 🛏🛏90/300 €, ☲ 15 €
Rest – Menu 25/40 € – Carte 32/54 € – *(gesloten zondag en maandag) (alleen diner)*

● Hotel met begroeide voorgevel, in een straat met tramlijn naar het centrum. Intieme, rustige sfeer in de moderne lounge-bar. Opgeknapte kamers en sympathieke ontbijtruimte.

● The tram line to the city centre runs in front of this ivy-covered hotel. Modern and intimate lounge bar with hushed atmosphere. Fresh bedrooms and pleasant breakfast area.

Vondel

Vondelstraat 26 ✉ *1054 GD –* ✆ *(0 20) 612 01 20*   Plattegrond: 5J2-3**m**
– www.hotelvondel.com
86 kam – 🛏110/284 € 🛏🛏110/284 €, ☲ 20 €   **Rest** – Carte 32/43 €

● Boetiekhotel in 7 herenhuizen. De openbare ruimtes, kamers en vergaderzalen hebben een op-en-top moderne ambiance. Mooie designpatio voor een ontbijtje in de zon. Chic, fashionable restaurant met een internationaal culinair repertoire.

● This boutique hotel was created out of seven 1900s houses. Communal areas, bedrooms and conference room in a decidedly contemporary style. Breakfasts on the stylish patio when the weather is good. Hip, stylish bistro serving local and international cuisine.

Standing : verwacht niet dat de service in een ✗ of een 🏠 dezelfde is als ✗✗✗✗✗ of een 🏨🏨🏨.

Jan Luyken zonder rest
Jan Luykenstraat 58 ✉ *1071 CS* – ✆ *(0 20)* Plattegrond: 5J3**m**
573 07 30 – www.janluyken.nl
62 kam – ♦89/299 € ♦♦109/399 €, ⌧ 20 €
• Hotel met een modern interieur in drie mooie oude herenhuizen (1900). Moderne kamers, designbar tussen stijlvolle oude muren, klein terras op de binnenplaats.
• Three 1900s houses make up this hotel with contemporary interior décor. Modern bedrooms, designer bar with a few period touches and small courtyard terrace.

JL n° 76 zonder rest
Jan Luijkenstraat 76 ✉ *1071 CT* – ✆ *(0 20) 348 55 55* Plattegrond: 5J3**t**
– www.hoteljlno76.com
39 kam – ♦130/280 € ♦♦130/280 €, ⌧ 20 €
• In twee 18de-eeuwse herenhuizen in de Jan Luijkenstraat 76 (vandaar de naam) wordt u een aangenaam logies geboden, geen grootse luxe maar wel stijlvol en elegant. Het hotel ligt in de mode- en museumbuurt, aan activiteiten dus geen gebrek.
• Two 18C townhouses have been converted into one at Jan Luijkenstraat 76, hence the name. Comfortable accommodation, which might not be the ultimate in luxury but is definitely stylish and elegant. This hotel is situated in the fashion and museum district, so there is plenty to do in the neighbourhood.

Vondelpark zonder rest
Overtoom 519 ✉ *1054 LH* – ✆ *(0 20) 820 33 33* Plattegrond: 3E2**x**
– www.conscioushotels.com
81 kam – ♦75/195 € ♦♦80/200 €, ⌧ 14 €
• Groen en duurzaam, dat is de vernieuwende filosofie achter dit hotel, 'zodat u ook op reis lief kunt zijn voor de planeet'. Vondelpark toont dat ecologie en comfort samengaan, het zal u hier aan niets ontbreken.
• Green and sustainable, that's the innovative philosophy behind this hotel. "So that you can be kind to the planet even when you're away from home" and still want for nothing during your stay. Vondelpark proves that ecology and comfort can go hand in hand.

Atlas zonder rest
Van Eeghenstraat 64 ✉ *1071 GK* – ✆ *(0 20)* Plattegrond: 5J3**a**
676 63 36 – www.hotelatlas.nl
23 kam – ♦89/149 € ♦♦109/169 €, ⌧ 10 €
• Dubbele villa met art-nouveaugevel en art-deco-elementen naast het Vondelpark. De kamers zijn niet erg groot, maar wel praktisch en eigentijds. Vriendelijk onthaal.
• A double villa with an Art Nouveau façade and Art Deco influences right next to the Vondel Park. The rooms are not particularly large but are practical and contemporary. Friendly reception.

NL-Museumplein ⓝ zonder rest
Frans van Mierisstraat 34 ✉ *1071 RT* – ✆ *(0 20)* Plattegrond: 5J3**j**
679 89 95 – www.museumplein.nl-hotel.com
18 kam – ♦60/175 € ♦♦60/175 €, ⌧ 13 €
• Subtiele Amsterdamse en Nederlandse karaktertrekken geven dit hedendaags boetiekhotel, midden in de Concertgebouwbuurt, een warme touch. U geniet hier van een persoonlijke aanpak en compacte kamers om tot rust te komen.
• Subtle Amsterdam and Dutch features give this contemporary boutique hotel in the heart of the Concertgebouw district a warm ambience. Enjoy the personal service and relax in the compact yet attractive rooms.

Zin om te vertrekken op de laatste minuut?
Bezoek de hotels op het internet om van promotieprijzen te genieten.

Le Garage

Ruysdaelstraat 54 ⊠ 1071 XE – ℰ (0 20) 679 71 76   Plattegrond: 3F3**y**
*– www.restaurantlegarage.nl – gesloten 25, 26 en 31 december-1 januari, 5 april,
24 mei, zaterdagmiddag en zondagmiddag*
• FRANS • Lunch 35 € – Menu 36 € – Carte 50/84 € – *(open tot 23.00 u.)*
• Uitstekend eigentijds restaurant met een originele inrichting, waar men niet
alleen komt om lekker te tafelen maar ook om te netwerken. Klantenkring uit de
theater- en zakenwereld.
• Excellent up-to-date establishment with an original décor. The entertainment
and business clientele come to see and be seen as well as to enjoy the great food.

Brasserie van Baerle

Van Baerlestraat 158 ⊠ 1071 BG – ℰ (0 20)   Plattegrond: 3F3**b**
*679 15 32 – www.brasserievanbaerle.nl – gesloten 25, 26 en
31 december-1 januari, 27 april, maandagmiddag en zaterdagmiddag*
• KLASSIEK • Lunch 25 € – Menu 36 € – Carte 47/61 € – *(open tot 23.00 u.)*
• Deze luxebrasserie mag gerust een Amsterdams begrip genoemd worden. Hier
hangt altijd een gezellige drukte en dat lokt een diverse klantenkring. Zij raden u
ongetwijfeld het aanlokkelijke keuzemenu aan, maar zeker ook het ruime aanbod
wijnen per glas en de prima steak tartaar 'minute'.
• This retro brasserie attracts regular customers, mainly from the local area because of its attractive menu, tasty steak tartare and well-matched wines. Courtyard terrace.

Chang-i

Jan Willem Brouwersstraat 7 (naast de   Plattegrond: 5J3**z**
*artisteningang van het Concertgebouw) ⊠ 1071 LH – ℰ (0 20) 470 17 00
– www.chang-i.nl*
• CHINEES • Menu 36/54 € – Carte 34/68 € – *(alleen diner tot 23.00 u.)
(reserveren aanbevolen)*
• De "i" achter de naam van de eigenaar staat voor het innovatieve karakter van
de Aziatische keuken. Intieme, trendy loungeambiance. Achter het Concertgebouw.
• The 'i' in the name highlights the innovative nature of this chef's Asian cuisine.
Trendy and intimate lounge atmosphere. Near a theatre.

Blue Pepper

Nassaukade 366h ⊠ 1054 AB – ℰ (0 20) 489 70 39   Plattegrond: 5J2**d**
– www.restaurantbluepepper.com – gesloten 24, 25 en 26 december en 1 januari
• INDONESISCH • Menu 49/70 € – Carte ong. 55 € – *(alleen diner)*
• Restaurant met modern, intiem decor en in trek voor een amoureuze tête-à-tête.
Klassieke Indonesische keuken die meegaat met de tijd. Drie menu's. Voorko-
mende bediening.
• An intimate modern setting and up-to-date Indonesian cuisine are featured at
this establishment popular with romantic diners. Three menus. Attentive service.

Di Sale

Willemsparkweg 155 ⊠ 1071 GX – ℰ (0 20)   Plattegrond: 5J3**n**
662 38 53 – www.disale.nl – gesloten 1 januari
• MEDITERRAANS • Menu 36 € – Carte ong. 39 € – *(alleen diner tot 23.00 u.)*
• Een vleugje Italië op een steenworp van het Vondelpark. Hier wordt bewezen
dat een mediterrane keuken op basis van verse, prachtige producten niet al te
duur hoeft te zijn. Ook al heeft de chef een voorkeur voor truffels.
• A hint of Italy just a stone's throw from the Vondelpark. This is living proof that
a Mediterranean kitchen based on fresh, delicious produce does not need to be
excessively expensive – despite the chef's penchant for truffles!

Verwar de bestekjes ✗ en de sterren ✿ niet! De bestekjes geven een categorie
van comfort en service aan. De ster bekroont alleen de kwaliteit van de keuken,
ongeacht de comfortcategorie.

Oriëntal 128

Amstelveenseweg 128 ✉ 1075 XL – ☎ (0 20) 639 20 90 – www.oriental128.nl – gesloten maandag behalve feestdagen Plattegrond: 3E3**a**

• AZIATISCH • Menu 33 € – Carte 41/70 €

• Lampionnetjes en andere Chinese decorstukken moet u niet verwachten, want dit restaurant is modern en designvol. Ook de gerechten ogen eigentijds, maar chef Chen neemt u qua smaakbeleving op reis door de traditionele Chinese keuken. Zijn productkeuze is uitstekend, net als de voorgestelde wijnen.

• Don't expect lanterns or other typical Chinese decorations at this restaurant, which has a modern and stylish feel. Chef Chen creates contemporary-style dishes, while taking your taste buds on a journey through traditional Chinese flavours. His choice of produce is excellent, as are the suggested wines.

RON Gastrobar (Ron Blaauw)

Sophialaan 55 ✉ 1075 BP – ☎ (0 20) 496 19 43 – www.rongastrobar.nl – gesloten 31 december-1 januari, 27 april en zaterdagmiddag Plattegrond: 3E3**c**

• FRANS CREATIEF • Carte ong. 53 €

• Ron Blaauw keert terug naar de bron: pure, eerlijke producten swingen hier op uw bord. Deze urban gastrobar combineert een hippe, levendige ambiance met een topkeuken zonder franjes. Geen stijf gedoe dus, maar origineel, lekker eten en verbluffende smaken. De prijs-kwaliteitverhouding is – ook in de wijnkaart – fenomenaal! De ommezwaai van de topchef is een voltreffer.

• Ron Blaauw returns to basics here, creating cuisine that is pure and prepared with quality ingredients. This urban gastro-bar combines a hip, lively ambience with top class cuisine without the frills. It also means little formality but original, delicious food and sensational flavours. Phenomenal value for money, which is also reflected in the wine list. The reversal in style by this top chef is a great hit with customers.

➜ Groene gazpacho met salade van asperges, kersen en verse amandelen. Gebakken corvina met aubergine, bladgroenten en Thaise kerrie. Pitabroodje met heel veel van het kalf, gestoofde ui en mosterdsaus.

George W.P.A.

Willemsparkweg 70 ✉ 1071 HK – ☎ (0 20) 470 25 30 – www.georgewpa.nl Plattegrond: 5J3**d**

• KLASSIEK/TRADITIONEEL • Carte 34/67 € – *(open tot 23.00 u)*

• Dit restaurant bestaat uit drie kleine pandjes en een zonnig terras aan een pleintje. Bistro-interieur met kleine tafels, enkele art-nouveaudetails en open keuken zorgen voor een Amerikaanse sfeer.

• This restaurant is made up of three little buildings and a sunny outdoor seating area on a small square. A bistro-style interior with small tables, some art-nouveau details and an open kitchen give it an American atmosphere.

Screaming Beans

1e Constantijn Huygensstraat 35 ✉ 1054 BR – ☎ (0 20) 616 07 70 – www.screamingbeans.nl – gesloten 24, 25 en 31 december-1 januari, 27 april, maandag en dinsdag Plattegrond: 5J2**a**

• MODERN • Lunch 25 € – Menu 35/155 € 🍷 – Carte 34/55 € – *(open tot 00.00 u.)*

• Moderne wijnbar/restaurant waar alles rond kwaliteit draait. Of u nu kiest voor een snack als lunch of een gastronomisch vijfgangenmenu als avondmaal: het is top en zacht geprijsd! U hebt hier ook de keuze uit een vijftigtal wijnen per glas, vooral uit de Bourgogne.

• A modern wine bar/restaurant where the key focus is on quality. The reasonably priced menu is high on quality, from the snacks at lunchtime to the gastronomic five-course dinner. The wine list boasts around 50 different labels, which are predominantly from Burgundy, and available by the glass.

De selectie van de hotels, B&B's en restaurants wordt elk jaar geüpdatet.
Vervang dus elk jaar uw MICHELIN gids!

✗ MOMO – Hotel Park   ⅙ 🅰 ⅏

Hobbemastraat 1 ⊠ 1071 XZ – 𝒞 (0 20) 671 74 74   Plattegrond: 5J3**h**
– www.momo-amsterdam.com
• AZIATISCH • Menu 59 € – Carte 38/105 € – (open tot 23.00 u.)
● Een van dé hotspots van de stad, met Aziatische fusionkeuken in een lekker fashionable decor. 's Middags bento (Japanse lunchbox), 's avonds gerechtjes om te delen: want "sharing is caring". MOMO, dat is pure kosmopolitische klasse.
● Momo is still one of the city's hot spots, with fusion cuisine in a fashionable setting. Bento (Japanese lunch box) at lunchtime and a menu designed for sharing in the evening.

✗ Oud-Zuid   🍽 ⇔

Johannes Verhulststraat 64 ⊠ 1071 NH – 𝒞 (0 20)   Plattegrond: 5J3**x**
676 60 58 – www.restaurantoudzuid.nl – gesloten 27 april en 25, 26 en 31 december-1 januari
• KLASSIEK/TRADITIONEEL • Lunch 28 € – Menu 35 € – Carte 37/53 €
● Brasseriestijl in de zaal en op uw bord: dit karaktervolle restaurant schotelt u traditionele gerechten voor met hedendaagse toetsen. Tip voor muziekliefhebbers: in minder dan 10 minuten wandelt u van hier naar het Concertgebouw.
● Brasserie-type dining room and servings: this characterful restaurant presents traditional dishes with a modern touch. For music lovers, Oud-Zuid is less than a 10 min walk from the Concertgebouw.

Zuid en West

🏨🏨🏨🏨 Okura   🛥 ≼ 🖥 ⊕ 🐾 ℐℐ 🚻 ⅙ 🅰 ⅏ 🛜 🏋 🅿 🚗 ⚓

Ferdinand Bolstraat 333 ⊠ 1072 LH – 𝒞 (0 20)   Plattegrond: 3F3**c**
678 71 11 – www.okura.nl
292 kam – †185/470 € ††185/470 €, �️ 33 € – 8 suites
Rest *Ciel Bleu* ✿✿ **Rest** *Yamazato* ✿ **Rest** *Sazanka* ✿ **Rest** *Serre* ⊛ – zie restaurantselectie
● Internationaal luxehotel in een moderne toren, onder Japans beheer. Diverse soorten kamers en suites, prachtig health center, grote vergadercapaciteit en een compleet servicepakket om u tegen te zeggen.
● A luxurious Japanese-style hotel set in a modern tower building. Various types of rooms and suites, superb wellness centre, extensive conference facilities and a full range of services.

🏨🏨🏨 Hilton   ≼ 🚄 🐾 ℐℐ 🚲 🛎 ⅙ 🅰 🛜 🏋 🅿

Apollolaan 138 ⊠ 1077 BG – 𝒞 (0 20) 710 60 00   Plattegrond: 3E3**f**
– www.amsterdam.hilton.com
271 kam – †209/509 € ††209/509 €, �️ 27 € – 4 suites
Rest *Roberto's* – zie restaurantselectie
● Modern flatgebouw met een tuin en terrassen aan het water. Hedendaagse kamers en suites met panoramisch uitzicht, waarvan een herinnert aan de "bed-in" van "John en Yoko" in 1969.
● A modern apartment-style building with a waterside garden and several terraces. Contemporary rooms and suites with panoramic views, one of which was the scene of 'John and Yoko's bed-in' in 1969.

🏨🏨🏨 Crowne Plaza South   🍽 ℐℐ 🚲 🛎 ⅙ 🅰 ⅏ 🛜 🏋 🚗

George Gershwinlaan 101 ⊠ 1082 MT – 𝒞 (0 20)   Plattegrond: 1B2**b**
504 36 66 – www.crowneplaza.com/amstsouth
207 kam – †100/300 € ††100/300 €, �️ 23 € – 5 suites
Rest – Menu 30/48 € – Carte 24/50 €
● In een stadsdeel dat in volle expansie is, vindt u dit ideale zakenhotel. Alles is lekker clean en strak met het openbaar vervoer staat u op enkele minuten op de luchthaven of in het congrescentrum RAI.
● This hotel in a rapidly expanding part of Amsterdam is ideal for business travellers. It has a fresh feel and a bright, minimalist decor. The airport and RAI congress centre are only minutes away by public transport.

Bilderberg Garden 🛗 🅰 📶 ♿

Dijsselhofplantsoen 7 ✉ 1077 BJ – ☎ (0 20) Plattegrond: 3F3**d**
570 56 00 – www.bilderberg.nl/hotels/garden-hotel
122 kam – 🛏109/399 € 🛏🛏109/399 €, 🍽 23 € – 2 suites – ½ P
Rest *De Kersentuin* – zie restaurantselectie
● Dit ketenhotel in een zakenwijk is ideaal voor de corporate clientèle. Openbare ruimten met elegante ambiance, ruime en comfortabele kamers, vergaderzalen, valet parking.
● Chain hotel catering mainly to corporate customers in the business district. Inviting interior, spacious and comfortable guestrooms, meeting facilities and valet parking.

Art 📶 🔲 🛗 🅰 ✂ 📶 ♿ 🚗

Spaarndammerdijk 302 (Westerpark) ✉ 1013 ZX – ☎ (0 20) 410 96 70
– www.westcordhotels.com
187 kam – 🛏79/299 € 🛏🛏79/299 €, 🍽 16 € – 3 suites
Rest – Menu 30 € – Carte 33/45 €
● Eigentijds hotel bij een afrit van de ring. Expositie van moderne schilderijen in de gemeenschappelijke ruimtes. De kamers (twee maten) zijn zeer up-to-date. In een trendy decor worden maaltijden geserveerd.
● Near a slip road off the ring, a modern hotel with very contemporary guestrooms, available in two sizes. Exhibition of paintings in the public areas. A la carte meals served in a trendy atmosphere.

Apollo ⟨ 🛗 🅰 ✂ 📶 ♿ 🅿

Apollolaan 2 ✉ 1077 BA – ☎ (0 20) 673 59 22 Plattegrond: 3F3**e**
– www.wyndham.nl
223 kam – 🛏99/399 € 🛏🛏99/399 €, 🍽 23 €
Rest *La Sirène* 🍴 – zie restaurantselectie
● Dit internationale hotel ligt bij een kruising van vijf grachten. De kamers zijn afgestemd op de zakelijke clientèle. Bar met uitzicht op het water, terras en aanlegsteiger.
● An international chain hotel located at the intersection of five canals. Guestrooms designed with the business traveller in mind. Waterside bar, terrace and landing stage.

Citizen M zonder rest 🛗 🅰 ✂ 📶

Prinses Irenestraat 30 ✉ 1077 WX – ☎ (0 20) Plattegrond: 1B2**k**
811 70 90 – www.citizenm.com
215 kam – 🛏69/169 € 🛏🛏69/169 €, 🍽 11 €
● De M uit Citizen M staat voor mobiel: dit ietwat excentrieke hotel richt zich tot de zelfredzame reiziger die openstaat voor nieuwe concepten. De kamers zijn fris en functioneel gehouden, de gemeenschappelijke ruimtes zijn erg uitnodigend. Voor de kleine trek kunt u in canteenM terecht.
● The M in Citizen M stands for mobile: this slightly eccentric hotel focuses on independent travellers open to new concepts. The guestrooms have been kept bright and functional and the public areas very attractive. CanteenM offers food for those in need of a light snack.

Delphi zonder rest 🛗 ✂ 📶

Apollolaan 105 ✉ 1077 AN – ☎ (0 20) 679 51 52 Plattegrond: 3F3**q**
– www.delphihotel.nl
51 kam – 🛏95/195 € 🛏🛏105/295 €, 🍽 10 €
● Hotel aan een laan met woonhuizen, vlak bij een directe tramlijn naar het centrum. Kamers van verschillend formaat. De gerenoveerde zijn het gezelligst.
● Hotel located in a residential avenue with tramway access to the city centre. Various sizes and ages of guestrooms available. Renovated rooms are the cosiest.

Zin om te vertrekken op de laatste minuut?
Bezoek de hotels op het internet om van promotieprijzen te genieten.

Albert ⊕

Albert Cuypstraat 6 ⊠ 1072 CT – ℰ (0 20) 305 30 20 — Plattegrond: 5K3**d**
– www.siralberthotel.com
87 kam – ✝160/425 € ✝✝160/425 €, ⊑ 24 € – 3 suites
Rest *Izakaya* – zie restaurantselectie

● Sir Albert ontvangt u met open armen in zijn boetiekhotel. Zijn geest is hier aanwezig door subtiele attenties, zoals briefjes op de spiegels en kunstwerken. Design en luxe heersen in al de kamers, die vooral in zwart en wit zijn gekleurd. Volksbuurt De Pijp heeft er een topadresje bij!

● Sir Albert receives you with open arms in his boutique hotel. The spirit of the hotel's namesake is kept alive through subtle touches, such as notes on the mirrors and works of art. Design and luxury rule supreme in all the rooms, which are decorated mainly in black and white. This top quality address is situated in De Pijp, a residential district of Amsterdam.

Ciel Bleu – Hotel Okura, 23e etage

Ferdinand Bolstraat 333 ⊠ 1072 LH – ℰ (0 20) — Plattegrond: 3F3**c**
678 74 50 – www.cielbleu.nl
– gesloten 29 december-4 januari, 20 juli-9 augustus en zondag
• INNOVATIEF • Menu 110/160 € – Carte 151/223 € – *(alleen diner)*

● Chic restaurant op de bovenste verdieping van het Okura Hotel. Fraai modern interieur, uitstekende bediening, exquise, creatieve gerechten met een oosters accent en uitgelezen wijnen. Lounge met schitterend uitzicht op de stad bij zonsondergang.

● A chic restaurant at the top of the Okura Hotel with a superb contemporary décor and a fascinating urban panorama. Experience stylish service, delicious creative cuisine with exotic touches, a fine wine list and sunset views from the lounge.

➜ Koningskrab met roomijs van beurre blanc, gezouten citroenschil en kaviaar. Gebraden lamsrug met aubergine, polenta en asperges. Groene appel met bleekselderij, hangop en dry gin.

Yamazato – Hotel Okura

Ferdinand Bolstraat 333 ⊠ 1072 LH — Plattegrond: 3F3**c**
– ℰ (0 20) 678 74 50 – www.yamazato.nl
– gesloten 8 tot 18 juli
• JAPANS • Lunch 40 € – Menu 75/115 € – Carte 30/120 €

● Uitstekend Japans restaurant met sukiya-decor, waar u kunt genieten van de authentieke kaiseki-keuken. Sushibar. Accurate bediening. Eenvoudiger concept voor de lunch (lunchbox).

● Excellent Japanese restaurant featuring authentic Kaiseki cuisine in a Sukiya décor. Sushi bar. Meticulous and friendly service. Simplified lunch menu (lunchbox).

➜ Omakase en nigiri sushi. Maguro steak, gegrilde tonijnfilet met knoflook. Shabu shabu, dunne plakjes entrecote en groenten in een bouillon.

Le Restaurant (Jan de Wit)

2e Jan Steenstraat 3 ⊠ 1073 VK — Plattegrond: 6L3**e**
– ℰ (0 20) 379 22 07 – www.lerestaurant.nl
– gesloten eind december-begin januari,
26 april-6 mei, 12 juli-12 augustus, zondag en maandag
• FRANS MODERN • Menu 80 € – *(alleen diner tot 20.30 u.) (beperkt aantal zitplaatsen, reserveren) (een enkel menu)*

● Klein maar fijn! Slechts één, heerlijk menu, afhankelijk van het aanbod op de markt en bereid met topproducten. De kookstijl houdt het midden tussen traditioneel en modern. Intieme zaal met stijlvol decor. Reserveren is noodzakelijk.

● A deliciously small grand restaurant! Appetising market-fresh set menu, poised between tradition and modernity. Made with sumptuous produce, the dishes are served in an intimate and distinguished setting. Bookings essential.

➜ Zacht gegaarde kabeljauw met schelpdiertjes, zeewier en gerookte aardappeltjes. Gebraden schouderstuk van moerkalf, polenta met tomaat, artisjokken en een sausje met citroentijm. Ganache van manjarichocolade met amandelen en fruit van het seizoen.

XX **Visaandeschelde** 🏠 ⬛ 🍴 diner

Scheldeplein 4 ⊠ 1078 GR – 𝒞 (0 20) 675 15 83   Plattegrond: 3F3**g**
– www.visaandeschelde.nl – gesloten 26 en 31 december-1 januari, 27 april,
zaterdagmiddag en zondagmiddag
• VIS EN ZEEVRUCHTEN • Lunch 40 € – Menu 45 € – Carte 62/110 € – *(open tot 23.00 u.)*
● Dit restaurant tegenover de RAI is bij de Amsterdammers in trek vanwege de kaart, die vooral in het teken van de zee staat, het leuke nautische decor en de gezellige sfeer.
● Opposite the RAI congress centre, this restaurant is popular with Amsterdammers for its dishes full of the flavours of the sea, contemporary brasserie décor and lively atmosphere.

XX **Eau de Vie** 🏠 ⬛

Maasstraat 20 ⊠ 1078 HK – 𝒞 (0 20) 662 95 88   Plattegrond: 4G3**z**
– www.restaurant-eaudevie.nl – gesloten 31 december-1 januari
• FRANS MODERN • Menu 36/43 € – Carte 46/56 €
● Het levenselixir van deze zaak is de liefde voor de hedendaagse keuken. In maart 2012 kwam een nieuw team aan het roer, en zij laten u vol enthousiasme proeven van de Franse keuken in een eigentijds jasje.
● The elixir of life in this restaurant is its love of modern cuisine. Taken over by a new, enthusiastic team in March 2012, the restaurant now serves French cuisine with a distinctly contemporary flavour.

XX **Bolenius** 🏠 🍷 ♿

George Gershwinlaan 30 ⊠ 1082 MT – 𝒞 (0 20)   Plattegrond: 1B2**a**
404 44 11 – www.bolenius-restaurant.nl – gesloten 29 december-2 januari, Pasen, 27 april, Pinksteren, 8 tot 23 augustus en zondag
• CREATIEF • Lunch 35 € – Menu 69/99 € – Carte 60/79 €
● "Open space", strak en Scandinavisch aandoend design; Bolenius wil zich graag profileren als een open en transparante zaak die helemaal meegaat met de contemporaine gastronomie. Op het bord dan ook creatieve, oogstrelende creaties.
● This restaurant has an 'open space' minimalistic design reminiscent of Scandinavia. Bolenius has a vision of being open and transparent and completely in touch with contemporary gastronomy. Delightful, creative presentations that are a joy to behold.

XX **Jaspers** ♿

Ceintuurbaan 196 ⊠ 1072 GC – 𝒞 (0 20) 471 52 33   Plattegrond: 3F3**m**
– www.restaurantjaspers.nl – gesloten 31 december-4 januari,
28 juli-21 augustus, zondag en maandag
• FRANS CREATIEF • Menu 30/76 € – *(alleen diner) (een enkel menu)*
● 'Elk nadeel heb z'n voordeel'. Keuze hebt u hier niet (enkel een vast menu) maar in de plaats krijgt u dan wel kraakverse producten. Jaspers kookstijl verraadt een klassiek Franse basis en hedendaagse inspiratie, zoals bijvoorbeeld in zijn gepocheerd ei met asperges, comtékaas en truffel-hazelnoottapenade.
● Although there is no choice on offer in this restaurant (only a set menu), this is more than compensated for by the fresh ingredients used. Jaspers' cooking style demonstrates French roots with a modern twist. Dishes such as poached egg with asparagus, Comté cheese and hazelnut-truffle tapenade feature on the menu.

XX **La Sirène** – Hotel Apollo ⇐ 🏠 ⬛ 🍷 ♿ **P**

🏖 *Apollolaan 2 ⊠ 1077 BA – 𝒞 (0 20) 570 57 24*   Plattegrond: 3F3**e**
– www.lasirene.nl – gesloten 26 december-5 januari, 13 juli-23 augustus en zondag
• VIS EN ZEEVRUCHTEN • Menu 36/45 € – Carte 52/60 €
● Lekker lunchen in Amsterdam is geen sinecure, interessant geprijsde restaurants vinden evenmin. Hier komt het deftige hotelrestaurant La Sirène to the rescue, met een frisse, hedendaagse keuken die erg interessant geprijsd is. Terras met uitzicht op de Amsterdamse houten plezierjachtjes.
● It is not easy finding somewhere for a delicious lunch at a reasonable price in Amsterdam. The chic La Sirène restaurant at Wyndham Apollo Hotel is the answer, offering fresh, contemporary cuisine at attractive prices. The terrace offers views of Amsterdam's typical wooden yachts.

XX **Serre** – Hotel Okura 〔M〕 ※ ➡ **P** ♨
(⊕) *Ferdinand Bolstraat 333* ✉ *1072 LH* – ☎ *(0 20)* Plattegrond: 3F3**c**
678 74 50 – *www.serrerestaurant.nl*
• MODERN • Menu 36 € – Carte ong. 54 €
● Luxueuze, Franse brasserieambiance, verzorgde menu's, redelijke prijzen en een jonge, enthousiaste brigade. Voor locals een favoriet hotelrestaurant.
● Luxurious, French brasserie ambience, select menus, sensible prices and a young enthusiastic team in the kitchen. A favourite hotel restaurant for locals.

XX **Sazanka** – Hotel Okura 〔M〕 ※ ➡ **P** ♨
(⊕) *Ferdinand Bolstraat 333* ✉ *1072 LH* – ☎ *(0 20)* Plattegrond: 3F3**c**
678 74 50 – *www.okura.nl*
• JAPANS • Menu 80/110 € – Carte 46/110 € – *(alleen diner)*
● Sazanka neemt u op avontuur naar Japan. Het sobere interieur en de kimono's van de diensters zetten de juiste sfeer, en dan verschijnt de chef achter zijn teppanyaki. U ziet hoe hij uitmuntende producten met precieze technieken bewerkt en zo smaken creëert die contrasteren, maar toch in evenwicht zijn. Wat een show!
● Sazanka takes you on an adventure to Japan. The sober interior and waitresses dressed in kimonos set the tone; then enters the chef, who proudly takes his place behind the teppan-yaki grill. He confidently demonstrates his skills and uses excellent ingredients to create flavours which provide contrast but are always well balanced. What a show!
→ Salade met licht gerookte eend en eendenlever. Shabu Shabu van Wagyu rundvlees. In zeezout gerolde zeebaars met een preisaus

XX **Roberto's** – Hotel Hilton 🛋 〔M〕 **P**
Apollolaan 138 ✉ *1077 BG* – ☎ *(0 20) 710 60 25* Plattegrond: 3E3**f**
– *www.robertosrestaurant.nl*
• ITALIAANS • Carte 48/82 €
● Een van de beste ristoranti van de stad, in het Hilton hotel. Geen blingbling, maar een eenvoudige, moderne inrichting, stijlvolle bediening en een prestigieuze keuken, 100% Italiaans.
● Located in the Hilton, Roberto's is one of the best Italian restaurants in the city. No fancy decor, just an understated modern dining room with smart service, top class and authentic Italian cuisine.

XX **De Kersentuin** – Hotel Bilderberg Garden 〔M〕 ➡ **P**
Dijsselhofplantsoen 7 ✉ *1077 BJ* – ☎ *(0 20)* Plattegrond: 3F3**d**
570 56 00 – *www.dekersentuin.nl* – *gesloten zaterdagmiddag en zondag*
• MODERN • Lunch 28 € – Menu 33/50 € – Carte 53/67 €
● Achter de poëtische naam De Kersentuin schuilt een chique brasserie. Hier moet u zijn voor een actuele kookstijl met frisse combinaties en originele technieken. Open keuken en prettige sfeer.
● The poetic name of De Kersentuin conceals a chic brasserie. The cuisine is now contemporary, presenting fresh combinations based on original techniques.

X **Izakaya** ⓝ – Hotel Albert 🛋 〔M〕 ※ ➡
Albert Cuypstraat 6 ✉ *1072 CT* – ☎ *(0 20) 305 30 90*
– *www.izakaya-amsterdam.com* Plattegrond: 5K3**d**
• JAPANS • Lunch 25 € – Carte 38/95 € – *(open tot 23.00 u.) (eenvoudige lunchkaart)*
● Bent u klaar voor een ontdekkingstocht? In deze mooie luxebrasserie worden aparte smaken gecreëerd door een mix van de Japanse keuken en Zuid-Amerikaanse invloeden. Dankzij de kleine gerechtjes kunt u de kaart uitvoerig uitproberen.
● Head off on a voyage of discovery in this beautiful brasserie. Enjoy individual flavours influenced by Japanese cuisine and South American dishes. The small servings allow you to carry out an extensive exploration of the menu.

Een lekkere maaltijd voor een scherpe prijs? Ga op zoek naar de Bib Gourmand 🍴.
Ze onderscheiden restaurants met een onklopbare prijs-kwaliteitsverhouding.

🍴 **Sinne** Ⓝ (Alexander Ioannou) 🆑 🍸

☸ *Ceintuurbaan 342 ⊠ 1072 GP – 𝒞 (0 20) 682 72 90*   Plattegrond: 4G3**e**
– www.restaurantsinne.nl – gesloten maandag en dinsdag
• MODERN • Menu 35/60 € – *(alleen diner) (reserveren noodzakelijk)*
● De open keuken achteraan deze gezellige zaak heeft iets weg van een toneel.
Chef Ioannou is er de hoofdrolspeler, maar het zijn de topproducten die de show
stelen in actuele, met veel zorg bereide gerechten. De bediening van gastvrouw
Suzanne is vlot, de prijzen zijn lekker zacht.
● The open kitchen at the back of this warm and friendly restaurant is reminiscent of a theatre scene. While chef Ioannou plays the lead role, the top quality
produce steals the show in the form of modern, meticulously prepared dishes. Attentive service from hostess Suzanne, as well as reasonable prices.
➜ Gerookte zalm met pistache, mierikswortel en groene appel. Lamsnek met
amandel, citroen en zijn eigen jus. Gepocheerde perzik met citroencrumble, per-
zikbavarois en citroensorbet.

🍴 **Le Hollandais**   🍽 🆑 ⇄

☺ *Amsteldijk 41 ⊠ 1074 HV – 𝒞 (0 20) 679 12 48*   Plattegrond: 4G3**f**
*– www.lehollandais.nl – gesloten 26 april, 3 weken in augustus, zondag en
maandag*
• KLASSIEK/TRADITIONEEL • Menu 36/59 € – Carte ong. 56 € – *(alleen diner)*
● Charmant nonchalant decor met meubels en verlichting uit de seventies, parket en lambrisering. Traditionele gerechten, stoofschotels, orgaanvlees, bloed-
worst en huisgemaakte charcuterie.
● The 1970s furniture and lighting, wooden floors and panelling create a charming setting. The menu features traditional simmered dishes, offal, blood sausage
and homemade cold meats.

🍴 **A la Ferme**   🍽 ⇄

Govert Flinckstraat 251 ⊠ 1073 BX – 𝒞 (0 20)   Plattegrond: 6L3**k**
*679 82 40 – www.alaferme.nl – gesloten 26 december-6 januari, 7 tot 22 juli,
zondag en maandag*
• KLASSIEK • Menu 34/46 € – Carte 38/57 € – *(alleen diner)*
● Dagelijks wisselende menu's en nieuwe kaart om de twee maanden. Moderne,
contrastrijke eetzaal en twee kleine intieme ruimten aan de achterkant. 's Zomers
kunt u ook buiten tafelen onder de pergola.
● Monthly menus feature in the contemporary dining room, in one of the smaller, more intimate rooms in the back, or under the grape arbour in summer.

🍴 **White Elephant**   🍽 🍸

Van Woustraat ⊠ 1074 AA – 𝒞 (0 20) 679 55 56   Plattegrond: 6L3**c**
– www.whiteelephant.nl – gesloten 31 december-1 januari
• THAIS • Menu 32/53 € – Carte 35/47 € – *(alleen diner)*
● Thais restaurant met karakteristiek decor: lambrisering, orchideeën, traditionele
hut met bar, exotisch terras. Authentieke keuken en vriendelijke bediening in
Thaise kledij.
● Thai restaurant with matching décor: panelling, orchids, bar in a traditional
"hut", exotic terrace and friendly waiters in traditional costume. Authentic cuisine.

🍴 **Kaiko**   🆑 ⇄

☜ *Jekerstraat 114 (hoek Maasstraat) ⊠ 1078 MJ*   Plattegrond: 4G3**a**
*– 𝒞 (0 20) 662 56 41 – gesloten 25 december-5 januari, 27 april-4 mei,
27 juli-3 augustus, donderdag en zondag*
• SUSHI • Menu 25/65 € – Carte 20/41 € – *(alleen diner)*
● Sympathieke sushibar die in trek is vanwege de authentieke Japanse keuken en
voorkomende service. Eetzaal met bescheiden Japanse accenten.
● Pleasant sushi bar with good service serving authentic cuisine. Discreet Japa-
nese decorations in the dining room.

De selectie van de hotels, B&B's en restaurants wordt elk jaar geüpdatet.
Vervang dus elk jaar uw MICHELIN gids!

Oost en Zuid-Oost

Mercure 🛜 ⽊ ⽊ ⽊ ⽊ ⽊ ⽊ kam, Ⓜ ⽊ kam, 🛜 ⽊ Ⓟ ⽊

Joan Muyskenweg 10 ⊠ 1096 CJ – ℰ (0 20)   Plattegrond: 2C2**a**
665 81 81 – www.mercure.com
368 kam – ♦99/209 € ♦♦99/209 €, ⊡ 23 € – ½ P
Rest – Carte 31/54 € – *(open tot 00.00 u.)*
● Moderne hotelgebouwen die door een loopbrug met elkaar zijn verbonden.
Een betrouwbaar adres dat praktisch gelegen is aan de zuidzijde van de stad. In
de brasserie kunt u terecht voor eigentijdse gerechten.
● Contemporary hotel buildings connected by a walkway. Spacious, modern
rooms, half with a nautical decor, the other half more hip and modern. Contemporary dishes served in the brasserie.

Fletcher 🅽 ⽊ ⽊ ⽊ ⽊ rest, Ⓜ ⽊ 🛜 ⽊ Ⓟ ⽊

Schepenbergweg 50 (via A2, afrit 1) ⊠ 1105 AT   Plattegrond: 2D3**a**
– ℰ (0 20) 311 36 70 – www.fletcherhotelamsterdam.nl
120 kam – ♦94/399 € ♦♦99/399 €, ⊡ 16 €
Rest *Skyrestaurant Pi* – Menu 29/45 € – Carte 38/59 € – *(gesloten
zaterdagmiddag en zondagmiddag) (open tot 23.00 u.)*
● U zult eventjes in uw ogen moeten wrijven: een feeëriek verlichte toren, op de
kruising van de A2 en de A9? Dit hotel moet u zeker ontdekken: ronde kamers
met designinterieur, futuristische douches in plexiglas, een prachtig zicht over
de snelwegen, een restaurant op de 17de verdieping … Ronduit spectaculair!
● It is hard to believe your eyes when you see this magically lit tower block at
the junction of the A2 and A9. This hotel is a real find, offering circular rooms
with designer decor, futuristic showers in Plexiglas, a dazzling view of the motorways and a restaurant on the 17th floor. Simply spectacular!

Arena ⽊ ⽊ ⽊ ⽊ Ⓜ ⽊ kam, 🛜 ⽊ Ⓟ

's-Gravesandestraat 51 ⊠ 1092 AA – ℰ (0 20)   Plattegrond: 6M3**z**
850 24 00 – www.hotelarena.nl
116 kam – ♦89/229 € ♦♦89/229 €, ⊡ 19 €
Rest – Lunch 21 € – Menu 30/40 € – Carte 21/39 € – *(eenvoudige lunchkaart)*
● Ooit een weeshuis (1890), nu een ultratrendy hotel. Drie prachtige oude trap-
pen, designbar en kamers met verschillend comfort en inrichting. Nightclub in
het weekend (aparte entree). Restaurant met designinterieur en eigentijdse kookstijl.
● Formerly an orphanage (1890), now an ultra-trendy hotel. 3 fantastic old stair-
cases, designer bar and guestrooms of various styles and levels of comfort. Weekend nightclub (separate access). Designer setting and modern cuisine in the restaurant.

Lloyd 🛜 ⽊ ⽊ kam, 🛜 ⽊ ⽊

Oostelijke Handelskade 34 ⊠ 1019 BN – ℰ (0 20)   Plattegrond: 2D1**a**
561 36 36 – www.lloydhotel.com
117 kam – ♦80/400 € ♦♦80/400 €, ⊡ 18 €
Rest – Lunch 15 € – Menu 30/35 € – Carte 31/47 € – *(open tot 01.00 u.)*
● Een non-conformistisch hotel in een monument (1921) waar landverhuizers
onderdak vonden. Diverse typen kamers, enkele met gedeelde badkamer. Arty
ambiance. Restaurant-bar in design, ontworpen door R. Hutten, zoals meer elementen in het gebouw. Traditionele kaart.
● Non-conformist hotel in a historic (1921) building for immigrants in transit. Various kinds of rooms, some with shared bathrooms. Artistic ambiance. Bar-restau-
rant designed by R. Hutten, along with many other things in this establishment.
Traditional dishes.

De prijzen voor het symbool ♦ komen overeen met de laagste prijs in laagseizoen
en daarna de hoogste prijs in hoogseizoen voor een éénpersoonskamer.
Hetzelfde principe voor het symbool ♦♦, hier voor een tweepersoonskamer.

Casa 400   🚲 🛎 ♿ kam, 🆔 kam, 🛗 🛜 🏋 🚗

Eerste Ringdijkstraat 4 ⊠ 1097 BC – 𝒞 (0 20)   Plattegrond: 4H3**t**
665 11 71 – www.hotelcasa400.nl
151 kam – 🛏70/280 € 🛏🛏80/290 €, ⬜ 13 €   **Rest** – Carte 23/47 €
- Als u, zoals hier, op 10 minuten met de metro van het centrum overnacht, wordt in Amsterdam logeren heel wat budgetvriendelijker. Ruime en functionele kamers, waarvan een deel dienst doet als studentenaccommodatie.
- Choosing to stay just 10min away from the city centre by metro makes staying in Amsterdam a lot more budget friendly. Spacious and functional rooms, some of which are currently used as student accommodation.

De Kas   ⪡ 🏡 🆔 🍽 ⇔

Kamerlingh Onneslaan 3 ⊠ 1097 DE – 𝒞 (0 20)   Plattegrond: 4H3**a**
462 45 62 – www.restaurantdekas.nl – gesloten 24 december-2 januari,
27 april, zaterdagmiddag en zondag
- MODERN • Lunch 39 € – Menu 50 € – *(een enkel menu)*
- Restaurant in een reusachtige kas waar weldoordacht groenten worden geteeld. Elke week een nieuw, eigentijds menu en zo kersvers uit de biologische kwekerij op tafel.
- A restaurant in a huge conservatory where market garden produce is cultivated. The single menu, changed weekly, features up-to-date dishes straight from the organic garden.

VandeMarkt 🅝   ♿ 🆔 🍽 ⇔

Weesperzijde 144 ⊠ 1091 ET – 𝒞 (0 20) 468 69 58   Plattegrond: 4G3**b**
– www.vandemarkt.nl
- CREATIEF • Menu 36/45 € – Carte 48/55 € – *(alleen diner)*
- Van de markt komen verse, seizoensgebonden producten, van de hand van de chef komen creatieve gerechten die durven af te wijken van klassieke combinaties. Ook het decor is verfrissend: wanddecoraties brengen kleur in de zaak en de open wijnkelder – met degustatiehoek – zorgt voor een wauw-gevoel.
- Fresh, seasonal produce straight from the market and imaginative dishes prepared by a chef who dares to deviate from classic combinations. The decor is as refreshing as the cuisine with colourful wall decorations and an impressive open wine cellar with tasting area.

Fifteen   🏡 ♿ 🆔 🍽

Jollemanhof 9 ⊠ 1019 GW – 𝒞 (0 20) 509 50 15   Plattegrond: 6M1**a**
– www.fifteen.nl – gesloten zondagmiddag
- ITALIAANS • Carte 40/51 € – *(eenvoudige lunchkaart)*
- Jamie Oliver is de drijvende kracht achter het concept van dit trendy restaurant, dat reïntegratie van werkloze jongeren nastreeft. De keuken is resoluut Italiaans en lekker. Parkeren kan (tegen betaling) op de parking onder het restaurant.
- Jamie Oliver is the driving force behind the concept of this trendy restaurant, which aims to reintegrate unemployed young people. The kitchen is resolutely Italian and the food delicious. Paid parking is available in the restaurant's car park.

Elkaar   🏡 🆔

Alexanderplein 6 ⊠ 1018 CG – 𝒞 (0 20) 330 75 59   Plattegrond: 6M3**x**
– www.etenbijelkaar.nl – gesloten 27 april, 25 en 31 december-1 januari en
zaterdagmiddag
- FRANS KLASSIEK • Lunch 30 € – Menu 36/50 € – Carte 46/57 €
- Verzorgde lunch en menu's in dit karakteristieke pandje. Jong en enthousiast team, bistrocomfort, moderne schilderijen, teakhouten terras met uitzicht op het Tropenmuseum.
- Refined lunches and menus are offered at this restaurant in a large townhouse. Enthusiastic young team, bistro comforts, modern paintings and a teak terrace facing the Tropenmuseum.

Wilt u een feestje organiseren of een maaltijd met zakenrelaties? Kijk dan naar de restaurants met het symbool ⇔.

Buitenveldert (RAI)

🏨 **Novotel** 🐞 🕥 ⚙️ 📶 ⚙️ kam, 🖂 🍴 rest, 🛜 🚠 **P.**
Europaboulevard 10 🖂 *1083 AD* – ℰ *(0 20)* Plattegrond: 1C2**f**
541 11 23 – *www.novotelamsterdamcity.com*
610 kam – ♦119/399 € ♦♦119/399 €, ☲ 23 €
Rest – Carte 27/52 € – *(open tot 23.00 u.)*
● Imposant hotelcomplex met een van de grootste overnachtingscapaciteiten van de Benelux. Het hotel is vanbinnen volledig gerenoveerd. Lichte en moderne, functionele kamers. Loungerestaurant met internationale gerechten.
● An imposing hotel complex with one of the largest accommodation capacities in Benelux. The interior has been fully refurbished and the rooms are modern and functional. A lounge restaurant serves international dishes.

🍴🍴 **Het Bosch** ⟨ 🛖 🍴**P.** ⚓
Jollenpad 10 🖂 *1081 KC* – ℰ *(0 20) 644 58 00* Plattegrond: 1B2**d**
– *www.hetbosch.com* – *gesloten 27 december-11 januari en zondag*
• FRANS CREATIEF • Lunch 40 € – Menu 50/65 € – Carte 40/58 €
● Dit eigentijdse restaurant in de vorm van een kubus biedt vanuit de eetzaal en vanop het terras uitzicht op de jachthaven van de Nieuwe Meer. Klassieke gerechten met een gedurfde twist. In de zomer serveert men bij Het Bosch Waterfront cocktails en barbecuegerechten aan -u raadt het al- de waterkant.
● The restaurant and patio of this cube-shaped, up-to-the-minute restaurant offer views of the marina at Nieuwe Meer. Classic dishes with an adventurous twist feature on the menu. In summer, Het Bosch Waterfront serves cocktails and barbecued choices on – as its name suggests – the waterfront.

via autosnelweg A 4 - E 19

🏨 **Artemis** 🛖 🛏 🚲 📶 ⚙️ 🖂 ⚙️ 🛜 🚠 🚗
John M. Keynesplein 2 (afrit ① Sloten) 🖂 *1066 EP* Plattegrond: 1A2**x**
– ℰ *(0 20) 714 10 00* – *www.artemisamsterdam.com*
256 kam – ♦99/209 € ♦♦99/209 €, ☲ 20 € – ½ P
Rest – Menu 35 € – Carte 36/60 €
● Modern, origineel hotelpand in een zakenwijk. Centraal thema van de inrichting: Dutch Design. Kunstgalerie waarin de gasten zich verder in dit onderwerp kunnen verdiepen. Lang, ultramodern restaurant met terras aan het water en eigentijdse kaart.
● This modern building of original design in the business district features Dutch designer-style décor. There is an art gallery to explore the subject in more detail. A large restaurant with ultra-modern décor and a big waterside terrace. Contemporary menu.

OMGEVING

in Amstelveen

🍴🍴🍴🍴 **Aan de Poel** (Stefan van Sprang) 🐞 ⟨ 🛖 📶 ✿ 🚗
✿✿ *Handweg 1* 🖂 *1185 TS* – ℰ *(0 20) 345 17 63* Plattegrond: 1A3**x**
– *www.aandepoel.nl* – *gesloten 27 december-6 januari, 27 en 28 april, 12 tot 28 juli, zaterdagmiddag, zondag en maandag*
• CREATIEF • Lunch 46 € – Menu 66/99 € – Carte 67/106 €
● Een geslaagd huwelijk van techniciteit en schitterende producten maken of elk gerecht een feest. U proeft hier de hedendaagse keuken in één van zijn mooiste en meest smaakvolle gedaantes. En dit bovendien in een prachtige setting, aan een meer, met een chic en geraffineerd designinterieur en een kundige sommelier.
● A successful marriage of technical skill and brilliant produce ensures that every dish is a feast for the senses. Here, contemporary cuisine can be savoured in one of its most beautiful and tasteful forms. What's more, this restaurant benefits from a superb lakeside setting, a chic and sophisticated designer interior and a skilled sommelier.
→ Uitsmijter met kreeft. Gebakken griet met bosui en een saus van kappertjes en foie gras. Proeverij van meerdere structuren van chocolade.

XX **De Jonge Dikkert**

Amsterdamseweg 104a ✉ 1182 HG – ✆ (0 20) 643 33 33 – www.jongedikkert.nl – gesloten 24 en 31 december-4 januari, 27 juli-9 augustus, zaterdagmiddag en zondagmiddag Plattegrond: 1B3**r**

• REGIONAAL EN STREEKGEBONDEN • Menu 35/70 € – Carte 44/56 €

• Een houten windmolen uit de 17de eeuw die binnenin lekker cosy is dankzij het nieuwe eigentijdse interieur. Deze fantastische setting is om van te smullen, de keuken volgt zonder problemen. Een voorkeur voor lokale producten, mooi bewerkte gerechten, actuele technieken en combinaties … een sterke Bib Gourmand!

• This timber windmill dating back to the 17C feels nice and cosy thanks to the new contemporary interiors. Indulge yourself in this fantastic setting, which is equalled by the superb cuisine featuring local ingredients, beautifully crafted dishes, and modern techniques and combinations. A strong Bib Gourmand.

XX **Kronenburg**

Prof. E.M. Meijerslaan 6 ✉ 1183 AV – ✆ (0 20) 345 54 89 – www.restaurant-kronenburg.nl – gesloten 26 december-4 januari, 27 juli-9 augustus en zaterdagmiddag Plattegrond: 1B3**c**

• MEDITERRAANS • Lunch 29 € – Menu 35/43 € – Carte 39/50 €

• Een oase in het zakelijk kwartier Kronenburg: aan de rand van een vijver, in een groene omgeving, kunt u op het terras of achter de glazen façade genieten van de setting. Ook het elegante, lumineuze interieur schittert! De gerechten hebben zuiderse flair en zijn geïnspireerd op de Franse keuken.

• An oasis in the Kronenburg business quarter on the edge of a lake in a verdant setting. Dine on the terrace or behind the glass façade in an elegant, bright interior that is positively sparkling. The dishes have a Mediterranean flair and are inspired by French cuisine.

Om uw gids goed te gebruiken kunt u de gebruiksaanwijzing in de inleiding raadplegen: symbolen, klassering, afkortingen en andere tekens zullen geen geheimen meer hebben voor u!

in Badhoevedorp via Schipholweg 3AQ – Haarlemmermeer

De Herbergh kam,

Sloterweg 259 ✉ 1171 CP – ✆ (0 20) 659 26 00 – www.herbergh.nl

24 kam – 🛉59/169 € 🛉🛉59/189 €, ☕ 15 €

Rest *Brasserie la Bouche* – zie restaurantselectie

Rest *Trattoria La Bocca* – Carte 28/48 €

• Op citytrip naar Amsterdam met de auto? Hier kunt u gratis en zorgeloos parkeren. Perfect ook voor wie naar de Keukenhof wil, en dankzij de gratis Schipholshuttle ook ideaal voor vakantiegasten die vroeg op de luchthaven moeten zijn. Italiaanse keuken in Trattoria La Bocca.

• If you are visiting Amsterdam by car, you will appreciate the easy, free parking. It is perfect for visitors to the Keukenhof, and the shuttle service to Schiphol makes it ideal for holidaymakers who have to catch an early flight. Italian cuisine in Trattoria La Bocca.

XX **Brasserie la Bouche** – Hotel De Herbergh

Sloterweg 259 ✉ 1171 CP – ✆ (0 20) 659 26 00 – www.brasserielabouche.nl – gesloten zondag

• FRANS CREATIEF • Menu 28 € – Carte 39/58 €

• De Franse keuken heeft een afspraak met wereldse smaken en ingrediënten op de menukaart van brasserie La Bouche. Een voorbeeld? Salade met tempuragroenten gevolgd door lamssouvlaki en tarte Tatin als toetje.

• French cooking combines with global flavours and exotic ingredients on the menu at Brasserie la Bouche. Ask for the vegetable tempura salad to start; follow it with lamb souvlaki; and for dessert, try a classic tarte Tatin.

in Hoofddorp via autosnelweg A 4 - E 19, afrit ④3AQ – Haarlemmermeer

🏨 Crowne Plaza Amsterdam-Schiphol   🖥 🖊 🚲 🖼 🔥 kam, 🅼
Planeetbaan 2 ✉ 2132 HZ – 𝒞 (0 23) 565 00 00   ℁ kam, 🛜 ᴬ 🅿
– www.crowneplaza.com/ams-schiphol
238 kam – 🛏139/350 € 🛏🛏139/350 €, ⌧ 22 € – 4 suites
Rest – Carte ong. 35 € – *(open tot 23.00 u.)*
● Een modern hotel dat vooral in trek is bij congresgangers en zakelijke gasten. Grote lobby, mooi zwembad, health center, grote kamers en suites met lounge. "Sleep advantage" programma. Het restaurant met meerdere eetzalen voert een internationale kaart.
● Establishment in a modern building, popular with business and conference clientele. Huge lobby, superb swimming pool, health club, large guestrooms and suites with lounges. "Sleep advantage" programme. Restaurant offering an international menu in several rooms.

🏨 Courtyard by Marriott - Amsterdam Airport   🏡 🐾 🖊 🚲 🖼
Bosweg 15 ✉ 2131 LX – 𝒞 (0 23) 556 90 00 – www.claus.nl   🔥 🅼 ℁ 🛜 ᴬ 🅿
148 kam – 🛏130/260 € 🛏🛏130/260 €, ⌧ 23 €
Rest – Carte ong. 45 € – *(gesloten maandagmiddag en dinsdagmiddag)*
● Eigentijds businesshotel dat uitkijkt op bebost terrein met een meer, ideaal om te joggen. Grote, moderne kamers met kingsize bedden. Designlounge met open haard. In de brasserie worden intercontinentale gerechten geserveerd.
● A modern-style business hotel next to a wooded area and lake, ideal for running. Spacious and contemporary guestrooms with king-size beds. Designer fireside lounge. Brasserie serving intercontinental cuisine.

✕ Vork & Mes ⓝ   ← 🏡 ℁ ♻ 🅿
Paviljoenlaan 1 ✉ 2131 LZ – 𝒞 (0 23) 557 29 63 – www.vorkenmes.nl – gesloten zondagavond
• MODERN • Menu 35/40 € – Carte 26/40 €
● Eerlijk eten in een knappe omgeving, dat is Vork & Mes. Of u nu voor tapas of het verrassingsmenu kiest, groenten uit eigen kweek zijn de hoofdrolspelers in smaakvolle bereidingen. Ga voor een plaats aan het raam van dit designpaviljoen, op een binnenmeertje, of nog beter: een heerlijk plekje op het terras.
● Honest food in a beautiful setting is what is on offer at Vork&Mes. Whether you choose tapas or the surprise menu, homegrown vegetables take pride of place in the tasty dishes. Enjoy your meal next to a window in the designer-style pavilion in the middle of an inland lake or – even better – dine alfresco on the attractive terrace.

in Ouderkerk aan de Amstel Ouder-Amstel

✕✕✕ Lute   🏡 🔥 🖼 ♻ 🍽 lunch 🅿
De Oude Molen 5 ✉ 1184 VW – 𝒞 (0 20) 472 24 62 – www.lute.nu – gesloten 27 december-1 januari, 27 april, zaterdagmiddag en zondag
• INNOVATIEF • Lunch 36 € – Menu 63/73 € – Carte 65/84 €
● Trendy restaurant in een voormalige kruitfabriek. Postindustriële, loftachtige architectuur. Serre en open keuken. Inventieve kaart. Druivenranken en platanen op het terras.
● Ultra-modern restaurant on the site of a former explosives factory. Post-industrial, loft-style architecture, open kitchen and glass veranda. Inventive menu. Terrace with vines and plane trees.

✕✕ Jagershuis met kam   ← 🏡 🖼 ℁ 🛜 ♻ 🍽 🅿 ⚓
Amstelzijde 2 ✉ 1184 VA – 𝒞 (0 20) 496 20 20   Plattegrond: 2C3**u**
– www.jagershuis.com – gesloten 29 december-5 januari
11 kam ⌧ – 🛏149 € 🛏🛏149 €
• MODERN •
Lunch 38 € – Menu 50/60 € – Carte 45/77 € – *(gesloten zaterdagmiddag)*
● Hotel-restaurant in een monumentaal, karakteristiek pand. Eigentijdse maaltijden worden geserveerd in een sfeervolle panoramazaal of op het mooie terras aan de Amstel. Kamers met antiek meubilair en de rivier als achtergrond.
● A pretty Dutch inn where up-to-date meals are served in a pleasant panoramic dining room or on a lovely terrace overlooking the Amstel. Antique furniture in the rooms with the river as a backdrop.

✗ **Jaimie van Heije** 🏠 Ⓐ ♿

Kerkstraat 56 ✉ 1191 JE – ℰ (0 20) 496 58 48   Plattegrond: 2C3**v**
– www.jaimievanheije.nl – gesloten 29 december-3 januari, zaterdagmiddag en zondag
• VIS EN ZEEVRUCHTEN • Lunch 30 € – Menu 35/98 € 🍷 – Carte 42/61 €
• Jaimie van Heije en zijn ambitieus keukenteam brengen rock & roll in de keuken. De rocksterren van deze swingende keuken zijn seizoensgebonden en visgerechten: dagvers, ongecompliceerd en barstensvol smaak klaargemaakt. Bistrointerieur met muurschildering van Selwyn Senatori en gezellig terras met rustig dorpsgevoel.
• Jaimie van Heije and his ambitious kitchen team are behind the dynamic ambience in this successful restaurant. It showcases seasonal produce and fish specialities with a focus on fresh ingredients, uncomplicated recipes and dishes that are full of flavour. It has a bistro-style decor and a cosy terrace with a tranquil, village-like feel.

✗ **De Voetangel** ⬅ 🏠 ♿ ♿ **P** ⚓

Ronde Hoep Oost 3 (Zuid-Oost : 3 km) ✉ 1191 KA – ℰ (0 20) 496 13 73
– www.voetangel.nl – gesloten 2 weken na kerst, eind juli-half augustus, zaterdagmiddag, zondag en maandag behalve feestdagen
• TRADITIONEEL • Lunch 28 € – Menu 35 € – Carte 39/58 €
• Polder de Ronde Hoep is hofleverancier van deze familiezaak. Die biedt niet alleen een prachtig zicht aan, maar is ook de graasgrond van lammeren, fazanten en andere lekkernijen die op de kaart staan. Leuke plus: u kunt hier altijd a la carte genieten van de traditionele gerechten, hoe groot uw gezelschap ook is.
• The 'Ronde Hoep' polder visible from this family restaurant not only offers lovely views, but also provides pastureland for the lambs, pheasants and other delicacies that feature on the menu. The traditional dishes served here are always available à la carte whatever the size of your party.

✗ **Brasserie Paardenburg** ⓝ 🏠 Ⓐ ♿ ⌂♦

Amstelzijde 55 ✉ 1184 TZ – ℰ (0 20) 496 12 10   Plattegrond: 2C3**t**
– www.brasseriepaardenburg.nl – gesloten 1 januari
• KLASSIEK • Carte 35/58 €
• De grill aan de ingang van deze gezellige brasserie zal vleeseters meteen charmeren, maar ook visliefhebbers krijgen hier een mooi aanbod voorgeschoteld. Dit prima adresje past uit met goede bereidingen en een no-nonsense aanpak.
• The grill at the entrance of this cosy brasserie will tempt meat lovers. However, if your preference is for fish there is no need to worry as you will also be spoilt for choice. An excellent restaurant serving elegant yet unfussy cuisine.

in Schiphol (internationale luchthaven) - via A 4 - E 19,
afrit ④ 3AQ – Haarlemmermeer

🏨 **Radisson Blu Amsterdam Airport** 🅂 🏠 🎠 ♨ ♿ 🛏 ♿ kam, Ⓐ

Boeing Avenue 2 (Rijk) (Zuid : 4 km via N 201)   🍴 rest, 🛜 🛗 **P** 🚗
✉ *1119 PB – ℰ (0 20) 655 31 31*
– www.radissonblu.com/hotel-amsterdamairport
279 kam 🛁 – †89/229 € ††89/229 € – 2 suites – ½ P
Rest – Lunch 30 € – Menu 35 € – Carte 41/67 €
• Ideaal voor een zakenreis: ruim opgezet hotel, vlak bij het luchthavenplatform en de snelweg, gezellige bar, moderne vergaderzalen en kamers met alles erop en eraan. Het restaurant hanteert een internationale kookstijl met mediterrane invloeden in de hoofdrol.
• This hotel is ideal for business trips. It is spacious, close to the airport and motorway, with a cosy bar, meeting rooms and modern guestrooms lacking nothing in comfort. The restaurant menu offers international cuisine, dominated by Mediterranean dishes.

Zoekt u een sfeervol hotel voor een bijzonder aangenaam verblijf?
Reserveer in een hotel met deze rode tekens : ⇧, 🏠… 🏨🏨.

AMSTERDAM

🏨 **Park Inn by Radisson** 🅝 zonder rest   ♨ ⬧ 🅰🅒 🛜 ♨ 🅿

Beechavenue 142 ✉ 1119 PR – 𝒞 (0 20) 700 38 00
– www.parkinn.com/hotel-amsterdamairport
150 kam ⌑ – ♦79/135 € ♦♦79/135 €

● De gratis shuttledienst verzekert een goede verbinding met het nabijgelegen Schipholstation. Vrees niet voor lawaaihinder want dit moderne hotel is goed geïsoleerd. De kamers zijn functioneel en de overdekte parking komt goed van pas.

● The free shuttle service at this modern hotel ensures a good connection to the nearby Schiphol station, but don't be put off by the noise as the hotel is well insulated. Functional guestrooms and a convenient covered parking area.

ANDELST

Gelderland – Overbetuwe 46 531 inw. – Atlas: **5-B3**
▶ Amsterdam 104 km – Arnhem 23 km – 's-Hertogenbosch 53 km – Lelystad 120 km
Michelin wegenkaart 532-T11 en 715-I6

✕✕ **Kromhout**   🛜 🕸

Tielsestraat 190 ✉ 6673 AE – 𝒞 (0 488) 42 28 88
– www.restaurantkromhout.nl
– gesloten 13 tot 25 februari, 26 juli-12 augustus, zaterdagmiddag, zondag en maandag
Menu 35/60 € – *(alleen diner)*

● Op zoek naar een ambachtelijke keuken met eerlijke smaken die licht geprijsd is? Probeer dan dit restaurant, gerund door een vriendelijk echtpaar met een passie voor streekproducten.

● If you're looking for traditional cuisine with authentic flavours at reasonable prices, you'll enjoy this restaurant. It is run by a friendly couple with a passion for regional produce.

ANDIJK

Noord-Holland – Medemblik 43 320 inw. – Atlas: **11-B2**
▶ Amsterdam 65 km – Haarlem 74 km – Alkmaar 46 km – Hoorn 22 km
Michelin wegenkaart 531-Q6 en 715-G3

✕✕✕ **Meijer's**   🛜 🕸 ⬧

Buurtje 4 ✉ 1619 JR – 𝒞 (0 228) 59 16 67 – www.restaurant-meijers.nl
– gesloten woensdagmiddag, donderdagmiddag, maandag en dinsdag
Menu 35 € – Carte 43/57 €

● De groene toren van dit prachtig kerkje (1667) valt op, het resoluut moderne interieur verbaast. En dan dat terras, met zicht op een dijk. Prachtig! De keuken brengt invloeden uit verschillende windstreken samen in lekkere, actuele gerechten. Met de '10 van Meijer' kunt u zelf uw menu samenstellen, een aanrader!

● The green tower of this beautiful little church (1667) catches the eye, while the resolutely modern interior comes as a surprise. The cuisine combines influences from different corners of the world in delicious, modern dishes. Guests can even create their own menu by choosing the '10 of Meijer' option. Attractive terrace overlooking a dike. Highly recommended.

✕ **1619 Eten & Drinken**   ⬅ 🛜 ♿ ⬧

Nieuwe Haven 2 ✉ 1619 JW – 𝒞 (0 228) 59 77 01 – www.1619etenendrinken.nl
– gesloten 2 weken in januari, dinsdag van oktober tot maart en maandag
Lunch 29 € – Menu 32/37 € – Carte ong. 37 € – *(eenvoudige lunchkaart)*

● Leuke ligging aan de jachthaven van Andijk op de eerste verdieping van het havengebouw met terras dat uitkijkt op de boten. Vrolijke trendy inrichting en open keuken. De chef schotelt een actuele keuken voor die wel eens verrassend uit de hoek komt.

● Pleasant location at the marina of Andijk on the first floor of the harbour master's office. Terrace with a view on the ships. Cheerful trendy interior and open kitchen. Lounge and small bar.

APELDOORN

Gelderland – 157 545 inw. – Atlas: **6-C2**

▶ Amsterdam 90 km – Arnhem 33 km – Enschede 73 km – Groningen 145 km
Michelin wegenkaart 532-U9 en 715-I5

 De Keizerskroon   🔲 🏠 🛌 🚲 🖼 ⚃ 🔳 rest, 🍴 rest, 🛜 ♨ 🅿

*Koningstraat 7 ⊠ 7315 HR – ℰ (0 55) 521 77 44 – www.bilderberg.nl – gesloten
31 december-1 januari*

93 kam ⊑ – †94/200 € †† 109/215 €   **Rest** – Menu 30 € – *(gesloten zondag)*

● Dit hotel naast het paleis met zijn weelderige tuinen was ooit een jachthuis
waar de koninklijke familie al in de 17de eeuw gasten ontving. Grote kamers
met alle comfort. Het restaurant biedt een a la carte menuformule waarbij u
voor een vaste prijs voor-, hoofdgerecht en dessert kunt combineren.

● This hotel, next to the palace and its sumptuous gardens, was once a hunting
retreat where the royal family played host in the 17C. Spacious, well-equipped
rooms. For a set price you can compose your own gastronomic menu including
starter, main and dessert.

 Apeldoorn   🌐 🏠 🚲 ⚃ 🔳 rest, 🍴 kam, 🛜 ♨ 🅿

Soerenseweg 73 ⊠ 7313 EH – ℰ (0 55) 355 45 55 – www.hotelapeldoorn.nl

63 kam ⊑ – †60/85 € †† 70/90 € – ½ P

Rest – Menu 29/35 € – Carte ong. 40 € – *(alleen diner)*

● Een retrogebouw met uitbreidingen, in een groene wijk dicht bij de ringweg,
Apenheul en Museum-Paleis Het Loo. Twee generaties kamers, vergaderzalen en
een wellnesscentrum. Serrerestaurant met brasserieambiance. Intercontinentale,
traditionele kaart.

● This 1900s building with extensions is located in a tree-lined district near the
ring road, the Het Loo Museum-Palace and the Monkey Park. Bedrooms from
two periods, conference rooms and a spa. Brasserie-style terrace restaurant. Traditional intercontinental fare.

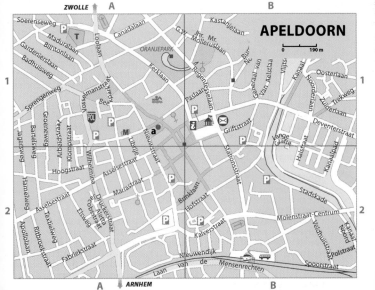

✗✗ Auberge Navet

Arnhemseweg 350 ⊠ 7334 AC – ℰ (0 55) 541 86 64 – www.auberge-navet.nl
– gesloten 25 juli-9 augustus, zaterdagmiddag en zondag
Menu 30/35 € – Carte 40/60 €

• Voormalig tolhuis aan de rand van de stad, waar u heerlijk kunt genieten van een goede maaltijd in de combi klassiek-vernieuwend. Privésalon en eetzaal met open keuken.

• Enjoy updated classic cuisine at this former tollhouse near Apeldoorn. It has a private room and an open kitchen.

✗ Twenty2

Van Kinsbergenstraat 2 ⊠ 7311 BM – ℰ (0 55)   Plattegrond: A1**a**
576 74 84 – www.restaurant-twenty2.nl – gesloten zondag en maandag
Menu 35/80 € ♚ – Carte 48/58 € – *(alleen diner)*

• Twenty2 verwijst naar het geluksgetal van het gepassioneerde koppel van deze zaak. Chef Sanders voert een actuele kaart en serveert uitvoerige gerechten waarin hij graag gebruik maakt van eigentijdse ingrediënten en technieken. Bij het dessert besluit u vast dat 22 ook úw lucky number is!

• Twenty2 is the lucky number of the enthusiastic couple running this restaurant. Chef Sanders presents an up-to-the-minute menu and serves lavish dishes using modern ingredients and techniques. When dessert arrives, you will probably think that 22 is your lucky number as well!

✗ Sizzles

Koninginnelaan 37 ⊠ 7315 BL – ℰ (0 55) 578 92 22 – www.sizzles.nl – gesloten maandag
Menu 35/55 € – Carte 45/58 € – *(alleen diner) (reserveren aanbevolen)*

• Hier slaat de chef een creatieve brug naar het oosten: sushi, eend en couscous, speenvarken met sojastroop, etc. Drukbezocht adresje, niet het minst om z'n prijs-kwaliteitverhouding.

• In this restaurant, the chef succeeds in creating an imaginative bridge with the East. Enjoy combinations such as sushi, duck and couscous, suckling pig with soya syrup etc. Popular address, not least because of its value for money.

in Beekbergen Zuid : 5 km

🏠 Engelanderhof

Arnhemseweg 484 ⊠ 7361 CM – ℰ (0 55) 506 33 18 – www.engelanderhof.nl
– gesloten laatste week december-eerste week januari
28 kam ⌑ – ♦65 € ♦♦73/93 € – ½ P   **Rest** – Menu 28/30 € – Carte 32/50 €

• Een sympathiek hotelletje: groene omgeving, persoonlijke ontvangst en service, keurige kamers op de verdieping en de begane grond, lounge met open haard en rustige tuin. Restaurant met traditionele, redelijk geprijsde kaart. 's Zomers wordt buiten geserveerd.

• Pleasant small family hotel surrounded by greenery, with personalised reception and service, neat guestrooms, suspended fireplace in the lounge and restful garden. Restaurant with a reasonably-priced traditional menu. Meals served outdoors in fine weather.

in Hoog Soeren West : 6 km – Apeldoorn

🏨 De Echoput

Amersfoortseweg 86 ⊠ 7346 AA – ℰ (0 55) 519 12 48 – www.echoput.nl
41 kam – ♦95/140 € ♦♦95/140 €, ⌑ 23 € – 1 suite
Rest *De Echoput* – zie restaurantselectie

• Modern en luxueus hotel dat een oord van rust vormt in een bosrijk gebied. De waterput die Lodewijk Napoleon er liet aanleggen (1811) levert nu water voor het zwembad. De kamers zijn ruim en comfortabel, goed ontbijt en indoorgolf.

• A modern and luxurious hotel offering a haven of tranquillity in this wooded area. The well, originally commissioned by Louis Napoleon in 1811, is still drawing water for the swimming pool. Spacious and comfortable guestrooms, a good breakfast and indoor golf.

🏠 Oranjeoord   ⟨ 🏠 ᤢ 🛏 ﻝ 🍴 rest, 🛜 🔌 P

Hoog Soeren 134 ⊠ 7346 AH – ℰ (0 55) 519 12 27
– www.charmehotels.eu/nl/hoog-soeren
35 kam 🖃 – †59/79 € ††79/99 €   **Rest** – Menu 25/40 € – Carte 29/51 €
● Gebouw in koloniale stijl, vlak bij een golfbaan. Hier is alles wat nodig is om goed te slapen, te vergaderen en te eten. Verschillende salons en galerie met kunst. Gastronomisch tafelen in het restaurant of eten in de brasserie met terras.
● Colonial-style building near a golf course. Well-equipped for resting and meetings. Spacious communal area with an art gallery. Gastronomic restaurant, complemented by a brasserie and terrace.

🍴🍴🍴 De Echoput – Hotel De Echoput   ⟨ ᤢ 🔳 🍴 P

Amersfoortseweg 86 ⊠ 7346 AA – ℰ (0 55) 519 12 48 – www.echoput.nl
– gesloten zaterdagmiddag en maandag
Lunch 38 € – Menu 50/73 € – Carte 65/80 €
● Verser dan hier vindt u moeilijk: goede producten, zoals handgedoken Noorse coquilles, belanden bijna rechtstreeks van de zee op uw bord. De creatieve kookstijl van de nieuwe chef is de saus waar deze ingrediënten om vragen. Laagdrempelige brasseriekeuken in Flavours.
● Food fresher than here is hard to find, with hand-picked Norwegian scallops almost landing straight on your plate. The creative cooking style of the new chef helps to create the sauce that these ingredients demand. Unpretentious dining in brasserie Flavours.

APPINGEDAM

Groningen – 12 064 inw. – Atlas: **7**-B2
▶ Amsterdam 208 km – Groningen 26 km
Michelin wegenkaart 531-AA3 en 715-L2

🏠 Landgoed Ekenstein   🌿 ᤢ ᤢ ﻝ rest, 🍴 rest, 🛜 🔌 P ⚓

Alberdaweg 70 (West : 3 km) ⊠ 9901 TA – ℰ (0 596) 62 85 28
– www.ekenstein.com
28 kam 🖃 – †79 € ††99 €
Rest – Lunch 25 € – Menu 30/60 € – Carte 36/54 €
● Dit landhuis uit de 17de eeuw draagt zijn rijke geschiedenis met waardigheid. Op het terras kunt u even wegdromen bij het zicht van het prachtige park en het riviertje. Voor de charmantste kamers (zonder meerprijs) moet u in het landhuis zelf zijn. Historische ambiance en hedendaagse kaart in het restaurant.
● This 17C country house can look back on a rich history. On the terrace, you can drift off in deep in thought as you admire the magnificent park and river. Inside the house itself, with its historic ambience, the guestrooms are charming. Contemporary menu in the restaurant.

ARCEN

Limburg – Venlo 100 428 inw. – Atlas: **8**-B1
▶ Amsterdam 167 km – Maastricht 88 km – Nijmegen 53 km – Venlo 13 km
Michelin wegenkaart 532-W14 en 715-J7

🏠 Arcen   🏠 ᤢ 🍴 rest, 🛜 P

Raadhuisplein 6 ⊠ 5944 AH – ℰ (0 77) 473 23 24 – www.hotelarcen.nl
24 kam – †55/85 € ††55/85 €, 🖃 13 € – ½ P
Rest – Menu 23/40 € – Carte ong. 35 € – *(alleen diner behalve zondag)*
● Hotel in het centrum van Arcen, met up-to-date kamers in het gerenoveerde oude pand en een recente vleugel die ook familiekamers herbergt. Brasserie met een terras aan de markt.
● Modern rooms in a refurbished older building in the centre of Arcen. There is a more recent wing featuring family-sized junior suites. Brasserie-style restaurant with a terrace on the square.

ARNHEM

Gelderland – 150 823 inw. – Atlas: **5**-B2

▶ Amsterdam 100 km – Apeldoorn 27 km – Nijmegen 19 km – Utrecht 64 km
Michelin wegenkaart 532-U11 en 715-I6

© T. Keim/Keystone RM/age fotostock

 Hotels

🏠 **Landgoed Groot Warnsborn**   🦕 ⪡ 🦽 ♿ ⛲ 🅰️ kam, ⚒️ rest, 🛜 ♨️
Bakenbergseweg 277 ⊠ 6816 VP – 𝒞 (0 26) 445 57 51   **P**
– www.grootwarnsborn.nl
40 kam ⊡ – †95/155 € ††130/295 € – ½ P
Rest *La Belle Source* – Lunch 33 € – Menu 37/98 € – Carte 47/76 €
● Charmant landhuis in een prachtig park, optimaal comfort in een stijlvolle omgeving. Chique kamers. In de oranjerie kunt u terecht voor uw feesten en recepties. Het restaurant is Frans georiënteerd.
● A charming country house in a splendid park, offering optimum comfort in a stylish setting. The hotel boasts chic guestrooms and the orangery is available for parties and receptions. The restaurant is inspired by French cuisine.

🏠 **Molendal** zonder rest   🛜
Cronjéstraat 15 ⊠ 6814 AG – 𝒞 (0 26) 442 48 58   Plattegrond: A1**p**
– www.hotel-molendal.nl
16 kam ⊡ – †70/125 € ††90/160 €
● In dit mooie herenhuis uit 1904 wacht u een verzorgd onthaal. Drie categorieën kamers en een moderne serre voor het ontbijt. Veel jugendstilornamenten.
● This impressive house built in 1904 will delight lovers of Jugendstil. Three room categories; breakfast served on the modern veranda. Welcoming reception.

🏠 **Modez** zonder rest   ⛲ 🅰️ 🛜
Elly Lamakerplantsoen 4 ⊠ 6822 BZ – 𝒞 (0 26)   Plattegrond: B1**a**
442 09 93 – www.hotelmodez.nl
20 kam ⊡ – †87/107 € ††99/129 €
● Design en mode kleuren dit hotel, dat in een hippe buurt aan de stadsrand ligt. De kamers, origineel en gepersonaliseerd, zijn ingericht door gevestigde mode-ontwerpers. 's Morgens is het genieten van de lekkere eitjes bij het ontbijt.
● Design and fashion give this hotel, situated in a trendy area on the edge of town, its distinctive colour, where established fashion designers have decorated the guestrooms in an original and individual style. The delicious eggs at breakfast are a real treat.

 Standing : verwacht niet dat de service in een 🍴 of een 🏠 dezelfde is als XXXXX of een 🏨🏨🏨.

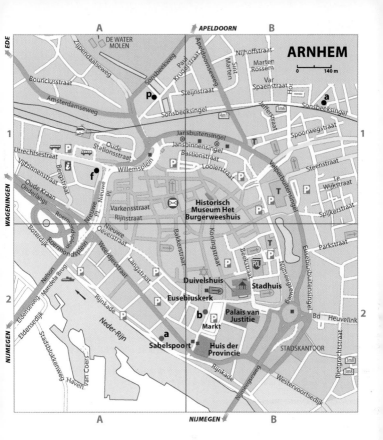

Haarhuis

Stationsplein 1 ⊠ 6811 KG – ℰ (0 26) 442 74 41
– www.hotelhaarhuis.nl

Plattegrond: A1**f**

118 kam ⌸ – †70/125 € ††83/208 € **Rest** – Carte 30/48 €

• Dit gebouw uit de vijftiger jaren, tegenover het station, herbergt een hotel en een zakencentrum. De kamers in de nieuwe vleugel zijn groter. Restaurant met een internationale kaart en brasserieambiance.

• Opposite the station, this 1950s building has been recently extended and fulfils both the role of a hotel and a conference centre. Larger rooms available in the new wing. International menu and brasserie ambiance in the restaurant.

NH Rijnhotel

Onderlangs 10 ⊠ 6812 CG – ℰ (0 26) 443 46 42 – www.nh-hotels.com
68 kam – †75/140 € ††75/140 €, ⌸ 19 €
Rest – Menu 25/28 € – Carte ong. 35 €

• Dit hotelgebouw uit de jaren dertig, met een recentere uitbreiding, staat aan de oever van de Rijn. De meeste kamers kijken uit op het water. Halfrond restaurant in minimalistisch design, dat uitkijkt op de rivier. Eigentijdse kaart, maandmenu voor een interessante prijs.

• Building dating from the 1930s with a more modern annexe set on the banks of the Rhine. Most guestrooms have nice views of the river. Semi-rotunda restaurant that overlooks the water. Minimalist décor, modern cuisine and attractively priced monthly specials.

Restaurants

XX **De Steenen Tafel**

Weg achter het Bosch 1 ✉ 6822 LV – ✆ (0 26) 443 53 13 – www.desteenentafel.nl – gesloten zondag en maandag
Menu 38/80 € – Carte 55/81 € – *(alleen diner)*

• Chic restaurant aan de voet van een watertoren (1928) op een beboste heuvel, waar de wildgerechten niet te versmaden zijn. Puur ambachtelijke keuken. Mooi terras in het groen.

• A water tower dating from 1928 protruding from a wooded hill shelters this smart restaurant. Entirely homemade cuisine. Lush green terrace.

XX **Da Giulio**

Markt 37 ✉ 6811 CJ – ✆ (0 26) 442 99 00 Plattegrond: B2**b**
– www.dagiulio.nl – gesloten zaterdagmiddag, zondag en maandag
Menu 35/68 € – Carte 49/55 €

• De goudbrasem in zoutkorst is een echte aanrader in deze moderne trattoria, waar speciale bereidingen aan tafel worden gedaan. Open keuken en vrolijke ambiance.

• The gilthead bream in a salt crust is highly recommended in this modern trattoria where special dishes are prepared at the table. Open kitchen and cheerful ambience.

X **Salathai**

Rijnkade 65 ✉ 6811 HC – ✆ (0 26) 446 08 48 Plattegrond: A2**a**
– www.salathai.nl
Menu 24/35 € – Carte 24/32 € – *(alleen diner)*

• Thais restaurant met uitzicht op de Rijn. Bediening door dames in traditionele Thaise kledij, uitgebalanceerde menukaart en aan de achterkant een mooi terras met miniwaterval.

• A Thai restaurant opposite the Rhine. Waitresses in traditional dress, a well balanced menu and a pleasant rear terrace overlooking a small waterfall.

in Duiven Oost : 10 km

Duiven rest,

Impuls 2 ✉ 6921 RK – ✆ (0 26) 318 88 88 – www.hotelduiven-arnhem.nl
148 kam – †89/119 € ††89/119 €, ☕ 13 € **Rest** – Menu 25/33 €

• Je zou er bijna speciaal voor naar dit hotel trekken: een ontbijtbuffet dat verbaast met zijn kwantiteit én kwaliteit, show cooking incluis! De praktische ligging en ruime, moderne kamers zijn 2 andere troeven die het hotel graag uitspeelt.

• It is worth making a special trip to stay at this hotel. Excellent buffet breakfast, both in terms of quality and quantity, which even includes show cooking. The convenient location and spacious modern rooms are an additional bonus.

XXX **'t Raedthuys** (Hans den Engelsen)

Rijksweg 51 ✉ 6921 AC – ✆ (0 316) 26 88 08 – www.raedthuys-duiven.nl – gesloten 27 december-7 januari, 27 april, zaterdagmiddag, maandag en dinsdag
Lunch 37 € – Menu 44/74 € – Carte 59/84 €

• Een goede raad: laat u eens goed verwennen in dit klassieke huis uit 1863, waar de eigentijdse inrichting mooi aangevuld wordt door authentieke stijlelementen. U bent hier in goede handen: topproducten worden naar waarde geschat en blinken uit in gerechten die tot in de puntjes zijn verzorgd. De harmonie van smaken is fantastisch!

• You can't go wrong by visiting this classic house, which dates from 1863. Original features are complemented by a contemporary interior. Here, you are in good hands: the produce is first class and shines through in dishes that are meticulously prepared – the harmony of flavours is fantastic!

→ Tartaar van vleestomaat met gebakken coquilles en crème van rucola. Gebraden lamsfilet met asperges, doperwten en shiitakes. Mango Dream.

in Rozendaal

✗✗ The Hunting Lodge

*Beekhuizenseweg 1 ⊠ 6891 CZ – ℰ (0 26) 361 15 97 – www.thehunting.nl
– gesloten 23, 29 december-5 januari en maandag*
Lunch 30 € – Menu 35/69 € – Carte 50/64 €
● Voormalig jachthuis in een heuvelachtig park en met uitzicht op kasteel Rozendaal. Mooi terras onder een begroeide pergola. Creatieve keuken aangevuld met eenvoudige lunchgerechten.
● A former hunting lodge in a hilly park overlooking the castle in Rozendaal with a beautiful terrace beneath a verdant pergola. The creative kitchen is complemented by simple lunch options.

ASSEN
Drenthe – 67 190 inw. – Atlas: **1**-A2
▶ Amsterdam 187 km – Groningen 27 km – Zwolle 76 km
Michelin wegenkaart 531-Y5 en 715-K3

🏠 Assen

*Balkenweg 1 (West : 2 km via Vaart Z.Z.) ⊠ 9405 CC – ℰ (0 592) 85 15 15
– www.hotelassen.nl*
189 kam – †85/205 € ††85/205 €, ⌑ 14 € – 1 suite
Rest – Menu 30 € – Carte 30/79 €
● Een echte Van der Valk, tussen de snelweg en het centrum (2 km). Het hotel heeft ruime, comfortabele kamers, openbare ruimten en vergaderzalen. Uitgebreid ontbijtbuffet. Restaurant ideaal voor de weggebruikers, zakelijk of privé met live cooking op weekendavonden.
● Comfortable chain hotel between the motorway and the town centre (2 km). Spacious and well-equipped bedrooms, communal areas and conference rooms. Copious buffet breakfast. Motorway restaurant usefull for families and meeting businessmen.

✗✗ bij Jaap

Torenlaan 2 ⊠ 9401 HP – ℰ (0 592) 33 19 50 – www.bij-jaap.nl – gesloten maandag in juli en augustus en zondag
Menu 38/60 € – *(alleen diner)*
● Een hecht team staat hier klaar voor u: Jaap kookt actuele gerechten, met veel huisbereidingen, en komt af een toe een praatje slaan in de zaal. Trijntje bedient u met een innemende glimlach en de sommelier zorgt voor gepast advies. In dit gezellige kleurrijke pand, midden in het centrum, bent u in goede handen.
● A dependable team is at your service in this restaurant. Jaap conjures up contemporary dishes from scratch, in between occasional chats with guests, while Trijntje serves you with an engaging smile, and the sommelier dispenses suitable advice. You are in good hands in this cosy, colourful building in the very centre of town.

in Taarlo Noord-Oost : 5 km

✗ Van Tarel 🗺 ♻

Dorpsweg 3 ⊠ 9485 TB – ℰ (0 592) 23 19 94 – www.vantarel.nl
Menu 35/48 € – Carte 44/56 € – *(alleen diner)*
● Hier eet je zoals je dat in een authentieke boerderijsetting mag verwachten: eerlijke producten, correct bereid en vriendelijk geserveerd. En dit alles in een ongedwongen sfeer.
● This restaurant serves carefully prepared cuisine made from simple ingredients – the sort of food you might expect from its authentic farm setting. Friendly service and an informal atmosphere.

ASTEN
Noord-Brabant – 16 440 inw. – Atlas: **10**-D2
▶ Amsterdam 152 km – 's-Hertogenbosch 63 km – Eindhoven 26 km –
Helmond 14 km
Michelin wegenkaart 532-T14 en 715-I7

Nobis

Nobisweg 1 (nabij A 67) ⊠ *5721 VA* – 𝒞 *(0 493) 68 13 00* – *www.nobis.nl*
120 kam – †97/107 € †† 100/110 €, ⌷ 14 €
Rest – Menu 25 € – Carte 34/52 €

● Dit moderne gebouw aan de snelweg herbergt eigentijdse, goed onderhouden kamers met helder, klassiek of modern interieur. Ruime wellnessfaciliteiten met sauna, fitness en zwembad. De (grote) brasserie voert een internationale kaart.
● This modern building provides modern, well-kept rooms with a bright, classic or modern décor. A recent extension is home to a sauna, fitness facilities and a pool. The restaurant serves international cuisine.

in Heusden Zuid-West : 3,5 km

Huys van Heusden zonder rest

Vorstermansplein 3 ⊠ *5725 AM* – 𝒞 *(0 493) 56 54 64* – *www.huysvanheusden.nl*
8 kam – †70 € †† 80 €, ⌷ 10 € – 2 suites

● Gastvrije hotelbazin, eenvoudige en luxekamers (met schouw, jacuzzi of sauna naar keuze), Chesterfield salon en aangename ontbijtruimte in dit kleine hotel "just like home" .
● Small homely hotel with welcoming hostess, simple, luxurious bedrooms (choice between open fire, jacuzzi or sauna), a Chesterfield sitting-room and attractive breakfast area.

AXEL
Zeeland – Terneuzen 54 709 inw. – Atlas: **15-B3**
▶ Amsterdam 206 km – Middelburg 44 km – Antwerpen 42 km – Gent 29 km
Michelin wegenkaart 532-I15 en 715-C8

à Table

Noordstraat 22 ⊠ *4571 GD* – 𝒞 *(0 115) 56 60 25* – *www.restaurantatable.nl*
– *gesloten maandag en dinsdag*
Menu 35/55 € – Carte 42/75 €

● Schuif uw benen onder de tafel en geniet van een keuken die zowel klassieke als moderne recepten smakelijk tot leven brengt. Op weekdagen is hier ook een vereenvoudigde kaart, maar de prijzen zijn sowieso scherp. In de zomer is het heerlijk dineren op het ingesloten terras, onder de grote taxusboom.
● Traditional and modern recipes teeming with delicious flavours. Simplified menu on weekdays, although the prices in this restaurant are attractive at any time. In summer, it is a pleasure to dine on the enclosed terrace beneath the large yew tree.

BAARLO
Limburg – Peel en Maas 43 302 inw. – Atlas: **8-B2**
▶ Amsterdam 180 km – Maastricht 72 km – Arnhem 96 km – Eindhoven 56 km
Michelin wegenkaart 532-V15 en 715-J8

Château De Raay

Raayerveldlaan 6 ⊠ *5991 EN* – 𝒞 *(0 77) 321 40 00* – *www.sandton.eu/baarlo*
49 kam – †99/149 € †† 149/209 €, ⌷ 20 € – 1 suite
Rest *De Wintertuin* – Lunch 30 € – Menu 37/59 € – Carte 44/64 €

● Dit fraaie kasteel in een park biedt de keuze uit verschillende typen kamers waarin met kunstvoorwerpen een bijzondere ambiance is gecreëerd. Galerie met moderne kunst. Na een aperitiefje in de wijnbar onder de gewelven van het kasteel, staan de deuren van De Wintertuin voor u open voor een hedendaags restaurantbezoek.
● This beautiful old-style building surrounded by a park provides a range of individually furnished rooms with objets d'art. Gallery displaying modern works. After an aperitif in the wine bar, which occupies the castle vaults, guests can stroll through to the De Wintertuin restaurant and dine in its modern setting.

BAARN
Utrecht – 24 314 inw. – Atlas: **14-B2**
▶ Amsterdam 38 km – Utrecht 26 km – Apeldoorn 53 km
Michelin wegenkaart 532-Q9 en 715-G5

XX **La Promenade** met kam 🛋 🍴 kam, 📶 ♻

Amalialaan 1 ⊠ *3743 KE –* ☎ *(0 35) 541 29 13 – www.la-promenade.nl*
20 kam – 🛏75/105 € 🛏🛏85/110 €, ⬜ 14 €
Menu 30 € – Carte 30/58 € – *(alleen diner)*

• Al in 1875 werd deze sympathieke herberg in het centrum geopend. Klassieke gerechten met oosterse accenten, in een warm, hedendaags decor of 's zomers op het terras aan de voorzijde. Mooie tapkast. Functionele kamers.

• A pleasant inn, founded in 1875, in the centre of Baarn. Classic menu with a hint of the Orient, served in a neo-retro décor with bistro ambience or on the comfortable front terrace. Handsome bar. Functional rooms.

X **Greenfield's** 🟢 🛋 ♿ 🅿

Amsterdamsestraatweg 42 ⊠ *3741 GS –* ☎ *(0 35) 541 25 76*
– www.greenfields.nl – gesloten zaterdagmiddag
Menu 25/38 € – Carte 32/50 €

• Dit karakteristieke pand heeft wat van een grand café, maar de mooie stukken vlees in de koelvitrine maken meteen duidelijk dat met kwaliteit wordt gewerkt. Hier geen poespas, maar verse producten die heerlijk tot hun recht komen.

• This distinctive building is reminiscent of a grand café. The beautiful cuts of meat in the refrigerated display make it immediately clear that only quality produce is used here. Simple dishes that focus on delicious, fresh ingredients.

in Lage-Vuursche Zuid-West : 7 km – Baarn

X **De Lage Vuursche** 🛋 ♻ 🅿

Dorpsstraat 2 ⊠ *3749 AD –* ☎ *(0 35) 666 83 51 – www.vuursche.nl – gesloten 31 december-1 januari*
Menu 33 € – Carte 36/63 €

• Karakteristiek café-restaurant waar sinds 1865 dezelfde familie de scepter zwaait. Rustieke eetzaal, caféruimte met schouw, populair terras. Traditionele, Nederlandse keuken.

• Charming inn run by the same family since 1865. Rustic dining room, lounge with china tiled fireplace and terrace popular with walkers. Traditional Dutch menu.

BADHOEVEDORP – Noord-Holland ➜ Zie Amsterdam, omgeving

BALK

Fryslân – Gaasterlân-Sleat 10 196 inw. – Atlas: **3-B3**
▶ Amsterdam 119 km – Leeuwarden 50 km – Groningen 84 km – Zwolle 63 km
Michelin wegenkaart 531-S5 en 715-H3

in Harich Noord-West : 1 km – Gaasterlân-Sleat

🏠 **Welgelegen** 🌿 🚲 📶 🛗 🅿

Welgelegen 15 ⊠ *8571 RG –* ☎ *(0 514) 60 50 50 – www.hotelwelgelegen.nl*
22 kam ⬜ – 🛏70 € 🛏🛏84/89 € **Rest** – Menu 25 € – *(gesloten na 20.30 u.)*

• De stallen en de hooizolder van deze voormalige herenboerderij zijn tot kamers verbouwd. Die op de begane grond zijn het kleinst, maar hebben wel een eigen terras. Restaurant met neorustiek decor in het oude woongedeelte.

• Hotel in a former manor farm where the stables and hayloft have been converted into bedrooms. Those on the ground-floor are the smallest but have private terraces. Neo-rustic restaurant located in the old main building.

BALLUM – Fryslân ➜ Zie Waddeneilanden (Ameland)

BARCHEM – Gelderland ➜ Zie Lochem

BEEK

Limburg – Eijsden-Margraten 25 049 inw. – Atlas: **8-A3**
▶ Amsterdam 200 km – Maastricht 18 km – Eindhoven 75 km – Liège 44 km
Michelin wegenkaart 532-T17 en 715-I9

XX **De Bokkeriejer** met kam rest,

Prins Mauritslaan 22 ✉ *6191 EG* – ✆ *(0 46) 437 13 19* – *www.hotelkempener.nl*
– gesloten 1 week carnaval, 28 juli-14 augustus, 27 december-4 januari en maandag
5 kam ⌶ – ♦58 € ♦♦88 € – ½ P
Lunch 23 € – Menu 33 € – Carte 32/57 € – *(gesloten dinsdagmiddag, zaterdagmiddag en maandag)*
● De familie Kempener ontvangt u met Limburgse gastvrijheid in dit rustieke restaurant, waar klassieke bereidingen op de kaart staan. Op de (nette) kamers komen vooral vaste gasten af.
● The Kempener family provides warm Limburg hospitality in this rustic restaurant, where classic dishes are served. Spotless rooms. Popular with a regular clientele.

XX **Pasta e Vino**

Brugstraat 2 ✉ *6191 KC* – ✆ *(0 46) 437 99 94* – *www.pastaevino.nl*
– gesloten carnaval, eerste 2 weken augustus, maandag en dinsdag
Menu 47/58 € – Carte 47/68 € – *(alleen diner)*
● De naam van dit elegante restaurant vertelt onomwonden wat u hier te wachten staat: Italiaanse keuken pur sang met een even Italiaanse wijnkaart. De panna cotta (met krokante stukjes makaron) is hemels!
● The name if this elegant restaurant tells you exactly what awaits you here – Italian cuisine, with no concessions made to Dutch eating habits, accompanied by wines produced in Italy.

XX **De Lindeboom New Style**

Burg. Janssenstraat 13 ✉ *6191 JB* – ✆ *(0 46) 437 12 37*
– www.delindeboom.info – *gesloten zaterdagmiddag, zondagmiddag, maandag en dinsdag*
Lunch 29 € – Menu 33 € – Carte 40/49 €
● Limburgse gezelligheid in de schaduw van de Sint-Martinuskerk, een weloverwogen kaart en een wijnkaart om u tegen te zeggen, dát is de succesformule van De Lindeboom New Style.
● Limburg conviviality in the shadow of the church of Saint Martin, a carefully selected menu and a superior wine list all contribute to the success of the De Lindeboom New Style.

BEEKBERGEN – Gelderland ➜ Zie Apeldoorn

BEETSTERZWAAG (BEETSTERSWEACH)
Fryslân – Opsterland 29 896 inw. – Atlas: **4-D2**
◪ Amsterdam 143 km – Leeuwarden 34 km – Groningen 41 km
Michelin wegenkaart 531-V4 en 715-J2

🏠🏠 **Landgoed Lauswolt**

Van Harinxmaweg 10 ✉ *9244 CJ* – ✆ *(0 512) 38 12 45* – *www.bilderberg.nl*
65 kam ⌶ – ♦169/229 € ♦♦189/249 € – 4 suites – ½ P
Rest *De Heeren van Harinxma* – zie restaurantselectie
● Luisterrijk 19de-eeuws landhuis in een park waar ook ooievaars zich helemaal thuis voelen, een paradijs voor golfers. Exclusieve service, stijlvolle kamers en openbare ruimten, verzorgd ontbijt, zwembad en wellnesscenter.
● Lavish 19C home in a park enjoyed by golfers. Exclusive service, stylish rooms and common areas. Well-prepared breakfast, nice swimming pool, spa and beauty treatments.

 De prijzen voor het symbool ♦ komen overeen met de laagste prijs in laagseizoen en daarna de hoogste prijs in hoogseizoen voor een ééenpersoonskamer. Hetzelfde principe voor het symbool ♦♦, hier voor een tweepersoonskamer.

XXXX **De Heeren van Harinxma** – Hotel Landgoed Lauswolt

Van Harinxmaweg 10 ✉ *9244 CJ* – ☏ *(0 512) 38 12 45*   P

– www.deheerenvanharinxma.nl – gesloten zaterdagmiddag en zondagmiddag
Lunch 43 € – Menu 55/98 € – Carte 75/89 €
● Het interieur van De Heeren van Harinxma is om door een ringetje te halen: stijlmeubilair, stucwerk, luchters, schouw, prachtig gedekte tafels. De keuken hoeft niet onder te doen, de chef laat zien dat je met Nederlandse topproducten een erg knap gastronomisch resultaat kan bekomen.
● The interior of De Heeren van Harinxma is impeccable. It features period furniture, stuccowork, chandeliers, a stylish mantelpiece and beautifully appointed tables. The cuisine is equally impressive and the chef demonstrates that top class Dutch produce can produce fine gastronomic results.

X **Lyf's**

Hoofdstraat 73 ✉ *9244 CM* – ☏ *(0 512) 38 55 38* – *www.lyfs.nl* – *gesloten maandag*
Menu 35/53 € – Carte 42/62 €
● Een heerlijk adres in het centrum van het dorp. Traditioneel-klassieke kookstijl, wijn per glas, modern decor, bistromeubilair, open keuken en schaduwrijk terras. Het seizoensmenu is op basis van smakelijke biostreekproducten.
● A gourmet hideaway in the heart of the village. Up-to-date cuisine, wine by the glass, modern décor, bistro furniture, view of the kitchen, terrace shaded by black parasols.

BEMELEN – Limburg ➜ Zie Maastricht

Verwar de bestekjes X en de sterren ✿ niet! De bestekjes geven een categorie van comfort en service aan. De ster bekroont alleen de kwaliteit van de keuken, ongeacht de comfortcategorie.

BENEDEN-LEEUWEN
Gelderland – West Maas en Waal 18 410 inw. – Atlas: **5-B3**
▶ Amsterdam 90 km – Arnhem 42 km – 's-Hertogenbosch 34 km – Nijmegen 30 km
Michelin wegenkaart 532-S11 en 715-H6

🏠 **De Twee Linden**

Zandstraat 100 ✉ *6658 CX* – ☏ *(0 487) 59 12 34* – *www.detweelinden.nl*
– gesloten 24 december-5 januari
27 kam ☐ – †88/115 € – ††100/130 € – ½ P
Rest *De Twee Linden* – zie restaurantselectie
● Deze voormalige herberg uit 1871 is omgevormd tot een verzorgd hotel dat nog steeds traditionele gezelligheid uitademt. De prijs-kwaliteitverhouding is hier ijzersterk.
● This former inn dating back to 1871 has been converted into a polished hotel, which still exudes traditional conviviality. Superb value for money.

X **De Twee Linden** – Hotel De Twee Linden

Zandstraat 100 ✉ *6658 CX* – ☏ *(0 487) 59 12 34* – *www.detweelinden.nl*
– gesloten 24 december-5 januari
Lunch 25 € – Menu 33/50 € – Carte 29/56 €
● 's Middags een kaart met typische lunchklassiekers, 's avonds maken de slaatjes en broodjes plaats voor een uitgebreidere, Frans geïnspireerde klassieke keuken.
● Classic daily lunch menu. In the evening a more extensive range of French-inspired classical cuisine replaces the salads and sandwiches.

BENNEKOM
Gelderland – Ede 110 656 inw. – Atlas: **5-B2**
▶ Amsterdam 83 km – Arnhem 21 km – Apeldoorn 45 km – Utrecht 45 km
Michelin wegenkaart 532-T10 en 715-I5

XXX Het Koetshuis (Wicher Löhr)

Panoramaweg 23a (Oost : 3 km) ⊠ 6721 MK – ℰ (0 318) 41 73 70
– www.hetkoetshuis.nl – gesloten 31 december-1 januari, maandag en dinsdag
Menu 65 € ♀/93 € – Carte 58/83 €

● Een culinaire ontdekking in het hart van de Veluwse natuur: uitgekiende, moderne gerechten in een klassiek decor. Ook voor de wijn bent u er in goede handen: de bekroonde sommelier raadt u graag een passende wijn aan, als u het wenst in de proefkelder.

● This culinary discovery is in the heart of the Veluwe countryside. Find sophisticated, modern dishes served in a classical decor. Ask the award winning sommelier to recommend a suitable wine to accompany your meal – you may even be able to arrange a pre-tasting session in the wine cellar.

→ Gebakken zeeduivel met thee van morieljes en pata negraham. Oosterscheldekreeft op een matje van groene en witte asperges met een mousselinesaus. Madeleine met passievruchtenbonbon en roomijs van rozemarijn.

BERGAMBACHT

Zuid-Holland – 9 970 inw. – Atlas: **17**-C2
▶ Amsterdam 64 km – Den Haag 44 km – Gouda 11 km – Rotterdam 25 km
Michelin wegenkaart 532-N11e en 715-F6

XX Pieters Restaurant

Hoofdstraat 75 ⊠ 2861 AL – ℰ (0 182) 35 57 50 – www.pietersrestaurant.nl
– gesloten eerste twee weken januari, 3 tot 16 augustus, dinsdagmiddag, zaterdagmiddag, zondag en maandag
Menu 36/76 €

● De grote replica van schilderij Het Melkmeisje past mooi in het elegante interieur, waar een huiselijke sfeer hangt. Pieter de Ronde is een chef met ervaring en gebruikt die om topingrediënten te selecteren. Zijn inspiratie haalt hij uit Italië en Frankrijk, twee landen die ook in de wijnkelder overheersen.

● A large replica of a painting called 'The Milkmaid' fits beautifully in the elegant interior of Pieters Restaurant, which exudes a homely atmosphere. Chef Pieter de Ronde draws on his extensive experience to select top class ingredients and also draws inspiration from Italy and France, the two countries that dominate the wine list.

BERGEN

Noord-Holland – 30 076 inw. – Atlas: **11**-A2
▶ Amsterdam 43 km – Haarlem 38 km – Alkmaar 6 km
Michelin wegenkaart 531-N6 en 715-F3

🏠 Parkhotel

Breelaan 19 ⊠ 1861 GC – ℰ (0 72) 589 78 67 – www.parkhotelbergen.nl
26 kam ☲ – †77/95 € ††98/135 € – ½ P   **Rest** – Menu 23 € – Carte 34/54 €

● Dit hotelgebouw uit 1902 en de moderne uitbreiding beschikken over diverse soorten frisse, keurige kamers. Lounge met open haard, café en een populair, openbaar terras. Het restaurant serveert grillgerechten en traditionele maaltijden.

● This hotel building from 1902 and a modern extension provide various rooms, all neat and tidy. Lounge with fireplace, tavern and popular terrace on the street. Restaurant serving grilled dishes and traditional cuisine.

X Onder de Linde

Prinsesselaan 22 ⊠ 1861 EN – ℰ (0 72) 581 21 08
– www.restaurant-onderdelinde.nl – gesloten maandag
Menu 35/54 € ♀ – Carte 43/52 € – *(alleen diner)*

● Een etentje op het terras, onder de linde? Of binnen in de intieme, gezellige sfeer? U zit in het bruisende centrum van Bergen, maar hier komt u helemaal tot rust. De chef schotelt een lekkere, eerlijke keuken voor en maakt er een erezaak van dat alles vers en huisgemaakt is. Het keuzemenu is een absolute aanrader!

● Whether you prefer to enjoy your meal on the terrace underneath the lime tree or inside the cosy, intimate dining room, you will find peace and calm here, away from Bergen's bustling centre. The chef creates delicious, honest food and the restaurant prides itself on its fresh, homemade dishes. The set menu is highly recommended.

✗ De Ware Jacob 🔝 AC

Jan Jacoblaan 3 ✉ 1861 LJ – ℰ (0 72) 589 40 07
– www.restaurant-dewarejacob.nl – gesloten 31 december-1 januari
en maandag
Menu 42/49 € – Carte 47/55 € – *(alleen diner)*

• Stop uw zoektocht naar de ware Jakob, want dit gezellige restaurant wordt ongetwijfeld een lieveling. De chef gaat hier voor een eerlijke keuken, met respect voor het product, en kan rekenen op een goedgevulde wijnkelder.

• Named after the Dutch equivalent of Mr Right, this warm and friendly restaurant is bound to become a favourite. The chef opts for honest cuisine with respect for the produce, and you can count on a well-stocked wine cellar.

✗ DjaDjan 🔝
😊
😷 *Kleine Dorpsstraat 1 ✉ 1861 KM – ℰ (0 72) 581 34 82 – www.djadjan.nl*
Menu 24/45 € – Carte 30/47 € – *(alleen diner)*

• Bij DjaDjan worden de specialiteiten van de archipel u met de glimlach geserveerd. De rijsttafel bulkt van de geuren en smaken, en schittert bovendien dankzij zijn variatie. Uit eten gaan bij DjaDjan is een echte traktatie, des te meer dankzij de toegewijde bediening.

• DjaDjan is the place to go for specialities from the Indonesian archipelago. The rijsttafel (Dutch for rice table) is rich in the tastes and scents of the region, and the variety is truly breathtaking. Dining at DjaDjan is a real treat, made even more so by the attentive service.

in Bergen aan Zee West : 5 km – Bergen

🏨 Nassau Bergen 🔝 �🟦 ♿ AC rest, ✗ rest, 🛜 ⚙ P

Van der Wijckplein 4 ✉ 1865 AP – ℰ (0 72) 589 75 41
– www.strandhotelnassau.nl
40 kam ⬜ – ♦78/130 € ♦♦78/150 € **Rest** – Menu 28 € – Carte 24/65 €

• Een hotel aan het strand, uit het begin van de 20ste eeuw en verbouwd in de jaren 50. Een dynamisch stel nam deze zaak over en kiest voor een familialere aanpak. Traditionele gerechten, 's winters met uitzicht op de duinen, 's zomers in een zaal bij het zwembad.

• This hotel on the beachfront was built in the early 20C and revamped in the 1950s. Renovated rooms (some with balcony). Delicious breakfast buffet. Traditional cuisine served in the dining room overlooking the dunes, and in a poolside dining room in summer.

🏨 Meyer 🔝 🟦 ♿ rest, AC rest, ✗ 🛜 ⚙ P

Jacob Kalffweg 4 ✉ 1865 AR – ℰ (0 72) 581 24 88 – www.hotelmeyer.nl
37 kam ⬜ – ♦47/113 € ♦♦93/139 € – ½ P
Rest – Lunch 17 € – Carte 31/40 €

• Dit badhotel in familiebeheer werd in 1969 geopend. Kamers met balkon en aan de voorkant met zeezicht. Junior suites en studio's. Sommige badkamers hebben een whirlpool. Café-restaurant met een traditionele kaart.

• A family-run seaside hotel built in the 1960s. Sea views from the front room balconies. Junior suites and studios. Some bathrooms equipped with jacuzzis. A tavern style restaurant serving traditional cuisine.

🏠 Victoria 🔝 🍴 ✗ ♿ rest, AC rest, ✗ kam, 🛜 ⚙ P

Zeeweg 33 ✉ 1865 AB – ℰ (0 72) 581 23 58 – www.hotelvictoria.nl
35 kam ⬜ – ♦55/90 € ♦♦70/120 € – ½ P **Rest** – Carte 27/46 €

• Up-to-date kamers in de moderne aanbouw van een monumentale villa, met grote serre aan de voorkant. Bruin café met gezellig retro-interieur, sauna en tennisbanen vlakbij. Traditionele maaltijd in een zaal met een vleugje art deco of in de serre.

• Up-to-date rooms in the modern extension of a villa with a sun-lounge in front. Pleasantly retro Bruin café, sauna and tennis courts nearby. Traditional meals served in a dining room with Art Deco touches or on the veranda.

BERGEN OP ZOOM

Noord-Brabant – 66 419 inw. – Atlas: **9-A2**
◣ Amsterdam 143 km – 's-Hertogenbosch 90 km – Breda 40 km – Rotterdam 70 km
Michelin wegenkaart 532-K14 en 715-D7

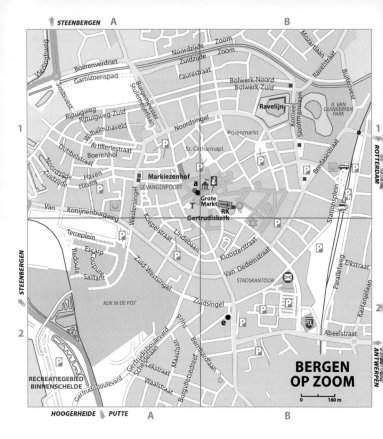

Ravelijn

A. VAN DUINKERKEN PARK

Korenmarkt

St. Catharinapl.

Markiezenhof
GEVANGENPOORT
Grote Markt
RK Gertrudiskerk

STADSKANTOOR

BERGEN OP ZOOM

RECREATIEGEBIED BINNENSCHELDE

KIJK IN DE POT

0 160 m

HOOGERHEIDE   PUTTE   A   B

De Draak

Grote Markt 36 ✉ 4611 NT – ☏ (0 164) 25 20 50   Plattegrond: A1**a**
– www.hoteldedraak.nl – gesloten 31 december-1 januari
56 kam ⊡ – ♦110/115 € ♦♦135/140 € – 6 suites – ½ P
Rest Hemingway – zie restaurantselectie
• Aan de Grote Markt vindt u een van de oudste hotels van het land, dat is ondergebracht in verschillende klassieke panden. Binnen is de tijd niet stil blijven staan: heel wat kamers zijn vernieuwd en er is een wellnessruimte bijgekomen. Een tip: opteer voor een kamer in de dependance.
• Situated on the Grote Markt market square and occupying several traditional buildings, De Draak is one of the oldest hotels in the country. Time has not stood still inside: some rooms have been redecorated and a spa has been added. Ask for a room in the annexe.

Tulip Inn zonder rest

Antwerpsestraat 56 ✉ 4611 AK – ☏ (0 164) 82 00 00   Plattegrond: B2**e**
– www.tulipinnbergenopzoom.nl
88 kam – ♦65/89 € ♦♦68/102 €, ⊡ 13 € – 2 suites
• Moderne kamers en appartementen die uitstekend zijn onderhouden en verspreid liggen over het hoofdgebouw (aan een plein), en een twaalftal aangrenzende dependances.
• Modern, well-kept rooms and apartments, shared out among the main building on the square and in a dozen nearby annexes.

 XXX **Moerstede** 🛖 ✻ ⇔ **P**

Vogelenzang 5 (Noord : 2 km via Ravelstraat, richting Moerstraten) ⊠ *4614 PP*
– ℰ (0 164) 25 88 00 – www.moerstede.nl – gesloten carnaval, zondag en maandag
Lunch 35 € – Menu 43/100 € ♈ – Carte 52/81 € – *(eenvoudige lunchkaart)*
● Een lekkere lunch in de loungebar, of een diner waarbij u als entree een com-
binatie van kleine, actuele gerechtjes kunt kiezen? Daarvoor moet u in dit aange-
name restaurant met zijn fashionable decor zijn.
● An attractive restaurant with a trendy decor. Enjoy lunch in the lounge bar or din-
ner in the restaurant where you can choose several small, modern dishes as a starter.

XX **Hemingway** – Hotel De Draak 🛖 ⅔ **P**

Grote Markt 36 ⊠ *4611 NT – ℰ (0 164) 25 20 50*   Plattegrond: A1**a**
– www.hoteldedraak.nl – gesloten 31 december-1 januari, zaterdagmiddag en
zondagmiddag
Menu 35/47 € – Carte 56/72 €
● De nostalgische charme van dit restaurant zorgt voor een aangename sfeer. De
combinatie van actuele bereidingen en klassieke accenten is een plezier, het keuzemenu en de wijnkaart zijn aanraders.
● The nostalgic charm of this restaurant creates a pleasant atmosphere. An attractive combination of modern cuisine with classic touches, as well as a recommended set menu and wine list.

In Halsteren Noord : 3,5 km richting Steenbergen – Bergen op Zoom

XX **Het Oude Raadhuis** 🛖

 Dorpsstraat 22 ⊠ *4661 HP – ℰ (0 164) 68 40 76*
– www.restauranthetouderaadhuis.nl – gesloten 24 en 31 december-1 januari,
zaterdagmiddag, zondagmiddag en maandag
Lunch 23 € – Menu 35/50 € – Carte 43/57 €
● Dit oude raadhuis met gevel uit 1633 en authentieke sfeer dient nog steeds als
officiële trouwlocatie. Het is echter vooral een restaurant met een actuele kaart
en een interessant keuzemenu.
● This old town hall with the front dating from 1633 has kept its authentic atmosphere and still serves as an official wedding location. However, it is mainly a contemporary restaurant with an interesting set menu.

BERG EN TERBLIJT – Limburg ➜ Zie Valkenburg

BEST

Noord-Brabant – 28 617 inw. – Atlas: **10**-C2
◨ Amsterdam 111 km – 's-Hertogenbosch 22 km – Breda 53 km – Eindhoven 11 km
Michelin wegenkaart 532-R13 en 715-H7

🏠 **NH** 🛖 ▦ 🐾 ⅙ 📲 ⅔ 🎦 rest, 🛜 🎠 **P**

De Maas 2 (Zuid : 2 km via A 58, afrit ⑦) ⊠ *5684 PL – ℰ (0 499) 33 46 10*
– www.nh-hotels.com
68 kam 🖵 – 🛉60/120 € 🛉🛉60/120 €
Rest – Lunch 13 € – Carte ong. 25 € – *(eenvoudige lunchkaart)*
● Businesshotel in een bosrijke omgeving, waarvan de betonnen gevel in schril
contrast staat met het jonge en frisse interieur. Moderne kamers, vergaderzalen,
zwembad, sauna en solarium. Restaurant genre brasserie, met terras.
● Contemporary business hotel in a wooded area on the outskirts of Eindhoven.
Up-to-date bedrooms (some designed especially for women), meeting rooms,
pool, sauna and solarium. Brasserie-style restaurant with a terrace.

XX **Quatre Bras** 🛖 ⇔ **P**

Nieuwstraat 79 ⊠ *5683 KB – ℰ (0 499) 37 14 50 – www.quatrebras.nl*
Lunch 32 € – Carte 43/62 €
● Gezellige zaak die heel de dag open is: 's middags wordt een korte kaart aangeboden in de lounge-brasserie, 's avonds hebt u meer keuze in het restaurant.
Hier wordt rechtdoorzee gekookt, met hier en daar een Brabants tintje, en men
schuwt de "moesjes en liflafjes"-stijl.
● A warm and friendly restaurant that is open all day. A concise menu is on offer in
the lounge brasserie in the afternoon, while there is more choice in the restaurant in
the evening. Simple, unfussy cuisine with the occasional hint of the Brabant region.

BEVERWIJK
Noord-Holland – 40 093 inw. – Atlas: **11**-A3
▶ Amsterdam 28 km – Haarlem 13 km – Alkmaar 22 km
Michelin wegenkaart 531-M8 en 715-E4

de Koster   88 🎋 ✿
Baanstraat 32 ('t Gildehuys) ⊠ 1942 CJ – ℰ (0 251) 22 15 15
– www.restaurantdekoster.nl – gesloten 25 december-3 januari en maandag
Menu 30 € – Carte 27/50 € – *(alleen diner)*
● Goed, eigentijds restaurant in het centrum, in een voormalig kerkgebouw. De
chef-kok zwaait al ruim 30 jaar de scepter in de keuken. Expo van moderne schilderijen en leuk terras achteraan.
● As attested by its façade, this up-to-date restaurant in the centre of town was
once a church. Faithful chef for over 30 years, modern paintings on display, and
terrace in the back.

BIDDINGHUIZEN
Flevoland – Dronten 40 679 inw. – Atlas: **2**-B2
▶ Amsterdam 70 km – Lelystad 25 km – Apeldoorn 58 km – Utrecht 64 km
Michelin wegenkaart 531-T8 en 715-I4

Dorhout Mees   ⅍ 🎋 🕉 🖪 🖩 ᇰ rest, 🛜 🏋 **P**
*Strandgaperweg 30 (Zuid : 6 km, richting Veluwemeer) ⊠ 8256 PZ – ℰ (0 321)
33 11 38 – www.dorhoutmees.nl*
43 kam ⊑ – ♦39/125 € ♦♦65/125 € – ½ P
Rest – Menu 23/40 € – Carte 26/62 €
● Landelijk, afgelegen hotel met prima faciliteiten voor adventure en teambuil-
ding. Sporten kan ook op het golfterrein en in de schietclub. Het restaurant, met
open haard, is groot en rustiek. In het jachtseizoen wild op het menu.
● A remote, rural hotel with excellent facilities for adventure and team building
activities. The sporting options on offer include a golf course and a shooting
range. The large, rustic restaurant has an open fireplace. Game features on the
menu during the hunting season.

BLARICUM
Noord-Holland – 9 094 inw. – Atlas: **11**-B3
▶ Amsterdam 34 km – Haarlem 51 km – Apeldoorn 63 km – Hilversum 9 km
Michelin wegenkaart 531-Q9 en 532-Q9 en 715-G5

De Goede Gooier   ⇐ 🎋 ✿ **P**
*Crailoseweg 151 (nabij A 1 - E 231, afrit ⑧ richting Huizen) ⊠ 1261 AA
– ℰ (0 35) 691 93 04 – www.degoedegooier.nl – gesloten 31 december-1 januari
en zaterdagmiddag*
Lunch 27 € – Menu 35/48 € – Carte 45/56 €
● Een rieten dak, een trendy interieur dat warm aanvoelt ... maar het is toch vooral
het mooie terras met zicht op heidegebied dat hier hoge ogen gooit. In de keuken
staat een chef met vakkennis, die weet hoe actuele gerechten moeten smaken.
● A thatched roof, a trendy interior with a cosy feel and a beautiful terrace overlooking the heath all add to the appeal of this restaurant. In the kitchen the skilful
chef creates contemporary-style dishes that are full of flavour.

Rust Wat   🎋 **P**
*Schapendrift 79 ⊠ 1261 HP – ℰ (0 35) 538 32 86
– www.caferestaurantrustwat.nl*
Lunch 32 € – Menu 38 € – Carte 43/65 €
● Vlij u hier 's zomers neer op het mooie terras – aan een gezellige bosvijver – na
een deugddoende wandel- of fietstocht door de streek. In deze rustiek-moderne
herberg geniet u van een lekkere hedendaagse keuken.
● Near a natural reserve and a lake, this typical inn invites guests to feast in the
contemporary setting of the brasserie or on the very pleasant plant-filled terrace.

BLERICK – Limburg ➜ Zie Venlo

BLOEMENDAAL – Noord-Holland ➜ Zie Haarlem

BLOKZIJL

Overijssel – Steenwijkerland 43 437 inw. – Atlas: **12**-A1
▶ Amsterdam 102 km – Zwolle 33 km – Assen 66 km – Leeuwarden 65 km
Michelin wegenkaart 531-U6 en 715-I3

Kaatjes Résidence ⟵ ⚙ 🅰🅲 ✂ 🛜 🅿 ⚓

Zuiderstraat 1 ⊠ 8356 DZ – ☏ (0 527) 29 18 33 – www.kaatje.nl – gesloten eind december-begin januari, februari, zondag en maandag
7 kam ⊡ – †168 € ††185 €
Rest *Kaatje bij de Sluis* ✿ – zie restaurantselectie
● Stijlvol hotel in een statig pand aan een sluis. Chique kamers, partyzaal en verzorgde tuin. De kleurige composities van Peter Keizer zorgen voor een artistiek elan. Ontbijt met zicht op de pleziervaart.
● A stylish canal-side hotel in stately premises. Elegant rooms, large party room and an immaculate garden. Peter Keizer's colourful compositions add artistic cachet to the decor.

XX Auberge aan het hof met kam 🏠 ✂ 🛜 ♻

Kerkstraat 9 ⊠ 8356 DN – ☏ (0 527) 29 18 44 – www.aubergeaanhethof.nl – gesloten januari en dinsdag en woensdag buiten seizoen
4 kam ⊡ – †90 € ††105 € – ½ P
Menu 33/45 € – Carte ong. 45 € – (alleen diner)
● Een oude basisschool, tegenover de kerk, verbouwd tot modern ingericht restaurant met prachtige open keuken. Eenvoudige hedendaagse gerechten, met zorg gepresenteerd. Comfortabele kamers die als studio zijn ingericht.
● A former primary school in a characteristic lane is the setting for this large restaurant with mezzanine. Appealing creative menu. Courtyard-terrace. Comfortable bedrooms designed along the lines of bedsits.

X Kaatje bij de Sluis (Peter Postma) – Hotel Kaatjes Résidence ⚙ 🅰🅲 ✂ ♻
✿
Brouwerstraat 20 ⊠ 8356 DV – ☏ (0 527) 29 18 33 – www.kaatje.nl ⚓ – gesloten eind december-begin januari, februari, zondag en maandag
Menu 48 € – Carte 72/84 € – (alleen diner)
● "Uiterst charmant" en "pittoresk": de essentie van dit dorpje kunt u heerlijk savoureren in deze moderne, levendige zaak waar cartoons de muren opfleuren. Kies voor een tafel aan het raam, met zicht op de sluis. De aanpak is veranderd, maar gastronomisch blijft dit pure verwennerij: eigentijds met streek- en bioproducten.
● 'Utterly charming' and 'picturesque': the true essence of this village can be fully savoured in this modern, lively restaurant whose walls are adorned with cartoons. Opt for a table by the window with a view of the lock. The culinary approach has changed, however, this restaurant remains a real treat, offering contemporary cuisine prepared with locally sourced ground produce.
→ Tsarskaya oester met jasmijn, karnemelk en wilde zwarte peper. Gebraden reerugfilet met zoetzure bietjes en koffie. Frambozen met basilicum, limoen en pannacotta.

in Muggenbeet Noord-Oost : 3 km – Steenwijkerland

Geertien 🍴 🏠 ⚙ 🅰🅲 rest. 🛜 🅰 🅿 ⚓

Muggenbeet 3 ⊠ 8356 VK – ☏ (0 527) 29 12 45 – www.geertien.nl
12 kam ⊡ – †80 € ††96/100 € – 2 suites – ½ P
Rest – Menu 35/45 € 🍷 – Carte 34/65 € – (gesloten woensdag van september tot juni)
● Dit sympathieke familiehotelletje ligt in een moerassige veenstreek en beschikt over eigentijdse kamers met voldoende ruimte en rust. Authentiek bruin café. Internationale keuken en een knusse eetzaal. Zomerterras aan het water.
● In a region of marshy peat bogs, this attractive small family hotel has modern rooms which are spacious and quiet. Café with "local colour". Local and international cuisine served in a pleasant dining room or on the waterside in summer.

Ten BOER

Groningen – 7 479 inw. – Atlas: **7**-A2
▶ Amsterdam 199 km – Groningen 16 km – Assen 43 km – Leeuwarden 78 km
Michelin wegenkaart 531-Z3 en 715-L2

Boerderij Blokzijl zonder rest
H. Westerstraat 26 ✉ *9791 CT –* ✆ *(0 50) 302 44 88 – www.boerderijblokzijl.nl*
4 kam ⬜ – †70/85 € ††90/100 €
● Grote boerderij in het dorpscentrum, tegenover een oude kloosterkapel. Het pand is multifunctioneel en huisvest onder meer een wereldwinkel en een wellness. De studio's, met ontbijt op de kamer, zijn zeer ruim. U krijgt hier waar voor uw geld.
● Large farm in the village centre opposite an old convent chapel. The building is multifunctional and accommodates a fair-trade shop and a spa. The studio flats with breakfast served in the room are very spacious. You get value for money here.

BOORNBERGUM = BOARNBURGUM – Fryslân ➜ Zie Drachten

BORCULO
Gelderland – Berkelland 44 769 inw. – Atlas: **6-D2**
◗ Amsterdam 134 km – Arnhem 61 km – Apeldoorn 48 km – Enschede 34 km
Michelin wegenkaart 532-Y10 en 715-K5

✗ **De Olliemölle**
Lange Molenstraat 17 ✉ *7271 BJ –* ✆ *(0 545) 27 65 56 – www.deolliemolle.nl*
– gesloten eerste week september en maandag
Menu 30/40 € – Carte 33/50 €
● Deze bistro straalt ouderwetse charme uit, met een authentieke watermolen waarvan het rad doortrilt in de zaal. Op deze idyllische ligging - het terras is prachtig! - smult u van een keuken die traditioneel en gul is. In het aanpalende, gastronomische restaurant De Stenen Tafel heeft de chef zijn tweede adem gevonden. De kaart, kort en krachtig, brengt klassiek en modern samen.
● This bistro radiates old-fashioned charm and boasts an authentic watermill – the vibration of the rotating wheel can even be felt in the hall! In its idyllic location enhanced by a glorious terrace, feast on abundantly portioned traditional cuisine. In 'De Stenen Tafel', the adjacent gastronomic restaurant, the chef has found a new lease of life. Find a concise and hearty menu combining traditional and modern dishes.

BORNE
Overijssel – 21 884 inw. – Atlas: **13-C3**
◗ Amsterdam 145 km – Zwolle 99 km – Apeldoorn 61 km – Arnhem 83 km
Michelin wegenkaart 531-Z9 en 532-Z9 en 715-L5

✗✗✗ **Dorset**
Grotestraat 167 ✉ *7622 GE –* ✆ *(0 74) 266 19 25 – www.dorset.nl – gesloten 2 weken in januari, eind juli-half augustus, zondag en maandag*
Menu 35/95 € – Carte 46/78 € – *(alleen diner)*
● Monumentaal pand dat werd omgevormd tot een intiem, trendy restaurant met loungesfeer. Een erg geslaagde metamorfose! De klassieke keuken wordt hier gekruid met internationale invloeden, de ingrediënten komen vooral van lokale leveranciers. De specialiteit van het huis: aan tafel gedraaid roomijs.
● This monumental building has been successfully converted into an intimate, trendy restaurant with a lounge atmosphere. The traditional kitchen uses flavours with an international influence, and ingredients that are mainly sourced from local suppliers. The house speciality is ice cream churned at your table.

✗✗ **Jasmin Garden**
Grotestraat 6 ✉ *7622 GL –* ✆ *(0 74) 266 99 55 – www.jasmingarden.nl*
Menu 23/57 € – Carte ong. 40 € – *(alleen diner behalve weekend)*
● Aziatisch etablissement met Chinese keuken links en de Japanse variant met acht teppanyaki's rechts. De twee eetzalen zijn door een salon van elkaar gescheiden.
● An Asian establishment devoted to Chinese (on the left) and Japanese cooking (right) served in two rooms separated by a lounge. Eight griddles on the Japanese side.

Den BOSCH – Noord-Brabant ➜ Zie 's-Hertogenbosch

BOSCH EN DUIN – Utrecht ➜ Zie Zeist

BOXTEL

Noord-Brabant – 30 320 inw. – Atlas: **10**-C2

▶ Amsterdam 101 km – 's-Hertogenbosch 12 km – Eindhoven 21 km – Breda 48 km
Michelin wegenkaart 532-Q13 en 715-G7

X X **Molenwijk**   🍴 🏡 ᕋ 🛇 ⇔ **P**

Molenwijk 2 ✉ 5282 SH – ℰ (0 411) 67 23 02 – www.restaurantmolenwijk.nl
– gesloten 28 december-5 januari, carnaval, 18 juli-16 augustus,
zaterdagmiddag, zondag en maandag
Menu 33/53 € – Carte 55/62 €
● Deze eetgelegenheid in een gemeentepark laat u genieten van een klassiek-
eigentijdse keuken. Dat doet u in een modern, strak decor of op het terras met
uitzicht op het water.
● A restaurant in a public garden serving classic modern cuisine in a contemporary, minimalist décor or on a pleasant terrace overlooking a pond.

X X **De Ceulse Kaar**   🏡 ᕋ 🛇 ⇔ **P**

Eindhovenseweg 41 (nabij A 2 - E 25, afrit 26) ✉ 5283 RA – ℰ (0 411) 67 62 82
– www.ceulsekaar.nl – gesloten maandag en dinsdag
Menu 39 € 🍷/59 € – Carte 41/51 € – (alleen diner tot 20.30 u.)
● In dit oude poststation aan de route Den Bosch-Keulen zorgen de rustieke
zalen voor een warm gevoel, de oude bedsteden zijn ideaal voor een intiem
etentje. De chef kookt traditioneel en werkt graag met nobele producten. In de
aansluitende bistro wordt een eenvoudige kaart voorgesteld.
● Rustic dining rooms create a warm ambience in this old coaching inn on the
Den Bosch to Cologne route, with alcoves providing the perfect setting for an intimate dinner. The chef prepares traditional dishes with a focus on top quality
produce. A simpler menu is on offer in the adjacent bistro.

X X **Auberge van Boxtel** met kam   ᕋ **AC** rest, 🛇 kam, 🛜 ⇔

Stationsplein 2 ✉ 5281 GH – ℰ (0 411) 67 22 37 – www.auberge.nl
11 kam ➱ – ♥50/90 € ♥♥60/100 €
Menu 28/38 € – Carte 31/54 € – (gesloten dinsdag) (alleen diner)
● Zet het beeld van de klassieke herberg uit uw hoofd, want deze zaak is hip en
modern: felle kleuren, sfeerbeelden en zwart-wit foto's. Verwacht u wel aan eigentijdse gerechten, zachte prijzen en op zondag een aantrekkelijk menu van vijf
gerechtjes aan 25 euro. De (eenvoudige) kamers bekoren vooral zakenmensen.
● Far from the image of a traditional inn, the Auberge van Boxtel is hip and contemporary in style. It features bright colours, atmospheric pictures and black and
white photos on the walls. Find modern cuisine, reasonable prices and an attractive menu of five dishes for 25 € on Sundays. The (simple) rooms will especially
appeal to business travellers.

BRAAMT – Gelderland ➔ Zie Zeddam

BREDA

Noord-Brabant – 179 623 inw. – Atlas: **9-B2**

▶ Amsterdam 103 km – 's-Hertogenbosch 50 km – Rotterdam 52 km –
Tilburg 22 km
Michelin wegenkaart 532-N13 en 715-F7

© S. Forster/Robert Harding Picture Library/age fotostock

 Hotels

 Bliss   ⚜ 🛎 AC 📶

Torenstraat 9 ✉ *4811 XV* – ☏ *(0 76) 533 59 80* – *www.blisshotel.nl*
9 kam ⌑ – †140/300 € ††160/350 €
Rest *Chocolat* – zie restaurantselectie

● Een charmante businesssuite die de droom van elke zakenman waarmaakt, een Dickens & Jones suite in een trendy English style … De thematische suites dompelen u onder in verschillende sferen, steeds in stijl en alle comfort. Bij Bliss komt u tot rust, in het hart van de stad.

● A charming hotel that makes every business traveller's dream come true. It offers themed suites decorated in different styles (including a Dickens & Jones suite with a fashionable English feel), each one as smart and comfortable as the next. A relaxing base in the heart of the city.

 Keyser   🛎 🚲 🖥 ♿ AC ⌘ 📶 ♨

Keizerstraat 5 ✉ *4811 HL* – ☏ *(0 76) 520 51 73*
– *www.hotel-keyser.nl*
87 kam – †79/185 € ††79/185 €, ⌑ 19 € – ½ P
Rest – Lunch 25 € – Menu 35 € – Carte 36/55 € – *(gesloten zondagmiddag)*

● Modern gebouw tegenover een openbare parking waar u overnacht in ruime, gemoderniseerde kamers met een goed comfort, en 10 junior suites. Sfeervol restaurant met traditionele brasseriekaart, meerkeuzemenu, ontbijt- en lunchbuffet.

● This modern hotel is located in front of a convenient public car park. Stylish, contemporary rooms available in two sizes. Well-decorated breakfast area. Pleasant restaurant; modern cuisine, multi-choice set menu and buffet lunch available.

Novotel   🍴 🌳 🚲 🖥 ♿ kam, AC 📶 ♨ 🅿

Dr. Batenburglaan 74 ✉ *4837 BR* – ☏ *(0 76) 565 92 20*
– *www.accorhotels.com*
106 kam – †69/139 € ††69/139 €, ⌑ 18 €
Rest – Carte 29/69 €

● Aan de rand van de stad, vlak bij de snelweg, biedt dit Novotel het gebruikelijke scala prestaties van deze hotelgroep. Gerenoveerde kamers met goede geluidsisolatie en opgefrist restaurant met internationale gerechten.

● A Novotel hotel on the outskirts of the town, near the motorway, offering the chain's usual range of services. Renovated rooms with good soundproofing. Contemporary-style restaurant with an international menu.

🏠 **Hazeldonk** zonder rest   📶 ᬃ ❀ 🛜 🅿️

Hazeldonk-Oost 99 (Zuid : 10 km via A 16 - E 19, afrit ⑭) ✉ *4836 LB*
– ℰ (0 76) 596 05 80 – www.hotelhazeldonk.nl
92 kam – 🛏60/85 € 🛏🛏60/85 €, ☕ 11 €
● Bent u op doorreis en heeft u behoefte aan een tussenstop? Dit functionele ketenhotel langs de snelweg staat voor u klaar.
● This functional chain hotel on the motorway is convenient for motorists looking to break their journey.

🏠 **Het Scheepshuys** zonder rest   🚲 ❀ 🛜 🅿️

Teteringsedijk 196 ✉ *4817 ML – ℰ (0 76) 581 69 10*
– www.hetscheepshuys.nl
12 kam – 🛏45/50 € 🛏🛏70/80 €, ☕ 10 €
● Voor een verblijf met een meer persoonlijke sfeer bent u in deze mooie art-decovilla (1927) aan het juiste adres. Makkelijk te vinden, dankzij het gouden scheepje op het dak!
● A lovely art deco building from 1927 with a distinctive boat-shaped weather vane on the roof. Old style elements - furnishings, fireplace, wooden panelling, parquet flooring - individualise every room.

● **Restaurants**

🍴🍴🍴 **Prei**   🍴 ❀ ⇔ 🅿️

Adriaan Oomenstraat 1a (Teteringen) ✉ *4847 DH – ℰ (0 76) 587 77 17*
– www.restaurantprei.nl – gesloten 27 december-5 januari, zaterdagmiddag, zondag en maandag
Lunch 40 € – Menu 47/55 € – Carte ong. 62 €
● In een hedendaagse setting van sobere tonen en moderne kunst geniet u van een actuele keuken, waarin vooral vis de maat aangeeft. Het maandelijks wisselende menu is het lekkere bewijs van de kwaliteit die hier geleverd wordt.
● Comfortable elegant dining room decorated with soft colors and modern art. Creative dishes where seafood is king. Monthly changing menu.

🍴🍴 **Wolfslaar**   🐾 🚲 🍴 ᬃ ❀ ⇔ 🅿️
🌿

Wolfslaardreef 100 ✉ *4803 EV*
– ℰ (0 76) 560 80 00 – www.wolfslaar.com
– gesloten 26 december-5 januari, half juli-half augustus, zaterdagmiddag en zondag
Lunch 35 € – Menu 48/98 € – Carte 67/78 €
● Dit oude koetshuis in een openbaar park is nu een modern restaurant met een zwierige uitstraling. Innoverende, verfijnde gerechten en een mooi assortiment wijnen, afgestemd op het culinaire repertoire.
● This old coach house in a public park is now a modern restaurant with a friendly atmosphere. Innovative, sophisticated food and a good selection of wines, which are specially chosen to complement the culinary repertoire.
→ Kloostervarken en langoustine met bospeen, gepoft spek en amarant. Tarbot met venkel, saffraan en couscous met paprika. Verschillende bereidingen van aardbeien met vlierbesbloesem en amandelen.

🍴🍴 **Salon de Provence**   🍴 🅰🅲 ❀
🌿

Ginnekenweg 172 (Ginneken) ✉ *4835 NH*
– ℰ (0 76) 561 59 69 – www.salondeprovence.nl
– gesloten 24 en 28 december-5 januari, carnaval, 6 tot 21 september, zaterdagmiddag, zondag en maandag
Lunch 30 € – Menu 35/48 € – Carte ong. 64 €
● Hedendaagse Franse keuken, geserveerd in een intieme en warme ambiance. Kaart met zuiderse componenten, sfeerverlichting en een rustige patio met terras aan de achterkant.
● Contemporary French cuisine served in a warm, intimate atmosphere. Provencal menu selections, soft lighting, and peaceful patio-terrace at the back.

XX De Stadstuin

Ginnekenweg 138 ⊠ *4818 JK* – ℰ *(0 76) 530 96 36*
– www.restaurantdestadstuin.nl – gesloten laatste week december, 1 week met carnaval, 3 tot 21 augustus, zaterdagmiddag, zondag en maandag
Lunch 28 € – Menu 35/75 € ▼ – Carte 49/75 €
• Stijlvol herenhuis met terras op de binnenplaats. De chef heeft een modern culinair repertoire op stevige klassieke basis. De menu's zijn gevarieerd en worden bijgestaan door een goede wijnkaart.
• A stylish country house with a terrace in the courtyard. The chef has a modern culinary repertoire with solid traditional roots. The menu is varied and supported by a sound wine list.

X Zuyd

Ginnekenweg 35 ⊠ *4818 JA* – ℰ *(0 76) 515 13 40* – *www.restaurantzuyd.nl*
– gesloten 29 december-4 januari, 15 tot 23 februari, 4 tot 24 augustus, zondag en maandag
Lunch 29 € – Menu 37/68 € – Carte 54/68 €
• 't Is fijn tafelen bij het ongedwongen Zuyd. Voor een scherpe prijs krijgt u er de keuken van vandaag geserveerd: coquilles met buikspek en piccalilly, tiramisu van mokka met structuren van koffie. De joviale bediening maakt het verhaal af!
• This restaurant with a pleasant, relaxed atmosphere serves attractively priced, contemporary-style dishes such as scallops with pork belly and piccalilli, and mocha flavoured tiramisu. The cheerful staff add to the experience.

X Chocolat – Hotel Bliss

Torenstraat 9 ⊠ *4811 XV* – ℰ *(0 76) 533 59 75* – *www.restaurantchocolat.nl*
Lunch 25 € – Menu 35/45 € – Carte 41/60 €
• Charmante setting in chocoladetinten. Aan de muren zwart-witfoto's van filmsterren uit de sixties. Eigentijdse keuken, huis- en maandmenu.
• A charming restaurant with chocolate tone décor and black and white photos of cinema stars from the 1960s displayed. Good modern cuisine and a lounge-style atmosphere.

X Brasserie Bardot 🅝

Van Coothplein 10 ⊠ *4811 NE* – ℰ *(0 76) 888 31 11*   Plattegrond: D
– www.brasseriebardot.nl – gesloten maandag
Carte 36/45 €
• Een prachtige Française die de opwindende jaren 1950 uitstraalt: deze brasserie heeft heel wat weg van icoon Brigitte Bardot. De kaart is hier très français, met vooral heel wat lekkere klassiekers en grillgerechten van de rotisserie.
• Like a beautiful French woman exuding the appeal of the exciting 1950s, this brasserie has much in common with screen siren Brigitte Bardot. The menu is typically French with plenty of delicious traditional staples and grilled dishes from the rotisserie.

in Ulvenhout Zuid : 7 km via Ulvenhoutselaan – Alphen-Chaam

XX 't Jagthuijs

Dorpstraat 3 ⊠ *4851 CJ* – ℰ *(0 76) 565 69 56* – *www.jagthuijs.nl – gesloten maandag*
Menu 35/70 €
• Waar jagers zich vroeger warmden aan het haardvuur, kunt u vandaag terecht voor een eerlijke en actuele Franse keuken, gekenmerkt door regionale producten. Veel wijnen per glas.
• There's a warm welcome at this venerable old inn whose grounds are lined with mature trees. Colonial-style veranda, attractive, plant-filled terrace, modern menu and many wines by the glass.

BRESKENS
Zeeland – Sluis 23 820 inw. – Atlas: **15-A2**
🄳 Amsterdam 213 km – Middelburg 53 km – Antwerpen 87 km – Brugge 41 km
Michelin wegenkaart 532-G14 en 715-B7

De Milliano   ⚫ ← 🛎 🛜 **P**

Promenade 4 ⊠ 4511 RB – 𝒞 (0 117) 38 18 55 – www.milliano.nl
24 kam 🖵 – 🛏99/157 € – 🛏🛏122/175 € – ½ P
Rest – *(alleen diner voor hotelgasten)*
● Architecten trekken speciaal naar dit hotel om zich te laten inspireren door het luxueuze jaren 60-design. Ook buiten kijkt u uw ogen uit, met een heerlijk uit-zicht op de Scheldemonding.
● Architects make a special trip to this hotel to be inspired by its luxurious 1960s design. The hotel's surroundings are just as striking with their wonderful sea views.

Ⅹ ## Spetters (Laurent Smallegange)   ← 🏠 **AK**
☃ *Kaai 5 (1ᵉ etage) ⊠ 4511 RC – 𝒞 (0 117) 38 12 23 – www.restaurantspetters.nl*
– gesloten laatste week februari-eerste week maart, 1 week in juni, eind september-begin oktober, maandag en dinsdag
Lunch 35 € – Menu 55/79 € – Carte 65/102 €
● De vonken vliegen hiervan af: het zicht op de jachthaven is prachtig, de lounge muziek zorgt voor een cosy sfeer en 's zomers is de cocktaillounge bij de kade top. De kaart volgt de seizoenen en het aanbod van de markt, maar er is een constante: smaak! Geen overdaad, maar spetterende heerlijkheid.
● True to its name, this restaurant sends the culinary sparks flying! The view of the marina is spectacular, the lounge music provides a cosy background atmo-sphere, while in summer the cocktail lounge by the quay is an absolute winner. The menu varies in line with seasonal produce, except for one constant factor: an abundance of sparkling flavours.
→ Langoustine, geschroeid met quinoa, amandel en avocado. Griet gegaard met mosseltjes in eigen jus, venkel en lavas. For Chocolate Lovers Only: moelleux, crè-meux en crispy.

in Hoofdplaat Oost : 8 km – Sluis

ⅩⅩⅩ ## De Kromme Watergang (Edwin Vinke)   🏮 🏠 ✿ **P**
☃ ☃ *Slijkplaat 6 (Slijkplaat) (West : 6 km richting Breskens) ⊠ 4513 KK – 𝒞 (0 117) 34 86 96 – www.krommewatergang.nl – gesloten 2 weken in juni, laatste week september-eerste week oktober, maandag en dinsdag*
Lunch 53 € – Menu 95/160 € – Carte 110/156 €
● Restaurant in de polder, met een modern, chic interieur en een fijn ter-ras. Prachtige Zeeuwse streekproducten worden met precisie en persoonlijkheid bereid, met hier en daar een toefje moderne techniek. Uitgelezen wijnen. Wie graag wil overnachten, kan terecht in een suite.
● A restaurant in the middle of the polder with a modern, chic interior and an attractive terrace. Regional products are prepared with precision, personality and occasionally modern techniques. Superior wines. Suites are available for guests who wish to stay the night.
→ Gebakken langoustine met wortel en koolrabi, tarwegras en citroen. Tarbot in groene kerrie en granny smithappel met lentegroenten. Dessert van bloedsinaas-appel, witte chocolade, aloë vera en roos.

in Schoondijke Zuid : 5 km via N 58 – Sluis

⌂ ## De Kienstee zonder rest   ⚫ 🚲 ✗ 🛜 **P** 🍴
Sasputsestraat 11 (Noord-Oost : 5 km) ⊠ 4507 JX – 𝒞 (0 117) 34 83 13 – www.dekienstee.nl
3 kam 🖵 – 🛏60 € – 🛏🛏85/100 €
● Even meegenieten van het leven op een boerderij? Het kan, in een van de themakamers in de annex van dit landbouwbedrijf. De dochter des huizes gallo-peert voorbij op haar oefenterrein, terwijl de moeder voor u een echt hoeve-ont-bijt klaarzet.
● This guesthouse offers themed rooms in an annexe on a farm, allowing guests to enjoy a real taste of rural life. Watch the owner's daughter riding past to her training ring, while her mother serves a delicious farm-style breakfast.

BREUKELEN
Utrecht – Stichtse Vecht 63 491 inw. – Atlas: **14-A2**
◨ Amsterdam 27 km – Utrecht 19 km – Den Haag 73 km – Haarlem 42 km
Michelin wegenkaart 532-P9 en 715-G5

Breukelen

Stationsweg 91 (nabij A 2) ⊠ *3621 LK –* ℰ *(0 346) 26 58 88*
– www.hotelbreukelen.nl
233 kam – ♦98/133 € ♦♦98/133 €, ⌸ 15 €
Rest – Carte 30/52 € – *(open tot 23.00 u.)*
  ● Dit hotel nabij de snelweg en het station (snelle verbinding met het centrum van Amsterdam) is net het paleis uit de Verboden Stad. Grote kamers, vergaderzalen. Restaurant met een internationale kaart; bar met lounge-bibliotheek.
  ● A "Forbidden City"-style Chinese pavilion near the motorway and railway (quick access to the centre of Amsterdam). Restaurant serving international cuisine and bar with lounge/library.

BRIELLE
Zuid-Holland – 16 312 inw. – Atlas: **16-B2**
▶ Amsterdam 100 km – Den Haag (veerpont) 37 km – Breda 75 km –
Rotterdam 29 km
Michelin wegenkaart 532-J11 en 715-D6

de Nymph

Voorstraat 45 ⊠ *3231 BE –* ℰ *(0 181) 41 52 30 – www.hotelbrielle.nl – gesloten 1 tot 14 januari*
9 kam ⌸ – ♦99/155 € ♦♦99/155 €
Rest – Menu 25/33 € – Carte 29/51 € – *(gesloten maandagmiddag)*
  ● Dit hotel vindt in de eerste helft van de 20ste eeuw genoemd naar het beeld van een nimf in de stad. Vele jaren later is het opnieuw geopend met vernieuwde en modern ingerichte kamers. Hedendaagse brasserie, zowel qua kader als qua keuken.
  ● This hotel dates back to 1920 and is named after the statue of a nymph in the city. It was reopened many years later and offers renewed and modern rooms. Brasserie with a contemporary interior and matching dishes.

Bastion

Amer 1 ⊠ *3232 HA –* ℰ *(0 181) 41 65 88 – www.bastionhotelgroep.nl*
96 kam – ♦85/140 € ♦♦85/140 €, ⌸ 14 € – ½ P   **Rest** – Carte 24/37 €
  ● Een Bastion aan de rand van een oude vestingplaats. Functionele kamers, de beste liggen aan de parkingzijde in het nieuwe gedeelte.
  ● A Bastion hotel located at the gates of a former stronghold: how appropriate! Practical rooms, the best ones on the car park side.

BROEKHUIZEN
Limburg – Horst aan de Maas 41 810 inw. – Atlas: **8-B1**
▶ Amsterdam 167 km – Maastricht 92 km – Eindhoven 60 km – Nijmegen 60 km
Michelin wegenkaart 532-V14 en 715-J7

Het Maashotel

Veerweg 11 ⊠ *5872 AE –* ℰ *(0 77) 463 21 14 – www.hetmaashotel.nl – gesloten 31 december-1 januari, carnavalsweek en maandag*
10 kam ⌸ – ♦95/100 € ♦♦125/135 € – 2 suites
Rest *Het Maashotel* – zie restaurantselectie
  ● De charmante ligging van dit hotel zal u naar binnen lokken, de ruime kamers zullen u helemaal veroveren. Ze behoren tot de betere van de regio! Opteer voor de kamers aan Maaszijde, waar u kunt genieten van een balkon.
  ● This hotel's delightful location and spacious rooms (among the best in the region) make it an appealing place to stay. Ask for one of the rooms overlooking the River Maas where you can enjoy the view from your balcony.

 Een lekkere maaltijd voor een scherpe prijs? Ga op zoek naar de Bib Gourmand ⊛.
Ze onderscheiden restaurants met een onklopbare prijs-kwaliteitsverhouding.

XX **Het Maashotel** – Hotel Het Maashotel ⟨ 🛋 🍴 ⇆ 🅿 ⚓
Veerweg 11 ⊠ *5872 AE* – 𝒞 *(0 77) 463 21 14* – *www.hetmaashotel.nl* – *gesloten 31 december-1 januari, carnavalsweek en maandag*
Menu 38/49 € – Carte 49/66 € – *(alleen diner)*
● Van een uitnodigende setting gesproken: dit restaurant ligt in een pittoresk dorpje en biedt een knap uitzicht op de veerpont. Verleidelijk meerkeuzemenu, dat een mooi aanbod actuele gerechten presenteert.
● This restaurant boasts a welcoming setting in a picturesque village and offers a beautiful view of the ferry. It features a tempting multiple-choice menu with a good selection of contemporary-style dishes.

BROEK IN WATERLAND
Noord-Holland – Waterland 17 010 inw. – Atlas: **11-B3**
▶ Amsterdam 13 km – Haarlem 31 km – Lelystad 63 km – Utrecht 59 km
Michelin wegenkaart 531-08 en 715-F4

⟨↑⟩ **Inn on the Lake** 🌿 ⟨ 🛏 🚲 🛜 🅿
Kerkplein 11 ⊠ *1151 AH* – 𝒞 *(0 20) 331 85 73* – *www.innonthelake.nl*
4 kam ⌷ – ♦169/189 € ♦♦169/189 € **Rest** – *(alleen diner voor hotelgasten)*
● Op slechts 20 minuutjes van de hoofdstad treft u deze romantische B&B naast de kerk in dit voormalige VOC-dorpje. Kijk uit over het water of maak een rond-vaart in de sloep.
● You can find this romantic B&B at only 20 minutes from the capital, next to the church in this former VOC (Dutch East India Company) village. Enjoy the view over the water or make a round trip in the sloop.

BRUINISSE
Zeeland – Schouwen-Duiveland 34 040 inw. – Atlas: **15-B2**
▶ Amsterdam 156 km – Middelburg 56 km – Breda 95 km – Rotterdam 81 km
Michelin wegenkaart 532-J13 en 715-D7

X **De Vluchthaven** ⟨ 🛋 🅿 ⚓
😊 *Zijpe 1 (via Rijksstraatweg)* ⊠ *4311 RK* – 𝒞 *(0 111) 48 12 28*
– *www.devluchthaven.nl* – *open 28 maart-1 oktober; gesloten maandag en dinsdag*
Menu 35/60 € – Carte 35/56 €
● Puur natuur, daar staat deze gezellige brasserie voor. De chef werkt uitsluitend met biologische producten en de protagonisten op de (bondige) kaart zijn vis en schaal- en schelpdieren. Reken daarbij zachte prijzen, charmante bediening en een prachtig zicht op de Oosterschelde en u hebt een delicieuse vluchthaven.
● Unadulterated natural flavours and ingredients are the hallmarks of this restau-rant, where the chef works exclusively with organic products. Fish and shellfish are the protagonists on the concise menu, which is attractively priced and com-plemented by attentive service and a spectacular view of the Oosterschelde.

BRUMMEN
Gelderland – 21 177 inw. – Atlas: **6-C2**
▶ Amsterdam 113 km – Arnhem 22 km – Apeldoorn 25 km – Enschede 63 km
Michelin wegenkaart 532-V10 en 715-J5

🏰 **Kasteel Engelenburg** 🌿 ⟨ 🛏 🚲 🍽 ⅙ 🎬 🛜 🏋 🅿
Eerbeekseweg 6 ⊠ *6971 LB* – 𝒞 *(0 575) 56 99 99* – *www.engelenburg.com*
– *gesloten 1 tot 5 januari*
40 kam – ♦130/200 € ♦♦175/350 €, ⌷ 21 € – 1 suite – ½ P
Rest *Kasteel Engelenburg* – zie restaurantselectie
● Weelderig buitenverblijf uit 1828 in koloniale stijl, waar men over de slotgracht het kasteelpark inkijkt. Fruit en biscuits als onthaal in de kamers, die warm en charmant zijn ingericht. Eigen golfterrein in de tuin.
● A sumptuous, colonial-style country house dating back to 1828, looking straight into the castle garden across the moat. Guests will find fruit and biscuits as a wel-come treat in their rooms, which are all warmly and delightfully furnished. The castle has its own golf course in its grounds.

⌂ **Het Oude Postkantoor** zonder rest
Zutphensestraat 6 ⊠ *6971 EM* – *℘ (0 575) 56 67 81*
– www.hetoudepostkantoor.nl – gesloten 1 week in februari en 1 week in november
6 kam – †95/105 € ††95/105 €, 亞 13 €
● Dit hotelletje is net een bed and breakfast. Goed onderhouden en dito ingerichte kamers, met aan de tuinkant meer ruimte en rust. Ontbijtbuffet in de voormalige loketruimte.
● Former post office converted into a small hotel with well-equipped and maintained rooms, larger and quieter overlooking the garden. Buffet breakfast in a vintage décor.

XXX **Kasteel Engelenburg** – Hotel Kasteel Engelenburg ⪡ ◻ ⚇ **P**
Eerbeekseweg 6 ⊠ *6971 LB* – *℘ (0 575) 56 99 99* – *www.engelenburg.com*
– gesloten 1 tot 5 januari en zaterdagmiddag
Lunch 43 € – Menu 50/100 € – Carte 54/81 €
● In dit restaurant in een 19de-eeuwse serre krijgt u een moderne kookstijl op uw bord en Zuid-Afrikaanse wijnen in uw glas. Lounge met indrukwekkende whiskycollectie voor achteraf.
● In this restaurant, occupying a 19C conservatory, the cooking style is modern and the wines South African. Lounge featuring an impressive whisky collection to round off the evening.

De BULT – Overijssel → Zie Steenwijk

Den BURG – Noord-Holland → Zie Waddeneilanden (Texel)

BUSSUM
Noord-Holland – 32 631 inw. – Atlas: **11**-B3
▶ Amsterdam 21 km – Haarlem 48 km – Apeldoorn 66 km – Arnhem 75 km
Michelin wegenkaart 531-P9 en 532-P9 en 715-G5

⛨ **NH Jan Tabak** ⛲ ⏱ ☰ ⛉ Ⓜ ⚇ ⚅ **P** ⇔
Amersfoortsestraatweg 27 ⊠ *1401 CV* – *℘ (0 35) 695 99 11*
– www.nh-hotels.com
87 kam – †69/139 € ††69/139 €, 亞 20 € – ½ P
Rest – Lunch 24 € – Menu 30/75 € – Carte 39/52 €
● Dit hotel van de NH-keten zet een 300 jaar oude traditie voort. Openbare ruimten in design, klassiek-eigentijdse kamers en goede vergaderfaciliteiten. Restaurant genre moderne brasserie waar u een kleine kaart vindt voor de lunch, voor het diner is er een fijnere keuken.
● An NH chain complex carrying on a 300 year old hotel tradition. Contemporary design in the communal areas, updated classic look in the rooms and good conference facilities. Modern brasserie for a light lunch. More elaborate meals for dinner.

XX **Soigné** (Dennis Jong) ⚇ ⇔
⚝ *Kapelstraat 16* ⊠ *1404 HX* – *℘ (0 35) 693 63 79* – *www.restaurantsoigne.nl*
– gesloten 28 december-11 januari, 2 tot 10 mei, 26 juli-16 augustus, zaterdagmiddag, zondag en maandag
Lunch 32 € – Menu 57 € – Carte 58/71 € – *(reserveren aanbevolen)*
● De naam zegt het al. Alles is hier tot in de puntjes verzorgd: zaal, bediening en eten. De patron-cuisinier is bij grote namen in de leer geweest. Populair menu van de chef.
● With its refined dining area, service and dishes, this little restaurant lives up to its name. The chef trained in some famous establishments, and his "chef's menu" is very popular.
→ Coquille à la plancha met makreel, couscous met citroen, komkommer en avocado. Grietfilet met gestoofde ossenstaart, duxelles van portobello, lente-ui en truffel. Frambozenbavarois met witte chocolade en aardbeien in vlierbloesemsiroop.

X **15a**

Kapelstraat 15a ✉ 1404 HT – ✆ (0 35) 712 00 00 – www.restaurant15a.nl – gesloten zondag en maandag

Menu 33/47 € – Carte 37/46 € – *(alleen diner tot 23.00 u.)*

• Eenvoudige maar originele keuken met redelijk wat biologische producten. Ook het interieur ziet er "natuurlijk" uit met groen-bruin-wit combinaties. Regelmatig wisselende menukaart met wijnadvies.

• Unpretentious but original cuisine with quite some organic produce. The interior also looks 'natural' with green-brown-white combinations. Regularly changing menu with wine advice.

X **Faulk** Ⓝ AC

Herenstraat 26 ✉ 1406 PE – ✆ (0 35) 691 13 43 – www.faulk.nl – gesloten 28 december-5 januari, zondag en maandag

Menu 33/50 € – Carte 39/53 € – *(alleen diner)*

• Menno en Monique zorgen er in hun gemoedelijke buurtbistro voor dat u het naar uw zin hebt. Hier wordt de moderne keuken op een weldoordachte, evenwichtige manier gebracht, met een mooie portie ambitie. Dat enthousiasme vindt u ook terug in de bediening. Dit koppel gaat een mooie toekomst tegemoet.

• Menno and Monique ensure that everything is to your liking in their cosy neighbourhood bistro. The ambitious, contemporary-style dishes are presented in a thoughtful, balanced way. The friendly enthusiastic service is also an indicator that this couple have a bright future ahead of them.

CADIER EN KEER – Limburg → Zie Maastricht

CADZAND

Zeeland – Sluis 23 820 inw. – Atlas: **15-A2**

Amsterdam 224 km – Middelburg 64 km – Brugge 29 km – Gent 53 km

Michelin wegenkaart 532-F14 en 715-B7

in Cadzand-Bad Noord-West : 3 km

De Blanke Top AC rest, P

Boulevard de Wielingen 1 ✉ 4506 JH – ✆ (0 117) 39 20 40 – www.blanketop.nl – gesloten 5 januari-12 februari

50 kam – †110/230 € ††149/256 € – 1 suite

Rest – Lunch 33 € – Menu 59 € – Carte 63/73 € – *(gesloten na 20.30 u.)*

• De dochters des huizes laten een nieuwe wind waaien door deze zaak, met moderne renovaties en veel schwung. De essentie werd echter behouden: een prettig verblijf met uitzicht op strand of duinen vanaf uw eigen balkon. Eigentijdse maaltijd in de panoramische eetzaal, eenvoudige kaart onder de parasols.

• This hotel has been tastefully modernised and renovated by the daughters of the house, yet the essence of the hotel remains the same. With views of the beach or dunes from the rooms' private balconies it is a pleasant place to stay. Enjoy contemporary-style meals in the dining room with panoramic views or choose from a simple menu served on the outdoor terrace.

Noordzee rest, AC rest, P

Noordzeestraat 2 ✉ 4506 KM – ✆ (0 117) 39 18 10 – www.hotelnoordzee.com – gesloten 5 januari-6 februari

53 kam – †111/170 € ††148/226 € – 9 suites

Rest – Menu 35/47 € – Carte 41/53 €

• Een echt beachhotel! Aantrekkelijke kamers en themasuites met balkon of terras. De torenkamer biedt rondom uitzicht. Knusse lounge, mooi zwembad en een wellnesscentrum. Strandhuissfeer in de eetzaal, die uitkijkt op de zee. De kaart volgt dezelfde koers.

• A real beach hotel featuring charming theme rooms and suites with a balcony or terrace. There is a 360° view of the coast from the tower room. Cosy lounge, pretty pool and fully equipped spa. Seafood dishes, 'seaside cottage' atmosphere and dining room with sea views.

🏨 Strandhotel

Boulevard de Wielingen 49 ⊠ *4506 JK*
– ℰ (0 117) 39 21 10 – www.strandhotel.eu
– gesloten 23 december-8 januari
37 kam ⌂ – †75/140 € ††120/256 € – 1 suite
Rest *Pure C* ✧ – zie restaurantselectie

● Modern hotelgebouw tussen dorp, strand en duinen. Kamers met balkon of terras, binnenzwembad, wellnessfaciliteiten, beauty- en healthcentrum en een tennisbaan.

● Modern hotel between the village, the dunes and the beach. Conference rooms, bedrooms with balcony or terrace, indoor pool, wellness centre, beauty treatments and tennis.

🍴🍴 **Pure C** – Hotel Strandhotel
✧

Boulevard de Wielingen 49 ⊠ *4506 JK* – ℰ *(0 117) 39 60 36 – www.pure-c.nl*
– gesloten 22 december-16 januari, 23 maart-2 april, 22 juni-2 juli,
28 september-8 oktober,maandag, dinsdag en na 20.00 u.
Menu 53 € – Carte 82/239 €

● De chef van deze prachtige zaak heeft ervaring opgedaan bij Oud Sluis, maar heeft aan eigen culinaire inspiratie geen gebrek. Puurheid is zijn leidraad, dat proeft u in de eerlijke smaken en ziet u aan de liefde voor de schatten uit de zee en de polders. Reserveer op tijd, hotelgasten hebben steeds voorrang.

● The chef at this attractive restaurant may have come from Oud Sluis, but he does not lack culinary inspiration of his own. With purity as his guide, he opts for honest flavours to highlight the treasures from seas and polders. Book in advance; hotel guests are always given priority.

➜ Drie bereidingen van langoustines. Vissoep eerbetoon aan mijn vader. Dessert met chocolade.

🍴 **Cadzandria**

Boulevard de Wielingen 2 ⊠ *4506 JH*
– ℰ (0 117) 39 13 60 – www.cadzandria.nl
– gesloten december-januari, dinsdag en woensdag
Lunch 28 € – Menu 33/50 € – Carte 46/79 €

● Restaurant boven op een duin, met serre en uitzicht op zee en strand. Visgerechten, plateau van fruits de mer, homarium en als specialiteit bouillabaisse. Beschut loungeterras.

● Veranda restaurant atop a dune, with the beach and sea as a backdrop. Seafood menu, lobster tank and bouillabaisse speciality. Lounge-terrace shielded from the wind.

CALLANTSOOG
Noord-Holland – Schagen 45 978 inw. – Atlas: **11**-A2
▶ Amsterdam 67 km – Haarlem 65 km – Alkmaar 27 km – Den Helder 22 km
Michelin wegenkaart 531-N5 en 715-F3

🏠 **Strandhotel Landgoed de Horn** zonder rest

Previnaireweg 4a ⊠ *1759 GX* – ℰ *(0 224) 58 12 42 – www.strandhoteldehorn.nl*
– open april-oktober
30 kam ⌂ – †70/99 € ††80/110 €

● Een groenstrook omsluit dit familiebedrijf tussen de duinen en de tulpenvelden. Piekfijne ruime kamers; die aan de achterkant kijken uit op de tuin met vijver. Een topper in zijn categorie!

● This family-run hotel hidden under a veil of plant life is located between dunes and fields of flowers. Neat and spacious rooms available. Those at the rear have a view of the garden and pond.

CAMPERDUIN – Noord-Holland ➜ Zie Schoorl

CAPELLE AAN DEN IJSSEL – Zuid-Holland ➜ Zie Rotterdam, omgeving

CASTRICUM

Noord-Holland – 34 288 inw. – Atlas: **11**-A2
▶ Amsterdam 33 km – Haarlem 20 km – Alkmaar 11 km
Michelin wegenkaart 531-M7 en 715-E4

 Het Oude Raadhuis zonder rest 🌿 📶 ♿

Dorpsstraat 65 ✉ 1901 EJ – ✆ (0 251) 65 41 00
– www.hotelhetouderaadhuis.nl
9 kam ⌗ – ♥98/120 € ♥♥98/120 €
● Dit lieflijke hotelletje blaast een raadhuis uit het begin van de 20ste eeuw nieuw leven in. Met de herbestemming ging een geslaagde restyling gepaard, u krijgt hier een gevoel van warmte en ruimte dankzij de kamers in wit- en beigetinten. Voor snacks kunt u terecht in het Grand Café.
● The former town hall dating from the early 20C has been totally revamped and converted into this small, charming hotel. The successful restyling has created a friendly and spacious ambience featuring varying shades of white and beige. The Grand Café serves light snacks.

𝕏𝕏𝕏 **Apicius** (Thorvald de Winter) 🍴 🌿 **AK** ⟷

🍃 *Van der Mijleweg 16 (Bakkum) (Noord-West : 2 km) ✉ 1901 KD*
– ✆ (0 251) 67 67 60 – www.apicius.nl
– gesloten 2 weken in juli, 1 week in oktober, zondag en maandag
Lunch 40 € – Menu 45/69 € – Carte 58/82 €
● Twee broers zwaaien de scepter in dit verfijnde, moderne restaurant, een in de zaal en een in de keuken. Verzorgd decor, comfortabel salon. Wereldwijnen en grote Bourgognes.
● Modern restaurant run by two passionate brothers, one in the kitchen, one in the dining room. Refined atmosphere, comfortable lounge and international selection of wines including some vintage burgundy wines.
→ Zeeduivel met kreeft, vinaigrette van appel, bieslook en merg. Tarbot met tomaat, mosterd en groenten in dragonroom. Ponderaciones, Peruviaans gebakje met sinaasappelsaus en vanilleijs.

𝕏𝕏 **Le Moulin** 🌿 🍴

☺ *Dorpsstraat 96 ✉ 1901 EN – ✆ (0 251) 65 15 00*
– www.restaurantlemoulin.nl
– gesloten maandag en dinsdag
Menu 37/55 € – Carte 35/57 € – *(alleen diner)*
● Al meer dan 25 jaar is dit het huis van de Glastronomie: Yvonne Glas zorgt voor de charmante bediening en haar broer Frans geeft zijn persoonlijke touch aan de klassieke keuken. De zalm wordt hier nog gerookt volgens een oud familierecept. Een bezoek aan deze warme, gezellige zaak is een echt plezier!
● For over 25 years this has been the home of 'Glastronomy'. Yvonne Glas provides charming service and her brother Frans adds his personal touch to the traditional kitchen, in which salmon is still smoked following an old family recipe. A visit to this warm, cosy restaurant is an absolute delight.

 Adressen met gastenkamers ⋔ bieden niet dezelfde service als een hotel. Zij onderscheiden zich vaak door hun onthaal en decor, die vooral de persoonlijkheid van de eigenaars naar voren brengt. De B&B's vermeld in het rood ⋔ zijn het charmantst.

De COCKSDORP – Noord-Holland → Zie Waddeneilanden (Texel)

COEVORDEN

Drenthe – 35 769 inw. – Atlas: **1**-B3
▶ Amsterdam 156 km – Assen 51 km – Groningen 73 km – Zwolle 53 km
Michelin wegenkaart 531-Z7 en 715-L4

🕱🕱🕱 Kasteel Coevorden 🏠 ⇔ 🅿

Kasteel 29 ⊠ 7741 GC – ℰ (0 524) 52 20 09 – www.kasteelcoevorden.nl
Menu 35/53 € – Carte 44/55 €

● U voelt zich de koning te rijk in dit kleine kasteel, in het centrum van de oude vestingstad. Romantisch, intiem restaurant met donkere balken, gepatineerde plankenvloer en een prachtige open haard. Glazen vitrinekasten geven een zicht op de wijnvoorraad. De keuken is eigentijds, met een voorkeur voor streekproducten.

● You will dine like a king in this small castle, located at the heart of the old fortified town. The restaurant is romantic and intimate, featuring dark beams, polished wooden floors and a fabulous open fireplace. Part of the wine collection is stored in glass display cabinets. The kitchen is contemporary with a preference for regional produce.

De Vlijt 🏠🏠 🕭 🕅 🖼 📧 🕅 🛜 🛋 🅿
24 kam 🛏 – 🛏69/99 € 🛏🛏79/109 €

● Verbouwd pakhuis met karakter. Knusse kamers, met veel houtwerk en open badkamers. Geniet van de rustige omgeving met een ontbijt op het terras, bij het water. Heerlijk!

● This warehouse renovated with lots of character offers cosy guestrooms with an abundance of timber and open-plan bathrooms. Make the most of this peaceful and sublime setting by having breakfast on the waterfront terrace.

Wilt u een feestje organiseren of een maaltijd met zakenrelaties? Kijk dan naar de restaurants met het symbool ⇔.

CUIJK
Noord-Brabant – 24 783 inw. – Atlas: **10-D1**
▶ Amsterdam 130 km – 's-Hertogenbosch 46 km – Arnhem 41 km – Eindhoven 58 km
Michelin wegenkaart 532-U12 en 715-I6

🏠🏠 Cuijk 🏠 🖼 🚲 📧 🛋 🛜 🛋 🅿
😊
Raamweg 10 ⊠ 5431 NH – ℰ (0 485) 33 51 23 – www.hotelcuijk.nl
149 kam – 🛏65/140 € 🛏🛏65/140 €, 🛏 13 € – ½ P
Rest – Menu 25/65 € – Carte 26/93 €

● Een rasechte Van der Valk dicht bij de snelweg: grote en comfortabele openbare ruimten, gerenoveerde kamers, royaal ontbijtbuffet en uitgebreide congresfaciliteiten. Grote restaurantzaal waar een internationale kaart wordt gepresenteerd.

● A typical Van der Valk hotel near the motorway with spacious public areas and rooms, copious buffet breakfast, and conference facilities. Vast restaurant offering an international menu.

🕱🕱 Carpe Diem 🏠 🎔
😊
Kerkstraat 1 ⊠ 5431 DS – ℰ (0 485) 31 88 90 – www.restaurantcarpediem.nl – gesloten 2 weken carnaval, 2 weken in juli, 1 week in september, maandag en dinsdag
Menu 35/59 € – Carte 50/68 € – (alleen diner tot 20.30 u.)

● Onder het puntdak van de oude schuur, of op het dakterras met zicht op de monumentale Sint-Martinuskerk: dit is een uitgelezen locatie om te genieten van een hedendaagse keuken.

● Enjoy contemporary cooking under the spiked roof of an old barn or on its rooftop terrace with a view on a colossal church.

DALFSEN
Overijssel – 27 674 inw. – Atlas: **12-B2**
▶ Amsterdam 130 km – Zwolle 20 km – Assen 64 km – Enschede 64 km
Michelin wegenkaart 531-W7 en 715-J4

XX Herberg de Witte Gans

Heinoseweg 30 (Zuid : 4 km richting Heino) ⊠ *7722 JP –* ℰ *(0 529) 43 05 15*
– www.wittegans.nl – gesloten 1 januari en dinsdag
Menu 35/48 € – Carte 45/60 € – *(alleen diner behalve zondag)*
• Laat de ganzen rustig in het gras scharrelen en neem plaats op het terras of in
de eetzaal, met gerestyled interieur. Heerlijke smaaksensaties zijn het resultaat
van de creatieve combinaties van topproducten. Fraai opgemaakte borden en
mooie porties maken het plaatje helemaal compleet.
• Leave the geese to peck in the grass while you take your place on the terrace
or in the restyled dining room. The delicious culinary sensations you will enjoy
here are the result of creative combinations of top quality ingredients. Beautiful
presentation completes the picture.

De → Zie eigennaam

DELDEN
Overijssel – Hof van Twente 35 215 inw. – Atlas: **13**-C3
▶ Amsterdam 144 km – Zwolle 60 km – Apeldoorn 59 km – Enschede 17 km
Michelin wegenkaart 531-Z9 en 532-Z9 en 715-L5

in Ambt-Delden Noord : 4 km

↑ Hoeve De Haar zonder rest
Grote Looweg 4 (Landgoed Kasteel Twickel) ⊠ *7495 TL –* ℰ *(0 74) 250 25 26*
– www.hoevedehaar.nl
7 kam � – ♦85/95 € ♦♦125 €
• Bed and breakfast in een hoeve op Landgoed Twickel, te midden van natuur-
schoon en een golfbaan (arrangementen mogelijk). Met 4000 ha is dit het
grootste landgoed van Nederland. De gastvrouw schildert, haar echtgenoot is
interieuradviseur.
• This B&B is in a farmhouse on the Twickel Estate, surrounded by attractive
countryside and close to a golf course (special arrangements possible). With its 4
000ha, Twickel is the largest country estate in the Netherlands. The owner paints
and her husband is an interior designer.

DELFT

Zuid-Holland – 100 046 inw. – Atlas: **16**-B2

▶ Amsterdam 58 km – Den Haag 13 km – Rotterdam 16 km – Utrecht 62 km
Michelin wegenkaart 532-L10 en 715-E5

© S. Gabriel/imageBROKER/age fotostock

Hotels

🏨 **Museumhotel** zonder rest   📧 🐾 🛜

Oude Delft 189 (met dependances) ✉ *2611 HD*   Plattegrond: A1**a**
– 𝒞 (0 15) 215 30 70 – www.museumhotels.nl
64 kam 🖵 – ♦79/149 € ♦♦79/169 € – 2 suites

● Dit comfortabele museumhotel tussen station en grachten bestaat uit drie historische panden. Eigentijdse, goed uitgeruste kamers. Expositie van moderne
keramiek.

● This hotel-museum between the canal and the station is composed of three
historic buildings. Well-equipped contemporary rooms. Modern ceramics on display.

🏨 **WestCord**   🏮 🐾 ⅙ 🚲 📧 ♿ 🖾 🐾 🛜 🧖 🅿

Olof Palmestraat 2 ✉ *2616 LM – 𝒞 (0 15) 888 90 10 – www.westcordhotels.nl*
140 kam – ♦79/149 € ♦♦79/149 €, 🖵 15 € – ½ P
Rest – Menu 28 € – Carte 27/44 €

● Hedendaags hotel dat u verwelkomt in ruime, gezellige kamers met modern
interieur, mooie badkamers en goede geluidsisolatie. Lobby met verschillende
salons en open haard. Internationale gerechten in het restaurant.

● Spacious, cosy, soundproofed rooms with a modern interior and very nice bathrooms welcome you in this contemporary hotel. The lobby has several lounges
and a fireplace. International dishes in the restaurant.

🏨 **Bridges House** zonder rest   🚲 ♿ 🖾 🐾 🛜

Oude Delft 74 ✉ *2611 CD – 𝒞 (0 15) 212 40 36*   Plattegrond: A2**k**
– www.bridges-house.com
17 kam 🖵 – ♦70/180 € ♦♦70/180 €

● Midden in de stad, met zicht op een gracht: dit klassiek, 18de-eeuws pand, ligt
op een enig mooie locatie! Ook binnenin is het de moeite: opgefriste kamers (de
rustigste zijn achteraan) en antiek meubilair in de junior suites.

● In the centre of town, looking out over a canal, this classical 18C building is situated in a stunning and unique location. The interior is well worth exploring with
its freshened up rooms (the quietest are to the rear) and antique furniture in the
junior suites.

Standing : verwacht niet dat de service in een 🏛 of een 🏠 dezelfde
is als 🏛🏛🏛🏛🏛 of een 🏠🏠🏠🏠.

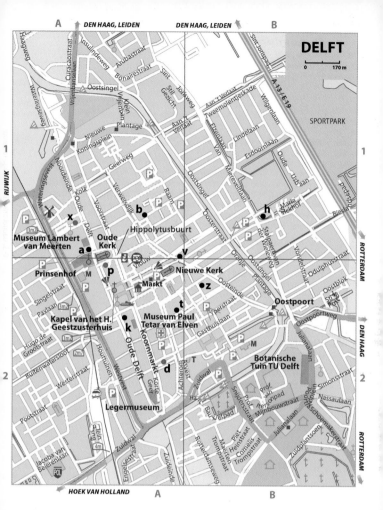

Centre 🐕 🛎 ♿ 🅰🅲 ⛷ kam, 📶 ♨

Koepoortplaats 3 ✉ 2612 RR – ✆ (0 15) 212 21 25 Plattegrond: B1**h**
– www.hoteldelftcentre.nl

92 kam ⌷ – †90/145 € – ††100/155 €

Rest – Menu 25/45 € – Carte ong. 32 € – *(gesloten zondag) (alleen diner)*

● Nieuwbouwhotel langs een gracht, aan de rand van de stad maar op loopafstand van het centrum. Het decor is geïnspireerd door muziek. Ruime, moderne kamers met citaten en LP-hoezen van bekende zangers. Restaurant met beperkte, internationale kaart.

● New construction along the canal on the edge of town, but at walking distance from the city center. The interior was inspired by music. Spacious, modern rooms, decorated with famous singers' quotations and record covers. Restricted international choice in the restaurant.

🏨 **De Koophandel** zonder rest ⚿ 🛜
Beestenmarkt 30 ⊠ 2611 GC – ☎ (0 15) 214 23 02 Plattegrond: B2**z**
– www.hoteldekoophandel.nl
25 kam ⌕ – ♦99/107 € ♦♦99/115 €
● Dit traditionele hotel, een familiebedrijf, staat aan een levendig pleintje waar veel restaurants 's zomers hun terras uitzetten. Heldere, vrij ruime kamers.
● A pleasant establishment of traditional appearance alongside a lively square where, in summer, the restaurant terraces all form a line. Fresh and reasonably roomy bedrooms.

🏨 **Johannes Vermeer** zonder rest 🄺 ⚿ 🛜 🛁
Molslaan 20 ⊠ 2611 RM – ☎ (0 15) 212 64 66 Plattegrond: A2**t**
– www.hotelvermeer.nl
30 kam ⌕ – ♦80/112 € ♦♦90/125 €
● Twee oude grachtenpanden met intieme, sfeervolle kamers, sommige op de dakverdieping. In de ontbijtruimte staat u oog in oog met het befaamde Meisje met de parel. Romantisch terras met zicht op een fraaie klokkentoren.
● Intimate, tasteful rooms, some with sloping ceilings, set in two old houses on the canal. Romantic terrace overlooking a pretty church tower.

🏠 **De Emauspoort** zonder rest ♿ ⚿ 🛜 🛁
Vrouwenregt 9 ⊠ 2611 KK – ☎ (0 15) 219 02 19 Plattegrond: A1**v**
– www.emauspoort.nl – gesloten 20 december-3 januari
26 kam ⌕ – ♦100 € ♦♦110 €
● Charmante kamers, lounge, Vermeerkamer (splitlevel) met mooi uitzicht. Op de binnenplaats twee woonwagens. Brood uit eigen bakkerij bij het ontbijt.
● Reception in the tearoom, 'Vermeer' duplex with a pretty view, charming rooms and two gypsy-style caravans used as guestrooms in the courtyard. Breakfast bread from the family bakery.

🏠 **De Plataan** zonder rest 🛗 ⚿ 🛜 🛁 🅿
Doelenplein 10 ⊠ 2611 BP – ☎ (0 15) 212 60 46 Plattegrond: A1**b**
– www.hoteldeplataan.nl – gesloten 20 december-5 januari
29 kam ⌕ – ♦105 € ♦♦115 €
● De kamers in dit hotel vlak bij het centrum zijn thematisch ingericht (Delfts, oriëntaals, Afrikaans, enz.) of verfraaid met botanische decoratiemotieven. Een feeërieke plek naast een pleintje met platanen. Gratis parking.
● Hotel near old Delft, with rooms decorated in botanical designs and in a series of themes (Delft, Oriental, African, etc). Free car park.

● **Restaurants**

🍴🍴 **Le Vieux Jean** 🕸 🄺 ↔
🐸 *Heilige Geestkerkhof 3 ⊠ 2611 HP – ☎ (0 15)* Plattegrond: A2**p**
213 04 33 – www.levieuxjean.nl – gesloten eerste week januari, 26 april, half juli-half augustus, zaterdagmiddag, zondag en maandag
Lunch 30 € – Menu 35/58 € – Carte 45/69 €
● Chef Robert-Jan Polman goochelt met ingrediënten als chakalaka-ketchup, belotta-ham en bawykovzalm. Geen nood, zijn keuken wil zeker niet bruuskeren maar wel mooie producten fris en passend complementeren. Voor een heerlijk samengaan van wijn en spijs kunt u terecht op de indrukwekkende wijnkaart (of beter: schatkaart).
● Chef Robert-Jan Polman conjures up superb dishes from ingredients such as chakalaka ketchup, Belotta ham and smoked salmon, using the freshest possible produce. The impressive wine cellar offers a treasure trove of fine wines to ensure a perfect wining and dining experience.

🍴🍴 **Les Copains** 🄺
Breestraat 8 ⊠ 2611 RG – ☎ (0 15) 214 40 83 Plattegrond: A2**d**
– www.lescopains.nl – gesloten maandag en dinsdag
Menu 35/55 € – Carte 48/86 € – (alleen diner)
● Klein en stijlvol restaurant waar vooral kreeftenliefhebbers hun hart zullen ophalen. Op de kaart vormen vis en schaal- en schelpdieren de hoofdmoot. Homarium.
● A small, stylish restaurant where lobster lovers will be in their element. Fish and shellfish feature predominantly on the menu. Lobster tank.

✗ Van der Dussen

Bagijnhof 118 ⊠ 2611 AS – ℰ (0 15) 214 72 12 — Plattegrond: A1**x**
– www.restaurantvanderdussen.nl – gesloten 4 tot 22 augustus, 26 en
31 december-1 januari en zondag
Menu 36/60 € ♈ – Carte 37/48 € – *(alleen diner)*
● Oud pakhuis met een nieuwe look: bakstenen muren, oude balken en tegelvloer, maar moderne verlichting, open keuken, glazen dak. A la carte menu, kleine
porties, vaste prijs.
● A remodelled warehouse with brick walls, beams and old tiles, as well as modern lighting, an open kitchen and a glass roof that opens up. Set menu with small
portions.

DELFZIJL

Groningen – 25 698 inw. – Atlas: **7**-B2
▶ Amsterdam 213 km – Groningen 30 km
Michelin wegenkaart 531-AA3 en 715-L1

De Boegschroef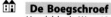

Handelskade West 12 ⊠ 9934 AA – ℰ (0 596) 61 36 15 – www.deboegschroef.nl
24 kam – †80/95 € ††85/95 €, ⌷ 11 €
Rest – Lunch 18 € – Menu 23/46 € – Carte 32/55 €
● Vanuit dit moderne hotel bent u een bevoorrecht getuige van de bedrijvigheid
van de haven. Ook het interieur van het restaurant baadt in een nautische sfeer.
Klassieke gerechten.
● Enjoy watching the busy activity of the harbour from this modern hotel. The
nautical influence continues inside in the restaurant. Classic dishes.

✗✗ De Kakebrug

Waterstraat 8 ⊠ 9934 AV – ℰ (0 596) 61 71 22 – www.restaurantdekakebrug.nl
– gesloten eind juli-begin augustus, zondag en maandag
Menu 33 € – Carte 32/58 € – *(alleen diner)*
● Met zo'n naam kan het niet anders of eigenaar en chef Henk Kok was voorbe-
stemd! Al sinds 1991 serveert hij verzorgde klassieke gerechten in het centrum
van havenstadje Delfzijl.
● With a name like Henk Kok (kok is the Dutch word for cook) the owner and
manager of De Kakebrug has certainly found his calling! He has been serving up
classical dishes in the centre of the small port city of Delfzijl since 1991.

Den ➜ Zie eigennaam

DENEKAMP

Overijssel – 25 947 inw. – Atlas: **13**-D2
▶ Amsterdam 170 km – Zwolle 81 km – Enschede 27 km
Michelin wegenkaart 531-AB8 en 715-M4

De Schout

Burgemeester Hoogklimmerstraat 2 ⊠ 7591 ET – ℰ (0 541) 57 25 55
– www.hoteldeschout.nl
34 kam ⌷ – †80/110 € ††99/149 € – ½ P   **Rest** – Carte ong. 32 €
● Geen teken meer van de burgemeester, wiens voormalige gemeentehuis is
omgetoverd tot een modern, functioneel hotel. Wat hier vooral opvalt is de
grootte van de ruimtes. De kamers zijn warm ingekleed en worden voor zachte
prijzen verhuurd.
● The former town hall has been transformed into a modern, functional hotel. Its
guestrooms are impressively generous in size, warmly decorated and attractively
priced.

DEURNE

Noord-Brabant – 31 659 inw. – Atlas: **10**-D2
▶ Amsterdam 132 km – 's-Hertogenbosch 49 km – Eindhoven 24 km –
Nijmegen 63 km
Michelin wegenkaart 532-T14 en 715-I7

Plein Vijf
kam,

Markt 5 ✉ 5751 BE – ✆ (0 493) 32 70 40 – www.pleinvijf.nl
25 kam – 🚹91 € 🚹🚹95 €, ☕ 14 € – ½ P **Rest** – Menu 25/29 € – Carte 37/50 €

• Een etablissement pal in het centrum. Goed comfort in de hippe designkamers. Lounge-bar in dezelfde trant. Een sigarenfabriek die compleet verbouwd is tot een moderne brasserie genre loft, met serre en terras aan het marktplein.

• This is as central as it gets! Comfortable contemporary rooms with designer touches. Lounge-bar in a similar style. A cigar factory transformed into a modern loft-style brasserie, with a conservatory and terrace overlooking the Markt.

DEVENTER

Overijssel – 98 322 inw. – Atlas: **12**-B3
Amsterdam 106 km – Zwolle 38 km – Apeldoorn 16 km – Arnhem 44 km
Michelin wegenkaart 531-W9 en 532-W9 en 715-J5

IJsselhotel

Worp 2 ✉ 7419 AD – ✆ (0 570) 66 70 80 Plattegrond: A2**a**
– www.ijsselhotel.nl
29 kam – 🚹85/155 € 🚹🚹85/155 €, ☕ 20 €
Rest *Brasserie* – Lunch 29 € – Menu 35/37 € – Carte ong. 55 €

• De tocht erheen (een pontverbinding brengt u van en naar dit hotel), het verbluffende uitzicht op de IJssel of het park, het monumentale 19de-eeuwse pand: dit is een apart adres dat beslist de moeite loont. Creatieve gerechten, geserveerd in een neoretro-decor. Bar in de serre en terras aan het water.

• The journey to the hotel (a ferry trip across the river), the superb views of the IJssel river and the park, as well as the magnificent 19C listed building make this a delightful place to stay. Creative dishes, served in a neo-retro decor. Bar in the conservatory and waterside terrace.

Hanzestadslogement "De Leeuw" zonder rest

Nieuwstraat 25 ✉ 7411 LG – ✆ (0 570) 61 02 90 Plattegrond: A1**r**
– www.hoteldeleeuw.nl – gesloten 31 december-15 januari
10 kam ☕ – 🚹69/119 € 🚹🚹79/139 €

• Familiehotel dat u meeneemt naar het Nederland van de jaren vijftig. Nostalgie vindt u ook in de kamers, allemaal ruim en verzorgd, waarvan sommige met een kitchenette. Ga zeker eens langs bij het (eigen) Hanze-museum of de koffie- en theeschenkerij. Charmant ontbijt met kwaliteitskoffie.

• A family hotel that transports you to the Netherlands of the 50s. Nostalgia is also rife in the rooms, which are spacious and well kept, some boasting a kitchenette. Be sure to visit the hotel's own Hanze-museum and its tea and coffee house. A delightful breakfast with good quality coffee.

't Arsenaal

Nieuwe Markt 33 ✉ 7411 PC – ✆ (0 570) 61 64 95 Plattegrond: A2**s**
– www.restaurantarsenaal.nl – gesloten 31 december-1 januari en zondag
Menu 35/88 € 🍷 – Carte 48/67 € – *(alleen diner)*

• Dit oude pand naast de Lebuïnuskerk is nu een eigentijds, licht restaurant zonder opsmuk. Sfeervolle bar, binnentuin met terras tussen de steunberen van de kerk, aanlokkelijke menu's, stijlvolle service.

• This traditional building next to the Lebuïnus church is now a modern, bright, no-frills restaurant. Attractive bar, patio garden with terrace amongst the church buttresses, tempting menus and attentive service.

Cucina Italiana

Grote Poot 1 ✉ 7411 KE – ✆ (0 570) 61 59 00 Plattegrond: A2**b**
– www.cucinadeventer.nl – gesloten maandag en dinsdag
Menu 34/56 € – Carte 36/52 € – *(alleen diner)*

• Bent u lekker de toerist aan het uithangen en hebt u trek? Dan staat de deur van deze zaak voor u open! Het interieur is bijdetijds, maar de keuken blijft trouw aan de authentieke, seizoensgebonden keuken waar Italië zo gereputeerd voor is.

• A popular restaurant with tourists, the Cucina Italiana's interior is up-to-date yet the cooking is true to the authentic, seasonally based cuisine Italy is so famous for.

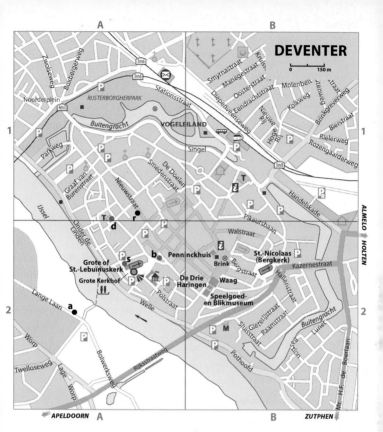

APELDOORN A   B ZUTPHEN

Bouwkunde

Klooster 4 ✉ 7411 NH – ℰ (0 570) 61 40 75   Plattegrond: A1**d**
– www.theaterbouwkunde.nl – gesloten 3 tot 15 augustus, feestdagen, zondag en maandag
Menu 32/39 € – Carte 32/47 € – *(alleen diner)*

● Theaterrestaurant, aan een sympathiek plein waar u 's zomers tafelt. Moderne kunst in de zaal. Menu met een goede prijs-kwaliteitverhouding. Hij kookt, zij zorgt voor de wijn.
● Restaurant on a nice square made for summer dining. Upstairs performance space and modern art in the dining area. Menus offer good value for money. The owner handles the cooking, and his wife, the wine.

DIEPENHEIM

Overijssel – Hof van Twente 35 215 inw. – Atlas: **13**-C3
▶ Amsterdam 137 km – Zwolle 53 km – Apeldoorn 47 km – Arnhem 72 km
Michelin wegenkaart 532-Y9 en 715-K5

⌂ Gastenboerderij De Ziel zonder rest

Deventerdijk 5 (landgoed Westerflier) ✉ 7478 RR – ℰ (0 6) 23 66 34 63 – www.deziel.nl
4 kam ☑ – †63 € ††83/88 €

● U rijdt hierheen door bossen en velden, en zodra u de motor uitzet, overvalt u de rust. In het domein waarop deze rustieke B&B is gelegen, mag dan ook -behalve door de bewoners- niet met de auto gereden worden. Landelijke charme ten top!
● The route to this rustic B&B wends its way through woods and fields. Once at your destination, peace and quiet prevail as vehicular access to the countryside around the B&B is limited to residents. Rural charm at its best.

151

🍴🍴 **Den Haller**   ⇐ 🀫 ♻ **P**

Watermolenweg 34 ✉ *7478 PW –* ℰ *(0 547) 35 12 87 – www.denhaller.com*
– gesloten maandag, dinsdag en na 20.30 u.
Menu 30 € ▼/35 € – Carte 40/54 € – *(alleen diner)*

• Oude Saksische hoeve met een idyllisch terras en een watermolen op de achtergrond: een heerlijke nostalgische ambiance, die in de eetzalen nog zo sterk voelbaar is. Seizoenkeuken op basis van goede streekproducten.

• This old Saxon farmhouse has a delightful terrace overlooking a watermill. Charming nostalgic dining rooms. Seasonal cuisine made with excellent ingredients from Twente.

DIEREN

Gelderland – Rheden 43 640 inw. – Atlas: **6-C2**

▶ Amsterdam 106 km – Arnhem 17 km – Lelystad 80 km – Utrecht 83 km
Michelin wegenkaart 532-V10 en 715-J5

⌂ **Villa Veertien** zonder rest   🛏 ♿ 🖥 🎧 **P**

Noorderstraat 14 ✉ *6953 CE –* ℰ *(0 31) 384 20 37 – www.villaveertien.nl*
13 kam ⌷ – ▮85/145 € ▮▮115/165 €

• Monumentaal pand (1880) waar u uw ogen uitkijkt op de kabbelende IJssel en de knappe tuin. Kamers van verschillende groottes, maar één voor één zijn ze comfortabel, in landelijke stijl. Dit is eveneens een populaire plek voor seminaries en trouwpartijen.

• A monumental building (1880) from where you enjoy views of the River IJssel and the attractive garden. The guestrooms vary in size but are comfortable without exception and furnished in a rural style. A popular location for business meetings and wedding parties.

DODEWAARD

Gelderland – Neder-Betuwe 22 593 inw. – Atlas: **5-B3**

▶ Amsterdam 98 km – Arnhem 29 km – 's-Hertogenbosch 49 km – Lelystad 109 km
Michelin wegenkaart 532-S11 en 715-H6

🍴🍴 **Herberg De Engel**   ⇐ 🀫 🀫 ♻ **P**

Waalbandijk 102 ✉ *6669 ME –* ℰ *(0 488) 41 12 80 – www.de-engel.nl*
– gesloten maandag en dinsdag
Lunch 29 € – Menu 32/60 € – Carte 38/50 €

• De tijd lijkt even stil te staan: deze traditionele herberg dateert uit 1591 en is prachtig gelegen aan een dode arm van de Waal. Het interieur is echter modern en verzorgd. De chef kookt klassiek en maakt graag gebruik van streekproducten.

• Time seems to have stood still here, although the decor is nonetheless modern and polished. This traditional inn dates back to 1591 and is located in a beautiful spot on the dead arm of the River Waal. The chef cooks traditional dishes and is keen to showcase regional produce.

DOESBURG

Gelderland – 11 437 inw. – Atlas: **6-C2**

▶ Amsterdam 119 km – Arnhem 20 km – Enschede 88 km – Zwolle 67 km
Michelin wegenkaart 532-V10 en 715-J5

🍴 **Bistro la Boucherie**

Boekholtstraat 1 ✉ *6981 CV –* ℰ *(0 313) 48 23 31 – www.bistrolaboucherie.nl*
– gesloten eerste twee weken januari, laatste week juni-eerste twee weken juli, maandag en dinsdag
Menu 35 € – Carte 41/49 € – *(alleen diner)*

• Een stukje Frankrijk in het centrum van Doesburg. Typische bistro met oude mozaïekvloer en Franse decoratie aan de muur. Kleine kaart, met pretentieloze gerechten, en open keuken.

• A corner of France in the centre of Doesburg. Typical bistro with an open kitchen, an old mosaic floor and French decorations on the walls. The concise menu features a choice of unpretentious dishes.

DOETINCHEM

Gelderland – 56 344 inw. – Atlas: **6**-C2

▶ Amsterdam 130 km – Arnhem 33 km – Apeldoorn 43 km – Enschede 60 km

Michelin wegenkaart 532-W11 en 715-J6

 Villa Ruimzicht

Ds. van Dijkweg 40 ✉ *7001 KG* – ℰ *(0 314) 32 06 80*

– www.hotelvillaruimzicht.nl

– gesloten 31 december-2 januari

42 kam 🖵 – †89/165 € ††89/165 € – ½ P

Rest – Lunch 28 € – Menu 40/53 € – Carte 31/53 €

● Dit monumentale pand uit 1853 heeft dienst gedaan als internaat en schoolgebouw. Dutch Design interieur, kunstexposities, standaard- en themakamers, vergaderzalen. Brasserie Bites voor leuke hapjes.

● Dating back to 1853, this listed building has been used as a boarding and day school. It now boasts a Dutch Design interior, art exhibitions and standard and themed rooms, as well as meeting rooms. Enjoy delicious snacks in the Brasserie Bites bistro.

 De Graafschap zonder rest

Simonsplein 12 ✉ *7001 BM* – ℰ *(0 314) 32 45 41*

– www.stadshoteldegraafschap.nl

26 kam – †67/77 € ††94/114 €, 🖵 10 €

● Hotel in het drukke voetgangerscentrum, aan een plein met caféterrassen. De kamers bieden functioneel comfort. 's Zomers ontbijt op het dakterras, met zicht op de kerktoren.

● A hotel in the busy pedestrianised town centre in a square surrounded by pub terraces. It offers guestrooms with functional comfort. In summer, breakfast is served on the roof terrace with a view of the church tower.

 Raedthuys

Raadhuisstraat 14 ✉ *7001 EW*

– ℰ (0 314) 36 07 04 – www.hetraedthuys.nl

– gesloten maandag

Menu 30/45 € – Carte 42/58 €

● Een goed en sfeervol restaurantje met vintage decor. Alles wordt hier huisgemaakt. Aantrekkelijke menu's, productgerichte kaart, bier van de tap. Sympathiek terras.

● A fine and stylish restaurant with a vintage decor. Everything here is homemade. Attractive menus, featuring specific products and draught beer. Pleasant terrace.

DOMBURG

Zeeland – Veere 21 868 inw. – Atlas: **15**-A2

▶ Amsterdam 190 km – Middelburg 16 km – Rotterdam 111 km

Michelin wegenkaart 532-F13 en 715-B7

Badhotel

Domburgseweg 1a ✉ *4357 BA* – ℰ *(0 118) 58 88 88*

– www.badhotel.com

116 kam 🖵 – †145/175 € ††180/220 €

Rest Zee&Land – Carte 41/62 € – (alleen diner tot 20.30 u.)

● Luxehotel uit 1866 aan de rustige rand van de badplaats. De kamers zijn comfortabel en mooi opgefrist in de kleuren van strand, zee en bos. Laat u vertroetelen in de mooie wellness en spring tijdens de lunch eens binnen in Grand Café 1866, dat met een goedgevulde lunchkaart werkt.

● A luxury hotel dating from 1866 located on the quieter side of this seaside resort. The rooms are comfortable and beautifully renovated in the natural colours of sand, sea and forest. Pamper yourself in the beautiful spa or enjoy lunch in Grand Café 1866, where the extensive menu offers a wide choice of dishes.

Bommeljé

Herenstraat 24 ⊠ 4357 AL – ℰ (0 118) 58 16 84 – www.bommelje.nl
40 kam – †40/135 € ††80/135 €, � 15 € – 8 suites
Rest – Menu 35 € – Carte 39/48 € – *(alleen diner)*
● Apparthotel in een rustige straat vlak bij de duinen. Charmante voorgevel met balkons, moderne voorzieningen en een hedendaags interieur in zwart en wit. Ook kamers aan een mooie tuin. Restaurant met gelikt decor: tafels zonder kleedjes en glimmend parket.
● An apartment hotel in a quiet street close to the dunes. The hotel has a contemporary black-and-white interior, modern facilities and a charming façade with balconies. Some rooms overlook the attractive garden. The restaurant has a sleek decor with bare tables and polished parquet floors.

Wilhelmina zonder rest

Noordstraat 20 ⊠ 4357 AP – ℰ (0 118) 58 12 62 – www.wilduin.nl
23 kam – †60/95 € ††60/160 €, ⊒ 15 € – 4 suites
● Karakteristiek hotel in een rustige straat nabij het centrum en het strand. Moderne kamers met bescheiden luxe, rond een patio. Verzorgd ontbijtbuffet.
● This distinctive hotel is a few yards from the beach in a quiet street near the centre. Discreetly luxurious bedrooms set around a patio. Tasty breakfast buffet.

Ter Duyn zonder rest

P.J. Eloutstraat 1 ⊠ 4357 AH – ℰ (0 118) 58 44 00 – www.hotelterduyn.nl
10 kam ⊒ – †135/185 € ††135/185 €
● Dit vanbinnen gerenoveerde pand (1907) bij het strand en de Villa Silva herbergt comfortabele, ruime suites. Het ontbijt wordt op de gewenste tijd aan de deur gebracht.
● Close to the beach and Villa Silva, this 1907 house, redone inside, offers comfortable bedsit-style rooms. Breakfast delivered to your door at your convenience.

The Wigwam

Herenstraat 12 ⊠ 4357 AL – ℰ (0 118) 58 12 75 – www.wigwamhotel.nl
– gesloten december-januari
32 kam ⊒ – †60/110 € ††85/149 € – ½ P
Rest – Menu 26/50 € – Carte 40/55 € – *(alleen diner tot 20.00 u.)*
● Dit hotel is in 1951 ingericht in een villa uit 1904, gebouwd door een Zeeuw die 20 jaar tussen de Blackfoot indianen leefde. Vandaar de naam! Prima onderhouden kamers. Modern restaurant met eigentijdse gerechten die door de patron worden bereid.
● Faultlessly kept rooms in this hotel created in 1951 in a villa, built in 1904 by a local who spent twenty years among Blackfoot American Indians, hence the name! An attractive setting for the up-to-date menu concocted by the owner.

Strandhotel Duinheuvel zonder rest

Badhuisweg 2 ⊠ 4357 AV – ℰ (0 118) 58 11 00 – www.wilduin.nl
34 kam – †55/80 € ††75/135 €, ⊒ 15 €
● Hotel met een echte vakantiesfeer, dat uitkijkt over de duinenrij langs het strand. De kamers variëren in grootte en zijn verzorgd ingericht. Ontbijt in de kunstgalerie.
● A holiday atmosphere at this location looking over the string of dunes preceding the foreshore. Rooms of various sizes with beautiful décor. Works of art on show in the breakfast room.

✗ Het Badpaviljoen

Badhuisweg 21 ⊠ 4357 AV – ℰ (0 118) 58 24 05 – www.hetbadpaviljoen.nl
– gesloten januari en dinsdag en woensdag behalve juli-augustus
Lunch 40 € – Menu 75 € ♀/115 € ♀ – Carte 44/96 €
● Een fraaie locatie voor een etentje met uitzicht op zee, zowel binnen als buiten. Eenvoudige lunchkaart, 's avonds een gastronomisch repertoire. Licht trendy ambiance.
● A lovely place to enjoy a meal overlooking the sea, in the dining room or outdoors. Gourmet menu in the evenings, and simpler fare for lunch. Trendy décor.

✗ **De Visbar** 🏠 AC

Ooststraat 6 ✉ 4357 BE – ℰ (0 118) 58 44 34 – www.visbardomburg.nl
– gesloten 25 december
Lunch 25 € – Carte 29/60 €

● Adresje in de hoofdstraat waar alles rond vis draait. De v staat voor het vis- en oesteraanbod waarmee deze trendy zaak uitpakt, i voor de interessante prijs-kwaliteitverhouding en s voor de specialiteit: de zeevruchtenschotel.

● A trendy address in the high street where everything revolves around fish. The house speciality is the seafood platter in this fish and oyster bar. Good value for money.

DOORWERTH
Gelderland – Renkum 31 580 inw. – Atlas: **5-B2**
▶ Amsterdam 108 km – Arnhem 10 km – 's-Hertogenbosch 62 km –
Lelystad 110 km
Michelin wegenkaart 532-T11 en 715-I6

✗✗ **Adriano** 🏠 ⟳ **P.**

Oude Oosterbeekseweg 6 (Heveadorp) ✉ 6865 VS – ℰ (0 26) 333 64 23
– www.restaurantadriano.nl – gesloten maandag en dinsdag
Menu 43/65 € – Carte 48/78 € – *(alleen diner behalve zondag)*

● Italiaans restaurant met rieten dak in een groene villawijk. Ronde eetzaal en terras met pergola. Italiaanse wijnen per glas.

● Italian restaurant in a thatched house in a wooded residential neighbourhood. Circular dining room; pergola on the terrace. Italian wines by the glass.

DORDRECHT
Zuid-Holland – 118 691 inw. – Atlas: **17-C3**
▶ Amsterdam 95 km – Den Haag 53 km – Arnhem 106 km – Breda 29 km
Michelin wegenkaart 532-N12 en 715-F6

🏠 **Bellevue Groothoofd** 🏠 🛗 & rest, AC 🍴 rest, 🛜 🏊 ⌂⟋

Boomstraat 37 ✉ 3311 TC – ℰ (0 78) 633 25 00   Plattegrond: B1**b**
– www.bellevuegroothoofd.nl
11 kam – †90/125 € ††145/275 €, ⌖ 15 € – 1 suite
Rest *Blanc* – zie restaurantselectie
Rest – Menu 33 € – Carte 30/38 €

● Karaktervol pand, tegenover de jachthaven, met roots in 1607. Prachtig zicht op het scheepsverkeer en de monumentale stadspoort. Modern neobarok interieur. Voor tapas, koffie of een lekkere hap kunt u de hele dag door in de brasserie terecht, die over een van de mooiste terrassen van Nederland beschikt.

● Offering wonderful views of passing ships and the historic city gate, this distinctive hotel with a modern, neo-Baroque interior dates back to 1607. Facing the marina, the hotel brasserie boasts one of the most attractive patios in the Netherlands and is open all day for tapas, coffee or a tasty snack.

🏠 **Dordrecht** 🏠 🖥 📶 🐾 ፤ ぁ 🛗 & AC 🛜 🏊 **P.** 🚗

Laan van Europa 1600 ✉ 3317 DB – ℰ (0 78)   Plattegrond: AZ**x**
870 08 00 – www.vandervalkhoteldordrecht.nl
151 kam – †79/250 € ††79/250 €, ⌖ 15 € – 5 suites
Rest – Lunch 21 € – Carte 36/49 €

● Op een boogscheut van snelweg A16 komt u in dit grote hotel niets te kort: de kamers zijn ruim en modern, de wellnessfaciliteiten zijn uitgebreid en het restaurant is een meerwaarde. Voor de werkers: er is ruimte genoeg voor vergaderingen en congressen.

● You will not want for anything in this large hotel, situated a stone's throw from the A16 motorway. Spacious and modern guestrooms, an extensive spa, as well as a restaurant as an added bonus. Ample space for business meetings and conferences.

Villa Augustus

Oranjelaan 7 ⊠ 3311 DH – ☏ (0 78) 639 31 11
– www.villa-augustus.nl
37 kam – †125/190 € ††125/190 €, ⊑ 13 €
Rest *Villa Augustus* – zie restaurantselectie

● Hotel in een oude watertoren. Diverse typen kamers in de toren (panoramalift) en op de begane grond. Er is zelfs een "geheime" kamer. Grote tuin met moestuin en kassen.

● This hotel has turned a water tower to good account! Various kinds of rooms in the tower (panoramic lift) or on the ground floor. There's even a 'secret' room.

Bastion

Laan der Verenigde Naties 363 ⊠ 3318 LA – ☏ (0 78) 651 15 33
– www.bastionhotelgroep.nl
102 kam – †80/140 € ††80/140 €, ⊑ 13 € – ½ P
Rest – Carte 24/37 €

● Dit hotel is identiek aan zijn soortgenoten van dezelfde keten: gelegen in de buurt van de snelweg en functionele kamers.

● A hotel identical to its many brothers sharing the same sign, near the motorway network and offering practical rooms.

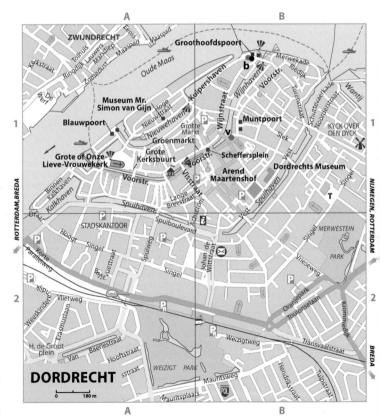

XX **Blanc** – Hotel Bellevue Groothoofd ⪦ 🅰️ 🅺 🎗️ 🔄 🏮
Boomstraat 37 ⊠ *3311 TC – ☏ (0 78) 633 25 00*   Plattegrond: B1**b**
– www.bellevuegroothoofd.nl – gesloten zondag
Lunch 35 € – Menu 43/80 € – Carte ong. 50 €
• Restaurant dat zijn naam eer aandoet! Bij binnenkomst is het even wennen aan het spierwitte trendy interieur en het felle licht dat erop weerkaatst. Prachtig uitzicht over de drie rivieren. Smakelijke gerechten.
• This restaurant lives up to its name! When entering you need to adjust to the white trendy interior and the bright light that reflects on it. Beautiful view of the three rivers. Tasty dishes.

XX **De Hoff'nar** 🏮 **P**
Talmaweg 10 ⊠ *3317 RB – ☏ (0 78) 618 04 66*   Plattegrond: ABZ**z**
– www.restaurantdehoffnar.nl
– gesloten 28 december-4 januari, 26 juli-9 augustus, feestdagen behalve kerstmis en zondag
Menu 35/50 € – Carte 48/58 € – *(alleen diner)*
• Dit restaurant heeft zijn intrek genomen in het voormalige koetshuis van kasteel Crabbehoff. Eetzaal met serre. Mooi gedekte tafels, goede eigentijdse keuken, gezellig terras.
• Orangery-dining room set in the former carriage house of the Castle Crabbehoff. Beautiful table-settings, modern, well-prepared cuisine and welcoming terrace.

XX **De Stroper** 🏮 🅺 🔄
Wijnbrug 1 ⊠ *3311 EV – ☏ (0 78) 613 00 94*   Plattegrond: B1**v**
– www.destroper.com – gesloten 24 en 31 december-1 januari, zaterdagmiddag en zondagmiddag
Lunch 25 € – Menu 28/52 € – Carte 36/47 €
• Heerlijke visgerechten geserveerd in een rustige ambiance. Enkele tafels bieden uitzicht over het water, in de zomer is er een klein terras. Achter het restaurant vertrekt een rondvaartboot voor een tocht door de grachten.
• Delicious fish dishes served in a peaceful atmosphere, either at the handful of tables overlooking the water or on the small summer terrace. Behind the restaurant, you can take a boat trip along the canals.

X **Villa Augustus** – Hotel Villa Augustus 🍽️ 🏮 ⪦ 🔄 **P**
Oranjelaan 7 ⊠ *3311 DH – ☏ (0 78) 639 31 11 – www.villa-augustus.nl*
Carte 26/44 €
• Deze brasserie ligt midden in de tuin, u hoeft dan ook niet ver te zoeken naar de inspiratie van de chef: vers en lokaal, en als het even kan nog zelf gekweekt ook. De kaart is dan ook nooit te voorspellen. Door de aangename drukte voelt u zich in een echte grootstadbrasserie.
• This brasserie is in the middle of a garden, so you don't have to look far to see where the chef found his inspiration: fresh produce, locally sourced and, if possible, home-grown. The menu is never predictable but the food is always lovingly prepared.

in Zwijndrecht Noord-West : 4 km

🏠 **ARA** 🎣 ⪦ 🏮 🔲 🕯️ 🛁 🚲 🍽️ ⪦ 🎗️ 📶 🏋️ **P**
Veerweg 10 (Oost : 4 km, ontspanningsdomein Oude Maas) ⊠ *3336 LM*
– ☏ (0 78) 623 17 80 – www.hotelara.nl
80 kam – ♦79/159 € ♦♦79/159 €, � 17 € – ½ P
Rest – Menu 34/40 € – Carte 32/45 €
• Modern complex aan de Oude Maas. De kamers (de helft met balkon) kijken uit op het water of de parking. Vergaderzalen, zwembad, fitness en sauna. Fietsen beschikbaar. Eetzaal en terras met zicht op de natuur, een heerlijk gevoel van rust.
• A modern hotel complex alongside the Old Maas. Rooms on the river or the car park side, some with balconies. Meeting rooms, swimming pool, gym, sauna and bicycles. A view of the water and the charming village from the dining room and terrace.

DRACHTEN

Fryslân – Smallingerland 55 454 inw. – Atlas: **4**-D2

▶ Amsterdam 147 km – Leeuwarden 27 km – Groningen 38 km – Zwolle 85 km
Michelin wegenkaart 531-V4 en 715-J2

XXX **Koriander** (Jan Gaastra)   ⇔

❀   *Burgemeester Wuiteweg 18 ⊠ 9203 KK – ℰ (0 512) 54 88 50*
– www.dekoriander.nl – gesloten 28 december-8 januari, 21 juli-14 augustus,
zondag en maandag
Menu 40/50 € – Carte 56/87 € – *(alleen diner)*
● In een sfeervol, verzorgd interieur of op het schaduwrijke achterterras kunt u
genieten van een gezonde, natuurlijke keuken op basis van streekproducten.
Klassiek-moderne kookstijl.
● Wholesome healthy fare, whose modern-classical repertory features a preference for regional produce. It is served in an elegant, cosy décor or on the lovely
tree-lined terrace at the rear.
→ Zoetzuur gemarineerde snoekbaars met aardappel en appel. Gebraden lams-
carré met lavendel en primeurgroenten. Venkel en ananas met een mascarpone-
vanillecrème en chocoladesorbet.

XX **De Wilgenhoeve**   🛖 ⇔ 🅿

De Warren 2 ⊠ 9203 HT – ℰ (0 512) 51 25 10
– www.restaurantdewilgenhoeve.nl – gesloten 20 juli-7 augustus, maandag en
dinsdag
Menu 35 € – Carte 47/58 € – *(alleen diner)*
● Grote oude hoeve aan de rand van de stad met een moderne, ruime eetzaal aangekleed in warme tinten. Actuele gerechten. Bijna alles is huisgemaakt,
met nadruk op kwaliteit.
● Large old farm at the edge of town with a modern spacious dining room decorated in warm colours. Current dishes. Almost everything is home-made, with an
emphasis on quality.

in Boornbergum Zuid-West : 5 km – Smallingerland

XX **Het Spijshuys**   🛖 ⇔

😊   *Westerbuorren 2 ⊠ 9212 PL – ℰ (0 512) 38 30 47 – www.hetspijshuys.nl*
– gesloten eind december-begin januari, 20 juli-7 augustus en maandag behalve
feestdagen
Menu 30 € – Carte 46/53 € – *(alleen diner)*
● Een karakteristiek huis in een dorp midden op het Friese platteland. U eet en
gerechten uit een keuken die met z'n tijd meegaat, waar ingrediënten van het
Friese land worden gekozen, maar waar niet wordt geaarzeld u er een vleugje
Middellandse Zee bij te geven.
● This typical building in the heart of a village in the Frisian countryside is home
to a restaurant with standard modern décor serving up-to-date cuisine and good
set menus at affordable prices.

in Rottevalle Noord : 4 km – Smallingerland

XX **De Herberg van Smallingerland**   🛖 ⇔ 🅿

Muldersplein 2 ⊠ 9221 SP – ℰ (0 512) 34 20 64
– www.herbergvansmallingerland.nl – gesloten 31 december-1 januari, zondag
en maandag
Menu 33/68 € – Carte 48/63 € – *(alleen diner)*
● Deze 18de-eeuwse herberg ademt de sfeer van vervlogen tijden. Binnentuin
met terras. Menu van Friese kwaliteitsproducten in het gerenoveerd restaurant
met warm interieur en modern salon.
● An 18C inn preserving the nostalgia of yesteryear. Dishes made with fine Frisian
ingredients and served in a warm interior with a modern lounge area. Pleasant
leafy courtyard terrace.

De prijzen voor het symbool 🛇 komen overeen met de laagste prijs in laagseizoen
en daarna de hoogste prijs in hoogseizoen voor een éénpersoonskamer.
Hetzelfde principe voor het symbool 🛇🛇, hier voor een tweepersoonskamer.

DRIEBERGEN-RIJSENBURG

Utrecht – Utrechtse Heuvelrug 48 092 inw. – Atlas: **14**-B2
▶ Amsterdam 54 km – Utrecht 15 km – Amersfoort 22 km – Arnhem 49 km
Michelin wegenkaart 532-Q10 en 715-G5

XXX **La Provence** (André van Alten)   ⌂ 国 ⇔

ξ3 *Hoofdstraat 109* ⊠ *3971 KG – 𝒞 (0 343) 51 29 20*
– www.restaurantlaprovence.nl – gesloten laatste week juli-eerste 2 weken
augustus, zaterdagmiddag, zondag en maandag
Lunch 43 € – Menu 65/80 € – Carte 66/82 €
● De mooie olijfbomen, de geur van lavendel … het terras van deze stijlvolle
zaak neemt u op reis naar de Provence! De chef heeft een klassieke bagage en
gaat daarmee op een eerder creatieve manier aan de slag. Het samenspel van
smaken is in balans, creëert diepgang en maakt er een heerlijke ontdekkingstocht
van.
● The terrace of this stylish restaurant has a real Provençal feel with its beautiful
olive trees and scent of lavender. The chef has a traditional background and
makes imaginative use of his skills. He creates a harmony of flavours with real
depth, turning any dining experience here into a delicious journey of discovery.
→ Langoustine en krokante hoender in rode kerrie met watermeloen en komkommer. Tarbot, in roomboter gebakken, knolselderij van de barbecue en
cantharellen. Kersen en pure chocolade met amandel, crème fraîche met kirsch.

X **Het Wapen van Rijsenburg**   ⌂ 国 ⇔ P

Hoofdstraat 83 ⊠ *3971 KE – 𝒞 (0 343) 51 35 81 – www.wapenvanrijsenburg.nl*
Lunch 25 € – Menu 30 € – Carte 32/48 €
● Monumentaal pand (1813) aan een plein tegenover de kerk, met karaktervol
interieur (bruingrijze tinten, massieve eiken tafels, glas-in-lood). Traditionele keuken, sfeervol café.
● On an attractive, tree-lined square opposite the church, this proud 1813 building is fronted by a terrace. Traditional cooking in the restaurant and lively pub.

DUIVEN – Gelderland → Zie Arnhem

DWINGELOO

Drenthe – Westerveld 19 091 inw. – Atlas: **1**-A2
▶ Amsterdam 158 km – Assen 30 km – Groningen 50 km – Leeuwarden 70 km
Michelin wegenkaart 531-X5 en 715-K3

🏨 **Wesseling**   ⌂ ♿ 😼 ⟵ rest. ⅍ kam, 🛜 ♨ P

Brink 26 ⊠ *7991 CH – 𝒞 (0 521) 59 15 44 – www.hotelwesseling.nl*
23 kam ⊠ – ♦65/78 € ♦♦65/120 € – ½ P
Rest – Lunch 13 € – Menu 28/45 € – Carte 44/59 €
● Al sinds 1664 bestiert dezelfde familie dit traditionele, relaxte hotel aan een
charmant pleintje. De kamers en openbare ruimten zijn up-to-date. Serrerestaurant, café en een mooi dorpsterras. Hoe tijdiger u reserveert, hoe beter de prijs.
● The same family, as far back as 1664, has been running this traditional, relaxed
hotel set on a charming square. It has thoroughly modern guestrooms and public
areas. Facilities include a restaurant in the conservatory, a café and an attractive
terrace facing the village. The earlier the reservation, the better the price.

De Brink 🏠   ♿ 😼 ⅍ 🛜 ♨ P

Brink 30 ⊠ *7991 CH – 𝒞 (0 521) 59 13 19 – www.hoteldebrink.nl*
10 kam ⊠ – ♦65/78 € ♦♦65/120 €
● Dependance De Brink biedt (familie)kamers met eenvoudig comfort. Ontvangst
en ontbijt in het moederhotel.
● The Brink annexe offers rooms with all modern conveniences. Reception and
breakfast in the main building.

EARNEWÂLD (EERNEWOUDE)

Fryslân – Tytsjerksteradiel 31 979 inw. – Atlas: **4**-C2
▶ Amsterdam 148 km – Leeuwarden 19 km – Drachten 18 km – Groningen 50 km
Michelin wegenkaart 531-U4 en 715-I2

Princenhof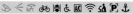

P. Miedemaweg 15 ⊠ 9264 TJ – ℰ (0 511) 53 92 06 – www.princenhof.nl
– gesloten 27 december-2 januari
41 kam ☲ – ♦50/111 € ♦♦73/129 €
Rest – Lunch 19 € – Menu 27 € – Carte 30/42 €
● Hotel aan een meer, gericht op de particuliere en de zakelijke markt. Sommige kamers hebben een terras of balkon met uitzicht op het water. Boottochten op de Âlde Feanen. Brasseriekaart en een verfijndere variant, streekgerechten, mooi panorama.
● On the banks of a Frisian lake, this hotel caters to nautical sports and seminars. Some rooms boast a waterside balcony or terrace. Cruises on the Âlde Feanen. Brasserie fare or more elaborate menu with regional dishes. Lovely view at the restaurant.

ECHT

Limburg – Echt-Susteren 32 072 inw. – Atlas: **8-A2**
▶ Amsterdam 180 km – Maastricht 36 km – Eindhoven 51 km – Venlo 37 km
Michelin wegenkaart 532-U16 en 715-I8

in Peij Oost : 3 km

XXX **Hof van Herstal**

Pepinusbrug 8 ⊠ 6102 RJ – ℰ (0 475) 48 41 50 – www.hofvanherstal.nl
– gesloten carnaval, 3 tot 21 augustus, 31 december, zaterdagmiddag en maandag
Menu 34/60 € – Carte 52/73 €
● Hof van Herstal is een deftige zaak met een decor dat zijn rijke verleden eer aandoet. Een ideale setting dus om van de klassieke Franse keuken en wild (in het seizoen) te genieten. Chef Bruggeman verstaat zijn vak, dat ziet u aan zijn bereidingen, en met zijn gulheid kunt u als gast alleen maar uw voordeel doen.
● Hof van Herstal is an elegant restaurant whose decor does full justice to its rich history. It is an ideal setting to enjoy classic French fare and game (in season). Chef Martin Bruggeman is a true master of his trade – all you have to do sit back and enjoy his delicious cuisine!

EDAM

Noord-Holland – Edam-Volendam 28 754 inw. – Atlas: **11-B2**
▶ Amsterdam 22 km – Haarlem 41 km – Alkmaar 28 km – Den Haag 82 km
Michelin wegenkaart 531-P7 en 715-G4

 De Fortuna

Spuistraat 3 ⊠ 1135 AV – ℰ (0 299) 37 16 71 – www.fortuna-edam.nl
23 kam ☲ – ♦90/123 € ♦♦105/123 € – ½ P
Rest *De Fortuna* – zie restaurantselectie
● Ervaar de Noord-Hollandse charme in deze vijf karakteristieke herenhuizen (17de eeuw). Romantici verkiezen doorgaans de achterste kamers, met hun uitzicht over het water.
● Five typical cottages dating from the 17C, arranged around a manicured garden, along a canal, make up this hotel. Small, well-kept rooms.

 L'Auberge Damhotel

Keizersgracht 1 ⊠ 1135 AZ – ℰ (0 299) 37 17 66 – www.damhotel.nl
– gesloten laatste weekend augustus
11 kam ☲ – ♦115/165 € ♦♦125/165 €
Rest *L'Auberge Damhotel* ⊛ – zie restaurantselectie
● Verliefde koppeltjes, in dit hotelletje moeten jullie zijn! Elke kamer heeft zijn eigen persoonlijkheid, maar heel het hotel ademt romantiek. Hier droomt u weg in alle comfort.
● If you are looking for a break with your loved one, then look no further! This hotel exudes romance with each room offering real comfort and its own particular charm.

% **L'Auberge Damhotel** – Hotel L'Auberge Damhotel

Keizersgracht 1 ⊠ 1135 AZ – ℰ (0 299) 37 17 66 – www.damhotel.nl – gesloten laatste weekend augustus
Menu 35/46 € – Carte 50/68 €

• Door de gestoffeerde stoelen, de majestueuze open haard en de luchters van deze chique *auberge* waant u zich even een gegoede patriciër, een die weet wat lekker is bovendien. Want wat chef Lunter u serveert is niet zozeer copieus, maar des te geraffineerder, duidelijk het werk van een man met oog voor detail.

• Lovers of fine food can enjoy the luxurious ambience of this auberge-style hotel complete with comfortably upholstered chairs, chandeliers and an imposing fireplace. Chef Lunter's eye for detail is in the cuisine, which while not lavish, is certainly refined.

% **De Fortuna** – Hotel De Fortuna

Spuistraat 3 ⊠ 1135 AV – ℰ (0 299) 37 16 71 – www.fortuna-edam.nl
Lunch 15 € – Menu 33/38 € – Carte 41/47 €

• In dit café-restaurant eet u hedendaags maar tafelt u toch in een echte oud-Hollandse sfeer. Salon met Hollandse schilderijen en terras aan het water.

• The café and restaurant have old wooden beams and Dutch paintings on display. Waterside terrace.

EDE

Gelderland – 110 656 inw. – Atlas: **5**-B2
▶ Amsterdam 85 km – Arnhem 22 km – 's-Hertogenbosch 76 km – Lelystad 88 km
Michelin wegenkaart 532-S10 en 715-I5

%% **Planken Wambuis**

Verlengde Arnhemseweg 146 ⊠ 6718 SM
– ℰ (0 26) 482 12 51 – www.plankenwambuis.nl
– gesloten 24 en 31 december
Lunch 25 € – Menu 35/65 € – Carte 34/55 €

• Traditionele herberg aan een bosweg. Het diner wordt opgediend in een moderne, karaktervolle zaal en de lunch in de brasserie. Waterpartij, struiken en lounge op het terras.

• A traditional inn along a road in the woods. Enjoy a fine dining experience in the cosy restaurant. Breakfast in the brasserie. Terrace lounge with pond and shrubbery.

% **Het oude Politiebureau**

Breelaan 2a ⊠ 6711 MR – ℰ (0 318) 65 87 00
– www.hetoudepolitiebureau.nl
– gesloten zaterdagmiddag en zondagmiddag
Menu 35 € – Carte 36/62 €

• Genieten van hedendaagse gerechten tegen zachte prijzen kan zowel in het restaurant als in de bistro. Wie wilt ontsnappen uit dit voormalige politiekantoor, stijlvol en casual ingericht, kan terecht op het terras, een groene oase midden in de stad.

• Reasonably priced contemporary cuisine can be enjoyed in the restaurant as well as in the bistro. This former police station, with its stylish and casual interior design, also boasts a terrace that acts as a green oasis in the centre of the town.

EERNEWOUDE – Fryslân ➜ Zie Earnewâld

EERSEL

Noord-Brabant – 18 183 inw. – Atlas: **10**-C2
▶ Amsterdam 136 km – 's-Hertogenbosch 47 km – Eindhoven 19 km –
Antwerpen 72 km
Michelin wegenkaart 532-Q14 en 715-G7

XX **Promessa**

Markt 3 ⊠ 5521 AJ – 𝒞 (0 497) 53 05 10 – www.promessa.nl – gesloten 9 tot 22 februari, 29 juni-12 juli, zaterdagmiddag en maandag
Lunch 28 € – Menu 35/60 € – Carte 52/69 €

● De culinaire beloften van deze zaak hebben een nieuwe impuls gekregen. De Foodbar baadt in een trendy, ongedwongen sfeer en serveert gerechten (groot en klein) uit alle hoeken van de wereld. Het restaurant heeft er een aperitiefruimte bijgekregen en pakt uit met eigentijdse gerechten en een sterk menu. Dat belooft wat!

● The culinary promise shown by this restaurant has been given new impetus. The Foodbar basks in a trendy, informal atmosphere and serves dishes (both large and small) from every corner of the globe. The restaurant has been extended with an aperitif corner and features a strong, contemporary menu.

X **Prikkelz**

Hint 7b ⊠ 5521 AE – 𝒞 (0 497) 53 42 32 – www.restaurantprikkelz.nl – gesloten dinsdag
Lunch 28 € – Menu 35/80 € – *(een enkel menu)*

● Weinig dingen zijn zo prettig als u door een culinaire belofte gastronomisch van uw sokken te laten blazen. Chef Zwerts vertelt een weldoordacht verhaal met smaken en texturen. Hij brengt u uitgekiende creaties die niet alleen visueel prikkelen, maar ook smaakexplosies zijn die uw papillen in verrukking brengen.

● Few things are as pleasant as chef Dirk Zwerts' gastronomic offerings, which are well thought out and endowed with great flavours and textures. His intelligent creations are a feast for the eyes as well as the palate.

 Een lekkere maaltijd voor een scherpe prijs? Volg onze Bib Gourmand .

EGMOND AAN ZEE
Noord-Holland – Bergen 30 076 inw. – Atlas: **11-A2**
◻ Amsterdam 46 km – Haarlem 34 km – Alkmaar 10 km
Michelin wegenkaart 531-M7 en 715-E4

⌂ **De Vassy** zonder rest

Vuurtorenplein 1 ⊠ 1931 CV – 𝒞 (0 72) 506 15 73 – www.vassy.nl
– open maart-november en weekends; gesloten 5 tot 26 december en 17 tot 27 februari
29 kam ⬡ – †45/105 € ††74/112 €

● Hotel nabij de vuurtoren en het strand. Sfeervolle ontbijtruimte, retrolounge, behaaglijke kamers waarvan sommige met balkon en weids uitzicht. Fietsen beschikbaar.

● A hotel near the lighthouse and the beach. Cosy breakfast area, 1940s lounge and snug rooms, some with a panoramic balcony. Bikes available.

⌂ **De Dennen** zonder rest

Pastoor van Kleefstraat 23 ⊠ 1931 BL – 𝒞 (0 72) 506 18 55 – www.dedennen.nl
– open april-oktober
21 kam ⬡ – †69/90 € ††84/106 €

● Rustig hotelletje tussen het centrum en het strand. Kamers aan de tuinkant, met parket en balkon of miniterras. Eigen ondergrondse parkeergarage.

● A peaceful little hotel between the town centre and the beach. Rooms with balcony or small terrace in the garden. Private underground car park nearby.

EIBERGEN
Gelderland – Berkelland 44 769 inw. – Atlas: **6-D2**
◻ Amsterdam 146 km – Arnhem 71 km – Apeldoorn 60 km – Enschede 24 km
Michelin wegenkaart 532-Y10 en 715-K5

De Greune Weide

Lutterweg 1 (Zuid : 2 km) ⊠ *7152 CC – ℰ (0 545) 47 16 92*
– www.degreuneweide.nl
19 kam ⌲ – †74 € †† 98/108 € – ½ P
Rest – Lunch 18 € – Menu 28 € – Carte ong. 43 €

● De landelijke omgeving dompelt deze villa onder in rust. Aangename kamers, appartementen met terras in de dependances en zithoek bij de open haard. Nostalgische sfeer in het restaurant, waar regionale producten een voorname plaats krijgen. Zo komt al het zuivel van bij de boerderij om de hoek.

● A villa located in a tranquil rural setting. Pleasant guestrooms, apartments with a terrace in the outbuildings, and a seating area near the open fireplace. The restaurant is characterised by a nostalgic atmosphere and gives pride of place to local ingredients. All the dairy produce is sourced from a nearby farm.

XXX **Belle Fleur** 🛋 Ⓜ ❌ ⇔ 🅿

J.W. Hagemanstraat 85 ⊠ *7151 AE – ℰ (0 545) 47 21 49*
– www.restaurantbellefleur.nl – gesloten laatste week juli-eerste week augustus, maandag en dinsdag
Menu 45/65 € – Carte 44/64 € – *(alleen diner)*

● Een ode aan de klassieke keuken! De eigenares roert hier al meer dan 20 jaar in de potten en heeft een trouwe klandizie verzameld. Ze kookt smaakvol, gul en met enthousiasme. Deze bloem behoudt zijn schoonheid.

● An ode to traditional cuisine. The female owner has been in charge of the kitchen for over 20 years during which she has gained a loyal following. Her style is enthusiastic, and her cooking abundant and full of flavour. A beautiful flower that is showing no sign of wilting!

EIJSDEN

Limburg – Eijsden-Margraten 25 049 inw. – Atlas: **8-A3**
▶ Amsterdam 221 km – Maastricht 12 km – Aachen 46 km – Liège 23 km
Michelin wegenkaart 532-T18 en 715-I9

XX **Vanille** 🛋 ❌

Diepstraat 1 ⊠ *6245 BJ – ℰ (0 43) 409 35 54 – www.restaurantvanille.nl*
– gesloten 31 december-1 januari, carnaval, dinsdag en woensdag
Lunch 25 € – Menu 35/72 € – *(alleen diner behalve zondag)*

● Het interieur van dit pand (1910) in het oude Eijsden heeft een nieuwe designlook, alleen de retro tegelvloer is gebleven. Met het smakelijke, seizoensgebonden menu Cramignon kiest u zelf het aantal gangen.

● This 1910 establishment in old Eijsden features the up-to-date and well crafted set menu Cramignon. Remodelled designer décor with retro floor tiles. Hidden terrace.

EINDHOVEN

Noord-Brabant – 220 920 inw. – Atlas: **10**-C2
▶ Amsterdam 126 km – 's-Hertogenbosch 37 km – Maastricht 86 km –
Tilburg 36 km
Michelin wegenkaart 532-M14 en 715-H7
Stadsplattegronden op volgende bladzijden

© S. Lux/Cultura RM/age fotostock

Hotels

🏨 Pullman Cocagne 　　　　🔲 ⑩ ⑩ 𝄐 ⓵ ⓵ ⓐ 🛜 ⓐ P ⓐ
Vestdijk 47 ✉ *5611 CA* – ℰ *(0 40) 232 61 11*　　Plattegrond: A2**h**
– *www.pullmanhotels.com*
320 kam ⌑ – 🛉79/349 € 🛉🛉79/349 € – 9 suites
Rest *Vestdijk 47* – ℰ (0 40) 232 61 34 – Menu 33 €
– Carte 40/71 €
● Dit allround hotel is een van de beste van de stad. U hebt de keuze uit 18 vergaderzalen, logeert in lichte, moderne kamers en komt tot rust in de prachtige
wellness. Vestdijk 47 pakt uit met een interessante actuele keuken. De appartementen - met hotelservice - zijn ideaal voor een verlengd verblijf.
● This all-round hotel is one of the best in the city. It has a choice of 18 meeting
rooms, bright and modern guestrooms and a beautiful spa. Vestdijk 47 offers interesting, modern cuisine, while the apartments – with hotel service – are ideal
for an extended stay.

🏨 Holiday Inn 　　　　　　🔲 𝄐 ⓵ ⓵ rest, ⓐ ⚹ 🛜 P
Veldmaarschalk Montgomerylaan 1 ✉ *5612 BA*　　Plattegrond: A1**e**
– ℰ *(0 40) 235 82 35*
– *www.hieindhoven.com*
206 kam – 🛉65/250 € 🛉🛉65/250 €, ⌑ 22 €
Rest *Brasserie FLO* – ℰ (0 40) 235 82 31 – Menu 27 € – Carte 36/60 €
– *(alleen diner)*
● Modern zakenhotel in een nieuw jasje, met centrale ligging tegenover het station. Hedendaags comfort, sobere kamers. In brasserie Flo moet u zijn voor een
uitgebreid zeebuffet en enkele Franse klassiekers.
● Modern business hotel with a new look centrally situated across from the train
station. Contemporary facilities, modest rooms. In brasserie Flo an extensive sea
buffet and some French classic dishes are waiting for you.

Twijfelt u tussen twee adressen in dezelfde categorie?
Binnen elke categorie staan de zaken geordend volgens klasse
en comfort van het decor.

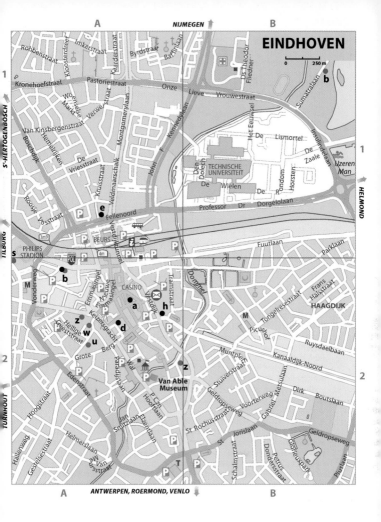

ART 🔟

🚫 📶 ℁ kam, 🛜 🛁 🚬

Lichttoren 22 ✉ 5611 BJ – ☎ (0 40) 751 35 00
Plattegrond: A2**b**
– www.inntelhotelsarteindhoven.nl

217 kam – ♦59/240 € ♦♦69/250 €, ☐ 22 € – 10 suites
Rest – Lunch 25 € – Menu 28/38 € – Carte 25/48 €

● Vraagt u zich af wat een arty sfeer is? Meld u dan zeker eens aan bij de receptiedesk (in bloemenvorm) van deze voormalige Philipsfabriek, in het hart van de lichtstad. Dit trendy hotel biedt kamers aan die ruim en warm zijn, de inkleding is een mix van design, antiek en kunst. Volledig arty, dus.

● This trendy hotel is housed in a former Philips factory in the heart of the City of Lights. It has a real arty feel – note the flower-shaped reception desk. The guestrooms are warm and spacious and the interior is an attractive mix of design, antiques and art.

Lumière zonder rest

Hooghuisstraat 31a ✉ *5611 GS* – ✆ *(0 40) 239 49 50*   Plattegrond: A2**d**
– www.hotellumiere.nl
25 kam – ♦55/135 € ♦♦60/140 €, ☲ 10 €
• In de Lichtstad kan een hotel Lumière niet ontbreken! Stadshotel met moderne, geparketteerde kamers in een verkeersvrije winkelstraat. Ontbijt in het bakkerijtje naast de deur.
• In the City of Light a hotel called Lumière cannot be lacking! A city hotel providing modern rooms with parquet flooring in a shopping street free of motorised traffic. Breakfast in the little bakery next door.

 Queen   kam,

Markt 7 ✉ *5611 EB* – ✆ *(0 40) 245 24 80*   Plattegrond: A2**a**
– www.queeneindhoven.nl
– gesloten 1 januari
40 kam – ♦50/105 € ♦♦59/119 €, ☲ 13 €
Rest – Carte 23/36 €
• Hotel aan de markt. Aan de achterkant meer rust. Café-restaurant in retro en met een kroon van gebrandschilderde ramen. Terras aan het plein. Traditionele keuken.
• A hotel across from the Markt. Quieter rooms in the back. Retro tavern-restaurant topped by a crown of stained glass windows. Terrace on the square. Traditional fare.

Restaurants

✗✗✗ **De Karpendonkse Hoeve**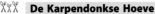

✿ *Sumatralaan 3* ✉ *5631 AA* – ✆ *(0 40) 281 36 63*   Plattegrond: B1**b**
– www.karpendonksehoeve.nl – *gesloten 24, 27 en 31 december, 16 tot 18 februari, maandagen van 20 juli tot 10 augustus, zaterdagmiddag en zondag*
Lunch 40 € – Menu 49/79 € – Carte 55/75 €
• Een boerderij met rieten dak tussen de ingetogen natuurpracht van de Karpendonkse Plas: de ster die zich hier meer dan 35 jaar geleden heeft genesteld, voelt zich helemaal thuis. De koks en de kelners gaan samen voor een hartverwarmende ontvangst en een tongstrelende, hedendaagse keuken met klassieke wortels.
• This restaurant is housed in a thatch-roofed farm and nestles in the quiet countryside of Karpendonkse Plas. It opened over 35 years ago and looks completely at home here. The chefs and the waiters join forces to provide a heart-warming welcome and delicious, contemporary dishes with classic roots.
→ Ganzenlever en gerookte paling met appel en een frisse sorbet. Gebakken griet met kalfsjus en met merg. Framboos op een lemon curd met basilicum.

✗✗✗ **Avant-Garde Van Groeninge** (Johan van Groeninge)

✿ *Frederiklaan 10d (Philips stadion) (ingang 7 - 3de etage)*
✉ *5616 NH* – ✆ *(0 40) 250 56 40*   Plattegrond: A2**s**
– www.restaurantavantgarde.nl
– gesloten 24 en 26 december-1 januari, 3 weken in juli, feestdagen, zaterdagmiddag, zondag, maandag en wedstrijddagen
Lunch 39 € – Menu 75 € – Carte 86/97 €
• Een chic restaurant in het Philips-stadion. Eigentijds zendecor, terras bij de tribunes, inventieve gerechten en een mooie wijnkaart die met verstand van zaken wordt toegelicht. Bediening volgens het boekje.
• This chic restaurant, cleverly integrated into the Philips stadium, boasts a trendy 'Zen' décor and a terrace near the stands. It offers inventive dishes, a fine selection of wines and good advice from the steward. Professional service.
→ Ganzenlever en eendencompote met getoaste witte chocolade, kerrie en appel. Ierse ossenhaas in klei en hooi gebakken met mosterd en zwarte knoflook. Chocolade met mango, kokos en saffraan.

 Een lekkere maaltijd voor een scherpe prijs? Volg onze Bib Gourmand .

XXX De Luytervelde 🖼️ ⇔ **P**

Jo Goudkuillaan 11 (Acht) (Noord-West : 7 km via Boschdijk) ✉️ *5626 GC*
– 𝒞 *(0 40) 262 31 11 – www.deluytervelde.nl – gesloten 1 week in mei, eerste 3 weken augustus, eind december-begin januari, zaterdag en zondag*
Lunch 29 € – Menu 48/80 € – Carte 60/81 €

● Voormalige boerderij (1912) in een woonwijk met een heerlijke tuin, waar de tafels al bij de eerste zonnige dagen worden gedekt. Eigentijdse kookstijl, verschillende menu's.

● In a residential district, this former farmhouse built in 1912 has a charming garden that serves as a dining area in fine weather. Contemporary cuisine.

XX Zarzo ⓝ 🖼️🖼️ 🖼️ ⇔

Bleekweg 7 ✉️ *5611 EZ* – 𝒞 *(0 40) 211 77 00*   Plattegrond: A2**z**
– *www.zarzo.nl – gesloten 27 december-5 januari, 14 en 15 februari, 27 juli-11 augustus, maandag en dinsdag*
Lunch 35 € – Menu 38/75 € – Carte 56/72 €

● Neem plaats in uw designstoel, ontspan in de loungesfeer die hier hangt en houd u goed vast. Want de inventieve keuken van Zarzo blaast u van uw sokken! De evenwichtige combinaties van topingrediënten zorgen voor ware smaakbommen. Hier geen vergezochte futiliteiten, maar puur, lekker eten en wijnen van hoge kwaliteit.

● Settle into your designer-style chair, relax in the lounge atmosphere and hold on tight – Zarzo's inventive cuisine is mind-blowing! The balanced combination of top quality ingredients produces delicious food that is unfussy and full of flavour. There is also a choice of excellent wines to accompany your meal.

XX Wiesen ⓝ (Yuri Wiesen) 🖼️ 🖼️
🍃

Kleine Berg 10 ✉️ *5611 JV* – 𝒞 *(0 40) 244 66 66*   Plattegrond: A2**w**
– *www.wiesen-restaurant.nl – gesloten zondag*
Lunch 30 € – Menu 35/70 € – Carte 52/76 € – *(reserveren noodzakelijk voor het diner)*

● Er worden hoge culinaire toppen gescheerd in de Kleine Berg nummer 10. In deze gezellige zaak komt u niets tekort dankzij een equipe die flair heeft en een chef die uw smaakpapillen aan het feest zet. De producten zijn herkenbaar maar prikkelen dankzij fijne, precieze bereidingen. Bij Wiesen is het genieten!

● This cosy eatery situated at 10 Kleine Berg achieves real culinary heights. This is thanks to its talented chef and skilful team who create a feast for your taste buds. Fine produce is expertly prepared and beautifully presented, offering guests a truly enjoyable dining experience.

→ Geplette langoustine met geprakt aardappeltje, kaviaar en crème fraîche. Op het karkas gebraden kwartel, het boutje gekonfijt, zuurdesemkrokantje met mousse van de lever en jus met madeira. Gepocheerde perzik met gezouten karamel en vanilleroomijs.

X Jiu.nu 🖼️🖼️ 🖼️ 🖼️ 🍃 ⇔

Willemstraat 9 ✉️ *5611 HA* – 𝒞 *(0 40) 202 71 54*   Plattegrond: A2**z**
– *www.jiu.nu – gesloten 24, 25 en 31 december-1 januari, 14 tot 18 februari, 2 tot 24 augustus en zondag*
Menu 45/79 € – Carte 40/52 € – *(alleen diner)*

● Fusionadepten komen aan hun trekken in Jiu.nu, waar oost en west een smakelijke balans bereiken. Hollandse garnaal en kokos, Livarvarken met Chinese worst: combinaties die even spannend als smakelijk zijn. Wijnbar.

● Fans of fusion cooking will be in seventh heaven at Jiu.nu. East meets west in appetising union with dishes such as: Dutch shrimp and coconut, and Livar pork with Chinese sausage – combinations that are as exciting to look at as they are delightful to taste. Wine bar.

Een lekkere maaltijd voor een scherpe prijs? Ga op zoek naar de Bib Gourmand 🍴.
Ze onderscheiden restaurants met een onklopbare prijs-kwaliteitsverhouding.

✗ **Umami by Han** ⓝ   🔲 ⌘ ✥

⊖⊖

😊

Kleine Berg 57 H ✉ *5611 JT –* ✆ *(0 40) 237 00 36*   Plattegrond: A2**u**
– www.umami-restaurant.com – gesloten dinsdagmiddag en maandag
Lunch 8 € – Menu 20/25 € – Carte 18/31 €
● Is het voor u een beproeving om op restaurant te kiezen? Dan moet u het sha-red dining concept uitproberen in deze trendy zaak. Wat een aanbod! Voor een sterke prijs-kwaliteitverhouding krijgt u per gang 2 gerechtjes die op Japanse, Chinese, Thaise, Indonesische of Vietnamese wijze zijn bereid, met een westerse twist.
● If you find it difficult to decide where to eat, then you will enjoy the shared dining concept in this trendy restaurant. It boasts an impressive selection of dishes at extremely good value. Each course consists of two small dishes prepared in Japanese, Chinese, Thai, Indonesian or Vietnamese fashion, with a Western twist.

bij de luchthaven West : 5 km

🏨 **Tulip Inn** ⓝ zonder rest   ⩽ ⅓ ◧ ᶜ ⭧ 🔲 ⌘ 🛜 ♨ ℙ

Luchthavenweg 27 ✉ *5657 EA –* ✆ *(0 40) 303 06 15*
– www.tulipinneindhovenairport.com
120 kam – 🜚69/129 € 🜚🜚69/129 €, ⌷ 13 €
● Boven de vertrekhal van Eindhoven Airport logeert u in goed uitgeruste, functionele kamers. Van binnenuit ziet u de vliegtuigen taxiën, maar dankzij goede isolatie hoort u er niets van. Een frisse haltplaats tijdens uw reis.
● Find well-equipped, functional rooms in this hotel above the departure hall of Eindhoven Airport. While you will be able to watch the aircraft taxiing on the runway, the hotel's good insulation means that you won't hear anything. A good choice for a stopover.

ELBURG
Gelderland – 22 645 inw. – Atlas: **5**-B1
▶ Amsterdam 92 km – Arnhem 64 km – Lelystad 35 km – Utrecht 78 km
Michelin wegenkaart 531-U8 en 715-I4

✗ **Achter de Poorte**   🔲 ✥

Noorderwalstraat 21 ✉ *8081 GL –* ✆ *(0 525) 68 12 92*
– www.restaurantachterdepoorte.nl – gesloten maandag en dinsdag
Menu 34/100 € ▾ – Carte ong. 52 € – *(alleen diner)*
● Charmant restaurantje naast de enige poorttoren (14de eeuw) die in dit middeleeuwse vestingstadje overeind is gebleven. Moderne kookstijl. Seizoensmenu van constante kwaliteit.
● An attractive restaurant next to the only town gate (14C) that is still standing in this charming fortified town. Contemporary cuisine. Consistently high quality surprise menu.

✗ **Le Papillon**   🏠 ⌘

Vischpoortstraat 15 ✉ *8081 EP –* ✆ *(0 525) 68 11 90*
– www.restaurantlepapillon.nl – gesloten 1 tot 15 februari, dinsdag van oktober tot mei en maandag
Lunch 17 € – Menu 33/40 € – Carte 34/46 €
● Pal in het centrum ontpopt zich dit authentieke restaurantje, waar het vele hout voor een warme sfeer zorgt. De bediening is vriendelijk en de bereidingen smaakvol, in eigentijdse combinaties. Een dartele vlinder!
● This authentic little restaurant, with its timber beams and homely atmosphere, has established itself in the centre of Elburg. The tasty cuisine on offer showcases contemporary combinations of flavours and ingredients. Friendly service.

ELLECOM
Gelderland – Rheden 43 640 inw. – Atlas: **6**-C2
▶ Amsterdam 114 km – Arnhem 14 km – Apeldoorn 25 km – Nijmegen 32 km
Michelin wegenkaart 532-V10 en 715-J5

Avegoor

Zutphensestraatweg 2 ✉ *6955 AG* – ✆ *(0 313) 43 06 00* – *www.avegoor.nl*
68 kam ⌦ – ♥75/125 € ♥♥95/145 € – 5 suites
Rest – Menu 35/50 €
Rest *Due* – Carte 35/55 € – *(gesloten maandag en dinsdag) (alleen diner)*
• Mooi landhuis uit 1847 dat de uitstraling van zijn koninklijke verleden niet heeft verloren. Trendy, ruime kamers waar u lekker kunt uitrusten na een bezoek aan de sauna of het zwembad. Due verwelkomt u in Italiaanse sferen.
• A beautiful country house dating back to 1847 that has retained the appeal of its royal past. Trendy, spacious guestrooms in which you can enjoy a refreshing rest after a visit to the sauna or swimming pool. Due welcomes you with Italian flavours.

ELSLOO

Limburg – Stein 25 431 inw. – Atlas: **8-A3**
▶ Amsterdam 205 km – Maastricht 20 km – Eindhoven 70 km
Michelin wegenkaart 532-T17 en 715-I9

 Kasteel Elsloo

Maasberg 1 ✉ *6181 GV* – ✆ *(0 46) 437 76 66* – *www.kasteelelsloo.nl*
– *gesloten 31 december-1 januari*
23 kam – ♥78/117 € ♥♥99/117 €, ⌦ 15 € – 1 suite – ½ P
Rest *Kasteel Elsloo* – zie restaurantselectie
• Aan de rand van de oude dorpskern ligt dit fraaie kasteel uit de 16de eeuw, met botanische tuin en watermolen. Rustige nachten in eigentijdse kamers.
• This splendid 16C castle, with its botanical garden and watermill, stands at the edge of the old village centre. The tranquil, contemporary guestrooms will ensure a peaceful night's sleep.

XX **Kasteel Elsloo** – Hotel Kasteel Elsloo

Maasberg 1 ✉ *6181 GV* – ✆ *(0 46) 437 76 66* – *www.kasteelelsloo.nl*
– *gesloten 31 december-1 januari*
Lunch 30 € – Menu 36/59 € – Carte 47/55 €
• Eeuwenoude arcaden en hedendaagse creaties bepalen uw culinaire ervaring bij Kasteel Elsloo. Met een keuken die streek, seizoen en duurzaamheid hoog in het vaandel voert, zijn ze hier helemaal met hun tijd mee. Geraffineerde wijnkelder. Mooi terras aan een vijver.
• This former castle combines centuries-old galleries and present-day creations to provide a gourmet experience. The kitchen is thoroughly modern and focuses on regionally sourced and sustainably produced ingredients in tune with the seasons. There is a sophisticated wine cellar, as well as an attractive terrace overlooking an ornamental pond.

ELSPEET

Gelderland – Nunspeet 26 628 inw. – Atlas: **5-B2**
▶ Amsterdam 82 km – Arnhem 50 km – Lelystad 44 km – Utrecht 62 km
Michelin wegenkaart 531-T9 en 532-T9 en 715-I5

 Landgoed Stakenberg

Stakenberg 86 (Noord-Oost : 6 km) ✉ *8075 RH* – ✆ *(0 577) 49 12 71*
– *www.stakenberg.nl* – *gesloten eind december*
33 kam ⌦ – ♥50/55 € ♥♥65/85 € – ½ P
Rest – Menu 25/29 € – Carte ong. 32 € – *(gesloten zondag van november tot maart en na 20.00 u.) (alleen diner)*
• Rustig hotel in de bossen. In de glazen corridor bevindt zich de receptie. Kamers in een recente vleugel. Vergaderzalen, tuin, mooie wandel- en fietstochten. Restaurant met traditionele en grillgerechten.
• A quiet hotel in the woods, with a wing of guestrooms connected to an old residence where the meals are served. Reception in a glazed corridor. Conference rooms, garden, and nice hiking and biking trails. Restaurant serving traditional cuisine and grilled meat.

ELST

Gelderland – Overbetuwe 46 531 inw. – Atlas: **5-B3**

▶ Amsterdam 114 km – Arnhem 12 km – 's-Hertogenbosch 60 km – Nijmegen 13 km

Michelin wegenkaart 532-U11 en 715-I6

🏠 **Linge** zonder rest   🚲 🖼 🕭 🛜 **P**

Dorpsstraat 23b ✉ *6661 EE –* ✆ *(0 481) 36 52 60 – www.lingehotelelst.nl*

28 kam 🛏 – 🛏69/74 € 🛏🛏75/97 €

• Centraal gelegen hotel vlak achter een grand café. Moderne kamers met functioneel comfort. De kamers beneden hebben toegang tot een miniterras. Vriendelijke prijzen.

• A centrally situated hotel just behind a large café. Modern rooms with functional comfort. The ground floor rooms all have access to a small patio. Attractively priced.

🏠 **'t Lingeveld** zonder rest   🐾 🚃 🚲 🗱 🛜 **P** 🚗

Grote Molenstraat 108 ✉ *6661 NG –* ✆ *(0 481) 35 12 23 – www.hetlingeveld.nl*

5 kam 🛏 – 🛏54 € 🛏🛏83 €

• Goede, eigentijdse kamers die achter een boerderij zijn ingericht. De woonkamer is gezellig, een troef! De kamer in de hooiberg is echt iets voor romantische paartjes.

• Pleasant, contemporary guestrooms located behind a farm. The cosy living room is a real bonus, while the room in the hay barn makes a perfect romantic retreat for couples.

EMMELOORD

Flevoland – Noordoostpolder 46 284 inw. – Atlas: **2-B1**

▶ Amsterdam 89 km – Lelystad 35 km – Groningen 94 km – Leeuwarden 71 km

Michelin wegenkaart 531-T6 en 715-I3

🏨 **Emmeloord**   🛖 🕅 🎧 🚲 🖼 🕭 rest, 🛜 🖈 **P** 🛁

Het Hooiveld 9 (par A 6, sortie ⑮*)* ✉ *8302 AE –* ✆ *(0 527) 61 23 45*

– www.hotelemmeloord.nl

109 kam 🛏 – 🛏93/104 € 🛏🛏107/112 €

Rest – Menu 22/33 € – Carte 24/52 € – *(open tot tot 23.00 u)*

• Van der Valk met comfortabele kamers en een sfeervolle bar. Het restaurant heeft een traditionele en internationale keuken.

• A Van der Valk hotel with comfortable rooms and an attractive bar. The restaurant offers traditional and international cuisine.

🏨 **'t Voorhuys**   🛖 🖼 🕭 rest, 🕅 🛜 🖈

De Deel 20 ✉ *8302 EK –* ✆ *(0 527) 61 28 70 – www.voorhuys.nl*

– gesloten 25 december, 1 en 2 januari

25 kam 🛏 – 🛏74/83 € 🛏🛏90/102 €   **Rest** – Menu 30 € – Carte 33/56 €

• Traditioneel hotel in familiebeheer, naast een theater en bioscoop in het centrum. Comfortabele kamers voor een interessante prijs. Vergaderfaciliteiten. Groot café-restaurant met een nostalgische charme en gezellige sfeer. Traditionele kaart.

• A family town centre hotel next door to a theatre and a cinema. Comfortable guestrooms and appealing rates. Conference facilities. The huge café-restaurant is nostalgic in décor, but extremely lively. Traditional menu.

🍴 **Le Mirage**   🕅 🗱 ⇔

Beursstraat 2 (2e etage) ✉ *8302 CW –* ✆ *(0 527) 69 91 04 – www.lemirage.nl*

– gesloten maandag

Menu 37/50 € – Carte 38/49 € – *(alleen diner)*

• Sympathiek eethuis in hartje Emmeloord. Ruime eetzaal met lederen stoelen, geblokte tegelvloer en veel ruimte. Op de vide wordt het aperitief geserveerd.

• Pleasant restaurant in the heart of Emmeloord. Large dining room with chequered floor tiles, leather chairs and well-dressed tables. Mezzanine where aperitifs are served.

EMMEN

Drenthe – 108 052 inw. – Atlas: **1-B2**
▶ Amsterdam 180 km – Assen 44 km – Groningen 57 km – Leeuwarden 97 km
Michelin wegenkaart 531-AA6 en 715-L3

in Erica Zuid : 8 km

 Zuid Drenthe　　　　　　🌿 ⌂ 🏠 🛋 🛢 kam, 🍴 📶 🛁 🅿
Amsterdamscheveldlaan 9 (via Peelstraat 150) ✉ *7887 VD* – 𝒞 *(0 591) 32 44 66*
– www.greenmeets.nl
27 kam – 🛏69/109 € 🛏🛏79/139 €, 🛏 14 € – ½ P
Rest – Lunch 17 € – Menu 38 € – Carte 32/61 €
● Ze pakken het hier graag ecologisch aan, duurzaam is het codewoord. Dit
moderne, piekfijn onderhouden hotel is kalm gelegen naast een natuurgebied.
Met zijn conferentieoord, golfterrein en fijn restaurant heeft het interessante troeven in huis.
● This hotel favours the ecological approach with sustainability as its buzzword. It
is a modern, beautifully maintained place in a tranquil location close to a nature
park. There are also the additional attractions of a conference centre, a nice restaurant and a golf course.

ENKHUIZEN

Noord-Holland – 18 376 inw. – Atlas: **11-B2**
▶ Amsterdam 62 km – Haarlem 73 km – Hoorn 19 km – Leeuwarden 115 km
Michelin wegenkaart 531-Q6 en 715-G3

 De Koepoort ❶　　　　　　　　🍴 📺 📶 🛁 🅿
Westerstraat 294 ✉ *1601 AS* – 𝒞 *(0 228) 31 49 66*　　　Plattegrond: A**a**
– www.hoteldekoepoort.nl – gesloten 24 tot 27 december
25 kam ⌖ – 🛏89/109 € 🛏🛏99/119 € – ½ P
Rest – Carte 27/60 € *– (alleen diner)*
● Naast een oude, monumentale stadspoort vindt u dit volledig vernieuwde
hotel, dat op zijn beurt een poort opent naar een heerlijke overnachting. De
kamers bekoren met hun lichte kleuren en strakke aankleding, in het restaurant
staan internationale gerechten op de kaart.
● This fully renovated hotel is situated next to an ancient, monumental city gate.
It offers bright, colourful guestrooms and a smart, sleek decor. Enjoy a choice of
international dishes made in the hotel restaurant.

 Die Port van Cleve ❶　　　　　　⌂ 🍴 📶 🛁
Dijk 74 ✉ *1601 GK* – 𝒞 *(0 228) 31 25 10* – *www.deportvancleve.nl* – *gesloten*
31 december-1 januari
23 kam ⌖ – 🛏80/105 € 🛏🛏95/135 € – ½ P
Rest – Lunch 23 € – Menu 30 € – Carte 34/51 € *– (gesloten 24 en*
31 december-1 januari)
● U logeert in een opgefriste kamer met alle nodige comfort, door het raam ziet
u hoe het leven van de jachthaven zich ontrolt. Een kamer aan havenzijde (vijf
euro extra) is hier dus een absolute aanrader!
● This hotel boasts renovated guestrooms offering all the usual facilities. Ask for a
room overlooking the port (for an additional 5 € charge) to enjoy the views of the
bustling marina below.

 RecuerDos zonder rest　　　　　　　　🌿 🛎 📶
Westerstraat 217 ✉ *1601 AH* – 𝒞 *(0 228) 56 24 69* – *www.recuerdos.nl*
4 kam ⌖ – 🛏53/63 € 🛏🛏73/88 €
● Een huis uit 1896 met dependance in de tuin, dicht bij het centrum. Kamers
met terras, ontbijt in de serre, een ginkgo in de tuin en een gastheer-gitarist
(concerten).
● A house dating from 1896 near the town centre. Garden annexe rooms with
terraces. Breakfast in the conservatory, venerable ginkgo biloba in the garden.
Concerts by guitar playing owner.

🍴🍴 Die Drie Haringhe

Dijk 28 ✉ *1601 GJ* – ℰ *(0 228) 31 86 10* – *www.diedrieharinghe.nl* – *gesloten carnaval, 20 juli-7 augustus, maandag en dinsdag*
Menu 34/48 € – Carte 50/63 € – *(alleen diner)*

● Rustiek restaurant in een opslagplaats van de VOC. Uitzicht op het water en de verdedigingstoren bij de haven. Een gevestigde waarde in de regio die zijn reputatie waarmaakt met kwaliteitsproducten in klassieke bereidingen.

● This rustic restaurant is in what was once a storage depot for the Dutch East India Company. It has views of the water and defence tower in the harbour. This established name in the area lives up to its reputation and serves classic dishes made from quality products.

🍴 De Smederij

Breedstraat 158 ✉ *1601 KG* – ℰ *(0 228) 31 46 04*
– *www.restaurantdesmederij.nl* – *gesloten woensdag en donderdag*
Menu 37/40 € – Carte 42/49 € – *(alleen diner)*

● Klein, charmant restaurant waarvan de naam verwijst naar het verleden van het pand. Gemoderniseerd rustiek decor, gezellige ambiance, kleine kaart met verse producten.

● Charming little restaurant that was once a forge. Renovated rustic dining room, convivial atmosphere, traditional dishes and a menu that is popular with regulars.

ENSCHEDE
Overijssel – 158 586 inw. – Atlas: **13**-D3
▶ Amsterdam 160 km – Zwolle 73 km – Groningen 148 km – Düsseldorf 141 km
Michelin wegenkaart 531-AA9 en 532-AA9 en 715-L5

🏨 De Broeierd

Hengelosestraat 725 (Noord-West : 3 km) ✉ *7521 PA* – ℰ *(0 53) 850 65 00*
– *www.hampshire-hotels.com/enschede*
61 kam – 🛏80/150 € 🛏🛏80/150 €, ⊠ 16 €
Rest *Bistro De Broeierd* – Menu 33 € – Carte ong. 32 € – *(eenvoudige lunchkaart)*

● Dit hotelcomplex in Saksische stijl (1831) is de oudste herberg van Twente. Drie types kamers – de beste liggen aan de tuinkant! – en diverse vergaderzalen. Streekproducten in het restaurant, waar alle gerechten ook in kleinere porties verkrijgbaar zijn.

● This Saxon-style hotel complex is Twente's oldest inn (1831). It offers three types of guestrooms – the best of which are located adjacent to the garden – and several meeting rooms. Seasonal produce is to the fore in the restaurant. Meals with smaller portions are also available.

ENTER
Overijssel – Wierden 23 807 inw. – Atlas: **13**-C3
▶ Amsterdam 131 km – Zwolle 45 km – Apeldoorn 45 km – Enschede 33 km
Michelin wegenkaart 531-Y9 en 532-Y9 en 715-K5

🍴 Bistro T-bone

Dorpsstraat 154 ✉ *7468 CS* – ℰ *(0 547) 38 12 59* – *www.bistrotbone.nl*
– *gesloten dinsdag en woensdag*
Carte 49/59 € – *(alleen diner)*

● Dit restaurant is uitgegroeid tot "de bistro van Enter". Het zal u niet verbazen dat hij gekend is voor z'n grillades, die in de eetzaal bereid worden. T-Bone vooraan is iets klassieker en intiemer, Wishbone achteraan ideaal voor families.

● This restaurant has become the bistro in Enter, best known for the grilled specialities that are prepared in the dining room. T-Bone at the front of the restaurant has a more classic and intimate atmosphere, while Wishbone to the rear is more family-friendly.

EPE
Gelderland – 32 351 inw. – Atlas: **6**-C1
▶ Amsterdam 97 km – Arnhem 44 km – Apeldoorn 21 km – Zwolle 25 km
Michelin wegenkaart 531-U8 en 532-U8 en 715-I4

Princess 🦮 🛗 🌳 📺 🐾 🍽 🚴 🛗 ♿ rest, 🗽 🛜 🏋 🅿

Dellenweg 115 ✉ 8161 PW – 𝒞 (0 578) 61 28 14
– www.princesshotelcollection.com
138 kam 🛏 – †69/129 € ††69/139 € – ½ P
Rest – Lunch 25 € – Menu 28/38 € – Carte 28/48 €
● Dit hotel uit de jaren tachtig, in de bossen, beschikt over faciliteiten voor vergaderingen (seminars) en ontspanning (zwembad, fietsen, bowling). Grote, moderne brasserie waar ook het ontbijtbuffet wordt klaargezet.
● Hotel building dating from the 1980s set in the woods, with seminar and leisure facilities (swimming pool, bikes and bowling green). Large contemporary brasserie where breakfast is also served.

Dennenheuvel 🛗 🌳 📺 🚴 🛗 🆚 rest, 🗽 rest, 🛜 🏋 🅿

Heerderweg 27 (Noord : 2 km) ✉ 8161 BK – 𝒞 (0 578) 61 23 26
– www.dennenheuvel.nl – gesloten 25 en 26 december en 1 januari
34 kam 🛏 – †100/115 € ††100/140 € – ½ P
Rest – Menu 33/53 € – Carte 46/66 € – *(gesloten zondag)*
● Gemoedelijk hotel in een bosrijke omgeving, geopend in 1912, gemoderniseerd in 2008. De kamers verschillen van grootte en sfeer. Junior suites met tuinterras. Kleine seminars. Restaurant met de ambiance van een gezellige brasserie.
● This family-run inn set in woodland has been in operation since 1912, and was renovated in 2008. Rooms with different volumes and furnishings. Lovely junior suites with garden terraces. Short seminars. Restaurant with a cosy brasserie atmosphere.

't Soerel 🛖 ⇔ 🅿

Soerelseweg 22 (West : 7 km richting Nunspeet) ✉ 8162 PB – 𝒞 (0 578)
68 82 76 – www.soerel.nl – gesloten 15 tot 26 februari, 8 tot 19 oktober,
zaterdagmiddag, maandag en dinsdag
Menu 35/65 € – Carte 62/80 €
● Hier gelooft men overduidelijk in de kracht van de ingrediënten: niet te veel, niet te gezocht maar ijzersterk qua smaak en kwaliteit. Wie de keuken wil verkennen, vindt in het seizoensmenu een erg aantrekkelijke kennismaking met de capaciteiten van de chef, tegen een interessante prijs-kwaliteitverhouding.
● This restaurant believes in the power of great ingredients: not too many, not too extreme, but of guaranteed quality and taste. The good value seasonal menu provides an excellent introduction to the skills of the chef.

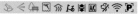

EPEN

Limburg – Gulpen-Wittem 14 444 inw. – Atlas: **8**-B3
🗺 Amsterdam 235 km – Maastricht 24 km – Aachen 15 km
Michelin wegenkaart 532-U18 en 715-I9

Creusen 🦮 ≤ 🛗 📺 🐾 🛁 🛗 🆚 🗽 🛜 🅿

Wilhelminastraat 50 ✉ 6285 AW – 𝒞 (0 43) 455 12 15 – www.hotelcreusen.nl
– gesloten 31 december-15 februari
22 kam 🛏 – †84/112 € ††99/127 €   **Rest** – *(alleen diner voor hotelgasten)*
● Een rustig hotel in familiebeheer. Gezellige ambiance, Engelse lounge die uitkijkt op een tuin met waterpartij. Onlangs gebouwde vleugel met appartementsuites. Binnenzwembad, sauna en fitness. Sfeervolle eetzaal, behaaglijke kamers, uitzicht op de natuur.
● Quiet family-run hotel with an English style drawing room opening onto a garden and ornamental pond. Cosy atmosphere, tasteful dining room, comfy rooms and views of the countryside. New wing with apartment-suites. Indoor pool, sauna and fitness centre.

De selectie van deze gids wordt beter dankzij u :
uw ontdekkingen en commentaren interesseren ons.
Laat ons uw tevredenheid of ontgoocheling weten. Schrijf ons!

Ons Krijtland
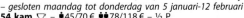 ← 🏠 📶 🍴 kam, 🛜 📶 P.

Julianastraat 22 ⊠ 6285 AJ – 𝒞 (0 43) 455 15 57 – www.krijtland.nl
– gesloten maandag tot donderdag van 5 januari-12 februari
54 kam ⌨ – 🚹45/70 € 🚹🚹78/118 € – ½ P
Rest – Lunch 20 € – Menu 18/23 € – Carte 28/42 €
• Dit familiebedrijf aan de rand van het dorp werd in 1931 geopend. Leuk opgeknapte kamers, studio's (met twee kamers) in de bijgebouwen, mooi landelijk uitzicht tot in België. Eigentijdse brasserie.
• Family-run hotel, on the outskirts of the village, in operation since 1931. Pleas-
antly-renovated rooms, studios and apartments in the annexes, beautiful country
views towards Belgium. Contemporary brasserie.

Berg en Dal
🛏 🏠 📶 AC rest, 🍴 🛜 P.

Roodweg 18 ⊠ 6285 AA – 𝒞 (0 43) 455 13 83 – www.bergendalepen.nl
34 kam ⌨ – 🚹53/65 € 🚹🚹85/100 € – ½ P
Rest – Menu 19/38 € – Carte 26/43 €
• Dit hotel wordt al sinds de jaren vijftig door dezelfde familie gerund. Het heeft
verschillende generaties kamers, verspreid over twee verdiepingen. Tuin met terras. Overvloedige Hollandse gerechten, geserveerd in een klassiek-traditioneel
decor of buiten.
• This inn run by the same family since the 1950s has three different types of
rooms on two floors. Restful shaded garden with terrace. Generous Dutch set menus served in a traditional classic décor or outdoors.

ERICA – Drenthe → Zie Emmen

De prijzen voor het symbool 🚹 komen overeen met de laagste prijs in laagseizoen
en daarna de hoogste prijs in hoogseizoen voor een éénpersoonskamer.
Hetzelfde principe voor het symbool 🚹🚹, hier voor een tweepersoonskamer.

ERMELO
Gelderland – 26 045 inw. – Atlas: **5-B2**
🚩 Amsterdam 75 km – Arnhem 55 km – Lelystad 33 km – Utrecht 54 km
Michelin wegenkaart 531-S9 en 532-S9 en 715-H5

Heerlickheijd van Ermelo
🏊 🛏 🏠 📶 🔲 ⏰ 🈂 🧖 🚲 📶 ⭐ kam,
AC kam, 🛜 📶 P.

Staringlaan 1 ⊠ 3852 LA – 𝒞 (0 341) 56 85 85
– www.goldentulipheerlickheijdvanermelo.nl
127 kam ⌨ – 🚹69/129 € 🚹🚹69/129 €   **Rest** – Menu 28 € – Carte 33/53 €
• Luxehotel met residentiële ligging in het bos en mooi terras aan het water.
Grote gemeenschappelijke ruimtes, zeer comfortabele kamers en goede faciliteiten voor ontspanning. Restaurant met loungeambiance en een tikje retro, menu
op een krijtbord, mooi terras.
• Luxury hotel building surrounded by forest. Modern water features in the garden, large and luxurious common areas and comfortable, well-equipped rooms,
ideal for a relaxing stay. Restaurant with a blackboard menu, library-lounge atmosphere with a 1900s touch, and a lovely terrace.

ESBEEK – Noord-Brabant → Zie Hilvarenbeek

ETTEN-LEUR
Noord-Brabant – 42 357 inw. – Atlas: **9-B2**
🚩 Amsterdam 115 km – 's-Hertogenbosch 63 km – Breda 13 km – Rotterdam 56 km
Michelin wegenkaart 532-M13 en 715-E7

De Zwaan

Markt 7 ⊠ 4875 CB – ℰ (0 76) 501 26 96
– www.restaurant-dezwaan.nl
– gesloten 27 december-2 januari, 15 tot 20 februari, 2 tot 25 augustus,
zaterdagmiddag, zondag en maandag
Lunch 40 € – Menu 60/100 € – Carte 71/98 €
Rest *Bistro Het Lelijke Eendje* – zie restaurantselectie
● Dit restaurant heeft een goede, up-to-date kookstijl en een elegante, intieme
eetzaal met impressionistische en hedendaagse schilderijen. 's Zomers wordt
ook buiten gegeten.
● Good modern cuisine served in this elegant and intimate restaurant boasting
excellent service. Impressionist and contemporary paintings on display. Outdoor
dining in summer.
→ Langoustine rauw gemarineerd met zomeroester en roodhoorntjeswier. Kalfshaas gepocheerd met zomertruffel en coco de paimpolbonen. Gepocheerde perzik met framboos en chocolade.

Bistro Het Lelijke Eendje – Rest De Zwaan

Markt 7 ⊠ 4875 CB – ℰ (0 76) 501 11 37
– www.hetlelijkeeendje.nl
– gesloten 27 december-2 januari, 15 tot 20 februari, 2 tot 25 augustus,
zaterdagmiddag, zondagmiddag en maandag
Lunch 23 € – Menu 25/35 € – Carte ong. 39 €
● Een actuele keuken met kwaliteitsproducten en een originele harmonie van
smaken staat hier voor u klaar in een eigentijdse, heldere eetzaal, aangekleed met
rode fluwelen stoelen.
● Contemporary cuisine based on high quality products and an original harmony
of flavors awaits you in a modern and bright dining room with red velvet chairs.

EXLOO – Drenthe → Zie Odoorn

GARDEREN
Gelderland – Barneveld 53 751 inw. – Atlas: **5**-B2
▶ Amsterdam 72 km – Arnhem 47 km – Apeldoorn 20 km – Utrecht 54 km
Michelin wegenkaart 532-T9 en 715-I5

 Résidence Groot Heideborgh

Hogesteeg 50 (Zuid : 1,5 km) ⊠ 3886 MA
– ℰ (0 577) 46 27 00 – www.heideborgh.nl
84 kam – †74/109 € ††89/124 €, � 19 € – ½ P
Rest – Menu 35 € – Carte ong. 45 €
● Luxueus hotel te midden van bos en heide. De kamers zijn ruim met alle comfort, goede vergaderaccommodatie, tennis, wellness- en beautycenter. Modern
restaurant en een grand café in retrostijl met terras.
● A luxurious hotel surrounded by forest and heather. Facilities include guestrooms that are spacious and comfortably appointed, good conference options,
as well as a tennis court and spa.

 Overbosch

Hooiweg 23 (Zuid : 1,5 km) ⊠ 3886 PM – ℰ (0 577) 46 13 14
– www.charmehotels.eu/garderen
46 kam ⊑ – †59/79 € ††69/89 € – ½ P
Rest *Twist* – Lunch 18 € – Menu 25/38 € – Carte ong. 40 €
● Hotel in een bosrijke omgeving. Moderne lobby, vergaderzalen, sauna, schaduwrijk terras, tuin met speeltoestellen, fietstochten. Goed comfort en kleine
attenties in de kamers. Eerlijke, pure keuken in restaurant Twist.
● A hotel set in woodland. Modern lobby, conference facilities, sauna, shaded terrace, garden games and bicycles. Comfortable rooms with special extra touches.
Honest and pure cooking in restaurant Twist.

De Veluwe 🏊 🐕 ⅃ 🌳 ฿ 🚲 📶 ♿ kam, 🔞 rest, 🐾 📶 🏔 **P**

Oud Milligenseweg 62 ✉ *3886 MJ* – ✆ *(0 577) 46 19 51*
– *www.westcordhotelveluwe.nl*
97 kam ☒ – 🛏69/89 € – 🛏🛏79/99 € – ½ P
Rest – Lunch 13 € – Menu 30 € – Carte 27/58 €

● Een verzorgd hotel midden in de Veluwse bossen maar toch vlak bij de A1: een aantrekkelijke ligging voor natuurminnende zakenmensen. Gezellige brasserie voor koffie of een hapje.

● A classy hotel nestling in the heart of the woods on the Veluwe, yet still near the A1. It is an attractive location for the nature-loving business traveller. Convivial brasserie for a cup of coffee or a snack.

 't Speulderbos 🛎 🍴 🏠 🌳 🐕 ฿ 🐾 🚲 📶 🔞 rest, 🐾 rest, 📶 🏔 **P**

Speulderbosweg 54 ✉ *3886 AP* – ✆ *(0 577) 46 15 46*
– *www.bilderberg.nl/speulderbos*
100 kam ☒ – 🛏74/124 € – 🛏🛏89/139 € – 2 suites – ½ P
Rest – Lunch 28 € – Menu 35 € – Carte ong. 41 €

● Up-to-date kamers midden in de bossen, perfect voor congresgangers en gezinnen. Lounge met open haard, trapautootjes en speeltuin. Eigentijdse eetzaal aan de tuin. Tapas en eenvoudige maaltijden in het grand café.

● Dating from the 1960s, this hotel in the middle of the woods is perfect for conference parties and families. There is a lounge with a fireplace, as well as a play area and pedal cars. Contemporary-style dining room overlooking the garden. Tapas and simple meals in the large café.

GEERSDIJK
Zeeland – Noord-Beveland 7 509 inw. – Atlas: **15-A2**
▶ Amsterdam 164 km – Middelburg 24 km – Goes 13 km – Rotterdam 85 km
Michelin wegenkaart 532-H15 en 715-C7

 Barbara's Bed & Breakfast 🛎 🍴 🏠 📶 ♿ rest, 📶 **P**

Provincialeweg 2 ✉ *4494 NA* – ✆ *(0 113) 30 21 00*
– *www.zeelandbedandbreakfast.nl*
14 kam ☒ – 🛏85/95 € – 🛏🛏95/105 € – ½ P
Rest *De Korenbeurs op Landgoed Rijckholt* – Menu 33/50 € – Carte 31/50 € – *(gesloten zondag van november tot april, maandag behalve in juli-augustus en na 20 u 30)*

● De groene omgeving van deze voormalige fruitboomgaard zorgt voor zalige rust! Cosy themakamers waar de flora nooit ver weg is, maar hier is ook heel wat fauna. Zo vergezellen de kippen u op weg naar het ontbijt. Het restaurant zal u verleiden met de specialiteit van het huis: de zeevruchtenschotel.

● The verdant setting of this former fruit plantation ensures a blissfully tranquil stay. Flora is never far removed from the individually themed rooms, but the estate also boasts a lot of fauna – you will even meet some chickens on the way to breakfast! In the restaurant, the house speciality is seafood.

GEERTRUIDENBERG
Noord-Brabant – 21 571 inw. – Atlas: **9-B2**
▶ Amsterdam 90 km – 's-Hertogenbosch 36 km – Breda 20 km – Rotterdam 55 km
Michelin wegenkaart 532-O12 en 715-F6

🍴🍴 **'t Weeshuys** 🏠 🐾 ✿

Markt 52 ✉ *4931 BT* – ✆ *(0 162) 51 36 98* – *www.weeshuys.nl* – *gesloten eind december, carnaval, 20 juli-9 augustus, zaterdagmiddag en zondag*
Lunch 35 € – Menu 43/60 € – *(een enkel menu)*

● Het is in het kapelletje van het weeshuis (1310) dat men dit licht, eigentijds restaurant heeft ingericht. Er wordt hier met één menu gewerkt waaruit u het aantal gangen kunt kiezen. Het aanbod? Actuele, mooi ogende productcombinaties.

● This airy, contemporary restaurant is situated in the chapel of an orphanage dating from 1310. There is just one menu on offer, from which you can choose a number of beautifully presented, contemporary-style dishes.

GEMERT

Noord-Brabant – Gemert-Bakel 29 101 inw. – Atlas: **10**-D2

▶ Amsterdam 111 km – 's-Hertogenbosch 36 km – Arnhem 79 km –
Eindhoven 24 km
Michelin wegenkaart 532-T13 en 715-I7

⌂ De Hoefpoort ⌖ 🏠 🚲 🛜

Ridderplein 37 ✉ 5421 CX – ✆ (0 492) 39 20 08 – www.heerenvanghemert.nl
10 kam – ♦68 € ♦♦98 €, ⊑ 8 € **Rest** – Lunch 14 € – Carte 30/42 €
• Tegenover het kasteel, in het centrum van het dorp, treft u een rustig hotelletje. Keurige, ruime kamers met landelijke inrichting. Ontbijt in het lounge-restaurant Heeren van Ghemert, waar u ook de sleutel van uw kamer ophaalt.
• This quiet hotel is located in a former warehouse at the entrance to the chateau. Clean, spacious rooms with a serene atmosphere. Breakfast served in the nearby modern brasserie-lounge-bar where you pick up the keys to your room.

✕✕ Kastanjehof 🏠 🍴 ⇔ 🅿

Heuvel 4 ✉ 5421 CN – ✆ (0 492) 36 19 12 – www.kastanjehof.com – gesloten woensdag
Lunch 28 € – Menu 35 € – Carte 45/56 € – *(eenvoudige lunchkaart)*
• Deze mooie doktersvilla uit 1884 verleidt door zijn mooie façade, romantisch interieur en heerlijke tuin. Maar vooral toch door de gerechten van chef Mortier: eigentijdse, verzorgde combinaties met een prachtig smaakpalet. Deze zaak swingt! Zeker tijdens Lazy Friday, want dan staan ook optredens op het menu.
• This beautiful doctor's villa dating from 1884 is truly seductive with its stunning façade, romantic interior and lovely garden. Also highly enticing are the contemporary, carefully prepared dishes with a delicious and eclectic pallet of flavours prepared by chef Mortier. An enjoyable place to eat, particularly on 'Lazy Fridays', when the restaurant hosts live music.

in Handel Noord-Oost : 3,5 km

⌂ Handelia ⛲ 🏊 🚲 🍴 🛜 🅿

*Pastoor Castelijnsstraat 1 ✉ 5423 SP – ✆ (0 492) 32 12 90 – www.handelia.nl
– gesloten 25 december-1 januari*
12 kam ⊑ – ♦70/85 € ♦♦98 € – ½ P **Rest** – *(alleen diner voor hotelgasten)*
• De familie Aldenhuijsen zorgt al 4 generaties lang voor dit hotelletje. De kamers zijn traditioneel ingericht en in de mooi aangelegde tuin leent het zwembad zich voor een frisse duik. Heerlijk na een wandeling in de groene omgeving.
• The Aldenhuijsen family has been at the helm of this hotel for four generations. Traditionally furnished guestrooms, as well as a beautiful landscaped garden with a swimming pool. Perfect for a refreshing swim after exploring the surrounding countryside.

GIETHOORN

Overijssel – Steenwijkerland 43 437 inw. – Atlas: **12**-A1

▶ Amsterdam 135 km – Zwolle 28 km – Assen 63 km – Leeuwarden 63 km
Michelin wegenkaart 531-V6 en 715-J3

⌂⌂ De Harmonie ⌖ 🏠 🚲 🍴 🛜 🅿 ⚓

*Beulakerweg 55 (Noord : 2 km) ✉ 8355 AB – ✆ (0 521) 36 13 72
– www.harmonie-giethoorn.nl*
16 kam ⊑ – ♦80/105 € ♦♦95/120 €
Rest – Menu 30/38 € – Carte 35/58 €
• U voelt zich hier als een vis in het water. Het familiebedrijf, met enthousiaste patron, heeft een eigen aanlegsteiger en organiseert tochtjes per boot of kano. Zicht op het water heeft u ook in sommige kamers en op het terras van het restaurant. Daar kunt u terecht voor goede, traditionele gerechten.
• A family property run by an enthusiastic manager. The hotel boasts its own jetty from which it organises trips by boat or canoe. Some guestrooms and the restaurant terrace overlook the water. The restaurant serves good, traditional cuisine.

De Kruumte

Kerkweg 48a (Oost : 1,5 km) ⊠ *8355 BJ – 𝒞 (0 521) 36 15 17*
– www.dekruumte.com – gesloten 15 december-2 januari
7 kam ⌷ – ♦95 € ♦♦95 € – ½ P
Rest – Lunch 10 € – Menu 18 € – Carte 29/38 € – *(open van half maart tot half oktober)*

● Charmante, voordelige kamers, grote tuin, organisatie van boottochtjes en verhuur van electrobootjes om door de grachten te varen: dat zijn de troeven van dit rustige hotel. Restaurant met een traditioneel, culinair repertoire.

● This quiet family-run hotel has three big assets: its attractive and modestly priced rooms, guided boat tours, and electric boats for rent for a spin on the canals. Restaurant offering traditional cuisine.

𝕏𝕏𝕏 De Lindenhof (Martin Kruithof)

Beulakerweg 77 (Noord : 1,5 km) ⊠ *8355 AC – 𝒞 (0 521) 36 14 44*
– www.restaurantdelindenhof.nl – gesloten eerste 3 weken januari, 22 februari-3 maart, 17 oktober-3 november, maandag en dinsdag
6 kam – ♦125/300 € ♦♦125/300 €, ⌷ 35 €
Menu 75/150 € – Carte 95/153 €

● Een oude, karakteristieke boerderij met een prachtige tuin waarin u 's zomers kunt tafelen. Keurige ontvangst en service, creatieve keuken, rijke wijnkelder (te bezichtigen). Op de verdieping schitterende appartementen en luxekamers in de dependance voor een culinair verblijf.

● Handsome traditional farmhouse and magnificent garden where meals are served in the summertime. Stylish service, creative dishes and superb wine cellar (request a tour). Superb apartments and luxurious rooms upstairs for a gastronomic stay.

→ Coquilles met venkel, limoen en avocadocrème. Gieters zuiglam met tuinboontjes en asperges. Blöf van rood fruit met verveinegranité en een sorbet van seizoensfruit.

GOES
Zeeland – 36 954 inw. – Atlas: **15**-B2
▶ Amsterdam 165 km – Middelburg 22 km – Breda 78 km – Rotterdam 87 km
Michelin wegenkaart 532-I13 en 715-C7

𝕏𝕏 De Stadsschuur

Schuttershof 32 ⊠ *4461 DZ – 𝒞 (0 113) 21 23 32 – www.stadsschuur.nl – gesloten zondag*
Menu 38/60 €

● Monumentaal gebouw aan een rustig binnenpleintje, waar het gezellig toeven is op het terras. Binnen vindt u een gemoedelijke luxebrasserie, met vooraan een oesterbar. De chef kookt eerder klassiek en heeft een voorliefde voor al het lekkers uit de zee. Deze schuur heeft schwung.

● A monumental building located by a quiet courtyard with its own cosy terrace. Inside, you will find a pleasant, luxurious brasserie with lots of panache, fronted by an oyster bar. The chef tends to cook traditional cuisine with a preference for delicious seafood.

𝕏𝕏 Het Binnenhof

Bocht van Guinea 6 (toegang via St-Jacobstraat) ⊠ *4461 BC – 𝒞 (0 113) 22 74 05 – www.restauranthetbinnenhof.nl – gesloten eerste 2 weken februari, dinsdag en woensdag*
Menu 38/58 € – Carte 55/74 € – *(alleen diner)*

● Een smal steegje leidt naar dit intieme, sympathieke restaurant aan een binnenplein in het oude Goes, dat 's zomers als terras dient. Gerechten van streekproducten. Het vismenu is heerlijk en in de prijs zult u niet verslikken!

● A narrow passage leads to this pleasant family-run business hiding in a small courtyard in the historic centre of Goes. Shaded summer terrace. Local produce takes pride of place on the tasty, predominantly seafood, moderately priced menu.

GOIRLE – Noord-Brabant → Zie Tilburg

GORINCHEM

Zuid-Holland – 35 242 inw. – Atlas: **17**-D3

▶ Amsterdam 74 km – Den Haag 68 km – Breda 41 km – 's-Hertogenbosch 40 km
Michelin wegenkaart 532-O11 en 715-F6

✗✗✗ **Merwezicht**   ⪡ 🛏 ⇔

Eind 19 ✉ 4201 CP – ℰ (0 183) 68 97 47 – www.restaurantmerwezicht.nl
– gesloten 29 december-11 januari, zaterdagmiddag, zondagmiddag en
maandag
Lunch 28 € – Menu 35/65 € – Carte 44/75 €
● U moet het zien om te geloven: u lijkt tijdens uw diner wel boven het water,
naast het vaarverkeer, te zweven. Dankzij de serre kunt u ook in de winter van
deze sensatie genieten. Een greep uit de menukaart: gepocheerde kreeft met
venkel en vanille, tonijn met chorizo en tamarindesaus. Aantrekkelijk gebracht
en dito geprijsd!
● This restaurant has to be seen to be believed – when you dine at Merwezicht,
you feel as though you are hovering over the water alongside the river traffic (the
glass-fronted sun lounge gives the same impression in winter). The menu features
dishes such as poached lobster with fennel and vanilla, and tuna with chorizo
and tamarind sauce. Attractively priced and beautifully presented.

Verwar de bestekjes ✗ en de sterren ✿ niet! De bestekjes geven een categorie
van comfort en service aan. De ster bekroont alleen de kwaliteit van de keuken,
ongeacht de comfortcategorie.

GOUDA

Zuid-Holland – 70 941 inw. – Atlas: **17**-C2

▶ Amsterdam 53 km – Den Haag 30 km – Rotterdam 27 km – Utrecht 36 km
Michelin wegenkaart 532-N10 en 715-F5

✗✗ **l'Etoile**   ⊞ 🛏 **AC** ⇔

Blekerssingel 1 ✉ 2806 AA – ℰ (0 182) 51 22 53 – www.letoile.nl
– gesloten 27 december-2 januari, laatste week juli-eerste week augustus,
zondag en maandag
Menu 33/79 € – Carte 49/66 € – *(alleen diner)*
● Dit restaurant met wijnbar is een begrip in de kaasstad. De chef brengt een
eigentijdse keuken en de gepassioneerde patron-sommelier adviseert u bij de
mooie wijnkaart met Spaanse en Italiaanse wijnen. Dakterras met uitzicht op de
Singel.
● This restaurant and wine bar is an established name in Gouda. The chef creates
contemporary cuisine and the enthusiastic owner-cum-sommelier will advise you
on the tempting wine list featuring Spanish and Italian wines. Roof garden with
view of the Singel canal.

✗✗ **Jean Marie**   🛏 ⇔

Oude Brugweg 4 ✉ 2808 NP – ℰ (0 182) 51 62 62 – www.jean-marie.nl
– gesloten laatste 2 weken juli-eerste week augustus, feestdagen, zondag en
maandag
Menu 35 € – Carte 33/61 € – *(alleen diner)*
● Liefhebbers van gerookte zalm, spits uw oren: hier wordt hij huisgerookt en is
hij de specialiteit van het huis. Op de menukaart staat bij elk gerecht een andere
wijnsuggestie (per glas). De menu's zijn speelser dan de kaart.
● If you like smoked salmon, you will enjoy this restaurant where the salmon
(the house speciality) is smoked on the premises. Each dish has its own paired
wine (by the glass) and the set menus are more informal than the à la carte
options.

in Reeuwijk Noord : 6 km – Bodegraven-Reeuwijk

XX **Kaagjesland** ← 🛋 **AC** 🍴 ⇔ **P**

🏵 *Kaagjesland 60 (via N 207, aan ophaalbrug richting Reeuwijk)* ✉ *2811 KL*
– 𝒞 (0 182) 39 64 21 – www.kaagjesland.nl
– gesloten 27 december-12 januari, 3 tot 6 mei, 19 juli-10 augustus,
zaterdagmiddag, zondag en maandag
Menu 45/60 € – Carte ong. 69 €

● Wilt u Zuid-Holland op z'n best proeven, zowel culinair als qua setting? Dat kan
bij Kaagjesland, waar het terras uitkijkt over grasland doorkliefd met grachtjes en
bruggetjes. De gerechten zijn bijdetijds en geven umami, de 5e smaak, een prominente plaats. De gastvrouw heeft pit, net als haar biologische wijnen.

● If you want to sample South Holland at its best and enjoy fine cuisine in a
lovely setting, then head to Kaagjesland. The patio looks out over fields inter-
sected by waterways and bridges. The dishes are contemporary in style with a focus on the fifth taste (known as 'umami'). Friendly hostess, plus some good organic wines.

➜ Kreeft met avocado, granny smithappel en groene boontjes, baconvinaigrette.
Noordzeetong en langoustine, bloemkool en black venusrijst met gezouten citroen. Frambozen met witte chocolade, citrus en pistache.

's-GRAVENHAGE – Zuid-Holland ➜ Zie Den Haag

's GRAVENMOER
Noord-Brabant – Dongen 25 382 inw. – Atlas: **9**-B2
◼ Amsterdam 97 km – 's-Hertogenbosch 34 km – Breda 24 km – Tilburg 32 km
Michelin wegenkaart 532-O13 en 715-F7

XX **Sed** 🛋 ♿ **AC** ⇔ **P**

Hoofdstraat 75 ✉ *5109 AB – 𝒞 (0 162) 45 08 88 – www.samenetenendrinken.nl*
– gesloten zaterdagmiddag, zondagmiddag en maandag
Menu 28/43 € – Carte 35/54 €

● U komt Samen in een van de moderne eetzalen of op het groot terras met
teakmeubilair, u Eet eigentijdse gerechten die de seizoenen als leidraad hebben
en Drinkt daarbij een lekker glas. Samen Eten en Drinken kan ook in de brasserie.

● Sed is the perfect place to eat, drink and be merry! Seasonal contemporary cuisine and large teak terrace. Separate "brasserie" formula.

GROEDE
Zeeland – Sluis 23 820 inw. – Atlas: **15**-A2
◼ Amsterdam 219 km – Middelburg 99 km – Brugge 35 km – Knokke-Heist 21 km
Michelin wegenkaart 532-G14 en 715-B7

XX **Etablissement 1880** 🛋

Markt 27 ✉ *4503 AH – 𝒞 (0 117) 37 60 66 – www.etablissement1880.nl*
– gesloten zaterdagmiddag, dinsdag en woensdag
Menu 51 € – *(een enkel surprise menu)*

● Restaurant in een oud, statig pand. Alleen een verrassingsmenu, met naar
keuze vis of vlees in het hoofdgerecht. Wijnen per glas.

● This old house hides a pleasantly untended garden for summer dining. A single
surprise menu with a choice of "turf" or "surf" main course. Wines by the glass.

GROESBEEK – Gelderland ➜ Zie Nijmegen

GRONINGEN

Groningen – 198 317 inw. – Atlas: **7-A2**
Amsterdam 181 km – Leeuwarden 59 km – Bremen 181 km
Michelin wegenkaart 531-Y3 en 715-K2

Hotels

NH Hotel de Ville

Oude Boteringestraat 43 ✉ 9712 GD – ✆ (0 50) 318 12 22 – www.nh-hotels.com
Plattegrond: A1**r**

66 kam – †89/215 € ††89/215 €, ☕ 17 € – 1 suite
Rest ***Bistro 't Gerecht*** – zie restaurantselectie

• Luxehotel op 250 m van de Grote Markt. Klassieke en ook meer eigentijdse kamers, vergaderzalen, serre met open haard als lounge en een zomers ontbijt in de stadstuin.

• Exclusive hotel just 250m from the Grote Markt. Enjoy the classical and more contemporary rooms, the meeting rooms, lounge-veranda with fireplace, and breakfast on the patio in summertime.

Prinsenhof

kam,

Martinikerkhof 23 ✉ 9712 JH – ✆ (0 50) 317 65 55 – www.prinsenhof-groningen.nl
Plattegrond: B1**b**

34 kam – †149/229 € ††149/229 €, ☕ 20 € – 1 suite
Rest ***Alacarte*** – zie restaurantselectie
Rest – Lunch 25 € – Menu 33 € – Carte 27/48 €

• Uw gebeden om rust worden verhoord in dit kerkelijk gebouw uit de 15de eeuw. Op een paar passen van de Martinitoren ligt dit prachtige, historische pand aan de Prinsentuin. Binnenin ontdekt u moderniteit en luxe, met een vleugje rustiek. De rustgevende sfeer is heerlijk. Dit hotel is een prins waardig!

• Your prayer for peace will be answered in this 15C church building. The hotel occupies a delightful historic building by the Prinsentuin, just a few steps from the Martini tower. Inside, you will discover modernity and luxury with a touch of rural charm. The restful atmosphere is delightful. A hotel worthy of its princely name.

Schimmelpenninck Huys

Oosterstraat 53 ✉ 9711 NR – ✆ (0 50) 318 95 02 – www.schimmelpenninckhuys.nl
Plattegrond: B2**h**

60 kam – †75/135 € ††80/145 €, ☕ 17 € – ½ P
Rest – Menu 28/45 € – Carte ong. 35 €

• Monumentaal 18de-eeuws patriciërshuis met binnentuin. De kamers hebben allemaal een klassieke uitstraling, maar verschillen in stijl. In het hotel vindt u ook een bonbonwinkeltje en een bakkerij, die voor heerlijke geuren zorgt bij het ontbijt.

• A monumental 18C mansion with an enclosed garden. All the rooms boast a traditional appeal but are decorated in different styles. The hotel also benefits from a sweet shop and a bakery, ensuring enticing aromas at breakfast time.

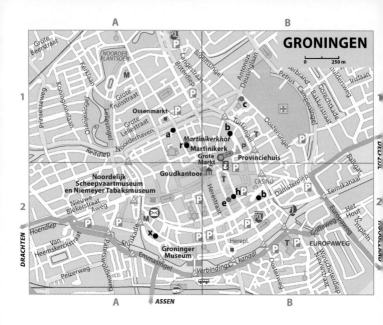

GRONINGEN

 Mercure   🚲 🛗 AC 🍴 rest, 🛜 ⛴ P

Expositielaan 7 (A 7 - E 22 afrit 36) ✉ *9727 KA – ✆ (0 50) 525 84 00*
– www.mercure.nl
155 kam ▭ – ♦45/190 € ♦♦45/190 € – 2 suites
Rest – Lunch 28 € – Carte 32/54 € – *(gesloten zaterdagmiddag en zondagmiddag)*
● Moderne kamers met goed comfort in dit ketenhotel naast Martiniplaza (theaterzaal, congres- en tentoonstellingscentrum). Maaltijd à la carte in een eigentijds decor.
● This international chain hotel has modern, comfortable rooms. It is situated next to the Martini Plaza (theatre, plus conference and exhibition centre). À la carte menu and contemporary decor.

 City zonder rest   🐾 🚲 🛗 ♿ AC 🍴 🛜 🚗

Gedempte Kattendiep 25 ✉ *9711 PM – ✆ (0 50)*   Plattegrond: B2**b**
588 65 65 – www.hampshire-hotels.com/citygroningen
93 kam – ♦79/139 € ♦♦79/139 €, ▭ 16 €
● Modern gebouw dicht bij de winkelstraten, tegenover het casino. Up-to-date gemeenschappelijke ruimtes en kamers.
● A modern building close to a shopping area, in front of the casino. Public areas and rooms decorated in the very latest styles.

 Plaza   🍴 🗔 🚲 🛗 ♿ kam, 🍴 rest, 🛜 ⛴ P

Laan Corpus den Hoorn 300 ✉ *9728 JT – ✆ (0 50) 524 80 00*
– www.hampshire-plazagroningen.nl
121 kam – ♦63/125 € ♦♦63/125 €, ▭ 15 € – ½ P
Rest – Lunch 16 € – Menu 33/45 € – Carte 33/44 €
● Modern complex van glas en beton, gebouwd tussen de snelweg, een bedrijventerrein en een natuurgebied (Hoornse Meer). Ruime restaurantzaal met een eigentijds, licht decor.
● A modern glass and concrete complex that has been built between a motorway, an industrial estate and an area of natural beauty (the Hoornse Meer). Spacious dining room with modern, bright decor.

Corps de Garde zonder rest   🚲 🖂 ♿ 🅰🅲 ⌘ 🛜 🏋

Oude Boteringestraat 74 🖂 *9712 GN* – *ℰ (0 50)*   Plattegrond: A1**a**
314 54 37 – *www.corpsdegarde.nl*
19 kam – ♦79/153 € ♦♦79/160 €, ⌷ 9 €

● Dit hotel, een mix tussen oud en modern, is handig gelegen aan de stads-
gracht langs de rand van de binnenstad. De persoonlijke aanpak maakt uw verblijf extra prettig. 's Middags wordt de lounge omgeschapen tot een bedrijvige
lunchroom.

● This hotel is situated by the moat around the inner city. It is a blend of old and
new with personal touches that will make your stay here even more enjoyable. At
lunchtime, the lounge is transformed into a busy dining room.

 Asgard zonder rest   🍃 🖂 🅰🅲 ⌘ 🛜 🏋 🅿

Ganzevoortsingel 2 🖂 *9711 AL* – *ℰ (0 50) 368 48 10*   Plattegrond: A2**x**
– *www.asgardhotel.nl*
18 kam – ♦100/120 € ♦♦120/135 €, ⌷ 15 €

● Een hip boetiekhotel dat toch warmte uitstraalt door de natuurkleuren en de
ecologische materialen. Aangename ligging in de museumwijk, parking vindt u
op 60 meter loopafstand.

● A trendy boutique hotel, yet one that radiates the warmth of natural colours
and environmentally friendly materials. Pleasantly situated in the museum district
with parking facilities 60m from the hotel.

Restaurants

🍴🍴 **De Pauw**   🅰🅲 ✧

Gelkingestraat 52 🖂 *9711 NE* – *ℰ (0 50) 318 13 32*   Plattegrond: B2**e**
– *www.depauw.nl* – *gesloten 27 december-4 januari, 19 juli-10 augustus, zondag
en maandag*
Menu 33/58 € – *(alleen diner)*

● Sfeervol klassiek restaurant, dat al meer dan 30 jaar succes boekt met zijn trol-
leymenu: voorgerechten, kaas en desserts op een rijdend buffet, hoofdgerecht à
la carte.

● An attractive classic restaurant whose trolley menu has been a success for
more than 30 years. Starters, cheeses and desserts served from a trolley, and
main courses à la carte.

🍴🍴 **Bistro 't Gerecht** – Hotel NH Hotel de Ville   🏠 ⌘ ✧ 🍴

😊 *Oude Boteringestraat 45* 🖂 *9712 GD*   Plattegrond: A1**r**
– *ℰ (0 50) 318 12 22* – *www.bistrohetgerecht.nl*
– *gesloten 31 december-2 januari*
Menu 35 € – Carte ong. 38 € – *(alleen diner)*

● Aangenaam hotelrestaurant, genre chique bistro: houten lambrisering en schei-
dingswanden, banken, spiegels en fonkelende bar. Menu's met een goede prijs-
kwaliteitverhouding. Attent personeel.

● A trendy bistro atmosphere depicts the hotel's restaurant: wainscoting, bench
seating, mirrors and a splendid bar. The menus offer good value for money and
the staff are most attentive.

🍴🍴 **Alacarte** – Hotel Prinsenhof   ⇐ 🏠 ✧

Martinikerkhof 23 🖂 *9712 JH* – *ℰ (0 50) 317 65 50*   Plattegrond: B1**b**
– *www.prinsenhof-groningen.nl* – *gesloten zondag, maandag en dinsdag*
Menu 45 € – Carte 46/66 € – *(alleen diner)*

● Ambitieus restaurant in een opgefriste, authentieke setting: u eet hier onder
een eeuwenoud balkenplafond, met zicht op de Prinsentuin. De kaart is mee
met zijn tijd: denk maar aan een combinatie van Livar varken, aardpeer, Iberico
ham, karamel en zoetzure groentes.

● An ambitious restaurant in a refurbished authentic setting. Dine beneath a centuries-old beamed ceiling with views across the Prinsentuin. The menu has
moved with the times: a combination of Livar pork, Jerusalem artichoke, Iberico
ham, caramel and sweet & sour vegetables.

✗ **Voilà** 🏠

W.A. Scholtenstraat 39 ✉ 9711 XB – ℰ (0 50) Plattegrond: B1**c**
280 11 08 – www.restaurantvoila.nl – gesloten 28 december-4 januari en
maandag
Menu 39 € *– (alleen diner) (reserveren aanbevolen) (een enkel surprise menu)*
● Dit huis speelt open kaart: hoge plafonds, grote ramen, open keuken en twee
hoge tafels waar u de chef op de vingers kunt kijken. Hij kookt actuele gerechten
met een mediterrane inslag en wijzigt bijna dagelijks de kaart, naargelang de
beschikbare producten. Laat u verrassen door het vijfgangenmenu, (h)eerlijk!
● High ceilings, large windows, an open kitchen and two high tables from where
you can watch the chef create authentic, delicious and up-to-the-minute dishes
with a Mediterranean twist. The menu changes on an almost daily basis, depending on the availability of ingredients. The five-course menu will definitely come as
a surprise!

in Aduard Noord-West : 10 km – Zuidhorn

🏨 **Aduard** 🏠 🚲 📶 🛗 kam, 🍴 🛜 🧖 🅿

Friesestraatweg 13 (langs N 355) ✉ 9831 TB – ℰ (0 50) 403 14 00
– www.hoteladuard.nl
51 kam 🛏 – ❖54/95 € ❖❖79/109 €
Rest – Lunch 15 € – Menu 20/27 € – Carte 26/50 €
● Een gezellig hotel aan een drukke verkeersader. Functionele kamers, waarvan
die op de verdieping ruimer zijn. Landelijk uitzicht en meer rust aan de achterkant. Sfeerverlichting in het restaurant, waar u tafelt rond een grote hanghaard.
Streekproducten.
● A family-run hotel set near the main road. Functional bedrooms, more spacious
upstairs; those to the rear are quieter and overlook the countryside. Soft lighting
and an overhanging fireplace set the scene for regional produce.

✗✗✗ **Herberg Onder de Linden** (Geerhard Slenema) met kam 🍷 🏠 🚲

Burg. van Barneveldweg 3 ✉ 9831 RD – ℰ (0 50) 403 14 06 ⇔ 🅿
– www.slenema.nl – gesloten 4 tot 18 februari, 29 april-6 mei, 8 tot 15 juli,
28 oktober-4 november, zondag, maandag en dinsdag
5 kam 🛏 – ❖105 € ❖❖120 € Menu 55 € *– (alleen diner) (een enkel menu)*
● Hier gaan gemoedelijkheid en topgastronomie hand in hand, en dat in een elegant interieur. Het keuzemenu werd overboord gegooid, maar de chef gaat op hetzelfde ijzersterke elan door. De Michelinster uit 1985 schittert nog steeds even fel!
● Cosiness and top-quality gastronomy go hand in hand in this elegant restaurant. Although the à la carte menu has been set aside, the chef's creativity and
flair remain unstinting, making this restaurant fully deserving of its Michelin star
awarded in 1985.
➜ Terrine van asperges in serranoham met een mimosa van ei. Jonge zeeduivel
met doperwtjesravioli, kerveljus en botersausje. Gebakken abrikoos met een sorbet van yoghurt.

GROU (GROUW)

Fryslân – Boarnsterhim 19 505 inw. – Atlas: **4**-C2
▶ Amsterdam 147 km – Leeuwarden 16 km – Assen 100 km – Lelystad 87 km
Michelin wegenkaart 531-U4 en 715-I2

✗✗ **de Vrijheid** 🌸 🏠 ⇔ 🅿 ⚓

Seinpôlle 4 ✉ 9001 ZS – ℰ (0 566) 62 15 78 – www.restaurantdevrijheid.nl
– gesloten maandag en dinsdag
Lunch 25 € – Menu 35/61 € – Carte 48/55 €
● Wie houdt van *dining with a view* moet bij De Vrijheid in Grou zijn. De uitbaters
stellen zich niet tevreden met het sublieme uitzicht op het Pikmeer, maar leggen
ook gastronomisch de lat hoog. De serveren lokaal veranderde gerechten gelar-
deerd met nieuwe technieken, waaronder een memorabele tiramisu van het huis.
● The De Vrijheid restaurant in Grou boasts a stunning panorama of the Pikmeer
lake for those who enjoy dining with a view. The owners pride themselves on
gastronomy that is as impressive as the setting. They source their produce locally
and introduce new techniques to their dishes – the homemade tiramisu is particularly memorable.

GULPEN

Limburg – Gulpen-Wittem 14 444 inw. – Atlas: **8**-B3
▶ Amsterdam 229 km – Maastricht 16 km – Aachen 16 km
Michelin wegenkaart 532-U18 en 715-I9

XXX **l'Atelier**   ⊛ 🏠 🅰🅺 🛇 ⇔

Markt 9 ⊠ 6271 BD – ℰ (0 43) 450 44 90 – www.restaurantatelier.nl – gesloten
24 en 31 december-1 januari, 2 weken carnaval, 2 weken in augustus,
zaterdagmiddag, dinsdag en woensdag
Lunch 60 € 🍷 – Menu 53/73 € – Carte 67/86 €

● De eetzaal van dit restaurant beslaat twee panden met veel ruimte, eventueel met zicht op de open keuken. Verzorgde eigentijdse gerechten en goede wijnadviezen. Terras aan de Markt.

● The dining room of this restaurant expands into the house next door. Skilful contemporary gastronomy and well-paired wines. Terrace across from the Markt.

Den HAAG

Zuid-Holland – 508 940 inw. – Atlas: **16**-B2
▶ Amsterdam 55 km – Delft 13 km – Rotterdam 26 km – Brussel 182 km
Michelin wegenkaart 532-K10 en 715-D5
Alfabetische lijsten en stadsplattegronden op volgende bladzijden

Alfabetische lijst van hotels
→ Index of hotels

Alfabetische lijst van restaurants
→ **Index of restaurants**

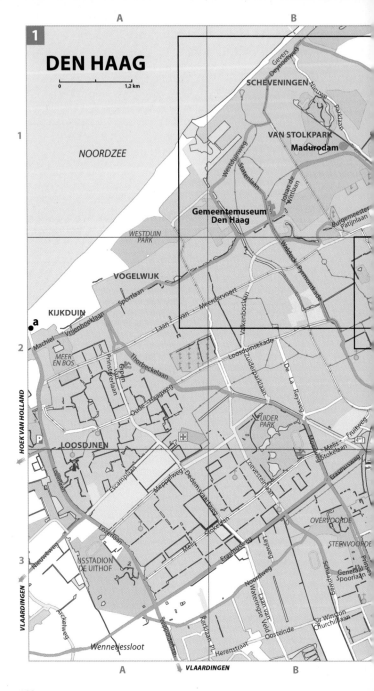

DEN HAAG

0   1,2 km

NOORDZEE

SCHEVENINGEN

VAN STOLKPARK
Madurodam

**Gemeentemuseum
Den Haag**

*WESTDUIN
PARK*

VOGELWIJK

KIJKDUIN

Laan van Meerdervoort

a

**MEER
EN BOS**

Thorbeckelaan

Oude Haagweg

*ZUIDER
PARK*

LOOSDUINEN

Escamplaan

Meppelweg Dedemsvaartweg

OVERVOORDE

STEENVOORDE

Loevesteinlaan

Leyweg

Erasmusweg

Melis Stokelaan

STADION
DE UITHOF

Wennetjessloot

VLAARDINGEN

HOEK VAN HOLLAND

VLAARDINGEN

Gevers Deynootweg

Nieuwe Parklaan

Westduinweg

Stevinstraat

Johan de Wittlaan

Burgemeester Patijnlaan

Waldeck Pyrmontkade

Sportlaan

Machiel Vrijenhoeklaan

Valkenbosplaan

Loosduinsekade

Zuiderparklaan

De La Reyweg

Prinsesselaan

Groen

Fruitweg

Erasmusweg

Schaapweg

Generaal Spoorlaan

Sir Winston Churchilllaan

Noordweg

Laan van Wateringse Veld

Oosteinde

Herenstraat

Rijnland R.

Lozerlaan

Nieuweweg

Loziraan

Archelweg

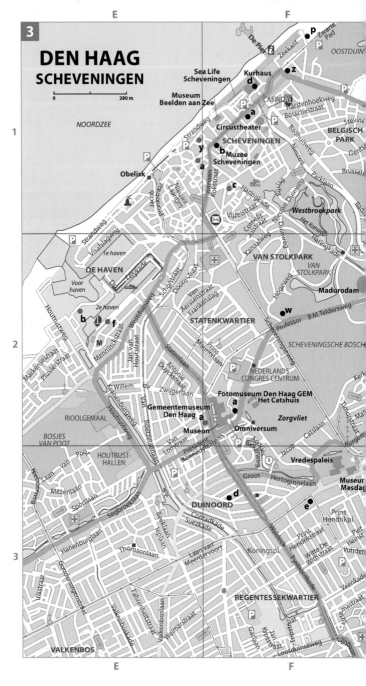

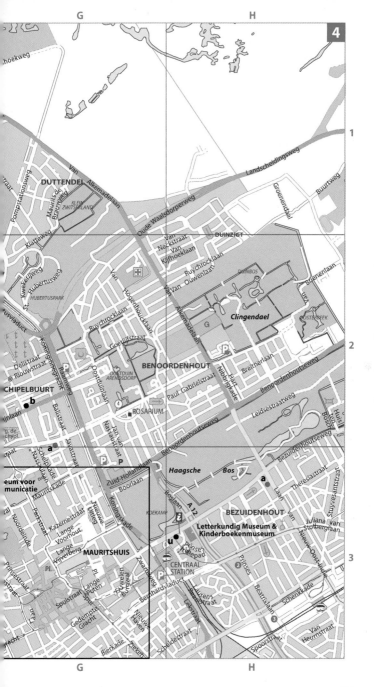

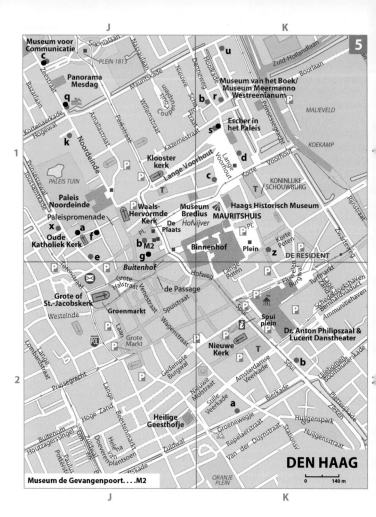

DEN HAAG

Museum de Gevangenpoort. . . .M2

0 — 140 m

Centrum

Hotel Des Indes

Lange Voorhout 54 ✉ *2514 EG –* ✆ *(0 70) 361 23 45*   Plattegrond: 5K1**s**
– www.luxurycollection.com/desindes

90 kam – ♦155/514 € ♦♦185/529 €, ☒ 35 € – 2 suites
Rest *Des Indes* – zie restaurantselectie

● Hotel Des Indes noemt zich graag 'het' hotel in Den Haag en ongelijk kunt u ze beslist niet geven. Al van bij de opening op het einde van de 19de eeuw was dit sprookjesachtige paleisje een prachtige zwaan, maar toch werd het door de jaren heen alleen maar nog mooier. Het opulente decor verraadt de koloniale wortels.

● Hotel Des Indes describes itself as the hotel in The Hague and it is difficult to argue with this description. Already renowned for its beauty when it opened at the end of the 19C, this fairytale palace has become simply more stunning over the years. It boasts an opulent decor that is characteristic of its colonial past.

Crowne Plaza Promenade

van Stolkweg 1 ⊠ *2585 JL –* ℰ *(0 70) 352 51 61* **P**
– www.crowneplazadenhaag.nl Plattegrond: 3F2**w**
168 kam – †110/180 € ††133/203 €, ⌷ 23 € – 6 suites – ½ P
Rest – Lunch 19 € – Menu 35/50 € – Carte 45/58 €

● Het Internationaal Gerechtshof of het strand van Scheveningen? De Ambassa-
dewijk of miniatuurdorp Madurodam? Voor werk of plezier, dit hotel is sowieso
goed gelegen. Laat de flashy lobby u niet misleiden, het interieur van het hoofdgebouw is nogal klassiek. Moderniteit vindt u eerder in de nieuwe toren.
● Whether you're here to visit the International Court of Justice and the diplomatic quarter, the beach at Scheveningen or the miniature village at Madurodam,
this hotel is conveniently situated for business and pleasure alike. Don't be de-
ceived by the flashy lobby – the interior decor of the main building is compara-
tively traditional. A more modern style can be found in the new tower.

Hilton

Zeestraat 35 ⊠ *2518 AA –* ℰ *(0 70) 710 70 00* Plattegrond: 5J1**q**
– www.thehague.hilton.com
195 kam – †99/229 € ††99/229 €, ⌷ 27 € – 6 suites – ½ P
Rest *Pearl* – zie restaurantselectie

● Een verblijf zoals u het in deze groep gewoon bent: tot in de puntjes verzorgd.
Het hotel is gedecoreerd in een moderne stijl met sixtieselementen en is goed
gelegen, vlak bij het centrum en de diplomatenbuurt. Goede congresfaciliteiten.
● The hotel is conveniently situated close to the city centre and the diplomatic
quarter and offers excellent conference facilities. Its decor is modern with a hint
of 1960s' style and the service is just what you would expect from a member of
this group of hotels.

Babylon

Bezuidenhoutseweg 53 ⊠ *2594 AC –* ℰ *(0 70)* Plattegrond: 4H3**u**
381 49 01 – www.hampshire-hotels.com/babylon
143 kam – †79/199 € ††79/199 €, ⌷ 19 € – 1 suite – ½ P
Rest – Menu 25 € – Carte 37/64 €

● Hier vindt u het typische hedendaagse hotelcomfort dat zakenreizigers zo op
prijs stellen. Ook de trendy loungebar en de ligging, naast het station, zijn troeven.
● Hotel Babylon provides the typical modern hotel comfort so prized by business
travellers. Its trendy lounge bar and location close to the station are added attractions.

Bel Air

Johan de Wittlaan 30 ⊠ *2517 JR –* ℰ *(0 70)* Plattegrond: 3F2**a**
352 53 54 – www.worldhotelbelair.com – gesloten eind december-begin januari
308 kam – †109/199 € ††109/199 €, ⌷ 21 € – 9 suites
Rest – Menu 38/42 € – Carte 39/47 €

● Van het organiseren van een groot congres tot het logeren van de bezoekers
aan het nabijgelegen World Forum: aan ruimte en bedden geen gebrek bij het keurige Bel Air. Het hele hotel ademt frisheid uit, met in de bar een streepje jazz toe.
● The Bel Air hotel boasts a range of facilities ranging from organising conferences to accommodating visitors to the neighbouring World Forum. Characterised
by a fresh feel throughout, the hotel also offers a bar with a jazz-style ambience.

Carlton Ambassador

Sophialaan 2 ⊠ *2514 JP –* ℰ *(0 70) 363 03 63* Plattegrond: 5J1**c**
– www.carlton.nl/ambassador
77 kam ⌷ – †109/259 € ††109/259 € – 1 suite
Rest *Henricus* – zie restaurantselectie

● Rond dit kleine luxehotel in het statige Mesdagkwartier staan 64 honderdjarige
kastanjebomen. Binnen is het al even uniek: een boetiekhotel met een gedistin-
geerde lobby en elegante kamers.
● Dozens of ancient chestnut trees surround this small luxury hotel in the Mes-
dag diplomatic district. Charming lobby and elegant bedrooms.

Corona 🛜 📶 📺 🍴 🛜 ♨

Buitenhof 42 ✉ *2513 AH* – ☏ *(0 70) 363 79 30* — Plattegrond: 5J1**g**
– *www.corona.nl*

36 kam – ♦80/110 € ♦♦90/150 €, ☕ 14 € – 1 suite

Rest – Lunch 25 € – Carte 23/64 €

● Corona, tegenover het Binnenhof, is een hotel met meer dan 300 jaar geschiedenis en een internationale allure. Het is ook een plek waar u op elk moment van de dag kunt binnenvallen, voor een kopje koffie of om iets te eten.

● This cosmopolitan hotel is situated in the heart of The Hague across the road from the Dutch Parliament and has a history dating back more than 300 years. It is the ideal place to drop in for a cup of coffee or a bite to eat at any time of the day.

Parkhotel zonder rest ♿ 📶 📺 🛜 ♨ 🚗

Molenstraat 53 ✉ *2513 BJ* – ☏ *(0 70) 362 43 71* — Plattegrond: 5J1**a**
– *www.parkhoteldenhaag.nl*

120 kam – ♦89/100 € ♦♦99/239 €, ☕ 22 €

● Het is goed toeven in dit pand dat al meer dan honderd jaar een plaats heeft in het Haagse horecalandschap; van deze rijke geschiedenis getuigt onder meer de trappenhal in Berlage-stijl. Historische charme dus, maar met alle modern comfort.

● This hotel offers pleasant accommodation and has been a feature of the hospitality scene in The Hague for over a century. The Berlage-style staircase bears witness to its rich history. The hotel oozes historic charm whilst providing all the comforts you would expect of a modern hotel.

Paleis zonder rest 🌿 📶 📺 🛜

Molenstraat 26 ✉ *2513 BL* – ☏ *(0 70) 362 46 21* — Plattegrond: 5J1**f**
– *www.paleishotel.nl* – *gesloten 24, 25 en 26 december*

20 kam – ♦99/199 € ♦♦99/199 €, ☕ 17 €

● Gordijnen, stoelen en bedspreien met stoffen van het Franse tophuis Pierre Frey en een weelderige poef aan het voeteind, het zijn details als deze die het hem doen. Dit Paleis tekent duidelijk voor een vorstelijke ontvangst in onvervalste Louis XVI-stijl, kingsize bed incluis!

● A luxury hotel inspired by the Louis XVI-style. Details that make all the difference include fabrics used for the curtains, chairs and bedspreads sourced from Pierre Frey, a renowned French furnishings company, and even a luxurious hassock at the foot of the bed. The royal welcome you will receive is enhanced by the king-size beds.

Mozaic zonder rest 📶 📺 🍴 🛜 🅿

Laan Copes van Cattenburch 38 ✉ *2585 GB* — Plattegrond: 4G2**b**
– ☏ *(0 70) 352 23 35* – *www.mozaic.nl*
– *gesloten 25 en 26 december*

25 kam – ♦70/110 € ♦♦90/130 €, ☕ 15 €

● Het team van Mozaic wil u graag dat tikkeltje meer geven: een prettig persoonlijk onthaal, een herenhuis met een vleugje geschiedenis en een snuif hedendaags design op de kamer. Een bezield alternatief voor de typische ketenhotels.

● The team at Mozaic offer their guests that little bit extra. Find a warm personal welcome, a townhouse with a hint of history and a touch of modern design in the bedrooms. An inspired alternative to the usual chain hotels.

Court Garden zonder rest 🚲 📶 ♿ 🍴 🛜 ♨ 🅿

Laan van Meerdervoort 96 ✉ *2517 AR* – ☏ *(0 70)* — Plattegrond: 3F3**e**
311 40 00 – *www.hotelcourtgarden.nl*

70 kam – ♦65/120 € ♦♦75/130 €, ☕ 13 €

● Het eerste duurzame hotel in Den Haag ligt aan de rand van het stadscentrum. De bekleding is sober en clean. 's Morgens is er een biologisch ontbijt, koffie en thee zijn heel de dag gratis beschikbaar in de lounge.

● The first sustainable hotel in The Hague stands at the edge of the city centre. It features restrained and simple furnishings. An organic breakfast is available in the morning and free tea and coffee are served all day long in the lounge.

⌂ **Residenz** zonder rest 🛏 🚲 🅰 📶 🛜

Sweelinckplein 35 ✉ *2517 GN –* 📞 *(0 70) 364 61 90*   Plattegrond: 3F3**d**
– www.residenz.nl
6 kam 🛏 – †139/210 € ††139/210 €

● 'Urban chic', zo noemt deze charmante B&B in een Haags herenhuis zich graag. Met andere woorden: het decor van Residenz is klassiek geïnspireerd met een scheut theatraliteit. Naast vier kamers vindt u er twee uitgeruste appartementen. De tram brengt u in tien minuten naar het centrum van de stad.

● Offering a classically inspired decor with a hint of theatricality, this charming B&B in a townhouse in The Hague likes to describe its style as 'urban chic'. There are two fully equipped apartments in addition to four bedrooms. The city centre is 10min away by tram.

ⅩⅩⅩ **Calla's** (Marcel van der Kleijn) 🍸 🅰 🎖

❀ *Laan van Roos en Doorn 51a* ✉ *2514 BC –* 📞 *(0 70)*   Plattegrond: 5K1**u**
345 58 66 – www.restaurantcallas.nl
– gesloten 21 december-4 januari, 26 juli-17 augustus, zaterdagmiddag, zondag en maandag
• FRANS CREATIEF • Menu 79/95 € – Carte 90/106 €

● 'Calla's' verwijst naar een Mexicaanse bloem, die op haar beurt haar naam dankt aan het Griekse woord voor schoonheid. Om dit internationale verhaal af te maken, is de keuken dan weer Frans en de wijnkaart een mix van de nieuwe en de oude wereld. Hier wacht u een memorabele maaltijd, sober en delicieus geraffineerd.

● 'Calla' refers to a Mexican lily, which derives its name from the Greek word for beauty. To continue with the international theme, the cuisine is French and the wine list a combination of the Old World and the New. The delicious, simple yet refined cuisine served here provides a truly memorable dining experience.

→ Cassoulet van groene asperges met peulvruchten, jabugo iberico bellota ham en gepocheerd ei. Gebakken zeebaars met crème van artisjokkenharten en saus van verjus. Pannacotta van kwark, rabarber en framboos met roomijs van magnolia.

ⅩⅩ **Le Bistroquet** 🏡 🅰

Lange Voorhout 98 ✉ *2514 EJ –* 📞 *(0 70) 360 11 70*   Plattegrond: 5K1**d**
– www.bistroquet.nl
– gesloten 24 tot 31 december, zaterdagmiddag en zondag
• MODERN • Menu 35 € – Carte 35/46 €

● Een glaasje Bolli, coquilles en daarna krokante zwezerik? De actuele kaart verraadt dat deze luxeueuze bistro zich in het hart van diplomatiek Den Haag bevindt, wat voor een veeleisend clientèle zorgt. 's Zomers kunt u onder de linden eten.

● A glass of Bolli, served with scallops followed by crispy sweetbreads? The up-to-the-minute menu betrays the fact that this luxurious bistro is situated in the heart of diplomatic The Hague where the clientele is both discerning and demanding. In the summer, dine alfresco under the lime trees.

ⅩⅩ **HanTing Cuisine** (Xiaohan Ji) 🅰 🎖 ⇔

❀ *Prinsestraat 33* ✉ *2513 CA –* 📞 *(0 70) 362 08 28*   Plattegrond: 5J1**e**
– www.hantingcuisine.nl – gesloten maandag
• EURO-AZIATISCH • Menu 36/65 € – Carte 40/54 € *– (alleen diner)*

● Bij HanTing Cuisine ontdekt u de fusionkeuken op zijn best. Met meesterschap laat chef Han de smaken van China harmoniëren met die van hier. Het resultaat is delicaat en prachtig in balans; een restaurant dat terecht op veel bijval kan rekenen!

● HanTing Cuisine is certainly the place to discover fusion cooking at its best. Han, the chef, brings all his expertise to bear in balancing the flavours of China with those of the West. He creates cuisine that is delicate and pleasingly harmonious. Not surprisingly, it is also very popular.

→ Rauwe tonijn en gamba met ganzenlever en bloedsinaasappel. Zeebaars en zeekwal met komkommer en Chinese kool, rode peper en knoflook. Tropisch fruit met mint, kokos en chocolade.

XX   **Christian**   🏡 ⇔

Laan van Nieuw Oost Indië 1f ⊠ *2593 BH*   Plattegrond: 4H3**a**
– 𝒞 (0 70) 383 88 56 – www.restaurantchristian.nl
– gesloten 28 december-6 januari, 2 tot 22 augustus, feestdagen behalve kerstmis, zaterdagmiddag en zondag
• MODERN • Lunch 33 € – Menu 38 € – Carte 55/75 €
• Christian heeft een geheel eigen stijl die culmineert in een groentenfestijn van eigen kweek aangevuld met dagverse aanvoer van vlees en vis. De ijver waarmee hij zich inzet voor een pure keuken met een ecologisch hart is lovenswaardig!
• Christian has a real style of his own, which culminates in a festival of homegrown vegetables complemented with a daily supply of fresh fish and meat. The passionate enthusiasm he shows for simple cuisine with an ecological heart is truly praiseworthy.

XX   **Des Indes** – Hotel Des Indes   ♿ ⇔ 🍽 **P**

Lange Voorhout 54 ⊠ *2514 EG –* 𝒞 *(0 70) 361 23 45*   Plattegrond: 5K1**s**
– www.luxurycollection.com/desindes
• FRANS CREATIEF • Menu 44/78 € – Carte 56/73 € – *(open tot 23.00 u.)*
• Statig restaurant dat zijn moederbedrijf alle eer aandoet. De kosmopolitische clientèle voelt zich helemaal thuis in het opulente decor, waar een eigentijdse keuken met de subtiele smaak van de specerijenroute wordt geserveerd.
• A stately restaurant that does credit to the hotel in which it is located. Its cosmopolitan clientele will feel entirely at home amid the opulent decor. Contemporary cuisine infused with the subtle flavours of the Spice Road.

XX   **Pearl** – Hotel Hilton   🏡 ♿ 🅰🅲 🍽 ⇔

Zeestraat 35 ⊠ *2518 AA –* 𝒞 *(0 70) 710 70 25*   Plattegrond: 5J1**q**
– www.restaurantpearl.com
• FRANS MODERN • Lunch 28 € – Menu 35/42 € – Carte 34/56 €
• Pearl liet zich voor zijn interieur inspireren door Vermeers Meisje met de parel. De keukenbrigade laat zich dan weer prikkelen door Frankrijk en de hedendaagse gastronomie, onder het nauwlettend oog van een ervaren executive chef.
• Pearl's interior design is inspired by Vermeer's Girl with a Pearl Earring. In the kitchen, French and contemporary cooking serve as the model for the dishes, prepared under the close supervision of an experienced executive chef.

XX   **Henricus** – Hotel Carlton Ambassador   🅰🅲 🍽 ⇔ **P**

Sophialaan 2 ⊠ *2514 JP –* 𝒞 *(0 70) 363 03 63*   Plattegrond: 5J1**c**
– www.carlton.nl/ambassador
• INTERNATIONAAL • Menu 35 € – Carte 45/61 € – *(open tot 23.30 u.)*
• Niet zomaar een kaart hier, maar een heus "moodbook": naargelang waarvoor u in de stemming bent ("light & easy", "delightful", …) worden u aangepaste suggesties gedaan uit verschillende snacks en internationale gerechten.
• The menu at the Henricus takes the form of a 'mood book'. Whatever you are in the mood for – whether it is 'light & easy' or 'delightful' – you will be given suggestions to suit from a range of light meals and international dishes.

X   **Maxime**   🅰🅲

🐌 *Denneweg 10b* ⊠ *2514 CG –* 𝒞 *(0 70) 360 92 24*   Plattegrond: 5K1**b**
– www.restaurantmaxime.nl – gesloten 25, 26 en 31 december-1 januari, zondag en maandag
• FRANS MODERN • Lunch 27 € – Menu 32/35 € – Carte 48/58 €
• Ruil eventjes Den Haag voor Parijs: deze chique bistro met Franse franjes werd door 'le tout' Den Haag in z'n hart gesloten (reserveer in het weekend voor de 1e (18 tot 20 u) of de 2e shift (20 tot 22 u)). Op uw bord geen tierlantijntjes, hier kookt men rechtdoorzee, vers en hedendaags.
• Exchange The Hague for Paris: this chic bistro with a distinctive French flavour is a popular place to eat in The Hague. There are two sittings at weekends, the first from 6pm to 8pm and the second from 8pm to 10pm. The cuisine is authentic, fresh and contemporary with no unnecessary frills.

✗ Fouquet 🏠 ⇔

Javastraat 31a ✉ 2585 AC – ℰ (0 70) 360 62 73   Plattegrond: 4G2**a**
– www.fouquet.nl – gesloten zondag
• KLASSIEK/TRADITIONEEL • Menu 28/58 € – Carte 40/71 € – *(alleen diner)*

● Deze vaste waarde zweert nog steeds bij de Franse keuken. Hier moet u zijn voor een 'cuisine du marché' die met respect voor traditie wordt bereid. 's Zomers kunt u op het afgesloten patioterras zitten.

● This established business still swears by French cuisine. This is the ultimate place for market fresh dishes, prepared with a reverence for tradition. Dine on the enclosed patio terrace in summer.

✗ Wox 🦢 🎦 🍴 ⇔

Lange Voorhout 51 ✉ 2514 EC – ℰ (0 70) 365 37 54   Plattegrond: 5K1**c**
– www.wox.nl – gesloten feestdagen, zaterdagmiddag, zondag en maandag
• EURO-AZIATISCH • Lunch 33 € – Carte 51/61 €

● De naam doet het al vermoeden en het interieur bevestigt het: deze flashy brasserie is een trendy hotspot. Ook de kaart heeft een sexy kantje, daar zorgen de Frans-Aziatische gerechten voor. Fenomenale wijnen met een mooie selectie per glas.

● The name gives you an inkling of the ambience here and the interior confirms it: this flashy brasserie is an ultra trendy venue. Fashionable Franco-Asian dishes feature on the menu, as well as phenomenal wines with a good selection available by the glass.

✗ De Basiliek 🏠 ⇔
🍴
Korte Houtstraat 4a ✉ 2511 CD – ℰ (0 70)   Plattegrond: 5K1**z**
360 61 44 – www.debasiliek.nl – gesloten zondag
• MODERN • Menu 25/58 €

● De plek bij uitstek om met vrienden de zaterdagavond te beginnen. Een gezellige drukte, frisse hedendaagse kookstijl en een aantrekkelijke menuformule waarmee u uit de hele kaart mag kiezen: de toon is gezet voor een geslaagd avondje uit.

● This is the perfect place to kick off a Saturday night with friends. Friendly bustling ambience, smart contemporary cuisine and an attractive formula allowing you to choose from the entire menu: the tone is set for a great night out.

✗ Basaal 🏠 ⇔
😊
Dunne Bierkade 3 ✉ 2512 BC – ℰ (0 70) 427 68 88   Plattegrond: 5K2**a**
– www.basaal.net – gesloten laatste week oktober, zondag van november tot april en maandag
• FRANS CREATIEF • Menu 35/50 € – Carte 42/51 € – *(alleen diner tot 23.00 u.)*

● Gebraden eendenborst met rookworst, slaatje van gerookte bietjes of een noordzeevissoep: bij Basaal gaat men voor een Europese keuken met een voorliefde voor het lekkers van bij ons. 's Zomers een stoepterras tegenover het water. De charmante eigenaren lieten hun elegante restaurant erkennen als officiële trouwlocatie voor hun eigen huwelijk, u kunt er sindsdien ook zelf huwen.

● Basaal focuses on European cuisine, with a menu featuring delicious dishes such as roast duck breast with smoked sausage, smoked beetroot salad and North Sea fish soup. The pavement terrace facing the canal is open in the summer. The engaging couple that own this elegant restaurant had it licensed as an official wedding venue for their own wedding – it is now open to others as well.

✗ Les Ombrelles 🏠 ⇔ 🍴 diner 🅿
😊
Hooistraat 4a ✉ 2514 BM – ℰ (0 70) 365 87 89   Plattegrond: 5K1**r**
– www.lesombrelles.nl – gesloten 25 december-3 januari, zaterdagmiddag en zondag
• VIS EN ZEEVRUCHTEN • Lunch 33 € – Menu 35/50 € – Carte 49/59 €

● U hoeft geen expert te zijn in de taal van Molière om te begrijpen wat Ombrelles betekent: 1 blik op het plafond vol parasols en u weet genoeg. De chef is dol op vis en schaaldieren, bij voorkeur Frans bereid met originele accenten.

● You don't need to be an expert in Molière's language to know the meaning of Ombrelles – just glance at the ceiling full of umbrellas to find the clue. The chef focuses on fish and shellfish dishes, adding his own original touches to traditional French recipes.

✗   Le Bistrot de la Place Chez Norbert

Plaats 27 ⊠ *2513 AD* – 𝒞 *(0 70) 364 33 27*   Plattegrond: 5J1**b**
– *www.bistrotdelaplace.nl* – *gesloten zaterdagmiddag en zondag*
• KLASSIEK • Lunch 19 € 𝟇 – Menu 36/50 € – Carte 38/62 €
● De geest van Frankrijk is tot in elke vezel van deze fijne bistro doorgedrongen: u ziet het op de platenhoezen aan de muur, u hoort het aan de muziek, u proeft het in de typisch Franse gerechten. Op zaterdag zingt de patron chansons.
● The record sleeves on the walls, the French music in the background and the flavours of archetypal French cuisine: the spirit of France has penetrated every fibre of this exceptional bistro. On Saturdays, the owner performs French songs.

✗   Sequenza

Spui 224 ⊠ *2511 BX* – 𝒞 *(0 70) 345 28 53*   Plattegrond: 5K2**b**
– *gesloten zondag en maandag*
• TRADITIONEEL • Menu 43 € – *(alleen diner tot 23.00 u.) (een enkel menu)*
● Het intieme Sequenza heeft een plekje veroverd in de harten van zijn vele habitués. Zij blijven enthousiast terugkomen voor het Frans getinte marktmenu waarin u telkens kunt kiezen uit een beperkt aantal gerechten. Weinig keus maar veel smaak!
● The cosy atmosphere of Sequenza has won the hearts of its many regular customers. They return time and time again for the French inspired cuisine made from fresh, market-sourced produce. The restricted menu may offer only a small selection of dishes, but the food is full of flavour.

✗   Sodafine

Pieterstraat 10a ⊠ *2513 BX* – 𝒞 *(070) 364 86 86*   Plattegrond: 5J1**x**
– *www.sodafine.nl* – *gesloten 1 en 2 januari, zondag en maandag*
• KLASSIEK • Menu 26/45 € – Carte 38/55 € – *(alleen diner)*
● Deze kleine bistro heeft karakter en dat vindt u terug op uw bord. Er wordt veel gewerkt met huisbereide producten, maar de prijzen worden eerlijk gehouden. De volkse buurt is een aangename plek en het achterliggende terras is heerlijk.
● This small, reasonably priced bistro is full of character, which is reflected on your plate. Many of the dishes are prepared using homemade and homegrown ingredients. A friendly eatery in a traditional neighbourhood with a terrace to the rear.

✗   Mazie

Maziestraat 10 ⊠ *2514 GT* – 𝒞 *(0 70) 302 02 86*   Plattegrond: 5J1**k**
– *www.restaurantmazie.nl* – *gesloten dinsdagmiddag, zaterdagmiddag, zondag en maandag*
• MODERN • Lunch 32 € – Menu 38/97 € – Carte 48/66 €
● Er heerst een gezellige drukte in dit kleine buurtrestaurant, gelegen in een zijstraat van het Noordeinde. De gerechten, smaakvolle en moderne combinaties, worden mooi geserveerd. En dat voor een eerlijke prijs.
● The atmosphere is cosy in this little neighbourhood restaurant; situated in a side street of het Noordeinde. Dishes arrive in tasty, modern combinations and are nicely presented. This all comes at a satisfyingly honest price.

in Scheveningen

🏠   Kurhaus

Gevers Deynootplein 30 ⊠ *2586 CK* – 𝒞 *(0 70)*   Plattegrond: 3F1**d**
416 26 36 – *www.kurhaus.nl*
245 kam – 🛆145/400 € 🛆🛆145/400 €, ⊊ 27 € – 8 suites – ½ P
Rest *Kurzaal* – 𝒞 *(0 70) 416 27 13* – Menu 38/40 € – Carte 40/67 €
● Dit kurhaus is meer dan een hotel, het is een instituut. Met een verfijnde ambiance, de uitgelezen ligging aan zee en het restaurant in een indrukwekkende, historische theaterzaal heeft het dan ook meer dan genoeg in huis om deze reputatie te rechtvaardigen.
● This grand residence is much more than a hotel; it is an institution. With its refined ambience, exquisite location by the sea and a restaurant occupying an impressive, historic theatre hall, it more than justifies its reputation.

Carlton Beach ⟨ 🍽 ▦ 🍸 ⅄₈ ♻ ⬛ 🅰 ❌ rest, 📶 🛁 🅿

Gevers Deynootweg 201 ⊠ 2586 HZ Plattegrond: 3F1**p**
– ☎ (0 70) 354 14 14 – www.carlton.nl/beach
177 kam – 🛏120/300 € 🛏🛏120/300 €, ⊊ 22 € – 6 suites
Rest Smuggler's Bar & Grill – Carte ong. 40 € – *(alleen diner tot 23.00 u.)*
● Langs buiten lijkt Carlton Beach wel wat 'stuck in the 80s', binnen wachten u
fijne moderne kamers met uitzicht op de duinen, het strand of de promenade.
Het warme zand voelt u 's zomers tussen uw tenen tijdens een ontbijt in het
strandpaviljoen. Bij Smuggler's hebt u de keuze uit grillgerechten.
● Despite its typical 1980s exterior, the Carlton Beach boasts smart modern
rooms with views of the dunes, the beach or the promenade. In summer, experience the added pleasure of feeling the warm sand under your feet as you enjoy
breakfast in the beach pavilion. Take your pick from a selection of grilled dishes
at the Smuggler's Bar & Grill.

 Europa 🍽 ▦ 🍸 ⅄₈ ♻ ⬛ 🅰 rest, ❌ rest, 📶 🛁 ⚓

Zwolsestraat 2 ⊠ 2587 VJ – ☎ (0 70) 416 95 95 Plattegrond: 3F1**z**
– www.bilderberg.nl
174 kam – 🛏99/475 € 🛏🛏99/550 €, ⊊ 20 € – ½ P
Rest Mangerie OXO – Menu 30/40 € – Carte 29/54 € – *(gesloten 25, 26 en
31 december) (alleen diner)*
● Dit moderne hotel aan een drukke weg ligt slechts 300 meter van de
beroemde Pier en biedt goed comfort. Kies voor de kamers met uitzicht op duinen en zee. Hedendaagse gerechten en een aantrekkelijk à la carte menu bij
Mangerie OXO.
● This modern hotel on a busy road stands just 300m from the famous Pier.
Good levels of comfort, with the best rooms overlooking the sea and dunes. Man-
gerie OXO offers contemporary dishes and an attractive à la carte menu.

 Verwar de bestekjes ❌ en de sterren ✿ niet! De bestekjes geven een categorie
van comfort en service aan. De ster bekroont alleen de kwaliteit van de keuken,
ongeacht de comfortcategorie.

 Badhotel 🖥 🅰 ❌ rest, 📶 🛁 🅿

Gevers Deynootweg 15 ⊠ 2586 BB – ☎ (0 70) Plattegrond: 3F1**b**
351 22 21 – www.badhotelscheveningen.nl
90 kam ⊊ – 🛏75/150 € 🛏🛏75/150 € – ½ P
Rest – Menu 30 € – Carte ong. 36 € – *(alleen diner)*
● Of het nu voor zaken of plezier is, Badhotel is een goede keuze voor iedereen
die op zoek is naar een degelijk hotel dat netjes wordt onderhouden. Vraag bij
reservering naar de arrangementen, en trakteer uzelf op een avondje uit in het
theater of het casino.
● Whether you are travelling for business or pleasure, Badhotel is an excellent
choice for visitors looking for a well-maintained, reputable hotel. When you
make your booking, remember to enquire about specially arranged events, perhaps treating yourself to an evening out at the theatre or casino.

 Ibis zonder rest 🖥 ⅃ 📶 🛁 🅿

Gevers Deynootweg 63 ⊠ 2586 BJ – ☎ (0 70) Plattegrond: 3F1**a**
354 33 00 – www.ibishotel.com/1153
88 kam – 🛏79/119 € 🛏🛏89/169 €, ⊊ 16 €
● Dit centraal gelegen ketenhotel dicht bij alle bezienswaardigheden van de badplaats kijkt uit op de Strandweg langs de boulevard. Twee formaten kamers.
● Centrally located and close to all the resort's main amenities, this chain hotel stands on a main street parallel to the dyke (Strandweg). Two sizes of
rooms.

XXX · 𝄐 **Seinpost**   ⌗ ⩽ AC

Zeekant 60 ⊠ 2586 AD – 𝒞 (0 70) 355 52 50   Plattegrond: 3E1**y**
*– www.seinpost.nl – gesloten feestdagen, zaterdagmiddag, zondag
en maandag*
• VIS EN ZEEVRUCHTEN • Lunch 39 € – Menu 49/69 € – Carte 65/90 €
● Dat sterrengastronomie niet aan de happy few is voorbehouden, bewijzen de
marktmenu's van Seinpost. De borden zijn hier goed gevuld, boordevol frisheid
en verzorgd. U krijgt een geraffineerde cuisine de la mer met een prachtig zicht
op zee. Wat wilt u nog meer?
● The market-sourced menus at Seinpost prove that restaurants with stars are
not just for the happy few. Meals served are generously portioned, extremely
fresh and well presented, and include refined seafood dishes. Along with the
spectacular sea view, what more could you wish for?
➔ Gestoofde kabeljauw met tuinbonen en bayonneham, asperges en romige
morieljesaus. Huisgepelde grijze garnalen met gerookte avocado, waterkers, raapstelen en buffelyoghurt. Frambozen in gekaramelliseerd korstdeegje, Zwitserse
room en karnemelkroomijs.

XX · **At Sea**   ⌗ ⇦⇨

Hellingweg 138 ⊠ 2583 DX – 𝒞 (0 70) 331 74 45   Plattegrond: 3E2**b**
*– www.restaurantatsea.nl – gesloten 31 december, zaterdagmiddag en
maandag*
• CREATIEF • Menu 35/65 € – Carte ong. 55 €
● Aspic van bloemkool met gegrilde coquilles of gelakte eend op tarte Tatin van
witlof: de brigade van At Sea navigeert gezwind richting vernieuwende keuken.
Het restaurant, lumineus en in loftstijl, legt de link met het omliggende haven-
kwartier.
● The At Sea team skilfully creates innovative dishes such as cauliflower in aspic
with grilled scallops and glazed duck on a tarte Tatin of chicory. The loft-style interior boasts views of the boats in the dry dock.

XX · **Waterproef**   ⌗ 🍽 AC ⇦⇨

Dr. Lelykade 25 ⊠ 2583 CL – 𝒞 (0 70) 358 87 70   Plattegrond: 3E2**f**
*– www.restaurantwaterproef.nl – gesloten
26 december-2 januari, zaterdagmiddag, zondagmiddag, maandagmiddag en
woensdag*
• FRANS MODERN • Lunch 25 € – Menu 40/60 € – Carte 46/70 €
● Een kanjer langs de kade: in deze mooie mix van oud en modern kunnen tot
honderd gasten bediend worden. De keuken is actueel (de menu's zijn het inte-
ressantst geprijsd) en de bediening is losjes. Blikvanger is de wijnkaart, spectaculair door zijn aanbod en concept.
● A very large restaurant beside the quay, where up to 100 guests can be served
in a beautiful combination of old and new. The cuisine is modern (the fixed menus offer best value) and the service informal. The wine list is a real eye-catcher,
offering a spectacular choice for diners.

X · **Le Bon Mangeur**   🍴

Wassenaarsestraat 119 ⊠ 2586 AM – 𝒞 (0 70)   Plattegrond: 3E1**a**
355 92 13 – www.lebonmangeur.nl
*– gesloten 29 december-13 januari, 27 juli-11 augustus, maandag
en dinsdag*
• FRANS KLASSIEK • Menu 35/38 € – Carte 47/63 €
– (alleen diner)
● Le Bon Mangeur, dat is het project van Theo en Patricia Pronk, die u kennis willen laten maken met een Franse keuken met blik op de wereld. De drempel van
dit sympathieke restaurant is laag, spring dus gerust eens binnen voor een gezellig diner.
● Le Bon Mangeur restaurant is run by Theo and Patricia Pronk who aim to introduce their guests to French cuisine with an international flavour. This congenial
restaurant opens its doors wide to everyone, making it the perfect place for a
friendly, informal dinner.

🍴 **De Dis**

Badhuisstraat 6 ⊠ 2584 HK – ☎ (0 70) 350 00 45   Plattegrond: 3F1**c**
– www.restaurantdedis.nl – gesloten maandag en dinsdag
• KLASSIEK/TRADITIONEEL • Menu 34/52 € – Carte 45/54 € – *(alleen diner)*
● Dit restaurant in een Scheveningse volkswijk heeft een bescheiden bekleding, maar de verrassing ligt op uw bord. De producten, kwaliteitsvol en seizoensgebonden, worden heerlijk op smaak gebracht en de gerechten zijn top gedresseerd. Een tafel om uw benen onder te steken.
● This restaurant has a very modest decor and is located in a working class area of Scheveningen. There are plenty of surprises on the plate, ensuring that guests will want to spend time appreciating the cuisine on offer. Top quality seasonal produce that is beautifully flavoured and presented.

in Kijkduin

🏨 **NH Atlantic**   ⌖ ⌖ 🛋 📺 ♨ 🐾 ⚗ 🚲 🛗 ⌖ kam, 🆗 kam, 🐾 rest, 🛜 🏋 **P**

Deltaplein 200 ⊠ 2554 EJ – ☎ (0 70) 448 24 82   Plattegrond: 1A2**a**
– www.nh-hotels.com
132 kam – 🛏105/165 € 🛏🛏105/165 €, � 19 € – 20 suites
Rest – Menu 35/43 €
● Plezier wordt in dit grote hotel met zaken gecombineerd: u vindt er zowel twintig vergaderzalen als een binnenzwembad, fitness en wellness. Maar bovenal: het zicht op de zee en de natuur is prachtig! In de keuken, internationaal gespijsd, kookt al jaren dezelfde kok.
● In this large hotel, pleasure is combined with business. It has some 20 meeting rooms, as well as an indoor pool, a gym and a spa. Best of all, the views of the sea and surrounding nature are stunning. For many years the same chef has turned out dishes with an international flavour.

OMGEVING

in Leidschendam

🏨 **Mercure**   ⌖ 🐾 🚲 🛗 🆗 🐾 🛜 🏋 **P**

Weigelia 22 ⊠ 2262 AB – ☎ (0 70) 320 92 80   Plattegrond: 2D2**n**
– www.mercure.nl
92 kam – 🛏79/169 € 🛏🛏94/184 €, ⊠ 20 € – 4 suites – ½ P
Rest *Chiparus* – zie restaurantselectie
● Hotel op palen, aan een meertje en naast een groot winkelcentrum. In de receptie in het atrium wordt u verwelkomd door een lichtinstallatie met maar liefst 2400 ledlampjes. De beste kamers hebben een balkon met uitzicht op het water.
● This lakeside hotel stands on stilts and is close to a large shopping mall. The reception area in the atrium welcomes guests with a lighting feature consisting of no fewer than 2400 LED light bulbs. The best rooms have balconies with views over the water.

🍴🍴 **Chiparus** – Hotel Mercure   ⌖ 🏠 🆗 🐾 ⇄

Weigelia 22 ⊠ 2262 AB – ☎ (0 70) 320 92 80   Plattegrond: 2D2**n**
– www.mercure.nl
• CREATIEF • Menu 35/50 € – Carte 44/57 €
● Hotelrestaurant, modern en chique gerestyled en voorzien van een terras aan het water. Seizoenmenu en a la carte menu met een wijnsuggestie per glas bij elk gerecht.
● This restaurant, treated to a smart, modern makeover, also boasts a lakeside terrace. Seasonal and à la carte menu. A glass of wine is suggested with each dish.

Zin om te vertrekken op de laatste minuut?
Bezoek de hotels op het internet om van promotieprijzen te genieten.

ɤ **George** 🛜

Sluisplein 9 ✉ *2266 AV –* ✆ *(0 70) 301 04 51*   Plattegrond: 2D2**a**
– www.restaurantgeorge.nl
– gesloten zondag en maandag
• KLASSIEK • Lunch 20 € – Menu 35/50 €
● Bistrootje met prachtig terras aan een schilderachtige sluiskade. Het interieur kleurt licht grijs en wordt verkwikt met een paars kleuraccent. Strakke, eerder klassieke gerechten doen uw smaakpapillen tintelen! Kleine kaart met vaste prijzen en wijnsuggesties bij de bereidingen.
● This compact bistro has a beautiful terrace alongside a picturesque lock. The light grey decor, enlivened by the occasional hint of purple, provides the backdrop for relatively traditional dishes that will delight your taste buds. A small fixed price menu with wine pairings is also available.

ɤ **Brasserie NL** 🛜 Ⓜ ⇔ 🅿

Neherpark 5 ✉ *2264 ZD –* ✆ *(0 70) 320 85 50*   Plattegrond: 2D2**b**
– www.brasserienl.com
– gesloten 25, 26 en 31 december en zondag
• MODERN • Menu 35/50 € – Carte 40/60 € – *(alleen diner)*
● De grote, betonnen zendmast en de telefonie-attributen in het interieur herinneren aan het verleden als hoofdgebouw van PTT Nederland, maar deze zaak valt vooral op door zijn vintage uitstraling en de designstoelen uit de jaren zestig. De kaart is rechttoe, rechtaan: modern, gul en op basis van uitstekende producten.
● The large, concrete radio tower with its telephone paraphernalia inside is a reminder of its history as the headquarters of the postal service in the Netherlands. What stands out most about this restaurant is its vintage appeal and the designer chairs from the sixties. The menu is straightforward: modern, generous and based on excellent produce.

ɤ **De Oude Melkhandel** 🛜 ⇔

Sluiskant 22 ✉ *2265 AB –* ✆ *(0 70) 317 82 70*   Plattegrond: 2D2**z**
– www.deoudemelkhandel.nl – gesloten eind december-begin januari en maandag
• FRANS CREATIEF • Lunch 20 € – Menu 33/48 €
– Carte 44/55 €
● Pittoresk plekje aan het water waar u kunt wegdromen bij het zicht op de sluis. In deze voormalige melkhandel huist een eigentijdse brasserie, waar de keuken het ritme van de markt volgt. Actuele gerechten zijn hier doorspekt met verse, eerlijke producten.
● A picturesque waterside location with views over the lock. This former dairy is now home to a contemporary brasserie, where the kitchen follows the rhythms of the seasons. The up-to-date dishes are based around fresh and authentic ingredients.

in Rijswijk

🏨 **Grand Winston** 🦽 🛎 ♿ kam, Ⓜ 🛜 🅿

Generaal Eisenhowerplein 1 ✉ *2288 AE*   Plattegrond: 2C3**z**
– ✆ *(0 70) 414 15 00*
– www.worldhotelgrandwinston.com
252 kam – 🛏79/179 € 🛏🛏89/189 €, ☕ 15 € – 7 suites
Rest *Grand Canteen* – Menu 29 € – Carte 30/58 €
● Sir Winston Churchill waakt over de receptie van dit designhotel naast het station. Twee torens herbergen de kamers, die net als de openbare ruimtes erg verzorgd zijn. Het restaurant is trendy en serveert zowel snacks als internationale klassiekers.
● Sir Winston Churchill stands guard over the reception at this designer hotel adjacent to the station. Two turrets house the guestrooms, which like the public areas, are well-maintained. The restaurant is trendy and serves snacks, as well as classic international dishes.

Savarin 🖼️ 🚭 🏠 𝟙𝟙 🚲 🛁 🖊 𝕄 🛜 🏊 **P**
Laan van Hoornwijck 29 ⊠ 2289 DG – 𝒞 (0 70) Plattegrond: 2C3**b**
307 20 50 – www.savarin.nl
36 kam – ♠119/229 € ♠♠119/229 €, ⊠ 22 € – 2 suites – ½ P
Rest *Savarin* – zie restaurantselectie
● Een oase tussen de snelwegen en de grote kantoorgebouwen, waar u een heerlijke mix vindt van ontspanning, wellness en persoonlijke service. Ook de kamers zijn een genot: warm, intiem en zeer comfortabel.
● An oasis between motorways and huge office buildings, where you'll find a winning mix of leisure and wellness facilities and personal service, with guestrooms that are intimate and extremely comfortable. A real delight!

𝕏𝕏𝕏 **Savarin** – Hotel Savarin 🛖 🛁 ♻️ **P**
Laan van Hoornwijck 29 ⊠ 2289 DG – 𝒞 (0 70) Plattegrond: 2C3**b**
307 20 50 – www.savarin.nl – gesloten zaterdagmiddag en zondag
• FRANS • Menu 35/85 € – Carte 46/65 €
● In een boerderij die helemaal up-to-date werd gebracht zonder haar ziel te verliezen, kunt u terecht voor een Franse keuken met een internationale inslag. Originele smaakaccenten zorgen voor een frisse toets in de soms speelse gerechten.
● Serving French cuisine with an international twist, this restaurant occupies a modernised farmhouse that has retained its traditional charm. Original flavours add a fresh touch to the occasionally playfully prepared dishes.

𝕏𝕏𝕏 **Niven** (Niven Kunz) 🛖 ♻️ **P**
❀ *Delftweg 58a ⊠ 2289 AL – 𝒞 (0 70) 307 79 70* Plattegrond: 2C3**a**
– www.restaurantniven.nl – gesloten zondag en maandag
• CREATIEF • Menu 35/50 € – Carte ong. 79 € – *(alleen diner behalve vrijdag en zaterdag)*
● 80% groenten in elk gerecht: dat is het basisprincipe bij Niven. Met die filosofie in het achterhoofd en het gebruik van kraakverse producten, weet de chef creatieve lekkernijen samen te stellen. In deze frisse, moderne zaak hangt een chique ambiance, net als in de kamers – met terras aan een golf.
● The basic principle of Niven is to ensure that every dish consists of 80% vegetables. With that philosophy in mind and the use of field-fresh produce, the chef succeeds in creating imaginative delicacies. This fresh, modern business exudes a smart ambience, including in the guestrooms, which boast a terrace overlooking a golf course.
➔ Gemarineerde groenten met krab en kwartelei. Snijboon à la carbonara met kalfszwezerik. Aardbei en rabarber met vanille.

De prijzen voor het symbool ♠ komen overeen met de laagste prijs in laagseizoen en daarna de hoogste prijs in hoogseizoen voor een éénpersoonskamer.
Hetzelfde principe voor het symbool ♠♠, hier voor een tweepersoonskamer.

in Voorburg

Mövenpick 🛖 🚲 🏨 🛁 𝕄 🍴 rest, 🛜 🏊 🛖
❀ *Stationsplein 8 ⊠ 2275 AZ – 𝒞 (0 70) 337 37 37* Plattegrond: 2D2**u**
– www.moevenpick-hotels.com/denhaag-voorburg
125 kam – ♠75 € ♠♠75 €, ⊠ 19 € **Rest** – Menu 25/35 € – Carte 29/48 €
● Ketenhotel in een modern gebouw dat uitkijkt op het station. De kamers zijn functioneel – die aan de achterkant genieten de voorkeur – en zijn zeer toegankelijk voor rolstoelgebruikers. De brasserie is modern, de kaart internationaal.
● A chain hotel in a modern building looking out over the station. The rooms are functional – those at the back are preferable – and easily accessible to wheelchair users. The modern brasserie offers an international menu.

XXX Villa la Ruche

Prinses Mariannelaan 71 ✉ 2275 BB — Plattegrond: 2C2**x**
– 𝒞 (0 70) 386 01 10 – www.villalaruche.nl
– gesloten zaterdagmiddag, zondag en maandag
• FRANS MODERN • Menu 35/95 € – Carte ong. 71 €
• Villa la Ruche, een villa uit de 19de eeuw met gemoderniseerd interieur, wil u graag vergasten op een eigentijdse maaltijd. Dit kan niet alleen in de sfeervolle eetzaal met serre, maar ook op het terras onder de platanen.
• Villa la Ruche is a villa from the 19C with a modernised interior. It treats its guests to up-to-the-minute cuisine, served either in the atmospheric restaurant with a conservatory or on the patio under the shade of the plane trees.

X Brasserie De Koepel

Oosteinde 1 ✉ 2271 EA – 𝒞 (0 70) 369 35 72 — Plattegrond: 2D2**p**
– www.brasseriedekoepel.nl
– gesloten 27 tot 31 december en zondag
• KLASSIEK/TRADITIONEEL • Menu 29/82 € ♟ – Carte 41/52 €
– (alleen diner tot 23.00 u.)
• Oude oranjerie in een park waar u op het terras kunt genieten van de natuur. Onder de koepel, met schilderingen van schaars geklede dames, kunt u genieten van de specialiteiten van het huis: Caesar salade, kreeftenroomsoep, hazenbout met specerijensaus en tarte Tatin.
• A former orangery located in a park where you can sit and enjoy nature on the terrace. Beneath the dome, with its paintings of scantily clad women, enjoy the house specialities of Caesar salad, lobster and cream soup, hare filet with a spicy sauce and tarte Tatin.

X Le Barquichon

Kerkstraat 6 ✉ 2271 CS – 𝒞 (0 70) 387 11 81 — Plattegrond: 2D2**v**
– www.lebarquichon.nl
– gesloten 27 juli-17 augustus, zaterdagmiddag, zondagmiddag, dinsdag en woensdag
• KLASSIEK • Lunch 28 € – Menu 33/46 €
– Carte 44/55 €
• Een jong stel heeft onlangs nieuw leven geblazen in dit plaatselijke restaurantje. In een gezellig voetgangersstraatje wordt het stoepterras opengesteld zodra de zon verschijnt. De kaart is kort en klassiek, de eetkamer klein maar knus.
• A young couple recently breathed new life into this little neighbourhood restaurant. Given its location along a pedestrian walkway, the pavement terrace is opened up whenever the weather allows. The menu is short and traditional, the dining room small but cosy.

HAAKSBERGEN

Overijssel – 24 344 inw. – Atlas: **13**-C3
▶ Amsterdam 163 km – Apeldoorn 78 km – Arnhem 78 km – Enschede 21 km
Michelin wegenkaart 532-Z10 en 715-L5

🔟 Erve Bruggert zonder rest

Scholtenhagenweg 46 ✉ 7481 VP – 𝒞 (0 53) 572 14 04
– www.ervebruggert.nl
18 kam ⌸ – †60/68 € ††78/86 €
• Wil u de drukte van de stad even achterlaten en uw batterijen opladen in de rust van het platteland? Deze voormalige boerderij is hiervoor geknipt. Ook uw paard kan hier overnachten! B&B-formule in de boerenlodges (duplexen met kitchenette).
• This former farmstead in the quiet of the country is just the place to leave the hustle and bustle of the city behind and recharge your batteries. There is even stabling for horses and B&B in the farm cottages (separate studios with kitchenettes).

XX   **Bi'j de Watermölle** met kam

Watermolenweg 3 ⊠ *7481 VL – ℰ (0 53) 572 92 50 – www.watermolle.nl*
– gesloten 29 december-5 januari
5 kam ⊑ – ▮110 € ▮▮130 €   Lunch 28 € – Menu 35/58 € – Carte 48/57 €
● Oude hoeve in het groen. Het terras kijkt uit op een watermolen, waar het graan wordt gemalen voor het huisgebakken brood. Landelijke sfeer, seizoenkeuken, streekproducten. Grote kamers met landelijke charme in de voormalige korenschuur.
● Former farmhouse surrounded by woodland with a terrace overlooking an old watermill that produces the grain for their homemade bread. Cosy country atmosphere, and up-to-date seasonal dishes featuring local flavours. Spacious rooms with country charm under the eaves of a former barn.

HAARLEM

Noord-Holland – 155 147 inw. – Atlas: **11**-A3

▶ Amsterdam 20 km – Den Haag 59 km – Rotterdam 79 km – Utrecht 54 km
Michelin wegenkaart 531-M8 en 532-M8 en 715-E4

© Radius Images/Photononstop

 Hotels

 Carlton Square　　　　　　　　　　🏠 🍴 AC ⚙ kam, 🛜 ⚙

 Baan 7 (Houtplein) ⊠ *2012 DB – ℰ (0 23) 531 90 91*　　Plattegrond: A2**b**
– www.carlton.nl/square
122 kam – ♦99/199 € ♦♦99/199 €, � 13 €
Rest – Lunch 20 € – Menu 25 € – Carte 33/56 €

● Comfortabel hotel met Angelsaksische ambiance, in een modern pand dat uitkijkt op een groen plein. Cosy lobby, ruime kamers met vernieuwd sanitair. Grote
brasserie met een vleugje art deco, waar internationale en eigentijdse maaltijden
worden geserveerd.

● This comfortable English-style hotel is housed in a modern building overlooking a square with greenery. Cosy lobby area, spacious rooms and nice bar serving
whisky. Traditional cuisine served in a large brasserie-style dining area with art
deco touches.

Stempels　　　　　　　　　　　　　　🍴 AC ⚙ 🛜 ⚙

Klokhuisplein 9 ⊠ *2011 HK – ℰ (0 23) 512 39 10*　　Plattegrond: AB2**b**
– www.stempelsinhaarlem.nl
16 kam – ♦98/158 € ♦♦115/188 €, ⊠ 13 € – 1 suite – ½ P
Rest *Stempels* – zie restaurantselectie

● Een monumentaal hotel in een voormalige drukkerij en lettergieterij (18de
eeuw) die tot in 1992 in bedrijf was. De kamers zijn modern, aangenaam en verzorgd.

● This lovely hotel-restaurant complex with old world charm was created from an
18C printing works and font foundry that operated until 1992. The modern rooms
are pleasant and stylish.

Lion d'Or zonder rest　　　　　　　　　🍴 AC ⚙ 🛜 ⚙

Kruisweg 34 ⊠ *2011 LC – ℰ (0 23) 532 17 50*　　Plattegrond: A1**d**
– www.hotelliondor.nl
34 kam ⊠ – ♦85/195 € ♦♦95/245 €

● Dit stadshotel, bij het station en de winkels, biedt reizigers al sinds het begin
van de 19de eeuw onderdak. Kamers van verschillend formaat maar met hetzelfde comfort.

● This city hotel near the station and business district has housed travellers since
the early 19C. Various types of rooms, all with a similar level of comfort.

Rode symbolen wijzen op de bijzondere charme van de zaak 🏠 XxX.

206

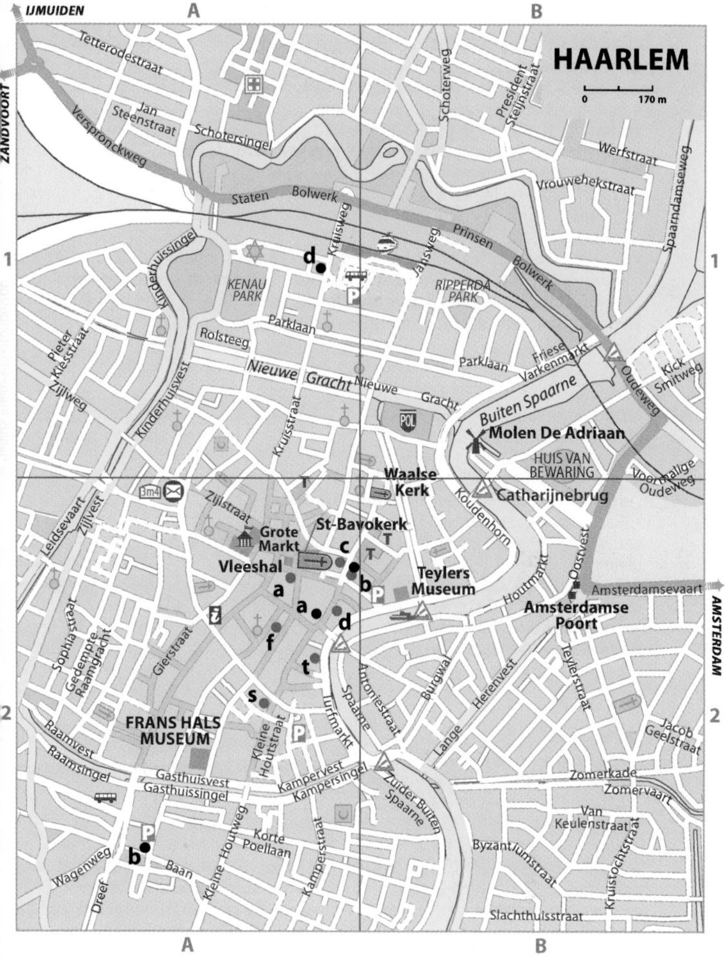

Haarlem Zuid (N)

Toekanweg 2 ✉ 2035 LC – ✆ (0 23) 536 75 00
– www.hotelhaarlemzuid.nl
290 kam – 🚹80/175 € 🚹🚹80/175 €, ☕ 14 € – 4 suites
Rest – Lunch 15 € – Carte 33/41 €
– *(open tot 23.00 u.)*

• De goede bereikbaarheid vanaf de snelweg is een troef, maar ook de faciliteiten zijn top. In navolging van de nieuwe vleugel worden de oudere kamers helemaal vernieuwd, met als resultaat moderne, comfortabele kamers en fraaie badkamers.

• The easy access from the motorway is a bonus, but the facilities are also top notch. After the construction of a new wing, the older rooms are now completely renovated, which has resulted in modern, comfortable guestrooms and beautiful bathrooms.

Lambermon's Suites ⓝ zonder rest 🔊 📠 ⚡ 📶

Korte Veerstraat 1 ⊠ 2011 CL   Plattegrond: A2**a**
– 𝒞 (0 23) 542 78 04 – www.brassshaarlem.nl
– gesloten 31 december-1 januari
10 kam – ♟150/275 € ♟♟150/275 €, ☟ 19 €
● De ene heeft een jacuzzi, de andere een infraroodsauna … Elke suite heeft hier een eigen persoonlijkheid, met zachte kleuren en een moderne, luxe inrichting als gezamenlijke kwaliteiten. 's Ochtends kunt u lekker blijven liggen, want het ontbijt wordt op de kamer geserveerd. U voelt zich hier als een vis in het water.
● All the suites in this hotel have modern, luxurious interiors decorated in soft colours, each with their own individual style. Some of the suites are equipped with a Jacuzzi, while others have an infrared sauna. Enjoy a lie-in in the morning as breakfast is served in your room. Perfect for a relaxing stay!

● Restaurants

🍴🍴🍴 ML (Mark Gratama) 🏠 ✿
🕸
Kleine Houtstraat 70 ⊠ 2011 DR   Plattegrond: A2**s**
– 𝒞 (0 23) 534 53 43 – www.restaurant-ml.nl
– gesloten dinsdagmiddag, zaterdagmiddag, zondag en maandag
Lunch 43 € – Menu 58/90 € – Carte 71/104 €
● Restaurant met modern-rustiek decor in een voormalig pandjeshuis (17de eeuw). Ambitieuze, eigentijdse kookstijl. Mooi zomerterras op de binnenplaats.
● Rustic-modern restaurant in a former (17C) pawn shop. Ambitious contemporary cuisine. Attractive courtyard terrace in summer.
→ King krab met komkommer, snijboon en watermeloen, crème fraîche en citroen. Gebraden duif in eigen jus met eendenlever, courgette, aubergine en bospeen. Structuren van rabarber met aardbeien, meringue en pistacheroomijs.

🍴🍴 Fris 🏵 🏠
☺
Twijnderslaan 7 ⊠ 2012 BG
– 𝒞 (0 23) 531 07 17 – www.restaurantfris.nl
– gesloten zondag en maandag
Menu 34/80 € – Carte 43/58 € – (alleen diner)
● Kijk eerst even rustig rond: de plafonnières van stof en de visschilderijen zijn het bekijken waard. Een blik op de kaart leert dat deze zaak niet voor niets Fris heet: originele texturen en productcombinaties zorgen voor een aangenaam mondgevoel en lekkere smaken. De wijnen ronden het verhaal mooi af.
● This restaurant boasts a striking decor of fabric ceiling lights and fish paintings on the walls. It is immediately clear from the menu why the place is called 'Fris' ('fresh' in Dutch). The original textures and combinations of ingredients taste delicious. A good selection of wines completes the picture.

🍴🍴 Vis & Ko 📠 ⚡ ✿
Spaarne 96 ⊠ 2011 CL – 𝒞 (0 23) 512 79 90   Plattegrond: A2**t**
– www.visenko.nl
– gesloten 4 tot 21 augustus, zaterdagmiddag en maandag
Lunch 30 € – Menu 40 € – Carte 51/69 € – (reserveren aanbevolen in het weekend)
● Meesterkok Imko Binnerts en zijn brigade werken met al het lekkers uit de zee en serveren het zoals het moet: kraakvers en puur. De culibites geven u de mogelijkheid te proeven van kleinere gerechtjes voor zachte prijzen. Deze fraaie zaak - in loftstijl - valt in de smaak, twijfel dus niet om te reserveren.
● Master Chef Imko Binnerts and his team create delicious fresh fish and seafood cuisine. There is also a choice of 'culibites' that allow guests to taste smaller dishes at reasonable prices. A beautiful loft-style restaurant with real appeal. Don't hesitate to make a reservation.

XX **Hout** 🛱 ⇄
Wagenweg 214 ✉ *2012 NM – ℰ (0 23) 551 63 58 – www.restauranthout.nl*
– gesloten 25, 26 en 31 december
Lunch 23 € – Menu 30/45 € – Carte 36/48 €
● Van het aanpalende bos de Haarlemmerhout tot verschillende elementen in
het moderne interieur: hout is alomtegenwoordig in dit gezellige buurtrestaurant.
Het beste wat de seizoenen te bieden hebben wordt hier verwerkt in gerechten
die lekker modern zijn. De prijs-kwaliteitverhouding is top!
● Wood is omnipresent in this cosy neighbourhood restaurant, from the adjacent
forest (the Haarlemmerhout) to much of the modern interior decor. The best seasonal produce is used to create attractive, modern dishes. Great value for money.

XX **Stempels** – Hotel Stempels 🛦 🔠
Klokhuisplein 9 ✉ *2011 HK – ℰ (0 23) 512 39 10*   Plattegrond: AB2**b**
– www.stempelsinhaarlem.nl
Menu 35/107 € 🍷 – Carte 45/75 € – *(alleen diner)*
● In een deftige sfeer die helemaal past bij het historische Haarlem wordt u hier
een vrij klassieke keuken voorgeschoteld die met de seizoenen meegaat. In de
brasserie kunt u terecht voor eenvoudige gerechten.
● This restaurant's reasonably classic cuisine changes with the seasons. It is
served in a genteel atmosphere particularly fitting for the historic city of Haarlem.
Informal dining in the brasserie.

X **La Forca** 🔠
Frankestraat 17 ✉ *2011 HT – ℰ (0 23) 532 25 00*   Plattegrond: A2**f**
– www.laforca.nl – gesloten maandagmiddag en zondag
Menu 34/47 € – Carte 35/57 € – *(open tot 23.00 u.)*
● Gezellige, authentieke trattoria in een rustig straatje. Verrassingsmenu's, a
la carte en dagelijks wisselende suggesties, alles op basis van kraakverse kwaliteitsproducten.
● Cosy authentic trattoria in a calm little street. Surprise menus, à la carte and
changing daily suggestions, all based on extremely fresh quality produce.

X **Ratatouille Food & Wine** Ⓝ (Josua Jaring) ⇄
❀ *Lange Veerstraat 11* ✉ *2011 DA – ℰ (0 23) 542 72 70*   Plattegrond: A2**c**
– www.ratatouillefoodandwine.nl – gesloten dinsdagmiddag, zondag en
maandag
Lunch 28 € – Menu 34/65 € – Carte 46/71 €
● Probeer een plek aan de chef's table van deze moderne brasserie te reserveren,
het is de moeite. Chef Jaring werkt met fantastische producten en durft te verras-
sen met zijn combinaties, maar nooit gaat de harmonie tussen ingrediënten en
smaken verloren. Heerlijk! Twijfel dus niet om de all-informule te kiezen.
● It is well worth booking a place at the chef's table in this modern brasserie.
Chef Jaring works with fantastic produce and dares to surprise with his combinations, while never losing the subtle harmony between ingredients and flavours.
All-inclusive formula available. A wonderful dining experience.
→ Geroosterde coquille met textuur van knolselderij, fenegrieksaus, kroepoek van
basmati rijst, gedroogde ham en zoute citroen. Gebraden piepkuiken gevuld met
ganzenlever, crème van pastinaak en oerbietjes en aceto balsamicojus. Op z'n
kop gebakken appeltaartje met karamel en vanilleroomijs.

X **Truffels** Ⓝ 🍽
Lange Veerstraat 45 ✉ *2011 DA – ℰ (0 23) 532 57 70*   Plattegrond: A2**d**
– www.restauranttruffels.nl – gesloten 1 tot 12 januari, zondag en maandag
Menu 43 € – *(alleen diner) (reserveren noodzakelijk) (een enkel menu)*
● Combineren, smaken creëren, uitproberen en als resultaat elke maand één
enkel menu presenteren. Met deze aanpak zorgt deze leuke zaak keer op keer
voor een smakelijke versie van de actuele keuken, aan zachte prijzen. Niet te
mankeren!
● This fun restaurant's approach is to combine and create flavours by experimenting until it comes up with one fixed menu for the month. Each time, Truffels
succeeds in producing delicious, contemporary cuisine at reasonable prices. Don't
miss out!

Patxaran - Pintxos y Tapas

Spekstraat 8 ⊠ 2011 HM – ℰ (0 23) 844 64 59   Plattegrond: A2**a**
– www.patxaran.nl – gesloten 26 december, 1 januari en dinsdag in augustus
Menu 25/45 € – Carte 26/60 € – *(alleen diner behalve zaterdag)*

● Patxaran neemt u in zijn losse, sfeervolle bistro mee op reis naar Spanje. Begin met een paar pintxos (typische Baskische hapjes) te kiezen uit het regelmatig aangevulde buffet, om daarna over te schakelen naar wat tapas. De opeenvolging van smaken en texturen, van verse kwaliteitsproducten, is delicioso!

● Patxaran takes you on a trip to Spain in this informal, welcoming bistro. Start by choosing a few pintxos (typical Basque snacks) from the regularly replenished buffet, and then try out some tapas. The succession of flavours and textures of the fresh, quality produce is delicioso!

> Twijfelt u tussen twee adressen in dezelfde categorie?
> Binnen elke categorie staan de zaken geordend volgens klasse
> en comfort van het decor.

in **Bloemendaal** Noord-West : 4 km

Chapeau!

Hartenlustlaan 2 ⊠ 2061 HB – ℰ (0 23) 525 29 25 – www.restaurantchapeau.nl – gesloten 27 december-7 januari, 28 tot 30 april, 21 juli-11 augustus, dinsdagmiddag, zaterdagmiddag, zondag en maandag
Lunch 40 € – Menu 75/100 € – Carte 73/106 €

● Als u op zoek bent naar een culinaire ervaring die helemaal af is, moet u beslist eens langsgaan bij Chapeau. Superieure producten in uitgekiende composities, rijk aan smaak en licht creatief: een zeer geraffineerde maaltijd!

● Those who are looking for a culinary experience to delight all the senses should put Chapeau on their list. Superior produce is used in meticulous, subtly creative and very flavoursome compositions – this is the kind of dining you are unlikely to forget!

→ Gnocchi met parmezaan, basilicum en molasses. In cocotte gebraden duif gevuld met ganzenlever, kliswortel en artisjok. Meringue van citroen met verveine en citroengras.

De Uitkijk

Hoge Duin en Daalseweg 6 ⊠ 2061 AG – ℰ (0 23) 525 11 62 – www.restaurantdeuitkijk.nl – gesloten donderdag van oktober tot maart en maandag
Lunch 23 € – Menu 35/45 € – Carte 32/60 €

● Paviljoen op het hoogste duin van Nederland, het Kopje, in een groene wijk. Modern en comfortabel decor, terras en uitzicht op een natuurgebied. Sinds 1947 in familiebeheer!

● A large house set on the highest dune in the area (het Kopje), in a lovely leafy neighbourhood. Comfortable modern setting, terrace with a view. Family-run since 1947.

Terra

Kerkplein 16a ⊠ 2061 JD – ℰ (0 23) 527 78 56 – www.restaurantterra.nl – gesloten 31 december-1 januari, zaterdagmiddag en dinsdag
Menu 35/43 € – Carte 44/55 €

● Een keuken van hoge techniciteit met smaakvolle recepten en een vrouwelijke sommelier die u uitstekend adviseert. Keuze van drie, vier of vijf gangen uit de kaart voor een schappelijke prijs. Stijlvol warm interieur.

● A highly technical cuisine based on tasty recipes and a female sommelier who gives excellent advice. Choice of three, four or five courses for a very reasonable price. Stylish warm interior.

in Heemstede Zuid : 4 km

XX ☘ **Cheval Blanc** 🏠 ℞

Jan van Goyenstraat 29 ✉ *2102 CA – ☎ (0 23) 529 31 73 – www.cheval-blanc.nl*
– gesloten 25 december-1 januari, 26 april, dinsdagmiddag, zaterdagmiddag,
zondagmiddag en maandag
Lunch 35 € – Menu 40/100 € – Carte 61/83 €

• Goed adres voor een heerlijke, op-en-top eigentijdse maaltijd. Wisselende kaart, aantrekkelijk menu Deschamps, licht en intiem decor, mooie terrassen, toegewijde bediening.
• A great place for a delicious up-to-date meal. Frequently changing menus, attractive fixed price Deschamps menu, bright and intimate setting, pretty terraces and attentive service.
→ Langoustines gebakken en als parfait bereid met een sinaasappellikeur en gemarineerde meloen. Geroosterde zeeduivel met chorizo. Ananas met amandel en kokos.

XX **Landgoed Groenendaal** 🏠 ♿ ℞ ⇄ **P**

Groenendaal 3 (1,5 km via Heemsteedse Dreef) ✉ *2104 WP – ☎ (0 23) 528 15 55*
– www.landgoedgroenendaal.nl – gesloten 27 december-1 januari en maandag
Lunch 28 € – Menu 35 € – Carte 38/52 €

• Een klassiek koetshuis met een prachtig groen terras, omringd door een park … en binnenin een knap eigentijds decor. Ook de gerechten zijn met hun tijd mee en hebben één constante: smaak! De lunchkaart is klein, de seizoensmenu's zijn top.
• This classical manor house surrounded by grounds and a superb leafy terrace has an appealing contemporary interior. Up-to-date cuisine, good seasonal menus and restricted lunch menu.

X **Sari** Ⓜ ℞

Valkenburgerlaan 48 ✉ *2103 AP – ☎ (0 23) 528 45 36 – www.sari.nl – gesloten*
25 en 31 december
Carte 26/52 € – *(alleen diner)*

• Indonesische keuken en vriendelijke bediening in een eetzaal met plafond van houtsnijwerk en Balinese schilderijen aan de muren. Kaart met specialiteiten en rijsttafels.
• Indonesian cuisine served with a smile in a dining room with sculpted wooden ceiling and walls decorated with Balinese paintings. Typical menu; set "rice table" menu.

X **Restaurant 139** Ⓝ ⇄

Zandvoortselaan 139 ✉ *2106 CM – ☎ (0 23) 743 06 34 – www.restaurant139.nl*
– gesloten dinsdag
Menu 33 € – Carte ong. 37 €

• Op nummer 139 huist een leuk buurtrestaurant met een kleurrijke loftstijl. De keuken goochelt met Spaanse en mediterrane invloeden, en dat zorgt voor mooie smaakvariaties. Zuiderse warmte vindt u ook op de wijnkaart.
• Number 139 houses a pleasant neighbourhood restaurant in a colourful loft style. Spanish and Mediterranean influences are evident in the cuisine, creating a pleasing variety of flavours. Southern Europe also features on the wine list.

in Overveen West : 4 km

XXXX ☘☘ **De Bokkedoorns** ℞ ⇤ 🏠 Ⓜ ℞ ⇄ **P**

Zeeweg 53 ✉ *2051 EB – ☎ (0 23) 526 36 00 – www.bokkedoorns.nl – gesloten*
24 en 29 december-6 januari, 27 april, zaterdagmiddag en maandag
Lunch 57 € – Menu 80/93 € – Carte 96/109 €

• Een genot, van begin tot einde. Het uitzicht op het beboste duingebied is prachtig en de eetzaal biedt alle comfort om lekker te genieten. Pure producten staan hier in de schijnwerpers, in een klassieke keuken met moderne, originele ingevingen. De uitgebreide wijnkaart maakt uw beleving compleet.
• A joy from start to finish. The view over the wooded dunes is delightful, while the ample comforts of the dining room will ensure a pleasurable experience. The emphasis in the traditional kitchen, with its modern and original inspiration, is on the purest ingredients. All accompanied by an extensive wine list to complete your enjoyment.
→ Gebakken langoustines met vanille, knolselderij en langoustine-extract. Gebraden eend met sinaasappel, pompoen en gele biet. Crème van steranijs met dropsmaken en zwart-wit roomijs.

HALSTEREN – Noord-Brabant ➜ Zie Bergen op Zoom

HANDEL – Noord-Brabant ➜ Zie Gemert

HARDENBERG
Overijssel – 59 577 inw. – Atlas: **13**-C2
🚗 Amsterdam 149 km – Zwolle 39 km – Assen 59 km – Enschede 58 km
Michelin wegenkaart 531-Y7 en 715-K4

in Heemse West : 1 km

XXX   **De Bokkepruik** (Jaap Istha) met kam 🍴🏡🏨💇‍♀️🛜♻️🅿️
❀   *Hessenweg 7 ⊠ 7771 CH – ℰ (0 523) 26 15 04 – www.bokkepruik.nl – gesloten
28 december-9 januari en zondag*
23 kam ⊡ – †72/87 € †† 104/119 € – ½ P
Menu 45/83 € – Carte 65/85 € – *(gesloten zondag en maandag) (alleen diner)*

● Elegant, verfijnd en klassiek: deze omschrijving geldt zowel voor het decor als
voor de gerechten. Al moeten we bij dat laatste ook karakter en smaak toevoe-
gen! Stap gerust het lounge-café binnen indien u het liever wat eenvoudiger
hebt. U kunt hier ook overnachten, en 's morgens smullen van huisgemaakte
jam.

● Elegant, refined and classic: this description applies to the decor as well as the
cuisine, although we need to add 'character' and 'taste' to the latter. If you prefer
to keep it simple, make sure you head for the lounge-café. You can also stay the
night and enjoy homemade jam for breakfast.

➜ Gebakken coquilles met prei en twee sausjes. Kwartel en eendenlever met
witlof in sherryroomsaus. Wentelteefje met griesmeel en citrusfruit.

HARDERWIJK
Gelderland – 45 732 inw. – Atlas: **5**-B1
🚗 Amsterdam 72 km – Arnhem 71 km – Apeldoorn 32 km – Utrecht 54 km
Michelin wegenkaart 531-S8 en 532-S8 en 715-H4

   Marktzicht   🏡 🚲 💇‍♀️ kam, 🛜 🚗
*Markt 8 ⊠ 3841 CE – ℰ (0 341) 41 30 32
– www.hotelmarktzicht.nl*
34 kam ⊡ – †48/68 € †† 55/85 €
Rest – Carte 28/49 € – *(gesloten maandag)*

● Een historisch pand nabij de markt. Niet makkelijk te vinden. Twee generaties
kamers, ontbijt met zicht op een klein stadspark. In het restaurant vindt u een
kaart met wereldse invloeden.

● Tucked away near the market, this hotel occupies a historic property that isn't
easy to find. Two generations of bedrooms for guests, who can enjoy breakfast
looking out over a small park. In the restaurant, the menu is influenced by global
culinary trends.

   Baars   🏡 🚲 🏨 ♿ 📺 kam, 💇‍♀️ kam, 🛜 🔱 🅿️ 🚗
*Smeepoortstraat 52 ⊠ 3841 EJ – ℰ (0 341) 41 20 07
– www.hotelbaars.com*
60 kam ⊡ – †59/69 € †† 79/89 €
Rest – Menu 35 € – Carte 33/49 €

● Familiezaak (sinds 1875) in het historische centrum van Harderwijk. De kamers
zijn van een goed formaat en de bediening is vriendelijk. Vraag zeker naar een
gerenoveerde kamer! Het restaurant, met terras en uitzicht op het kerkplein,
heeft een traditionele kaart.

● This family hotel has been in business in the historic centre of Harderwijk since
1875. Reasonably sized guestrooms – make sure you ask for a refurbished room
– and friendly service. The restaurant, offering a traditional menu, boasts a terrace
and a view of the church square.

Basiliek (Rik Jansma)

*Vischmarkt 57 L ⊠ 3841 BE – ℰ (0 341) 41 52 90 – www.restaurantbasiliek.nl
– gesloten 31 december-7 januari, 22 februari-2 maart, 3 tot
11 mei, 27 juli-17 augustus, dinsdagmiddag, zaterdagmiddag, zondag en maandag*
Menu 70 € ♈/150 € ♈ – Carte ong. 70 €

● Zondigen mag in deze voormalige kapel, waar finesse en creativiteit de overhand hebben! De chef neemt topproducten onder handen en levert perfecte cuissons. De goed geprijsde menu's zijn een deugd. Het interieur is een mooie mix tussen klassiek en modern, met een prachtige glazen wijnkast met ruim 600 verschillende flessen.

● Refinement and creativity are very much to the fore in this former chapel. The kitchen team uses the finest ingredients to produce dishes that are cooked to perfection. It has attractively priced menus and an interior decor that is a beautiful mix of tradition and modernity. There is a beautiful glass wine cabinet containing over 600 bottles.

➔ Ganzenleverterrine met groene appel, gerookte paling, morieljes en verse amandelen. Lamsfilet gebraden met prakaardappel, geblakerde lente-uitjes, tuinbonen, meiknol en jonge raapstelen. Diverse bereidingen van rabarber en aardbeien met Campari en vanille.

't Nonnetje

*Vischmarkt 38 ⊠ 3841 BG – ℰ (0 341) 41 58 48 – www.hetnonnetje.nl
– gesloten 27 december-8 januari, 20 juli-5 augustus, maandagmiddag, donderdagmiddag, dinsdag en woensdag*
Lunch 30 € – Menu 53/90 € – Carte 58/77 €

● Creëren en combineren, dat typeert dit sfeervolle restaurant dat met oog voor esthetiek is ingericht. Hier is een chef aan de slag die een prachtig samenspel van smaken, kleuren en texturen creëert; de fantastische kwaliteit van de producten wordt heerlijk geaccentueerd. Dit is generositeit met finesse!

● Creating and combining; that's typical of this convivial restaurant, which centres around comfort and style. The chef creates magnificent combinations of tastes, colours and textures, which further accentuate the fantastic quality of the products. This is generosity with finesse!

➔ Terrine van ganzenlever en gerookte paling, rode biet structuren en aceto balsamico. Gebraden lamsrugfilet met een kaasravioli, champignons en tuinboontjes, jus met komijn. Dessert Exotique: tropisch fruit met kruiden, bloemen en roomijs van Thaise kerrie.

Ratatouille

Vischmarkt 6 ⊠ 3841 BG – ℰ (0 341) 43 12 56 – www.rttll.nl – gesloten 30 december-2 januari
Menu 35/100 € ♈ – Carte 35/65 € – *(alleen diner behalve zondag)*

● Klein modern pand met terras, vlak bij de stadspoort die naar de Vischmarkt leidt. De seizoenkeuken stoeit hier graag met de smaak van Zuid-Frankrijk, waarbij goede streekproducten het hoogste woord voeren.

● A small house next to the rampart gate that backs up the fish market and provides shade for the terrace. Seasonal cuisine blending Provence and local ingredients. Modern interior.

HARDINXVELD-GIESSENDAM

Zuid-Holland – 17 813 inw. – Atlas: **17**-C3
▶ Amsterdam 78 km – Den Haag 58 km – Arnhem 87 km – Breda 45 km
Michelin wegenkaart 532-N12 en 715-F6

Kampanje

*Troelstrastraat 5 ⊠ 3371 VJ – ℰ (0 184) 61 26 13 – www.restaurantkampanje.nl
– gesloten 27 juli-17 augustus, feestdagen, zondag en maandag*
Menu 29/43 € – Carte 34/60 €

● Modern restaurant in het centrum. Trendy bistro aan de voorkant, comfortabele eetzaal achter en een zomerterras in de tuin. Eigentijdse kaart en verrassingsmenu's.

● A modern restaurant in the centre of the village with a fashionable bistro in front, a comfortable dining room, and a pretty summer terrace in the garden. Up-to-date cuisine and surprise set menus.

HARICH – Fryslân ➔ Zie Balk

HARLINGEN (HARNS)
Fryslân – 15 821 inw. – Atlas: **3**-B2

▶ Amsterdam 113 km – Leeuwarden 27 km – Groningen 91 km – Haarlem 123 km
Michelin wegenkaart 531-R3 en 715-H2

Zeezicht

Zuiderhaven 1 ⊠ 8861 CJ – ℰ (0 517) 41 25 36 – www.hotelzeezicht.nl
– gesloten half december-half januari
22 kam ⌂ – †80/110 € ††95/120 €
Rest – Lunch 21 € – Menu 25 € – Carte 32/60 €

• Familiebedrijf met uitzicht op de kaden van een oude haven, vanwaar de vissersboten uitvoeren voor de walvisjacht bij Groenland. Handig gelegen om het veer te nemen. Praktische kamers. Restaurant met traditioneel decor en een gulle, klassieke keuken. Zicht op de passerende schepen in de serre.

• A family-run hotel with views of an old quayside, from where fishermen once set off to hunt walruses in Greenland. It is conveniently situated for the ferry and provides functional accommodation for guests. Traditional decor in the restaurant, which serves hearty, classic cuisine. Watch the ships sailing past from the conservatory.

Stadslogement "Almenum" zonder rest

Kruisstraat 8 (toegang via Heiligeweg) ⊠ 8861 EB – ℰ (0 6) 250 311 73
– www.hotelalmenum.nl
12 kam – †70 € ††88 €, ⌂ 10 €

• Hotel in een 17de-eeuws pakhuis en enkele arbeidershuisjes, in een oud maar lastig bereikbaar steegje in het centrum. Studio's, waarvan sommige uitkijken op een binnenplaats.

• At the heart of the old port town, in a poorly accessed alleyway, a warehouse dating from the 17C and dock workers' houses. Some studios look over an internal courtyard.

't Havenmantsje

Havenplein 1 ⊠ 8861 XA – ℰ (0 517) 85 86 00 – www.havenmantsje.nl
– gesloten 29 december-6 januari, maandag, dinsdag en na 20.00 u.
Lunch 25 € – Menu 43 € – Carte 56/66 €

• Begin met een aperitief in de griffiekamer om dan op de eerste verdieping, in de elegante zittingszaal, te dineren met zicht op de Waddenzee. Dit voormalige gerechtsgebouw is een leuke plek waar inventieve gerechten en klassiekers elkaar afwisselen, steeds zeer bewerkt en mooi gepresenteerd.

• Start with an aperitif in the registry room before moving to the elegant first-floor courtroom with a view over the Wadden sea. This former court building is an enjoyable location where inventive and traditional dishes are served in turn, all elaborately prepared and beautifully presented.

De Jasmijn

Grote Bredeplaats 15 ⊠ 8861 BA – ℰ (0 517) 43 00 63
– www.dejasmijnharlingen.nl – gesloten januari, zondagavond en maandag
Lunch 13 € – Menu 33/48 € – Carte 32/44 €

• Het zomerterras van deze moderne brasserie is geliefd, maar het is de eigentijdse keuken waarvoor men terugkomt. Of het nu de kortere lunchkaart of de dinerkaart is, de kwaliteit van het product wordt altijd hoog in het vaandel gedragen.

• The summer terrace of this modern brasserie is highly popular, but it is the contemporary cuisine that diners return for time and again. Great store is set by the quality of the produce, both for the shorter lunch menu and the choices available in the evening.

HEEL
Limburg – Maasgouw 24 017 inw. – Atlas: **8**-B2

▶ Amsterdam 174 km – Maastricht 46 km – 's-Hertogenbosch 88 km –
Roermond 13 km
Michelin wegenkaart 532-U15 en 715-I8

XX **Boschmolenplas**   ⊲ 🛏 🏠 ♿ 🅰🅲 🌳 **P**

Bosmolenweg 16 (Panheel) ⊠ *6097 NG –* 📞 *(0 475) 57 32 33*
– www.restaurantboschmolenplas.nl – gesloten maandag en dinsdag
Menu 33/54 € – Carte 40/70 € – *(alleen diner)*
● U mag dan al veel gewoon zijn, de ligging en de architectuur van dit restaurant hebben toch echt iets unieks. Het zweeft als het ware boven de jachthaven, een memorabele ervaring! Op de menukaart tekenen moderne, smakelijke brasserie-gerechten present.
● The location and architecture of this restaurant, which seems to be floating above the marina, are truly unique. This creates a memorable dining experience with a menu featuring modern, tasty brasserie-style dishes.

HEELSUM
Gelderland – Renkum 31 580 inw. – Atlas: **5-B2**
▶ Amsterdam 90 km – Arnhem 13 km – Utrecht 52 km
Michelin wegenkaart 532-T11 en 715-I6

 Klein Zwitserland   🦶 🔲 ◎ 🏠 🌳 🚲 🛗 📶 🏋 **P**

Klein Zwitserlandlaan 5 ⊠ *6866 DS –* 📞 *(0 317) 31 91 04*
– www.kleinzwitserland.nl – gesloten 27 december-3 januari
71 kam 🛌 – †89/114 € ††89/134 €
Rest *De Kromme Dissel* ⊛ – zie restaurantselectie
● Dit chalethotel in een groene villawijk is gebouwd rond een binnenplaats met terras. Kamers met balkon, ontbijtbuffet, vergaderzalen, wellness- en beautycenter.
● This chalet-hotel, set in a tree-filled residential area, wraps around a courtyard terrace. Rooms with balconies, delicious breakfast buffet, conference rooms and a health and beauty centre.

XXX **De Kromme Dissel** – Hotel Klein Zwitserland   ⊗ 🏠 🌳 ♻ **P**
⊛
Klein Zwitserlandlaan 5 ⊠ *6866 DS –* 📞 *(0 317) 31 31 18*
– www.krommedissel.nl – gesloten 24 en 27 december-4 januari, 7 april, 26 mei, 19 juli-3 augustus, dinsdagmiddag, zaterdagmiddag, zondag en maandag
Lunch 40 € – Menu 56 € – Carte 65/96 €
● In deze oude Saksische boerderij wordt getafeld onder de massieve balken van een rustieke zaal met modern meubilair. Creatieve, soms spectaculaire gerechten. Attent personeel.
● This old Saxon farm is now a restaurant with massive wooden beams and a rustic dining area with modern furniture. Innovative, often spectacular cuisine and attentive staff.
➔ Gegrilde tarbot met een ravioli van bosui en gember, gepocheerde eidooier en saus van morieljes. Kreeft à l'américaine op onze wijze. Proeverij van onze patissier.

Zin om te vertrekken op de laatste minuut?
Bezoek de hotels op het internet om van promotieprijzen te genieten.

HEEMSE – Overijssel ➔ Zie Hardenberg

HEEMSTEDE – Noord-Holland ➔ Zie Haarlem

HEERENVEEN (IT HEARRENFEAN)
Fryslân – 49 899 inw. – Atlas: **4-C3**
▶ Amsterdam 129 km – Leeuwarden 30 km – Groningen 58 km – Zwolle 62 km
Michelin wegenkaart 531-U5 en 715-I3

✗✗ Het Ambacht

Burgemeester Falkenaweg 56 ✉ *8442 HE –* ✆ *(0 513) 23 21 72*
– www.restaurant-hetambacht.nl – gesloten zaterdagmiddag, zondag en
maandag
Lunch 26 € – Menu 35/80 € – Carte 50/66 €

● Hier vindt u een keuken met een hart. Niet alleen voor fairtrade en Frieslands mooiste streekproducten, maar ook voor de medemens. Jonge mensen kunnen hier hun ambacht leren, als deel van een programma om ze de arbeidsmarkt op te helpen. Een project dat een geslaagd hedendaags restaurant tot resultaat heeft.

● Het Ambacht restaurant focuses on cooking with a heart. Not only does it prioritise fair trade products and the best local produce Friesland has to offer, the restaurant also helps young people to learn a trade, as part of a programme to help them get onto the job market. A project that has resulted in a successful contemporary restaurant.

in Oranjewoud Zuid : 4 km

🏠 Tjaarda

Koningin Julianaweg 98 ✉ *8453 WH –* ✆ *(0 513) 43 35 33*
– www.tjaarda.nl
70 kam 🛏 – ♦99/135 € ♦♦99/135 €
Rest *De Oranjetuin* – zie restaurantselectie
Rest *Grand Café Tjaarda* – Lunch 18 € – Menu 29/35 € – Carte 25/47 €

● Modern, zeer comfortabel hotel in de heerlijke rust van de bossen. Grote kamers en openbare ruimten, vergaderzalen, fitness, zwembad, beautycentrum.

● A modern and very comfortable hotel set in the woods. It features spacious rooms and common areas, meeting rooms, a gym, pool, spa and beauty salon.

✗✗ De Oranjetuin – Hotel Tjaarda

Koningin Julianaweg 98 ✉ *8453 WH –* ✆ *(0 513) 43 35 33 – www.tjaarda.nl*
– gesloten 31 december-1 januari en zondag
Menu 35/48 € – Carte 31/53 € – *(alleen diner)*

● In De Oranjetuin vlijt u zich neer in een verfijnde ambiance, diezelfde finesse vindt u ook terug in de gerechten, waarin klassiek en hedendaags elkaar in evenwicht houden.

● Relax and enjoy the exquisite ambience of De Oranjetuin. Discover the same finesse in the cuisine that offers a perfect balance of the classic and contemporary.

HEERLEN
Limburg – 88 259 inw. – Atlas: **8-B3**
▶ Amsterdam 214 km – Maastricht 25 km – Roermond 47 km – Aachen 18 km
Michelin wegenkaart 532-U17 en 715-I9

🏠 Kasteel Ter Worm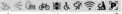

Terworm 5 (richting Heerlen-Noord, afslag Parkstad   Plattegrond: A1**b**
9200-9400) ✉ *6411 RV –* ✆ *(0 45) 400 11 11*
– www.terworm.nl
39 kam – ♦120/170 € ♦♦120/170 €, 🛏 19 € – 1 suite – ½ P
Rest *Kasteel Ter Worm* – zie restaurantselectie

● Het prachtige park lijkt maar geen einde te kennen … tot dit middeleeuws kasteel, omgeven door een slotgracht, aan de horizon verschijnt. Prachtig! Ook de kamers (een deel bevindt zich in de dependances) baden in de kasteelsfeer, maar zijn toch mooi up-to-date. Het terras aan het water moet u zeker eens uitproberen.

● The beautiful nature park seems to go on forever, until this impressive medieval castle surrounded by a moat appears on the horizon. The rooms (some located in the annexes) exude a castle atmosphere, but are still beautifully up-to-date. Delightful terrace overlooking the moat.

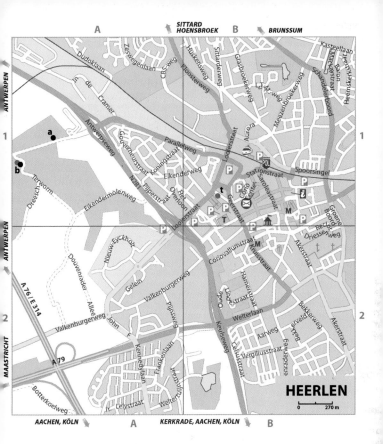

HEERLEN

0 — 270 m

🏨 **Heerlen**　🛋 📺 🎴 🗗 🚲 ⛴ 🛗 AC 🛎 rest, 🛜 🔧 🅿️

Terworm 10 *(richting Heerlen-Noord, afslag Parkstad*　Plattegrond: A1**a**
9200-9400) ⌧ *6411 RV* – ℰ *(0 45) 571 94 50* – *www.hotelheerlen.nl*
187 kam – 🛏80/199 € 🛏🛏80/199 €, ⌤ 13 €
Rest – Menu 20 € – Carte 26/55 €

● Dit Van der Valk hotel is onder handen genomen en dat merkt u. De kamers
zijn piekfijn in orde, mooi modern en bieden alle nodige comfort. Het wellnesscentrum is heerlijk om te relaxen.

● This Van der Valk hotel has been recently renovated. This is evident in the immaculate, modern guestrooms that are equipped with all the usual amenities.
Don't miss the relaxing spa.

🍴🍴🍴 **Kasteel Ter Worm** – Hotel Kasteel Ter Worm　⟵ 🕯 🛗 AC 🕺 🅿️

Terworm 5 *(richting Heerlen-Noord, afslag Parkstad*　Plattegrond: A1**b**
9200-9400) ⌧ *6411 RV* – ℰ *(0 45) 400 11 11* – *www.terworm.nl*
Lunch 36 € – Menu 38/75 € – Carte 50/72 €

● Een eigentijdse kaart en menu's met bijpassende wijnen, gepresenteerd in een
verfijnd decor. Als het weer het toelaat, kunt u ook buiten aan het water eten.

● A contemporary menu and a selection of dishes with wines to complement
your choice, served in an exquisite setting. If the weather allows, guests can enjoy
their meal outside overlooking the water.

XX **Cucina del Mondo**

Laanderstraat 27 ⊠ 6411 VA – ℰ (0 45) 571 42 41   Plattegrond: B1**t**
– www.cucinadelmondo.nl – gesloten eerste week januari, 4 tot 18 augustus,
zaterdagmiddag en maandag
Lunch 25 € – Menu 35/69 € – Carte 43/78 €
• Een wereld van smaken gaat hier voor u open. Klassieke Franse en Italiaanse
bereidingen worden gekoppeld aan wereldse invloeden, en dat levert heerlijke
smaken en parfums op. Een keuken met karakter! In deze elegante zaak loopt
alles op wieltjes … ook de stoelen. Houd u dus maar goed vast aan de tafel.
• Traditional French and Italian cuisines combine with cosmopolitan influences in
this elegant, efficiently run restaurant. Enjoy the delicious tastes and aromas of
the food, which is full of flavour and character.

HEESWIJK
Noord-Brabant – Bernheze 29 775 inw. – Atlas: **10**-C2
▶ Amsterdam 102 km – 's-Hertogenbosch 16 km – Breda 63 km – Eindhoven 31 km
Michelin wegenkaart 532-R13 en 715-H7

🏠 **De Leygraaf**

Meerstraat 45a (Noord : 2 km) ⊠ 5473 VX – ℰ (0 413) 29 30 16
– www.leygraaf.nl
13 kam – ♥68 € ♥♥78 €, ☑ 10 €   **Rest** – Menu 23 € – Carte 33/41 €
• In deze voormalige hoeve van het kasteel van Heeswijk vindt u tegenwoordig
functionele, goed onderhouden kamers, een kookstudio, Finse sauna en fitnessruimte. Klassiek ingericht restaurant met budget keuzemenu.
• This prototypical house was formerly an outbuilding of the castle. Functional
rooms, summer terrace, gym, sauna and cooking classes. Traditional setting and
menu, simple bistro dishes, and large fireplace in the common room.

HEEZE
Noord-Brabant – Heeze-Leende 15 405 inw. – Atlas: **10**-C2
▶ Amsterdam 139 km – 's-Hertogenbosch 50 km – Eindhoven 13 km –
Roermond 42 km
Michelin wegenkaart 532-S14 en 715-H7

XXX **Boreas** (Nico Boreas)

Jan Deckersstraat 7 ⊠ 5591 HN – ℰ (0 40) 226 32 32
– www.restaurant-boreas.nl
– gesloten 28 december-5 januari, 20 juli-11 augustus, dinsdagmiddag,
zaterdagmiddag, zondag en maandag
Lunch 47 € – Menu 99/109 € – Carte 90/111 €
• Villa uit 1916 in hartje Heeze. In de moderne, gezellige ambiance kunt u genieten van een verfijnde keuken waarin traditie en vernieuwing harmonieus samen-
smelten. Mooi terras aan de tuinkant. Zeer professionele bediening.
• A 1916 villa in the heart of Heeze with a warm and cosy contemporary atmosphere. Find a highly professional service with delicate cuisine that blends tradition and innovation. Lovely garden terrace.
→ Langoustinestaartjes en noordzeekrab met groene kerrie, citrus en pompoen.
In een aardewerkschaal gegaarde tarbot. Krokante mango met passievruchtkara-
mel, galangagranité, cheesecakecrème en roomijs van doerian.

XXX **Hostellerie Vangaelen** met kam

Kapelstraat 48 ⊠ 5591 HE – ℰ (0 40) 226 35 15 – www.hostellerie.nl – gesloten
31 december-1 januari en carnaval
14 kam ☑ – ♥79/107 € ♥♥89/116 € – ½ P
Lunch 28 € – Menu 35/55 € – Carte 40/55 € – *(gesloten zaterdagmiddag en*
zondagmiddag)
• Familiale hostellerie, keuken met Franse en Italiaanse invloeden, tussen het
actuele en het traditionele in. Warm mediterraans interieur aan de straatkant, veranda met zicht op de tuin. Lichte retrokamers en witte junior suite.
• Inn whose dining room and cooking make you feel that you are enjoying a
Mediterranean jaunt. Summer terrace and garden. Rooms and suite. Light retro
rooms and white junior suite.

HEILLE – Zeeland ➜ Zie Aardenburg

HEILOO
Noord-Holland – 22 636 inw. – Atlas: **11**-A2
▶ Amsterdam 36 km – Haarlem 27 km – Alkmaar 5 km
Michelin wegenkaart 531-N7 en 715-F4

X **De Loocatie**

't Loo 20 (winkelcentrum) ⊠ 1851 HT – ✆ (0 72) 533 33 52 – www.loocatie.nl
– gesloten 31 december-1 januari
Lunch 29 € – Menu 35/43 € – Carte 46/60 €
● Dit ambachtelijke restaurant bij een winkelcentrum valt goed in de smaak vanwege de eigentijdse menu's en het heldere, modieuze decor. Groot terras op het plein. Afhaalservice.
● Located next to a shopping centre, this restaurant is popular with locals for its up-to-date menus and modern setting. Terrace on the square. Takeaway meals also available.

HEINENOORD
Zuid-Holland – Binnenmaas 28 964 inw. – Atlas: **16**-B3
▶ Amsterdam 100 km – Den haag 52 km – 's-Hertogenbosch 83 km –
Utrecht 80 km
Michelin wegenkaart 532-L12 en 715-E6

XX **'t Raadhuis**

Hofweg 1 ⊠ 3274 BK – ✆ (0 186) 60 17 45 – www.raadhuisheinenoord.nl
– gesloten 20 tot 30 juli, 31 december, woensdagmiddag, zaterdagmiddag, maandag en dinsdag
Lunch 35 € – Menu 40/75 € – Carte 48/77 €
● In 't Raadhuis kookt men zoals de fijnproever van vandaag het graag lust. U eet er Frans geïnspireerde gerechten als gebakken coquilles met erwtenpuree en krokant gebakken zwezerik met gnocchi, vaak met regionale producten bereid.
● At 't Raadhuis produces the type of fine cuisine popular with modern connoisseurs. French inspired dishes such as scallops with pea puree and crispy fried sweetbreads with gnocchi, often prepared from regional produce, feature on the menu.

Den HELDER
Noord-Holland – 56 597 inw. – Atlas: **11**-A1
▶ Amsterdam 79 km – Haarlem 72 km – Alkmaar 40 km – Leeuwarden 90 km
Michelin wegenkaart 531-N5 en 715-F3

⌂ **Lands End** zonder rest

Havenplein 1 ⊠ 1781 AB – ✆ (0 223) 62 15 70 – www.landsend.nl
49 kam 🖃 – ♦83/88 € ♦♦107/110 €
● Hotel aan de kade waar de veerboot naar Texel vertrekt. Kamers op vier verdiepingen, met balkon en uitzicht op zee of de haven. Vraag bij uw reservatie naar een kamer aan de zeekant voor om het botenballet te kunnen gadeslaan.
● A building overlooking the Texel ferry quay. Four floors of rooms with port and sea views from the balconies. Recent rooms are the best.

in Huisduinen West : 2 km

 Grand Hotel Beatrix

Badhuisstraat 2 ⊠ 1789 AK – ✆ (0 223) 62 40 00 – www.grandhotelbeatrix.nl
55 kam 🖃 – ♦110/130 € ♦♦130/148 € – ½ P
Rest *C'est la vie* – zie restaurantselectie
● Gebouw uit de jaren 1980, aan de kust. Piekfijne, recent gerenoveerde kamers met balkon en op de bovenverdiepingen uitzicht op de zee. Vergaderzalen met maritiem decor. Zwembad, sauna en fietsen.
● This 1980s building is located on the seaside. Rooms on upper floors with balconies and sea views, conference rooms with nautical theme, pool, sauna and bikes.

XX **C'est la vie** – Hotel Grand Hotel Beatrix
Badhuisstraat 2 ✉ 1789 AK – ℰ (0 223) 62 40 00 – www.grandhotelbeatrix.nl
Menu 35/100 € ♈ – Carte 45/59 €
● Van de derde verdieping kijkt u hier uit over de zee; een gedroomde achtergrond om van deze actuele keuken te genieten. Dit mooie, moderne restaurant is erg populair bij levensgenieters uit de regio.
● This third-floor restaurant offers wonderful views of the sea, which acts as a very pleasant backdrop to the contemporary-style cuisine.

HELLENDOORN
Overijssel – 35 711 inw. – Atlas: **13**-C2
▶ Amsterdam 142 km – Zwolle 35 km – Enschede 42 km
Michelin wegenkaart 531-X8 en 715-K4

🏠 **De Uitkijk** ⌖ ⌗ ⌗ ⌖ ⌖ 🗐 Ⓜ kam, 🛠 🛜 ⌖ 🄿
Hellendoornsebergweg 8 ✉ 7447 PA – ℰ (0 548) 65 41 17 – www.de-uitkijk.nl
– gesloten 1 tot 9 januari
13 kam ⌂ – ♦99/120 € ♦♦99/135 €
Rest – Lunch 23 € – Menu 33/58 € – Carte 36/42 € – *(gesloten maandag)*
● Op een heuvel in een nationaal park: het zal u niet verbazen dat u hier een prachtige uitkijk hebt over het landgoed. Binnen wacht u een klassiek verblijf, met knisperend haardvuur als het weer erom vraagt. Actuele gerechten en interessant keuzemenu, dat u zelf kunt samenstellen, in het restaurant.
● Situated on the top of a hill in a national park, it is no surprise that this hotel offers stunning views over the landscape. Inside, traditional hospitality awaits, with a crackling log fire if the weather calls for it. Modern dishes and attractive set menu in the restaurant.

HELMOND
Noord-Brabant – 89 256 inw. – Atlas: **10**-D2
▶ Amsterdam 124 km – 's-Hertogenbosch 39 km – Eindhoven 15 km –
Roermond 47 km
Michelin wegenkaart 532-T14 en 715-I7

🏠 **West-Ende** ⌖ 🗐 Ⓜ 🛠 🛜 ⌖ 🄿
🕮 *Steenweg 1 ✉ 5707 CD – ℰ (0 492) 52 41 51 – www.westende.nl*
106 kam – ♦100/139 € ♦♦107/149 €, ⌂ 14 €
Rest *Grand Brasserie Rubenshof* – Menu 25/30 € – Carte 31/50 €
● Oude villa (1880) bij de stadsring, tegenover de kasteeltuinen. De nieuwe kamers hebben een moderne look, strak en sober, met tropische houtaccenten.
● Fine town residence dating from 1880, with annexes and located near a busy viaduct, offering various types of rooms. Period decorations in the communal areas.

XX **De Raymaert** 🗔 🛠 ⌖ 🄿
Mierloseweg 130 ✉ 5707 AR – ℰ (0 492) 54 18 18
– www.restaurantderaymaert.nl – gesloten 27 december-6 januari, 3 tot
16 augustus, zondag en maandag
Menu 30/48 € – Carte 43/62 € – *(alleen diner)*
● Herenhuis uit 1899 in originele stijl (parket, open haard, hoge plafonds) genoemd naar oud-bewoners. De nieuwe chef laat een frisse wind waaien door de klassieke bereidingen met een vleugje vernieuwing. Partijen in het koetshuis.
● This manor (1899) is home to two dining areas (wooden floor, fireplace, high ceilings) named after former inhabitants. Traditional dishes with a spark of renewal. Banquets in the carriage house.

HELVOIRT
Noord-Brabant – Haaren 13 572 inw. – Atlas: **10**-C2
▶ Amsterdam 98 km – 's-Hertogenbosch 9 km – Eindhoven 36 km – Tilburg 13 km
Michelin wegenkaart 532-Q13 en 715-G7

XX LEF

Nieuwkuijkseweg 28 ✉ 5268 LG – ✆ (0 411) 64 12 32 – www.etenmetlef.nl – gesloten 27 december-3 januari, 27 april, maandag en dinsdag
Lunch 30 € – Menu 35/55 € – Carte ong. 35 €

• Koken met lef en genieten met plezier. Bij restaurant LEF gaan de twee wonderwel samen. Een team van jonge enthousiastelingen is er elke dag in de weer om het u naar uw zin te maken. In de keuken hanteert men hiervoor een geüpdatet Frans en mediterraan repertoire, de zwarte brigade doet het met een gastvrije glimlach.

• LEF offers a winning combination of adventurous cuisine and an enjoyable atmosphere. The young enthusiastic team go all out to please, opting for an updated French and Mediterranean repertoire in the kitchen. This is accompanied by service that always comes with a welcoming smile.

XX De Zwarte Leeuw

Oude Rijksweg 20 ✉ 5268 BT – ✆ (0 411) 64 12 66 – www.dezwarteleeuw.nl – gesloten laatste 2 weken juli, 24 december-2 januari, zondagmiddag, dinsdag en woensdag
Menu 28/38 € – Carte 36/49 €

• Tussen Den Bosch en Tilburg vinden dorstige of hongerige reizigers al sinds 1438 wat ze zoeken! Vandaag is dat een klassieke, Franse kaart gebaseerd op uiterst verse ingrediënten. De patron-cuisinier weet na 35 jaar nog altijd niet van ophouden!

• Time has little grip on this old Black Lion (Zwarte Leeuw), which has been roaring since 1438 beside the Tilburg-Den Bosch road. The classic menu is sure to sharpen your fangs!

HENGELO

Overijssel – 80 957 inw. – Atlas: **13**-D3
▶ Amsterdam 149 km – Zwolle 61 km – Apeldoorn 62 km – Enschede 9 km
Michelin wegenkaart 531-Z9 en 532-Z9 en 715-L5

't Lansink

C.T. Storkstraat 18 ✉ 7553 AR – ✆ (0 74) 291 00 66 – www.hotellansink.com – gesloten 27 december-4 januari
25 kam – †105/130 € ††130/155 €, ☕ 18 €
Rest *'t Lansink* ✿ – zie restaurantselectie

• Modern hotel dat is voorzien van alle comfort. Door zijn salons en vergaderzalen is dit een goede locatie voor arrangementen. Kies voor de nieuwe kamers: kwaliteit voor een zachte prijs.

• A contemporary hotel equipped with all modern comforts with lounges and meeting rooms that make it a good venue for events. Opt for the new guestrooms, which offer quality at attractive rates.

XXX 't Lansink (Lars van Galen) – Hotel 't Lansink

✿

C.T. Storkstraat 18 ✉ 7553 AR – ✆ (0 74) 291 00 66 – www.hotellansink.com – gesloten 27 december-4 januari en zaterdagmiddag
Lunch 30 € – Menu 45 € – Carte 57/71 €

• Warmte en karakter sieren dit huis uit 1900, in het hart van het historische Tuindorp. De gasten worden hier verwend met een verfijnde hedendaagse keuken: de chef kookt met oog voor detail, zonder de samenhang van het gerecht te verwaarlozen. Alle smaken vloeien mooi in elkaar. Dit is betaalbare culinaire verwennerij!

• Warmth and character fill this house, which dates from 1900 and is in the heart of the historic district of Tuindorp. Guests are delighted by the refined, contemporary cuisine: the chef has an eye for detail, combinations are well thought through and the flavours melt together. This is affordable culinary pampering!

→ Krokant gebakken zwezerik met een marbré van rund en lardo, bospeen en gembercrème. Zeebaars geroosterd met cracker van zuurdesem, garnalen en bouillon van tomaat. Aardbei met vlierbloesem, basilicumsorbet en krokante kruidkoek.

HENGEVELDE

Overijssel – Hof van Twente 35 215 inw. – Atlas: **13**-C3

▶ Amsterdam 135 km – Zwolle 63 km – Apeldoorn 53 km – Arnhem 32 km
Michelin wegenkaart 532-Y9 en 715-K5

Hof van Twente   🏠 ⬆️ 🚲 ♿ rest, AC kam, 🚭 🛜 💪 **P.**

Goorsestraat 25 (langs N 347) ✉ *7496 AB* – ✆ *(0 547) 33 30 00*
– www.hotelhofvantwente.nl – gesloten 23 december-5 januari
30 kam ⬛ – †69/87 € ††87/115 € – ½ P
Rest – Menu 22/35 € – Carte 31/51 €

● Hotel met huiselijke sfeer, aan de doorgaande weg in het dorp. Alle kamers zijn up-to-date en prima onderhouden, maar die aan de achterkant liggen wat rustiger. Vergaderzalen. Nederlandse keuken en traditionele gerechten van lokale producten.

● Hotel with a family atmosphere on the town's main street. The conference rooms and back bedrooms are quieter, but they are all well-kept. Dutch cuisine featuring traditional dishes made with local ingredients.

HENSBROEK

Noord-Holland – Koggenland 22 376 inw. – Atlas: **11**-A2

▶ Amsterdam 53 km – Haarlem 44 km – Almere-Stad 76 km – Zaandam 40 km
Michelin wegenkaart 531-O7 en 715-F4

⌂ **Landhuis De Leijen** zonder rest   🍃 ⬆️ 🦢 🚲 🚭 🛜 **P.** ↗

Gemaalweg 6 ✉ *1711 RZ* – ✆ *0 6 51 81 39 33 – www.landhuisdeleijen.nl*
3 kam ⬛ – †75/95 € ††75/95 €

● Met het gezin eropuit? Dan ligt dit landhuis ideaal, midden in de polder en bij een recreatiegebied met zwem- en viswater. Rustige, ruime kamers in een gerenoveerde stal. Klompengolf en petanquebaan.

● Ideal spot for a family holiday in the country. Calm rooms and personal welcome from the owner, a billiards and fishing enthusiast. Pond and recreation area next door.

HERKENBOSCH – Limburg → Zie Roermond

HERPEN

Noord-Brabant – Oss 84 954 inw. – Atlas: **10**-D1

▶ Amsterdam 115 km – 's-Hertogenbosch 34 km – Arnhem 37 km – Utrecht 84 km
Michelin wegenkaart 532-S12 en 715-H6

🍴 **Trien**   ♿ 🚭

Rogstraat 26a ✉ *5373 AV* – ✆ *(0 486) 41 41 41 – www.trienherpen.nl*
– gesloten dinsdag
Lunch 30 € – Menu 35/57 € – Carte 34/53 € – *(reserveren aanbevolen)*

● Bij Trien passeert de wereld op uw bord: oesters op zijn Thais, pasta met ricotta en Hollandse garnalen zijn maar enkele voorbeelden van wat u hier voorgeschoteld krijgt. De rode draad is de frisse en ongecompliceerde manier van bereiden.

● Trien presents a wide range of dishes from around the world. Thai-style oysters and pasta with ricotta and shrimp are just two of the dishes you can expect to find on the menu. Their common theme is the chef's natural, uncomplicated way of cooking.

's-HERTOGENBOSCH

Noord-Brabant – 143 733 inw. – Atlas: **10**-C2
▶ Amsterdam 83 km – Eindhoven 33 km – Nijmegen 47 km – Tilburg 23 km
Michelin wegenkaart 532-Q12 en 715-G6

 Hotels

Central   🔥 🛗 ⟨ rest, 🅰🅺 ⅍ 🛜 ♨ 🚗
Burg. Loeffplein 98 ✉ *5211 RX –* ☎ *(0 73) 692 69 26*   Plattegrond: A2**c**
– www.hotel-central.nl
125 kam – 🛏103/155 € 🛏🛏140/185 €, ☕ 17 € – 1 suite – ½ P
Rest – Lunch 25 € – Menu 31/47 € – Carte 27/60 €
● Hotel in hartje Den Bosch, met negen typen kamers, fitness en vergaderzalen. Central wordt sinds 1905 door dezelfde familie uitgebaat en is gericht op de zakelijke markt. Traditionele maaltijd in het restaurant. Brasserie-serre met uitzicht op het plein.
● The same family has run this hotel in the heart of town since 1905. It boasts nine kinds of rooms, a gym and conference rooms. Mainly business clientele. Restaurant offering traditional meals. Veranda brasserie overlooking the square.

Eurohotel   🛎 🛗 ⅍ ♨ 🚗
Kerkstraat 56 ✉ *5211 KH –* ☎ *(0 73) 613 77 77*   Plattegrond: B2**a**
– www.eurohotel-denbosch.nl
– gesloten 24 december-2 januari
43 kam – 🛏95/115 € 🛏🛏99/125 €, ☕ 13 € – ½ P
Rest – Carte 16/38 € – *(open april-september) (alleen lunch)*
● Volledig gerenoveerd hotel in familiebeheer, naast de prachtige gotische kathedraal in het voetgangerscentrum. Functionele kamers, garage voor hotelgasten.
● Family-run hotel in a central pedestrian area (at the gate, motorists should say they are staying here). Renovated rooms. Superb Gothic cathedral next door.

Bossche Suites ⓝ   🅰🅺 ⅍ 🛜
Verwersstraat 23a ✉ *3211 HT –* ☎ *0 642 12 75 85*   Plattegrond: A2**z**
– www.bosschesuites.nl
4 kam – 🛏130/190 € 🛏🛏150/275 €, ☕ 18 €
Rest *Fabuleux* – zie restaurantselectie
● Wilt u met volle teugen genieten van centrum Den Bosch? Boek hier dan snel een luxesuite. Het interieur van dit monumentale pand werd met zorg onder handen genomen en is lekker strak, met vooral wit design. De kamers zijn uitstekend uitgerust, de gashaard is top! Bij Bossche Suites komt u niets tekort.
● This hotel is housed in a historic building in the town centre of Den Bosch. It offers beautifully kept luxury suites and a clean, sleek design decorated predominantly in white. The guestrooms are well equipped, many of which have an attractive modern gas fire. A superb place to stay.

223

's-HERTOGENBOSCH

0 ___ 180 m

BRABANTHALLEN
EINDHOVEN

Restaurants

XXX **Noble**   ⚜ ≼ 🏠 & Ⓜ ✿ ⇄ **P.**
Wilhelminaplein 1 ⊠ 5211 CG – 𝒞 (0 73) 613 23 31   Plattegrond: A2**x**
– www.restaurantnoble.nl – gesloten 31 december-1 januari en 12 tot
19 februari
Lunch 30 € – Menu 58 € – Carte ong. 46 € – *(reserveren aanbevolen voor het*
diner)

● Het culinaire verleden van Chalet Royal wordt voortgezet met een fris gastronomisch concept, waarin alles draait rond gezellig delen. De gerechten worden
dankzij wereldse invloeden en verrassende smaakcombinaties naar een hoger
niveau getild. Delen is een nobel voornemen, maar niet evident bij al dit lekkers.

● Chalet Royal's culinary legacy continues in the form of this fresh gastronomic
concept which revolves around sharing. The global influences and surprising flavour combinations raise the dishes to a higher level. Sharing may be a noble intention but isn't easy when the food's this good.

Een lekkere maaltijd voor een scherpe prijs? Volg onze Bib Gourmand 🟢.

ⅩⅩⅩ **Fabuleux ⓝ** – Bossche Suites

Verwersstraat 23 ✉ *5211 HT* – ☎ *(0 73) 741 00 11*   Plattegrond: A2**z**
– www.restaurantfabuleux.nl – gesloten maandag en dinsdag
Lunch 38 € – Menu 42/70 € – Carte 50/70 € – *(alleen diner behalve donderdag en vrijdag)*
• De vlag dekt de lading van dit eigentijdse restaurant. In de voorste zaal prijkt een wijnbibliotheek, achteraan kijkt u uit op de knappe open keuken. Daar bereidt de brigade geactualiseerde klassieke gerechten die tot in de puntjes kloppen. Ze zijn 'af': kraakvers en boordevol smaak. In één woord: fabuleux.
• This aptly named contemporary restaurant has a front dining room housing a fine display of wines, and a rear room that overlooks the attractive open-view kitchen. Here the team prepares updated classical dishes that are perfectly balanced, extremely fresh and full of flavour. Truly fabuleux!

ⅩⅩ **Auberge de Veste**

Uilenburg 2 ✉ *5211 EV* – ☎ *(0 73) 614 46 44*   Plattegrond: A2**k**
– www.aubergedeveste.nl – gesloten 11 tot 22 februari, zaterdagmiddag, zondagmiddag en woensdag
Lunch 43 € – Menu 45/65 € – *(een enkel surprise menu)*
• Een huis uit 1849 aan een riviertje. Het interieur is gemoderniseerd om gasten de geneugten te bieden van een eigentijdse, dagverse en lichte keuken. Wisselend menu, geen a la carte. De gezellige patron zorgt voor uitstekend wijnadvies.
• Located on the river, this house dating from 1849 boasts a fully modernised interior. Guests can enjoy contemporary, light cuisine made from ingredients delivered fresh every day. The menu (no à la carte) is accompanied by an attractive choice of wines. Terrace at the front.

ⅩⅩ **Sense** (Dennis Middeldorp)
☙

Verwersstraat 58 ✉ *5211 HX* – ☎ *(0 73) 614 42 08*   Plattegrond: A2**d**
– www.senserestaurant.nl – gesloten 29 december-4 januari, 14 tot 19 februari, 10 tot 24 augustus, maandagmiddag, zaterdagmiddag en zondag
Lunch 33 € – Menu 47/66 € – Carte 44/52 €
• Chef-patron Middeldorp is een man uit een stuk, maar zijn keuken is er een van designgerechtjes vol tedere verfijning. U herkent de signatuur van een moderne chef, die met Aziatische toetsen en een samenspel van texturen de hedendaagse keuken helemaal naar zijn hand zet. Aangepaste wijnformule (halve glazen) voor de Bob.
• Owner-chef Dennis Middeldorp enjoys a steadfast reputation for his designer-style cuisine full of subtle refinement. The signature of a modern chef is discernable here, combining contemporary cuisine with a touch of Asian flair and an interaction of textures. The wine list has been selected along the same lines with smaller, half glasses available.
➜ Rundertartaar met gegaarde eidooier, brioche en pickles. Ossenhaas met edamameboontjes, minigroentjes en soja. Soufflé van limoen met structuren van citrus.

Ⅹ **Shiro**

Uilenburg 4 (1ᵉ etage) ✉ *5211 EV* – ☎ *(0 73)*   Plattegrond: A2**k**
612 76 00 – www.japansshiro.nl – gesloten eind december-begin januari, carnaval, eind juli-half augustus, zondag en maandag
Menu 38/75 € – Carte 42/64 € – *(alleen diner)*
• Intiem Japans restaurant waar de gastvrouw zich in kimono hult om u te bedienen, en dit al meer dan een kwarteeuw lang! Verschillende menu's van sushi, sashimi, vis of vlees, en ruime keuze aan de kaart.
• If you fancy a dish from the Land of the Rising Sun – tempura, sushi, sashimi or another Japanese speciality, then this is the place for you! Typical décor with a pagoda-style wooden framework. 25th anniversary in 2013.

Zin om te vertrekken op de laatste minuut?
Bezoek de hotels op het internet om van promotieprijzen te genieten.

✗ Artisan ⌘ ☆ ⌘ ⌘ ⌘
🐌 *Verwersstraat 24 ⊠ 5211 HW – ℰ (0 73) 614 94 87* Plattegrond: A2**b**
– www.restaurantartisan.nl – gesloten carnaval, maandagmiddag en zondag
Lunch 29 € – Menu 35/58 € – Carte 47/62 €
● Smakelijke, eigentijdse keuken met een snufje klassiek, ambachtelijk bereid en vriendelijk geserveerd in een licht, modern interieur of in de stadstuin. Theesalon en wijnbar.
● Tasty, homemade classic-contemporary cuisine served with a smile in a bright modern setting or in the courtyard. Tea room and wine bar between seatings.

✗ Da Peppone ☆
Kerkstraat 77 ⊠ 5211 KE – ℰ (0 73) 614 78 94 Plattegrond: B2**q**
– www.dapeppone.nl – gesloten 1 januari, 15 tot 19 februari, 20 juli-3 augustus, zondag en maandag
Menu 30/45 € – Carte 31/42 € – (alleen diner)
● Da Peppone is een van de oudste Italiaanse restaurants van het land. Mochten de muurschilderingen van Verdi's opera's niet volstaan om u in een zuiderse sfeer te brengen, dan doen de authentieke gerechten dat wel. Straatterras 's zomers.
● Savour Italian cuisine under a gold-leaf stucco ceiling in a dining room lined with murals which evoke the operas of Verdi. Located very near the cathedral.

Verwar de bestekjes ✗ en de sterren ✿ niet! De bestekjes geven een categorie van comfort en service aan. De ster bekroont alleen de kwaliteit van de keuken, ongeacht de comfortcategorie.

in Rosmalen Oost : 3 km

✗✗✗ Die Heere Sewentien ☆ ⌘ ⌘ 🅿
Sparrenburgstraat 9 ⊠ 5244 JC – ℰ (0 73) 521 77 44
– www.dieheeresewentien.nl – gesloten 1 tot 15 augustus, zaterdagmiddag, zondag en maandag
Lunch 32 € – Menu 47/64 € – Carte 52/79 €
● Grote villa in een groene woonwijk. Nieuw interieur in moderne stijl, charmante tuin met terras aan de achterkant, kaart en menu's naar de smaak van vandaag.
● Large villa in a green residential area. New contemporary décor, charming garden terrace in the back, up-to-date à la carte and set menus.

in Vught Zuid : 8 km

🏨 Vught ☆ ⅃⅄ ⌖ 🛉 ⅃ 🅺 ⌖ ⅄ 🅿
🐌 *Bosscheweg 2 ⊠ 5261 AA – ℰ (0 73) 658 77 77 – www.hotelvught.nl*
125 kam – ♦89/160 € ♦♦89/160 €, ☲ 15 € – ½ P
Rest – Menu 25 € – Carte 26/49 €
● Volledig gerenoveerde kamers, net als de gemeenschappelijke ruimten ingericht volgens de bekende Van der Valk-formule. Sport- en vergaderfaciliteiten. Ligging nabij de snelweg. Grote restaurantzalen en een brasserie-lounge in bibliotheekstijl.
● Typical Van der Valk chain hotel rooms and communal areas, close to the motorway and the town-centre. Sports and conference facilities. Large dining areas and a lounge-style brasserie with a library type feel.

✗✗✗ 't Misverstant ☆ 🅺 🅿
Kampdijklaan 80 ⊠ 5263 CK – ℰ (0 73) 610 33 55 – www.misverstant.nl
– gesloten 10 tot 16 augustus, zaterdagmiddag en zondag
Lunch 33 € – Menu 40/75 € – Carte 69/76 €
● Laat ons duidelijk zijn: de gerechten zijn hier actueel, verfijnd en worden op smaak gebracht door de persoonlijke accenten van chef Thijs Vis. Dit warm, modern restaurant laat geen ruimte voor misverstanden.
● Up-to-date, sophisticated cuisine perfected by the personal touch of chef Thijs Vis is to the fore here. Despite its name, there is no room for misunderstanding in this warm, modern restaurant.

XX **De Heer Kocken** (John Kocken)

£3 *Taalstraat 173 ⊠ 5261 BD – ℰ (0 73) 656 94 94 – www.deheerkocken.nl*
– gesloten 2 weken in augustus, zondag en maandag
Menu 45/55 € – Carte 52/76 € – *(alleen diner)*
● Twee ruimtes om te tafelen: een oude, rustieke herberg en een recente uitbreiding met eigentijds interieur. Terwijl mevr. De Heer over het welzijn van de gasten waakt, bereidt de heer Kocken in het zicht een waar festival van smaken.
● There are two dining areas – a former rustic inn and a recent extension with a
contemporary décor. While Mrs De Heer looks after her guests, Mr Kocken cooks
up a festival of flavours.
→ Krokante tortilla met verse tonijn, zoetzure groenten en wasabimayonaise. Tarbot met asperges en zilte groenten. Bereidingen van wortel met witte chocola-
deroomijs en citrus.

Het → Zie eigennaam

HEUSDEN – Noord-Brabant → Zie Asten

 Twijfelt u tussen twee adressen in dezelfde categorie?
Binnen elke categorie staan de zaken geordend volgens klasse
en comfort van het decor.

HILLEGOM
Zuid-Holland – 20 944 inw. – Atlas: **17**-C1
▶ Amsterdam 36 km – Den Haag 33 km – Haarlem 12 km
Michelin wegenkaart 531-M9 en 532-M9 en 715-E5

🏠 **Flora** 🚲 🛎 🛆 rest, 🅰🄲 rest, 📶 🔳 🅿

😊 *Hoofdstraat 55 ⊠ 2181 EB – ℰ (0 252) 51 51 00 – www.florahillegom.nl*
– gesloten 24, 25 en 31 december-1 januari
27 kam – †65/95 € ††65/125 €, ⊑ 13 € – ½ P
Rest – Menu 25 € – Carte 27/55 € – *(gesloten zondagmiddag)*
● De naam van dit hotel (1903) spreekt boekdelen over de roeping van deze
streek: de bollenteelt. Hier waait een frisse wind: zowel de kamers, de openbare
ruimtes als het Grand Café krijgen geleidelijk aan een opfrissingsbeurt. Maar aan
de traditionele gerechten en het interessante meerkeuzemenu wordt niet geraakt.
● The name of this hotel, dating back to 1903, speaks volumes about the calling
of this region, namely bulb-growing. Sweeping changes have seen the gradual
renovation of the guestrooms, public areas and the Grand Café, where traditional
dishes and an interesting, multi-choice menu remain in place.

HILVARENBEEK
Noord-Brabant – 15 092 inw. – Atlas: **10**-C2
▶ Amsterdam 120 km – 's-Hertogenbosch 31 km – Eindhoven 30 km –
Tilburg 12 km
Michelin wegenkaart 532-P14 en 715-G7

XX **Auberge Het Kookhuys** 🏠 🅰🄲 ⅋ ✧

😊 *Vrijthof 27 ⊠ 5081 CB – ℰ (0 13) 505 14 33 – www.kookhuys.nl*
– gesloten 30 december-2 januari, 17 februari, 7 april, 26 mei, 3 tot 20 augustus
en maandag
Menu 35/48 € – Carte 47/69 € – *(alleen diner behalve zondag)*
● Strakke en moderne eetzaal met aan de muren kunstwerken van Cees Roelofs.
De patron werkt achter zijn fornuis aan actuele meergangenmenu's, tegen vaste
prijzen.
● This restaurant is located on the central square of town planted with trees, just
by the bell tower. A modern dining area with subdued lighting and a green terrace with a bubbling fountain.

in Esbeek Zuid : 3 km

ﬁﬁﬁ   **Huize Rustoord** zonder rest   🦮 🛏 🚲 🍴 📶 🅰 🅿

Lage Mierdseweg 17 ✉ *5085 NC – 𝒞 (0 13) 516 70 00 – www.huizerustoord.nl*
– gesloten 15 juli-5 augustus
9 kam ⬓ – 🛏225/295 € 🛏🛏225/295 €
● Volg de oprit met bronzen beelden naar het hotel met kunstgalerij, in een
landhuis uit de jaren 1920. Luxueuze kamers.
● This hotel and art gallery located in a beautiful 1920s manor overlooking a romantic park has rooms and open spaces with works of art on display and varied
furnishings.

HILVERSUM
Noord-Holland – 86 426 inw. – Atlas: **11**-B3
▶ Amsterdam 34 km – Haarlem 48 km – Apeldoorn 65 km – Utrecht 20 km
Michelin wegenkaart 532-Q9 en 715-G5

ﬁ   **Ravel** zonder rest   🚲 🍴 📶

Emmastraat 35 ✉ *1213 AJ – 𝒞 (0 35) 621 06 85*   Plattegrond: B2**d**
– www.ravel.nl – gesloten 24 december-2 januari
18 kam – 🛏68/125 € 🛏🛏80/145 €, ⬓ 10 €
● Deze mooie art-decovilla biedt onderdak in kamers die alle een eigen sfeer
hebben. Ontbijt met uitzicht op het kleine zomerterras en de vijver met waterle-
lies.
● Pretty art deco villa where the rooms have a personal touch. Breakfast with a
view over the little summer terrace and an ornamental pond with waterlilies.

ﬁ   **Tulip Inn Media Park**   🛏 🛎 🍴 📶 🅰 🅿

☎☎   *Koninginneweg 30* ✉ *1217 LA – 𝒞 (0 35) 623 24 44*   Plattegrond: B1**x**
– www.tulipinnhilversum.nl
62 kam – 🛏120/135 € 🛏🛏135/145 €, ⬓ 16 €
Rest – Menu 23 € – Carte 29/46 € – *(gesloten zon- en feestdagen) (alleen diner)*
● Tussen de kantoren van Nederlands grootste omroepzenders ligt dit ketenhotel. Functionele en verzorgde kamers, de ruimste en recentste in de nieuwbouw.
Ruim restaurant met eenvoudige, internationale kaart.
● In between the offices of the biggest Dutch broadcasting companies you can
find this chain hotel. Functional and well looked-after rooms, the most spacious
and recent ones in the newly added part of the building. Spacious restaurant
with an unpretentious international menu.

XXX   **Lakes**   �╱ 🍴 ⇄ 🅿

Vreelandseweg 50 ✉ *1216 CH – 𝒞 (0 35) 577 99 96*   Plattegrond: A2**x**
– www.restaurantlakes.nl – gesloten 27 december-3 januari, zaterdagmiddag,
zondag en maandag
Lunch 35 € – Menu 43/70 € – Carte 64/86 €
● Dankzij het nieuwe concept zijn de prijzen toegankelijker geworden, maar aan
kwaliteit werd niet ingeboet. Topproducten worden mooi ingepast in actuele
gerechten, de wijnkaart is een ontdekkingsreis. Ook het prachtige kader van
deze chique zaak – met een fantastisch terras aan een jachthaven – is top!
● Thanks to the new concept, the prices have become more accessible, but the
quality remains as high as ever. Top quality produce is used in the modern
dishes, while the wine list is a voyage of discovery. The setting of this elegant restaurant – with a fantastic terrace next to a marina – is also first class!

XXX   **Royal Mandarin**   🌱 🅰🅲 🅿

Emmastraat 9 ✉ *1211 NE – 𝒞 (0 35) 640 08 01*   Plattegrond: B2**y**
– www.royalmandarin.nl
Menu 40/78 € – Carte 49/91 € – *(alleen diner open tot 23.00 u.)*
● Al bijna 2 decennia huist in dit mooie pand bij het centrum van Hilversum dit
Chinese restaurant. De inrichting is elegant oosters, de bediening hartelijk. Kleine
kelder met grote wijnen.
● For almost two decades this beautiful building near the center of Hilversum has
been the home to this Chinese restaurant. The interior is elegantly oriental, staff is
friendly. Small cellar with big wines.

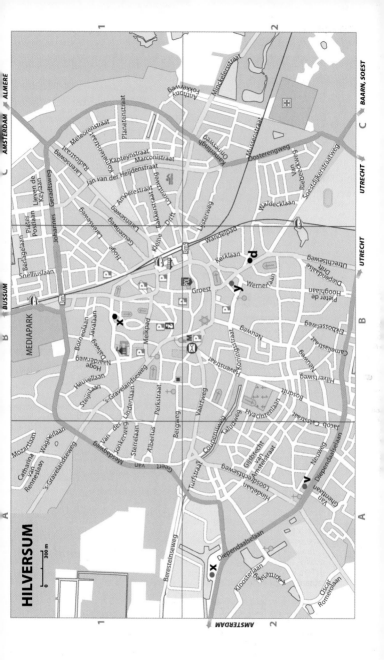

HILVERSUM

229

※※ **Spandershoeve**

Bussumergrintweg 46 ✉ 1217 BS – ℰ (0 35) 621 11 30 – www.spandershoeve.nl – gesloten 24, 25 en 31 december-1 januari, zaterdagmiddag en zondagmiddag
Lunch 30 € – Menu 38/48 € – Carte 45/59 €
● Weelderige villa – wat verscholen in een chique, groene woonwijk – waar Indonesische specialiteiten worden geserveerd in een exotisch decor of 's zomers op het terras.
● Asian restaurant in a plush, secluded villa in a select, wooded, residential district. Indonesian specialities served in an exotic setting and on the terrace in summer.

※※ **Robert**

Spanderslaan 1 (via Naarderweg dan naar links via Bussumergrintweg)
✉ *1217 DB – ℰ (0 35) 624 56 95 – www.restaurantrobert.nl – gesloten zondag en maandag*
Menu 28 € – Carte 42/57 €
● Let goed op onze routeaanwijzingen om dit adres aan de bosrand te vinden. Eetzaal in mediterrane stijl, met intieme en warme sfeer. Vierseizoenenterras.
● Follow our directions closely to find this establishment on the edge of the forest. It has a cosy Mediterranean décor in the dining room and a 'four seasons' terrace.

※ **De Mangerie**

Diependaalselaan 490 ✉ 1215 KM – ℰ (0 35)   Plattegrond: A2**v**
672 07 84 – www.demangerie.nl – gesloten dinsdag
Menu 28/50 € – Carte 35/45 € – (alleen diner)
● Chinees restaurant met een ingetogen Aziatisch decor. Pekingeend als specialiteit, vriendelijke bediening onder toezicht van de gastvrouw, terras aan de straatkant.
● Chinese restaurant specialising in Peking duck, in an uncluttered Asian décor. Friendly service supervised by the proprietress. Spacious terrace overlooking the avenue.

HINDELOOPEN (HYLPEN)
Fryslân – Súdwest Fryslân 82 639 inw. – Atlas: **3-B3**
▶ Amsterdam 132 km – Leeuwarden 61 km – Assen 132 km – Lelystad 81 km
Michelin wegenkaart 531-R5 en 715-H3

※ **De Hinde**

't Oost 4 ✉ 8713 JP – ℰ (0 514) 52 38 68 – www.dehinde.nl – open van Pasen tot 2 november en weekends; gesloten donderdag in oktober, woensdag en na 20.30 u.
Menu 33 € – Carte 42/59 € – (eenvoudige lunchkaart)
● De grootvader van de huidige eigenaar begon hier ooit een café, maar de authentieke herberg is nu een restaurant met een frisse uitstraling. Het ligt in een pittoresk stadje, aan de kade met zicht op zee. Uiteraard is de vis hier supervers!
● This authentic inn in a little town one day started out as a café held by the grandfather of the current owner. Situated on the quay with view on the harbour, fresh fish daily.

HOEVELAKEN
Gelderland – Nijkerk 40 355 inw. – Atlas: **5-B2**
▶ Amsterdam 50 km – Arnhem 57 km – Amersfoort 8 km – Apeldoorn 42 km
Michelin wegenkaart 532-R9 en 715-H5

🏠🏠 **De Klepperman**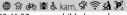

Oosterdorpsstraat 11 ✉ 3871 AA – ℰ (0 33) 253 41 20 – www.bilderberg.nl
79 kam 🖵 – ♥94/119 € ♥♥109/134 € – ½ P
Rest *Eethuys 't Backhuys* – Menu 33/38 € – Carte ong. 38 €
● Hotel van standing in drie voormalige boerderijen met moderne uitbreidingen. Drie types gerenoveerde kamers, vergaderzalen en een wellness. In het restaurant kunt u terecht voor traditionele gerechten met een actuele toets.
● A comfortable hotel occupying three former farm buildings with a few modern extensions. It offers three types of refurbished guestrooms, meeting rooms and a spa. The restaurant serves traditional cuisine with a contemporary touch.

HOLLUM – Fryslân ➡ Zie Waddeneilanden (Ameland)

HOLTEN

Overijssel – Rijssen-Holten 37 608 inw. – Atlas: **13**-C3

▶ Amsterdam 124 km – Zwolle 40 km – Apeldoorn 40 km – Enschede 42 km

Michelin wegenkaart 531-X9 en 532-X9 en 715-K5

op de Holterberg – Atlas: 12-B3

XXX 🌐 **Hoog Holten** met kam 　　🌐 ⛲ 🐾 🚲 🛗 🍴 rest, 🛜 ❄ 🧖 **P**

Forthaarsweg 7 ✉ *7451 JS* – ✆ *(0 548) 36 13 06* – *www.hoogholten.nl*
– gesloten 31 december-3 januari
24 kam – ♦95 € ♦♦120/140 €, ⛳ 15 € – ½ P
Lunch 30 € – Menu 35/40 € – Carte ong. 55 €

● Een herberg met strooien dak, in het bos, waar vogels fluiten en u binnen in de lounge of de bibliotheek kunt aperitieven: de toon is gezet voor een verzorgde maaltijd met eerlijke producten, in een hedendaagsere uitvoering dan het kader doet vermoeden. Het terras is een van de mooiste van het land! Comfortabele kamers.

● In this thatch-roofed country inn in the woods with a background of birdsong, pre-dinner drinks are served in the lounge or library. This sets the tone for an elegant dinner based on honest products presented in a more contemporary style than the surroundings suggest. The terrace is one of the most beautiful in the entire country. Comfortable rooms.

XX **De Swarte Ruijter** met kam 　　🌐 ⛲ 🚲 🍴 🛜 ❄ **P**

Holterbergweg 7 ✉ *7451 JL* – ✆ *(0 548) 59 66 60* – *www.swarteruijter.nl*
– gesloten 31 december-1 januari
10 kam ⛳ – ♦99/109 € ♦♦138/155 €
Lunch 30 € – Menu 38/85 € – Carte ong. 57 €

● Hotel en restaurant in een karakteristieke villa in de bossen. Decor met het bos als thema. Heerlijk en betaalbaar menu, terras in het groen. Eigentijdse kamers in de rietgedekte dependances.

● This multipurpose complex in the characteristic local style is set in a wooded area with a gastronomic restaurant and a hotel. Forest theme décor, menu with delicious but affordable meals, and lush green terrace. Contemporary rooms located in thatched-roof cottages.

X **Bistro de Holterberg** 　　≤ ⛲ **P**

Forthaarsweg 1 ✉ *7451 JS* – ✆ *(0 548) 36 38 49* – *www.bistrodeholterberg.nl*
– gesloten eerste 2 weken januari, maandag en dinsdag
Menu 36/45 € – Carte 41/50 € – *(alleen diner behalve zondag)*

● Gezellige en hartelijke bistroambiance op de Holterberg. Hier geen kaart, maar een uitgebreid keuzemenu (met supplementen voor bepaalde gerechten). Aangenaam terras met uitzicht op de omgeving.

● A convivial and hospitable bistro ambience pervades the Holterberg. The menu is not à la carte but there is an extensive set menu with a supplement for certain dishes. Pleasant terrace with view of the surrounding countryside.

HOOFDDORP – Noord-Holland ➜ Zie Amsterdam, omgeving

HOOFDPLAAT – Zeeland ➜ Zie Breskens

HOOGEVEEN

Drenthe – 54 664 inw. – Atlas: **1**-A2

▶ Amsterdam 155 km – Assen 34 km – Emmen 32 km – Zwolle 45 km

Michelin wegenkaart 531-X6 en 715-K3

XX **De Herberg** 　　⛲ **P**

Hoogeveenseweg 27 (Fluitenberg) (Noord : 2 km) ✉ *7931 TD* – ✆ *(0 528) 27 59 83*
– www.deherberg.nl – gesloten eerste 2 weken augustus, zondag en maandag
Lunch 33 € – Menu 35/125 € ▼ – Carte 49/57 € – *(alleen diner)*

● Deze "herberg" in een ouderwetse villa aan een bosweg, is het geesteskind van een begeesterd echtpaar. In een landelijke en intieme sfeer wordt een sterke, actuele keuken geserveerd met een duidelijke klassieke basis. Goede wijnen.

● This 'inn', situated in an old-fashioned villa on a wooded lane, is the brainchild of an enthusiastic couple. The basis of the characteristic, contemporary-style cuisine served in these cosy, rural surroundings is a clearly classic one. Good wines.

HOORN
Noord-Holland – 71 703 inw. – Atlas: **11-B2**
▶ Amsterdam 40 km – Haarlem 54 km – Alkmaar 26 km – Enkhuizen 19 km
Michelin wegenkaart 531-P7 en 715-G4

🏠 **Oostereiland**   📶 ⚿ kam, 📶
Schuijteskade 5 ⊠ 1621 DE – 𝒞 (0 229) 82 02 46   Plattegrond: A2**a**
– www.gevangenishotelhoorn.nl
26 kam ☷ – ♦65/80 € ♦♦80/95 € – ½ P
Rest – Lunch 13 € – Carte ong. 35 €
● Hebt u al eens een nachtje in de gevangenis doorgebracht? 't Is misschien
een apart vooruitzicht, maar hier kan het uw 1e keer worden. Wees gerust, van
water en brood en een gat in de grond is geen sprake, alle modern comfort is
aanwezig.
● Housed in a former prison, this must be one of the most unusual accommodation options in the Netherlands! Fully refurbished to offer all the usual comforts of
a modern hotel, the Oostereiland makes an interesting place to stay.

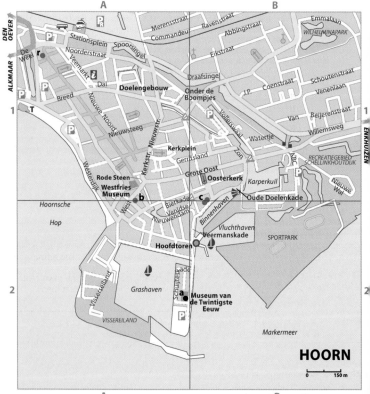

HOORN

Lucas Rive ⅩⅩ 🏯 ⟨ε⟩

Oude Doelenkade 7 ⊠ 1621 BH – 𝒞 (0 229) 21 33   Plattegrond: B1-2**c**
62 – www.restaurantlucasrive.nl – gesloten dinsdagmiddag, zaterdagmiddag en maandag
Menu 39 € – Carte 55/72 €

● Boten dobberen hier gezellig voor de deur, maar het echte spektakel speelt zich binnen af. Neem plaats in deze aangename, eerder moderne zaak en geniet van klassieke gerechten die topchef Lucas Rive onder handen neemt. Creatieve combinaties en subtiele accenten zorgen voor pit en smaken in overvloed.

● Boats bob gently up and down outside the door but the real spectacle is to be found indoors. Take a seat in this pleasant, rather modern restaurant and enjoy traditional dishes prepared by top chef Lucas Rive. Creative combinations and subtle touches provide a guarantee of inspired food with plenty of flavour.

→ Mousse van gevogeltelever met scharrelkip en gepocheerde eendenlever. Krokant gebakken kalfszwezerik met gegrilde kalfstong en -nier. Crème van vanille en citrusfruit met pure chocolade.

Madame Cheung ⅩⅩ 🅰🅒

Kleine Noord 53 ⊠ 1621 JE – 𝒞 (0 229) 21 27 50   Plattegrond: A1**r**
– www.madamecheung.nl
Menu 30/55 € – Carte ong. 45 € – *(alleen diner)*

● Exotisch restaurant met modern decor. De smakelijke menukaart lijkt wel een verkenningstocht langs Thais, Chinees en Japans culinair erfgoed. Nieuwe generatie aan het roer.

● Asian restaurant with a modern atmosphere serving an appetising menu of Chinese, Thai and Japanese cuisine. Run by the new generation (Madame Cheung's daughter and son-in-law).

Hendrickje Stoffels Ⅹ 🏯 🅰🅒 ⚓

Oude Doelenkade 5 ⊠ 1621 BH – 𝒞 (0 229)   Plattegrond: B1-2**c**
21 04 17 – www.hendrickje-stoffels.nl – gesloten 2 eerste weken januari, begin november, woensdag en donderdag
Menu 35/38 € – Carte 38/50 € – *(alleen diner behalve zondag)*

● Oud pand met modern interieur, tegenover de binnenhaven. De chef-kok met Indonesische roots heeft een zwak voor exotische kruiden. De gastvrouw is oenoloog. Minicruise op reservering.

● An old house with a modern décor across from the Binnenhaven. The chef is fond of exotic spices. The proprietress is an oenologist. Mini cruises available upon request.

Kroft Ⅹ 🅰🅒 🍷

West 52 ⊠ 1621 AW – 𝒞 (0 229) 23 26 76   Plattegrond: A1-2**b**
– www.restaurantkroft.nl
– gesloten maandag en dinsdag
Menu 33 € – Carte 35/46 € – *(alleen diner)*

● Leuke bistro, met halfopen keuken, in het oude centrum. Hier wordt een goede verse keuken geserveerd waarin smaken mooi harmoniëren. Het keuzemenu van de heer Kroft is een schot in de roos!

● Up-to-date cuisine in a bistro located between the port and the town centre. Open kitchen, attentive service and intimate atmosphere. Try the set menu.

Den HOORN – Noord-Holland → Zie Waddeneilanden (Texel)

HORST
Limburg – Horst aan de Maas 41 810 inw. – Atlas: **8**-B1
🛈 Amsterdam 176 km – Maastricht 90 km – Arnhem 83 km –
's-Hertogenbosch 94 km
Michelin wegenkaart 532-V14 en 715-J7

Parkhotel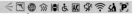

Tienrayseweg 2 (nabij A 73, afrit ⑩) ✉ *5961 NL – ℰ (0 77) 397 60 00*
– www.parkhotelhorst.nl
74 kam ☲ – †99/119 € ††99/119 € – 4 suites
Rest *Hof ter Binnen* – zie restaurantselectie
● Hotel naast een domein met waterplas bij een kasteelruïne die het hotel heeft geïnspireerd (torens, trappengang, slotgracht). Comfort- en luxekamers, vergaderzalen en wellnesscentrum.
● Hotel next to a domain with a lake near the ruin of a castle by which the design of the hotel was inspired (towers, stairwell, moat). Comfort and luxury rooms, meeting rooms, wellness.

🍴🍴 Hof ter Binnen – Hotel Parkhotel

Tienrayseweg 2 (nabij A 73, afrit ⑩) ✉ *5961 NL – ℰ (0 77) 397 60 00*
– www.parkhotelhorst.nl
Lunch 24 € – Menu 25/45 € – Carte 36/49 €
● Goede restaurants liggen dun gezaaid in de omgeving van Horst, een lacune waar deze zaak op inspeelt. Naast het glinsterende water, op het terras of in de deftige eetzaal, wordt u een hedendaagse interpretatie van de Franse keuken geserveerd.
● Good restaurants are few and far between around Horst – the Parkhotel is aiming to fill this gap. Enjoy a contemporary interpretation of French cuisine, either on the terrace or in the elegant dining room. Both of which overlook the glittering water of the lake.

HOUTEN
Utrecht – 48 421 inw. – Atlas: **14**-A2
▶ Amsterdam 38 km – Utrecht 12 km – Rotterdam 63 km
Michelin wegenkaart 532-P10 en 715-G5

Houten

Hoofdveste 25 (nabij A 27, afslag 29) ✉ *3992 DH – ℰ (0 30) 634 68 00*
– www.hotelhouten.nl
162 kam – †79/140 € ††79/140 €, ☲ 15 €
Rest – Carte 31/47 € – *(open tot 23.00 u.)*
● In de moderne lounge of design bar van deze nieuwe generatie Van der Valk-hotels ontmoet u uw zakenrelaties in alle rust. Conference center, vergaderzalen en ruime kamers. Klassieke keuken.
● In the modern lounge or design bar of this new generation Van der Valk-hotels you can meet your business relations in peace and quiet. Conference center, meeting rooms and spacious rooms. Classical cuisine

🍴🍴🍴 Kasteel Heemstede (André van Doorn)

Heemsteedseweg 20 (West : 4 km, nabij de golf) ✉ *3992 LS – ℰ (0 30) 272 22 07*
– www.restaurant-kasteelheemstede.nl – gesloten zondag en maandag
Menu 45/85 € – Carte 64/84 €
● Stijlvol restaurant in de gewelfde kelders van een 17de-eeuws kasteel dat wordt omringd door een slotgracht en tuinen. Loopbrug en terras aan het water. Eigentijdse keuken.
● An elegant restaurant in the vaulted cellar of a 17C stately home surrounded by a moat and gardens. Footbridge and terrace at water level. Serves modern cuisine.
➔ Zacht gegaarde kreeft, watermeloen met sushiazijn en kokoscrème met vadouvan. Gebraden kalfsribeye, ravioli van kalfszwezerik, tomatenchutney en auberginecrème. Champagnetaartje met aardbeien en vlierbloesemgelei.

🍴🍴 Coco Pazzo

Plein 20 (Oude Dorp) ✉ *3991 DL – ℰ (0 30) 637 14 03 – www.cocopazzo.nl*
– gesloten 28 december-4 januari, zaterdagmiddag en zondag
Menu 35/45 € – Carte 48/58 €
● In het hart van het dorp ligt dit sympathieke restaurant met zijn open keuken en verwarmde terras. De kaart deed inspiratie op in Italië en biedt enkele mooie menu's.
● This cheerful restaurant serves delicious Mediterranean cuisine, both French and Italian. Interesting set menus and a good Franco-Italian wine selection.

HOUTHEM – Limburg ➜ Zie Valkenburg

HUISDUINEN – Noord-Holland ➜ Zie Den Helder

HUIZEN
Noord-Holland – 41 245 inw. – Atlas: **11**-B3
▶ Amsterdam 31 km – Haarlem 53 km – Apeldoorn 65 km – Hilversum 10 km
Michelin wegenkaart 531-Q9 en 532-Q9 en 715-G5

 Newport
Labradorstroom 75 ✉ *1271 DE* – ✆ *(0 35) 528 96 00*
– www.hampshire-hotels.com/huizen
14 kam ☐ – ♦99/124 € ♦♦99/124 € – 47 suites
Rest *Club Newport 1852* – zie restaurantselectie
● Een uitstekend adres om de Gooistreek te ontdekken. Opteer voor een van de kamers die een prachtig zicht bieden op het Gooimeer en maak zeker gebruik van de beschikbare fietsen om de regio te ontdekken. De kamers bieden alle comfort om achteraf heerlijk uit te rusten.
● An excellent place to explore the Gooi Region. Opt for one of the rooms with a superb view of Gooi Lake and make sure to use the bicycles, which are available for guests to explore the region. You will be sure to appreciate the comfortable, well-equipped rooms afterwards.

 Nautisch Kwartier
Mastspoor 1 ✉ *1271 GL* – ✆ *(0 347) 75 04 65* – *www.hotelnautischkwartier.nl*
80 kam ☐ – ♦50/90 € ♦♦90/180 € – ½ P   **Rest** – Lunch 24 € – Carte 37/50 €
● Gloednieuw en kraaknet, dit Nautisch Kwartier. Hier geen grote luxe, maar moderne degelijkheid in verschillende houten huizen die een beetje 18de-eeuws aandoen. Vrij ongewoon voor Nederland is dat u uw kamer binnengaat langs uw eigen ingang, zoals in een motel.
● Spanking new and spotless, Nautisch Kwartier may not offer the ultimate in luxury but its wooden buildings have sturdy, modern interiors with a hint of the 18C. As in a motel, each room has its own entrance, which is a rather unusual feature in the Netherlands.

✗ **Club Newport 1852** – Hotel Newport
Labradorstroom 75 ✉ *1271 DE* – ✆ *(0 35) 528 96 48* – *www.clubnewport1852.nl*
Menu 35 € – Carte 37/85 €
● Het trendy interieur met de loungeverlichting en golvend meubilair is top, het terras met zicht op een kleine binnenhaven een knaller! Hier staat vooral vis op de kaart, met de oesterbar en de vers bereide sushi als eyecatchers.
● The trendy interior of this restaurant with lounge lighting and curved furniture is top notch, as is the terrace overlooking a small inland harbour. The menu focuses mainly on fish, with the oyster bar and freshly prepared sushi proving popular with diners.

HULSHORST – Gelderland ➜ Zie Nunspeet

HULST
Zeeland – 27 388 inw. – Atlas: **15**-B2
▶ Amsterdam 196 km – Middelburg 56 km – Antwerpen 32 km – Sint-Niklaas 16 km
Michelin wegenkaart 532-J15 en 715-D8

 L'Aubergerie zonder rest
van der Maelstedeweg 4a ✉ *4561 GT* – ✆ *(0 114) 31 98 30*
– www.hotel-laubergerie.nl – *gesloten 22 december-6 januari*
24 kam ☐ – ♦64/69 € ♦♦87 €
● Gezellig hotel met uitzicht op de verdedigingsgracht van dit leuke, voormalige vestingstadje. Keurige, functionele kamers. Afgeschermd terras.
● This family hotel overlooks the moat that defended this pretty little town, a stronghold in former times. Rooms are functional and well kept. Sheltered terrace.

✗✗ Hemelrijk

Lange Nieuwstraat 28 ⊠ 4561 CD – ℰ (0 114) 31 27 00
– www.restaurantthemelrijk.nl – gesloten donderdagmiddag, zaterdagmiddag,
dinsdag en woensdag
Lunch 27 € – Menu 45/125 € 🍷 – Carte ong. 62 €

• Thomas d'Hooghe roert in de potten van deze gezellige familiezaak terwijl zijn moeder voor de bediening zorgt. De jonge, talentvolle chef werkt vooral met lokale producten en creëert pure smaken dankzij zijn creativiteit. Elk ingrediënt op uw bord zorgt voor kracht en samenhang. Dit is de hemel te rijk!

• Thomas d'Hooghe runs the kitchen of this cosy family-run restaurant with his mother in charge of the dining room. The young, talented chef works mainly with local produce and applies his creative touch to extract the purest flavours, with each ingredient on your plate selected with care. Culinary bliss at affordable prices.

✗ Roes

Gentsestraat 18 ⊠ 4561 EJ – ℰ (0 114) 31 31 82 – www.restaurantroes.nl
– gesloten eind juli-begin augustus, maandag en dinsdag
Lunch 30 € – Menu 35/60 € – Carte 50/78 €

• Roes, dat staat voor Ronald Raas en Serge van der Heyden, de uitbaters, maar ook voor het prettige gevoel dat je overhoudt aan een avond genieten van de wijn en het eten van deze bistro. De chef deed ervaring op bij Oud Sluis, en heeft een stuk van de creativiteit die hij daar oppikte, meegenomen naar zijn eigen keuken.

• Roes means a pleasant glow – the feeling you are left with after an evening enjoying the food and wine here. It is also a reference to Ronald Raas and Serge van der Heyden, who run this bistro-restaurant. The chef gained experience at Restaurant Oud Sluis and has brought some of the creativity he learned there to his own kitchen.

De prijzen voor het symbool 🛉 komen overeen met de laagste prijs in laagseizoen en daarna de hoogste prijs in hoogseizoen voor een éénpersoonskamer.
Hetzelfde principe voor het symbool 🛉🛉, hier voor een tweepersoonskamer.

HUMMELO

Gelderland – Bronckhorst 37 216 inw. – Atlas: **6**-C2
▶ Amsterdam 126 km – Arnhem 29 km – Apeldoorn 37 km
Michelin wegenkaart 532-W10 en 715-J5

🏠 De Gouden Karper

Dorpsstraat 9 ⊠ 6999 AA – ℰ (0 314) 38 12 14
– www.degoudenkarperhummelo.nl
12 kam ⊒ – 🛉60 € 🛉🛉83 € **Rest** – Lunch 28 € – Menu 33 € – Carte 30/57 €

• Sfeervol hotel uit 1642, in familiebeheer en nu gerund door de vierde generatie. Mooi terras met pergola aan de voorkant, karakteristiek café, gemoderniseerde kamers. Nederlandse keuken, geserveerd in een regionale, charmante ambiance.

• Characteristic inn dating from 1642 and run by the same family for four generations. A lovely pergola terrace in the front, a vintage café and renovated guestrooms. Dutch cuisine served in the nostalgic atmosphere of an old-fashioned, but endearing dining room.

HYLPEN – Fryslân ➜ Zie Hindeloopen

IJMUIDEN

Noord-Holland – Velsen 67 612 inw. – Atlas: **11**-A3
▶ Amsterdam 25 km – Haarlem 14 km – Alkmaar 26 km
Michelin wegenkaart 531-M8 en 715-E4

Holiday Inn Seaport Beach ⇐ 斎 🕏 ℔ ಈ ⒤ ㄜ 令 🏠 🅿 ⚓
Kennemerboulevard 250 (Strand) ✉ *1976 EG – ☏ (0 255) 56 69 99*
– www.apollohotelsresorts.com
146 kam – ♦140/195 € – ♦♦140/245 €, ⌷ 19 € – ½ P
Rest – Lunch 14 € – Menu 30 € – Carte 33/50 €
● Modern, gerenoveerd gebouw op een ideale lokatie, tegenover de jachthaven en naast het strand. De meeste kamers hebben zicht op zee. Geschikt voor business en leisure. Eigentijds restaurant waarin hout de toon zet. Internationale keuken.
● A modern building located opposite the yacht port and near the beach is home to this hotel with several rooms overlooking the marina and the beachfront from the balcony. Contemporary restaurant with wooden décor, serving international cuisine.

 Augusta ಈ 令 令
Oranjestraat 98 (richting Sluizen) ✉ *1975 DD – ☏ (0 255) 51 42 17*
– www.augusta.nl – gesloten 24 december-3 januari
25 kam ⌷ – ♦75/105 € ♦♦85/130 € – ½ P
Rest *Augusta* – zie restaurantselectie
● Een zaak met een ziel, hotel Augusta. Het is voer voor nostalgici, want het neemt u mee naar de 'roaring twenties' met een interieur dat art deco aandoet. Doe daar nog eens de warme ontvangst bij, en u krijgt een hoogst innemend resultaat.
● Hotel Augusta is a venue with a soul and its Roaring Twenties decor with a touch of Art Deco makes it the ideal spot for lovers of nostalgia. The warm, friendly welcome adds to its special appeal.

 Augusta – Hotel Augusta ㏀ 令 ✲
Oranjestraat 98 (richting Sluizen) ✉ *1975 DD – ☏ (0 255) 51 42 17*
– www.augusta.nl – gesloten 24 december-7 januari, zaterdagmiddag en zondag
Menu 35/45 € – Carte 39/59 €
● Art-decorestaurant (1907) met een nostalgische uitstraling, tussen sluis en haven, waar een eigentijdse kaart wordt gevoerd. Private dining is mogelijk in verscheidene zaaltjes.
● An old hostelry dating from 1907 with many original art deco features. Charming setting full of nostalgia; contemporary cuisine.

in Velsen

 Beeckestijn 韶 斎 ✲ 🅿
Rijksweg 130 (Velsen-Zuid) ✉ *1981 LD – ☏ (0 255) 76 00 02*
– www.restaurantbeeckestijn.nl – gesloten maandag
Menu 33/48 € – Carte 40/51 €
● Treed in de voetsporen van vooraanstaande Amsterdammers uit de 17de eeuw die dit prachtige landgoed lieten bouwen als buitenverblijf, een groen toevluchtsoord. Voor het publiek uit de 21ste eeuw is dit proeven van geschiedenis, natuur en een verfijnde hedendaagse keuken in één.
● Follow in the footsteps of the prominent inhabitants of Amsterdam who built this beautiful estate in the 17C as a country house offering a rural retreat. A perfect place to savour history, nature and fine contemporary cuisine all at the same time.

Het Roode Hert 斎 ㏀ 令 ✲
Zuiderdorpstraat 15 (Velsen-Zuid) ✉ *1981 BG – ☏ (0 255) 51 57 97*
– www.roodehert.nl – gesloten 28 december-5 januari, zaterdagmiddag, zondag en maandag
Menu 38 € – *(een enkel surprise menu)*
● Vanuit dit monumentale pand ziet u de grote containerschepen naar de haven glijden. De dagverse, klassieke suggesties worden aan tafel meegedeeld en modern gepresenteerd.
● Charming 16C inn, located in a picturesque pedestrianised district, with numerous gabled facades. Rustic setting and up-to-date cuisine.

IJSSELSTEIN
Utrecht – 34 275 inw. – Atlas: **14-A2**
▶ Amsterdam 48 km – Utrecht 23 km – Arnhem 71 km – Den Haag 65 km
Michelin wegenkaart 532-P10 en 715-G5

Epping
⟨⟩ 🔲 kam, 📶

Kapellestraat 4 ⊠ *3401 CP –* ℰ *(0 30) 688 31 14 – www.hotelepping.com*
– gesloten 24 december-5 januari
31 kam – †60/120 € ††65/130 €, ☐ 10 € – ½ P
Rest – Menu 23/40 € – Carte 25/39 €

● Dit familiebedrijf (4de generatie) biedt reizigers sinds 1967 onderdak. U vindt er een eenvoudig comfort dat dat ietsje meer krijgt door de persoonlijke aanpak van de eigenaars.

● This family-run hotel (fourth generation) has been providing accommodation to travellers since 1967. The public areas and half of the rooms have been refurbished and offer a good standard of comfort.

Marnemoende
≼ 🏠 🔲 🌸 ⟳ 🅿 ⚓

Noord IJsseldijk 107d ⊠ *3402 PG –* ℰ *(0 30) 687 53 90*
– www.restaurantmarnemoende.nl – gesloten maandag buiten zomerseizoen
Lunch 30 € – Menu 35 € – Carte ong. 44 € – *(eenvoudige lunchkaart)*

● Over de loopbrug neemt u plaats in een rustig interieur (hout, zandkleur), met zicht op de omliggende polders, weilanden en de jachthaven. Actuele gerechten en dito wijnkaart.

● Once over the footbridge you can take a seat in a calm interior (wood, sandcolour), with a view on the surrounding polders, pastures and the marina. Current dishes and ditto wine list.

JOURE (DE JOUWER)
Fryslân – Skarsterlân 27 419 inw. – Atlas: **4**-C3
▶ Amsterdam 122 km – Leeuwarden 37 km – Sneek 14 km – Zwolle 67 km
Michelin wegenkaart 531-T5 en 715-I3

Herberg zonder rest
🚲 🔲 🌸 📶

Zijl 1 ⊠ *8501 AZ –* ℰ *(0 513) 41 00 30 – www.herbergjoure.nl*
10 kam ☐ **–** †70/85 € ††80/99 €

● Een vrolijk hotelletje met een *siel*: de kamers zijn er *noflik* en de sfeer *swiet*. Uw *gelok* kan niet op. Is uw *Frysk* niet veel soeps? Reden te meer om te ontdekken wat achter deze mysterieuze woorden, tevens de namen van de kamers, schuilt.
● The guestrooms at this attractive hotel all have Frisian names, such as siel (soul), noflik (pleasant), swiet (nice) and gelok (happiness). A stylish B&B-style hotel with a typical Frisian ambience and a cosy feel.

't Plein
🏠 🔲

Douwe Egbertsplein 1a ⊠ *8501 AB –* ℰ *(0 513) 41 70 70 – www.proefdesfeer.nl*
– gesloten 31 december-14 januari, 20 tot 28 oktober, zondag en maandag
Menu 35/50 € – Carte 47/56 € – *(alleen diner)*

● Gerenoveerd pand (1799) met een chic, modern-klassiek interieur. Beknopte kaart, populaire menu's, bioproducten. De enthousiaste chef-patron heeft een regionaal culinair tv-programma.
● A house dating from 1799 modernised in an elegant classic/contemporary style. Mini-menu and popular set menus. Organic ingredients. The chef-owner hosts a culinary show on local television.

De Jouster Toer
🏠 🔲 ⟳

Midstraat 54 ⊠ *8501 AR –* ℰ *(0 513) 41 82 16 – www.dejoustertoer.nl*
– gesloten 29 december-1 januari, 1 februari-2 maart en maandag
Menu 33 € – Carte 39/51 € – *(alleen diner van oktober tot mei)*

● Tegenover de toren van de kerk van Joure (vandaar de naam) stapt u binnen in het frisse zwart-witte minimalisme van De Jouster Toer. Met bereidingen als een lolly van geitenkaas, cannelloni van wagyu-rund en huisgemarineerde zalm vindt de keukenbrigade een mooie mix van nieuw en traditioneel. Mooi wijnaanbod.
● Across from Joure's church tower (hence the name), step into the smart black and white minimalism of De Jouster Toer. Offering dishes such as goat's cheese, cannelloni of Wagyu beef and in-house marinated salmon, the chef and his team have struck a good balance between traditional and modern cuisine. Excellent wine selection.

ロ **Bistro Fred** Ⓝ

Douwe Egbertsplein 5 ✉ 8501 AB – ℰ (0 513) 41 54 25 – www.bistrofred.nl
– gesloten eind december-begin januari en maandag en dinsdag van oktober tot maart
Menu 28 € – Carte 34/45 €

● Dit noemt men dan een echte bistro: een gezellige zaak waar je lekker kunt eten voor zachte prijzen. Goede producten worden hier op traditionele wijze bereid, met hier en daar wereldse invloeden. Een plek waar je met plezier terugkeert.

● The epitome of a genuine bistro, this cosy restaurant offers good and reasonably priced cuisine. Find high quality produce prepared in a traditional manner with the occasional dash of international flavour. A place you will want to return to time and time again.

in Terherne Noord : 7 km – Boarnsterhim

ᐱ **d'Oude Herbergh** zonder rest

Utbuorren 15 ✉ 8493 MA – ℰ (0 566) 68 88 46 – www.deoudeherbergh.nl
– open april-december; gesloten maandag, dinsdag en woensdag
3 kam ☐ – †80/85 € ††105/110 €

● Goed onderhouden bed and breakfast in een voormalige boerderij (1870), met rieten dak, op een idyllische locatie. Modern interieur, eigentijdse kamers en een terras bij het water. Boten te huur om het Sneekermeer mee op te varen.

● Guesthouse located in a farm with a thatched roof, built in 1870. Modern decor, up-to-date rooms and waterside terrace.

KAAG

Zuid-Holland – Kaag en Braassem 25 715 inw. – Atlas: **17**-C1
▶ Amsterdam 42 km – Den Haag 25 km – Haarlem 22 km – Rotterdam 60 km
Michelin wegenkaart 532-M9

ロロ **Tante Kee**

Julianalaan 14 (met veerpont) ✉ 2159 LA – ℰ (0 252) 54 42 06
– www.tantekee.nl – gesloten zaterdagmiddag, zondag en maandag van oktober tot maart
Lunch 30 € – Menu 39 € – Carte 45/71 €

● De setting van Tante Kee heeft zonder meer iets magisch: u moet er een overzet voor nemen, maar de locals meren hier gewoon rechtstreeks aan bij het restaurant. Vooral 's avonds zorgt het komen-en-gaan van de sloepjes met hun lichtjes voor een onvergetelijk spektakel. Eigentijdse keuken in een decor dat een omweg waard is!

● The setting of Tante Kee definitely has something magical about it: you will have to take the ferry, but locals just moor their boats at the restaurant's jetty. The evening is the busiest time as sloops come and go, their twinkling lights creating an unforgettable light show. Contemporary-style cuisine in a setting well worth that extra mile!

KAART – Fryslân ➔ Zie Waddeneilanden (Terschelling)

KAMPEN

Overijssel – 51 092 inw. – Atlas: **12**-A2
▶ Amsterdam 115 km – Zwolle 14 km – Leeuwarden 86 km
Michelin wegenkaart 531-U7 en 715-I4

ロロ **De Bottermarck**

Broederstraat 23 ✉ 8261 GN – ℰ (0 38) 331 95 42 – www.debottermarck.nl
– gesloten 31 december-1 januari, zaterdagmiddag en zondag en maandag behalve feestdagen
Lunch 25 € – Menu 35/99 € – Carte 42/75 €

● Eigentijdse kaart, gezellig decor en intieme ambiance in dit 16de-eeuwse pand, gerund door de chef-kok en zijn vrouw. Boven is een eetzaal voor kleine groepen.

● Find an up-to-the-minute menu, welcoming décor and cosy atmosphere at this eatery run by the chef-owner and his wife. Private dining room on the first floor.

KAMPERLAND

Zeeland – Noord-Beveland 7 509 inw. – Atlas: **15**-A2

▶ Amsterdam 160 km – Middelburg 20 km – Goes 21 km – Rotterdam 93 km

Michelin wegenkaart 532-H13 en 715-C7

 De Kamperduinen   🖬 🛞 ⋔ 🖪 ♿ 🖷 ⚕ kam, 🅺 kam, 🛜 🏫 🅿 🚗

Patrijzenlaan 1 ⊠ 4493 RA – 𝒞 (0 113) 37 00 00
– www.amadore.nl/dekamperduinen

26 kam ☲ – 🛉100/160 € 🛉🛉100/160 € – 52 suites   **Rest** – Menu 25 €

● Op 300 meter van het strand ligt dit oord van rust en comfort. U logeert hier in kamers die piekfijn en zeer ruim zijn, of u kunt kiezen voor een appartement met keuken. Ontspannen kan eveneens in de mooie, uitgebreide wellnessruimte.

● This haven of peace and comfort, located just 300m from the beach, offers bedrooms that are in impeccable condition and extremely spacious. Alternatively, you can request an apartment with a kitchen. Unwind in the hotel's beautiful and extensive spa.

KATWIJK AAN ZEE

Zuid-Holland – Katwijk 62 688 inw. – Atlas: **16**-B1

▶ Amsterdam 44 km – Den Haag 19 km – Haarlem 34 km – Rotterdam 43 km

Michelin wegenkaart 532-L9 en 715-E5

🏠 **Noordzee**   ⧀ 🛋 ♿ 🖷 🅺 🕱 kam, 🛜 🏫 🚗

Boulevard 72 ⊠ 2225 AG – 𝒞 (0 71) 401 57 42 – www.hotelnoordzee.nl
– gesloten 22 december-15 januari

49 kam ☲ – 🛉100/110 € 🛉🛉115/125 € – 2 suites – ½ P

Rest – Menu 33 € – Carte 31/55 €

● Dit etablissement aan de boulevard heeft vier typen kamers. De beste kijken uit op het strand, de andere zijn een stuk eenvoudiger. Bistro-pizzeria met een terras voor en een panoramisch restaurant erboven.

● This establishment by a dyke offers two kinds of rooms. The best are on the beach side, while the others are much more basic. A bistro and pizzeria with terrace and a restaurant upstairs with a view.

KATWOUDE – Noord-Holland ➜ Zie Volendam

 Verwar de bestekjes 🍴 en de sterren ✿ niet! De bestekjes geven een categorie van comfort en service aan. De ster bekroont alleen de kwaliteit van de keuken, ongeacht de comfortcategorie.

KERKRADE

Limburg – 46 784 inw. – Atlas: **8**-B3

▶ Amsterdam 225 km – Maastricht 33 km – Heerlen 12 km – Aachen 12 km

Michelin wegenkaart 532-V17 en 715-J9

 Winseler Hof   ⚲ 🖷 🛜 🏫 🅿

Tunnelweg 99 (Landgraaf) (West : 2 km) ⊠ 6372 XH – 𝒞 (0 45) 546 43 43
– www.chateauhotels.nl

49 kam – 🛉99/165 € 🛉🛉99/165 €, ☲ 20 € – ½ P

Rest *Pirandello* – zie restaurantselectie

● U voelt zich de heer des lands in deze vakkundig gerenoveerde herenboerderij uit de 16de eeuw, gelegen in een rustig dal, met rondom een eigen wijngaard en kruidentuin. Karaktervolle kamers verzekeren een aangename overnachting. Heerlijk!

● You will feel like the lord of the manor in this superbly restored property dating back to the 16C. It is situated in a peaceful valley surrounded by its own vineyard and herb garden. You are guaranteed a pleasant night's sleep in its distinctive guestrooms. A genuine delight.

SnowWorld

Witte Wereld 1 (Landgraaf) (West : 2 km) ⊠ *6372 VG* – ℰ *(0 45) 547 07 00*
– *www.snowworld.com*
90 kam – ♦70/150 € ♦♦70/150 €, ⊆ 15 € – 10 suites – ½ P
Rest – Menu 25/27 € – Carte ong. 36 €

● Dit hotel hoort bij een immense overdekte sneeuwpiste tegen een oude mijnberg en telt 5 verdiepingen kamers van 3 categoriën: comfort, luxe en duplex. Veel teakhout en grote foto's met bergzicht om een chalet gevoel te creëren. Zeer scherpe prijzen. Vier restaurants: van self-service tot klassiek a la carte restaurant.

● This hotel is part of an enormous covered snow slope against an old mining hill and consists of 5 levels with rooms in 3 categories: comfort, luxury and duplex. A lot of teak and large photographs with mountain views to create a chalet atmosphere. Very competitive prices. Four restaurants : from self-service to a classic à la carte restaurant.

※※ Pirandello – Hotel Winseler Hof

Tunnelweg 99 (Landgraaf) (West : 2 km) ⊠ *6372 XH* – ℰ *(0 45) 546 43 43*
– *www.chateauhotels.nl*
Menu 30/58 € – Carte 37/63 €

● Bij Pirandello komt u voor de rijke Italiaanse keuken en de mooie omgeving. Het fashionable decor geniet van veel lichtinval, het terras en de veranda bieden een prachtig uitzicht op de Limburgse natuur en een domein vol wijnstokken.

● Guests come to Pirandello for the rich Italian cuisine and beautiful surroundings. The fashionable interior is light and airy, while the terrace and the conservatory have beautiful views over the estate's own vineyard and the Limburg countryside.

KIJKDUIN – Zuid-Holland → Zie Den HAAG

Adressen met gastenkamers ↑ bieden niet dezelfde service als een hotel. Zij onderscheiden zich vaak door hun onthaal en decor, die vooral de persoonlijkheid van de eigenaars naar voren brengt. De B&B's vermeld in het rood ↑ zijn het charmantst.

KIMSWERD (KIMSWERT)
Fryslân – Súdwest Fryslân 82 639 inw. – Atlas: **3-B2**
▶ Amsterdam 114 km – Leeuwarden 31 km – Assen 123 km – Lelystad 107 km
Michelin wegenkaart 531-R4

Herberg Greate Pier

Greate Pierwei 9 ⊠ *8821 LV* – ℰ *(0 517) 64 24 88* – *www.herberggreatepier.nl*
– *gesloten januari- februari*
6 kam ⊆ – ♦65/75 € ♦♦80/105 € **Rest** – *(alleen diner voor hotelgasten)*

● De geur van moeders keuken en een gevoel van huiselijkheid begroeten u in deze 19de-eeuwse herberg. Niet alleen uw logies is hier lieflijk, ook het terpdorpje zelf, langs de Bolswarder Vaart, is om verliefd op te worden.

● The aromas of home cooking and a warm, welcoming feeling greet you as you enter this 19C country inn. This charming property alongside the Bolsward Canal is situated in a traditional village that never fails to captivate.

KOEWACHT
Zeeland – Terneuzen 54 709 inw. – Atlas: **15-B3**
▶ Amsterdam 195 km – Den Haag 153 km – 's-Hertogenbosch 132 km –
Middelburg 55 km
Michelin wegenkaart 532-I15 en 715-C8

🍴🍴🍴 **'t Vlasbloemeken** (Eric van Bochove)

🕸 *Nieuwstraat 8 ⊠ 4576 AL – 𝒞 (0 114) 36 19 14 – www.vlasbloemeken.com*
– gesloten 1 tot 5 januari, 13 tot 31 augustus, zaterdagmiddag, dinsdag
en woensdag
Lunch 45 € – Menu 58/108 € – Carte 60/74 €

● Chef van Bochove wil u "het mooiste van zee, vee en veld" voorschotelen, en dit in een eerlijke productkeuken. Zijn inspiratie mag dan al traditioneel zijn, de presentatie en garnituur zijn helemaal bij de tijd. Streekproducten troef in deze zaak, met wild uit de polders, Oosterscheldekreeft en meer lokaal lekkers.

● Chef Eric van Bochove's goal is to combine the 'best of the sea, soil and livestock' for his guests, with cuisine that takes honest products as its starting point. He may find his inspiration in the traditional but his presentation and eye for detail are most definitely contemporary. The focus is on local products such as game from the polder, lobster from the Eastern Scheldt, and much more.

➔ Oosterscheldekreeft met basilicummayonaise en -sorbet. Zomerreebok met asperges, meiraapjes en nieuwe aardappeltjes. Rabarber met gemarineerde aardbeien en yoghurtparels.

De KOOG – Noord-Holland ➔ Zie Waddeneilanden (Texel)

KOOG AAN DE ZAAN – Noord-Holland ➔ Zie Zaandam

 Bij ieder ❀ restaurant worden drie specialiteiten vermeld. Deze gerechten staan niet altijd op de kaart, maar ruimen af en toe plaats voor smakelijke recepten van het moment.

KORTGENE
Zeeland – Noord-Beveland 7 522 inw. – Atlas: **15**-A2
▶ Amsterdam 165 km – Middelburg 26 km – Goes 11 km – Rotterdam 82 km
Michelin wegenkaart 532-H13 en 715-C7

🍴🍴 **De Korenbeurs-Willem 4** met kam

😊 *Kaaistraat 12 ⊠ 4484 CS – 𝒞 (0 113) 30 63 92 – www.dekorenbeurs-willem4.nl*
– gesloten maandag
12 kam 🛏 – 🛏68/110 € 🛏🛏75/120 €
Menu 30/38 € – Carte 30/44 € – *(alleen diner tot 20.00 u.)*

● Het concept is even eenvoudig als lekker: al de gerechten (kleinere porties) kosten 7,50 euro, het viergangenmenu 30 euro. En u krijgt waar voor uw geld: de combinaties zijn creatief, verrassend en worden mooi gepresenteerd. Geen zin in een terugreis met een volle buik? Boek een kamer en logeer in alle comfort.

● The concept is simple and the food delicious and good value for money. Every dish (small portions) cost €7.50 and the four-course menu €30, featuring combinations that are creative, surprising and beautifully presented. Accommodation is also available in one of the property's comfortable guestrooms.

KOUDEKERKE – Zeeland ➔ Zie Vlissingen

KRALINGEN – Zuid-Holland ➔ Zie Rotterdam, stadsrand

KRUININGEN
Zeeland – Reimerswaal 21 859 inw. – Atlas: **15**-B2
▶ Amsterdam 169 km – Middelburg 34 km – Breda 67 km – Antwerpen 56 km
Michelin wegenkaart 532-J14 en 715-D7

XXXX **Inter Scaldes** (Jannis Brevet)   🛆 ⇔ **P**

⌘ ⌘ *Zandweg 2 (West : 1 km)* ⊠ *4416 NA* – *☎ (0 113) 38 17 53*
– www.interscaldes.eu – gesloten 1 tot 22 januari, 12 tot 21 juli, 18 tot
27 oktober, zaterdagmiddag, maandag en dinsdag
Lunch 95 € – Menu 125/165 € – Carte 107/169 €
● Rietgedekte, stijlvolle villa waar de chef-kok de beste producten van zijn
geboortegrond Zeeland laat spreken in een klassiek-creatieve stijl met een persoonlijk accent. Serre aan een prachtige tuin. Prestigieuze wijnen.
● This elegant, thatched roof villa is the kingdom of a creative and talented chef.
He favours produce from his native Zeeland in a classical but personal register.
Veranda facing a well-tended garden. Fine wine list.
➔ Zeeuwse kreeft met hazelnoot en asperges, maltaisesaus en aardbeien. Tarbot
en de zijvin met kaviaar, bloemkool en appel. Reliëf van kardemom met bramen,
eucalyptus, karamel en tomaat.

Le Manoir 🏠🏠   🕙 ≼ 🖴 🚲 🄰🄲 🛜 **P**
12 kam – 👤260/340 € 👥👤260/340 €, ⬡ 25 €
● Groot landhuis met rieten dak en verzorgde tuin in een polder met boomgaar-
den. Comfortabele kamers.
● Large thatched manor, on a polder dotted with orchards, adorned with a manicured garden where hedges, rose beds and fruit trees mingle. Good rooms.

LAGE-VUURSCHE – Utrecht ➔ Zie Baarn

LAMSWAARDE

Zeeland – Hulst 27 388 inw. – Atlas: **15-B2**
▶ Amsterdam 203 km – Middelburg 56 km – Antwerpen 45 km – Sint-Niklaas 26 km
Michelin wegenkaart 532-J14 en 715-D7

X   **Petrus & Paulus Hoeve**   🖴 🛆 ⇔ **P**

☺   *Jacobus de Waalstraat 41* ⊠ *4586 AD* – *☎ (0 114) 69 04 40*
– www.penphoeve.nl – gesloten dinsdag behalve in juli-augustus en maandag;
van oktober tot maart alleen weekends geopend
Lunch 30 € – Menu 35 € – Carte 32/66 €
● Een restaurant dat de gastronomische toer op gaat: de gedreven zoon des huizes zit achter deze metamorfose en biedt nu een verfijndere kaart, naast de klassieke snacks die nog steeds worden aangeboden.
● This restaurant is setting a distinctly gourmet course and the owner's son is the
driving force behind its metamorphosis. The menu on offer is now more refined
but the familiar snacks are still available.

LANGWEER (LANGWAR)

Fryslân – Skarsterlân 27 419 inw. – Atlas: **4-C3**
▶ Amsterdam 122 km – Leeuwarden 51 km – Sneek 13 km – Zwolle 68 km
Michelin wegenkaart 531-T5 en 715-I3

XX   **'t Jagertje**   🛆 🄰🄲 ⇔
Buorren 7 ⊠ *8525 EB* – *☎ (0 513) 49 92 97 – www.jagertje-langweer.nl*
– gesloten maandag, dinsdag en woensdag behalve van juni tot oktober
Menu 33 € – Carte 47/65 € – *(alleen diner tot 23.00 u.)*
● Restaurant in een typisch dorpsstraatje met lindenbomen en oude geveltjes, in
een al even charmant Fries havenplaatsje. Modern interieur in rood, wit en zwart.
Kaart met streekgerechten en een menu dat aanspreekt.
● Restaurant set in a delightful Frisian fishing village. Contemporary dining room
in red, white and black. Regional ingredients and an interesting set menu. Rear
terrace.

LATTROP – Overijssel ➔ Zie Ootmarsum

LEENDE

Noord-Brabant – Heeze-Leende 15 405 inw. – Atlas: **10-C2**
▶ Amsterdam 139 km – 's-Hertogenbosch 51 km – Eindhoven 15 km –
Roermond 38 km
Michelin wegenkaart 532-S14 en 715-H7

Jagershorst 🍴 ▦ ⊕ ⇪ ⅃₅ ᵭᵬ ⊫ Ġ ᴀᴄ ⅏ kam, 🛜 ⅏ P

Valkenswaardseweg 44 (nabij A 2, afrit 34) ⊠ *5595 XB –* ℰ *(0 40) 206 13 86*
– *www.goldentulipjagershorst.nl*
89 kam – ♦105/150 € ♦♦125/175 €, ⊊ 15 €
Rest – Menu 24/45 € – Carte 30/52 €

• Modern hotel tussen de snelweg en de bossen. Ruime, goed uitgeruste kamers met fashionable decor. De "white rooms" bieden nog meer ruimte en hebben een balkon. Restaurant met knus interieur en een trendy brasserie met eenvoudige kaart.

• A modern hotel between the motorway and the woods. Spacious, well-furnished rooms with a fashionable décor. White rooms have balconies and are even more spacious. Restaurant with a cosy décor, and trendy brasserie with a simpler menu.

LEENS

Groningen – De Marne 10 336 inw. – Atlas: **7-A2**
▣ Amsterdam 196 km – Groningen 27 km – Assen 51 km – Leeuwarden 52 km
Michelin wegenkaart 531-X2 en 715-K1

in Warfhuizen Zuid-Oost : 5 km – De Marne

⋔ De Theaterherberg zonder rest 🛜 ⊭

Baron van Asbeckweg 42 ⊠ *9963 PC –* ℰ *(0 595) 57 27 42*
– *www.theaterherberg.nl*
4 kam ⊊ – ♦60/70 € ♦♦80/90 €

• Deze oude boerderij in een gehucht heeft zijn landbouwwerktuigen verruild voor een minitheater - de patron is acteur - en enkele kamers. Landelijk terras aan de achterkant.

• This former farmhouse, part of a hamlet, has swapped its agricultural equipment for a small theatre and some guest rooms. Rustic terrace at the rear. The owner is an actor !

LEEUWARDEN (LJOUWERT)

Fryslân – 107 342 inw. – Atlas: **4-C2**
▣ Amsterdam 139 km – Groningen 59 km – Sneek 24 km
Michelin wegenkaart 531-T3 en 715-I2

WTC ⋜ ⊕ ⇪ ᵭᵬ ⊫ Ġ ᴀᴄ ⅏ 🛜 ⅏ P

Heliconweg 52 ⊠ *8914 AT –* ℰ *(0 58) 233 49 00*   Plattegrond: A2**s**
– *www.westcordhotels.nl*
143 kam – ♦79/139 € ♦♦79/139 €, ⊊ 15 €
Rest *Élevé* ⅏ – zie restaurantselectie

• Dit comfortabel hotel, met ruime designkamers, is ideaal voor zakenlui: gelegen in een nieuwe kantorenwijk aan de stadsrand, bij een expocomplex en casino. U kunt hier dineren met uw hoofd in de wolken: restaurant Élevé en de bijbehorende brasserie bevinden zich namelijk allebei op de elfde verdieping.

• Ideal for the business traveller, this comfortable hotel on the edge of the city is in a new office district close to an exhibition complex and casino. Spacious designer-style rooms. Dine up in the clouds at Élevé or the brasserie, both situated on the 11th floor.

Grand Hotel Post-Plaza 🍴 ⊕ ⇪ ⅃₅ ᵭᵬ ⊫ Ġ ⅏ 🛜 ⅏ P

Tweebaksmarkt 25 ⊠ *8911 KW –* ℰ *(0 58) 215 93 17*   Plattegrond: B2**z**
– *www.post-plaza.nl*
40 kam – ♦78/108 € ♦♦82/112 €, ⊊ 15 € – 1 suite
Rest *Brasserie Lourens* – Lunch 25 € – Menu 33/55 € – Carte 37/49 € – *(gesloten zondag)*

• Nieuw hotel in een monumentaal pand, centraal gelegen in de stad. Charmant karaktervol interieur in klassieke stijl. Moderne kamers van verschillende grootten met goed comfort. Kok aan het ontbijt. Stijlvolle ontvangst. Actuele gerechten in een moderne setting bij brasserie Lourens.

• New hotel in a monumental building, centrally located in the city. Charming classical style interior full of character. Modern rooms of different sizes with good conveniences. Chef for breakfast. Stylish reception. Current dishes in a modern setting in brasserie Lourens.

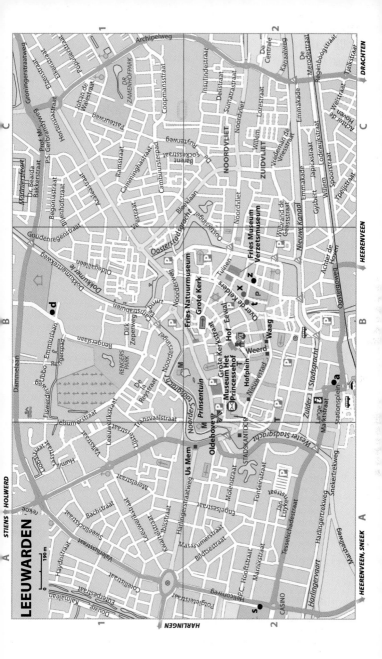

LEEUWARDEN

Stenden
ꏍ ꏍ ᜵ 🅺 kam, ꕔ kam, 🛜 🅰 🅿

Rengerslaan 8 (stagebedrijf van hotelschool) — Plattegrond: B1**d**
✉ *8917 DD* – ☏ *(0 58) 303 08 00*
– *www.stendenhotel.com*
28 kam ⌒ – ♦60/110 € ♦♦60/110 €
Rest – Menu 18/35 € – Carte 17/38 €
● Studenten van de hotelschool doen er alles aan om uw verblijf aangenaam te maken. Mooie, moderne kamers, sommige met een thema. Een groot scherm in het restaurant toont leerlingkoks aan het werk. Eigentijdse Nederlandse keuken op basis van biologische producten.
● A hotel management school where the students bend over backwards to provide you with a pleasant stay. Lovely rooms, some with themes. You can watch the up-and-coming chefs on a screen in the restaurant. Nouvelle Dutch cuisine with organic components.

Oranje
ꏍ 🅸 ᜵ rest, 🅺 ꕔ rest, 🛜 🅰 ᜵

Stationsweg 4 ✉ *8911 AG* – ☏ *(0 58) 212 62 41* — Plattegrond: B2**a**
– *www.hampshire-hotels.com*
78 kam – ♦75/125 € ♦♦95/145 €, ⌒ 15 € – ½ P
Rest – Menu 25/40 € – Carte 33/55 €
● Een degelijk hotel dat gemaakt is op maat van de zakenman. Tegenover het station voor mocht hij met de trein komen, een ondergrondse parking indien het toch de auto werd en een mooie brasserie waar hij terecht kan als hij 's avonds het hotel niet uit wil.
● A reliable hotel tailored to meet the needs of business travellers. Just across from the station, for those arriving by train, and with underground parking for those coming by car. There is also a pleasant brasserie for anyone not wishing to leave the hotel in the evening.

XXX Élevé – Hotel WTC
🗘 ᜵ 🅺 ꕔ 🅿

Heliconweg 52 (11e etage) ✉ *8914 AT* — Plattegrond: A2**s**
– ☏ *(0 58) 233 49 00* – *www.eleve.nl*
Menu 40/75 € – Carte 70/87 €
– *(alleen diner)*
● In de verte ziet u de lichten van de vuurtorens schijnen, de skyline van Leeuwarden laat zich in al zijn glorie bewonderen: welkom bij Élevé, het restaurant (met brasserie ernaast) op de elfde verdieping van hotel WTC. De patron is een geboren gastheer en ook het eten is van een torenhoog niveau: actuele ensembles, precies en heerlijk gekruid!
● The skyline of Leeuwarden shows itself in all of its glory and in the distance you can see the flash of the lighthouses; welcome to Élevé, the restaurant (with a brasserie) on the eleventh floor of the hotel WTC. The owner is a born host and the food also towers above the norm: tasty combinations are precise and deliciously seasoned.
→ Crispy kalfszwezerik, gebakken bloemkool, rozijnen en amandelen. Regionaal lamsvlees met karnemelkgnocchi en jus met gezouten limoen. Rabarber met frambozen, yoghurt en verveine.

X By ús

Over de Kelders 24 ✉ *8911 JG* — Plattegrond: B2**t**
– ☏ *(0 58) 215 86 63*
– *www.restaurantby-us.nl*
– *gesloten 31 december-1 januari, 21 juli-8 augustus, maandag en dinsdag*
Menu 33 € – *(alleen diner)*
● Kwalitatief hoogstaande producten en de waardevolle ervaring van de uitbaters maken van dit restaurant een goed adresje in de stad. Eenvoudig maar warm kader, hedendaagse kaart.
● Produce of high quality and the precious experience of the managers turn this restaurant into a good address in town. Unpretentious but warm atmosphere, contemporary menu.

✗ **Eindeloos**

Korfmakersstraat 17 ✉ *8911 LA –* ☎ *(0 58) 213 08 35*   Plattegrond: B2**x**
– www.restauranteindeloos.nl – gesloten 29 december-5 januari,
20 juli-9 augustus, zondag en maandag
Menu 38 € – *(alleen diner) (een enkel menu)*
 ● Restaurant met een licht, sober interieur waar de baas kok is en de sommelier in de bediening staat. Hier geen kaart, maar enkel een verrassingsmenu op basis van kwaliteitsproducten en met een goede prijs-kwaliteitverhouding. Een huis van vertrouwen!
 ● A modern yet subtle décor. Only a "surprise" menu, that focuses on high quality produce. The owner is behind the stove and the sommelier waits on the tables.

LEGEMEER (LEGEMAR) – Fryslân ➜ Zie Sint Nicolaasga

LEIDEN

Zuid-Holland – 121 163 inw. – Atlas: **16**-B1

▶ Amsterdam 41 km – Den Haag 19 km – Haarlem 32 km – Rotterdam 36 km
Michelin wegenkaart 532-L10 en 715-E5

 Hotels

Holiday Inn
🏤 🖼 🛁 ℔ ✕ 🚴 ⓘ 🔥 🔟 kam, 🍽 rest, 🛜 🚿 **P**

Haagse Schouwweg 10 (nabij A 44) ✉ *2332 KG – ✆ (0 71) 535 55 55*
– www.holidayinnleiden.com
200 kam – ♦74/199 € ♦♦99/224 €, 🖙 20 € – ½ P
Rest – Lunch 20 € – Menu 25/30 € – Carte 48/95 €
● Een betrouwbaar adres in de directe nabijheid van de snelweg. Met z'n familie-kamers is het een echte aanrader voor gezinnen. De grote eetzaal is als winter-tuin opgezet.
● Chain hotel, built in 1968, not too far from the town centre, near the motorway. Rooms around a central atrium. Large dining room arranged like a winter garden. Lunchtime buffets.

Golden Tulip - Tulip Inn
🛗 🔟 🍽 rest, 🛜 🚿 **P**

Schipholweg 3 ✉ *2316 XB – ✆ (0 71) 408 35 00*   Plattegrond: B1**c**
– www.goldentulipleidencentre.nl
155 kam – ♦119/149 € ♦♦129/159 €, 🖙 16 €
Rest – Menu 25/30 € – Carte 36/63 € – *(gesloten zondag)*
● Twee loten uit dezelfde "bloembol" delen dit moderne hotelcomplex dicht bij het station. Er zijn dan ook twee typen kamers te vinden, waarvan zestien voor gezinnen.
● Looking for a comfortable room near the station? This modern building has two types of rooms, including 16 for families.

City zonder rest
🛗 🔟 🚿 🛜 🚿

Lange Mare 43 ✉ *2312 GP*   Plattegrond: B2**b**
– ✆ (0 71) 513 05 05
– www.bestwesterncityhotelleiden.nl
39 kam 🖙 – ♦89/109 € ♦♦99/109 €
● Het comfort van een ketenhotel boven een voormalige theaterzaal in het hartje van de stad. Whirlpool op het dakterras.
● Find the comfort of a chain hotel above a former theatre in the very heart of the city. Roof garden with a Jacuzzi.

 Standing : verwacht niet dat de service in een ✕ of een 🏠 dezelfde is als 🟦🟦🟦🟦🟦 of een 🏨🏨🏨.

248

Restaurants

XXX **Engelbertha Hoeve**

Hoge Morsweg 140 ⊠ 2332 HN – ℰ (0 71) 576 50 00
– www.engelberthahoeve.nl – gesloten 27 december-eerste week januari,
zaterdagmiddag, zondagmiddag en maandag
Lunch 35 € – Menu 46/52 € – Carte 34/70 €
● Voormalige hoeve (1766) aan de Oude Rijn. Bij de eerste zonnestralen kunt u ook buiten eten. Eigentijdse keuken, verzorgde bereidingen en dito presentatie. Meer zin dan honger? De gerechten worden ook in proefformaat geserveerd.
● Former 18C thatched farmhouse, pleasantly located on the banks of the Old Rhine. Modernised dining room and summer terrace. Contemporary cuisine.

XXX **Woods**

Haagweg 81 ⊠ 2321 AA – ℰ (0 71) 522 22 25 – www.restaurantwoods.nl
– gesloten 31 december-1 januari en zaterdagmiddag
Lunch 25 € – Menu 38/90 €
● Restaurant in de voormalige, origineel verbouwde droogloods van een zagerij, in de schaduw van een windmolen. Moderne eetzaal in grijstinten, mooi zomerterras aan het water. Aparte brasserieformule.
● In the shade of a windmill, this former sawmill is now an unusual restaurant. Grey colour scheme in the modern dining room and lovely riverside terrace. Separate brasserie formula.

XX **In Den Gapenden Eter**

Rapenburg 97 ⊠ 2311 GL – ℰ (0 71) 566 14 94   Plattegrond: B3**b**
– www.indengapendeneter.nl – gesloten
30 december-1 januari, 12 juli-3 augustus, 2 en 3 oktober en maandag
Menu 43 € – Carte 57/65 € – *(alleen diner)*
● Wie in Leiden uit eten wil, kan niet om dit pareltje heen. De charme van de drogisterij van vroeger hangt er nog een beetje maar de keuken staat met beide voeten in het nu. Hier eet u op hoog niveau, zoals duif met tarte Tatin van sjalot en sinaasappel-kruidnageljelly. Het wijnadvies van de sommelière doet niet onder.
● You can't ignore this jewel of a restaurant if you are looking to eat out in Leiden. Once home to a pharmacy, the building has retained its original charm, although its fine cuisine is contemporary in style. The menu features dishes such as pigeon with a tarte Tatin of shallots, clove and orange jelly, while the sommelier's wine advice is a perfect complement to your meal.

XX **In den Doofpot**

Turfmarkt 9 ⊠ 2312 CE – ℰ (0 71) 512 24 34   Plattegrond: B2**a**
– www.indendoofpot.nl – gesloten 31 december-1 januari, 26 juli-9 augustus, 2 en 3 oktober, zaterdagmiddag en zondag
Lunch 39 € – Menu 50/80 € – Carte 49/74 €
● Knus adres aan een haventje, met lambrisering, schouw, spiegels, kristallen luchters, leren fauteuils. Flexibele a la carte, mooi theatermenu, prestigieuze wijnkelder. Uitgebreid diner, beperktere lunch.
● A cosy restaurant on the harbour with a décor of wood panelling, a fireplace, mirrors, crystal chandeliers and leather armchairs. Ample à la carte choices, excellent theatre menu and prestigious wines.

XX **Mangerie De Jonge Koekop**

Lange Mare 60 ⊠ 2312 GS – ℰ (0 71) 514 19 37   Plattegrond: B2**c**
– www.koekop.nl
Menu 35/44 € – Carte ong. 50 € – *(alleen diner)*
● Vriendelijke ontvangst, jonge en enthousiaste bediening, modern interieur met vide en menu's met vaste prijzen per gang. 's Zomers rondvaart met maaltijd aan boord (reserveren).
● Kind welcome, young and swift service, modern interior with a mezzanine and fixed-price menus at every sitting. In summer, book a meal on a boat floating along the canal.

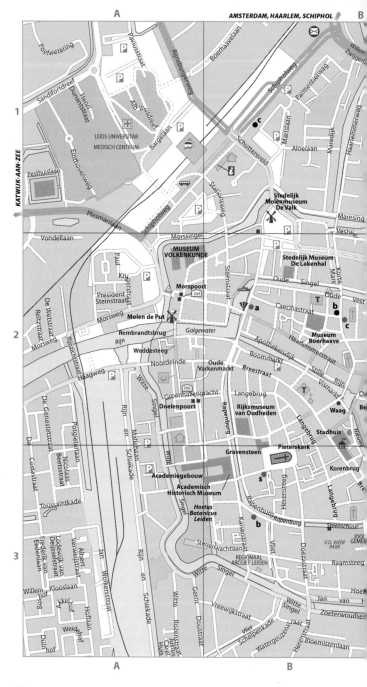

KATWIJK-AAN-ZEE

Poelwetering
Paulusstraat
Sandifortdreef
Henri Dunantstraat
Einthovenweg
Pesthuislaan

LEIDS UNIVERSITAR
MEDISCH CENTRUM

Rijnsburgerweg
Alb. n. stdreef
Bargelaan

Boerhaavelaan

Schipholweg
Parmentierweg
Maredijk
Willem Zwijgerl.
Maredijkhennemerweg
Aloelaan

Schuttersveld

Plesmanlaan
Schipholweg
Stationsweg
Morssingel

Vondellaan

**Stedelijk
Molenmuseum
De Valk**

Maresing
Vestw

Paul
Kru
erstraat
President
Steinstraat
De Wetstraat
Reitzstraat
Rijnzichtbrug
Morsweg

**MUSEUM
VOLKENKUNDE**

Morspoort
Steenstraat
Oude   Singel
Korte Mare
Vest

**Stedelijk Museum
De Lakenhal**

Molen de Put
Rembrandtsbrug
Rijn
Weddesteeg
Haagweg
Noordeinde
Witte Singel

Galgewater
Caecilliastraat
a
b
c

**Museum
Boerhaave**

Apothekersdijk
Haarlemmerstraat
Boommarkt
Breestraat
Stille Rijn
Vismarkt

Oude
Varkenmarkt
Langebrug

Doelenpoort
Rapenburg
**Rijksmuseum
van Oudheden**

Waag

Stadhuis

Mallebaan
Rijn en Schiekade

Gravensteen
Pieterskerk

Korenbrug

De Genestetstraat
Potgieterlaan
Academiegebouw
s
Herensteeg
Langebrug

Nicolaas
Beetsstraat
**Academisch
Historisch Museum**
Kaisestraat
Rapenburg

Toussaintkade

*Hortus
Botanicus
Leiden*
b
Vliet

Lodewijk van
Deijsselstraat
Frederik van
Eedenlaan
Albert Verweijstraat
Jan Wolkerslaan
Sterrewachtlaan

*REGIONAAL
ARCHIEF LEIDEN*

Steenschuur
*V.D. WERF
PARK*
1000
GEMEI

Raamsteeg

Rijn en Schiekade
Witte Singel

Willem hof
Klooslaan
Vker hof
Hofhof
Weid hof
Duin hof

Vreewijkstraat
Gerrit Doustraat
Rozenstraat
Casinbad Huisstraat

Vliet
Schalpenkade
Watergeuzenstraat
Witte Singel
Jan van
Zoeterwoudse
Hoe
Bloemistenlaan

A   B

250

LEIDEN

0   240 m

✗✗ Dartel 🍴 ♿

Kloksteeg 13 ✉ *2311 SK* – ℰ *(0 71) 512 40 12* Plattegrond: B3**s**
– *www.restaurantdartel.nl*
– *gesloten 26 december-5 januari, 27 april, 27 juli-14 augustus, 3 oktober,*
maandagmiddag, zaterdagmiddag en zondag
Lunch 30 € – Menu 35 € – Carte 54/66 €
● Gelegen in een verkeersarme straat in de binnenstad, oud pand met authentieke stijlelementen, koepel achteraan en twee terrasjes vooraan. Moderne inrichting. Hedendaagse gerechten met goede ingrediënten.
● Located in a traffic-poor street in the inner city, an old building with authentic style elements, with a dome at the back and two seating areas at the front. Modern interior. Contemporary dishes with quality ingredients.

in Oegstgeest

🏨 Hilton Garden Inn 🍴 🏋 🚲 🛎 ♿ kam, 🆔 kam, 🍽 rest, 📶 🔥 🅿 🚗

Willem Einthovenstraat 3 (nabij A 44) ✉ *2342 BH* – ℰ *(0 71) 711 10 00*
– *www.leiden.hgi.com*
173 kam – 🛏99/229 € 🛏🛏99/229 €, 🍽 19 €
Rest – Menu 30 € – Carte 30/48 €
● Ketenhotel dat een uitstekende uitvalsbasis is voor zakenmensen: vlakbij snelweg A44, functionele kamers, vergaderzalen en restaurant dat heel de dag open is.
● A chain hotel that is an excellent base for business clients. This is thanks to its location near the A44 motorway, its function and meeting rooms and a restaurant that remains open all day.

✗✗✗ De Beukenhof met kam 🍴 🍴 🆔 📶 🔄 🅿

Terweeweg 2 ✉ *2341 CR* – ℰ *(0 71) 517 31 88* – *www.debeukenhof.nl*
– *gesloten 31 december-2 januari*
9 kam – 🛏139 € 🛏🛏169/389 €, 🍽 20 €
Lunch 33 € – Menu 43/60 € – Carte 51/82 €
● Oude herberg met een mooie tuin voor een zomerse maaltijd. Sfeervol decor van antiek (eiken pilaren, schouw, tegelvloer) en modern (stoelen, verlichting). Eigentijdse kaart.
● Venerable inn with a lovely garden for summer meals. The dining rooms blend old (oak pillars, fireplace, tiles) and new (chairs, lighting). Contemporary cuisine.

in Voorschoten

🏨 De Gouden Leeuw 🏋 🛎 ♿ 🆔 📶 🔥 🅿

Veurseweg 180 ✉ *2252 AG* – ℰ *(0 71) 560 28 00* – *www.hoteldegoudenleeuw.nl*
143 kam – 🛏88/200 € 🛏🛏88/200 €, 🍽 14 €
Rest *Upstairs* – zie restaurantselectie
● Groot motel met dito gemeenschappelijke ruimten. Het klassiek-eigentijdse interieur is karakteristiek voor Van der Valk. Standaardkamers, comfortkamers en 29 luxekamers met jacuzzi.
● A big motel with large open spaces and standard modern décor as you would expect from the Van der Valk chain. Including 29 luxury rooms with jacuzzi.

✗✗ De Knip ≼ 🍴 🍽 🔄 🅿

Kniplaan 22 (4 km langs Veurseweg) ✉ *2251 AK* – ℰ *(0 71) 561 25 73*
– *www.restaurantdeknip.nl* – *gesloten eerste week januari, zaterdagmiddag,*
zondag en maandag
Lunch 28 € – Menu 35/55 € – Carte ong. 55 €
● Een idyllische plek als deze, naast de Vliet en met een subliem uitzicht op het blinkende water, is gemaakt om gedeeld te worden. Dat geldt ook voor de originele, uitgebalanceerde gerechten. Met smaak is het namelijk net hetzelfde als met geluk: gedeelde smaak is dubbele smaak.
● An idyllic spot on the Vliet canal with a superb view of the glistening water. The original, well-balanced dishes are equally easy on the eye, as well as being delicious and full of flavour.

XX **Upstairs** – Hotel De Gouden Leeuw ⚏ 🕿 ⟨ 🎬 ⇔ **P**
Veurseweg 180 (1ᵉ etage) ✉ *2252 AG – ℰ (0 71) 560 28 54*
– www.restaurantupstairs.nl – gesloten maandag
Menu 33/48 € – Carte 39/53 € – *(alleen diner)*
● Restaurant op de eerste verdieping van hotel De Gouden Leeuw. Fashionable
loungedecor in zwart en oranje. In de open keuken worden smakelijke, eigentijdse gerechten bereid.
● Restaurant with an open kitchen on the first floor of the De Gouden Leeuw hotel. Fashionable designer décor in orange and black, and delicious contemporary
dishes.

X **Floris V** 🕿 ⚏ ⇔
Voorstraat 12 ✉ *2251 BN – ℰ (0 71) 561 84 70 – www.florisv.nl*
– gesloten 25 december-4 januari, Hemelvaart, 29 juli-17 augustus en maandag
Menu 35/55 € – Carte 33/43 € – *(alleen diner)*
● 17de-eeuws baljuwhuis en een charmante straat met lindebomen. Gemoderniseerde zalen, kelderbar in het oude cachot, meerdere private dining kamers en
terras aan de voorzijde.
● An old 17C guild house overlooking a charming leafy square. Renovated dining
rooms, cellar bar (formerly a dungeon) and a view of the church spire from the
courtyard terrace.

LEIDSCHENDAM – Zuid-Holland ➜ Zie Den Haag, omgeving

LELYSTAD
Flevoland – 76 142 inw. – Atlas: **2**-A2
▶ Amsterdam 57 km – Amersfoort 55 km – Arnhem 109 km – Zwolle 64 km
Michelin wegenkaart 531-R7 en 715-H4

in Lelystad-Haven

XX **'t Dijkhuysje** ⟨ 🕿 🎬 ⚏ **P** ⚓
Oostvaardersdijk 57 ✉ *8244 PB – ℰ (0 320) 26 20 22 – www.dijkhuysje.nl*
– gesloten zaterdagmiddag, zondag en maandag
Lunch 29 € – Menu 39/69 € – Carte ong. 65 €
● In dit huisje op de dijk proeft u het werk van een jonge chef die zijn culinaire
identiteit ontwikkelt. Vol ambitie gaat hij creatief aan de slag met actuele gerechten. Strak, chic interieur en een prachtig uitzicht op het Markermeer.
● Taste the work of a young chef who is developing his culinary identity, which is
full of ambition and shows a creative approach to contemporary dishes. Formal
and chic interior decor and a stunning view of Markermeer lake.

LEUSDEN – Utrecht ➜ Zie Amersfoort

LEUVENUM
Gelderland – Ermelo 26 045 inw. – Atlas: **5**-B2
▶ Amsterdam 80 km – Arnhem 46 km – Apeldoorn 24 km – Zwolle 38 km
Michelin wegenkaart 531-T9 en 532-T9 en 715-I5

🏠 **Het Roode Koper** ⚏ ⟨ 🕿 ⟨ ⚏ ⚏ ⚏ 🛜 ⚏ **P**
Jhr. Dr. C.J. Sandbergweg 82 ✉ *3852 PV – ℰ (0 577) 40 73 93*
– www.roodekoper.nl
32 kam ⚏ – †185/540 € ††239/540 €
Rest – Lunch 43 € – Menu 65/75 € – Carte 60/72 € – *(reserveren noodzakelijk)*
● Monumentaal landgoed met een fraai aangelegd park, midden in de bossen.
Het hotel, verdeeld over vier gebouwen, straalt charme en karakter uit, en biedt
de nodige luxe: u vindt er een buitenzwembad, een tennisbaan, paardenboxen
en een prachtig terras waar u 's zomers kunt lunchen of dineren.
● A stately country house with a beautifully landscaped garden in the middle of
woodland. The hotel is divided into four buildings, all of which exude lots of
charm and character, while providing plenty of luxury. An outdoor swimming
pool, tennis court, stables and a magnificent terrace for summer dining complete
the picture.

LIES – Fryslân ➜ Zie Waddeneilanden (Terschelling)

LINSCHOTEN

Utrecht – Montfoort 13 639 inw. – Atlas: **14**-A2

▶ Amsterdam 43 km – Haarlem 58 km – Utrecht 21 km

Michelin wegenkaart 532-O10 en 715-F5

XXX **De Burgemeester**

*Raadhuisstraat 17 ⊠ 3461 CW – ✆ (0 348) 41 40 40 – www.deburgemeester.nl
– gesloten 1 tot 5 januari, 2 tot 17 augustus, zaterdagmiddag, zondag en
maandag*

Lunch 43 € – Menu 68/98 € – Carte 68/85 €

• In het voormalige raadhuis van Linschoten kookt nu een ambitieus team dat
louter met topproducten werkt. De patron is een topsommelier die u als geen
ander de weg wijst in de uitgelezen wijnkaart.

• Contemporary restaurant in Linschoten's old town hall, run by an ambitious
team who use only top-quality products. Clean interior and excellent wine list.

→ Tartaar van langoustines met een bouillon van langoustines en verveine. Ges-
moorde heilbot met noordzeekrab, gnocchi en beurre blanc met champagne.
Taartje van rabarber en roomijs.

XX **Bij Mette**

*Dorpsstraat 41 ⊠ 3461 CP – ✆ (0 348) 49 99 39 – www.bijmette.nl – gesloten
eind december-begin januari, laatste week juli-eerste week augustus,
zaterdagmiddag, zondag en maandag*

Lunch 30 € – Menu 35/70 € – Carte 43/56 €

• Verzorgd, eigentijds restaurant in een oude kruidenierswinkel, in de schaduw
van de scheve klokkentoren. Eetzaal met een mix van oud en modern. Wentel-
trap, verscholen terras.

• This modern restaurant is housed in a former grocery near the church tower. A
pleasant blend of modern- and old-style décor in the dining room; wonderful spi-
ral staircase. Hidden terrace.

LISSE

Zuid-Holland – 22 336 inw. – Atlas: **17**-C1

▶ Amsterdam 36 km – Den Haag 29 km – Haarlem 16 km

Michelin wegenkaart 532-M9 en 715-E5

🏨 **De Duif** zonder rest

Westerdreef 49 ⊠ 2161 EN – ✆ (0 252) 41 00 76 – www.hoteldeduif.nl

34 kam ☲ – ✝60/120 € ✝✝80/120 € – 10 suites

• Dit hotel dicht bij het centrum heeft drie typen kamers (kleinste met kleine
badkamers). Tiental splitlevels met kitchenette. In het voorjaar kunt u de prachtige Keukenhof bezoeken.

• This hotel near the town centre has three kinds of rooms, including a dozen
duplex rooms with kitchenettes. In spring you can visit the Keukenhof, a beautiful
landscaped garden.

LISSERBROEK

Noord-Holland – Haarlemmermeer 144 153 inw. – Atlas: **11**-A3

▶ Amsterdam 34 km – Haarlem 33 km – Den Haag 31 km – Utrecht 77 km

Michelin wegenkaart 532-M9

XXX **Het Oude Dykhuys**

*Lisserdijk 567 ⊠ 2165 AL – ✆ (0 252) 41 39 05 – www.hetoudedykhuys.nl
– gesloten zaterdagmiddag, zondagmiddag en maandag*

Menu 30/40 € – Carte 54/77 €

• Schouw, witte balken en schilderijen in levendige kleuren vormen een trendy
decor dat prima past bij de creaties van de chef-kok. Goede wijnkaart. Mooi terras
en aanlegsteiger.

• This restaurant has interesting décor including a fireplace, white wooden
beams and lively paintings. Good choice of wines available. Pleasant terrace and
boat jetty.

LOCHEM

Gelderland – 33 248 inw. – Atlas: **6**-D2

▶ Amsterdam 121 km – Arnhem 49 km – Apeldoorn 37 km – Enschede 42 km

Michelin wegenkaart 532-X10 en 715-K5

't Hof van Gelre 🐾 🛁 🏡 📺 ♿ 🛗 🅰🅲 rest, 🍴 🛜 🎿 🅿

Nieuweweg 38 ✉ *7241 EW –* ☎ *(0 573) 25 33 51 – www.hofvangelre.nl*
46 kam ⬜ – 🛉59/79 € 🛉🛉79/119 €
Rest – Lunch 25 € – Menu 35 € – Carte 40/52 €

● Hier logeren of dineren is je helemaal onderdompelen in de sfeer en charme van de Achterhoek. Vanuit het hotel ligt dit stukje Nederland aan uw voeten of (voor fietsliefhebbers) aan uw trappers!

● Guests staying or dining here can soak up the atmosphere and charm of the Achterhoek in the Eastern Netherlands. From the hotel, this part of the country is easily explored on foot or by bike.

✕ **Kawop** 🏡 ♻

Markt 23 ✉ *7241 AA –* ☎ *(0 573) 25 33 42 – www.kawop.nl*
– gesloten 31 december-1 januari en donderdag
Lunch 26 € – Menu 32 € – Carte 34/50 €

● Franse keuken in een oud begijnhuis aan een groen plein. Brasserieformule voor de lunch, 's avonds a la carte en menu's. Zalen met een eigen sfeer. Terras voor en achter.

● Enjoy the French brasserie menu at lunchtime and gourmet dishes in the evening at this old convent on a pretty square. Each dining room is decorated in a different style. Front and rear terraces.

 De prijzen voor het symbool 🛉 komen overeen met de laagste prijs in laagseizoen en daarna de hoogste prijs in hoogseizoen voor een éénpersoonskamer.
Hetzelfde principe voor het symbool 🛉🛉, hier voor een tweepersoonskamer.

in Barchem Zuid-Oost : 4 km

 Bon'Aparte 🛁 📺 🏠 ♿ 🛗 & 🛜 🎿 🅿

Lochemseweg 37 (Noord-West : 2,5 km) ✉ *7244 RR –* ☎ *(0 573) 29 89 00*
– www.hotelbonaparte.nl
39 kam ⬜ – 🛉59/129 € 🛉🛉69/179 €
Rest *B'tween* – zie restaurantselectie

● Dit gebouw aan een weg door het bos kent al een lange hoteltraditie. Moderne kamers. Door de week vooral een zakelijke clientèle, in het weekend meer particuliere gasten.

● Building with a long tradition of hostelry situated on a road through a forest. Modern bedrooms. Conference clientele during the week; families at weekends.

✕✕ **B'tween** – Hotel Bon'Aparte 🛁 & 🍴 🅿

Lochemseweg 37 (Noord-West : 2,5 km) ✉ *7244 RR –* ☎ *(0 573) 29 89 00*
– www.hotelbonaparte.nl
Menu 29 € – Carte 38/49 €

● B'tween is trots op de Achterhoek, en dat ziet u meteen op de kaart: de chef verwerkt graag streekproducten in zijn hedendaagse gerechten. Zo haalt hij zijn rund in Almen en koopt hij zijn roomijs bij een lokale artisanale ijsboerderij.

● B'tween is proud of its region, the Achterhoek, and the menu reflects this. The chef enthusiastically includes locally sourced products in his contemporary-style cuisine. His beef comes from Almen and his traditionally made ice-cream from a local farm.

LOENEN AAN DE VECHT
Utrecht – Stichtse Vecht 63 491 inw. – Atlas: **14-A2**
◘ Amsterdam 22 km – Utrecht 17 km – Hilversum 14 km
Michelin wegenkaart 532-P9 en 715-G5

🍴🍴 't Amsterdammertje (André Gerrits)

Rijksstraatweg 119 ⊠ 3632 AB – ℰ (0 294) 23 48 48
– www.restaurantamsterdammertje.nl – gesloten 28 december-1 januari,
zaterdagmiddag, zondag en maandag
Lunch 38 € – Menu 43/70 € – Carte 62/76 €

● Prachtig, hoe deze oude boerderij onder handen is genomen. Het is er trendy – wat een knappe open keuken – en er hangt altijd een leuke ambiance. Die vibe weet de chef te vertalen naar het bord: creatieve ingrediëntencombinaties monden uit in gulle smaken met diepgang. Dit noemt men een zaak met schwung.

● This old farmhouse has been successfully renovated to create a trendy restaurant with a stunning open kitchen and a friendly ambience. The imaginative cuisine is prepared by a skilful chef who manages to create combinations of ingredients resulting in deep, lavish flavours. A real success story.

→ Gekonfijte wilde zeegarnaal met koningskrab, crème van groene kruiden en kappertjes. Kreeft met kikkerbil gepaneerd in ham- en kaaschips, saus van kreeft met sinaasappel. Tarte Tatin van appel, karamelsaus en kaneelroomijs.

🍴 Tante Koosje

Kerkstraat 1 ⊠ 3632 EL – ℰ (0 294) 23 32 01 – www.tante-koosje.nl – gesloten 27 december-7 januari en 27 april
Menu 50/78 € – Carte 69/76 € – *(alleen diner)*

● Een voetgangersstraat leidt naar dit intieme, charmante huis waar Koosje Edema (een markante dorpsbewoonster) haar leven doorbracht. Knus retrodecor en een heerlijk terras bij de kerk. Kies vol vertrouwen voor de menu's.

● A pedestrian street leads to this charming house where Koosje Edema (an important local figure) spent her whole life. Cosy, retro setting and pleasant terrace by a church. Good choice on the menus.

→ Droog gebakken coquilles met appel, macadamianoot en bleekselderij. Gebraden lamszadel met poivrade van artisjok en jus met vadouvankerrie. Sorbet van gin en tonic, cheesecake met citrus, marshmallow van yuzu en gekonfijte kumquats.

LUNTEREN
Gelderland – Ede 109 823 inw. – Atlas: **5**-B2
▶ Amsterdam 69 km – Arnhem 29 km – Apeldoorn 43 km – Utrecht 46 km
Michelin wegenkaart 532-S10 en 715-H5

🏨 de Lunterse Boer

Boslaan 87 – ℰ (0 318) 48 36 57 – www.lunterseboer.nl – gesloten 26 juli-17 augustus
18 kam – †90 € ††90 €, ⌂ 15 €
Rest *de Lunterse Boer* – zie restaurantselectie

● Kom tot rust in dit gerenoveerde hotel, midden in de bossen. De kamers zijn klassiek met een vleugje Engelse stijl. Wie toch wil werken, kan in het vergadercentrum terecht.

● Peace and quiet is to the fore in this refurbished hotel, completely surrounded by woods. The guestrooms are traditional in style and show a touch of English influence. Guests on business can use the facilities in the conference centre.

🍴🍴 de Lunterse Boer – Hotel de Lunterse Boer

Boslaan 87 ⊠ 6741 KD – ℰ (0 318) 48 36 57 – www.lunterseboer.nl – gesloten 26 juli-16 augustus
Lunch 30 € – Menu 35/57 € – Carte 56/62 €

● Rondom de haard of met zicht op de bossen in de tuinkamers: bedachte, moderne gerechten worden hier in gezelligheid gegeten. Wilt u van de wijnkaart genieten? De shuttle service pikt u op en zet u achteraf thuis af.

● Take a seat near the fireplace or at a table in the garden rooms overlooking the forest, and enjoy carefully conceived, modern dishes served in a cosy atmosphere. If you are staying nearby, the restaurant's shuttle service is available to pick you up and take you home after your meal.

LUTJEGAST

Groningen – Grootegast 12 222 inw. – Atlas: **7-A2**

▶ Amsterdam 175 km – Groningen 31 km – Assen 58 km – Leeuwarden 39 km
Michelin wegenkaart 531-W3 en 715-J2

 Rikkerda zonder rest

Abel Tasmanweg 28 ✉ *9866 TD –* ✆ *(0 594) 61 29 28*
– www.rikkerda.nl
4 kam ☟ – †95/105 € ††95/125 €

● Karakteristieke boerderij (1848) op het platteland, omgeven door prachtige wandel- en fietsroutes. Het privéwandelpad leidt rechtstreeks naar het natuurpark. Sobere kamers, met houten aankleding, passen in het historische karakter van de boerderij.

● A typical countryside farm (1848) surrounded by splendid walking and cycling routes, with a private hiking path leading directly to the nature reserve. The restrained rooms embellished with timber sit comfortably with the historic character of the farm.

De LUTTE

Overijssel – Losser 22 554 inw. – Atlas: **13-D3**

▶ Amsterdam 165 km – Zwolle 78 km – Enschede 15 km
Michelin wegenkaart 531-AA9 en 532-AA9 en 715-L5

 Landgoed de Wilmersberg

Rhododendronlaan 7 ✉ *7587 NL –* ✆ *(0 541) 58 55 55*
– www.wilmersberg.nl
62 kam ☟ – †130/155 € ††160/210 € – 2 suites – ½ P
Rest *Landgoed de Wilmersberg* – zie restaurantselectie

● Weelderig landgoed midden in de bossen. Het hotel is gehuld in een elegante, warme sfeer en wordt omgeven door een mooie bloementuin. De Royale landgoedkamers zijn ingericht in Engelse stijl en beschikken op de balkons en terrassen over een weids uitzicht. Hier geniet u van de natuur en de stilte.

● An opulent country house in the middle of the woods. The hotel boasts an elegant, warm atmosphere and is surrounded by a beautiful flower garden. The Royal country house rooms are decorated in an English style and boast panoramic views. The perfect location in which to savour nature and tranquillity.

 Landhuis De Bloemenbeek

Beuningerstraat 6 (Noord-Oost : 1 km) ✉ *7587 LD –* ✆ *(0 541) 55 12 24*
– www.bloemenbeek.nl – gesloten 30 december-5 januari
52 kam – †90/190 € ††140/240 €, ☟ 25 € – 5 suites – ½ P
Rest *De Bloemenbeek* ❀ – zie restaurantselectie

● Landhuishotel in een rustige, bosrijke omgeving. Standaard- en luxekamers, junior suites en suites. Goed ontbijtbuffet, wellness- en beautycentrum, vergaderfaciliteiten.

● This plush villa stands in a peaceful wooded site with standard, superior guestrooms and junior suites and suites. Tasty buffet breakfast. Wellness facilities. Meeting rooms.

 't Kruisselt

Kruisseltlaan 3 ✉ *7587 NM –* ✆ *(0 541) 55 15 67 – www.kruisselt.nl*
42 kam ☟ – †79/84 € ††115/119 € – ½ P
Rest – Menu 28/35 € – Carte 29/43 €

● Zodra u dit voormalige klooster binnenstapt, merkt u het: dit is op en top gezelligheid! En schoonheid: het terras biedt een schitterend zicht op de 9-holes golfbaan, omgeven door honderdjarige eiken. Laat u zeker verleiden door de (gratis) beschikbare fietsen om de regio te verkennen.

● The cosy ambience and beauty of this former convent will strike you as soon as you enter. The hotel terrace offers a magnificent view of the 9-hole golf course dotted with century-old oak trees. To explore the region further, why not use the bicycles made available to guests free of charge?

De LUTTE

🏠 **Het Ros van Twente** ⚅ 🍴 🐾 🚴 🐾 rest. 📶 ⚕ 🅿️

Beuningerstraat 20 (Noord-Oost : 1 km) ✉ *7587 LD* – ℰ *(0 541) 55 25 25*
– www.rosvantwente.nl – gesloten 27 december-5 januari
29 kam ⚏ – 🛏68/90 € 🛏🛏88/115 € – ½ P
Rest – Menu 35 € – Carte ong. 45 €
● Vanop dit ros ligt Twente klaar om door u ontdekt te worden. Een klassieke, landelijke setting, minigolf en schaak op het terras: een uitgelezen ontspancombinatie. In het restaurant kunt u de Twentse gastronomie leren kennen.
● The perfect base from which to explore Twente, and an ideal place to relax. It has a classic, countryside setting with miniature golf and chess on the terrace. The restaurant offers an introduction to the gastronomy of Twente.

🍴🍴🍴 **De Bloemenbeek** – Hotel Landhuis De Bloemenbeek ⚅ 🏠 🐾 🅿️
🏵 *Beuningerstraat 6 (Noord-Oost : 1 km)* ✉ *7587 LD*
– ℰ (0 541) 55 12 24 – www.bloemenbeek.nl
– gesloten 30 december-5 januari
Menu 43/102 € – Carte 61/75 €
● De presentatie van de gerechten bij De Bloemenbeek, dat is 'perfection on a plate'. U proeft dat de brigade de klassieke basis helemaal onder de knie heeft en hedendaags interpreteert met een trefzeker gebruik van nieuwe technieken.
● The presentation of dishes at De Bloemenbeek is 'perfection on a plate'. The staff here are true masters of their art, skilfully using new techniques to create classical cuisine with a contemporary twist.
➔ Pastrami en marbré van Dinkeldalrund met zoetzure ui en mayonaise van balsamico. Krokant gebakken kalfszwezerik met champignons en structuren van bloemkool. Chiboust van rood fruit met een yoghurt spongecake, krokante karamel en sorbet van vlierbloesem.

🍴🍴🍴 **Landgoed de Wilmersberg** – Hotel Landgoed de Wilmersberg ⚭ 🐾 🅿️
Rhododendronlaan 7 ✉ *7587 NL* – ℰ *(0 541) 58 55 55* 🏠
– www.wilmersberg.nl
Lunch 30 € – Menu 40/78 € – Carte 50/66 €
● Dit restaurant is een toegevoegde waarde voor het hotel waar het deel van uitmaakt, en weet te bekoren met zijn aangename terras, prettige bediening en sfeer. Hier wordt hedendaags gekookt.
● With its friendly service and charming atmosphere, this restaurant adds an extra dimension to the Landgoed de Wilmersberg hotel. The cuisine is contemporary and beautifully prepared. Pleasant terrace.

MAARN
Utrecht – Utrechtse Heuvelrug 48 092 inw. – Atlas: **14**-B2
▶ Amsterdam 62 km – Utrecht 27 km – Arnhem 46 km – Den Haag 84 km
Michelin wegenkaart 532-R10 en 715-H5

🍴🍴 **'t Regthuys** 🏠 🐾 ⚭ 🅿️
Tuindorpweg 33 ✉ *3951 BD* – ℰ *(0 343) 44 14 37 – www.regthuys.nl – gesloten maandag en dinsdag*
Menu 33/60 € – Carte 38/73 € – *(alleen diner)*
● Voor dit restaurant in het pittoreske Maarn ligt een groen terras. Lichte en intieme zalen, gezellige en huiselijke sfeer. Voorzichtig moderne keuken op basis van Franse klassiekers.
● This restaurant near the station has a lovely, partially covered leafy terrace in front. Bright, intimate dining areas, fine classic cuisine, attentive welcome and service.

MAARSSEN
Utrecht – Stichtse Vecht 63 491 inw. – Atlas: **14**-A2
▶ Amsterdam 32 km – Utrecht 9 km
Michelin wegenkaart 532-P10 en 715-G5

XX **Auguste** 🕸 🛏 **P**
Straatweg 144 ⊠ 3603 CS – 𝒞 (0 346) 56 56 66 – www.auguste.nl – gesloten
31 december-1 januari, zaterdagmiddag en zondag
Lunch 27 € – Menu 40/48 € – Carte 49/66 €
● De intimiteit van dit restaurantje zorgt voor een cosy sfeer waarin u rustig kunt genieten. De chef balanceert met verve tussen de Franse keuken en Italiaanse invloeden, heerlijk! De sommelier beschikt over een prachtige wijnkelder.
● The intimacy of this small restaurant gives it a cosy atmosphere where you can enjoy your meal in peaceful surroundings. The chef strikes a winning balance between French cuisine and Italian touches with delicious results. Good choice of wines.

XX **De Nonnerie** 🛏 🎧 ⇔ **P** ⚓
Langegracht 51 ⊠ 3601 AK – 𝒞 (0 346) 56 22 01 – www.nonnerie.nl – gesloten
31 december-1 januari, zaterdagmiddag en zondagmiddag
Lunch 29 € – Menu 35/67 € – Carte 44/68 €
● Dit oude pand was ooit het woonhuis van een notabele, een tapijtfabriek en een retraitehuis voor nonnen. Vernieuwd decor, moderne kookstijl en evenementenzaal.
● A grand old house which has variously been the house of a notable, a carpet factory and a nunnery. Modern setting, contemporary cuisine and banqueting rooms.

MAARTENSDIJK

Utrecht – De Bilt 42 032 inw. – Atlas: **14-A2**
▶ Amsterdam 53 km – Utrecht 19 km – Apeldoorn 70 km
Michelin wegenkaart 532-Q10 en 715-G5

XX **Zilt & Zoet** 🛏 🎧 ⇔ **P**
🍃 *Dorpsweg 153 ⊠ 3738 CD – 𝒞 (0 346) 21 26 27 – www.restaurantziltenzoet.nl*
– gesloten 28 december-5 januari, 3 tot 23 augustus, dinsdagmiddag,
zaterdagmiddag, zondag en maandag behalve feestdagen
Lunch 30 € – Menu 35/50 € – Carte 42/51 €
● Warme tinten kleuren het moderne interieur van deze landelijke villa, dat een mooi voorbeeld is van Nederlandse gezelligheid, en van een Bib Gourmand! Het ruime keuzemenu (keuze tussen 3, 4 en 5 gangen) is ijzersterk. De chef werkt vooral met seizoensproducten en verwerkt ze in eigentijdse, gulle gerechten.
● Warm shades colour the modern interior of this countryside villa, which is a fine example of a Bib Gourmand restaurant with its cosy Dutch ambience. The extensive set menu (a choice of three, four or five courses) is impressive. It is created by a chef who creates modern, lavish dishes from largely seasonal produce.

MAASBRACHT

Limburg – Maasgouw 24 017 inw. – Atlas: **8-B2**
▶ Amsterdam 176 km – Maastricht 39 km – Eindhoven 48 km – Venlo 40 km
Michelin wegenkaart 532-U16 en 715-I8

XXX **Da Vinci** (Margo Reuten) 🕸 🎧 ⇔
🏵 🏵 *Havenstraat 27 ⊠ 6051 CS – 𝒞 (0 475) 46 59 79 – www.restaurantdavinci.nl*
– gesloten 26 december-2 januari, 11 tot 18 februari, 13 juli-4 augustus,
zaterdagmiddag, maandag en dinsdag
Lunch 65 € – Menu 90/120 € – Carte 75/120 €
● Heerlijk designrestaurant tegenover de rivierhaven. Zicht op de keuken, waar een creatieve kokkin de scepter zwaait. Prima, zichtbare wijncollectie en deskundige sommelier.
● Tasty, creative cuisine. Designer-style dining room overlooking the harbour, view of the kitchen. Fine wine cellar, also visible, and the owner-sommelier is well-informed.
➔ Tartaar van makreel met krab. Reerug met dikke kersen en rode wijn- en portsaus. Coquilles met tomaat en ravioli met burratakaas. Soufflé en granité van frambozen en een citroenmousse.

MAASDAM

Zuid-Holland – Binnenmaas 28 964 inw. – Atlas: **17**-C3
▶ Amsterdam 100 km – Den Haag 66 km – Breda 35 km – Dordrecht 14 km
Michelin wegenkaart 532-M12 en 715-E6

⌂ De Hoogt   ≫ ⌂ ♿ 🅺 ⌂ 🅿 ⚓

Raadhuisstraat 3 ⊠ 3299 AP – 𝒞 (0 78) 676 18 11 – www.dehoogt.nl – gesloten 25 december-1 januari
12 kam ☲ – †79/89 € ††89/99 € – ½ P
Rest – Lunch 24 € – Menu 27/33 € – Carte 31/51 € – *(gesloten zondag in juli en augustus)*

● De kamers van dit rustige hotelletje liggen aan de achterkant, op de begane grond. Drie luxere kamers op de verdieping. Aanlegsteiger voor een privé-kano-tochtje op de Binnenmaas. Traditionele gerechten worden geserveerd in een fraaie eetzaal met retrodecor en terras.
● A small and welcoming family-run hotel. Rooms located at the back of the building on the ground floor, and three more luxurious rooms upstairs. Jetty with boats for the lake. Charming retro style restaurant with terrace. Traditional cuisine.

MAASLAND

Zuid-Holland – Midden Delfland 18 251 inw. – Atlas: **16**-B2
▶ Amsterdam 73 km – Den Haag 24 km – Rotterdam 19 km – Utrecht 71 km
Michelin wegenkaart 532-K11 en 715-D6

✕✕✕ De Lickebaertshoeve   ⌂ ♿ ⌂ 🅿

*Oostgaag 55 ⊠ 3155 CE – 𝒞 (0 10) 591 51 75 – www.lickebaertshoeve.nl
– gesloten maandag en dinsdag*
Lunch 33 € – Menu 39 € – Carte 45/66 €

● Voormalige boerderij achter een polderdijk. Naargelang het seizoen kunt u hier tafelen op het terras. Goede sommelier.
● A former farmhouse hidden behind a polder dyke. Enjoy terrace dining in fine weather. Knowledgeable wine waiter.

MAASSLUIS

Zuid-Holland – 32 080 inw. – Atlas: **16**-B2
▶ Amsterdam 81 km – Den Haag 26 km – Rotterdam 17 km
Michelin wegenkaart 532-K11 en 715-D6

✕✕ De Ridderhof   ⌂ ⌂ 🅿

*Sportlaan 2 ⊠ 3141 XN – 𝒞 (0 10) 591 12 11 – www.restaurantderidderhof.nl
– gesloten zaterdagmiddag, zondagmiddag en maandag*
Lunch 35 € – Menu 38/58 € – Carte 53/94 €

● Oude hoeve (1658) met rieten dak, rustieke ambiance, moderne keuken, mooie wijnkelder en bedstee met collectie whisky's in de bar.
● This old thatched roof farmhouse dates back to 1658. Rustic atmosphere, modern cuisine, fine cellar and a selection of whiskies at the bar.

MAASTRICHT

Limburg – 122 488 inw. – Atlas: **8**-A3
▶ Amsterdam 214 km – Brussel 124 km – Liège 34 km – Aachen 38 km
Michelin wegenkaart 532-T17 en 715-I9
Alfabetische lijsten en stadsplattegronden op volgende bladzijden

Alfabetische lijst van hotels
→ Index of hotels

Alfabetische lijst van restaurants
→ Index of restaurants

Centrum

 Kruisherenhotel

Kruisherengang 19 ✉ *6211 NW –* ☏ *(0 43) 329 20 20*   Plattegrond: A2**x**
– www.chateauhotels.nl
60 kam – ♦199/444 € ♦♦199/444 €, ☷ 30 €
Rest *Kruisherenrestaurant* – zie restaurantselectie
● "Design tussen hemel en aarde": een 16de-eeuws klooster dat werd omgevormd tot een oase van rust die tegelijk monumentale klasse en elegante verfijning uitstraalt. Het royale ontbijt wordt geserveerd in de voormalige kerk: dit is leven als God in… Maastricht!
● This 16C monastery is described as 'a design between heaven and earth'. It represents an oasis of peace and tranquillity, one that also emanates real class and elegant refinement. A lavish breakfast is served in the former church. A heavenly experience in …Maastricht!

 Derlon

O.L.Vrouweplein 6 (met annexe) ✉ *6211 HD*   Plattegrond: B2**e**
– ☏ *(0 43) 321 67 70 – www.derlon.com*
50 kam – ♦150/375 € ♦♦150/375 €, ☷ 25 €
Rest – Lunch 28 € – Menu 35/40 € – Carte 40/53 €
● Comfortabel logeren aan de voet van de oudste kerk van de stad, de Onze-Lieve-Vrouwekerk. Wie niet genoeg krijgt van de geschiedenis van Maastricht, kan zijn hart ophalen in de museumkelder met Romeinse resten.
● Comfortable accommodation at the foot of the oldest church in Maastricht, the Church of our Lady. The museum cellar with its exhibition of Roman remains will be of interest to visitors keen to find out more about the history of the city.

 Botticelli zonder rest

Papenstraat 11 ✉ *6211 LG –* ☏ *(0 43) 352 63 00*   Plattegrond: B2**s**
– www.hotelbotticelli.nl – gesloten carnaval, 25, 26 en 31 december-1 januari
18 kam – ♦100/200 € ♦♦100/200 €, ☷ 17 €
● Dit charmant patriciërshuis kreeg een nieuwe look aangemeten, in Italiaanse renaissancestijl: muurschilderingen in trompe-l'œil, romantische kamers en patioterras met waterpartij en beelden. De patron aarzelt niet om de handen uit de mouwen te steken: hij onderhoudt eigenhandig de binnentuin en wast zelf de gordijnen.
● This charming mansion has been given a new look in Italian Renaissance-style, with trompe l'oeil wall paintings, romantic guestrooms and a patio terrace with a fountain and sculptures. The hands-on owner is very involved in the running of the hotel, taking care of everyday tasks such as looking after the enclosed garden himself.

 De Pauwenhof

Boschstraat 70 ✉ *6211 AX –* ☏ *(0 43) 350 33 33*   Plattegrond: B2**d**
– www.pauwenhof.nl
16 kam – ♦90/200 € ♦♦90/200 €, ☷ 18 € – ½ P
Rest *Danyel* – zie restaurantselectie
● Wat kan een statig 17de-eeuws pand toch prachtig zijn! Het historische karakter van dit hotel wordt mooi aangevuld door een bijdetijdse aanpak. U komt hier niets te kort, en logeert ook nog eens pal in het centrum van de stad.
● This spectacular 17C building boasts a historic character that is beautifully complemented by a modern look. Excellent facilities and a convenient location in the town centre complete the picture.

 Mabi zonder rest

Kleine Gracht 24 ✉ *6211 CB –* ☏ *(0 43) 351 44 44*   Plattegrond: B2**q**
– www.hotelmabi.nl
55 kam – ♦95/145 € ♦♦95/145 €, ☷ 15 €
● Gerenoveerd hotel in het centrum, in een oude bioscoop. De inrichting verwijst naar dit verleden. Piekfijne kamers, goed ontbijtbuffet, toegewijd personeel.
● This centrally located and recently renovated hotel is established in an old movie theatre with a cinema-related décor. Spruce rooms, nice buffet breakfast and attentive service.

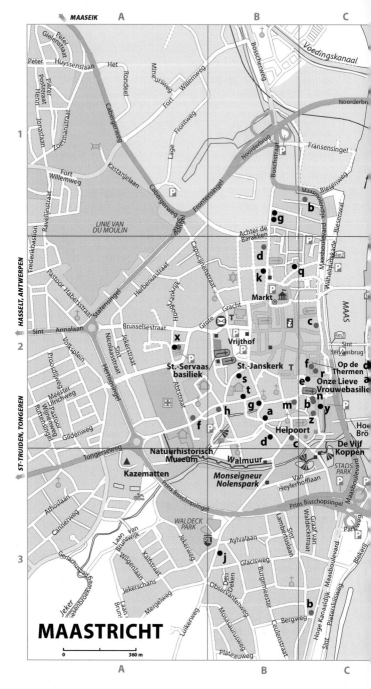

MAASTRICHT

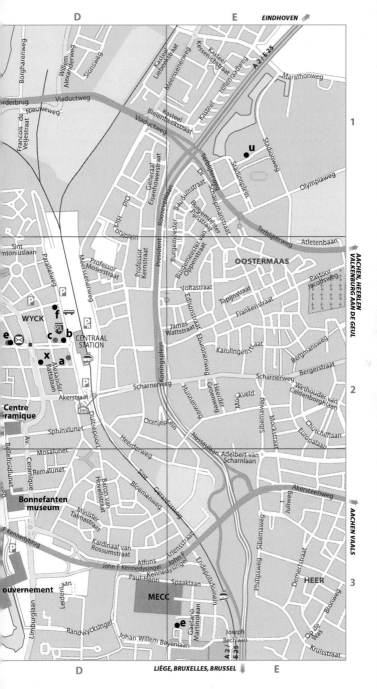

Dis zonder rest

Tafelstraat 28 ✉ *6211 JD –* ☏ *(0 43) 325 91 17*   Plattegrond: B2**a**
– www.hoteldis.nl
7 kam – †99/189 € ††109/199 €, ☲ 15 €
● Stap door de kunstgalerij om dit stijlvolle, rustig gelegen hotel te bereiken. Kunt u maar niet genoeg krijgen van de artistieke creaties? Geen nood, want moderne kunst siert ook de gepersonaliseerde, designvolle kamers. Wie zelf creatief aan de slag wil, kan hier op aanvraag kookworkshops volgen.
● Walk through the art gallery to get to this stylish hotel in a quiet location. Art enthusiasts will appreciate the modern artwork that adorns the personalised, designer-style rooms, while food lovers will enjoy the cookery classes on offer.

 Zenden zonder rest

St-Bernardusstraat 5 ✉ *6211 HK –* ☏ *(0 43) 321 22 11*   Plattegrond: C2**y**
– www.zenden.nl
19 kam – †68/148 € ††68/148 €, ☲ 14 €
● Dit boetiekhotel omschrijft zichzelf als "wit, licht en design", en kan met zijn minimalistische interieur internationaal op bijval rekenen. Vlakbij zijn er ook nog studio's die hetzelfde comfort aanbieden. Gasten kunnen gebruik maken van het zwembad en de bijhorende sportclub. Allemaal lekker zen, net als de prijzen!
● This boutique hotel uses the phrase 'clear white design' to describe its minimalist interior that has received international acclaim. The hotel's studio accommodation nearby offers the same level of comfort, and guests can use the swimming pool and associated sports club. A truly 'Zen' ambience at an attractive price.

 Les Charmes zonder rest

Lenculenstraat 18 ✉ *6211 KR –* ☏ *(0 43) 321 25 21*   Plattegrond: B2**t**
– www.lescharmes.nl
15 kam – †99/165 € ††99/165 €, ☲ 14 €
● De charme van dit rustige hotel komt ten eerste van het monumentale pand (1725) waarin het is ondergebracht. De kamers zijn er cosy en delen de retroambiance van het gebouw. Ook de jonge, gastvrije patron zal u ongetwijfeld charmeren.
● This peaceful hotel owes its appeal mainly to the listed building (1725) in which it is housed. The rooms are cosy and share the retro ambience of the building, while the charming young owner offers guests a warm welcome.

 Au Quartier

Kapoenstraat 32 ✉ *6211 KW –* ☏ *(0 43) 325 80 88*   Plattegrond: B2**g**
– www.auquartier.nl
14 kam – †98/115 € ††110/148 €, ☲ 15 €
Rest – Menu 30/38 € – Carte 42/52 € – *(gesloten kerstavond en 1 januari) (alleen diner)*
● Dit hotel in een herenhuis ligt in het centrum van de stad, maar toch weg van alle drukte. Het heeft een gemoedelijke sfeer, goed onderhouden kamers en een knusse ontbijtzaal. Sfeervol restaurant (balken, lambrisering) met patio. Traditionele kaart.
● Although centrally located, this manor house is far from the hustle and bustle. Discreet family atmosphere, attractive rooms, cosy breakfast room. Traditional meals served in the dining room (fireplace, beams, wood panelling) or on the patio.

 Pastis zonder rest

Luikerweg 1 ✉ *6212 ET –* ☏ *(0 43) 358 01 10*   Plattegrond: B3**j**
– www.hotelpastis.nl
11 kam ☲ – †75/95 € ††85/105 €
● Hotelletje aan de rand van het centrum, vlak bij de St-Pietersberg (fort en grotten). Hartelijke ontvangst en gemoedelijke sfeer. De functionele kamers en studio zijn goed uitgerust.
● A warm and friendly reception awaits you at this small family hotel away from the city centre, near St-Pietersberg fort and caves. Well-kept, functional rooms.

Rekko zonder rest
Kleine Looiersstraat 8 ⊠ *6211 JL –* ℰ *(0 43) 325 18 41* — Plattegrond: B2**d**
– www.chambre-rekko.nl
12 kam ⌧ *–* ♦105/130 € ♦♦120/150 €
● Rustig gelegen, voormalige leerlooierij in het Jekerkwartier. Keurige openbare ruimten, comfortabele gastenkamers en een bijzonder gastvrij onthaal. Vlak bij de vestingwerken.
● A peaceful Jekerkwartier house, once a tannery. Stylish communal areas, pleasant B&B rooms, excellent hospitality. A stone's throw from the fortifications.

XXXX **Château Neercanne** < 🕭 🕱 ✿ **P**
ಜ *Cannerweg 800 (5 km langs Bieslanderweg)* ⊠ *6213 ND –* ℰ *(0 43) 325 13 59*
– www.chateauhotels.nl – gesloten 31 december, zaterdagmiddag en maandag
• KLASSIEK/TRADITIONEEL • Lunch 40 € – Menu 79/90 € – Carte 80/107 €
Rest L'Auberge🕭 *– zie restaurantselectie*
● Welkom in een van de mooiste huizen van Nederland: adellijke bezoekers genieten al sinds de 17de eeuw van dit terrassenkasteel. Laat het klassieke interieur even achter u om naar het terras te trekken, want het zicht op de baroktuinen en de valleien is adembenemend! Grandeur vindt u ook in de wijnkelder en de keuken: de chef zorgt al meer dan dertig jaar voor verrukkelijke traditionele gerechten.
● Welcome to one of most beautiful places in Holland, where noble visitors have been enjoying this classic castle since the 17th century. Head for the terrace to be rewarded with magnificent views over the gardens and valley. The grandeur continues in the wine cellar and the kitchen, where for over 30 years the chef has been offering tasty, traditional dishes.
➜ Fris slaatje van groentjes uit onze eigen geur-, kleur- en smaaktuin met een limoenvinaigrette. Zacht gegaarde kreeft met quinoa, seizoensgroentjes en een jus van schaaldieren.Trifle met aardbeien, vlierbloesemsorbet en krokante witte chocolade.

XXX **Au Coin des Bons Enfants** 🕭 🕱 **AC** ✿
Ezelmarkt 4 ⊠ *6211 LJ –* ℰ *(0 43) 321 23 59* — Plattegrond: B2**h**
– www.aucoindesbonsenfants.nl – gesloten zondag en maandag
• FRANS MODERN • Menu 35/68 € – Carte 54/70 € – *(alleen diner)*
● Een chic, intiem restaurant dat al sinds 1949 een vertrouwd adres is in hartje Jekerkwartier. De chef-kok interpreteert op zijn manier de Franse culinaire tradities. Schitterende wijnkelder en deskundig wijnadvies. Patioterras.
● A chic and cosy gourmet haunt in the heart of the Jekerkwartier. The chef creates fine French cuisine with a creative touch. Excellent cellar and advice for choosing wine. Patio terrace.

XXX **Toine Hermsen** **AC** 🕭
St-Bernardusstraat 2 ⊠ *6211 HL –* ℰ *(0 43) 325 84 00* — Plattegrond: C2**b**
– www.toinehermsen.com – gesloten eind-december-begin januari,
carnavalsweek, zaterdagmiddag, zondag en maandag
• FRANS CREATIEF • Lunch 30 € – Menu 45/75 €
● Toine Hermsen telt veertig jaar ervaring en heeft nog steeds heel wat enthousiasme. Samen met zijn team gaat hij voor een nieuwe aanpak: een fijne lunch en een keuzemenu (vier gerechten per gang), met een kleine kaart van gezochte wijnen. De keuken houdt het midden tussen klassiek en modern.
● Toine Hermsen has 40 years of experience but he still has a lot of enthusiasm. In collaboration with his team, he presents a new approach: a tasty lunch and a concise à la carte, with a small but excellent wine list. The cuisine offers a balance of the classic and the contemporary.

Twijfelt u tussen twee adressen in dezelfde categorie?
Binnen elke categorie staan de zaken geordend volgens klasse
en comfort van het decor.

Tout à Fait (Bart Ausems)

St-Bernardusstraat 16 ✉ *6211 HL –* ☎ *(0 43)*   Plattegrond: C2**z**
350 04 05 – www.toutafait.nl – gesloten 25 december-1 januari, carnavalsweek, zaterdagmiddag, maandag en dinsdag
• FRANS CREATIEF • Lunch 33 € – Menu 40/70 € – Carte 53/70 €
Rest Bistro Bœuf La Roche – zie restaurantselectie

● Traditie en originaliteit vloeien hier heerlijk in elkaar over. Zo gaat het moderne interieur mooi samen met het oude karakter van het pand. De vakkundige chef werkt met de beste seizoensproducten en levert smaak, puur en heerlijk. De uitstekende prijs-kwaliteit maakt uw ervaring tout à fait geweldig!

● Tradition and originality meet in this lovely restaurant. The modern interior blends nicely with the old character of the house. The chef takes a professional approach, working with the best seasonal products to deliver pure, delicious tastes. The excellent price-quality ratio makes your experience 'tout à fait marvellous'!

➜ Slaatje van mergelchampignons, groene boontjes en artisjokken met gegrilde coquilles. Bresseduif van de rôtissoire, tomaatjes gevuld met gevogeltelevercrème en champignons. Dessert van bittere chocolade met pepermunt en een crumble van noten.

r"O"zemarijn

Havenstraat 19 ✉ *6211 GJ –* ☎ *(0 43) 450 65 05*   Plattegrond: C2**f**
– www.restaurant-rozemarijn.nl – gesloten carnaval en zondag
• MODERN • Lunch 28 € – Menu 50 € – Carte 59/75 €

● Dit adres is een succesnummer in Maastricht. De keuken is er klassiek-hedendaags, de inrichting knap modern en de ligging, in een charmante voetgangerswijk, op-en-top gezellig.

● Contemporary eatery in a charming pedestrian shopping area next to a small square with a veranda, where meals are served in summer. Concise menu and special set menu.

't Drifke

Lage Kanaaldijk 22 ✉ *6212 AE –* ☎ *(0 43) 321 45 81*   Plattegrond: C3**b**
– www.tdrifke.nl – gesloten carnaval, zondag en maandag
• MODERN • Menu 29 € – Carte ong. 35 € – *(alleen diner)*

● Restaurant buiten het centrum, waar de eigenaresse de scepter in de keuken zwaait. Rustiek interieur met lambrisering en serre. Moderne kookstijl, meerkeuzemenu door de week.

● Restaurant out of the main centre catering to gourmets. Rustic wood-panelled interior or veranda. Up-to-date cooking by the lady of the house; set menu on weekdays.

't Plenkske

Plankstraat 6 ✉ *6211 GA –* ☎ *(0 43) 321 84 56*   Plattegrond: C2**r**
– www.hetplenkske.nl – gesloten zondag en maandag
• MEDITERRAANS • Lunch 27 € – Menu 38 € – Carte 49/74 €

● De Franse keuken wordt overgoten met mediterrane invloeden in deze opgefriste zaak, een vaste waarde in het centrum van Maastricht. Het terras, op de binnenplaats, is lekker rustig.

● French cuisine is enhanced with a Mediterranean touch in this renovated property, an established restaurant in the centre of Maastricht. The courtyard terrace is pleasant and peaceful.

Kruisherenrestaurant – Hotel Kruisherenhotel

Kruiserengang 19 ✉ *6211 NW –* ☎ *(0 43) 329 20 20*   Plattegrond: A2**x**
– www.chateauhotels.nl
• FRANS MODERN • Menu 45/59 € – Carte ong. 40 €

● Kleurrijke ufo's die zwevend door deze gotische kerk voor verlichting zorgen: in dit surreële maar erg aantrekkelijke decor wordt u een inventieve keuken voorgeschoteld. Professionele bediening en doordachte menukaart.

● Lights that resemble colourful UFOs float above the restaurant in this Gothic church, creating a surreal yet attractive decor. Inventive cuisine, professional service and a carefully chosen menu.

XX **Danyel** ⓝ – Hotel De Pauwenhof

Boschstraat 70 ⊠ 6211 AX – ℰ (0 43) 350 33 33   Plattegrond: B2**d**
– www.pauwenhof.nl
• KLASSIEK • Menu 35/65 € – Carte 45/82 € – *(gesloten zondag) (alleen diner)*
● Chef Danyel van den Bongard laat u genieten van zijn ervaring. Hij selecteert mooie producten uit de streek en neemt zijn tijd om u op uw wenken te bedienen. De klassieke keuken staat hier gelijk aan puur, eerlijk en lekker.
● Chef Danyel van den Bongard gives you the full benefit of his experience. He selects tasty, regional produce and ensures that guests enjoy excellent service. The traditional cooking is authentic, honest and delicious.

X **Rantrée** ⓝ   🏠 🅐🅚
⊖ *Kesselskade 59 ⊠ 6211 EN – ℰ (0 43) 321 51 40*   Plattegrond: C2**c**
– www.rantree.nl – gesloten 29 december-13 januari, maandag en dinsdag
• FRANS MODERN • Lunch 29 € – Menu 35/63 € – Carte 62/90 €
● Rantrée is het soort restaurant waar u zich meteen thuis voelt. Daar zorgen de service en de ongedwongen sfeer voor die in deze intieme, eigentijds ingerichte zaak hangt. De moderne kookstijl van de chefs onderscheidt zich door smaken die goed zitten en een sterke prijs-kwaliteitverhouding.
● This intimate, contemporary-style restaurant is the kind of place where guests feel at home straight away, thanks to its friendly service and informal atmosphere. The chefs' modern cuisine is striking for its balanced and harmonious flavours and offers superb value for money.

X **L'Auberge** – Restaurant Château Neercanne   ≤ 🏠 🏠 ⇄ 🅿
⊖ *Cannerweg 800 (5 km langs Bieslanderweg) ⊠ 6213 ND*
– ℰ (0 43) 325 13 59 – www.chateauhotels.nl
– gesloten zaterdag
• KLASSIEK/TRADITIONEEL • Menu 35 € – Carte 42/49 € – *(alleen lunch)*
● U vindt deze zaak onder de gewelven van de oude kapel van kasteel Neercanne, een locatie die tot de verbeelding spreekt. Hier wordt voor het klassieke repertoire gekozen, vertolkt op de wijze van het huis. Bij mooi weer waant u zich op het heerlijke terras de koning te rijk. Zondag enkel kleine lunch en gebak.
● The location of this restaurant under the vaults of the old chapel at Château Neercanne captures the imagination. Enjoy al fresco dining on the stunning patio in summer. On Sundays, options are limited to a modest lunch or cakes and pastries.

X **Sukhothai**   🏠 ⇄
⊖ *Tongersestraat 54 ⊠ 6211 LP – ℰ (0 43) 321 79 46*   Plattegrond: A2**f**
– www.sukhothai.nl – gesloten eind december-januari en maandag
• THAIS • Menu 25/60 € – Carte 68/87 € – *(alleen diner)*
● Sukhothai - dat "bij de dageraad van het geluk" betekent - bereidt een smakelijke, Thaise keuken. Grote kaart en een mooi scala aan menu's. Aangepast decor en besloten terras.
● Flavoursome Thai cuisine served in this restaurant whose name means "at the dawn of happiness". An attractive spread of set meals and large menu; appropriate setting, internal terrace.

X **Nxt Door**   🏠 🅐🅚
Koestraat 2 ⊠ 6211 HR – ℰ (0 43) 310 10 20   Plattegrond: B2**m**
– www.nxtdoor.nl
• MODERN • Menu 35 € – Carte 39/68 € – *(alleen diner behalve weekend)*
(reserveren)
● Bij Nxt Door is een jong, gedreven team aan het werk. U voelt het enthousiasme op uw bord en in het interieur: frisse, eenvoudige gerechten in een überhip design. Bekend om zijn cocktails en champagne.
● Nxt Door is a restaurant with now a young team on its own. The team's enthusiasm is evident in the food and in the designer-style decor, which is both simple and trendy. Renowned for its cocktails and champagne.

X **Café Sjiek**

Sint Pieterstraat 13 ⊠ 6211 JM – 𝒞 (0 43) 321 01 58   Plattegrond: B2**c**
– www.cafesjiek.nl – gesloten 24 en 25 december en carnaval
• VLAAMS • Carte 27/49 € – *(alleen diner behalve weekend; open tot 23.00 u.)*
• Aan uw bezoek aan Café Sjiek houdt u niet alleen goede gastronomische herinneringen over, maar misschien zelfs vrienden. De sfeer in dit informele eetcafé leent zich namelijk uitstekend tot socializen. De Frans-Belgische keuken heeft de Maastrichtenaars overtuigd, u moet hier dan ook soms aanschuiven (reserveren onmogelijk).
• The Franco-Belgian cooking at Café Sjiek has won many friends in Maastricht, where you are guaranteed to take some pleasant gastronomic memories away with you. The informal atmosphere makes it easy to mix with other diners and since no reservations are taken, you may have to share a table.

X **Bistro Bœuf La Roche** – Restaurant Tout à Fait

St-Bernardusstraat 20 ⊠ 6211 HL – 𝒞 (0 43)   Plattegrond: C2**z**
321 32 31 – www.boeuflaroche.nl – gesloten 25 december-1 januari,
carnavalsweek, zaterdagmiddag, maandag en dinsdag
• VLEES EN GRILL • Menu 30 € – Carte 35/51 € – *(alleen diner)*
• De ster van deze gezellige bistro is de Bœuf la Roche: een rund dat in de Belgische Ardennen graast. Het vlees hangt er in rijpingscellen en u kunt meteen proeven waarom het zo geroemd wordt. Ook niet-vleeseters komen hier aan hun trekken.
• The star of this cosy bistro is the Bœuf la Roche, from cattle that grazes in the Belgian Ardennes. The meat hangs in the ageing room and you can immediately taste why it's praised. Non-meat-eaters can also find dishes to suit their tastes.

X **Umami by Han** ❶

Stationsstraat 12 ⊠ 6221 BP – 𝒞 (0 43) 351 00 06
– www.umami-restaurant.com – gesloten dinsdagmiddag en maandag
• AZIATISCH • Menu 20/25 € – Carte ong. 18 €
• Het strakke, eigentijdse interieur van deze Umami creëert de juiste sfeer om te genieten van lekkere gerechten uit alle uithoeken van Azië. Dankzij de zachte prijzen en het shared dining concept kunt u de kaart uitvoerig uitproberen.
• Umami's contemporary decor creates the perfect environment in which to enjoy the tasty dishes, which take their influences from all over Asia. With fair prices and many dishes designed for sharing, you'll love the menu.

X **Il Giardino** ❶

O.L. Vrouweplein 15 ⊠ 6211 HD – 𝒞 (0 43) 325 62 29
– www.ristoranteilgiardino.nl – gesloten 25, 26 en
31 december-1 januari, carnaval en zondagmiddag
• ITALIAANS • Menu 36/55 € – Carte 28/59 €
• Il Giardino heeft flair, houdt van een familiale sfeer en geniet van lekker eten: het bewijst dat sommige clichés over Italianen toch wel kloppen. Hier wordt authenticiteit hoog in het vaandel gedragen en dat levert heerlijke smaken op.
• Il Giardino has flair, likes a familial ambiance and enjoys good food: it proves that some clichés about Italians are correct! They set great store by focussing on authenticity, which results in delicious flavours.

Quartier Bassin

 Trash Deluxe zonder rest

Boschstraat 55 ⊠ 6211 AT – 𝒞 (0 43) 852 55 00   Plattegrond: B1**g**
– www.trashdeluxe.nl
8 kam – ✦79/250 € ✦✦79/250 €, ⊑ 15 €
• Achter de anarchistische naam Trash Deluxe schuilt een überhip, zacht geprijsd hotel. De beschrijving casual chic lijkt wel voor deze plek gemaakt: verschillende materialen als hout en beton vormen de rode draad voor de stoere themakamers.
• The anarchistic name of Trash Deluxe is a front for this hip, attractively priced hotel. You would think that the term 'casual chic' had been specially invented for this place. The robustly themed rooms express a materials-based concept featuring wood and concrete.

Bastion 🛏️ 🏨 ♿ ☕ 📶 🚗
Boschstraat 27 ✉ *6211 AS* – ✆ *(0 43) 321 22 22*   Plattegrond: B1**g**
– www.bastionhotelgroep.nl
123 kam – ✝80/170 € ✝✝80/170 €, 🍽 14 € – ½ P   **Rest** – Carte 24/37 €
● Ketenhotel op een praktische locatie, nabij de Bassinkade met zijn terrassen en ook vlak bij de Markt en de ringweg. Onder het hotel zijn garages beschikbaar.
● Half of the rooms have been renovated at this chain hotel conveniently located near the Bassinkade terraces, the Markt and the ring road.

🍴 Harbour Club 🍴 ☕
Bassinkade 4 ✉ *6211 AL* – ✆ *(0 43) 450 66 66*   Plattegrond: C1**b**
– www.harbourclub.nl – gesloten maandag
● MODERN ● Lunch 25 € – Menu 35/65 € – Carte 40/72 €
● Restaurant in een oude, gewelfde pakhuiskelder aan de kade langs het Bassin, dat nu de jachthaven van Maastricht is. Eigentijdse keuken. Fashionable decor van Jan des Bouvrie.
● An old vaulted warehouse cellar with a front terrace on the Bassinkade where pleasure boats are moored. Up-to-the-minute cuisine and fashionable décor by designer Jan des Bouvrie.

Rechteroever (Wyck - Station - MECC)

🏨 Crowne Plaza ← 🏨 ♿ 🖥 📶 💪 🚗
Ruiterij 1 ✉ *6221 EW* – ✆ *(0 43) 350 91 91*   Plattegrond: C2**c**
– www.crowneplazamaastricht.com
144 kam – ✝125/500 € ✝✝125/500 €, 🍽 26 €
Rest *De Mangerie* – zie restaurantselectie
● In lijn met de uitgelezen locatie, langs de Maas en naast designwijk Céramique, wacht u hier een uitstekend verzorgd verblijf. Dit klassehotel – met prima congresfaciliteiten – wil niets minder dan kwaliteit en voert daarom verschillende vernieuwingswerken uit.
● Complementing its superb location on the Meuse and next to the Céramique design quarter, this top class hotel provides excellent accommodation, which is maintained to the highest of standards. First class conference facilities.

🏨 Grand Hotel de l'Empereur 🖥 🏨 ♿ kam, 🖥 kam, ☕ 📶 💪 🚗
Stationsstraat 2 ✉ *6221 BP* – ✆ *(0 43) 321 38 38*   Plattegrond: D2**b**
– www.amrathgrandhotelempereur.com
149 kam – ✝75/157 € ✝✝95/187 €, 🍽 16 €
Rest – Lunch 25 € ♟ – Menu 28 € – Carte 32/44 €
● Dit statige hotel begroet u met z'n art nouveaugevel wanneer u het station uitloopt; ook binnen wordt u met stijl ontvangen. Dankzij het uitgebreide ontbijtbuffet begint u de dag vol energie! Laagdrempelig restaurant aan de voorzijde.
● The Art Nouveau façade of this stately hotel greets guests as they come out of the railway station, and once inside a stylish welcome awaits. The lavish breakfast buffet guarantees a good start to the day. Attractive brasserie-style restaurant at the front of the hotel.

🏨 Beaumont 🏨 🖥 ☕ 📶 💪 🚗
Wycker Brugstraat 2 ✉ *6221 EC* – ✆ *(0 43) 325 44 33*   Plattegrond: D2**e**
– www.beaumont.nl
122 kam – ✝110/175 € ✝✝110/175 €, 🍽 20 €
Rest *Harry's* – zie restaurantselectie
● Een charmante buitenkant en een verfijnd modern interieur verraden de toewijding en persoonlijke toets van de familie Beaumont, die de gasten al sinds 1912 met open armen ontvangt. Aan de overzijde van de straat ligt de Residence, waar u budgetvriendelijke kamers met een eigen identiteit vindt.
● A charming exterior and a refined contemporary interior demonstrate the dedication and personal touch of the Beaumont family, who have been receiving guests with open arms since 1912. On the other side of the street is the Residence, which offers budget-friendly rooms, each with their own individual style.

271

NH
🛋 🏧 🎭 ♨ 🚲 🛗 🛗 🕹 rest, 🅰 🌾 rest, 📶 🏊 🚗

Forum 110 ⊠ 6229 GV – ℰ (0 43) 383 82 81   Plattegrond: E3**e**
– www.nh-hotels.com
273 kam ⌖ – †80/140 € ††90/150 € – 2 suites
Rest – Menu 20 € – Carte 32/45 €

● Vlakbij het MECC-congrescentrum biedt deze NH alles wat een reiziger nodig heeft, en meer : sinds kort kan u er zich laten masseren, peelen, en meer in het nieuwe beautysalon. Hedendaagse kaart in het restaurant.

● This NH hotel is situated close to the MECC conference centre and offers everything a traveller could want and more. A new beauty salon providing various therapies, such as massages and peeling treatments has recently opened. Contemporary menu offered in the restaurant.

Buitenplaats Vaeshartelt
🌿 ≼ 🖝 🛋 🚲 🛗 🕹 kam, 🌾 rest, 📶 🏊

Weert 9 ⊠ 6222 PG – ℰ (0 43) 369 02 00 – www.vaeshartelt.nl   🅿
84 kam ⌖ – †80/180 € ††102/195 € – ½ P
Rest – Menu 25 € – Carte 30/40 € – *(eenvoudige lunchkaart)*

● Ontwaak in een kasteel uit de 17de eeuw waar binnenin een frisse wind waait, wandel door de ochtenddauw in het park en schuif aan voor een ontbijt met spek en eieren... En de dag is nog maar net begonnen! Het restaurant met zijn eigentijdse, streekgebonden keuken is dan weer een mooie afsluiter.

● Wake up in a 17C castle with a fresh and modern interior, take a stroll through the morning dew in the park and come back to enjoy a breakfast of bacon and eggs – a great way to start the day! In a similar vein, the restaurant with its contemporary, regional cuisine provides a fitting end to your day.

Apple Park
🛋 🦽 🚲 🛗 🕹 🅰 🌾 📶 🏊 🅿

Pierre de Coubertinweg 3 ⊠ 6225 XT – ℰ (0 43)   Plattegrond: E1**u**
352 90 00 – www.goldentulipappleparkmaastricht.nl
165 kam – †69/199 € ††69/199 €, ⌖ 19 €
Rest – Menu 28/38 € – Carte 29/55 €

● Modern comfort vlakbij de snelweg, taxiservice naar het centrum tegen betaling. Restaurant a la carte of dagmenu.

● Modern comfort close to the motorway. A taxi service to the city centre is available (at a charge). The restaurant offers à la carte or a menu.

Hoogenweerth Suites zonder rest
🌿 🖝 🌾 📶 🅿

Hoge Weerd 4 (Zuid : 3 km via Limburglaan, aan de Pietersplas) ⊠ 6229 AM
– ℰ (0 43) 311 69 34 – www.kasteeldehoogenweerth.nl
7 kam – †99/319 € ††129/319 €, ⌖ 18 € – 3 suites

● In het oude koetshuis van een romantisch kasteel aan de Maas staan verschillende elegante suites tot uw beschikking. Deze locatie is erg in trek voor feestelijkheden.

● The old coach house of a romantic castle on the Meuse offers accommodation in a number of elegant suites. It is a particularly popular location for parties and celebrations.

Teaching Hotel Château Bethlehem
🖝 🛋 🛗 🅰 kam, 🌾 📶 🏊

Bethlehemweg 2 (Limmel) (stagebedrijf van hotelschool)   🅿
⊠ 6222 BM – ℰ (0 43) 352 82 92 – www.teachinghotel.nl – gesloten
15 juli-22 augustus
26 kam – †55/130 € ††55/130 €, ⌖ 14 €
Rest – Lunch 16 € – Menu 23/28 € – *(gesloten zaterdagmiddag en zondag)*
(een enkel menu)

● Hebt u altijd al op de bodem van een zwembad willen slapen met een zwemmende olifant boven uw hoofd? Of een levensgrote tekening maken op de muren van uw kamer? In dit hotel, een onderdeel van de hotelschool, wordt het hotelbedrijf heruitgevonden en maakt u kennis met verrassend design. Seizoensgebonden restaurant.

● Have you ever wanted to sleep on the bottom of a swimming pool with elephants floating above your head? Or make a life-size mural on the walls of your room? In this hotel, which is part of a hotel school, the hotel business is being reinvented and you will be introduced to some surprising designs. Restaurant with seasonal menu.

Townhouse zonder rest

St. Maartenslaan 5 ⊠ 6221 AV – ℰ (0 43) 321 11 11   Plattegrond: D2**f**
– www.townhousehotels.nl
69 kam ⌑ – ♦79/359 € ♦♦89/359 €

● Alsof u bij uw gastvrije Limburgse tante gaat logeren, zo wil dit innovatieve hotel u ontvangen (met een kop soep als u aankomt, dat spreekt!). Townhouse toont dat design niet per se strak en minimalistisch is, maar ook warm, speels en nostalgisch kan zijn. Deze zaak beslaat drie huizen aan het station.

● You feel as if you are arriving at a hospitable aunt's house in Limburg when you are welcomed to this hotel (with a warming bowl of soup, naturally!). Three houses close to the station have been joined together in a style that proves that design doesn't have to be cool and minimalistic but can be warm, humorous and nostalgic.

 Kind of Blue zonder rest

Wilhelminasingel 87 ⊠ 6221 BG – ℰ (0 43) 310 11 60   Plattegrond: D2**x**
– www.hotelkindofblue.nl
3 kam – ♦110/150 € ♦♦110/150 €, ⌑ 9 €

● Onder het motto "vrijheid blijheid" en met kamers genoemd naar nummers van Miles Davis doet dit design-B&B uw bezoek aan Maastricht swingen. Ambachtelijk ontbijt op verzoek.

● On the principle of 'freedom and happiness above all things' and with rooms named after Miles Davis' hits, this design B&B starts a trip to Maastricht off with a swing. Breakfast with traditionally prepared products available on request.

XXX **Beluga** (Hans van Wolde)
ⓢ ⓢ
Plein 1992 nr 12 (Céramique) ⊠ 6221 JP – ℰ (0 43)   Plattegrond: C2**g**
321 33 64 – www.rest-beluga.com
– gesloten zondag
• INNOVATIEF • Lunch 45 € – Menu 85/100 € – Carte 45/74 €

● Chef van Wolde gooit het roer om: hij grijpt terug naar de basis, naar pure smaken en kleinere gerechten. Al betekent dit niet dat er ingeboet wordt op kwaliteit, smaak of creativiteit. Integendeel! Dit nieuw concept staat garant voor een voortreffelijke prijs-kwaliteit. Het spat van uw bord: Beluga really Loves You!

● Chef van Wolde has changed course and returned to the basics, to pure flavours and smaller dishes. But this does not mean that there has been a reduction in quality, taste or creativity. On the contrary – this new concept is a guarantee of good value and great quality. The proof is in the eating: Beluga really Loves You!
➜ Gestoomde ganzenlever met verveine en kersenroomijs. Tarbot met een aardappelslaatje en zoete knoflook. Baba met rum.

XXX **Manjefiek**
ⓐ
Rijksweg 80 ⊠ 6228 XZ – ℰ (0 43) 361 01 45 – www.manjefiek.nl – gesloten 12 tot 22 februari, 25 juli-5 augustus, maandag en dinsdag
• MODERN • Lunch 28 € – Menu 33/40 € – Carte 48/58 €

● Levendige schilderijen in de eetzaal, originele sculpturen op het terras: dit chique restaurant op het Limburgse platteland pakt uit met kunst. De chef heeft een eigentijdse kookstijl en werkt graag met streekproducten, zoals fruit uit zijn 'Tuin van Limburg'. Het Bib-menu is van amuse tot dessert magnifiek!

● This chic restaurant in the Limburg countryside likes to display works of art, such as the paintings in the dining room and original sculptures on the terrace. The chef has a contemporary cooking style that favours regional produce, such as fruit from his 'Garden of Limburg'. The Bib Gourmand menu is superb, all the way from the bite-sized hors d'oeuvres to the desserts.

 De prijzen voor het symbool ♦ komen overeen met de laagste prijs in laagseizoen en daarna de hoogste prijs in hoogseizoen voor een ééenpersoonskamer. Hetzelfde principe voor het symbool ♦♦, hier voor een tweepersoonskamer.

✗✗ Sofa   🈴 ⚕ 🆔 🅿

Hoge Weerd 6 (Zuid : 3 km via Limburglaan, aan de Pietersplas) ✉ *6229 AM*
– ✆ (0 43) 367 13 37 – www.sofamaastricht.nl – gesloten 15 tot 18 februari en
maandag behalve feestdagen
• MODERN • Menu 30/68 € – Carte 38/52 €
• Sofa zet niet in op supersnelle service, maar gaat voor sterke gerechten voor
een lekkere prijs. U proeft de "no frills"-aanpak van het amuusje tot de tiramisu
bij het dessert: geen poespas, maar pit. 2 formules, bar en brasserie, mooi gelegen op een kasteeldomein, met een terras waar u luilekker kunt genieten.
• Sofa does not claim to provide the fastest service but it does aim to present
good food at attractive prices. This 'no-frills' approach is evident in all the dishes,
from the goats cheese croquette served as an aperitif right through to the tiramisu dessert. Pleasantly situated in the grounds of a castle, with a terrace for relaxed al fresco dining.

✗✗ Mediterraneo   🆔 ⚕ ♿

Rechtstraat 73 ✉ *6221 EH – ✆ (0 43) 325 50 37*   Plattegrond: C2**h**
– www.ristorante-mediterraneo.nl – gesloten 1 week carnaval, 2 weken in
augustus, feestdagen, maandag tijdens zomermaanden en zondag
• ITALIAANS • Menu 55/165 € – Carte 55/104 € – *(alleen diner)*
• "Pino Melani uit Carrara": net als de chef zijn de gerechten hier op-en-top Italiaans. De winter staat in het teken van de truffel, waarvan er zo'n 2 kilo per
week verbruikt wordt!
• "Pino Melani from Carrara": just like the chef, the dishes here are Italian through
and through. Enjoy delicious Italian truffles in winter, when no fewer than two
kilos of this delicacy are consumed in a single week.

✗✗ "O"   🈴 🆔

Rechtstraat 76 ✉ *6221 EL – ✆ (0 43) 325 97 47*   Plattegrond: C2**d**
– www.restaurant-o.nl – gesloten tweede week januari, carnaval, eerste 2 weken
september, zaterdagmiddag, zondagmiddag en maandag
• VIS EN ZEEVRUCHTEN • Lunch 23 € – Menu 35 € – Carte ong. 48 € – *(open*
tot 23.00 u.)
• Vanuit de open keuken worden gerechten van vis en fruits de mer geserveerd
in een moderne eetzaal met designstoelen, witte muren en zwarte banken.
Stoepterras.
• Seafood dishes prepared in an open kitchen and served in a modern setting
(designer chairs, white walls, black benches). Sidewalk terrace.

✗✗ Harry's – Hotel Beaumont   🆔 ⚕ 🛏

Wycker Brugstraat 2 ✉ *6221 EC – ✆ (0 43) 325 44 33*   Plattegrond: D2**e**
– www.harrysrestaurant.nl
• MODERN • Lunch 28 € – Menu 35 € – Carte 31/84 € – *(gesloten*
zondagmiddag)
• De kosmopolitische sfeer en de dynamische bediening maken van deze luxebrasserie een uiterst aangename plek. Dankzij de open keuken ziet u hoe (bij
voorkeur) lokale producten in internationaal getinte gerechten worden verwerkt.
• The cosmopolitan atmosphere and dynamic service in this luxury brasserie
make it an enjoyable place to eat. The open kitchen allows diners to observe
the chefs at work. They create a range of international dishes from mainly local
ingredients.

✗✗ De Mangerie – Hotel Crowne Plaza   ⬅ ⚕ 🆔 ⚕ ♿ 🛏

Ruiterij 1 ✉ *6221 EW – ✆ (0 43) 350 91 91*   Plattegrond: C2**c**
– www.crowneplazamaastricht.com
• MODERN • Lunch 26 € – Menu 30/45 € – Carte 36/57 €
• De naam (op z'n Frans, ça fait chic) doet het al vermoeden: in een fancy interieur wordt hier een keuken geserveerd die een kosmopolitisch publiek moet
plezieren.
• The name (in French, to give it cachet) gives a hint of the focus inside. The cuisine served here is designed to please a cosmopolitan clientele in an elegant setting.

✗ Enoteca-Trattoria Senza Nome

Hoogbrugstraat 66 ✉ *6221 CS –* ✆ *(0 43) 326 41 52*   Plattegrond: D2**z**
– www.senzanome.nl – gesloten maandag
• ITALIAANS • Menu 37/53 € – Carte 36/54 € – *(alleen diner)*
● Huub Biro huldigt een filosofie van puurheid en eenvoud in zijn trendy trattoria. Een leuke troef is dat u de antipasti en pasta's in een kleine of grote portie kunt bestellen, zodat u zeker genoeg trek overhoudt voor het hoofdgerecht. Nog een tip voor wie daarna nog zin heeft: de patron is ook meester-ijsbereider!
● Huub Biro espouses a philosophy of purity and simplicity in his fashionable trattoria. An extra attraction is that you can order smaller portions of antipasti and pastas to keep your appetite for the main course. For those with a sweet tooth, the owner is a master at ice cream making.

✗ Le Courage

Rechtstraat 81 ✉ *6221 EH –* ✆ *(0 43) 321 17 27*   Plattegrond: C2**x**
– www.lecourage.nl – gesloten maandag van juni tot augustus en zondag
• MODERN • Menu 34/60 € – *(alleen diner) (een enkel menu)*
● De Engelse chef werkt enkel met een surprisemenu, maar wees gerust: u bent bij hem in goede handen. Met marktsverse producten maakt hij gerechten waar u vrolijk van wordt.
● Intent on using only fresh, quality ingredients, the English chef at this refined eatery prepares just one set menu. Faultless food and wine pairings.

✗ Gadjah Mas

Rechtstraat 42 ✉ *6221 EK –* ✆ *(0 43) 321 15 68*   Plattegrond: C2**j**
– www.gadjahmas.nl – gesloten 1 januari, carnaval en 24 en 25 december
• INDONESISCH • Menu 30 € – Carte 30/46 € – *(alleen diner)*
● Chef Arumugampillai maakt de exotiek van zijn naam ook in de borden waar: hier eet u authentiek Indonesisch. Leuk gelegen in een straat met veel antiekwinkeltjes.
● Chef Arumugampillai's dishes live up to his exotic name. Pleasantly situated in a street with lots of antique shops, this restaurant serves authentic Indonesian cuisine.

✗ Tabkeaw

Rechtstraat 102 ✉ *6221 EL –* ✆ *(0 43) 325 97 12*   Plattegrond: C2**a**
– www.tabkeaw.com – gesloten carnaval, half juni-half juli en woensdag
• THAIS • Menu 25/35 € – Carte 32/45 € – *(alleen diner)*
● Specialiteiten uit het Land van de Glimlach in een exotisch, Siamees decor: lambrisering van bamboe, Thaise landschappen en pagodebar. Stoepterras.
● Specialities from the Land of Smiles in an exotic Siamese décor with bamboo-style panelling, Thai landscapes, and a pagoda counter. Terrace on the Rechtstraat.

✗ Wen-Chow

Spoorweglaan 5 ✉ *6221 BS –* ✆ *(0 43) 321 45 40*   Plattegrond: D2**a**
– www.wen-chow.nl
• CHINEES • Menu 25/34 € – Carte 13/47 €
● Recht tegenover het station vind je dit restaurant, waar je écht Chinees eet. Het bewijs voor deze authenticiteit? De trouwe clientèle van Chinese klanten!
● Situated directly opposite the station, this restaurant serves authentic Chinese cuisine, as the number of loyal Chinese regulars testifies.

in Bemelen Oost : 7 km – Eijsden-Margraten

🏠 Bergrust

Bemelerberg 6 ✉ *6268 NA –* ✆ *(0 43) 407 12 14 – www.bergrust.nl – gesloten januari*
10 kam 🖵 – 🛏58/75 € 🛏🛏80/98 € – ½ P   **Rest** – *(alleen voor hotelgasten)*
● Voor een zachte prijs vindt u hier een prima logeeroptie: op minder dan 10 minuten van Maastricht, maar toch in alle rust en met gratis parkeergelegenheid.
● This hotel offers an excellent choice of accommodation at a bargain price. Situated in quiet surroundings less than 10min from Maastricht, the hotel also offers free parking.

in Cadier en Keer via N 278 : 8 km – Eijsden-Margraten

XX **De Pastory**

Dorpsstraat 45 ⊠ 6267 AA – ℰ (0 43) 407 18 23 – www.depastory.nl – gesloten 1 week carnaval, 1 week augustus en maandag
• MODERN • Menu 25/55 € ⋎ – Carte 32/45 € – *(alleen diner behalve zondag)*
• Vakwerkboerderij in een landelijk dorpje. Stijlvolle ontvangst, terras, goede eigentijdse keuken, vriendelijk geprijsd a la carte menu en een wijnkaart om van te smullen.
• Half-timbered farm in a little country village. Stylish service, discreet terrace, tasty modern cuisine, enchantingly priced menu and a wine list to match.

MADE

Noord-Brabant – Drimmelen 26 737 inw. – Atlas: **9-B2**
▶ Amsterdam 94 km – 's-Hertogenbosch 40 km – Bergen op Zoom 45 km – Breda 13 km
Michelin wegenkaart 532-N12 en 715-F6

De Korenbeurs

Kerkstraat 13 ⊠ 4921 BA – ℰ (0 162) 68 21 50 – www.korenbeurs.nl – gesloten 24 en 31 december
67 kam – †88/110 € ††95/110 €, ⊡ 14 €
Rest – Lunch 29 € – Menu 22/55 € – Carte 40/69 €
• Tegenover de kerk, midden in Made, ligt dit functionele hotel waarvan de roots teruggaan tot 1880. Filiaal van hotelketen, in familiebeheer, dat vooral een zakelijk publiek trekt. Restaurant met ruime kaart, alle gerechten ook in halve porties.
• In the centre of Made, this establishment dates from 1880, but has been entirely renovated in a modern style. Contemporary bedrooms, several meeting rooms and warm bar. Pleasant modern restaurant dining room with rustic summer terrace.

MAKKUM

Fryslân – Súdwest Fryslân 82 639 inw. – Atlas: **3-B2**
▶ Amsterdam 112 km – Leeuwarden 39 km – Zwolle 114 km
Michelin wegenkaart 531-R4 en 715-H2

Villa Mar zonder rest

Ds. L. Touwenlaan 5 ⊠ 8754 BP – ℰ (0 515) 23 24 68 – www.villa-mar.com – open 16 maart-november
8 kam ⊡ – †55/80 € ††80/110 €
• Deze mooie villa in neoklassieke stijl (1882) herbergt lichte, minimalistische kamers van verschillend formaat. Smaakvol interieur, zitkamer met open haard en zitplaatsen in de tuin.
• This neoclassic style villa built in 1882 with a furnished garden is home to light and tidy rooms of various sizes. Lounge with fireplace.

MARGRATEN

Limburg – Eijsden-Margraten 25 049 inw. – Atlas: **8-A3**
▶ Amsterdam 220 km – Maastricht 13 km – Eindhoven 95 km – Liège 39 km
Michelin wegenkaart 532-T18 en 715-I9

Groot Welsden

Groot Welsden 27 ⊠ 6269 ET – ℰ (0 43) 458 13 94 – www.hotelgrootwelsden.nl – gesloten 18 januari-17 februari
14 kam – †56/72 € ††70/90 €, ⊡ 13 € – ½ P
Rest – Menu 33 € – Carte 32/43 €
• Families zullen dit plekje in hun hart sluiten door de vriendelijke ontvangst, een tuin met ligstoelen, een uitgebreid ontbijtbuffet en verzorgde, traditionele kamers. Traditionele maaltijd, geserveerd in een keurige eetzaal.
• Families will love this small hotel, with its garden with lounge chairs, lavish breakfast buffet and well-kept, traditional rooms. Traditional meals are served in a smart restaurant. Warm welcome.

MARKELO

Overijssel – Hof van Twente 35 215 inw. – Atlas: **13**-C3

▶ Amsterdam 125 km – Zwolle 50 km – Apeldoorn 41 km – Arnhem 59 km

Michelin wegenkaart 531-X9 en 532-X9 en 715-K5

Il Campanile

Taets van Amerongestraat 9 ⊠ *7475 BT* – 𝒞 *(0 547) 36 32 97*
– www.ilcampanile.nl – gesloten 25 en 31 december, 2 laatste weken augustus-2 eerste weken september, maandag en dinsdag
Menu 30/58 € – Carte 39/53 € – *(alleen diner)*

● Gezellige, Italiaanse huiskamer waar het gezin Torella u onderdompelt in de zuiderse warmte. Vader en zoon geven hun persoonlijke touch aan een pure, traditionele Napolitaanse keuken: eenvoudige, kwaliteitsvolle producten worden krachtig op smaak gebracht en gul geserveerd. Een smaakexplosie die de Vesuvius waardig is.

● An impressive Italian-style restaurant in which the Torella family submerges you in southern hospitality. The father and son team lend a personal touch to authentic, traditional and hearty Neapolitan cuisine based around simple, top quality ingredients teeming with flavour.

MARKEN – Noord-Holland → Zie Monnickendam

MECHELEN

Limburg – Gulpen-Wittem 14 444 inw. – Atlas: **8**-B3

▶ Amsterdam 235 km – Maastricht 21 km – Aachen 14 km

Michelin wegenkaart 532-U18 en 715-I9

Brull

Hoofdstraat 26 ⊠ *6281 BD* – 𝒞 *(0 43) 455 12 63* – *www.hotel-brull.nl* – *gesloten carnaval en kerstdagen*
26 kam ☲ – 🛉60/73 € 🛉🛉120/150 € – 1 suite – ½ P
Rest – *(alleen diner voor hotelgasten)*

● Verbouwde boerderij rond een binnenplaats met vakwerkgevels. Culturele activiteiten, verzorgd onthaal, keurige kamers, weelderige lounge, eetzaal met serre, boomgaard en tuin.

● A former farm built around a half-timbered courtyard. Elegant welcome, clean rooms, plush lounge, green dining room-veranda, orchard garden and cultural events.

MEDEMBLIK

Noord-Holland – 43 320 inw. – Atlas: **11**-B2

▶ Amsterdam 58 km – Haarlem 69 km – Alkmaar 36 km – Enkhuizen 21 km

Michelin wegenkaart 531-P6 en 715-G3

Het Wapen van Medemblik

Oosterhaven 1 ⊠ *1671 AA* – 𝒞 *(0 227) 54 38 44*
– www.hetwapenvanmedemblik.nl – gesloten 24 december-1 januari
26 kam ☲ – 🛉80/100 € 🛉🛉110/150 € **Rest** – Menu 25 € – Carte 35/49 €

● Karakteristiek pand bij een haven. Alle kamers zijn gerenoveerd en het resultaat is meer dan geslaagd te noemen. Lounge-café en serre voor high teas en thema-avonden. Traditionele maaltijd in een eigentijds decor of op het zomerterras met uitzicht op de brug.

● A traditional building on the waterfront. Quiet, renovated rooms, café-lounge and conservatory where high tea and theme evenings are held. Traditional cuisine in a contemporary environment, or on the terrace facing the bridge in summer.

MEERSSEN

Limburg – 19 254 inw. – Atlas: **8**-A3

▶ Amsterdam 207 km – Maastricht 13 km – 's-Hertogenbosch 118 km –
Weert 53 km

Michelin wegenkaart 532-T17 en 715-I9

✗ **SamSam**　　　　　　　　　　　🛜 ✧

Volderstraat 31 ⊠ 6231 LA – 𝒞 (0 43) 364 20 80 – www.samsam-meerssen.nl
– gesloten maandag en dinsdag
Menu 36 € – Carte 34/43 € – *(alleen diner) (een enkel menu)*
● "Samen" – hiernaar verwijst de naam van dit karaktervol restaurant met een
huiselijke sfeer en een trendy interieur. Marktkeuken volgens het seizoen.
● The name of this restaurant refers to "samen" (together) and is put into prac-
tice through the friendly atmosphere of this personalized house with trendy interior decoration. Seasonal cooking.

MEPPEL
Drenthe – 32 867 inw. – Atlas: **1-A3**
▶ Amsterdam 135 km – Assen 55 km – Groningen 82 km – Leeuwarden 68 km
Michelin wegenkaart 531-W6 en 715-J3

in de Wijk Oost : 7,5 km – De Wolden

✗✗✗ **De Havixhorst** met kam　　　　　🍃 🛋 🛜 🚲 ✗ kam, 🛜 ✧ 🅿

Schiphorsterweg 34 (De Schiphorst) ⊠ 7966 AC – 𝒞 (0 522) 44 14 87
– www.dehavixhorst.nl – gesloten 31 december-1 januari
8 kam – 🛏60/99 € 🛏🛏60/155 €, ⌷ 20 €
Menu 48/63 € – Carte 51/65 € – *(gesloten zaterdagmiddag en zondagmiddag)*
● Ooievaars nestelen zich ieder jaar op het dak van dit charmante, 18de-eeuwse
kasteel, en u kunt ze geen ongelijk geven. De Franse tuin met terrassen en oranjerie (maak zeker een wandelingetje na het eten!) zijn ronduit heerlijk. Ook de
keuken verdient lof voor haar creatieve gerechten, harmonieus en van een
hoog niveau.
● Each year storks make their nests on the roof of this charming, 18C castle and
you can't blame them. The splendid, French-style garden with its terraces and orangery is an added attraction, especially for an evening stroll after the meal. All
praise, too, for the kitchen, which serves dishes that are balanced, creative and
top quality.

MIDDELBURG
Zeeland – 47 642 inw. – Atlas: **15-A2**
▶ Amsterdam 194 km – Breda 98 km – Rotterdam 106 km – Antwerpen 91 km
Michelin wegenkaart 532-G14 en 715-B7

🏨 **Middelburg**　　🛜 🚲 🛗 �▓ 🛜 ✗ rest, 🛜 🛗 🅿

Paukenweg 3 (Zuid : 2 km nabij A 58 - E 312, afrit 39) ⊠ 4337 WH – 𝒞 (0 118)
44 25 25 – www.valkmiddelburg.nl
110 kam ⌷ – 🛏101/164 € 🛏🛏101/184 € – 9 suites – ½ P
Rest – Menu 35/50 € – Carte 31/72 €
● Imposant, modern hotel met alles erop en eraan: themasuites op de hoogste
verdieping, goed uitgeruste vergaderzalen en live cooking buffet in het restaurant. Dit is een uitstekende uitvalsbasis want snelweg A58, het stadscentrum en
het vrijetijdspark ZEP Middelburg zijn vlakbij.
● An imposing modern hotel with all the trappings. Find individually themed
suites on the top floor, well-equipped meeting rooms and a 'live cooking buffet'
in the restaurant. An excellent base within easy reach of the A58 motorway, the
city centre and the ZEP Middelburg leisure park.

🏨 **Arneville**　　　🛜 🚲 🛗 🛗 rest, 🛜 🛗 🅿

Buitenruststraat 22 (Zuid via Schroeweg, 1e straat links) ⊠ 4337 EH – 𝒞 (0 118)
63 84 56 – www.amadore.nl/arneville
47 kam ⌷ – 🛏77/117 € 🛏🛏85/125 €　**Rest** – Menu 28 € – Carte 31/89 €
● Hotel-congrescentrum aan de rand van de stad, langs een drukke weg. Goede,
moderne kamers die volledig zijn gerenoveerd. Vergaderzalen. In de luxebrasserie
vindt u een wisselende kaart zonder veel pretenties.
● Hotel and congress centre on the doorstep of the town, by a busy street. Fully
renovated handsome modern guest rooms and meeting rooms. Luxury brasserie
with unpretentious cuisine.

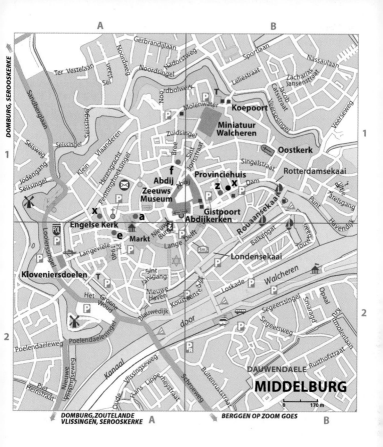

MIDDELBURG

🏠 **Aan de Dam** zonder rest

Dam 31 ⊠ 4331 GE – 𝒞 (0 118) 64 37 73   Plattegrond: B1**x**
– www.hotelaandedam.nl – gesloten 29 december-2 januari
12 kam ⬚ – �♦78/110 € ♦♦90/123 €
• Hotel genoemd naar de locatie van dit pand dat door dezelfde architect is ontworpen als het Koninklijk Paleis in Amsterdam. Unieke kamers met de sfeer van weleer. Stadstuin.
• This hotel, built by the architect of the royal palace of Amsterdam, is steeped in the history of the town's affluent middle classes. Spacious classical guestrooms and a sheltered garden.

🍴🍴 **De Eetkamer**

Wagenaarstraat 13 ⊠ 4331 CX – 𝒞 (0 118) 63 56 76   Plattegrond: A1**f**
*– www.eetkamermiddelburg.nl – gesloten laatste week augustus-eerste
week september, zondag en maandag*
Lunch 40 € – Menu 42 € – Carte 49/66 € – *(alleen diner)*
• Warm, intiem, romantisch... de inrichting is overweldigend, net als het charmante onthaal door de gastvrouw. U kunt hier al sinds 1993 terecht voor een keuken op goede klassieke basis, met de smaak van Zeeland en Frankrijk.
• The warm, intimate and romantic decor in this restaurant is superb, as is the friendly welcome offered by the owner. Since 1993 this address has offered food that is based on fine, classic cuisine with the flavours of Zeeland and France.

279

XX **De Gespleten Arent**　　　　　　　　　　　　🛱 ✿

Vlasmarkt 25 ✉ 4331 PC – ☎ (0 118) 63 61 22　　　Plattegrond: A2**e**
– www.degespletenarent.nl – gesloten zondag
Menu 33/65 € – Carte 46/55 € – *(alleen diner)*
● Een zaak met twee gezichten: karakteristiek huis in het oude stadscentrum, maar binnen modern design. Op het bord worden seizoensproducten verenigd in eerlijke, moderne gerechten. De chef maakt graag gebruik van zelf ontworpen porseleinen borden, maar vrees niet: de prijzen zijn zeer schappelijk.
● A restaurant in the old city with two contrasting sides to it: the exterior of a typical house leading to an interior that is thoroughly modern in design. The focus is on seasonal produce used to create attractive, modern and reasonably priced dishes, which the chef likes to present on personally designed china crockery.

XX **Scherp**　　　　　　　　　　　　　　　　🛱 ✿

Wijngaardstraat 1 ✉ 4331 PM – ☎ (0 118) 63 46 33　　　Plattegrond: A1**x**
– www.restaurantscherp.nl
– gesloten 30 december-15 januari, 28 juli-13 augustus, 27 tot 29 oktober, zondag en maandag
Menu 36/63 € – Carte 49/66 € – *(alleen diner)*
● Een pand in het oude centrum, waar Mart Scherp zijn gasten onthaalt in een smaakvol, trendy interieur. Goede lokale producten. Menu's met een gunstige prijs-kwaliteitverhouding.
● These quaint old houses in historic Middelburg hide a distinctive modern décor. Mart Scherp treats his guests to excellent local produce. The menus offer a good value for money.

X **Peper & Zout**　　　　　　　　　　　　　　　🛱

Lange Noordstraat 6 ✉ 4331 CD – ☎ (0 118)　　　Plattegrond: A1**a**
62 70 58 – www.peperenzout.com – gesloten 27 december-8 januari, dinsdag van oktober tot juni, zaterdagmiddag, zondagmiddag en woensdag
Lunch 22 € – Menu 25 € – Carte 33/71 €
● Sympathiek restaurant waar een barokke, trendy sfeer hangt. De chef kookt klassiek en gaat graag aan de slag met chocolade bonbons, die hij op artisanale wijze maakt. Zijn boetiek, naast de deur, verkoopt de chocolaatjes en streekproducten.
● A pleasant restaurant boasting a baroque, trendy atmosphere. The chef here prepares traditional cuisine and particularly enjoys making chocolates using artisanal methods. His boutique next door sells chocolates and regional produce.

X **De Gouden Bock**　　　　　　　　　　　　　🛱 🍴

Damplein 17 ✉ 4331 GC – ☎ (0 118) 61 74 84　　　Plattegrond: B1**z**
– www.degoudenbock.nl – gesloten zondag en maandag
Lunch 23 € – Menu 35 € – Carte 41/57 € – *(eenvoudige lunchkaart)*
● Als u in Middelburg een eerlijke, kraakverse keuken zoekt, zonder poespas en voor een schappelijke prijs, bent u hier aan het juiste adres. 's Middags is de kaart beperkter dan 's avonds, maar er is wel een lunchformule beschikbaar.
● An excellent address for authentic, exceptionally fresh cuisine served without fuss and at reasonable prices. Fixed menu available at lunchtime and a more varied menu in the evening.

MIDDELHARNIS
Zuid-Holland – 48 245 inw. – Atlas: **16**-B3
▶ Amsterdam 133 km – Den Haag 83 km – Breda 65 km – Rotterdam 49 km
Michelin wegenkaart 532-J12 en 715-D6

X **Brasserie 't Vingerling**　　　　　　　　⪡ 🛱 ✿ ⚓

Vingerling 23 ✉ 3241 EB – ☎ (0 187) 48 33 33 – www.brasserievingerling.nl
– gesloten donderdag van september tot april en maandag
Menu 34/38 € – Carte 34/45 € – *(alleen diner)*
● 18de-eeuwse vissersplakhuis aan de haven. Retro bistrodecor met gezellige ambiance, terras op de kade, goed en voordelig, traditioneel menu. Mosselen en regionale visspecialiteiten.
● A former 18C fishing warehouse overlooking the port. Fun bistro atmosphere and quayside terrace. Good traditional meals at reasonable prices. Mussel and fish specialities.

MIDSLAND – Fryslân ➜ Zie Waddeneilanden (Terschelling)

MIJDRECHT
Utrecht – De Ronde Venen 42 846 inw. – Atlas: **14**-A2
➤ Amsterdam 30 km – Den Haag 56 km – Haarlem 44 km – Lelystad 71 km
Michelin wegenkaart 532-O9 en 715-F5

 Marickenland
Provincialeweg 3 ✉ *3641 RS – 𝒞 (0 297) 28 28 28 – www.hotelmijdrecht.nl*
61 kam – ♦109/129 € ♦♦109/139 €, ⌷ 15 €
Rest – Menu 39 € – Carte 32/45 €
● Dit comfortabele hotel in de polder, halverwege Amsterdam en Utrecht, is uitgebreid en geheel gemoderniseerd in neoretro design. Gezellige, piekfijne kamers. Restaurant met een eigentijdse kookstijl, trendy sfeer en terras onder de platanen.
● This comfortable hotel, in the polders halfway between Amsterdam and Utrecht, was recently expanded and modernised in a neo-retro style. Cosy and attractive rooms. Contemporary cuisine served in a trendy décor. Terrace in front under the plane trees.

MILSBEEK
Limburg – Gennep 17 319 inw. – Atlas: **8**-B1
➤ Amsterdam 131 km – Maastricht 129 km – Arnhem 37 km –
's-Hertogenbosch 60 km
Michelin wegenkaart 532-U12 en 715-I6

XX **La Casquette**
Rijksweg 14 ✉ *6596 AB – 𝒞 (0 485) 54 24 00 – www.lacasquette.nl – gesloten maandag en dinsdag*
Menu 40/75 € – Carte 63/87 € – *(alleen diner)*
● Een ambachtelijke doch verfijnde keuken in een boerderij midden in een Limburgs dorpje: het plaatje klopt hier helemaal. Het wild wordt zelf geslacht en de worsten zijn huisgemaakt: een keuken met een hart vertaald naar de geest van vandaag.
● At La Casquette enjoy traditional and refined cooking on a farm in a typical Limburg village. All the game is slaughtered on the premises and the sausages are homemade. The cuisine has strong local roots yet is adapted to the spirit of today.

De MOER – Noord-Brabant ➜ Zie Kaatsheuvel

MOLENRIJ
Groningen – De Marne 10 336 inw. – Atlas: **7**-A2
➤ Amsterdam 201 km – Groningen 29 km – Leeuwarden 59 km
Michelin wegenkaart 531-X2

XX **'t Korensant** met kam
🙂 *H. van Cappenbergweg 34* ✉ *9977 RW – 𝒞 (0 595) 48 11 34*
– www.korensant.nl – gesloten eerste 3 weken januari, woensdag van oktober tot februari, zondag, maandag en dinsdag
7 kam ⌷ – ♦70/95 € ♦♦95/110 € – 7 suites   Menu 35/55 € ▾ – *(alleen diner)*
● Landelijk restaurant waar het culinaire streekrepertoire een nieuw jasje krijgt. Rustieke zalen met moderne schilderijen, tuin met terras en een slijterij (met huiselixer). Appartementen met modern meubilair, zichtbaar kapgebint en rustieke balken.
● Country inn offering deliciously updated local culinary traditions. Rustic rooms with modern art, garden terrace and a shop selling spirits (including the house elixir). Apartments with contemporary furniture, exposed rustic beams and frames.

MONNICKENDAM
Noord-Holland – Waterland 17 091 inw. – Atlas: **11**-B3
➤ Amsterdam 16 km – Haarlem 36 km – Alkmaar 34 km – Leeuwarden 122 km
Michelin wegenkaart 531-P8 en 715-G4

※※
Posthoorn met kam
※
Noordeinde 43 ⊠ 1141 AG – ⌀ (0 299) 65 45 98 – www.posthoorn.eu
– gesloten 29 december-5 januari
6 kam ⌧ – †149 € ††149 €
Menu 55/85 € – Carte ong. 68 € – *(gesloten maandag) (alleen diner behalve*
zondag)
● Stijlvol 17de-eeuws pand, sinds 1881 een begrip bij levensgenieters. Eigentijdse gerechten in een modern, chic decor of de binnentuin. Romantische junior
suites met een eigen sfeer en modern comfort. Gezellige lounge met open haard
(rooksalon).
● A lovely 17C house popular with gourmets since 1881. Delicious up-to-date
dishes served in a smart contemporary décor or in the courtyard. Personalised, ul-
tra-romantic junior suites with all mod cons. Cosy sitting (smoking) room with
fireplace.
➜ Makreelfilet a la plancha, gamba's en inktvis met zoetzuur van tomaat. Bereidingen van lam met eigen jus en artisjok. Aardbeien met citroen en suikerbrood-
varianten.

※
Four Seasons 🅰🄲 ⇔
Haringburgwal 3 ⊠ 1141 AT – ⌀ (0 299) 65 55 84
– www.fourseasons-monnickendam.nl – gesloten 13 januari-13 februari en
maandag
Menu 35/42 € – Carte 33/73 € – *(alleen diner)*
● Een waaier van Japanse, Chinese, Thaise en Koreaanse gerechten en smaken
passeren hier de revue. De setting en aanpak zijn dan wel modern, dit is authentieke Aziatische fusion. Die ontdekt u het best met het shared dining concept.
● A range of Japanese, Chinese, Thai and Korean dishes and flavours are on offer here. The setting and the approach might be modern, but this is authentic
Asian fusion. The restaurant's 'shared dining' concept is the best way to sample
its cuisine.

in Marken Oost : 6 km – Waterland

🏠
Hof van Marken 🛜
Buurt II 15 ⊠ 1156 BC – ⌀ (0 299) 60 13 00 – www.hofvanmarken.nl
7 kam – †79/119 € ††99/142 €
Rest – Menu 35 € – Carte 34/53 € – *(gesloten maandag, dinsdag en woensdag)*
(alleen diner behalve zaterdag en zondag)
● Statig, bakstenen pand (1905) in een dorp dat beroemd is om zijn houten huizen. Goed onthaal. Gerenoveerde kamers met karakteristiek decor. Geen autover-
keer, parking op 100 m.
● This proud brick building from 1905 is set in a village known for its wooden
houses. A warm reception and revamped period rooms. Car park located 100m
away.

MONTFOORT
Utrecht – 13 639 inw. – Atlas: **14**-A2
▶ Amsterdam 33 km – Utrecht 15 km – Den Haag 52 km – Rotterdam 48 km
Michelin wegenkaart 532-O10 en 715-F5

🏨
Montfoort zonder rest 🅰🄲 🍴 🛜
Hoogstraat 29 ⊠ 3417 HA – ⌀ (0 348) 47 00 40 – www.hotelmontfoort.nl
– gesloten 25 december-5 januari
11 kam – †75/79 € ††85/89 €, ⌧ 9 €
● Een betrouwbaar adres voor wie lekker wil slapen voor een prettige prijs. De
kamers zijn klassiek ingericht en dankzij de kleinschalige aanpak voelt u zich
meteen op uw gemak.
● A reliable address for a good night's sleep at a reasonable price. The rooms
are classically furnished and the low-key approach makes visitors feel instantly
at home.

XX **De Schans**

Willeskop 87 (Zuid-West : 4,5 km langs N 228) ✉ *3417 MC –* ✆ *(0 348) 56 23 09*
– www.restdeschans.nl – gesloten zaterdagmiddag, zondagmiddag, dinsdag en
woensdag
Menu 35/59 € – Carte 42/54 €

● De beschrijving 'licht en actueel' past hier zowel bij het opgefriste interieur als bij de keuken. De chef combineert graag vis en vlees in één gerecht, met het gebruik van de modernste technieken creëert hij een variatie van texturen en een onverwachte smakenmix. Het Bib Gourmandmenu is top!

● The description 'light and modern' really suits the revamped interior and cuisine at this restaurant. The chef likes to combine fish and meat in one dish, using modern techniques to create a variety of textures and unexpected flavour combinations. Excellent Bib Gourmand menu!

MOOK

Limburg – Mook en Middelaar 7 827 inw. – Atlas: **8**-A1
▶ Amsterdam 129 km – Maastricht 133 km – Arnhem 30 km –
's-Hertogenbosch 48 km
Michelin wegenkaart 532-U12 en 715-I6

 Jachtslot de Mookerheide

Heumensebaan 2 (Molenhoek) (Noord-Oost : 2,5 km langs A 73 afrit ③)
✉ *6584 CL –* ✆ *(0 24) 358 30 35 – www.mookerheide.nl – gesloten*
31 december-3 januari
17 kam – ♥79/124 € ♥♥114/159 €, ⊑ 16 € – 6 suites
Rest – Menu 28/35 € – Carte 31/38 €

● Er was eens een prachtig kasteel op een weelderig landgoed waar een 19de-eeuwse sfeer hing. Het Jugendstil rijksmonument had warme, charmante kamers die allemaal uitgerust waren met een bubbelbad … Een prachtig sprookje, dat werkelijkheid wordt in het stijlvolle Jachtslot de Mookerheide.

● This listed Art Nouveau-style castle is surrounded by a lush estate with a 19C atmosphere. It boasts delightful, welcoming guestrooms, all of which are equipped with a Jacuzzi. Charming accommodation in a truly fairytale setting.

MUGGENBEET – Overijssel → Zie Blokzijl

MUIDEN

Noord-Holland – 6 287 inw. – Atlas: **11**-B3
▶ Amsterdam 18 km – Haarlem 37 km – Hilversum 22 km – Lelystad 43 km
Michelin wegenkaart 531-P9 en 532-P9 en 715-G5

XX **De Doelen**

Sluis 1 ✉ *1398 AR –* ✆ *(0 294) 26 32 00 – www.restaurantdedoelen.nl*
Lunch 28 € – Menu 35/43 € – Carte 51/64 €

● Dit authentieke pand, met een gezellig terras aan de Muidense Sluis, haalt Frankrijk in huis met een sfeervol decor van rode muren en impressionistische kunstwerken. Mooie producten, klassieke gerechten.

● Rustic classical restaurant, in business for over 3 decades, set in a typical old Dutch house next to an equally picturesque lock. Cosy terrace and convivial atmosphere.

in Muiderberg Oost : 4 km

XX **'t Lagerhuys**

Dorpsstraat 29 ✉ *1399 GT –* ✆ *(0 294) 26 29 80 – www.lagerhuys.nl – gesloten*
maandag
Lunch 25 € – Menu 33/35 € – Carte 43/60 €

● De open haard staat symbool voor de gezelligheid die in dit karaktervol pand (1882) hangt. Een prettige omgeving om te genieten van een seizoensgebonden keuken waarin verscheid en smaak centraal staan.

● The fireplace in the dining room symbolises the cosiness of this charming property that dates back to 1882. A pleasant environment to enjoy seasonal cuisine that is fresh and full of flavour.

MUIDERBERG – Noord-Holland → Zie Muiden

NAARDEN
Noord-Holland – 17 205 inw. – Atlas: **11**-B3
▶ Amsterdam 21 km – Haarlem 44 km – Apeldoorn 66 km – Utrecht 30 km
Michelin wegenkaart 531-P9 en 532-P9 en 715-G5

XX **Het Arsenaal** 🛋 🅰🅲 ⇔ 🄿
Kooltjesbuurt 1 (Naarden-Vesting) ✉ *1411 RZ –* ✆ *(0 35) 694 91 48*
– www.paulfagel.nl – gesloten 5, 30 en 31 december-6 januari, 27 april en
zaterdagmiddag
Lunch 35 € – Menu 40/55 € – Carte 45/65 €
● Eigentijds restaurant in een dependance van het oude arsenaal van de vestingstad. Keuken op Franse basis met hedendaagse inslag, meerdere interessante menu's.
● Restaurant with a contemporary décor in an outbuilding connected to the arse-
nal of the former fortified town. Up-to-date cuisine with lighter portions – to enjoy even more delights.

NECK – Noord-Holland ➡ Zie Purmerend

NEDERWEERT – Limburg ➡ Zie Weert

NES – Fryslân ➡ Zie Waddeneilanden (Ameland)

NIEUWEGEIN
Utrecht – 61 038 inw. – Atlas: **14**-A2
▶ Amsterdam 47 km – Utrecht 15 km – Arnhem 70 km – Den Haag 64 km
Michelin wegenkaart 532-P10 en 715-G5

XX **Zott** 🛋 🅰🅲 🍽
Dorpsstraat 49 ✉ *3433 CL –* ✆ *(0 30) 606 66 22*
– www.restaurantzott.nl – gesloten 28 december-5 januari, zaterdagmiddag,
zondag en maandag
Lunch 30 € – Menu 33 € – Carte 42/53 €
● Fraai gerenoveerd, oud pand in een karakteristieke buurt (sluis, ophaalbrug).
Moderne kookstijl in een al even fris interieur. Vriendelijke prijzen. Terras aan het
water, onder de platanen.
● Admirably renovated old house in an authentic district (lock, swing bridge).
Modern cuisine in an equally contemporary setting at reasonable prices. Water-
side terrace shaded by plane trees.

X **Huis de Wiers** 🄽 🛋 🍽 ⇔ 🄿
Wiersedreef 3 (Vreeswijk) ✉ *3433 ZX –* ✆ *(0 30) 606 13 22 – www.huisdewiers.nl*
– gesloten zaterdagmiddag
Lunch 25 € – Menu 33/48 € – Carte 38/50 € – *(eenvoudige lunchkaart)*
● U stapt nietsvermoedend een modern pand binnen en komt terecht … in oude
kelders, met typische gotische bogen. Het interieur is er wel bijdetijds, de sfeer lekker intiem. Ook de chef bouwt met eigentijdse accenten verder op een klassieke
basis. Hij zweert bij kraakverse producten en creëert een diversiteit van smaken.
● You enter this modern building unsuspectingly and arrive in an old cellar with
typical Gothic arches, a contemporary-style interior and an intimate ambience.
The chef creates varied yet classic cuisine with a contemporary twist made from
top quality fresh produce.

NIEUWE-NIEDORP
Noord-Holland – 12 141 inw. – Atlas: **11**-A2
▶ Amsterdam 65 km – Haarlem 55 km – Hoogkarspel 26 km
Michelin wegenkaart 531-O6 en 715-F3

✕✕ **Red Chilli**

Oude Provincialeweg 2 ⊠ *1733 NG – ℰ (0 226) 41 01 18 – www.redchilli.nl*
– gesloten dinsdag
Menu 38/67 € – Carte 35/90 € – *(alleen diner)*
● Azië ver verwijderd van de rustige polders? Daar brengt deze typische, intieme zaak verandering in. De fusion van Aziatische kookstijlen wordt op een moderne wijze aangepakt, maar de authentieke ziel blijft behouden. Red Chilli is … pittig!
● Asia is a world away from the peaceful polders but this intimate restaurant creates a real Eastern ambience. Its fusion Asian cuisine is authentic yet modern in style. Red Chilli will definitely spice up your evening!

NIEUWERBRUG
Zuid-Holland – Bodegraven-Reeuwijk 32 817 inw. – Atlas: **17**-C2
▶ Amsterdam 60 km – Den Haag 46 km – Rotterdam 36 km – Utrecht 26 km
Michelin wegenkaart 532-N10 en 715-F5

✕✕ **De Florijn**

Weijland 82 ⊠ *2415 BD – ℰ (0 348) 68 86 13 – www.deflorijn.com – gesloten 31 december-1 januari, maandag en dinsdag*
Menu 37/50 € – Carte 44/56 € – *(alleen diner)*
● Chef Brenda de Graaf verlaat af en toe het vertrouwde klassieke pad om vernieuwing in haar gerechten te steken. Haar man Michiel begeleidt u bij de wijnkeuze. De Florijn, dat zijn interieur in de zomer van 2013 heeft gemoderniseerd, is een garantie voor lekker, eerlijk eten.
● Chef Brenda de Graaf knows a thing or two when it comes to classical cuisine but she's not afraid to create some more original recipes too. Michiel, her husband, will advise you on the right choice of wine for your dish. The decor may have been updated but De Florijn's cooking remains good and honest.

NIEUWERKERK AAN DEN IJSSEL
Zuid-Holland – 40 892 inw. – Atlas: **17**-C2
▶ Amsterdam 53 km – Den Haag 42 km – Gouda 12 km – Rotterdam 17 km
Michelin wegenkaart 532-M11 en 715-E6

🔤 **Nieuwerkerk a/d IJssel**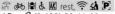

Parallelweg Zuid 185 (nabij A 20, afrit 17) ⊠ *2914 LE – ℰ (0 180) 32 11 03*
– www.hotelnieuwerkerk.nl
139 kam – ♦88/110 € ♦♦88/110 €, � 12 € – 8 suites
Rest – Menu 28 € – Carte 32/60 €
● Dit Van der Valk-hotel herbergt iets minder grote kamers dan gebruikelijk, maar er is wel bijzondere zorg besteed aan de inrichting van de gemeenschappelijke ruimten. Comfortabel restaurant in een grote ronde zaal die uitkijkt op een park.
● Part of the Van der Valk hotel chain, but with bedrooms which are a touch smaller than usual; however, particular care has been taken with the layout of communal areas. A comfortable restaurant in a large circular building overlooking the public gardens.

NIJENSLEEK
Drenthe – Westerveld 19 091 inw. – Atlas: **1**-A2
▶ Amsterdam 163 km – Assen 67 km – Leeuwarden 60 km – Zwolle 45 km
Michelin wegenkaart 531-W5

↟ **De Nijenshof** zonder rest

Dwarsweg 15 ⊠ *8383 EP – ℰ (0 521) 38 00 22 – www.denijenshof.nl – gesloten februari*
4 kam ⊆ – ♦115 € ♦♦125 €
● Een droom van een B&B! Prachtig pand, rustig gelegen in een landelijk gebied en een ontvangst door heel aardige mensen die alles piekfijn verzorgen. Alle kamers zijn suites genoemd naar sterrenbeelden.
● A gem of a B&B! A beautiful building quietly set in a rural area. You'll be received by very friendly people who take care of everything marvelously. All the rooms are suites named after star signs.

Gelderland – 40 638 inw. – Atlas: **5**-B2
▶ Amsterdam 60 km – Arnhem 52 km – Apeldoorn 53 km – Utrecht 39 km
Michelin wegenkaart 532-R9 en 715-H5

Ampt van Nijkerk

🛜 🖂 ⟡ ⟡ 🗏 ⟡ kam, 🛜 ⟡ **P**

Berencamperweg 4 ⊠ 3861 MC – ℰ (0 33) 247 16 16
– www.goldentulipamptvannijkerk.nl
107 kam 🍵 – 🝐69/119 € 🝐🝐69/119 € **Rest** – Menu 30 € – Carte 34/44 €
● Comfortabel hotel, tussen snelweg en industriegebied. Kamers en junior suites. Goede faciliteiten voor vergaderingen en banqueting. Patio met terras en waterpartij. Eigentijdse brasserie.
● Comfortable hotel between the motorway and an industrial area. Bedrooms, junior suites and facilities for conferences and banqueting. Courtyard terrace with a water feature. Brasserie in a modern setting.

De Roode Schuur

⟡ 🗏 🄰🄺 kam, ⟡ kam, 🛜 **P**

Oude Barneveldseweg 98 ⊠ 3862 PS – ℰ (0 33) 246 16 02
– www.deroodeschuur.nl
38 kam – 🝐79/123 € 🝐🝐79/123 €, 🍵 15 €
Rest – Menu 33/39 € – Carte 35/51 €
● Imposante, moderne nieuwbouw in de vorm van een schuur. Onder het rieten dak schuilen 38 kamers: ruim, luxueus en onderverdeeld in vier verschillende interieurs. Streek- en seizoengebonden gerechten in het restaurant.
● An imposing modern new development in the form of a barn. Beneath the thatched roof are 38 rooms that are spacious, luxurious and divided into four internal sections. The restaurant serves regional and seasonal dishes.

XXX De Salentein

⟡ 🛜 ⟡ ⟡ **P**

Putterstraatweg 7 (Noord-Oost : 1,5 km) ⊠ 3862 RA – ℰ (0 33) 245 41 14
– www.landgoeddesalentein.nl – gesloten 31 december-1 januari, 27 april,
zaterdagmiddag en zondag
Lunch 33 € – Menu 48/55 € – Carte 47/74 €
Rest *Portillo* – zie restaurantselectie
● Dit stijlvolle, 18de-eeuwse complex herbergt een trendy lounge, een feestruimte en een designrestaurant: De Salentein. De keuken hier is actueel en heeft finesse, de wijn uit de eigen Argentijnse bodega's is een pluspunt.
● This stylish 18C complex houses a trendy lounge, a function room and a designer restaurant: De Salentein. The cuisine served is contemporary and refined – wine from the restaurant's own Argentinean bodega is an added bonus.

X Portillo – Rest De Salentein

🛜 ⟡ ⟡ **P**

Putterstraatweg 7 (Noord-Oost : 1,5 km) ⊠ 3862 RA – ℰ (0 33) 245 41 14
– www.desalentein.nl – gesloten 31 december-1 januari en 27 april
Menu 35 € – Carte 24/52 € – *(alleen diner van 15 oktober tot 15 april)*
● Al het lekkers dat Argentinië te bieden heeft, vindt u in deze bistro op uw bord. Uitschieters zijn het Black Angus rundvlees en de wijn uit de eigen Argentijnse bodega's. Eenvoudige gerechten zonder franjes, voordelige menuformule.
● Lovers of Argentinean food should make a beeline for this bistro, in which the signature dish is Black Angus beef, accompanied by wine from the Argentinean cellar. Simple, unpretentious and attractively priced cuisine.

NIJMEGEN

Gelderland – 168 292 inw. – Atlas: **5-B3**
▶ Amsterdam 119 km – Arnhem 19 km – Duisburg 114 km
Michelin wegenkaart 532-T11 en 715-I6

© E. Pollaert/age fotostock

 Hotels

Scandic Sanadome
🎿 🖼 ⊕ 🎿 ⅃⚡ 🚲 🔔 & ₭ kam, ⚘ 🛜 🕭 **P**

Weg door Jonkerbos 90 ✉ *6532 SZ – 𝒞 (0 24) 359 72 80*
– www.sanadome.nl
106 kam ⚏ – ♦110/220 € ♦♦160/270 €
Rest – Menu 40/60 € – Carte 44/66 €
• Dit moderne hotel is net een vakantieoord. Het biedt uitstekend onderdak en een rijke keuze aan thermen en schoonheidsbehandelingen. Restaurant met moderne eetzaal; allerhande culinaire invloeden. Internationaal buffet op vrijdag-en zaterdagavond.
• This modern building could pass as a nice holiday resort providing quality accommodation and a good range of spa treatments and beauty care. A contemporary dining area and cuisine with various influences. Globe-trotter buffet on Fridays and Saturdays.

Manna
₭ ⚘ 🛜

Oranjesingel 2c ✉ *6511 NS – 𝒞 (0 24) 365 09 90*   Plattegrond: A2**x**
– www.manna-nijmegen.nl – gesloten 31 december-3 januari
10 kam ⚏ – ♦160/260 € ♦♦160/260 €
Rest *Manna* – zie restaurantselectie
• Dit zijn de beste kamers van de stad! De bedden zijn fantastisch en zorgen voor een geweldig slaapcomfort. Het onthaal is hartelijk en al de kamers zijn ingericht in design stijl. Tijdens de zomer is het heerlijk ontbijten op de binnenplaats.
• The best rooms in town! The beds are fantastic and a good night's sleep is assured. The welcome is warm and all the rooms have a certain style. Breakfast in the courtyard on summer mornings is great.

Courage zonder rest
🚲 🔔 ₭ 🛜 🕭

Waalkade 108 ✉ *6511 XR – 𝒞 (0 24) 360 49 70*   Plattegrond: B1**b**
– www.hotelcourage.nl
27 kam ⚏ – ♦80/100 € ♦♦104/125 €
• Klein hotel met retrolook, waarvan de kamers aan de voorzijde uitkijken op de Waal. Romeins decor in de nieuwe kamers. Rechtstreeks en gratis toegang tot het fietsmuseum.
• Small, somewhat vintage looking hotel whose front rooms overlook the peaceful River Waal. Roman-inspired décor in the new rooms. Free, direct access to the cycling museum.

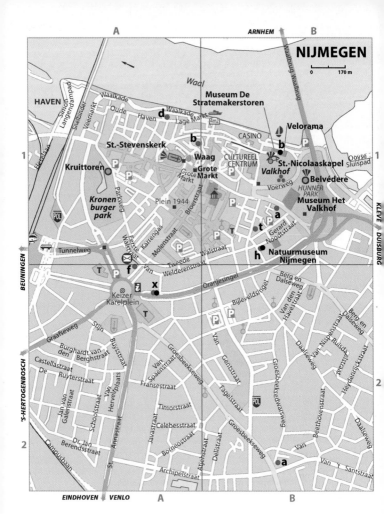

NIJMEGEN

 Hertogplein zonder rest

Gerard Noodstraat 143 ✉ *6511 ST –* ☎ *0 6 207 202*
88 – www.hotelhertogplein.nl

Plattegrond: B1**h**

5 kam ⌂ – ♥99 € ♥♥119/129 €

● Familiaal hotelletje in een stijlvol pand (begin 1900) waar de kamers modern zijn ingekleed met design meubilair en zachte kleuren. Charme en comfort in het hart van de stad.

● This small, family-run hotel is in a stylish building dating from the early 1900s. The guestrooms are embellished with designer furniture and pastel colours. Charm and comfort in the very centre of town.

 Rode symbolen wijzen op de bijzondere charme van de zaak 🏠 ✕✕✕.

Restaurants

XX **Manna** – Hotel Manna   🏠 ⛄ ✧
Oranjesingel 2c ✉ 6511 NS – ✆ (0 24) 365 09 90   Plattegrond: A2**x**
– www.manna-nijmegen.nl – gesloten 31 december-3 januari
Lunch 19 € – Menu 32/55 € – Carte 25/51 €
● Fashion restaurant in een mooi oud pand. Kosmopolitische, moderne keuken,
waar visgerechten de hoofdtoon voeren. Interessant geprijsd 4-gangenmenu.
● A fashionable restaurant in a beautiful old building. Cosmopolitan, modern
kitchen with a focus on fish dishes. Attractively priced four-course menu.

XX **De Schat**   🔤 ✧
Lage Markt 79 ✉ 6511 VK – ✆ (0 24) 322 40 60   Plattegrond: A1**d**
– www.deschat.nl – gesloten woensdag en donderdag
Menu 39/95 € 🍷 – Carte 38/68 € – *(alleen diner tot 23.00 u.)*
● Na enkele jaren van verplaatsing is deze zaak teruggekeerd naar z'n ver-
trouwde stek (die intussen dienst deed als huiskamer voor de chef!). Eigentijdse
keuken, verfijnde kookstijl.
● After moving around for a number of years, this restaurant is back at its old fa-
miliar location (the chef had been using it as a living room in the meantime).
Contemporary, elegant cuisine.

XX **Beau**   ← 🛏 🏠 ✧ 🅿
Driehuizerweg 285 ✉ 6525 PL – ✆ (0 24) 355 39 49 – www.restaurant-beau.nl
– gesloten 31 december-1 januari
Lunch 25 € – Menu 38 € – Carte 46/78 €
● Statig landhuis op een 17de eeuws landgoed dat klassieke stijl uitstraalt. De
keuken is ambitieus, klassiek met mediterrane en Aziatische invloeden. Zeer mooi.
● A house exuding traditional style on a 17C country estate. The cuisine is ambi-
tious yet traditional, showing influences from the Mediterranean and Asia.

XX **Vesters**   🏠 🔤 ⛄ ✧
Groesbeeksedwarsweg 307 ✉ 6521 DK – ✆ (0 24)   Plattegrond: B2**a**
*329 69 68 – www.restaurantvesters.nl – gesloten 30 december-3 januari, 15 tot
26 juli, dinsdagmiddag en maandag*
Menu 47/74 € – *(een enkel menu)*
● Vesters staat garant voor een geur- en smaakvol menu bereid met precisie en
raffinement, steeds op basis van kraakverse seizoenproducten. U kiest zelf hoeveel
gangen uit het vaste menu u wil, van 3 tot 7, naargelang van uw culinaire gemoed.
● Vesters guarantee a menu rich in taste and aroma. It is prepared with precision
and refinement and is always based on the very freshest of seasonal products. Diners can choose three to seven courses from a fixed menu, depending on their
culinary mood.

X **Het Savarijn**   🎶 🏠 🔤 ⛄
Van der Brugghenstraat 14 ✉ 6511 SL – ✆ (0 24)   Plattegrond: B1**h**
*323 26 15 – www.savarijn.nl – gesloten 24, 25, 26 en 31 december-1 januari, 14
tot 22 februari, Pasen, 26 april, 14 mei, Pinksteren, 18 juli-9 augustus,
zaterdagmiddag en zondag*
Menu 35/50 € – Carte 41/56 €
● Al 25 jaar goed aangeschreven, dan hoef je je niet te schamen voor een naam
die verwijst naar een icoon uit de Franse gastronomie! Heerlijke seizoenmenu's,
Duitse wijnen met goed advies. Lunchmenu.
● This restaurant, renowned for 25 years, fully lives up to its namesake, an icon of
French gastronomy. Delicious seasonal menus and excellent German wine list, well
recommended by the owner. High ceilings, modern artwork and lovely terrace.

Zin om te vertrekken op de laatste minuut?
Bezoek de hotels op het internet om van promotieprijzen te genieten.

✗ Claudius

Bisschop Hamerstraat 12 ✉ 6511 NB – ✆ (0 24)   Plattegrond: A2**f**
322 14 56 – www.restaurantclaudius.nl – gesloten 24, 25 en 31 december-eerste week januari, dinsdag van 29 maart tot 26 oktober en maandag
Menu 33/55 € – Carte 42/67 € – *(alleen diner)*

● Never change a winning team: al meer dan 40 jaar roostert men hier voor u kwaliteitsvlees op de grill in het restaurant. De bijhorende salade mag u zelf samenstellen. Specialiteit: Wagyu rundvlees.

● Never change a winning team: grilled meat of the highest quality has been served in this restaurant for over 40 years. Guests choose their own salad from the salad bar. Specialities include Wagyu beef.

✗ Plaats 1

Franseplaats 1 ✉ 6511 VS – ✆ (0 24) 365 67 08   Plattegrond: A1**b**
– www.plaats1.com – gesloten 31 december-1 januari en maandag
Lunch 26 € – Menu 33/40 € – Carte ong. 42 € – *(alleen diner op weekdagen in de winter) (eenvoudige lunchkaart)*

● Proeven staat hier op de eerste plaats want de doordachte keuken wordt in tussengerechtporties geserveerd. Met de kaart in de hand kunt u als culinair verkenner een parcours uitstippelen langs eigentijdse gerechtjes.

● This restaurant specialises in carefully prepared cuisine served in small, appetiser-style portions. Guests choose from a menu and set out on a culinary journey, moving from one mini-portion to the next, each with a contemporary flavour that delights the palate.

✗ De Nieuwe Winkel

Hertogstraat 71 ✉ 6511 RW – ✆ (0 24) 322 50 93   Plattegrond: B1**t**
– www.denieuwewinkel.com – gesloten 1 tot 13 januari, 19 juli-7 augustus, zondag en maandag
Menu 47/57 € – *(alleen diner) (een enkel menu)*

● U voelt zich hier als een kind in een snoepwinkel. Het interieur is hip en kleurrijk, net als de gerechten: de chef laat zijn creativiteit de vrije loop. Ook vegetariërs vinden hier lekkernijen op maat.

● You will feel like a child in a sweet shop in this restaurant with a hip and colourful decor – a theme continued in the cuisine. The chef gives his creativity free rein, and includes delicious options for vegetarians.

✗ Bistro Flores

Kelfkensbos 43 ✉ 6511 TB – ✆ (0 24) 322 10 37   Plattegrond: B1**a**
– www.bistroflores.nl – geloten eind december-1 januari, 18 juli-1 augustus, zondag en maandag
Carte 29/51 € – *(alleen diner) (reserveren niet mogelijk)*

● Blote bakstenen muren, een oude betegelde vloer: deze hippe zaak heeft een nogal ruwe aanschijn, maar het bord brengt de nodige zachtheid. De kaart verandert om de maand, de gerechten zijn klassiek en eerlijk.

● With its bare brick walls and old tiled floor, the first impression of this trendy restaurant is a little industrial, more than made up for, however, by the food on your plate. The menu, which changes monthly, is both traditional and authentic.

✗ Grut

Berg en Dalseweg 236 ✉ 6522 CE – ✆ (0 24) 360 09 24
– www.grut-etenendrinken.nl – gesloten 22 december-2 januari, 14 juli-6 augustus, maandag en dinsdag
Carte 34/42 € – *(alleen diner) (reserveren niet mogelijk)*

● Kokkin Lony Huige roert hier al meer dan 20 jaar in de potten en is samen met haar restaurant geëvolueerd. Elke dag verandert ze de kaart, met gerechten die door verschillende invloeden worden gekleurd. De zaal heeft de looks van een uitnodigend eetcafé.

● Female chef Lony Huige has been in charge of the kitchen here for over 20 years and her skills have kept pace with her inviting restaurant. The menu changes on a daily basis with dishes showing several sources of inspiration.

in Berg en Dal Groesbeek

Val Monte   🐾 🕭 📺 ♿ 🛗 🔥 kam, 🍴 🛜 🏋 🅿

Oude Holleweg 5 (Beek-Ubbergen) ✉ *6572 AA –* ☏ *(0 24) 684 20 00*
– www.goldentulipvalmonte.nl
124 kam ☑ – †61/101 € ††81/121 € – ½ P
Rest – Menu 26 € – Carte 22/30 €
● Op een beboste heuvel boven een residentiële wijk, staat dit hotel-seminarie-
centrum met een tuin waar men even op adem kan komen. Verscheidene soorten kamers. Het restaurant serveert gerechten uit de internationale keuken in
een eigentijds decor.
● On a wooded hill overlooking a residential area is a hotel and conference centre surrounded by a garden in which you can unwind. There are several categories of bedroom. Restaurant serving international cuisine in a modern setting.

In Geuren en Kleuren 🍴 ⇄

Oude Kleefsebaan 102 (Oost : 4 km richting Beek) ✉ *6571 BJ –* ☏ *(0 24)*
322 55 55 – www.ingeurenenkleuren.nl – gesloten 9 tot 17 februari, 20 tot 28 juli,
zaterdagmiddag, zondagmiddag, maandag en dinsdag
Menu 35/60 € – Carte 46/56 €
● Gerenoveerd pand (1914) met een koloniaal karakter, gehuld in een bruine
sfeer. De keuken is traditioneel Frans, met een fijne verhouding prijs-plezier. De
veranda is authentiek, het terras mooi en modern.
● A refurbished building from 1914 with a colonial character and a distinctly convivial atmosphere. The cuisine is traditional French and attractively priced. The
restaurant boasts a unique conservatory and a modern terrace.

PUUR M 🍴 🍴

Zevenheuvelenweg 87 (Oost : 4 km richting Beek) ✉ *6571 CJ –* ☏ *(0 24)*
684 14 52 – www.puur-restaurant.nl – gesloten 27 december-2 januari en
dinsdag
Menu 31/46 € – Carte 33/42 € – *(alleen diner behalve zondag)*
● Er zit leven in deze zaak: de inrichting is trendy, de tafels staan dicht bij elkaar
en de keuken is half open. De chef werkt graag met regionale- en bioproducten,
en de wijnkaart heeft een aanzienlijk bio-aanbod. Puur en eerlijk.
● This business bustles with life: the decor is trendy, the tables are placed close
together and the kitchen is partly open plan. The chef favours regional and organic produce, accompanied by a wine list that contains a good number of organic wines. Pure and authentic cuisine.

in Groesbeek Zuid-Oost : 9 km

De Wolfsberg   🐾 🖕 🕭 🌳 🚲 🍴 🛜 🏋 🅿

Mooksebaan 12 ✉ *6562 KB –* ☏ *(0 24) 397 13 27 – www.dewolfsberg.nl*
– gesloten 31 december-1 januari
17 kam ☑ – †90 € ††100/123 €
Rest – Lunch 25 € – Menu 34/50 € – Carte 32/44 €
● Een stijlvol pand uit 1860. Het terras in het park kijkt uit over het dal. Vernieuwd interieur, comfortabele kamers, bibliotheek die ook voor het ontbijt
wordt gebruikt. Het restaurant serveert eigentijdse gerechten in een aangename
neoretro sfeer.
● Characterful house dating from 1860 with park and soothing views over the
valley from the terrace. New contemporary setting, comfortable rooms, breakfast
served in the library. Restaurant providing modern cuisine in a neo-retro updated décor.

NISTELRODE – Noord-Brabant ➜ Zie Oss

NOORBEEK

Limburg – Eijsden-Margraten 25 049 inw. – Atlas: **8-A3**
▶ Amsterdam 225 km – Eijsden 10 km – Maastricht 17 km – Valkenburg 14 km
Michelin wegenkaart 532-T18 en 715-I9

Herberg Sint Brigida

Dorpstraat 36 ✉ *6255 AN –* 𝒞 *(0 43) 457 13 47 – www.herbergsintbrigida.nl*
– gesloten carnaval en laatste week juni
7 kam ☑ – †53/64 € ††75/99 €
Rest – Menu 30 € – Carte 35/56 € – *(gesloten woensdag en na 20.00 u)*
• U bent in een pittoresk dorpje, stapt een typische auberge binnen en wordt verwelkomd met echte Limburgse gastvrijheid. Heerlijk! De kamers zijn een combinatie van moderne en retro-elementen, een televisie valt er niet te bespeuren.
• Step inside this typical inn in the picturesque village of Noorberg and you will be welcomed with genuine Limburg hospitality. The food served is delicious, while the rooms are decorated with contemporary and retro elements – with no trace of a television!

NOORDBROEK

Groningen – Menterwolde 12 370 inw. – Atlas: **7-B2**
▶ Amsterdam 213 km – Groningen 30 km – Assen 57 km – Leeuwarden 92 km
Michelin wegenkaart 531-AA3 en 715-L2

↑ **Het Wapen van Noordbroek** zonder rest

Hoofdstraat 2 ✉ *9635 AV –* 𝒞 *(0 598) 45 09 64 – www.wapenvannoordbroek.nl*
5 kam ☑ – †65/80 € ††85/100 €
• B&B-uitbaatster, hoedenmaakster én kunstenares: de eigenares is even gastvrij als creatief! Het B&B doet ook dienst als galerij en zelfs het brood bij het ontbijt is een eigen creatie!
• The manageress of this B&B is a milliner and an artist and she is as welcoming as she is artistic. The B&B is also an art gallery.

NOORDELOOS

Zuid-Holland – Giessenlanden 14 466 inw. – Atlas: **17-D2**
▶ Amsterdam 61 km – Den Haag 70 km – Breda 45 km – Rotterdam 43 km
Michelin wegenkaart 532-O11 en 715-F6

XXX **De Gieser Wildeman** (René Tichelaar)
ⁱ

Botersloot 1 ✉ *4225 PR –* 𝒞 *(0 183) 58 25 01 – www.degieserwildeman.nl*
– gesloten 26 juli-16 augustus, zaterdagmiddag, zondag en maandag
Menu 53/85 € – Carte 78/107 €
Rest *Bistro* – zie restaurantselectie
• Beeld het u in: een voormalige boerderij met rieten dak, een serre die uitkijkt op de licht glooiende tuin bij het water: een heerlijke setting voor een culinaire escapade. De gerechten worden vergezeld van een mooie selectie wereldwijnen.
• This old farmhouse has a thatched roof and a conservatory looking out onto a waterside garden. It provides a wonderful setting for a culinary adventure. The dishes are expertly prepared and accompanied by an excellent selection of wines from around the world.
→ Zeetong met gerookte zalm en eiersaus met dragon en kaviaar. Tamme eend met venkel, rabarber en kumquats. Roomrijst met abrikozen, rabarber en rood fruit.

X **Bistro** – Rest De Gieser Wildeman

Botersloot 1 ✉ *4225 PR –* 𝒞 *(0 183) 58 25 01 – www.degieserwildeman.nl*
– gesloten 26 juli-16 augustus, zondag en maandag
Menu 30 € – *(alleen diner)*
• In de bistro van De Gieser Wildeman nodigt een schoolbord u uit om voor een zachte prijs uw driegangenmenu samen te stellen. Een handige optie voor wie op zoek is naar een snelle, smakelijke hap.
• De Gieser Wildeman's bistro is a good choice for those looking for a quick but delicious meal. Guests can compose their own three-course meal from the blackboard menu. Reasonably priced.

NOORDEN

Zuid-Holland – Nieuwkoop 27 082 inw. – Atlas: **17-C1**
▶ Amsterdam 42 km – Den Haag 48 km – Rotterdam 47 km – Utrecht 50 km
Michelin wegenkaart 532-N10 en 715-F5

XXX **De Watergeus** met kam   ⟨symbols⟩ rest, ⟨symbols⟩

Simon van Capelweg 10 ✉ 2431 AG – 𝒞 (0 172) 40 83 98
– www.dewatergeus.nl – gesloten 23 december-4 januari, zondagavond en
maandag
11 kam – ♦55/85 € ♦♦80/110 €, ⟨symbol⟩ 11 € – 1 suite – ½ P
Menu 35/59 € – Carte 40/56 €

● Restaurant op een mooie locatie aan het water. Eetzaal en terras met uitzicht op de Nieuwkoopse Plassen, goed keuzemenu op basis van lokale producten. Selectie Franse kazen. Rustig gelegen kamers, tuin, fietsen beschikbaar, boottochtjes op de plassen, picknickmanden.

● Family-run restaurant in an attractive site with lakes visible from the dining room and terrace. Delicious menu focusing on the local produce, with a selection of French cheeses. Quiet rooms, a peaceful garden, bicycles, boat rides on the lake and picnic boxes.

NOORDWIJK AAN ZEE

Zuid-Holland – Noordwijk 25 671 inw. – Atlas: **16**-B1

▶ Amsterdam 42 km – Den Haag 26 km – Haarlem 28 km

Michelin wegenkaart 532-L9 en 715-E5

© T. Koene/age fotostock

 Hotels

🏠🏠🏠🏠🏠 **Grand Hotel Huis ter Duin** ⬧ ⬧ 📶 🌐 🛗 ⬧ ♨ 🏊 ⬧ 🅐
Koningin Astrid bd 5 ✉ *2202 BK* – ☎ *(0 71)* ⬧ rest, 📶 🏋 🅿 🚗
361 92 20 – www.huisterduin.com Plattegrond: A1-2**a**
250 kam ⬧ – 👤145/295 € 👤👤165/315 € – 4 suites
Rest *Latour* ✿ – zie restaurantselectie
Rest *La Terrasse* – ☎ (0 71) 365 12 30 – Menu 35 € – Carte 32/52 €
Rest *Breakers Beach House* – ☎ (0 71) 365 14 81 – Lunch 21 € – Menu 43 €
– Carte 39/66 €
● Wat een paleis! Al sinds 1887 logeert men hier in luxe: heerlijk zicht op zee,
piekfijne kamers en uitgebreide congres- en verwenfaciliteiten. In het strandpaviljoen, waar ook ligstoelen te huur zijn, eet u met uw voeten in het zand. Liever
een stevige ondergrond? Kies dan voor La Terrasse, met zicht op duinen en zee.
● An extraordinary palace, where guests have been revelling in luxury since 1887.
Superb sea views, well-maintained rooms and extensive conference and spa facilities. In the beach pavilion, where reclining chairs are available for rent, you can
even eat with your toes in the sand. If you prefer more solid ground, the La Terrasse offers dining with views over the dunes and the sea.

🏠🏠🏠🏠 **Hotels van Oranje** ⬧ 📶 🌐 🛗 ⬧ 🏊 ⬧ 🏋 🅰 kam, 📶 🏋 🅿 🚗
Koningin Wilhelmina bd 20 ✉ *2202 GV* – ☎ *(0 71)* Plattegrond: A1**d**
367 68 69 – www.hotelsvanoranje.nl – gesloten 28 december-9 januari
288 kam – 👤109/380 € 👤👤109/380 €, ⬧ 28 € – 2 suites – ½ P
Rest *Dutch!* – ☎ (0 71) 367 68 54 – Menu 45/65 € – Carte 42/77 € – *(gesloten
maandag en dinsdag) (alleen diner)*
Rest *Beachclub O.* – ☎ (0 71) 367 68 94 – Carte 46/70 €
● Prominente luxehotels die uitpakken met een gevarieerd en uitgebreid aanbod
aan ontspanningsmogelijkheden, eet- en drankgelegenheden (nieuwste aanwinst:
Imperial Bar) en vergaderfaciliteiten. Wilt u toch even weg? Geen probleem, want
het zandstrand en de oude dorpskern liggen vlakbij. Elk gast voelt zich hier
koning van Oranje.
● Two luxury hotels (Beach Hotel and Hotel Oranje) that boast a varied and extensive range of leisure options, restaurants, bars (new: Imperial Bar) and meeting
facilities close to the sandy beach and old village centre. Wherever you are staying, you will be made to feel truly welcome.

 Rode symbolen wijzen op de bijzondere charme van de zaak 🏠🏠 ⁂⁂.

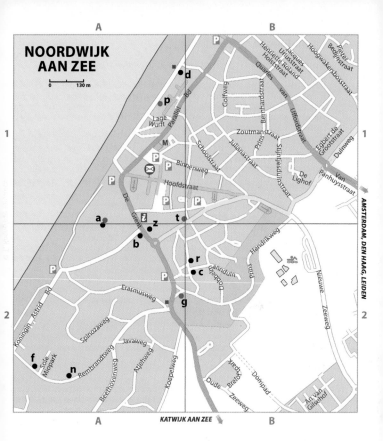

NOORDWIJK AAN ZEE

0 130 m

AMSTERDAM, DEN HAAG, LEIDEN

KATWIJK AAN ZEE

⌂⌂⌂⌂ **Palace**   ⛲ 🖼 🌐 🛖 🐎 🛎 ♿ kam, 🆊 🍴 rest, 🛜 🛁 🚗

Picképlein 8 ✉ *2202 CL –* 📞 *(0 71) 365 30 00*   Plattegrond: A2**z**
– www.radissonblu.nl/palacehotel-noordwijk
120 kam ⌸ – 🛉189/309 € – 🛉🛉189/309 € – ½ P
Rest – Lunch 28 € – Menu 35 € – Carte 30/48 €
● De architectuur van dit moderne hotel is geïnspireerd op de art deco en herinnert zowel binnen als buiten aan de luxehotels van de belle époque. Veel congressen en bijeenkomsten. Prachtig beauty center, zwembad en sauna.
● This contemporary hotel features art deco style indoors and out, recalling the Belle Époque palaces. Several conference facilities. Superb wellness facilities.

⌂⌂⌂ **Alexander**   🛖 🐎 🛎 🆊 rest, 🍴 🛜 🛁 🅿 🚗

Oude Zeeweg 63 ✉ *2202 CJ –* 📞 *(0 71) 361 89 00*   Plattegrond: A2**b**
– www.alexanderhotel.nl
60 kam ⌸ – 🛉100/160 € – 🛉🛉115/175 € – 1 suite – ½ P
Rest – Lunch 30 € – Menu 34/75 € – Carte 41/58 €
● Hotel in het centrum van deze badplaats. Verzorgde, grote kamers met terrasbalkon en luxesanitair. Strandpaviljoen op 200 m.
● Located at the resort entrance. Classic stylish rooms with terrace- balconies and deluxe bathrooms. Beach house 200m away.

Hogerhuys
Emmaweg 25 ✉ *2202 CP* – ✆ *(0 71) 361 73 00*　　　Plattegrond: B2**c**
– www.hogerhuys.nl – gesloten kerst en 31 december-1 januari
32 kam ⌃ – ♦85/115 € ♦♦115/135 €
Rest – Menu 30/33 € – Carte 34/45 € – *(gesloten zondag en maandag) (alleen diner)*
● Een goed en rustig gelegen adres. Energiek familiebedrijf, witte designkamers met balkon en warme, klassieke openbare ruimten. Gratis toegang tot Azzurro wellness. Royaal en gevarieerd ontbijtbuffet. A la carte diner in een mooie, eigentijdse eetzaal met serre of op het beschutte terras.
● Dynamic family-run hotel far from the agitation of the town centre. White designer rooms with balconies, welcoming classic public areas, free access to Azzurro wellness. Copious buffet breakfast. À la carte dinner served in a pretty contemporary room with a conservatory or on a terrace shielded from the wind.

Zonne
Rembrandtweg 17 ✉ *2202 AT* – ✆ *(0 71) 361 96 00*　　　Plattegrond: A2**n**
– www.hotelzonne.nl – gesloten 20 december-5 januari
27 kam ⌃ – ♦65/90 € ♦♦85/110 € – ½ P
Rest – Lunch 20 € – Menu 25/50 € – Carte 28/44 € – *(gesloten na 20.00 u.)*
● Een grote villa buiten het centrum met kleine, praktische kamers, de meeste met balkon. Aan de achterkant mooi zonneterras, tuin en tennisbanen. Restaurant met een modern interieur, waar het licht door grote ramen binnenvalt. Traditionele kaart en menu's.
● Practical little rooms, some with balconies, in a large villa on the outskirts of town. Pretty solarium-terrace, garden and tennis courts in back. Restaurant with a contemporary décor and daylight streaming through large bay windows. Traditional dishes and set menus.

Astoria
Emmaweg 13 ✉ *2202 CP* – ✆ *(0 71) 361 00 14*　　　Plattegrond: B2**r**
– www.hotelastoria.nl – gesloten laatste week december-eerste week januari
35 kam ⌃ – ♦75/93 € ♦♦95/120 € – ½ P
Rest – *(alleen diner voor hotelgasten)*
● Gemoedelijk hotel, net buiten het centrum in een rustige straat. Prettig ingerichte kamers, van alle gemakken voorzien. Gratis toegang tot Azzurro wellness.
● A family-run building on a quiet street at some distance from the centre. Renovated rooms at reasonable prices. Free access to Azzurro wellness.

Lekker
Rembrandtweg 7 ✉ *2202 AR* – ✆ *(0 71) 361 27 81*　　　Plattegrond: A2**f**
– www.lekkernoordwijk.nl – gesloten 25, 26 en 31 december-1 januari
16 kam ⌃ – ♦75 € ♦♦85/130 € – ½ P
Rest – Menu 25/45 € – Carte 27/50 € – *(alleen diner)*
● Dit gemoderniseerde hotel-restaurant in een villawijk en dicht bij het strand beschikt over rustige, functionele kamers. Trendy brasserie in zwart en roze. Eigentijdse kookstijl met Azië als inspiratiebron. Terras voor.
● Modernised inn in a residential area near the beach, with quiet and functional rooms. Trendy pink and black brasserie offering up-to-date Asian-inspired dishes. Front terrace.

 Restaurants

𝕏𝕏𝕏𝕏 Latour – Hotel Grand Hotel Huis ter Duin
Koningin Astrid bd 5 (1e etage) ✉ *2202 BK*　　　Plattegrond: A1-2**a**
– ✆ (0 71) 365 12 39 – www.restaurantlatour.nl – gesloten 1 tot 8 januari, zondag en maandag
Menu 55/90 € – Carte 85/97 € – *(alleen diner)*
● Chic decor met schilderijen van een wijnminnende clown. Sommige tafels kijken uit op zee. Moderne, evenwichtige kaart met een uitheems accent. Stijlvolle bediening. Pianist.
● Chic décor brightened up with paintings of a wine-loving clown, sea view from several tables. Up-to-date à la carte menu with an Asian touch, well-matched flavours, stylish service and a piano player.
➜ Gemarineerde coquilles met yuzu, pomelo en dragon. Lauwwarme kreeft met geglaceerde kalfszwezerik, amaretto en amandel. Kokos met kerrie en mango verfrist met limoen.

XX **Villa de Duinen** met kam 🕭 🛏 🕏 🕏 ⟳ **P**

Oude Zeeweg 74 ✉ *2202 CE – 𝒞 (0 71) 364 89 32*   Plattegrond: A2**g**
– www.villadeduinen.nl – gesloten 27 december-4 januari
11 kam – 🛏149/209 € 🛏🛏149/209 €, ⌷ 21 € – ½ P
Lunch 30 € – Menu 48/67 € – Carte 47/60 €
● Deze Engels-Normandische villa (1902) heeft een totale make-over ondergaan!
De sfeervolle ambiance blijft echter bewaard in een elegant interieur waar u
geniet van een natuurlijke, seizoensgebonden keuken. Stijlvolle hotelkamers voor
een aangenaam verblijf op een steenworp van de zee.
● This lovely Anglo-Norman villa (1902) has received a total make-over! The warm
atmosphere remains in an elegant interior where you can enjoy a natural and
seasonal cuisine. Stylish rooms for a pleasant stay near the seashore.

XX **Bij Raggers** 🕭 🆎

Koningin Wilhelmina bd 16a ✉ *2202 GT – 𝒞 (0 71)*
361 48 75 – www.bijraggers.nl – gesloten maandag en dinsdag   Plattegrond: A1**p**
Menu 30/38 € – Carte 44/74 € – *(alleen diner behalve zondag)*
● Een aanlokkelijk terras aan de boulevard leidt naar een eetzaal met modern
decor. Hedendaagse culinaire gerechtjes met een snufje klassiek, bereid in het
zicht van de gasten.
● This restaurant with an up-to-date décor has an attractive front terrace on a seaside boulevard. The chef cooks up classic contemporary cuisine in an open kitchen.

X **Paul's Recept** 🕭 🆎 🕏

Huis ter Duinstraat 27 ✉ *2202 CS – 𝒞 (0 71)*
361 55 98 – www.paulsrecept.nl – gesloten zondag   Plattegrond: A1**t**
Menu 39/53 € – Carte 37/70 € – *(alleen diner)*
● De meeste gerechten staan als voor- én als hoofdgerecht op de kaart. De keuken is hedendaags met een voorliefde voor vis. Decor van witte muren, parket
en houten tafels met een wisselende expositie van schilderijen. Wijnen per glas.
● Most of the dishes served in this restaurant can be chosen as a starter or as a
main course. The cooking is modern with an emphasis on fish dishes. The decor
features white walls, parquet floors and wooden tables with a changing exhibition of paintings. Wines available by the glass.

in Noordwijk-Binnen

XX **Onder de Linde** 🕭

Voorstraat 133 ✉ *2201 HS – 𝒞 (0 71) 362 31 97 – www.onderdelinde.com*
– gesloten 25 en 29 december-6 januari, 27 april, 3 tot 18 augustus en maandag
Menu 35/48 € – Carte 42/63 € – *(alleen diner)*
● Gezellig ogend pand in een straat met lindebomen. Lichte, intieme eetzaal met
houtskooltekeningen van het plaatsje uit het begin van de 20ste eeuw. Kleine
patio. Goed driegangenmenu.
● Charming restaurant on a road lined with lime trees. Bright but intimate dining
area with charcoal sketches of the area in the early 20C. Fireplace and pleasant
patio. Nice menu. Three sittings.

NORG
Drenthe – Noordenveld 31 024 inw. – Atlas: **1**-A2
▶ Amsterdam 176 km – Assen 15 km – Emmen 56 km – Groningen 21 km
Michelin wegenkaart 531-X4 en 715-K2

in Westervelde Zuid : 1 km

XX **De Jufferen Lunsingh** met kam 🕭 ⛓ 🕭 🕏 ⟳ **P**

Hoofdweg 13 ✉ *9337 PA – 𝒞 (0 592) 61 26 18 – www.dejufferenlunsingh.nl*
– gesloten 31 december-2 januari
13 kam ⌷ – 🛏80/95 € 🛏🛏110/150 €
Lunch 24 € – Menu 40/60 € – Carte 41/51 €
● Deze 18de-eeuwse boerderij in een pittoresk dorp ademt een nostalgische
sfeer. Streekproducten, waaronder vlees van lokaal gefokte schapen. Terras in
het groen. Eenvoudig comfort maar veel karakter in de ruime kamers.
● This 18C farm in a picturesque village has a nostalgic atmosphere. It offers simple comfort in spacious dining rooms with plenty of character. Alfresco terrace.
Regional products, including locally sourced lamb.

NUENEN

Noord-Brabant – Nuenen, Gerwen en Nederwetten 22 645 inw. – Atlas: **10**-C2

 Amsterdam 125 km – 's-Hertogenbosch 39 km – Eindhoven 7 km
Michelin wegenkaart 532-S14 en 715-H7

🔐 Auberge Vincent 📶 📧 kam, 🛜 🦽

Park 69 ⊠ 5671 GC – ℰ (0 40) 290 63 90 – www.aubergevincent.com
25 kam – ♦84/115 € ♦♦84/115 €, 🛏 15 €
Rest – Lunch 18 € – Menu 33 € – Carte 30/41 € – *(eenvoudige lunchkaart)*
● Waar Van Gogh ooit woonde, logeert u nu in dit nieuwe hotel tegenover een
parkje. Reproducties van zijn vroege werk herinneren aan het rurale leven in het
19de-eeuwse Brabant.
● You're now staying in a new hotel across from a little park, where Van Gogh
used to live. Reproductions of his early work remind you of the rural life in 19th
century Brabant.

🍴🍴🍴 De Lindehof (Soenil Bahadoer) 🏵 📧 🍽

🕸 🕸 *Beekstraat 1 ⊠ 5671 CS – ℰ (0 40) 283 73 36 – www.restaurant-delindehof.nl*
– gesloten 28 december-2 januari, 15 tot 20 februari, 27 april-1 mei,
20 juli-7 augustus, zaterdagmiddag, dinsdag en woensdag
Lunch 35 € – Menu 76/95 € – Carte 93/133 €
● De Lindehof is fashionable, zo bewijzen de designlampen en de moderne
kunst. Maar het heeft ook pit! De Surinaamse roots van de chef doorspekken
zijn gedurfde, eigenzinnige kookstijl met de nodig kruiding. De smaken zijn raak
en intens, maar altijd in balans. Hier wordt u getrakteerd op een heerlijke exotische ervaring.
● De Lindehof is fashionable, as the designer lighting and modern art prove, but
it also has pep! The Surinamese roots of the chef bring spiciness to his bold creative cooking style – the tastes are intense but always well balanced. You will be
taken on a delicious, exotic journey.
➔ Gebakken rode mul met couscous, remoulade van venkel, sepia en bouillabais-
sesaus. Gebraiseerde lamsnek met een chutney van aubergine en gekaramelliseerde knoflook. Crème brûlee van yuzu met beignets van pure chocolade en
een sorbet van wortel en duindoornbes.

NUNSPEET

Gelderland – 26 680 inw. – Atlas: **5**-B1

 Amsterdam 92 km – Arnhem 62 km – Lelystad 38 km – Utrecht 65 km
Michelin wegenkaart 531-T8 en 532-T8 en 715-I4

🏨🏨 NH Sparrenhorst 🍴📶 📺 🎵 🛠 🚲 🔒 🦽 kam, 📧 🍽 🛜 🦽 🅿

Eperweg 46 ⊠ 8072 DB – ℰ (0 341) 25 59 11 – www.nh-hotels.nl
117 kam – ♦79/119 € ♦♦79/119 €, 🛏 20 € – ½ P
Rest – Menu 35 € – Carte 35/45 € – *(gesloten zondag)*
● Dit moderne ketenhotel ligt midden in het groen en heeft uitgebreide ontspan-
ningsfaciliteiten. De vergaderruimtes en het auditorium trekken heel wat zakenlui
aan. Gevarieerde kaart in het restaurant.
● This modern chain hotel is situated in the middle of greenery and boasts extensive leisure facilities. While the meeting rooms and auditorium attract a size-
able business clientele. Varied menu in the restaurant.

🔐 Villa Vennendal 🍴📶 📺 🎵 🍽 🚲 🍽 🛜 🦽 🅿

Vennenpad 5 ⊠ 8072 PX – ℰ (0 341) 26 10 16 – www.villavennendal.nl
– gesloten 27 december-4 januari
73 kam 🛏 – ♦59/99 € ♦♦69/119 € – 1 suite
Rest – Menu 30/45 € – Carte ong. 41 €
● Bosrijke omgeving, lobby met glazen dak en colonnade, Victoriaans decor, elegante standaard- en luxekamers, vergaderzalen, park met een partyhuisje en een
bruidshuis. Restaurant met retroambiance.
● This hotel in a wooded area features a conservatory-lobby with columns, a Vic-
torian décor, smart standard and deluxe bedrooms, as well as meeting rooms.
Cottage for receptions and honeymoons in the park. Restaurant with a 1900s atmosphere.

✗✗ Ni Hao

Harderwijkerweg 85 ✉ 8071 EN – 𝒞 (0 341) 25 28 29
– www.ni-hao.nl – gesloten dinsdagmiddag, woensdagmiddag,
donderdagmiddag en maandag
Menu 29/47 € – Carte 28/39 €

● Chinees restaurant waar de specialiteitenkaart een reis maakt naar Sechuan, Kanton, Peking en Wenzhou. Eigentijdse exotiek in het surprisemenu. Modern terras. Privézaal.

● Chinese restaurant offering specialities from Sichuan, Canton, Beijing and Wenzhou. Exotic and up-to-the-minute surprise menu. Modern terrace. Private room available.

✗ The Bell Inn

Ericaweg 3 ✉ 8072 PV – 𝒞 (0 341) 25 82 58
– www.thebellinn.nl – gesloten 27 december-10 januari, dinsdag
en woensdag
Menu 29/38 € – Carte 34/58 € – *(alleen diner)*

● In de bossen van Nunspeet duikt deze prachtige villa in cottagestijl op, die als een karaktervolle, Engelse pub is ingericht. Een leuke plek – met charmant terras – waar u zowel pub- als eerder traditionele gerechten kunt eten.

● This magnificent cottage-style villa emerges from Nunspeet's forested landscapes and houses a typical English pub, offering a variety of informal and traditional dishes. Alternatively, dine on the charming terrace at the front of the property.

in Hulshorst Zuid-West : 2 km

⌂ Groote Engel zonder rest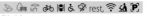

Harderwijkerweg 251 ✉ 8077 RE – 𝒞 (0 341) 26 22 55 – www.groote-engel.nl
– gesloten 25, 31 december-1 januari en maandag
5 kam ⌒ – ♥85/160 € ♥♥89/175 €

● Een smaakvol verbouwde hoeve. Hartelijk, persoonlijk onthaal. Decor met een mix van klassiek en modern, lounge met open haard, binnenplaats met terras, tuintje.

● Warm and personalised welcome at this farmhouse which has been tastefully remodelled as a guesthouse. Décor marrying old and new, fireside lounge, courtyard terrace and small garden.

 Een lekkere maaltijd voor een scherpe prijs? Volg onze Bib Gourmand 🅰.

ODOORN
Drenthe – Borger-Odoorn 25 662 inw. – Atlas: **1**-B2
▶ Amsterdam 185 km – Assen 32 km – Emmen 8 km – Groningen 49 km
Michelin wegenkaart 531-AA5 en 715-L3

🏨 Lubbelinkhof

Hoofdstraat 19 ✉ 7873 TA – 𝒞 (0 591) 53 51 11
– www.hotel-lubbelinkhof.nl
32 kam – ♥65/130 € ♥♥75/140 €, ⌒ 13 €
Rest – Menu 28/35 € – Carte 39/65 €

● Voormalige boerderij met een uitbreiding waarin grote, eigentijdse kamers zijn ingericht die volop rust bieden. De lounge en bar zijn op-en-top modern. De keukenbrigade bereidt met regionale en biologische producten actuele gerechten met een klassieke basis. Terras onder grote bomen.

● This former farm has been extended to provide accommodation in large, modern rooms that offer complete peace and tranquillity. The lounge and bar are thoroughly up-to-the-minute while the team in the kitchen, using local organic ingredients, prepare modern dishes based on classic ideas. Terrace under large mature trees.

in Exloo Noord : 4 km – Borger-Odoorn

🏯 De Hunzebergen 🐾 🍴 🖼 🍸 🏵 💆 🍽 🚲 🖥 🏊 🛜 🏋 🅿

Valtherweg 36 ⊠ 7875 TB – 𝒞 (0 591) 54 91 31 – www.hoteldehunzebergen.nl
51 kam 🛏 – ♦50/99 € – ♦♦50/104 € – ½ P
Rest – Menu 35/46 € – Carte 37/49 €

• U kunt zich hier zo goed vermaken (met de minigolf, wellness en de zwembaden) dat u dit klassiek gedecoreerde luxeresort misschien niet zult willen verlaten. De natuur en cultuur van Drenthe laten zich echter ook heel graag ontdekken, al dan niet met de fiets. Actuele keuken in een traditionele setting in het restaurant.
• This hotel has so many attractions it might be difficult to leave! This luxury resort with a classic decor has a spa and beauty centre, swimming pools and minigolf. The countryside and culture of Drenthe also await discovery, perhaps explored on a cycling excursion. Contemporary-style cuisine in the restaurant's traditional setting.

🏠 De Meulenhoek kam, 🆎 rest, 🏵 🛜 🅿

Hoofdstraat 61 ⊠ 7875 AB – 𝒞 (0 591) 54 91 88 – www.hotel-meulenhoek.nl
14 kam 🛏 – ♦60/65 € – ♦♦75/90 € – ½ P **Rest** – Lunch 13 € – Menu 29 €

• Dit traditionele hotelletje ademt een huiselijke sfeer. De up-to-date kamers zijn goed onderhouden. De meeste hebben een balkon of miniterras. Brasserie/restaurant waar degelijke, traditionele gerechten worden bereid door de patron en zijn zoon. Schaduwrijk voorterras.
• This traditional hotel boasts a homely atmosphere and well-kept, up-to-date bedrooms, many with their own balcony or mini-patio. The owner and his son prepare good quality, traditional dishes served in the brasserie/restaurant. Shaded patio at the front.

in Valthe Oost : 3 km – Borger-Odoorn

🍴🍴 De Gaffel 🏠 ⇆ 🅿

Odoornerweg 1 ⊠ 7872 PA – 𝒞 (0 591) 51 35 36 – www.restaurantdegaffel.nl
– gesloten maandag en dinsdag
Menu 40/85 € – *(alleen diner) (een enkel menu)*

• Oude Saksische boerderij met rieten dak in een boomrijk dorp. Terras aan de voorzijde, zithoek bij de haard, rustieke eetzaal. De chef verrast u graag en biedt dan ook alleen een surprisemenu aan. Hierin toont hij zich een eigentijdse kok die graag met nobele en rijke producten werkt.
• An old thatched-roofed Saxon farm in a wooded village. Terrace at the front, lounge area by the fireside and rustic-style restaurant. The chef likes to surprise his guests and that is why only a surprise menu is available. It is a menu that illustrates the enthusiasm of a modern day chef working with fine and richly flavoured products.

OEFFELT

Noord-Brabant – Boxmeer 28 227 inw. – Atlas: **10**-D1
▶ Amsterdam 141 km – 's-Hertogenbosch 58 km – Arnhem 53 km –
Nijmegen 27 km
Michelin wegenkaart 532-U12 en 715-I6

🍴🍴 Bloemers 🏠 🆎 🏵 ⇆ 🅿

Dorpsstraat 7 ⊠ 5441 AC – 𝒞 (0 485) 36 21 51 – www.restaurantbloemers.nl
– gesloten woensdag en donderdag
Menu 39/69 € – Carte 56/63 € – *(alleen diner)*

• Of u nu a la carte eet of een menu kiest, waar voor uw geld krijgt u bij Bloemers sowieso. De gulle keuken van patron-cuisinier Maarten schuwt de creativiteit niet, maar is qua productkeuze helemaal down-to-earth. Als de chef het niet zelf kan kweken, haalt hij zijn producten het liefste in de nabije omgeving.
• You will get value for money in this restaurant, whether you opt for à la carte dining or a set menu. The generous cuisine of owner-chef Maarten is creative in style, although the produce and ingredients used are simple and down-to-earth. If the chef can't grow things himself, he prefers to source them locally.

OEGSTGEEST – Zuid-Holland ➔ Zie Leiden

OHÉ en LAAK
Limburg – Maasgouw 24 017 inw. – Atlas: **8-A2**
▶ Amsterdam 182 km – Maastricht 29 km – Eindhoven 56 km – Roermond 14 km
Michelin wegenkaart 532-T16 en 715-I8

 Lakerhof ⚓ 🏡 🚲 📶 🛁 **P**

Walburgisstraat 3 (Laak) ✉ *6109 RE – ☎ (0 475) 55 16 54 – www.lakerhof.nl*
– gesloten 1 week carnaval, 31 juli-14 augustus, 27 december-2 januari,
woensdag en donderdag
8 kam ☲ – ♥65 € ♥♥95 € – ½ P
Rest – Menu 25 € – Carte 28/43 € – *(alleen diner)*
● Rustig gelegen hotel-restaurant in een grensdorp met ruime kamers. Speeltuintje. 's Zomers ontbijt op de binnenplaats vol bloemen. Traditionele gerechten, geserveerd in een modern interieur of buiten.
● A peaceful inn in a village on the border. Large rooms with laminate flooring and good quality beds. Children's playground in the garden. Breakfast in the courtyard in summer. Traditional cuisine served in a renovated modern dining area or outdoors.

↑ **Bed en Breakfast** ⓝ zonder rest 📶 📶 🚫

Moeder Magdalenastraat 3 (Laak) ✉ *6109 RC – ☎ (0 475) 55 22 48*
– www.ontbijtenbed.nl
8 kam ☲ – ♥45 € ♥♥65 €
● Het bed staat hier in kamers die allemaal op een unieke wijze zijn opgefleurd door schilderingen van de eigenaresse. Het breakfast wordt in een van de ruime gemeenschappelijke ruimtes opgediend, voor een sterke prijs-kwaliteitverhouding.
● The rooms in this guesthouse are all uniquely adorned with paintings by the owner. Breakfast is served in one of the spacious public areas. Good value for money.

OIRSCHOT
Noord-Brabant – 17 980 inw. – Atlas: **10-C2**
▶ Amsterdam 117 km – 's-Hertogenbosch 28 km – Eindhoven 18 km –
Tilburg 21 km
Michelin wegenkaart 532-Q13 en 715-G7

 De Moriaan zonder rest ⚓ 🏡 🚲 🛁 🎛 📶 📶 🚗

Moriaan 41a ✉ *5688 ER – ☎ (0 499) 57 81 80 – www.hoteldemoriaan.nl*
– gesloten 22 december-1 januari
10 kam ☲ – ♥75/97 € ♥♥85/105 €
● In een rustige woonwijk liggen de ruime, comfortabele suites van De Moriaan, geopend in 1999. Ontbijten doet u op de kamer, ontspannen in de sauna in het souterrain.
● Recently-built hotel, in a residential area, offering mostly suites (there are only two bedrooms) which are spacious and comfortable. Sauna in the basement.

XXX **La Fleurie** 🏡 📶 ✿

Rijkesluisstraat 4 ✉ *5688 ED – ☎ (0 499) 57 41 36 – www.lafleurie.nl – gesloten*
24 en 31 december-1 januari, carnaval en maandag behalve feestdagen
Lunch 33 € – Menu 35/100 € ▼ – Carte 46/68 €
● In deze voormalige bakkerij geniet u van heerlijke menu's, geserveerd in een stijlvol, verzorgd interieur door een al even elegante gastvrouw. Interessante (wereld)wijnkaart.
● A former bakery where delicious set menus can be enjoyed in a stylish, neat interior. Charming, elegant hostess and interesting international wine list.

XX **De Meulen** 🏡 📶 ✿ **P**

de Korenaar 49 ✉ *5688 TS – ☎ (0 499) 57 51 92 – www.demeulen.nl – gesloten*
maandag en dinsdag
Menu 34/49 € – Carte 41/50 € – *(alleen diner)*
● Naast een molen uit 1857 vindt u een gemoderniseerde eetzaal met intieme sfeer en mooi tuinterras. Aantrekkelijk keuzemenu, surprisemenu op woensdag en donderdag en een vrijdagmenu a la carte.
● Next to a working mill (1857). Intimate contemporary dining room, pretty garden terrace, attractive set menu, surprise menu and à la carte Friday menu.

※ **De Gelagkamer**

Rijkesluisstraat 1 ⊠ *5688 EC –* ℰ *(0 499) 57 80 00 – www.gelagkamer.nl*
– gesloten carnaval
Lunch 24 € – Menu 30/55 € – Carte 31/69 €

● Sympathieke gelagkamer aan de markt een aangenaam terras dat uitkijkt op de klokkentoren. Klassieke gerechten staan hier naast seizoensgebonden suggesties op de kaart.

● Lovely bar on the market square with a pleasant terrace overlooking the clock tower. The menu features classic dishes, alongside seasonal suggestions.

OISTERWIJK

Noord-Brabant – 25 802 inw. – Atlas: **10**-C2
▶ Amsterdam 106 km – 's-Hertogenbosch 17 km – Eindhoven 38 km –
Tilburg 10 km
Michelin wegenkaart 532-Q13 en 715-G7

 Bos en Ven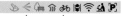

Klompven 26 ⊠ *5062 AK –* ℰ *(0 13) 528 88 56 – www.bos-ven.nl*
40 kam – †99/139 € ††99/175 €, ⊊ 13 € – ½ P
Rest *Bos en Ven* – zie restaurantselectie

● Statig pand in Engelse stijl (1920) in een rustige, groene villawijk. Grote bedden, dik tapijt en lichte kleuren maken de kamers behaaglijk en elegant.

● In a quiet and green residential area, this large villa built in 1920 stands proudly next to a small lake. With large, fine, extremely comfortable rooms and opulent communal spaces.

 Landgoed De Rosep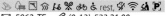

Oirschotsebaan 15 (Zuid-Oost : 3 km) ⊠ *5062 TE –* ℰ *(0 13) 523 21 00*
– www.rosep.com
71 kam – †79/159 € ††79/159 €, ⊊ 15 €
Rest – Menu 34/55 € – Carte 49/71 €

● Dit hotel in een park met vijver is favoriet bij voetbalploegen en beschikt over vijf vleugels met kamers. Fitness, tennisbanen, fietsen, en een mooi wellnesscentrum.

● This hotel in a leafy park with a pond is popular with football squads. Five wings of rooms (avoid the terrace side), gym, tennis courts, bicycles, swimming pool, sauna and hammam.

 Stille Wilde

Scheibaan 11 ⊠ *5062 TM –* ℰ *(0 13) 528 23 01 – www.stillewilde.nl*
– open mei-oktober
15 kam ⊊ – †78 € ††108 € – ½ P
Rest – Menu 28 € – *(alleen diner)*

● Verscholen op een open plek in het bos. De kamers, gelegen in de grote tuin, zijn ruim en piekfijn in orde, met balkon of terras. Het restaurant combineert rustieke elementen (plankenvloer, steunbalken) met moderne kleurtjes. Hedendaagse keuken.

● Nestled in a clearing. Reception, lounge and dining room in a building with a modern décor. Quiet rooms on the garden, with balcony or terrace. Warm hospitality. The restaurant combines rustic elements (wooden floor, beams) with modern colours. Contemporary cuisine.

※※※ **Bos en Ven** – Hotel Bos en Ven

Klompven 26 ⊠ *5062 AK –* ℰ *(0 13) 528 88 56 – www.bos-ven.nl*
Menu 35/53 € – Carte 54/73 €

● Klassieke seizoensgebonden keuken met moderne tinten in een romantisch restaurant. Geniet mee van de chocoladefetisj van de chef en trakteer uzelf op een paashaas of kerstman om mee naar huis te nemen.

● Enjoy classic, seasonal cuisine with a modern touch served in a romantic ambience. Revel in the chef's passion for chocolate and treat yourself to an Easter bunny or Father Christmas to take home with you.

SEC eten & drinken 🛋 ⅙ ⅍ ⇄
Lindeplein 13 ⊠ 5061 HN – ℰ (0 13) 521 32 17 – www.secetendrinken.nl
– gesloten 13 tot 18 februari en maandag
Lunch 30 € – Carte 30/57 € – *(eenvoudige lunchkaart)*
● SEC, zo willen ze het hier aanpakken: geen poespas in de eetzaal en geen franje op het bord. De bereidingen zijn to the point, maar wat op de kaart een-voudig lijkt, blijkt toch erg verfijnd te zijn. Deze sexy plek is ook perfect voor een borrel of een lekkere lunch ('s middags kleine kaart).
● This restaurant aims for an unfussy, no-frills approach, both in its decor and cui-sine. The cooking is to the point but choices on the menu that at first look simple often prove to be very sophisticated. This delightful venue is also an ideal place for a drink or a lunch (small menu at lunchtime).

OLDEBERKOOP (OLDEBERKEAP)

Fryslân – Ooststellingwerf 25 836 inw. – Atlas: **4**-D3
▶ Amsterdam 135 km – Leeuwarden 53 km – Assen 41 km – Groningen 63 km
Michelin wegenkaart 531-V5 en 715-J3

 Lunia 🐾 🍴 🛋 ⅍ ✕ ♿ ⅙ rest, 🛜 🅰 🅿
Molenhoek 2 ⊠ 8421 PG – ℰ (0 516) 45 25 55 – www.lunia.nl
18 kam – ♦50/65 € ♦♦75/85 €, � 10 € – ½ P
Rest – Menu 27/35 € – Carte 34/56 €
● Lunia ontpopte zich tot een hotel-restaurant waar rustig genieten centraal staat, zowel in het klassieke hoofdgebouw als in de moderne nieuwe vleugel. Ook als u hier enkel komt eten, kunt u van de sauna en whirlpool gebruik maken.
● Lunia has transformed itself into a hotel-restaurant. Quiet enjoyment is the cen-tral theme, both in the classic-style main building and the new, modern annexe. Non-resident diners can also enjoy the sauna and whirlpool.

OLDENZAAL

Overijssel – 32 137 inw. – Atlas: **13**-D3
▶ Amsterdam 161 km – Zwolle 74 km – Enschede 11 km
Michelin wegenkaart 531-AA9 en 532-AA9 en 715-L5

✕ **Bistro Puur** 🛋 ⅍ ⇄
Plechelmusplein 18 ⊠ 7571 EG – ℰ (0 541) 53 50 60 – www.bistropuur.nl
– gesloten maandag
Menu 30 € – Carte 28/43 € – *(alleen diner)*
● Een onvervalste, fashionable bistro met modern interieur en trendy ambiance. De kookstijl is eigentijds en bij elk gerecht krijgt u een wijnsuggestie. Nog dorst? Dan kunt u terecht bij de buren van de J&H wijnbar.
● An authentic, fashionable bistro with a modern interior and trendy ambience. The cooking style is resolutely contemporary, with each dish on the menu accom-panied by a suggested wine. The adjacent J&H wine bar is also available to guests.

OMMEN

Overijssel – 17 361 inw. – Atlas: **12**-B2
▶ Amsterdam 134 km – Zwolle 24 km – Assen 59 km – Enschede 59 km
Michelin wegenkaart 531-X7 en 715-K4

 De Zon 🛋 ⅍ 🖃 ⅙ 🅰 rest, ⅍ rest, 🛜 🅰 🅿
Voorbrug 1 ⊠ 7731 BB – ℰ (0 529) 45 55 50 – www.dezon.nl – gesloten 1 en 2 januari
35 kam – ♦55/85 € ♦♦85/120 €, ⊑ 13 € – ½ P
Rest – Lunch 30 € – Menu 34/48 € – Carte 43/49 €
● Mooi gelegen hotel-restaurant aan de Vecht. Smaakvol ingerichte kamers, korf-stoelen om te ontspannen aan het water. Modern restaurant met grote ramen die uitkijken op het terras aan het water. De 6 stillevens van Henk Helmantel zijn op zich al een bezoek waard!
● This hotel-restaurant is on the river Vecht. It offers tastefully furnished rooms and a modern restaurant that has large windows overlooking the waterside ter-race. Guests can relax in wicker chairs down by the riverside. The six still-life paintings by Henk Helmantel are worth a visit in their own right.

Wildthout

 Hammerweg 40 ⊠ 7731 AK – ℰ (0 529) 45 15 92 – www.wildthout.nl
– gesloten 31 december
20 kam ⌿ – **ɬ**65/100 € **ɬɬ**69/105 € – ½ P
Rest – Menu 25 € – Carte ong. 33 €
● Een fijne uitvalsbasis voor wie de omgeving van Ommen wil verkennen: een charmante villa met een al even aangename tuin en serre, en een uitstekende prijs-kwaliteitverhouding. Gezellig restaurant met een beknopte, maar aantrekkelijke en gevarieerde kaart.
● This hotel is housed in a charming villa with an equally pleasant garden and conservatory, and offers great value for money. It makes a good base for exploring the countryside around Ommen. Congenial restaurant with a concise yet attractive and varied menu.

ONDERDENDAM

Groningen – Bedum 10 553 inw. – Atlas: **7**-A2
▶ Amsterdam 200 km – Groningen 18 km – Assen 49 km – Leeuwarden 68 km
Michelin wegenkaart 531-Y2 en 715-K1

 in de Molen (Steven Klein Nijenhuis)

Uiterdijk 4 ⊠ 9959 PK – ℰ (0 50) 304 91 00 – www.restaurantindemolen.nl
– gesloten maandag en dinsdag
Menu 40/73 € – *(alleen diner) (reserveren noodzakelijk) (een enkel surprise menu)*
● Een terrasje doen onder de wieken van een molen, of slapen in een (voormalige) maal- of graanzolder? Het kan allemaal in deze gerenoveerde korenmolen (1853), in een karakteristiek Gronings dorpje. Kwaliteit en finesse spatten hier van uw bord! Geen a la carte, maar wel verrassende menu's, met dagverse en huisbereide producten. Koren op de molen van fijnproevers!
● If you like the idea of relaxing on a terrace beneath the sails of a mill, or spending the night in a former mill or grain store, these options are available to you in this refurbished corn mill, built in 1853 in a typical village in Groningen. Refined, high quality cuisine based around interesting set menus featuring fresh, home-cooked dishes.
➔ Ceviche van harder met geweckte groenten, piccalilli en ijspastille van kommer. Kalfshaas, kalfswang en kalfstong met groenten en saliejus. Pannacotta van hibiscus met zomerfruit, aalbessensorbet en oude aceto balsamico.

OOL – Limburg ➔ Zie Roermond

OOSTBURG

Zeeland – Sluis 23 820 inw. – Atlas: **15**-A2
▶ Amsterdam (bac) 248 km – Middelburg (bac) 61 km – Brugge 27 km – Knokke-Heist 18 km
Michelin wegenkaart 532-F15 en 715-B8

 De Eenhoorn

Markt 1 ⊠ 4501 CJ – ℰ (0 117) 45 27 28 – www.eenhoornoostburg.nl
11 kam ⌿ – **ɬ**85/125 € **ɬɬ**90/150 € – ½ P
Rest – Carte 35/75 € – *(gesloten vrijdagmiddag en donderdag)*
● Dit hotel is fijn gelegen aan het gezellige marktplein in het al even charmante Zeeuws-Vlaanderen. Hier vindt u betrouwbare accommodatie voor een vriendelijke prijs. De gastvrije ontvangst en de keuken worden verzorgd door twee broers.
● Two brothers run this welcoming hotel-restaurant. It is conveniently situated on a lively market square in the charming province of Zeeland Flanders. Guests here can enjoy pleasant, reasonably priced accommodation.

OOSTERBEEK

Gelderland – Renkum 31 580 inw. – Atlas: **5**-B2
▶ Amsterdam 97 km – Arnhem 6 km – Utrecht 65 km – Zwolle 71 km
Michelin wegenkaart 532-U11 en 715-I6

De Bilderberg   ⚲ 🛋 📺 🏮 ⅃⅏ ✗ ♨ 🛎 ⅃ 🅰 rest, ♨ kam, 🛜 ⅃ 🅿

Utrechtseweg 261 ✉ 6862 AK – 𝒞 (0 26) 339 63 33 – www.bilderberg.nl
146 kam – 🛏84/134 € 🛏🛏99/149 €, ⊊ 20 € – 1 suite
Rest – Menu 40 € – Carte 39/55 € – *(alleen diner)*

● Dit moderne en luxueuze hotel-congrescentrum ligt in een bosrijke omgeving. Vijf categorieën kamers en diverse voorzieningen voor sport en ontspanning. Restaurant met mediterrane kookstijl. Trattoria waar de Italiaanse klassiekers worden geserveerd onder een glazen dak.
● This modern and luxurious hotel located in a wooded area is fully-equipped for conferences. Five categories of rooms. Various sports and relaxation facilities. Restaurant with mediterranean-inspired cuisine.,Trattoria where Italian dishes are served under a glass roof.

OOSTERHOUT

Noord-Brabant – 53 717 inw. – Atlas: **9-B2**
▶ Amsterdam 96 km – 's-Hertogenbosch 38 km – Den Haag 89 km – Utrecht 65 km
Michelin wegenkaart 532-O13 en 715-F7

XX   **Zout & Citroen**   🍴 🛋 🅿
⊛
Ridderstraat 86 ✉ 4902 AC – 𝒞 (0 162) 45 08 06 – www.zoutencitroen.nl
– gesloten 15 tot 18 februari, zaterdagmiddag, zondagmiddag, dinsdag en woensdag
Lunch 30 € – Menu 35/95 € – Carte 52/71 €

● Zout en citroen, twee aloude smaakmakers in de westerse keukens, krijgen hier een prominente plaats op de menukaart. Voor elke gang worden in beide categorieën creatieve, inventieve gerechten gepresenteerd. U hebt hier overigens een mooi uitzicht op de tuin en vijver van het slot waar dit voormalige koetshuis bijhoort.
● The restaurant's name refers to two traditional flavourings in Western cooking (lemons and salt), which both feature prominently on the menu. Every course includes these two ingredients in attractive, creative dishes. Zout & Citroen occupies a former coach house offering delightful views over the gardens and moat of the castle it was once part of.

OOSTERHOUT-NIJMEGEN

Gelderland – Nijmegen 168 292 inw. – Atlas: **5-B3**
▶ Amsterdam 113 km – Arnhem 22 km – Nijmegen 8 km
Michelin wegenkaart 532-U11 en 715-I6

XXX   **De Altena**   🍷 ⇐ 🛋 🅰 ♨ ⇄ 🅿
Waaldijk 38 ✉ 6678 MC – 𝒞 (0 481) 48 21 96 – www.de-altena.nl – gesloten
27 december-8 januari, zaterdagmiddag, maandag en dinsdag
Lunch 38 € – Menu 46 € – Carte 55/80 €

● Elegant restaurant dat uitkijkt op de drukbevaren Waal, net als het terras. Eigentijdse kaart. Goede Oostenrijkse wijnen, waarvoor u de sommelier om advies kunt vragen.
● Smart restaurant whose bay windows and terrace overlook the barges passing by on the Waal. Modern menu and fine selection of Austrian wines, well recommended by the wine waitress.

OOSTKAPELLE

Zeeland – Veere 21 868 inw. – Atlas: **15-A2**
▶ Amsterdam 186 km – Middelburg 12 km – Rotterdam 107 km
Michelin wegenkaart 532-G13 en 715-B7

🏠   **Villa Magnolia** zonder rest   ⚲ 🍴 ♨ ♨ 🛜 🅿
Oude Domburgseweg 20 ✉ 4356 CC – 𝒞 (0 118) 58 19 80
– www.villamagnolia.nl
29 kam ⊊ – 🛏73/118 € 🛏🛏88/133 €

● Mooie villa van rond 1900, met bijgebouwen en een tuin die 's zomers vol bloemen staat. Ontbijtbuffet in de oranjerie. Rust, charme en comfort voor een vriendelijke prijs.
● Pretty extended villa dating from the 1900s, embellished by a garden filled with flowers in summer. Buffet breakfast served in the orangery. Tranquillity, charm and comfort at a reasonable price.

OOST-VLIELAND = EAST-FLYLÂN – Fryslân → Zie Waddeneilanden (Vlieland)

OOTMARSUM
Overijssel – Dinkelland 26 056 inw. – Atlas: **13**-D2
▶ Amsterdam 165 km – Zwolle 67 km – Enschede 28 km
Michelin wegenkaart 531-AA8 en 715-L4

De Landmarke
Rossummerstraat 5 ⊠ 7636 PK – ℰ (0 541) 29 12 08 – www.landmarke.nl
– gesloten 30 december-3 januari
37 kam ⌷ – ♦79 € ♦♦115/119 €
Rest – Menu 25/30 € – Carte 32/47 € – (gesloten na 20.30 u.)
● Country inn tussen stad en platteland. Mooie, moderne kamers. Lounge met bar, indoor zwembad, sauna en gratis fietsen. Maaltijden worden geserveerd in twee intieme zalen met sfeerverlichting.
● Between town and country, this inn offers handsome, modern rooms. Lounge bar, indoor pool, sauna and free bicycle rental. Meals are served in two softly lit, snug dining rooms.

in Lattrop Noord-Oost : 6 km

Landgoed de Holtweijde
Spiekweg 7 ⊠ 7635 LP – ℰ (0 541)
22 92 34 – www.holtweijde.nl
71 kam ⌷ – ♦109/200 € ♦♦190/500 € – 5 suites – ½ P
Rest – Lunch 33 € – Menu 35/63 € – Carte 60/106 € – (gesloten voor lunch op 25 en 26 december)
● Chic resort midden in de natuur. Drie typen kamers in het hoofdgebouw, suites en cottages op het landgoed. Goede spa, vergaderfaciliteiten en outdoor activiteiten. Stijlvol restaurant in een Saksische hoeve, met tuinterras. Hedendaagse kookstijl.
● A smart resort deep in the countryside. The main wing offers three types of rooms and suite-cottages are dotted around the estate. Fine spa, seminar facilities and outdoor activities. A Saxon farmstead with a terrace-garden is the setting of the restaurant. Updated menu.

ORANJEWOUD = ORANJEWÂLD – Fryslân → Zie Heerenveen

OSS
Noord-Brabant – 84 954 inw. – Atlas: **10**-C1
▶ Amsterdam 102 km – 's-Hertogenbosch 20 km – Arnhem 49 km –
Eindhoven 51 km
Michelin wegenkaart 532-S12 en 715-H6

De Weverij
Oostwal 175 ⊠ 5341 KM – ℰ (0 412) 69 46 46 – www.deweverij.nl – gesloten 27 december-2 januari en 26 juli-10 augustus
57 kam – ♦90/110 € ♦♦100/135 €, ⌷ 15 € – 3 suites – ½ P
Rest *Cordial* ✿ – zie restaurantselectie
● Hebt u een diner gepland in sterrenrestaurant Cordial in dit hotel? Dan kunt u in deze voormalige touwweverij op beide oren slapen, zonder zorgen over de terugrit. Ideaal voor wie voluit wil genieten.
● The hotel's name reminds that this building in the town centre was formerly a weaving manufacture. Large modern style rooms, suites and junior suites, all with parquet flooring.

City
Raadhuislaan 43 ⊠ 5341 GL – ℰ (0 412) 63 33 75 – www.cityhotel.nl – gesloten 27 december-1 januari en 3 tot 21 augustus
49 kam – ♦90/100 € ♦♦100/110 €, ⌷ 13 €
Rest *La Couronne* ✿ – zie restaurantselectie
● Façade in eighties-look, moderne schilderijen van Nol Reuser in de lobby, en een ontbijtserre van Jan des Bouvrie. De hoekkamers zijn ruimer.
● Eighties-look front, modern paintings by Nol Reuser in the entrance hall and a breakfast sun lounge designed by Jan des Bouvrie. The corner rooms are somewhat more spacious.

XXX **Cordial** – Hotel De Weverij 🍽 🍴 **K** 📶 ⇄ **P**

⭐ *Oostwal 175 ⊠ 5341 KM – ☎ (0 412) 69 46 46 – www.deweverij.nl*
– gesloten 27 december-2 januari, 26 juli-10 augustus, zaterdagmiddag en zondag
Lunch 40 € – Menu 73/99 € – Carte ong. 86 €
● Gastronomisch restaurant in een hotel in het centrum. Eigentijds repertoire van creatieve, verfijnde gerechten op basis van kwaliteitsproducten. Goede wijnkaart en kundig advies. Het gelikte designdecor is warm en origineel.
● Gourmet restaurant adjoining a town centre hotel. Contemporary, elaborate cuisine using choice ingredients, a fine wine cellar and excellent advice. Original and tasteful designer décor.
➔ Langoustines in kadaifideeg met geroosterde couscous, pompoen, mango en kerrievinaigrette. Gegrilde duif met krokante boutjes, mais, rode biet en aardappelpoffertjes. Millefeuille van aardbei, witte chocoladeparfait en vanillesabayon.

XX **La Couronne** – Hotel City **P**

Raadhuislaan 43 ⊠ 5341 GL – ☎ (0 412) 63 33 75 – www.cityhotel.nl – gesloten 26 december-1 januari, 3 tot 21 augustus, zaterdagmiddag en zondagmiddag
Lunch 28 € – Menu 35/65 € – Carte 54/69 €
● In het stijlvolle La Couronne wordt u onthaald op een hedendaagse maaltijd. Het restaurant ligt tegenover de schouwburg, ideaal dus voor wie gastronomie met muziek of theater wil combineren. Het interieur, van de hand van Jan des Bouvrie, is een mooi voorbeeld van Nederlandse binnenhuisarchitectuur.
● Contemporary dining is on offer at the stylish La Couronne. Located just across the road from the theatre, it is ideal for those wanting to combine a meal with an evening at the theatre or a concert. The interior designed by Jan des Bouvrie is a lovely example of Dutch interior design.

in Nistelrode Zuid-Oost : 7 km – Bernheze

XX **De Hooge Vorssel** ≤ 🍴 📶 ⇄ **P**

Slotenseweg 11 (bij de golfbaan) ⊠ 5388 RC – ☎ (0 412) 66 97 66
– www.dehoogevorssel.nl – gesloten 25, 26 en 31 december-1 januari
Lunch 39 € – Menu 58 € – Carte 65/85 €
● Kijk uit over de greens van dit golfclubhuis vanuit de ruime brasserie. Voor minder klassieke bereidingen moet u in het exclusievere restaurant zijn, waar u a la carte dineert.
● A modern restaurant comfortably set in the clubhouse of a golf club. Select modern atmosphere; charming terrace overlooking the greens. Separate brasserie.

OSSENDRECHT
Noord-Brabant – Woensdrecht 21 648 inw. – Atlas: **9-A2**
▶ Amsterdam 157 km – 's-Hertogenbosch 105 km – Bergen op Zoom 18 km – Breda 57 km
Michelin wegenkaart 532-L14 en 715-E7

XX **Jagersrust** 🍴 📶 ⇄ **P**

Putseweg 21 ⊠ 4641 RS – ☎ (0 164) 67 24 81 – www.jagersrust.nl – gesloten 27 december-8 januari en woensdag
Lunch 28 € – Menu 35/77 € – Carte 44/60 €
● Bij Jagersrust bent u nooit alleen en dankzij het knusse interieur is het gegarandeerd gezellig tafelen. Chef Rob zet gerechten op tafel die met hun tijd meegaan. Denk hierbij aan interessante smaakcombinaties met Aziatische producten, oosterse invloeden en af en toe wat vergeten groenten.
● You never feel alone at Jagersrust and the cosy interior guarantees pleasant dining. Chef Rob creates dishes that move with the times, producing interesting taste combinations with Asian produce, oriental influences and the occasional 'forgotten' vegetable.

OTTERLO
Gelderland – Ede 110 656 inw. – Atlas: **5-B2**
▶ Amsterdam 79 km – Arnhem 33 km – Apeldoorn 22 km
Michelin wegenkaart 532-T10 en 715-I5

Sterrenberg

Houtkampweg 1 ⊠ 6731 AV – 𝒞 (0 318) 59 12 28 – www.sterrenberg.nl
33 kam ⌖ – ♦110/153 € – ♦♦145/195 € – ½ P
Rest – Lunch 28 € – Menu 35/88 € – Carte 49/63 € – *(gesloten na 20.30 u.)*

● Cocooninghotel met sfeervol ingerichte kamers. De streek en de natuur vormden de inspiratiebron voor een artistieke toets in de openbare ruimtes. De mooie eetzaal is een mix van moderne brasseriestijl en couleur locale. Zomerse maaltijd buiten.

● A 'cocooning-style' hotel with attractively furnished rooms. Regional and natural influences inspired the artistic touches added to the public areas. The pleasant dining room combines a modern brasserie concept with local colour. Summer-style cuisine outside.

Hostellerie Carnegie Cottage

Onderlangs 35 ⊠ 6731 BK – 𝒞 (0 318) 59 12 20 – www.carnegiecottage.nl
– gesloten 24 december-februari
14 kam ⌖ – ♦65/73 € ♦♦100/125 €
Rest *Carnegie Cottage* – zie restaurantselectie

● Een adresje om te onthouden, deze rustige cottage te midden van het bos met uitzicht op de heide. Vriendelijke, huiselijke sfeer. De kamers zijn even charmant als gezellig.

● This peaceful inn enchants by its landscape of woodland and heather, laid-back ambience and warm, inviting guestrooms.

Carnegie Cottage – Hotel Hostellerie Carnegie Cottage

Onderlangs 35 ⊠ 6731 BK – 𝒞 (0 318) 59 12 20 – www.carnegiecottage.nl
– gesloten 24 december-februari
Lunch 19 € – Menu 33 € – Carte 38/45 €

● De patron laat in de keuken zijn fantasie de vrije loop, en brengt een gevarieerde, actuele kaart: gegrilde zalm met zongedroogde tomaten, dimsum van vis, soesjes van spinazie, etc. Tearoom tussen lunch en diner.

● The owner allows his imagination free rein here, conjuring up a varied, contemporary menu. These include dishes such as: grilled salmon with sun-dried tomatoes, dim sum with fish, spinach puffs etc. A tea room bridges the gap between lunch and dinner.

OUDENDIJK
Noord-Holland – Koggenland 22 376 inw. – Atlas: **11-B2**
▶ Amsterdam 47 km – Haarlem 55 km – Leeuwarden 106 km – Lelystad 62 km
Michelin wegenkaart 513-O7

La Mère Anne met kam

Dorpsweg 110 ⊠ 1631 DJ – 𝒞 (0 229) 54 28 44 – www.lamereanne.nl
– gesloten 31 december-11 januari, 7 april, 4 tot 7 mei, 26 mei en 20 tot 30 juli
3 kam ⌖ – ♦85/95 € ♦♦95 €
Lunch 28 € – Menu 33/43 € – Carte 38/56 € – *(gesloten maandag)*

● Mère Anne is een immense zaak met heel wat kinderen. U kunt hier onder meer terecht voor feesten en logeren in moderne kamers, maar vooral: lekker eten! De chef heeft een voorkeur voor regionale producten, die hij op een eigentijdse wijze op smaak brengt. De prijzen zijn aantrekkelijk, het keuzemenu is een aanrader!

● Mère Anne is a huge business with several offspring. The venue can be hired for parties and there are also modern guestrooms for overnight accommodation. However, the main activity is the restaurant, which serves delicious food. The chef focuses on regional produce, which he uses to create tasty, contemporary dishes. Attractive prices and a recommended set menu.

OUDERKERK AAN DE AMSTEL – Noord-Holland → Zie Amsterdam, omgeving

OUDESCHILD – Noord-Holland → Zie Waddeneilanden (Texel)

OUDEWATER
Utrecht – 9 873 inw. – Atlas: **14**-A2
▶ Amsterdam 39 km – Utrecht 21 km – Den Haag 58 km – Rotterdam 54 km
Michelin wegenkaart 532-O10 en 715-F5

✗ **Joia**   🎵 ⟳

Havenstraat 2 ⊠ 3421 BS – ℰ (0 348) 56 71 50 – www.brasseriejoia.nl
– gesloten maandag en dinsdag
Menu 30/45 € – Carte ong. 42 €
● Sfeervolle brasserie in het centrum van een stad bekend om zijn heksenwaag.
Actuele keuken (beperkte lunchkaart), opgeknapt decor in een mix van stijlen en
bij mooi weer een klein terras bij het water.
● A friendly brasserie in the heart of a picturesque city. Contemporary menu
(small menu for lunch), modernised eclectic décor and terrace on the water's
edge in fine weather.

OUDKERK – Fryslân ➜ Zie Aldtsjerk

OUD-LOOSDRECHT
Noord-Holland – Wijdemeren 23 221 inw. – Atlas: **11**-B3
▶ Amsterdam 27 km – Haarlem 44 km – Hilversum 7 km – Utrecht 26 km
Michelin wegenkaart 532-P9 en 715-G5

 Princess   ⟨ 🎵 ♿ Ⓐ ⌀ rest, 🛜 🄰 ⚓

Oud Loosdrechtsedijk 253 ⊠ 1231 LZ – ℰ (0 35) 582 49 04
– www.princesshotelcollection.com
67 kam ⌨ – †99/119 € ††99/119 €   **Rest** – Menu 28 € – Carte 28/53 €
● Moderne, functionele zaak met zeer ruime kamers, gelegen aan de Loosdrechtse Plassen, die van hieruit perfect te ontdekken zijn. Trainingen en vergaderingen gaan door in de elf zalen. Het gerenoveerde restaurant serveert gerechten met internationale allure. Groot terras met zicht op het water.
● Modern, functional establishment with very spacious rooms, located at the
Loosdrechtse Plassen. Training and meetings continue in the eleven meeting
rooms. The renovated restaurant serves dishes with an international style. Large
outdoor seating area with view over the water.

OUWERKERK
Zeeland – Schouwen-Duiveland 34 040 inw. – Atlas: **15**-B2
▶ Amsterdam 145 km – Middelburg 46 km – 's-Hertogenbosch 110 km –
Zierikzee 8 km
Michelin wegenkaart 532-I13 en 715-C7

✗✗✗ **De Vierbannen**   🦗 ⟨ 🎵 ♿ Ⓐ ⌀ ⟳ 🅿

Weg van de Buitenlandse Pers 3 (1ᵉ etage) ⊠ 4305 RJ – ℰ (0 111) 64 75 47
– www.devierbannen.nl – gesloten maandag
Lunch 30 € – Menu 38/100 € ♈ – Carte 52/86 €
● Modern pand op de dijk, net naast het Watersnoodmuseum. Het zicht op de
Oosterschelde en de kreken is er fantastisch! Beneden huist de brasserie, via de
trap komt u in het restaurant terecht. Daar wordt bij voorkeur met streek- en bio-
producten gewerkt: de hoofdrolspelers zijn groenten, kruiden en bloemen.
● This modern building on the embankment, immediately adjacent to the
Watersnoodmuseum, offers fantastic views of the Oosterschelde and the coves.
The brasserie is located on the ground floor and the stairs lead to the restaurant.
Meals are cooked with a preference for regional and organic produce, focusing
on vegetables, herbs and flowers.

OVERLOON
Noord-Brabant – Boxmeer 28 147 inw. – Atlas: **10**-D2
▶ Amsterdam 155 km – 's-Hertogenbosch 70 km – Arnhem 59 km –
Eindhoven 44 km
Michelin wegenkaart 532-U13 en 715-I7

XX De Heeren van Overloon

Irenestraat 1 ⊠ 5825 CA – ℰ (0 478) 64 22 27 – www.heerenoverloon.nl
– gesloten carnaval
Menu 27/45 € – Carte 45/56 €
• Een rondleiding door de eerlijke, klassieke keuken van chef Wolters via kleinere a la carte gerechten (in 5, 6 of 7 gangen): het menu Rondje 'De Heeren' is een aanrader. En dan bij voorkeur op het aangename tuinterras van dit statige pand.
• The 'Rondje De Heeren' menu at this restaurant is highly recommended for its introduction of chef Wolters' classic cuisine through a selection of smaller à la carte dishes (in five, six or seven courses). Enjoy your meal on the attractive garden terrace of this stately building.

OVERVEEN – Noord-Holland ➜ Zie Haarlem

PEIJ – Limburg ➜ Zie Echt

PEIZE

Drenthe – Noordenveld 31 024 inw. – Atlas: **1-A1**
▶ Amsterdam 178 km – Assen 27 km – Groningen 13 km – Leeuwarden 60 km
Michelin wegenkaart 531-Y4 en 715-K2

XX de Goudplevier

Groningerweg 50 ⊠ 9321 TC – ℰ (0 50) 737 03 19 – www.degoudplevier.nl
– gesloten 1 tot 3 januari, 24 tot 28 februari, 21 juli-8 augustus, 20 tot 24 oktober, zondag en maandag
Menu 30/48 € – Carte 44/56 € – *(alleen diner van januari tot april)*
• Van een metamorfose gesproken: de schuur van deze boerderij is omgetoverd tot een modern restaurant waar het gezellig toeven is. De producten komen wel nog vers van de boer en worden door de ervaren chef in moderne, verfijnde gerechten verwerkt.
• What a transformation: the barn of this farm has been converted into a modern restaurant with a cosy atmosphere. Although the produce is traditional and fresh from the farm, the experienced chef is skilled at creating modern and refined cuisine.

PHILIPPINE

Zeeland – Terneuzen 54 709 inw. – Atlas: **15-A3**
▶ Amsterdam 196 km – Middelburg 36 km – Gent 35 km – Sint-Niklaas 43 km
Michelin wegenkaart 532-H15 en 715-C8

XX Auberge des Moules

Visserslaan 3 ⊠ 4553 BE – ℰ (0 115) 49 12 65 – www.aubergedesmoules.com
– gesloten 21 december-5 januari, 9 tot 29 juni en maandag
Menu 40/60 € – Carte 47/63 €
• De mosselen voelen zich thuis in deze herberg, die bij visliefhebbers al jaren hoog genoteerd staat. Kleine zalen met foto's van de oude haven van Philippine.
• The name is obvious: in season, mussels are quite at home in this inn, long familiar to shellfish lovers. Small dining rooms decorated with photos showing the old port at Philippine.

XX Place du Marché

Havenstraat 12 ⊠ 4553 AV – ℰ (0 115) 49 15 24 – www.placedumarche.nl
– gesloten donderdag van september tot juni
Menu 35/49 € – Carte 41/70 €
• In dit restaurant wordt u onthaald op een lekkere maaltijd met dagverse vis. Open haard en homarium in de eetzaal. In het seizoen mosselen zoveel u wilt. Stoepterras.
• A family-run establishment serving copious fresh seafood dishes. Fireplace and lobster tank in the dining room. Mussels in season. Terrace overlooking the street.

PURMEREND

Noord-Holland – 79 576 inw. – Atlas: **11-B3**
▶ Amsterdam 19 km – Haarlem 36 km – Alkmaar 25 km – Den Haag 78 km
Michelin wegenkaart 531-O7 en 715-F4

Waterland - BurgGolf
Westerweg 60 (Oost : 3 km, richting Volendam) ✉ *1445 AD –* ✆ *(0 299)*
48 16 66 – www.burggolf.nl
96 kam – ♥49/99 € ♥♥49/99 €, ⌁ 12 € – ½ P
Rest – Menu 32/45 € – Carte 27/33 €
● Een hotel op maat voor wie het witte balletje graag laat "swingen" (golfgreen voor de deur). Grote gemeenschappelijke ruimten, goed uitgeruste kamers. Restaurant met vrij uitzicht op het golfterrein.
● Thanks to its proximity to the green, this chain hotel seems made to measure for "swingers" who like to take aim at that little white ball. Spacious public areas and well-equipped rooms. Restaurant with terrace and unrestricted view over the golf course.

in Neck Zuid-West : 2 km – Wormerland

XX Mario Uva met kam
Neck 15 ✉ *1456 AA –* ✆ *(0 299) 42 39 49 – www.mariouva.nl – gesloten 24 en 31 december-1 januari en maandag*
6 kam ⌁ – ♥60/75 € ♥♥108/140 €
Rest *La Storia* – zie restaurantselectie
Menu 50/75 € ♟ – *(alleen diner behalve zondag) (een enkel menu)*
● Mario Uva staat al decennialang symbool voor een verfijnde Italiaanse keuken, op basis van vers ingevoerde ingrediënten. Lovenswaardige wijnen, kookstudio. Enkele goed onderhouden kamers met prima bedden.
● A former inn on a dyke across from a canal. Italian cuisine featured on the single menu. Elaborate Italian wine list and excellent advice from the sommelier-owner. A handful of well-kept rooms with good bedding.

X La Storia – Rest Mario Uva

Neck 20 ✉ *1456 AA –* ✆ *(0 299) 43 64 64 – www.lastoria.nl – gesloten maandag en dinsdag*
Menu 33/35 € – Carte 23/39 € – *(alleen diner behalve in het weekend; open tot 23.00 u.)*
● Deze gezellige trattoria ontlokt zonder twijfel een welgemeend *Mamma mia!* aan uw lippen. De prijs-kwaliteitverhouding is er méér dan *molto buono*. En de keuken? Die is zoals u ze bij een goede Italiaan verwacht: vers, vol van smaak en met het product in de hoofdrol.
● The cuisine at this warm, friendly trattoria will bring a smile to your lips, as well as offering great value for money. The dishes created in the kitchen are what you would expect from a good Italian restaurant: fresh, full of flavour and focusing on fresh produce.

in Zuidoostbeemster Noord : 2 km – Beemster

Fort Resort Beemster
Nekkerweg 24 ✉ *1461 LC –* ✆ *(0 299) 68 22 00 – www.fortresortbeemster.nl – gesloten 1 januari*
12 kam ⌁ – ♥115/145 € ♥♥135/165 €   **Rest** – Menu 34 € – Carte 33/50 €
● U mag dan al veel gewoon zijn, van de weelderige wellness van dit resort kunt u niet anders dan onder de indruk zijn. Van vleermuissauna tot zoutgrot, u kunt het niet gek genoeg bedenken of het is er. Luxueuze, moderne kamers.
● You might think you have seen it all but the sumptuous spa facilities at this resort need to be seen to be believed. From the interestingly named 'bat' sauna to a salt cave, nothing is too much for the imagination. Luxurious modern bedrooms.

PUTTEN
Gelderland – 23 872 inw. – Atlas: **5**-B2
▶ Amsterdam 66 km – Arnhem 57 km – Apeldoorn 41 km – Utrecht 48 km
Michelin wegenkaart 531-S9 en 532-S9 en 715-H5

Veluwemeer

Strandboulevard 3 (West : 4 km langs A 28) ⊠ *3882 RN –* ℰ *(0 341) 35 64 64*
– www.postillionhotels.com
83 kam ⌙ – **♦**59/109 € **♦♦**59/109 € **Rest** – Menu 25 € – Carte 28/48 €
● Ketenhotel voor een 'busy' of 'lazy' verblijf, in een recreatiegebied tussen de snelweg en het Veluwemeer. Kamers uit de jaren negentig, maar goed onderhouden. Vergaderzalen en een business point voor zakenmensen. Modern restaurant met een mooi terras aan het water.
● A chain hotel suitable for business travellers or holidaymakers, in a recreation area between the motorway and the Veluwemeer lake. The rooms date back to the 90s but are well maintained. Meeting rooms and a business centre, as well as a modern restaurant with a beautiful terrace on the water.

RAALTE

Overijssel – 36 519 inw. – Atlas: **12**-B2
▶ Amsterdam 124 km – Zwolle 21 km – Apeldoorn 35 km – Enschede 50 km
Michelin wegenkaart 531-W8 en 532-W8 en 715-J4

 De Zwaan

Kerkstraat 2 ⊠ *8102 EA –* ℰ *(0 572) 36 37 38 – www.hoteldezwaan.com*
32 kam ⌙ – **♦**65/125 € **♦♦**75/175 €
Rest *Brasserie Bonaparte* – zie restaurantselectie
● In hartje Raalte herbergt dit hotel moderne, aangename kamers en een kleine infrastructuur voor de broodnodige ontspanning: bar, zwembad en Turks bad.
● This hotel is in the heart of Raalte. It houses modern, pleasant rooms and a small selection of leisure facilities, such as a bar, swimming pool and Turkish bath.

 Salland zonder rest

Zwolsestraat 63e ⊠ *8101 AB –* ℰ *(0 572) 35 35 52*
– www.westcordhotelsalland.nl
40 kam ⌙ – **♦**65/85 € **♦♦**65/95 €
● Met de betrouwbaarheid van een ketenhotel maar de persoonlijkheid van een vierkantshoeve, opgetrokken in authentieke materialen, combineert deze zaak het beste van 2 werelden. Vraag naar een kamer aan de achterkant voor volledige rust.
● With the reliability of a chain hotel, but the personality of a courtyard farm built from authentic materials, this business combines the best of both worlds. Ask for a room to the rear for complete tranquillity.

%% **Brasserie Bonaparte** – Hotel De Zwaan

Kerkstraat 2 ⊠ *8102 EA –* ℰ *(0 572) 36 37 38 – www.hoteldezwaan.com*
Lunch 25 € – Menu 40 € – Carte 46/55 €
● Deze professioneel gerunde brasserie dankt zijn naam aan het hoge bezoek dat het in de 19de eeuw mocht ontvangen. Er is ook een cafégedeelte met kleine kaart en een mooi zonnig terras.
● This professionally run brasserie owes its name to a distinguished guest who visited the area in the 19C. It also has a café with an attractive sunny terrace where a simpler menu is available.

REEUWIJK – Zuid-Holland ➜ Zie Gouda

RENESSE

Zeeland – Schouwen-Duiveland 34 040 inw. – Atlas: **15**-A1
▶ Amsterdam 140 km – Middelburg 37 km – Rotterdam 68 km
Michelin wegenkaart 532-H12 en 715-C6

 De Zeeuwse Stromen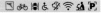

Duinwekken 5 ⊠ *4325 GL –* ℰ *(0 111) 46 20 40 – www.zeeuwsestromen.nl*
116 kam ⌙ – **♦**97 € **♦♦**150/160 € **Rest** – Menu 24/48 € – Carte 28/48 €
● Modern complex aan de rand van de duinen. In het park rond het hoofdgebouw liggen rustige duinkamers en enkele duinvilla's. Op het programma: ontspanning en recreatie. Aan tafel: actuele keuken in een ongedwongen ambiance.
● Modern complex on the edge of the dunes. A few lodges dotted around in the park offer the most peaceful rooms. Ideal for rest and relaxation. Restaurant serving modern cuisine in a relaxed atmosphere.

Badhotel 🚗 🏡 ⌱ 🍽 🚲 ⏫ AC rest, 🍴 rest, �📶 ⅏ **P**

Laône 2 (met annexe) ✉ *4325 EK – 𝒞 (0 111) 46 25 00*
– www.badhotelrenesse.nl
47 kam ⌸ – ♦60/70 € ♦♦120/160 € – ½ P
Rest – Lunch 20 € – Menu 36 € – Carte 39/48 €
• Een mooi pand met gezellige Engelse pub, sfeervolle kamers, intieme tuin, serre (recepties, vergadering) en een terras dat uitkijkt op het zwembad. Mooie, ronde eetzaal waar u kunt genieten van verfijnde, eigentijdse gerechten.
• A welcoming façade, cosy library-cum-bar, inviting rooms, small garden, veranda (receptions and seminars) and terrace overlooking the pool. A beautiful rotunda dining area, serving elaborate modern cuisine.

Landgoed Moermond 🍃 🚗 🚲 🍴 📶 ⅏ **P**

Stoofwekken 5 (Slot Moermond) ✉ *4325 BC – 𝒞 (0 111) 46 17 88*
– www.landgoedmoermond.nl
43 kam ⌸ – ♦79/149 € ♦♦89/179 € – ½ P
Rest – Carte ong. 45 € – *(alleen diner)*
• Laat de toeristische drukte achter u in dit rustige hotel, op een indrukwekkend landgoed. Moderne kamers, allemaal op de begane grond, waarvan de helft met terras en prachtig zicht op het groen. Ontbijt in stijl in de voormalige orangerie.
• Leave the tourist crowds behind you in this peaceful hotel in an impressive country house. Modern guestrooms, all at ground level, half of which have a terrace and beautiful views of the surrounding greenery. Enjoy breakfast in style in the former orangery.

RENKUM
Gelderland – 31 580 inw. – Atlas: **5**-B2
▶ Amsterdam 90 km – Arnhem 15 km – 's-Hertogenbosch 57 km
Michelin wegenkaart 532-T11 en 715-I6

🍴 **Oude Post** 🍴

Dorpsstraat 9 ✉ *6871 AA – 𝒞 (0 317) 31 60 91 – www.oude-post.nl – gesloten maandag*
Menu 30/50 € – Carte 40/62 € – *(eenvoudige lunchkaart)*
• De broers Bregman hebben het postkantoor waar hun vader werkte, in het stadscentrum, omgetoverd tot een strakke, jonge zaak. De chef heeft ervaring opgedaan bij Sergio Herman en dat merkt u op uw bord: de gerechten zijn creatief, gul en verrassend.
• The Bregman brothers have transformed the town centre post office where their father used to work into a young, minimalist-style restaurant. The chef gained experience at Sergio Herman and this is reflected in his cuisine, which is creative, generous and surprising.

REUSEL
Noord-Brabant – 12 713 inw. – Atlas: **10**-C2-3
▶ Amsterdam 134 km – 's-Hertogenbosch 46 km – Maastricht 112 km –
Utrecht 102 km
Michelin wegenkaart 532-P14 en 715-G7

🍴🍴 **Lucas** 🍽 🍴

Kerkstraat 38 ✉ *5541 EM – 𝒞 (0 497) 64 21 65 – www.restaurantlucas.nl*
– gesloten 27 december-6 januari, 14 en 15 februari, 20 juli-4 augustus, maandag en dinsdag
Menu 35/73 € – Carte 40/50 € – *(alleen diner)*
• Restaurant Lucas is een echt pareltje waar smaak en prijs op een verbluffende manier samengaan. De eetzaal is modern en functioneel gehouden, zodat uw maaltijd van uw onverdeelde aandacht kan genieten. En genieten, dat zult u, want de chef verstaat de kunst om zowel het oog als de tong te plezieren met zijn moderne keuken.
• The Lucas is a real gem, and a place with an impressive blend of flavours and prices. The restaurant has been kept modern and functional so that the food gets undivided attention. Enjoyment is taken for granted here, given the chef's ability to please both the eye and the palate with his contemporary cooking.

RHEDEN

Gelderland – 43 640 inw. – Atlas: **6**-C2

▶ Amsterdam 112 km – Arnhem 11 km – Lelystad 94 km – Utrecht 75 km

Michelin wegenkaart 532-V10 en 715-J5

ⓧⓧ **Bronckhorst** 🛜 ♿ P

Arnhemsestraatweg 251 ✉ 6991 JG – ☎ (0 26) 495 22 07
– www.restaurant-bronckhorst.nl – gesloten woensdag in juli-augustus
Lunch 34 € – Menu 39/60 € – Carte 43/67 €

● Dit rietgedekte pand herbergt een restaurant met een intiem, sfeervol decor en een mooi terras. Bij de keuken is een bistrohoek. De chef kookt klassiek en werkt tijdens het jachtseizoen met wild uit de regio.

● This thatched building accommodates a restaurant with an intimate, attractive decor, a beautiful terrace, and a bistro corner near the kitchen. The chef cooks traditional cuisine, with regional game on the menu during the hunting season.

 Verwar de bestekjes ⓧ en de sterren ❀ niet! De bestekjes geven een categorie van comfort en service aan. De ster bekroont alleen de kwaliteit van de keuken, ongeacht de comfortcategorie.

RHENEN

Utrecht – 19 116 inw. – Atlas: **14**-B2

▶ Amsterdam 79 km – Utrecht 41 km – Arnhem 26 km – Nijmegen 33 km

Michelin wegenkaart 532-S11 en 715-H6

ⓧ **Het Oude Gemeentehuis** 🛜 AC

Herenstraat 47 ✉ 3911 JB – ☎ (0 317) 74 02 94
– www.restauranthetoudegemeentehuis.nl – gesloten eind december-begin januari, maandag en dinsdag
Lunch 25 € – Menu 35/50 € – Carte 35/76 €

● Oud? Helemaal niet! De authentieke stijlelementen van dit voormalige gemeentehuis contrasteren mooi met de moderne inrichting en frisse kleuren. Niels Minkman en Janneke Eerbeek zijn hier nu aan het roer en voeren een heerlijk beleid: een betaalbare moderne keuken op basis van superverse producten.

● Despite its name ('the old town hall') there is nothing old-fashioned about this restaurant, whose original features provide a striking contrast with the modern design and fresh colours. Niels Minkman and Janneke Eerbeek are now at the helm and they have a stated policy of creating affordable modern dishes based on the freshest produce.

ⓧ **Korianders** Ⓝ 🛜

Herenstraat 50 ✉ 3911 JG – ☎ (0 317) 61 61 91 – www.korianders.nl – gesloten maandag en dinsdag
Menu 35/45 € – Carte ong. 39 € – *(alleen diner)*

● De naam van deze leuke zaak verwijst naar het kruid dat chef Schoeman graag verwerkt in zijn eigentijdse gerechten. Maar ook naar 'anders', zoals je de lekkere Aziatische invloeden en smaken zeker mag noemen.

● The name of this fun restaurant refers to chef Shoeman's favourite herb used in his contemporary dishes. It also contains the epithet 'anders', meaning 'different'. An apt description of the tasty Asian influences and flavours, which definitely stand out from the norm.

RHOON – Zuid-Holland ➜ Zie Rotterdam, omgeving

RIDDERKERK

Zuid-Holland – 45 253 inw. – Atlas: **17**-C2

▶ Amsterdam 91 km – Den Haag 48 km – Rotterdam 21 km – Utrecht 66 km

Michelin wegenkaart 532-M11 en 715-E6

Ridderkerk 🏨 ▮ 🖧 🎮 🛜 🕸 Ⓟ
Krommeweg 1 (langs A 15, afrit 20) ✉ *2988 CB –* 𝒞 *(0 180) 64 69 00*
– www.hotelridderkerk.nl
140 kam – ▮89/155 € ▮▮89/155 €, ⛍ 16 € – 4 suites
Rest – Menu 30 € – Carte 31/52 € – *(open tot 23.00 u.)*
● Modern ketenhotel met kleurrijke gevel. Lobby in design en vier verdiepingen met eigentijdse kamers rond een ellipsvormig atrium met brede galerijen. Op-en-top eigentijdse eetzaal met bontgekleurde banken en grote ramen.
● Modern chain hotel sporting a colourful façade. Lobby with a designer look and four floors of contemporary rooms around an elliptical atrium, accessed by wide passageways. Contemporary dining room with multi-coloured banquettes and large bay windows.

RIIS – Fryslân ➜ Zie Rijs

De RIJP
Noord-Holland – Graft-De Rijp 6 429 inw. – Atlas: **11**-A2
▶ Amsterdam 38 km – Haarlem 40 km – Den Haag 89 km – Utrecht 83 km
Michelin wegenkaart 531-O7 en 715-F4

 Het Pakhuys zonder rest 🖨 🛜
Grote Dam 7 ✉ *1483 BK –* 𝒞 *0 6 27 06 60 67 – www.pakhuysderijp.nl*
– gesloten half september-begin oktober
6 kam ⛍ – ▮73/95 € ▮▮109/121 €
● De charme van het pittoresk Hollands dorpje De Rijp ligt klaar om door u ontdekt te worden vanuit Het Pakhuys. Achter de charmante trapgevel van dit rijksmonument ziet u hoe een modern interieur, met Eames-stoelen en strakke lijnen, helemaal tot zijn recht kan komen in een historisch pand.
● The charm of the picturesque Dutch village of De Rijp is just waiting to be discovered from this hotel. Behind the delightful stepped gable of the listed building, the modern interior demonstrates how Eames chairs and clean lines can do full justice to a historic property.

RIJS (RIIS)
Fryslân – Gaasterlân-Sleat 10 196 inw. – Atlas: **3**-B3
▶ Amsterdam 124 km – Leeuwarden 50 km – Lemmer 18 km – Sneek 26 km
Michelin wegenkaart 531-S5 en 715-H3

 Jans 🖧 🖨 ♿ 🛜 🕸 Ⓟ
Mientwei 1 ✉ *8572 WB –* 𝒞 *(0 514) 58 12 50 – www.hoteljans.nl*
22 kam ⛍ – ▮70/80 € ▮▮110/130 € – ½ P
Rest – Menu 30/70 € – Carte 31/41 €
● Hotel dat al meer dan 100 jaar bestaat; aan de rand van een bos. De kamers zijn eenvoudig en opgefrist, de rustigste vindt u in de chalets in de tuin.
● A century-old hotel nestling on the fringes of a forest. Simple, refurbished rooms, as well as cosy garden cottages for guests seeking accommodation offering even more peace and quiet.

RIJSSEN
Overijssel – Rijssen-Holten 37 608 inw. – Atlas: **13**-C3
▶ Amsterdam 131 km – Zwolle 40 km – Apeldoorn 45 km – Enschede 36 km
Michelin wegenkaart 531-Y9 en 532-Y9 en 715-K5

 Sallandse Heuvelrug 🖧 🖨 🔲 🍽 ♿ 🖧 ⛍ rest, 🎮 🕸 🛜 🕸 Ⓟ
Burg. Knottenbeltlaan 77 (Zuid : 2 km op de Markeloseweg, 2e rotonde rechtsaf)
✉ *7461 PA –* 𝒞 *(0 548) 51 69 00 – www.hotelsallandseheuvelrug.nl*
54 kam ⛍ – ▮69/99 € ▮▮74/109 € – ½ P   **Rest –** Carte 33/47 €
● Landhuis in het zogeheten Hollands Schwarzwald, waar u geniet van rust en ruimte: een speelveld voor wandelaars en fietsers. Blijft u liever binnen? Neem dan een duik in het binnenzwembad of speel een partijtje tennis. De kamers zijn comfortabel en kalm.
● A country house in Holland's Schwarzwald. Enjoy the tranquil atmosphere of the great outdoors – a huge playground for hikers and cyclists – or enjoy indoor facilities such as a swimming pool and a tennis court. Comfortable and peaceful guestrooms.

ROCKANJE

Zuid-Holland – Westvoorne 13 890 inw. – Atlas: **16**-A2

▶ Amsterdam 111 km – Den Haag 48 km – Hellevoetsluis 10 km – Rotterdam 38 km
Michelin wegenkaart 532-J11 en 715-D6

 Badhotel   ⮕ 🏡 ⛲ 🐎 ✕ 🚲 ♿ 🛜 🅰 🅿

Tweede Slag 1 (West : 1 km) ⊠ *3235 CR –* 𝒞 *(0 181) 40 17 55*
– www.badhotel.nl
55 kam – 🛏85/120 € 🛏🛏90/130 €, ⬜ 17 € – 12 suites – ½ P
Rest – Menu 29 € – Carte 30/73 €
● Dit hotel in een rustige groene villawijk vlak achter de duinen heeft fraaie
kamers die gerenoveerd zijn in Canadese lodgestijl. Rond het zwembad ligt een
terras met bomen. Traditioneel restaurant met rondhout, natuurstenen schouw,
hertengewei, enz.
● A residential area on the edge of the dunes is the setting for this hotel with
pretty rooms which have been renovated in a "Canadian Trapper" style. Tree-lined
terrace around the swimming pool. A traditional restaurant with a lodge style atmosphere: logs, stone fireplace, antlers on the wall.

RODEN

Drenthe – Noordenveld 31 024 inw. – Atlas: **1**-A1

▶ Amsterdam 205 km – Assen 31 km – Groningen 16 km – Leeuwarden 60 km
Michelin wegenkaart 531-X4 en 715-K2

 Ky-hotel zonder rest   ⮕ 🅰🅲 ✼ 🛜 🅿

Brink 24 ⊠ *9301 JL –* 𝒞 *(0 6) 15 33 63 13 – www.ky-hotel.nl*
6 kam – 🛏85/95 € 🛏🛏85/95 €, ⬜ 12 €
● Oude hoeve uit 1813 waar u rust vindt. Romantische kamers met modern sanitair en fraaie, warme lounge waar u kunt genieten van een prachtig zicht op het
landgoed Mensinge. De gastvrouw, een dame met pit, organiseert op aanvraag
Bourgondische barbecues in de buitenlounge. Dit is een discreet juweeltje!
● Dating back to 1813, this old farm is the perfect place for a relaxing break. It
boasts romantic guestrooms with modern bathroom fittings and a warm lounge
where you can enjoy a magnificent view of the Mensinge estate. The friendly
landlady can organise hearty barbeques in the outdoor lounge on request. Truly
a hidden gem!

ROERMOND

Limburg – 56 929 inw. – Atlas: **8-B2**
▶ Amsterdam 178 km – Maastricht 47 km – Eindhoven 50 km – Venlo 25 km
Michelin wegenkaart 532-V15 en 715-I8

© E. Pollaert/age fotostock

 Hotels

TheaterHotel De Oranjerie

Kloosterwandplein 12 ⊠ 6041 JA – ℰ (0 475)   Plattegrond: B2**b**
39 14 91 – www.theaterhotelroermond.nl
102 kam ⊊ – †96/144 € ††110/157 € – 1 suite
Rest – Carte ong. 35 € – (alleen diner)
● Hotel met een theaterzaal waar jaarlijks een honderdtal voorstellingen worden gegeven. Grote gemeenschappelijke ruimten. De dito kamers zijn karakteristiek voor Van der Valk. Een moderne brasserie omgevormd tot restaurant en het Theatercafé, voor een eenvoudige maaltijd.
● Hotel with a magnificent theatre (around 100 performances a year). Huge public areas and large bedrooms typical of the Van der Valk hotel chain. Two types of restaurant: a modern brasserie and the "Theatercafé" for simple meals.

Het Arresthuis

Pollartstraat 7 ⊠ 6041 GC – ℰ (0 475) 87 08 70   Plattegrond: B1**a**
– www.hetarresthuis.nl
40 kam – †111/186 € ††130/205 €
Rest Damianz – zie restaurantselectie
● De naam herinnert nog aan het feit dat u hier in een 19de-eeuwse gevangenis (!) slaapt en ook binnenin kunt u niet naast het bajesverleden kijken. Sobere, hedendaagse kamers vervangen de cellen en glimlachend personeel de cipiers.
● The name of this hotel is a reminder that you are sleeping in a 19C gaol, which remains true to its original structure. The cells have been replaced by simple, contemporary-style guestrooms, and stern guards by friendly smiling staff.

DUX

Roerkade 11 ⊠ 6041 KZ – ℰ (0 475) 30 03 00   Plattegrond: A1**b**
– www.hoteldux.nl – gesloten 29 december-9 januari
27 kam ⊊ – †129/159 € ††139/179 € – ½ P
Rest – Lunch 20 € – Menu 35/65 € – Carte 36/56 € – (gesloten zondag)
● Dux, da's luxe. Niet meteen weelderig of majestueus, maar het soort luxe dat zakenlui appreciëren. Het hotel straalt iets functioneels, cleans en moderns uit, het is dan ook pas in 2012 opengegaan.
● Dux's surroundings are luxurious but nothing over the top or too flashy. It offers the kind of creature comforts appreciated by the modern-day business traveller. This hotel has the modern, functional and immaculate appearance that you would expect from a hotel that only opened its doors in 2012.

317

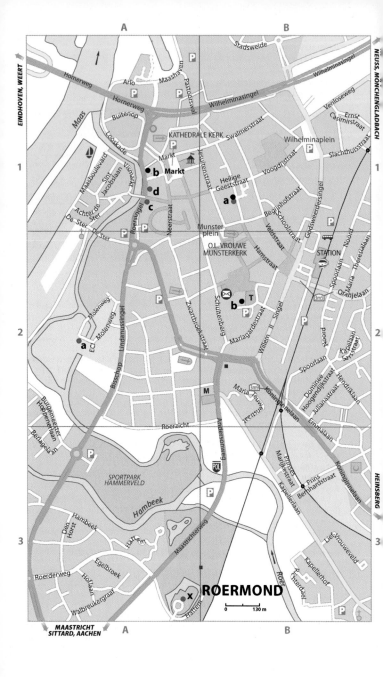

● Restaurants

𝕏𝕏𝕏 **Kasteeltje Hattem** met kam 🐾 ≼ 🛏 🖼 🚲 🛜 ⟳ **P**
Maastrichterweg 25 ⊠ 6041 NZ – ℰ (0 475) 31 92 22　　Plattegrond: A3**x**
– www.kasteeltjehattem.com – gesloten 31 december-1 januari, 15 tot
20 februari, 19 juli-2 augustus en zondag
8 kam 🖵 – **🛏**129 € **🛏🛏**159/199 €　　Lunch 30 € – Menu 45 € – Carte 52/74 €
● Dit kasteeltje staat in een stadspark vol kunstwerken. De moderne, halfronde
zaal herbergt een eigentijds restaurant. Aparte lunchruimte. Designkamers in de
dependances.
● Small château set in a public park filled with statues. A modern rotunda houses
the contemporary restaurant with a separate lunch room. Designer bedrooms in
the outbuildings.

𝕏𝕏𝕏 **One** (Edwin Soumang) 🖼 🍴 ⟳
⣏⣽ *ECI 17 ⊠ 6041 MA – ℰ (0 475) 60 02 62*　　Plattegrond: A2**a**
– www.restaurantone.nl – gesloten eind december-begin januari, carnaval, 1
week in mei, eind juli-begin augustus, 1 week in oktober, dinsdag van juni tot
augustus, zondag van september tot mei en maandag
Menu 49/89 € – Carte 48/78 € – *(alleen diner behalve zondag van juni tot*
augustus en vrijdag)
● Een indrukwekkend industrieel pand is de nieuwe locatie voor de talentvolle
Edwin Soumang. Hij brengt creatieve gerechten in een succesvol en aantrekkelijk
geprijsd meerkeuzemenu. De charmante Canadese gastvrouw stelt u graag een
plekje voor in het loftachtig interieur of een tafeltje op het terras aan het water.
● Edwin Soumang's new restaurant is in an impressive industrial building. The
charming Canadian hostess will lead you to a table in the loft-style interior or
out onto the terrace, overlooking the water. The popular set menus provide the
best value, featuring very creative dishes that show off the chef's talent.
➔ Bloemkool, kruiden en bloemen met een zacht gegaarde eidooier en crème
crue. Konijn 'toen & nu' met peentjes, monniksbaard en het boutje in 't zuur.
Lemon curd met meringue, yuzusorbet en zeezout.

𝕏𝕏 **Damianz** – Hotel Het Arresthuis 🖼 ♿ 🅰🅲 🍴 ⟳ **P**
Pollartstraat 7 ⊠ 6041 GC – ℰ (0 475) 87 08 70　　Plattegrond: B1**a**
– www.hetarresthuis.nl – gesloten zondag
Menu 40/68 € – Carte 51/90 €
● Met Damianz wil de bekende keten achter deze zaak zich gastronomisch profileren. Ze stellen de gerechten voor op een typische hedendaagse, cryptische
manier. Aan u dus om te ontdekken wat schuilt achter bereidingen als "gazpacho
- garnalen - appel - tomaat".
● The well-known chain behind Damianz offers a new gourmet experience. The
presentation is typically modern and cryptic. It is up to you to discover what lies
behind choices such as 'gazpacho – shrimp – apple – tomato'.

𝕏𝕏 **De Roerganger** 🖼 🅰🅲 🍴
Roersingel 4 ⊠ 6041 KX – ℰ (0 475) 42 06 62　　Plattegrond: A1**c**
– www.deroerganger.nl – gesloten 15 tot 18 februari, 2 tot 19 auguSuts, zondag
en maandag
Menu 35/70 € – Carte ong. 52 € – *(alleen diner)*
● Er was al langer een restaurant in dit pand, maar de nieuwe uitbaters hebben
het roer helemaal omgegooid. Hun keuken is er een die helemaal in de tijdsgeest
past. Met andere woorden, een Franse basis aangevuld met vergeten groenten,
dashibouillon en andere populaire hedendaagse ingrediënten.
● Although these premises have been home to a restaurant for many years, the
new management have recently made a few changes. The cuisine on the menu
follows current trends, based on French influences and using 'forgotten' vegetables, dashi broth and other popular contemporary ingredients.

Rode symbolen wijzen op de bijzondere charme van de zaak 🏠 𝕏𝕏𝕏.

XX   **ZO... eten & drinken**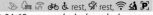

Roerkade 6 ⊠ 6041 KZ – ℰ (0 475) 31 09 00   Plattegrond: A1**c**
– www.zoroermond.nl – gesloten 27 en 31 december en carnaval
Menu 35 € – Carte 37/62 € – *(alleen diner behalve zaterdag en zondag)*
● Het culinaire referentiewerk van Escoffier op de toonbank? De keuken van deze zachte, eigentijdse zaak moet wel klassiek zijn! De ervaren chef is echter niet stil blijven staan en voegt er een moderne touch aan toe. Zo … dat is genieten!
● With the culinary reference work of Escoffier on the counter, the cuisine of this mellow, contemporary restaurant is bound to be traditional. Although, the experienced chef keeps pace with modern trends and adds a contemporary touch. All in all, Zo…promises an enjoyable experience.

in Herkenbosch Zuid-Oost : 6 km langs Keulsebaan – Roerdalen

🏰   **Kasteel Daelenbroeck**   ♨ 📶 🏕 🚲 ♿ rest, ⚲ rest, 🛜 ⛵ **P**

Kasteellaan 2 ⊠ 6075 EZ – ℰ (0 475) 53 24 65 – www.daelenbroeck.nl
– gesloten maandag en dinsdag van januari tot maart
24 kam ⌁ – ♦95/185 € ♦♦115/245 € – 7 suites – ½ P
Rest – Lunch 28 € – Menu 39/65 € – Carte 47/65 €
● Statige kasteelhoeve omringd door een slotgracht, in een groene omgeving nabij de Duitse grens. De dependance herbergt mooie, grote kamers met mezzanine en terras. Luxe "torensuites". Stijlvol restaurant en een luxeueuze receptiezaal. Menu van de maand en van de chef.
● Majestic farmhouse-château surrounded by a moat in a green area near the German border. One of the outbuildings contains lovely, spacious rooms with a mezzanine and terrace. Restaurant with period furniture and richly furnished reception area. Chef's menus and menus of the month.

De prijzen voor het symbool ♦ komen overeen met de laagste prijs in laagseizoen en daarna de hoogste prijs in hoogseizoen voor een éénpersoonskamer.
Hetzelfde principe voor het symbool ♦♦, hier voor een tweepersoonskamer.

in Ool West : 4,5 km – Roermond

🏨   **Oolderhof**   ♨ 🏕 🚲 🧳 ⚲ rest, 🛜 ⛵ **P** ⚓

Broekstraat 35 ⊠ 6049 CJ – ℰ (0 475) 33 36 93 – www.oolderhof.nl – gesloten
27 december-4 januari
26 kam ⌁ – ♦98/103 € ♦♦125/135 € – 3 suites
Rest – Lunch 28 € – Menu 33/45 € – Carte 37/55 €
● Oolderhof is een beminnelijk familieverblijf aan de Oolderplas. Comfortabele suites garanderen hier zoete dromen. In het charmante restaurant kunt u terecht voor pure, eerlijke gerechten.
● Oolderhof is a delightful family hotel on the Oolderplas lake. The comfortable guestrooms guarantee a good night's sleep, while diners can enjoy simple, authentic dishes in the lovely restaurant.

ROOSENDAAL

Noord-Brabant – 77 027 inw. – Atlas: **9-A2**
🚩 Amsterdam 127 km – 's-Hertogenbosch 75 km – Breda 25 km – Rotterdam 56 km
Michelin wegenkaart 532-L13 en 715-E7

🏨   **Central**   🚲 🧳 🆒 ⚲ 🛜 ⛵

Stationsplein 9 ⊠ 4702 VZ – ℰ (0 165) 53 56 57 – www.hotelcentral.nl
– gesloten 24, 25, 26 en 31 december-1 januari
20 kam ⌁ – ♦97/107 € ♦♦107/127 € – 1 suite
Rest Sistermans – zie restaurantselectie
● Dit gevestigde hotel (sinds 1914!) tegenover het station heeft zijn kamers, openbare zaal en restaurant opnieuw ingericht in een gezellige, eigentijdse stijl.
● A well-known hotel (since 1914!) opposite the train station with thoroughly modernised bedrooms and public areas done in a streamlined contemporary style.

Goderie 🎐 ᶑ rest, 🅰🅺 kam, 🎄 ᯤ 🏋

Stationsplein 5a ⊠ *4702 VX – ℰ (0 165) 55 54 00 – www.hotelgoderie.com*
46 kam – †95/135 € ††100/145 €, ⊑ 16 € – ½ P
Rest – Lunch 23 € – Menu 34/40 € – Carte ong. 33 €
● De zakenwereld is kind aan huis in dit hotel, dat al een lange traditie kent (1907). De kamers worden geleidelijk gerenoveerd, de rustigste liggen aan de achterkant. Relaxte brasserie en een formeler restaurant met meer comfort.
● This hotel established in 1907 has a regular business clientele. All rooms are gradually being renovated. Book one of those away from the station side. A relaxed brasserie and a comfortable, more formal restaurant.

 Tongerlo zonder rest 🎐 🅰🅺 ᯤ

Bloemenmarkt 2 ⊠ *4701 JB – ℰ (0 165) 58 48 88 – www.hotel-tongerlo.nl*
18 kam ⊑ – †99/109 € ††119/129 €
● Aangenaam hotel in een pand uit 1898. Een mooie trap van hout en smeedijzer leidt naar de kamers, waar Indonesisch houtwerk de toon zet. Drie appartementen voor een langer verblijf.
● A pleasant hotel in a building from 1898. Features a lovely wood and iron staircase leading up to rooms with Indonesian wooden panelling. Pleasant communal areas. Three apartments for a longer stay.

XX **Vroenhout** 🚘 ᶑ P
🌳

Vroenhoutseweg 21 (via A 17, afrit 19, richting Wouw) ⊠ *4703 SG – ℰ (0 165) 53 26 32 – www.restaurantvroenhout.nl – gesloten eerste week januari, 2 weken in augustus, zaterdagmiddag, maandag en dinsdag*
Menu 35/62 € – Carte 51/66 € – *(alleen diner behalve zondag)*
● De dagelijkse zoektocht naar nieuwe smaakcombinaties vertaalt zich hier in bewerkte, moderne gerechten. Aan originaliteit en knappe presentatie geen gebrek. Het interieur van de villa bevindt zich op dezelfde lijn als de keuken. Een aanrader!
● This restaurant's daily search for new taste combinations results in elaborate, contemporary dishes that are original and beautifully presented. The decor of the villa is as attractive as the cuisine, making this a highly recommended option.

XX **Sistermans** – Hotel Central 🚘 🅰🅺 🎄 ♻

Stationsplein 9 ⊠ *4702 VZ – ℰ (0 165) 53 56 57 – www.hotelcentral.nl*
– gesloten 24 en 31 december-1 januari, zaterdagmiddag en zondagmiddag
Lunch 25 € – Menu 35/55 € – Carte 36/52 €
● Restaurant met een modern, sfeervol interieur in Hotel Central. Uitgebreide kaart met traditionele gerechten, redelijk geprijsde menu's, wijnen per glas.
● Restaurant with a warm contemporary décor nested in the Central Hotel. Traditional à la carte fare, reasonably priced fixed menus and wines by the glass.

X **Fratino** 🚘 🎄

Bloemenmarkt 1 ⊠ *4701 JA – ℰ (0 165) 54 64 66 – www.fratino.nl – gesloten maandag en dinsdag*
Carte 20/43 € – *(alleen diner)*
● Oosters, Italiaans, Frans, … De chef laat zich inspireren door de wereldkeuken en schotelt een kaart voor met allerhande kleine gerechtjes. U ziet hem aan het werk als u een plaatsje bemachtigt aan de toog, rond de open keuken. Ook de whiskybar van deze moderne bistro is een bezoekje waard.
● The chef at this restaurant is inspired by world cuisine (Eastern, Italian, French etc) and offers a menu with an array of small dishes. Choose a seat at the bar around the open kitchen to watch him at work. The whisky bar of this modern bistro is also well worth a visit.

ROSMALEN – Noord-Brabant ➜ Zie 's-Hertogenbosch

ROSSUM
Gelderland – Maasdriel 24 092 inw. – Atlas: **5-A3**
◗ Amsterdam 80 km – Arnhem 62 km – 's-Hertogenbosch 16 km – Utrecht 46 km
Michelin wegenkaart 532-R12 en 715-H6

De Gouden Molen

Waaldijk 5 ✉ *5328 EZ* – ✆ *(0 418) 66 13 06* – *www.goudenmolen.nl* – *gesloten 31 december-1 januari*
10 kam ⬓ – †76/80 € ††100 € – ½ P
Rest *De Gouden Molen* – zie restaurantselectie
• Oude, sympathieke herberg onder aan de dijk en gerenoveerd met behoud van het authentieke karakter. Piekfijne kamers. Liefhebbers van mooie landschappen kunnen hun hart ophalen op twee terrassen met een schitterend uitzicht over de rivier.
• Located on a dyke, this traditional, congenial inn has been renovated with respect for its authentic character. Lovers of beautiful countryside will delight in the wonderful views from the two terraces overlooking the river. Immaculate guestrooms.

✗✗ De Gouden Molen – Hotel De Gouden Molen

Waaldijk 5 ✉ *5328 EZ* – ✆ *(0 418) 66 13 06* – *www.goudenmolen.nl* – *gesloten 31 december-1 januari*
Menu 26 € – Carte 38/56 €
• In een dorp tussen Maas en Waal vindt u aan de voet van de dijk deze sympathieke herberg, verbouwd maar nog even authentiek. U kunt er genieten van hartverwarmende menu's vol streekproducten zonder platzak huiswaarts te keren.
• Set in a village between two rivers, the Maas and the Waal, this friendly inn has been renovated without losing any of its original, authentic character. Enjoy heart-warming dishes created using regional produce that won't break the bank.

ROTTERDAM

Zuid-Holland – 618 357 inw. – Atlas: **16**-B2

▶ Amsterdam 74 km – Den Haag 26 km – Antwerpen 103 km – Brussel 148 km
Michelin wegenkaart 532-L11 en 715-E6
Alfabetische lijsten en stadsplattegronden op volgende bladzijden

© M. Stuart/Westend61/Photononstop

Alfabetische lijst van hotels
→ Index of hotels

Alfabetische lijst van restaurants
→ Index of restaurants

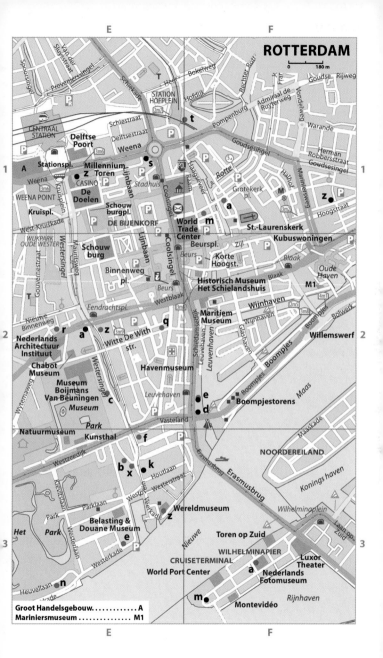

ROTTERDAM

0   180 m

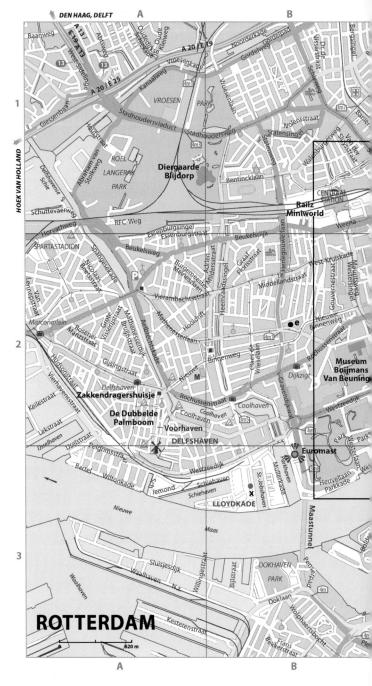

ROTTERDAM

Centrum

The Manhattan ≤ 🏔 🖪 🛋 🛗 IAC 🏊 🛜 🏋 ☕ 🚗

Weena 686 ⊠ 3012 CN Plattegrond: E1**z**
– 𝒞 (0 10) 430 20 00
– www.manhattanhotelrotterdam.com
230 kam ⊑ – ♦119/269 € ♦♦139/289 €
Rest – Lunch 23 € – Menu 35 € – Carte 31/59 €
– (gesloten 24 december-3 januari, 3 tot 23 augustus, zaterdagmiddag en zondagmiddag)
● Het Manhattan heeft zijn naam niet gestolen: het brengt de grandeur van de monumentale New Yorkse wolkenkrabbers naar Rotterdam. Wie op zoek is naar een goed gelegen (tegenover het station), luxueus verblijf vindt hier wat hij zoekt, conciërgeservice incluis. Brasseriegerechten "new style" in de panoramazaal op de eerste verdieping.
● A colossal skyscraper opposite the station. Large guestrooms with all modern comforts, a business centre, plus all the facilities you'd expect of a luxury hotel. The top floors offer wonderful views over the city. Seasonal cuisine with a focus on fish, served in a restaurant with panoramic windows and a modern décor on the first floor.

Hilton 🖪 🛋 🛗 IAC 🏊 rest, 🛜 🏋 ☕

Weena 10 ⊠ 3012 CM – 𝒞 (0 10) 710 80 00 Plattegrond: E1**s**
– www.rotterdam.hilton.com
246 kam – ♦99/269 € ♦♦99/269 €, ⊑ 25 € – 8 suites – ½ P
Rest – Lunch 20 € – Menu 32 € – Carte 29/57 €
● Deze gevestigde waarde is helemaal vernieuwd: zowel de kamers als de vergaderzalen zijn warm aangekleed, met veel hout en aardse kleuren, en garanderen het nodige comfort. Het restaurant en de lobby, de grootste van de stad, zijn nieuw.
● This established business has been fully renovated, with bedrooms and meeting rooms decorated in warm hues, with lots of timber and earthy colours, and modern comfort guaranteed. New additions include the restaurant and the lobby, the biggest in the city.

Mainport ≤ 🏔 🖪 🛋 🛗 kam, IAC kam, 🏊 🛜 🏋 ☕

Leuvehaven 77 ⊠ 3011 EA – 𝒞 (0 10) 217 57 57 Plattegrond: F2**e**
– www.mainporthotel.com
213 kam ⊑ – ♦130/480 € ♦♦150/500 € – 2 suites
Rest – Menu 30 € – Carte 31/67 €
● Gloednieuw en toonaangevend hotel in de Rotterdamse skyline. Op loopafstand van het centrum kunt u hier genieten van een prachtig zicht op de haven. Luxe staat centraal, overnachten en eten (in het knappe restaurant) doet u in stijl. Mis deze boot niet!
● A brand new and prominent hotel on the Rotterdam skyline. It is situated walking distance from the centre and has a magnificent view of the port. Luxurious, stylish accommodation and an attractive restaurant. Not to be missed!

Parkhotel ≤ 🏋 🖪 🛋 🛗 rest, IAC 🛜 🏋 🅿

Westersingel 70 ⊠ 3015 LB – 𝒞 (0 10) 436 36 11 Plattegrond: E2**a**
– www.parkhotelrotterdam.nl
187 kam – ♦110/170 € ♦♦135/195 €, ⊑ 22 € – 2 suites
Rest *The Park* – 𝒞 (0 10) 440 81 65 – Carte 32/50 €
● Hotel met een geschiedenis die teruggaat tot 1922, in het centrum van het moderne Rotterdam. De 2 torens uit de jaren '80 bieden een panoramisch overzicht van deze 'architectuurhoofdstad van Nederland'. Modern restaurant – geïnspireerd door Eric van Loo – waar u terecht kunt voor een smakelijke eigentijdse keuken.
● A hotel with a history dating back to 1922, situated in the heart of modern Rotterdam. The two tower blocks built in the 1980s offer panoramic views of the 'Architectural Capital of the Netherlands'. Modern restaurant – inspired by Eric van Loo – with a beautiful courtyard and contemporary cuisine.

Inntel
≤ 🗓 🕙 ⅃ふ ⌕ 🛏 ⅃ rest, 🖾 ℁ 🛜 ঐ 🅿

Leuvehaven 80 ⊠ *3011 EA – ℰ (0 10) 413 41 39*   Plattegrond: F2**d**
– www.inntelhotelsrotterdamcentre.nl

263 kam ⌖ – ♦100/280 € ♦♦135/300 €   **Rest** – Menu 20 € – Carte 22/49 €

● Dit is het enige hotel van de stad met een zwembad. Maar dat is niet de enige reden waarom u zich hier als een vis in het water voelt, daar zorgt ook het prachtige uitzicht op de Erasmusbrug en de museumhaven voor. En de bar/brasserie heet... 'Water'.

● The only hotel in the city with its own swimming pool, the Inntel also boasts superb views of the Erasmus Bridge and the museum harbour, making this a delightful place to stay. Enjoy a drink in the aptly named 'Water' bar-brasserie.

Pincoffs *zonder rest*
🛏 🖾 ℁ 🛜 ঐ 🅿

Stieltjesstraat 34 (Entrepothaven-Kop van Zuid)   Plattegrond: C2**a**
⊠ *3071 JX – ℰ (0 10) 297 45 00 – www.hotelpincoffs.nl – gesloten 24 tot 28 december*

16 kam – ♦119/185 € ♦♦129/185 €, ⌖ 18 € – 1 suite

● Dit trendy gerenoveerde douanekantoor is de place to be voor wie de stad wil verkennen maar zich ook wil verwennen. Badkamerspulletjes van Bulgari, uw favoriete muziek in het iPod-station en een onberispelijke, warme service: het plaatje klopt!

● This trendy renovated customs office is the place to be for visitors wanting to explore the city and indulge in a little pampering. Bulgari accessories in the bathroom, your favourite music on the iPod docking station and impeccable, friendly service all add to the appeal.

Savoy *zonder rest*
⅃ふ 🛏 🖾 ℁ 🛜 ঐ

Hoogstraat 81 ⊠ *3011 PJ – ℰ (0 10) 413 92 80*   Plattegrond: F1**z**
– www.hampshire-hotels.com

94 kam – ♦62/280 € ♦♦62/280 €, ⌖ 18 €

● Als u naar Rotterdam gaat, moeten de kubuswoningen van Blom zeker op uw todolijstje staan, en daarvoor is dit functionele moderne hotel ideaal gelegen.

● This functional, modern hotel is ideally located for a visit to Rotterdam's famous cube houses, making this the perfect choice for visitors to the city.

New York
≤ 🛏 ⌕ 🖾 kam, ℁ 🛜 ঐ

Koninginnenhoofd 1 (Wilhelminapier) ⊠ *3072 AD*   Plattegrond: F3**m**
– ℰ (0 10) 439 05 00 – www.hotelnewyork.nl

72 kam – ♦99/315 € ♦♦99/315 €, ⌖ 18 €

Rest – Menu 40 € – Carte 34/53 € – *(open tot 23.00 u.)*

● Wie bij New York logeert, ervaart even de opwinding van de avonturiers die hier vroeger hun ticket kwamen kopen om de grote oversteek te maken. Alles straalt karakter en dynamiek uit: van de sierlijke kamers tot het eetcafé, dat groot en gezellig druk is.

● Stay at the New York hotel and experience the excitement of the fortune-seekers who came to buy their tickets here for the ocean crossing to New York. The whole place radiates character and dynamic energy, from the elegant rooms to the large restaurant, which has a pleasant lively ambience.

Quartier du Port
🛜 ⌕ 🛏 🖾 🛜 ঐ

Van Vollenhovenstraat 48 ⊠ *3016 BJ – ℰ (0 10)*   Plattegrond: E3**k**
240 04 25 – www.quartierduport.nl

20 kam ⌖ – ♦95/135 € ♦♦95/135 €

Rest – Lunch 28 € – Menu 34 € – Carte 37/59 € – *(gesloten zaterdagmiddag en zondag)*

● Er hangt een vleugje nostalgie in de receptie, een gevoel van ruimte en openheid in de kamers en overal ervaart u een warme sfeer van gastvrijheid. Smullen van het ontbijt kan in de bakkerij naast het hotel, de kaart van het restaurant is klassiek en wordt vaak gewijzigd.

● A boutique hotel with a warm, welcoming atmosphere, a feeling of space and openness in the guestrooms, and just a hint of nostalgia in the reception area. Tuck into breakfast in the bakery next to the hotel. The restaurant menu is traditional and changes regularly.

Van Walsum zonder rest ▤ ⌘ 🛜 **P.**

Mathenesserlaan 199 ✉ *3014 HC –* 𝒞 *(0 10)*   Plattegrond: B2**e**
436 32 75 – www.hotelvanwalsum.nl
28 kam 🛏 – ☖70/105 € ☖☖80/130 €

● Stilstand is achteruitgang voor de familie Van Dam, die al drie generaties lang aan het roer van dit hotel staat. De kamers worden hier dan ook met de regelmaat van de klok vernieuwd, vraag bij uw reservatie naar een gerenoveerde kamer.

● The Van Dam family, who have been running this hotel for three generations, don't believe in standing still. Renovations take place here on a regular basis, so it is worth asking for a refurbished room when you book.

🍴🍴🍴🍴 Parkheuvel (Erik van Loo) 🕸 ≤ 🍽 ⇔ **P.**

❀❀ *Heuvellaan 21* ✉ *3016 GL –* 𝒞 *(0 10) 436 07 66*   Plattegrond: E3**n**
– www.parkheuvel.nl – gesloten 27 december-8 januari, 15 tot 19 februari, 2 tot 24 augustus, feestdagen uitgezonderd kerstmis, zaterdagmiddag en zondag
• CREATIEF • Lunch 35 € – Menu 75/150 € ♟ – Carte 86/126 €

● Parkheuvel is binnen de Nederlandse gastronomie een haast mythische plek. Hier wordt een traditie van culinaire excellentie verdergezet met de nobelste producten (wagyu-rund, kaviaar en meer) als strijdwapens, in creaties waar diep is over nagedacht zonder ooit vergezocht te zijn. Mooi gelegen langs de Maas.

● A semicircular modern pavillion located on the Maas by a park with bay windows and a terrace overlooking the harbour. Lovely remodelled art deco interior, extensive menu and wine list, as well as impeccable service.

➔ Ravioli van zwarte kip met gebakken nieroogkreeftjes. Proeverij van lam met een ravioli van de nier en de zwezerik met artisjok en tomaat. Tartaar van gemarineerde aardbei, aardbei krokant en roomijs van peper.

🍴🍴🍴 Old Dutch 🍽 ⌘ ⇔ ⊐🍴 **P.**

Rochussenstraat 20 ✉ *3015 EK –* 𝒞 *(0 10) 436 03 44*   Plattegrond: E2**r**
– www.olddutch.net – gesloten feestdagen, zaterdag en zondag
• FRANS MODERN • Lunch 38 € – Menu 43/60 € – Carte 55/92 €

● Een brigade in kostuum, met vlinderdasjes, die de versnijdingen aan tafel doet: in deze klassieke zaak hangt de sfeer van een gentlemen's club. Het terras is heerlijk ruim. Vertrouwde producten krijgen een frisse tint, zoals de gemarineerde Schotse zalm in combinatie met fijn witlof met walnoten, appel en crème fraîche.

● With its serving staff decked out in suits and bow ties, this traditional restaurant with an incredibly spacious terrace has the atmosphere of a gentlemen's club. Familiar produce is given a fresh twist, such as marinated Scottish salmon served with chicory, walnuts, apple and crème fraîche. Meat is even sliced at your table.

🍴🍴🍴 Wereldmuseum ♿ 🅰 ⌘

❀ *Willemskade 25* ✉ *3016 DM –* 𝒞 *(0 10) 270 71 85*   Plattegrond: E3**z**
– www.wereldmuseum.nl – gesloten 25 december-7 januari, 27 april, 4 tot 24 augustus, zaterdagmiddag en maandag
• MODERN • Lunch 30 € – Menu 40/65 € – Carte 48/71 €

● Dit kokette restaurant heeft net als zijn buur enkele pareltjes in huis. Denk maar aan het prachtige zicht dat u hebt op de historische veerhaven. Ook de ambitieuze kookstijl van de chef is geëvolueerd tot een trekpleister (reserveren aangeraden): doorspekt met moderne invloeden, zonder onnodige opsmuk, maar boordevol smaak!

● Just like its neighbour, this fashionable restaurant has plenty of draws; starting with beautiful views over the historic port. The ambitious cooking style of the chef has evolved and is now an attraction in its own right. Dishes are modern, without unnecessary frippery, and are full of flavour.

➔ Geschroeide langoustines met doperwten, kropsla en lardo. Gebakken duif met tuinbonen, rauwe cacao en de pootjes gestoofd. Ganache van chocolade, cabernet sauvignonazijn, eucalyptus en cassissorbet.

Standing : verwacht niet dat de service in een 🍴 of een 🏠 dezelfde is als 🍴🍴🍴🍴🍴 of een 🏨🏨🏨.

XXX **Amarone** (Gert Blom) ⏸️ AC ⚙️
😊 *Meent 72a ⊠ 3011 JN – ℰ (0 10) 414 84 87* Plattegrond: F1**a**
– www.restaurantamarone.nl
– gesloten 31 december-3 januari, 27 juli-15 augustus, feestdagen,
zaterdagmiddag en zondag
• CREATIEF • Lunch 35 € – Menu 60/80 € – Carte 68/90 €
● Amarone: de elegantie en de superieure kwaliteit van deze wijn vindt u terug in de geest van dit fashionable stadsrestaurant. Hier harmoniëren topproducten in inventieve creaties!
● This fashionable city restaurant emanates the same elegance and superior quality as the fine wine from which it takes its name. Inventive cuisine made from the best ingredients.
➜ Carpaccio van coquilles met een schuim van parmezaan en truffel. Kreeft met witlof en gesmolten ganzenlever, krokante aardappel. Vla van citroengras met passievruchtmeringue, amandelcake en chocoladebeignets.

XXX **FG - François Geurds** AC ⚙️ **P**
😊😊 *Lloydstraat 204 ⊠ 3024 EA – ℰ (0 10) 425 05 20* Plattegrond: B3**x**
– www.fgrestaurant.nl – gesloten eind december-begin januari, eerste 3
weken augustus, zondag en maandag
• INNOVATIEF • Lunch 45 € – Menu 81/151 € – Carte 82/108 €
● U zult ongetwijfeld onder de indruk zijn van dit spectaculaire restaurant. Vergis u echter niet: de kookstijl van de chef is geen gratuit gegoochel, het samenspel van smaken kan ook op zich overtuigen. Deze culinaire kwajongen leerde zijn vak in The Fat Duck, en dat merkt u. FG is de afkorting van François Geurds, maar het staat eveneens voor fantastisch en geweldig!
● This exclusive, spectacular restaurant could hardly be more impressive. The chef's style of cooking is not only clever and highly innovative, but also features convincing combination of flavours. It therefore comes as no surprise to learn that this culinary genius learnt his craft at The Fat Duck. FG could easily stand for fantastically good!
➜ Kwartelgelei en langoustine met een kruideninfusie en eendenlever. Duifje met kersentexturen en foie gras in twee bereidingen. Wentelteefje met olijf en epoissekaas.

XX **Huson** 🍴 AC ↔️
😊 *Scheepstimmermanslaan 14 ⊠ 3011 BS – ℰ (0 10)* Plattegrond: E3**f**
413 03 71 – www.huson.info – gesloten 25 december-1 januari, laatste week
juli-eerste 2 weken augustus, zaterdagmiddag en zondag
• EURO-AZIATISCH • Menu 34/44 € – Carte 42/53 €
● Trendy zaak met klasse, waar net als in de nabijgelegen haven een gezellige bedrijvigheid heerst. Twee kaarten (Japans en internationaal) met als uitschieter heerlijke sushigerechten. De prijs-kwaliteitsverhouding is niet te verslaan.
● This trendy and classy restaurant is characterised by the same friendly bustling ambience as the nearby port. It offers two menus: one Japanese and one international. The delicious sushi dishes are particularly recommended. Unbeatable value for money.

XX **De Harmonie** 🍴 ↔️
Westersingel 95 ⊠ 3015 LC – ℰ (0 10) 436 36 10 Plattegrond: E2**c**
– www.deharmonierotterdam.nl – gesloten 25 december-1 januari, laatste week
juli-eerste week augustus, feestdagen, zaterdagmiddag en zondag
• MODERN • Lunch 35 € – Menu 54/71 € – Carte ong. 44 €
● Marco Somer kookte onder meer bij Gordon Ramsey (in restaurant Maze, Londen) en zet al zijn ervaring in om een eigen en moderne keuken voor te schotelen. Er wordt gewerkt met een formule van kleine bordjes tegen een vaste prijs. U vindt hier pure en eerlijke smaken in harmonie.
● Having learned his culinary craft from chefs such as Gordon Ramsay (in London's Maze restaurant), Marco Somer is now putting this experience to good use and is making his mark with his own, contemporary cuisine. He offers small dishes of harmonious, authentic flavours at a fixed price.

331

XX **Zeezout**   🛖 AK

Westerkade 11b ✉ *3016 CL* – 𝒞 *(0 10) 436 50 49*   Plattegrond: E3**e**
– *www.restaurantzeezout.nl* – *gesloten zondagmiddag en maandag*
• VIS EN ZEEVRUCHTEN • Lunch 35 € – Menu 48/58 € – Carte 54/65 €
• Het beste van het water[2]: in het schipperskwartier van een van de belangrijkste
havensteden ter wereld eet u vis, vis... en nog eens vis. De dorade in zoutkorst is
hier echt een topper! Het decor is stijlvol, de sfeer gezellig.
• The only sensible thing to eat in the skippers' quarter of one of the main ports
of the world is fish, fish and... more fish! The dorado in salt crust is a real treat
here. Stylish decor with a cosy atmosphere.

XX **Allure**   ⪜ 🛖 AK ✄

Cargadoorskade 107 ✉ *3071 AW* – 𝒞 *(0 10)*   Plattegrond: C2**c**
486 65 29 – *www.restaurant-allure.nl* – *gesloten 26 december-2 januari en*
maandag
• MODERN • Lunch 30 € – Menu 35/67 € – Carte 46/60 €
• Het design interieur, met een paarse accentkleur, sluit mooi aan op het fantastische zicht dat u hier hebt van de jachthaven. De borden worden prachtig en
met veel kleur gepresenteerd. Een moderne keuken met allure.
• This restaurant's purple designer-style interior blends harmoniously with its
spectacular view of the marina. The dishes are beautifully presented with a blaze
of colour. Attractive, modern cuisine with plenty of appeal.

XX **Asian Glories**   AK ⇄

😊 *Leeuwenstraat 15* ✉ *3011 AL* – 𝒞 *(0 10) 411 71 07*   Plattegrond: F1**m**
– *www.asianglories.nl* – *gesloten woensdag*
• CHINEES • Menu 30/49 € – Carte 29/49 €
• In dit leuke restaurant wordt de Chinese keuken geroemd, en hoe! U krijgt er
een heerlijk overzicht van de culinaire tradities van Kanton en Sichuan. Laat u
zeker verleiden door de pekingeend en de dimsum: de combinatie van fijne smaken maakt van deze lekkernijen absolute aanraders!
• Asian Glories offers an authentic, high quality Chinese cuisine, which focuses
on the culinary traditions of Canton and Szechuan. Specialities on the menu include the Peking duck and the delicious dim sum, a type of Oriental dumpling
that is served either boiled or fried.

X **FG Food Labs** ⓝ   🛖

❀ *Katshoek 41* ✉ *3032 AE* – 𝒞 *(0 10) 425 05 20*   Plattegrond: EF1**t**
– *www.fgfoodlabs.nl* – *gesloten eind december-begin januari, maandag en*
dinsdag
• INNOVATIEF • Lunch 35 € – Menu 50/70 € – Carte 48/76 €
• Een smaaklaboratorium dat in een hippe versie van een treintunnel huist: van
trendy Rotterdam gesproken … De zoektocht naar smaken en texturen, het aftas-
ten van de limieten, hoe je het beste uit producten haalt: dat drijft de chefs naar
een keuken die inventief is en punch heeft. Heerlijk om hier proefpersoon te zijn.
• This 'taste laboratory' housed in a trendy version of a train tunnel is definitely
part of the Rotterdam scene. The emphasis is on new flavours and textures and
on pushing culinary boundaries. This results in inventive cuisine that is bold and
full of character.
➜ Kreeft met koko's. Kalfszwezerik met pastinaak. Mousse van drop met roomijs
van zoethout en een gel van dragon.

X **De Engel**   AK ⇄

Eendrachtsweg 19 ✉ *3012 LB* – 𝒞 *(0 10) 413 82 56*   Plattegrond: E2**z**
– *www.restaurant-deengel.nl* – *gesloten 1 januari, 27 april, zaterdagmiddag en*
zondag
• KLASSIEK • Lunch 33 € – Menu 40/70 €
• Men neme een snuifje ouderwetse grandeur, een flinke scheut relaxte
ambiance en laat dit sudderen in een gezellig herenhuis. Resultaat: de geknipte
locatie om van een seizoensgebonden keuken met Franse signatuur te genieten.
Menu's op maat.
• The relaxed ambience and hint of old-fashioned grandeur in this welcoming
townhouse make it the perfect place for an enjoyable meal. Seasonal cuisine
with a French flavour and numerous options on the menu.

La Stanza

Van Vollenhovenstraat 19 ⊠ 3016 BE – ℰ (0 10) Plattegrond: E3**x**
277 14 14 – www.lastanza.nl – gesloten 31 december-1 januari, zaterdagmiddag
en zondag
• MEDITERRAANS • Menu 30/47 € – Carte 43/62 €
● Het informele La Stanza zet koers richting de Middellandse Zee, met de zoon
des huizes aan het roer. Op het menu: bisque van schaaldieren met ravioli van
gamba's en groenten, kotelet van Iberico varken en fettuccine met artisjok.
● The informal La Stanza restaurant specialises in Mediterranean cuisine, with the
owner's son at the helm. Delicacies include shellfish bisque with ravioli made from
king prawns and vegetables, Iberico ham chops and fettuccine with artichoke.

Oliva

Witte de Withstraat 15a ⊠ 3012 BK – ℰ (0 10) Plattegrond: E2**q**
412 14 13 – www.restaurantoliva.nl – gesloten 25 december-1 januari
• ITALIAANS • Menu 34/44 € – Carte 33/51 € – (alleen diner)
● Oliva trekt de kaart van de down-to-earth Italiaanse gastronomie. Een leitje met
suggesties en een keuken met verse seizoensgebonden producten: meer is er
niet nodig voor een smakelijke avond.
● Lively Italian restaurant with a loft-inspired ambience. Open kitchen, simple
menu and daily specials chalked on a board.

Rosso

Van Vollenhovenstraat 15 (toegang langs Westelijk Plattegrond: E3**b**
Handelsterrein) ⊠ 3016 BE – ℰ (0 10) 225 07 05 – www.rossorotterdam.nl
– gesloten eerste week augustus, zondag en maandag
• FRANS CREATIEF • Menu 35 € – Carte 26/40 € – (alleen diner tot 23.00 u.)
● Rode accenten kleuren het interieur dat lekker loungy en intiem is. Een hippe
plek om te genieten van lekkere wijn en een menu dat u naar eigen meug
samenstelt: u hebt de keuze uit allerhande kleine gerechtjes die to the point
zijn, op basis van kwaliteitsproducten. Bij Rosso smult u in een leuke ambiance.
● Shades of red lend colour to the relaxed and intimate interior of this trendy
restaurant. It offers fine wines and a menu that you can put together as you
please, choosing from a variety of small dishes prepared with top quality produce. Excellent food and an attractive ambience.

Las Palmas

Wilhelminakade 330 (ingang aan de Otto Plattegrond: F3**a**
Reuchlinweg) ⊠ 3072 AR – ℰ (0 10) 234 51 22 – www.hermandenblijker.nl
– gesloten zaterdagmiddag
• KLASSIEK • Lunch 23 € – Menu 50/70 € – Carte 49/82 €
● In de nieuwe brasserie van Herman den Blijker, in loftstijl, is het altijd druk. U
ziet hier wat op uw bord komt: vlees rijpt er in speciale kasten, schelpdieren liggen in een vitrine en de keuken, op een verhoog, is helemaal open. De verse producten worden in herkenbare gerechten geserveerd.
● There's always plenty going on at Herman den Blijker's new brasserie, which is
styled as a loft. You get a sneak preview before your meal arrives: meats age in
special cabinets, the shellfish is on display and the open kitchen is on a raised
platform. Dishes are recognisable and produce is fresh.

Kwiezien

Delistraat 20 (Katendrecht) ⊠ 3072 ZK Plattegrond: C3**a**
– ℰ (0 10) 215 14 40 – www.kwiezien.nl
– gesloten 25, 26, 31 december en maandag
• KLASSIEK • Carte ong. 27 €
● Karin en Remco werken in hun open keuken alleen met verse producten. De
gerechten worden begeleid door bijhorende wijnen, die per glas verkrijgbaar
zijn. Het patioterras – met wijnstokken – is klein en intiem.
● Only the freshest products are used in the open kitchen, which is overseen by
Karin and Remco. Wines are offered by the glass and each dish comes with a rec-
ommendation; even the intimate terrace has its own grapevine.

✗ Borgo d'Aneto ⟨ 🛈 AC 🍴

Nijverheidstraat 2 (Feijenoord) ✉ *3071 GC –* ✆ *(0 10)* Plattegrond: D2**b**
290 77 32 – www.borgodaneto.nl – gesloten zaterdagmiddag, zondag, maandag
en dinsdag
• ITALIAANS • Menu 35/40 €
● In een rumoerige maar gezellige sfeer serveert Faouzi Chihabi een pure Italiaanse keuken, waarin alles rond mooie en smaakvolle producten draait. Het vuur
van de kok proef je in je bord. En dat met een fantastisch zicht op de skyline van
Rotterdam.
● In a bustling but cosy atmosphere, Faouzi Chihabi dishes up pure Italian cuisine
with an emphasis on beautiful and tasty produce. The chef's passion is evidenced
by the food, which can be savoured while admiring the fantastic view of the Rotterdam skyline.

✗ C.E.O baas van het vlees 🅝 🛈 ⇧

Sumatraweg 1 (Katendrecht) ✉ *3072 ZP –* ✆ *(0 10)* Plattegrond: C3**b**
290 94 54 – www.ceobaasvanhetvlees.nl – gesloten 19 juli-7 augustus, zondag en
maandag
• VLEES EN GRILL • Carte 46/76 € – *(alleen diner tot 23.00 u.)*
● A point of saignant? Met verse frieten en huisgemaakte mayonaise? Dit zijn het
soort vragen waar u zich in deze levendige bistro aan mag verwachten. Maar dé
kopbreker is: welk stuk Amerikaans kwaliteitsvlees kiest u?
● A lively bistro where prime quality American meat takes pride of place on the
menu. All you have to decide is how you would like your meat cooked and
whether you would like French fries and homemade mayonnaise to go with
your meal.

STADSRAND

in Kralingen

✗✗✗✗ Fred (Fred Mustert) AC 🍴 ⊶ diner

❀ ❀ *Honingerdijk 263* ✉ *3063 AM –* ✆ *(0 10) 212 01 10* Plattegrond: D2**x**
– www.restaurantfred.nl
– gesloten 27 juli-9 augustus, 25 december-3 januari, zaterdagmiddag en
zondag
• FRANS CREATIEF • Lunch 45 € – Menu 99 € – Carte 79/96 €
● 'Less is more', daar staat Fred voor. Het decor is een voorbeeld van hedendaagse elegantie: oogverblindend door zijn klasse en eenvoud. En wat dan
gezegd over de verfijnde gerechten: weldoordachte creaties waarin elk ingrediënt
zijn functie heeft en voor spanning zorgt. Alles klopt! Fred Mustert levert hier culinair maatwerk.
● 'Less is more' is Fred's philosophy. The decor is contemporary and elegant;
stunning because of its class and simplicity. And the dishes? They are refined,
well considered creations, where every ingredient has a function. Fred Mustert
delivers a personalised experience, where everything matches.
➜ In champagnevinaigrette gemarineerde zeebaars, gezouten citroen, crème van
parmezaan en truffel. Gebakken tarbot met gestoofde morieljes en asperges. De-
lice van karamel, chocolade en witte chocolademousse.

✗✗✗ In den Rustwat 🛈 AC ⇧

😊 *Honingerdijk 96* ✉ *3062 NX –* ✆ *(0 10) 413 41 10* Plattegrond: D2**e**
– www.idrw.nl – gesloten 27 december-9 januari, 27 juli-17 augustus,
zaterdagmiddag, zondag en maandag
• MODERN • Lunch 33 € – Menu 35/58 € – Carte ong. 55 €
● Een rieten dak, een geschiedenis die teruggaat tot in de 16de eeuw en een
idyllische locatie, bij een arboretum: In den Rustwat is een vreemde eend in de
bijt in het grootsteedse Rotterdam. Hier echter geen traditionele kost, maar de
keuken van vandaag in gezochte gerechten met een overvloed aan producten
en bereidingen.
● In den Rustwat adds an exotic touch to metropolitan Rotterdam with its
thatched roof, history dating back to the 16C and an idyllic setting close to an
arboretum. The food here is anything but traditional, offering contemporary-style
dishes with an abundance of ingredients and cooking methods.

OMGEVING

in Capelle aan den IJssel Oost : 10 km

🍴🍴 **China**   ⚐ 🆊

😊 *Slotplein 11 ✉ 2902 HP – ✆ (010) 450 61 43 – www.china-capelle.nl – gesloten maandag*
- KANTONEES • Menu 24/40 € – Carte ong. 40 € – *(alleen diner)*
- In tegenstelling tot wat de naam laat vermoeden, is dit geen typische Chinees: de inrichting is modern oosters en de keuken Kantonees met een zeker raffinement. Deze zaak is al meer dan 40 jaar een publiekslieveling, en dat moet je verdienen.
- Its name suggests otherwise but China is not a typical Chinese restaurant. The interior is modern oriental in style and the cuisine is Cantonese with a sophisticated edge. This restaurant has been a richly deserved favourite with the public for more than 40 years.

🍴 **Perceel** (Jos Grootscholten)   🏠

✿ *Dorpsstraat 3 ✉ 2902 BC – ✆ (0 10) 227 19 22 – www.restaurantperceel.nl – gesloten zaterdagmiddag, maandag en dinsdag*
- MODERN • Lunch 35 € – Menu 40/70 € – Carte ong. 70 €
- Als een jong stel met een indrukwekkend palmares (met topzaken als Noma en Beluga) hun schouders onder hun eigen project zetten, dan zetten uw smaakpapillen zich maar beter schrap: ervaar hier zelf hoe de chef in symbiose treedt met de natuur en de puurheid van de smaak laat primeren. De bediening is ook helemaal top!
- When a young couple with an impressive record of achievement (in such top restaurants as Noma and Beluga) decide to put all their energy into a project of their own, then it's time to pay attention. The cuisine served focuses on natural flavours and high quality produce, providing a real treat for the taste buds. Excellent service.
- ➜ Eendenlever met avocado, witte druiven en gekaramelliseerde noten. Zeeduivel met feta, appel en kerrie. Structuren van kokos, ananas en yoghurt.

in Rhoon Zuid : 10 km

🍴🍴🍴 **Biggo**   ⟵ 🏠 🍴 ⟳ 🅿

Dorpsdijk 63 (Het Kasteel van Rhoon) ✉ 3161 KD – ✆ (0 10) 501 88 96 – www.hetkasteelvanrhoon.nl – gesloten zaterdagmiddag en zondagmiddag
- MODERN • Menu 32/84 € – Carte 51/58 €
- Modern, comfortabel restaurant in de bijgebouwen van een kasteel met slotgracht. In een warm decor of op het tuinterras bij het water, hier worden eigentijdse gerechten uit de "nieuwe Nederlandse keuken" geserveerd. Laat de chef voor u kiezen en geniet van kleine gerechtjes aan voordelige prijzen.
- Modern, comfortable restaurant in the outbuildings of a castle with a moat. It serves contemporary 'new Dutch cuisine' in a warmly decorated dining room or on the garden terrace near the water. Allow the chef to decide the menu for you and enjoy a range of small, attractively priced dishes.

ROTTEVALLE (ROTTEFALLE) – Fryslân ➜ Zie Drachten

ROZENDAAL – Gelderland ➜ Zie Arnhem

RUINERWOLD
Drenthe – De Wolden 23 761 inw. – Atlas: **1-A2**
◳ Amsterdam 150 km – Assen 47 km – Groningen 73 km – Lelystad 94 km
Michelin wegenkaart 531-W6 en 715-J3

⌂ **Het Heerenhuys** zonder rest   🛏 🆊 🍴 📶 🅿

Dijkhuizen 121 ✉ 7961 AJ – ✆ (0 522) 48 10 77 – www.hotelhetheerenhuys.nl
5 kam ⌑ – ✝85/95 € ✝✝105/120 €
- De kamers in dit voorname pand uit 1878 hebben elk een eigen sfeer en zijn licht, rustig en ruim. Tuin met buksbomen, lavendel, terras en speeltuintje.
- Beautiful mansion dating from 1878 where guests sleep in individualised bedrooms, which are quiet, spacious and bright. Boxwood hedges, lavender and children's play area in the garden.

RUURLO

Gelderland – Berkelland 44 769 inw. – Atlas: **6-D2**
▶ Amsterdam 134 km – Arnhem 53 km – Apeldoorn 45 km – Doetinchem 21 km
Michelin wegenkaart 532-X10 en 715-K5

Avenarius 🛋 🚲 📶 🍴 kam, 📶 🛎 🅿️

Dorpsstraat 2 ⊠ 7261 AW – ℰ (0 573) 45 11 22 – www.avenarius.nl – gesloten 28 december-4 januari
29 kam 🛏 – †70/88 € – ††99/140 € – ½ P
Rest – Menu 33/50 € – Carte ong. 40 €

● Een 100-jarig hotelpand met recente vleugel. Moderne, comfortabele kamers. Vergaderfaciliteiten. Voor feesten en partijen is er de oranjerie van het kasteel, 1 km verderop. Chic restaurant en een Frans-Italiaanse keuken met een vleugje exotiek. Mooi terras.

● This hundred year old hotel and 21C wing are home to modern, comfortable rooms and seminar facilities. The castle orangery, 1km away, is ideal for receptions. Stylish restaurant whose Franco-Italian menu has an exotic twist. Lovely terrace.

🍴 De Tuinkamer met kam 🍷 🛋 🚲 🍴 kam, 📶 ♻️ 🅿️

Hengeloseweg 1 (Zuid-West : 3 km) ⊠ 7261 LV – ℰ (0 573) 45 21 47 – www.hoteldetuinkamer.nl – gesloten 1 tot 22 januari, 29 juni-15 juli, dinsdag van 15 september tot 1 mei en maandag
9 kam 🛏 – †70/100 € ††89/119 € – ½ P
Menu 35/69 € – Carte 48/59 € – *(alleen diner)*

● Deze voormalige boerderij even buiten Ruurlo valt goed in de smaak vanwege de huiselijke ontvangst, de moderne serre met zicht op het tuinterras, en de goede, smaakvolle seizoenmenu's. Standaard- en luxekamers. Lounge met rustieke charme.

● This old country farmstead is noted for its warm, family welcome, a modern conservatory overlooking the garden terrace, and its seasonal menus of wholesome generous flavours. Standard and luxury rooms. Rustically appointed sitting room.

Zin om te vertrekken op de laatste minuut?
Bezoek de hotels op het internet om van promotieprijzen te genieten.

SANTPOORT

Noord-Holland – Velsen 67 122 inw. – Atlas: **11-A3**
▶ Amsterdam 24 km – Haarlem 7 km
Michelin wegenkaart 531-M8 en 532-M8 en 715-E4

Landgoed Duin en Kruidberg 🌿 ⟨ 🍷 🎡 🎭 🚲 📶 🎬 🍴 📶 🛋

Duin en Kruidbergerweg 60 (Santpoort-Noord) ⊠ 2071 LE – ℰ (0 23) 512 18 00 – www.duin-kruidberg.nl – gesloten 27 december-7 januari
73 kam – †110/275 € ††110/275 €, 🛏 20 € – 2 suites
Rest *De Vrienden van Jacob* ✿ **Rest** *Brasserie DenK* – zie restaurantselectie

● Prachtig huis uit 1900 op een landgoed met een vijver. Klassiek interieur met veel kunstobjecten, schitterende lounge en twee soorten kamers. Congressen en seminars.

● Hotel built in 1900 in a park containing a small lake. Classic décor with objets d'art, a superb lounge and two types of rooms. Seminar and conference facilities.

🏠 Bastion 🎬 📶 🎬 kam, 📶 📶 🅿️

Vlietweg 20 ⊠ 2071 KW – ℰ (0 23) 538 74 74 – www.bastionhotelgroep.nl
87 kam – †80/140 € ††80/140 €, 🛏 14 € – ½ P
Rest – Carte 24/37 € – *(open tot 23.00 u.)*

● Dit functionele ketenhotel aan de snelweg, nabij Santpoort, Velsen en Haarlem, is een praktisch adres voor gasten uit het lokale bedrijfsleven.

● This functional chain hotel near the motorway, at a crossroads between the towns of Santpoort, Velsen and Haarlem, is practical for people working with businesses in the surrounding area.

XXXX   **De Vrienden van Jacob** – Hotel Landgoed Duin en Kruidberg

Duin en Kruidbergweg 60 (Santpoort-Noord) ✉ *2071 LE*
– ℰ (0 23) 512 18 00 – www.devriendenvanjacob.nl – gesloten
25 december-6 januari, zondag en maandag
Menu 65/110 € – Carte 64/83 € – *(alleen diner)*
● Statig kasteeltje op een landgoed, met chique inrichting. Creatieve, verfijnde keuken, mooie en goed toegelichte wijnkaart, verzorgde bediening en luxueus rooksalon. Kortom alles voor een topavond!
● A stately castle within its own grounds with a chic decor. Creative, refined cuisine, a good and informative wine list, immaculate service and a luxury smoking room. A perfect setting for a splendid dinner.
→ Paella met kreeft, scheermes, bouchotmosseltjes en krokante kip. Tamme konijnenrug met rillettes van de bout, cantharellen en rauwe amandelen. Gepocheerde perzik met witte chocoladeparfait, braambessen en popcorn met yoghurt.

XX   **Brasserie DenK** – Hotel Landgoed Duin en Kruidberg

Duin en Kruidbergweg 60 (Santpoort-Noord) ✉ *2071 LE* – ℰ *(0 23) 512 18 00*
– www.duin-kruidberg.nl – gesloten 27 december-6 januari
Menu 35/42 € – Carte 37/45 €
● De brasserie van Duin en Kruidberg (vandaar de naam, D en K) staat voor actuele brasseriekeuken in een modern interieur. Cocktails en meer in de loungebar.
● Duin and Kruidberg's brasserie (hence the name DenK) serves contemporary brasserie cuisine in a modern decor. Cocktails and more in the lounge bar.

SAS VAN GENT
Zeeland – Terneuzen 54 729 inw. – Atlas: **15**-A3
▶ Amsterdam 214 km – Middelburg 42 km – Antwerpen 49 km – Brugge 46 km
Michelin wegenkaart 532-H15 en 715-C8

▣   **Royal**

Gentsestraat 12 ✉ *4551 CC* – ℰ *(0 115) 45 18 53 – www.royalhotels.nl*
52 kam 🛏 – †69/125 € ††85/145 € – ½ P
Rest *Bottles* – zie restaurantselectie
● Studio's, junior suites, 1- en 2-persoonskamers, indoor zwembad, vergaderzalen en sauna delen de dependances van het hotel, dat sinds 1956 in familiebeheer wordt gerund.
● This hotel has been in the same family since 1956. The apartments with kitchenette, junior suites, double or single rooms, indoor pool, sauna and meeting rooms are located in the outbuildings.

XX   **Bottles** – Hotel Royal

Gentsestraat 12 ✉ *4551 CC* – ℰ *(0 115) 45 18 53 – www.restaurantbottles.com*
– gesloten zaterdagmiddag en zondag
Lunch 28 € – Menu 35/46 € – Carte 50/59 €
● Trendy designrestaurant waar lekkerbekken altijd aan hun trekken komen. Eigentijdse keuken op basis van streekproducten. Prachtig assortiment wijnen, uit Bordeaux en omstreken, bewaard in de grote wijnklimaatkamer achterin.
● This trendy designer restaurant always hits the spot for food aficionados. Contemporary cuisine based on regional products. Superb assortment of wines, from Bordeaux and elsewhere, stored in a large climate-controlled wine cellar at the back of the restaurant.

SCHAGEN
Noord-Holland – 45 978 inw. – Atlas: **11**-A2
▶ Amsterdam 64 km – Haarlem 59 km – Alkmaar 19 km – Den Helder 23 km
Michelin wegenkaart 531-N6 en 715-F3

Slothotel Igesz

Markt 22 ✉ *1741 BS –* ☏ *(0 224) 21 48 24 – www.igesz.nl – gesloten 28 december-4 januari en 19 tot 28 juni*

34 kam – ♦80/90 € ♦♦90/100 €, ⌣ 13 € – ½ P

Rest De Gastheer – Menu 33 € – Carte 35/56 € – *(alleen diner)*

● Een klassiek pand met comfortabele kamers. Meer luxe vindt u in het kasteeltje, waar een brug met oude torens de wacht houdt. Eigentijds restaurant met moderne verlichting, klassieke stoelen en culinaire foto's als decoratie. Tuin met terras. Eerlijke keuken met streekproducten.

● An old building with comfortable rooms. Cosier nights in the little château protected by a bridge flanked by two towers. A contemporary restaurant with trendy, classic chairs and culinary photos on the walls. Garden with patio. Honest cuisine with regional produce.

TOV

Loet 8 ✉ *1741 BP –* ☏ *(0 224) 29 94 32 – www.restauranttov.nl – gesloten 31 december, maandag en dinsdag*

Menu 35/125 € ♟ – Carte 51/72 € – *(alleen diner)*

● TOV staat voor Team Onvergetelijk Verrassend, waarmee direct duidelijk wordt wat ze hier voor u in petto hebben: een jong team boordevol enthousiasme in een fashionable restaurant waar alles geregeld volgens de regels van de kunst. De creatieve chef kiest resoluut voor een hedendaagse kookstijl.

● TOV stands for Team Onvergetelijk Verrassend (literally, an unforgettably surprising team), giving an indication of what is in store at this trendy restaurant. The young staff are full of enthusiasm and everything is organised just as it should be. Resolutely contemporary-style cuisine created by an imaginative chef.

SCHERPENISSE

Zeeland – Tholen 25 514 inw. – Atlas: **15-B2**

▶ Amsterdam 141 km – Middelburg 71 km – Bergen op Zoom 20 km – Breda 57 km Michelin wegenkaart 532-J13 en 715-D7

Vis aan de Markt met kam

Hoge Markt 8 ✉ *4694 CG –* ☏ *(0 166) 66 39 01 – www.visaandemarkt.nl – gesloten eerste week januari*

4 kam ⌣ – ♦135 € ♦♦135 € – 1 suite – ½ P

Menu 27/60 € – *(gesloten maandag, dinsdag en woensdag van september tot maart) (alleen diner)*

● Deze voormalige dorpsherberg wijkt niet af van zijn sterk elan: goede streekproducten in een eerlijk menu. Het achterterras is goed beschut tegen de wind. Geriefelijke kamers in dit afgelegen stukje Zeeland, ver van druk toerisme.

● This former village inn offers a reliable menu featuring good regional produce. The terrace to the rear is sheltered from the wind. Comfortable rooms in this quiet corner of Zeeland, which is situated off the beaten track.

SCHERPENZEEL

Gelderland – 9 498 inw. – Atlas: **5-B2**

▶ Amsterdam 64 km – Arnhem 34 km – Amersfoort 13 km – Utrecht 29 km Michelin wegenkaart 532-R10 en 715-H5

De Witte Holevoet

Holevoetplein 282 ✉ *3925 CA –* ☏ *(0 33) 277 91 11 – www.witteholevoet.nl – gesloten 27 december-3 januari*

23 kam ⌣ – ♦75/90 € ♦♦75/116 € – ½ P

Rest De Witte Holevoet – zie restaurantselectie

● De diligences tussen Arnhem en Utrecht stopten ooit bij dit dorpshotel. Vandaag vindt u er prima kamers, krijgt u ontbijt in de serre en zijn er zalen voor vergaderingen en speciale gelegenheden. Chic en prettig restaurant aan de tuinkant.

● Once upon a time, the stagecoaches between Arnhem and Utrecht used to stop at this village hotel. Nowadays it boasts excellent rooms, breakfast in the conservatory and large rooms for meetings or special functions. Chic and pretty restaurant facing the garden.

XX **De Witte Holevoet** – Hotel De Witte Holevoet
Holevoetplein 282 ⊠ 3925 CA – ℰ (0 33) 277 91 11 – www.witteholevoet.nl
– gesloten 27 december-3 januari
Menu 30/53 € – Carte 44/52 €
● Elegant restaurant met knap tuinterras. De chef staat 25 jaar in zijn cuisine, en werkt graag op het ritme van de seizoenen en met streekgerechten. Denk maar aan een bouillon van Gelderse hoender met crème van nootmuskaat.
● Elegant restaurant with a beautiful garden terrace. The chef has been running this kitchen for 25 years. He follows the rhythm of the seasons and creates regional delicacies such as bouillon of Gelderland fowl with nutmeg cream.

SCHEVENINGEN – Zuid-Holland ➜ Zie Den Haag

SCHIERMONNIKOOG (Eiland) – Fryslân ➜ Zie Waddeneilanden

SCHINNEN
Limburg – 12 901 inw. – Atlas: **8**-B3
🖸 Amsterdam 206 km – Maastricht 20 km – Aachen 25 km
Michelin wegenkaart 532-U17 en 715-I9

X **Aan Sjuuteeänjd**
Dorpsstraat 74 ⊠ 6365 BH – ℰ (0 46) 443 17 67 – www.sjuut.nl – gesloten 10 tot 21 augustus, dinsdag en woensdag
Menu 30/51 € – Carte ong. 51 €
● Dit boerderijrestaurant is een uitgelezen plek om te genieten van de gezellige Limburgse sfeer. Bio- en streekproducten zetten hier de toon in gerechten die actueel en smaakvol zijn.
● This farm restaurant is an exquisite place to enjoy the welcoming atmosphere of Limburg. Regional and bio produce set the tone in up-to-date and tasteful dishes.

SCHIN OP GEUL – Limburg ➜ Zie Valkenburg

SCHIPHOL – Noord-Holland ➜ Zie Amsterdam, omgeving

SCHOONDIJKE – Zeeland ➜ Zie Breskens

SCHOONHOVEN
Zuid-Holland – 11 903 inw. – Atlas: **17**-C2
🖸 Amsterdam 62 km – Den Haag 55 km – Rotterdam 28 km – Utrecht 32 km
Michelin wegenkaart 532-O11 en 715-F6

🏠 **Belvédère**
Lekdijk West 4 ⊠ 2871 MK – ℰ (0 182) 32 52 22 – www.hotelbelvedere.nl
– gesloten 25, 26 en 31 december
12 kam 🖵 – †70/80 € ††110 € **Rest** – Menu 30/40 € – Carte 36/55 €
● Heerlijk nostalgische ambiance in dit 150 jaar oude clubhuis op de dijk langs de Lek, die vanuit sommige kamers te zien is. Traditionele maaltijden, geserveerd in een eetzaal met historische charme of aan de rivier, in de schaduw van eeuwenoude platanen.
● Former clubhouse (founded in the 1860s) on a dyke on the Lek, with a charming nostalgic atmosphere. River views from some rooms. Traditional cuisine served in a dining room with old-fashioned charm or under beautiful 100 year old plane trees with the river as a backdrop.

SCHOONLOO
Drenthe – Aa en Hunze 25 541 inw. – Atlas: **1**-B2
🖸 Amsterdam 198 km – Assen 20 km – Groningen 48 km – Zwolle 82 km
Michelin wegenkaart 531-Z5 en 715-L3

XX **Herberg De Loohoeve** met kam &⬡ ✿ ≋ ✿ ⚘
Hoofdstraat 20 ⊠ 9443 PA – ℰ (0 592) 50 14 90 – www.deloohoeve.nl
– gesloten 27 december-16 januari
14 kam ▭ – †59/89 € †† 72/119 € – ½ P
Menu 48/76 € – Carte 43/61 € – *(gesloten zondag, maandag en dinsdag van*
maart tot oktober; in winterperiode enkel tijdens weekend geopend) (alleen diner
behalve vrijdag, zaterdag en zondag)
● De charme van een herberg met het modern comfort van een fijn hotel en
daar nog een keer uitgebreide wandel- en fietsmogelijkheden bij: alle ingrediënten voor een geslaagd verblijf zijn aanwezig! Lekkere snacks in de brasserie en
een hedendaagse streek- en seizoenskeuken in het restaurant.
● The charm of an inn with the modern comforts of a fine hotel, plus a wide
choice of cycling and walking trails – all the ingredients you need for a pleasant
break. Delicious snacks in the brasserie and modern regional and seasonal cooking in the restaurant.

SCHOORL
Noord-Holland – Bergen 30 076 inw. – Atlas: **11-A2**
▶ Amsterdam 49 km – Haarlem 48 km – Alkmaar 10 km – Den Helder 32 km
Michelin wegenkaart 531-N6 en 715-F3

 Merlet ▭ ⊕ ♨ ♨ &⬡ ◳ ≋ ⚘ P ⬚
Duinweg 15 ⊠ 1871 AC – ℰ (0 72) 509 36 44 – www.merlet.nl – gesloten
31 december-1 januari en 5 tot 16 januari
28 kam ▭ – †95/175 € †† 125/199 € – ½ P
Rest *Merlet* ✿ – zie restaurantselectie
● Gemoedelijk hotel aan de rand van het dorp en de duinen. Kamers met een
eigen karakter en sfeervolle themasuites. Mooi zwembad voor een verfrissende
duik.
● Friendly hotel on the edge of the dunes and a polder village. Rooms with a
personal touch, attractive thematic suites and a nice swimming pool.

XXX **Merlet** – Hotel Merlet ⊛ ⌂ & ✿ ✿ P
✿ *Duinweg 15 ⊠ 1871 AC – ℰ (0 72) 509 36 44 – www.merlet.nl – gesloten*
31 december-1 januari, 5 tot 16 januari, zaterdagmiddag en maandag
Lunch 48 € – Menu 55/73 € – Carte 72/86 €
● Restaurant met een chic, modern-klassiek interieur dat prima bij de verfijnde
kookstijl van de chef-kok past. Prachtig terras met uitzicht op de natuur.
● A restaurant with a chic, modern-cum-classic interior that matches the chef's
refined style of cooking perfectly. Delightful terrace commanding superb views
of the countryside.
➔ Noordzeekrab met kokos, grapefruit en pastinaak. Bereidingen van lam met
courgette, tomaat en artisjok. Cheesecake met bitterkoekjes, rood fruit en meringue.

in Camperduin Noord-West : 6 km – Bergen

⌂ **Strandhotel Camperduin** zonder rest ⬚ ♨ &⬡ ✿ ≋ P
Heereweg 395 ⊠ 1871 GL – ℰ (0 72) 509 14 36
– www.strandhotel-camperduin.nl
26 kam – †59/99 € †† 79/139 €, ▭ 13 €
● Klein badhotel tussen de duinen en de polders, op een steenworp van het
strand. Rustige kamers met balkon of terras. De junior suites zijn de beste en liggen aan de achterkant.
● A small seaside resort hotel between the dunes and the polders, a stone's
throw from the beach. Quiet nights in the rooms with balcony or terrace. The
best ones, in the back, are junior suites.

SCHUDDEBEURS – Zeeland ➔ Zie Zierikzee

SIMPELVELD
Limburg – 10 844 inw. – Atlas: **8-B3**
▶ Amsterdam 222 km – Maastricht 29 km – Heerlen 9 km – Kerkrade 7 km
Michelin wegenkaart 532-U17 en 715-I9

Bellevue

 Deus 1 ⊠ 6369 GA – ℰ (0 45) 544 15 37 – www.hr-bellevue.nl – gesloten zaterdagmiddag, maandag en dinsdag
Menu 35/60 € – Carte 46/68 €

● Dit elegant restaurant bovenop een heuvel biedt u een panoramisch zicht over een groene vallei: van een belle vue gesproken! Hier zorgt gastvrouw Sylvia voor de vlotte bediening, patron Richard van de Velde schotelt u gerechten voor die lekker up-to-date zijn, met smaken die subtiel doordringen.

● This elegant restaurant on the top of a hill offers superb panoramic views over a green valley, hence its name. Hostess Sylvia takes care of the smooth service, while owner Richard van de Velde serves up-to-date dishes full of subtle flavours.

SINT ANNALAND
Zeeland – Tholen 25 514 inw. – Atlas: **15**-B2
▶ Amsterdam 148 km – Middelburg 86 km – Den Haag 101 km –
's-Hertogenbosch 107 km
Michelin wegenkaart 532-J13 en 715-D7

Buutengaets
Havenweg 12 (in de jachthaven, toegangscode aanvragen) ⊠ 4697 RL – ℰ (0 166) 65 26 34 – www.buutengaets.nl
– gesloten januari-februari
Menu 28/50 € – Carte 27/63 € – *(alleen diner behalve weekend)*

● Modern paviljoen tussen jachthaven en zeearm, dat afhankelijk van het tij uitzicht biedt op de golven of de zandbanken. Kaart met vis, schaal- en schelpdieren als hoofdmoot.

● A modern house, between the marina and the sound, whose windows overlook the sea or the sand banks depending on the tides. Seafood and shellfish on the menu.

SINT ANNA TER MUIDEN – Zeeland → Zie Sluis

SINT MAARTENSDIJK
Zeeland – Tholen 25 514 inw. – Atlas: **15**-B2
▶ Amsterdam 151 km – Middelburg 73 km – Den Haag 103 km –
's-Hertogenbosch 108 km
Michelin wegenkaart 532-J13 en 715-D7

Het Raedthuys
Markt 2 ⊠ 4695 CE – ℰ (0 166) 66 26 26 – www.raedthuystholen.nl
15 kam – †60/115 € ††60/115 €, ⌑ 10 €
Rest – Menu 30/39 € – Carte 35/55 € – *(gesloten maandag en dinsdag) (alleen diner)*

● De charmante uitstraling van dit voormalige raadhuis werd behouden, maar het comfort werd helemaal up-to-date gebracht. Na een heerlijk dagje Zeeland kunt u lekker uitrusten op uw kamer, suite of appartement. Actuele kleine kaart, scherp geprijsd.

● This former town hall has retained its charming character while bringing the level of comfort on offer completely up-to-date. Just the place to relax after a pleasant day out in Zeeland, whether in a room, suite or apartment. Modern menu of snacks and light meals at reasonable prices.

SINT NICOLAASGA (ST. NYK)
Fryslân – Skarsterlân 27 419 inw. – Atlas: **4**-C3
▶ Amsterdam 117 km – Leeuwarden 48 km – Groningen 74 km – Zwolle 64 km
Michelin wegenkaart 531-T5 en 715-I3

in Legemeer West : 4 km richting Idskenhuizen (Jiskenhuzen)

Landhotel Legemeer ⬡ ⬡ ⬡ ⬡ ⬡ ⬡ ⬡ ⬡ ⬡ ⬡ kam, ⬡ rest, 🛜 **P.**

Legemeersterweg 1a (aan de golf) ✉ *8527 DS –* ℰ *(0 513) 43 29 99*
– www.logereninfriesland.nl – gesloten 30 december-5 januari
21 kam ⌷ *–* ♦55/99 € ♦♦69/117 € *– ½ P*
Rest *– Menu 35 € – Carte 31/47 € – (alleen diner)*

⚬ Een buitenweggetje leidt naar dit alleenstaande hotel, naast een golfterrein waar de kalmte koning is. Kamers en junior suites, bijna allemaal met terras. Goed ontbijtbuffet, tennis, sauna, zwembad in de tuin. In het frisse restaurant worden moderne gerechten op basis van streekproducten geserveerd.

⚬ A small country road leads to this secluded building alongside a golf course with guestrooms and junior suites. Nice buffet breakfast, tennis, sauna and swimming pool in the garden. Modern dishes based on regional produce are served in a light, bright dining room.

Een lekkere maaltijd voor een scherpe prijs? Ga op zoek naar de Bib Gourmand ⬡.
Ze onderscheiden restaurants met een onklopbare prijs-kwaliteitsverhouding.

SINT-OEDENRODE
Noord-Brabant – 17 934 inw. – Atlas: **10**-C2
▶ Amsterdam 107 km – 's-Hertogenbosch 31 km – Arnhem 70 km –
Eindhoven 17 km
Michelin wegenkaart 532-R13 en 715-H7

XXX **Wollerich** (Gerard Wollerich) ⬡ ⬡ ⬡ ⬡ ⬡
⬡ *Heuvel 23* ✉ *5492 AC –* ℰ *(0 413) 47 33 33 – www.wollerich.nl*
– gesloten 31 december-4 januari, 15 tot 19 februari, zaterdagmiddag, maandag en dinsdag
Lunch 45 € – Menu 80 € ⬡/125 € ⬡ – Carte 67/80 €

⚬ Waar vroeger meneer de notaris huisde, vond in 1996 de creatieve keuken van Gerard Wollerich een thuis. Hypotheken en testamenten maakten plaats voor een parade van smaken en texturen, alleen de beroepsernst en de grandeur van het pand zijn dezelfde gebleven.

⚬ This restaurant, housed in an old notary's premises since 1996, showcases the creativity of chef Gerard Wollerich. Although legal documents have been replaced by a cuisine that is full of texture and flavour, the restaurant has retained much of the villa's original dignity and grandeur.

→ Gemarineerde tonijn en kreeft met crèmeux van soja, komkommer en rettich. Lamsschouder, -zadel en -bout met eigen jus, blini van knolselderij, waterkers en crème van meiknol. Crème van mokka met passievrucht, tonkaboon, hazelnoot en roomijs van olijfolie.

X **De Beleving** ⬡ ⬡
Hertog Hendrikstraat 6 ✉ *5492 BB –* ℰ *(0 413) 47 43 92 – www.debeleving.nl*
– gesloten 31 december-2 januari, carnaval en woensdag
Menu 30/50 € – Carte 29/45 €

⚬ Deze gezellige brasserie is in trek vanwege het voordelige menu, een aantrekkelijke verzameling eigentijdse gerechten. Enkele tafels kijken uit op het terras en het winkelplein.

⚬ A cheerful terrace featuring a three-course set menu of daily specials. Choose a table near the terrace looking onto the busy shopping street. Serving modern cuisine.

SINT WILLEBRORD
Noord-Brabant – Rucphen 22 268 inw. – Atlas: **9**-A2
▶ Amsterdam 122 km – 's-Hertogenbosch 69 km – Breda 17 km – Rotterdam 59 km
Michelin wegenkaart 532-M13 en 715-E7

✗✗ **O&O** 🏶 🏠 ▨ 🍽 ⇄

Dorpsstraat 138 ✉ *4711 EL – ☏ (0 165) 38 32 49 – www.restaurantoeno.nl*
– gesloten 1 week in februari, 1 week in juni, 3 weken in september, maandag en dinsdag
Menu 38/105 € – Carte 55/112 € – *(alleen diner)*
● In een moderne eetzaal worden pan-Aziatische en westerse gerechten geserveerd. Het terras kijkt uit op een oosterse zentuin, waar u bij mooi weer kunt eten.
● Asian and Western cooking served in a tasteful modern dining room. Outdoor dining on the veranda with views over a small Chinese garden.

SITTARD
Limburg – Sittard-Geleen 94 024 inw. – Atlas: **8**-B3
◨ Amsterdam 194 km – Maastricht 29 km – Eindhoven 66 km – Roermond 27 km
Michelin wegenkaart 532-U17 en 715-I8

🏠🏠🏠 **Merici** zonder rest 🚵 ♿ ▨ 🛜 🕬 🚗

Oude Markt 25 ✉ *6131 EN – ☏ (0 46) 400 90 02 – www.hotelmerici.nl*
48 kam ⌑ – †110/185 € ††135/185 €
● Genoemd naar de stichteres van de ursulinenorde, hangt in dit voormalige klooster nog steeds de ingetogen sfeer van weleer. Daar zorgen onder meer de monumentale houten trap en de prachtige raampartijen voor. De kamers zijn modern en luxueus.
● Named after the founder of the Ursuline Order, this hotel occupies an old convent and has retained much of the serene atmosphere so typical of religious buildings. The majestic wooden staircase and magnificent windows add to the ambience, while the guestrooms are modern and luxurious.

🏠 **De Limbourg** 🏠 🛜 ♿ 🅿

Markt 22 ✉ *6131 EK – ☏ (0 46) 451 81 51 – www.hoteldelimbourg.nl*
24 kam ⌑ – †85/99 € ††85/135 € – ½ P
Rest – Menu 33/35 € – Carte 35/47 €
● Nostalgisch stadshotel in familiebeheer, in een gemoderniseerd pand (1688) op de markt. De kamers zijn eenvoudig. Bij de reservering vragen naar parkeergelegenheid. Modern restaurant, brasserie en overdekt terras met uitzicht op een gezellig plein.
● This family-run, nostalgic hotel dating from 1688, on the town market square, has been refurbished with basic bedrooms. Ask about parking when booking. Up-to-date restaurant, brasserie and covered terrace overlooking a lively square.

✗✗ **Silvester's** 🏠 🍽
😊

Paardestraat 25 ✉ *6131 HA – ☏ (0 46) 451 12 24 – www.silvesters.nl – gesloten 15 tot 24 februari, 3 tot 25 augustus, maandag en dinsdag*
Menu 35/50 € – Carte ong. 55 € – *(alleen diner behalve zondag van mei tot september)*
● Het laagdrempelige concept Silvester's slaat aan in Sittard. Hier geen liflafjes maar een leuke, zuiders aandoende kookstijl. Dat de chef u zoveel kwaliteit kan voorschotelen voor zo'n prettig prijsje, is iets waar hij echt trots mag op zijn.
● This restaurant has changed its course and returned to the pure, Mediterranean cuisine it originally served. The wine list offers a good selection of Italian wines.

✗ **SOHO Dining** 🏠 ⇄

Markt 26 ✉ *6131 EL – ☏ (0 46) 400 77 13 – www.soho-sittard.nl*
Lunch 25 € – Menu 32 € – Carte ong. 33 €
● Loungerestaurant en cocktailbar met goede ambiance, waar men heel de dag door voor een schappelijke prijs lekker kan eten. Trendy interieur met metropoolsfeer. Prettig geprijsd menu en vrije keuze van eenvoudige actuele gerechten.
● A lounge restaurant and cocktail bar with a good atmosphere, and trendy interior with urban influences. The attractively priced menu and a wide choice of simple up-to-date dishes ensure an excellent and reasonably priced dining experience.

SLEEUWIJK
Noord-Brabant – Werkendam 26 405 inw. – Atlas: **9**-B1
◨ Amsterdam 78 km – 's-Hertogenbosch 54 km – Den Haag 75 km – Utrecht 46 km
Michelin wegenkaart 532-O12 en 715-F6

✗ Brasserie BovendeRivieren

Hoekeinde 24 ⊠ 4254 LN – ✆ (0 183) 30 73 53 – www.bovenderivieren.nl
– gesloten 28 december-5 januari, 20 tot 29 juli, 26 oktober-2 november en
maandag
Lunch 29 € – Menu 33/38 € – Carte ong. 44 €

● Drijvend in de jachthaven, naast natuur- en waterreservaat de Biesbosch, kunt u genieten van een creatieve keuken met internationale allures en verschillende menu's.

● Floating in the marina, next to the nature and water reserve de Biesbosch, you can enjoy the creative cuisine with international style and different set menus.

SLENAKEN
Limburg – Gulpen-Wittem 14 444 inw. – Atlas: **8**-B3
▶ Amsterdam 230 km – Maastricht 19 km – Aachen 20 km
Michelin wegenkaart 532-U18 en 715-I9

⌂⌂⌂ Klein Zwitserland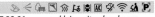

Grensweg 11 ⊠ 6277 NA – ✆ (0 43) 457 32 91 – www.kleinzwitserland.com
– gesloten 4 januari-13 februari
36 kam � – ♥128/153 € ♥♥186/236 €
Rest *Puur* – zie restaurantselectie

● Het prachtige zicht over de groene Limburgse heuvels doet de naam van dit familiehotel alle eer aan. De stijlvolle inrichting van de kamers moet daar niet voor onderdoen, de luxeuze wellness is gewoonweg fantastisch! Een heerlijke plek waar de gastvrijheid gemeend is, en dat voel je.

● The beautiful view of the green hills of Limburg explains the name ('little Switzerland') of this family hotel. It offers superb hospitality, stylishly designed guestrooms and a luxurious spa. An excellent choice for a relaxing break.

⌂⌂ Het Gulpdal

Dorpsstraat 40 ⊠ 6277 NE – ✆ (0 43) 457 33 15 – www.gulpdal.nl – gesloten
januari
24 kam � – ♥99/199 € ♥♥99/299 € – 5 suites – ½ P
Rest – Lunch 29 € – Menu 33/39 € – Carte 31/63 €

● De familie Huls heet u welkom in zijn knus hotel, een mooie villa in Engelse stijl. Hier geniet u van de rustige omgeving en de tuin die tot aan de rivier loopt, maar ook van de charme van het huis. In het klassieke, elegante restaurant laat de patron u proeven van zijn seizoensgebonden keuken.

● Housed in a beautiful English-style villa, this cosy hotel is run by the welcoming Huls family. It offers guests peaceful surroundings and a garden running down to the river, as well as charming accommodation. Enjoy seasonal cuisine prepared by the owner in the elegant, classic-style restaurant.

✗✗✗ Puur – Hotel Klein Zwitserland

Grensweg 11 ⊠ 6277 NA
– ✆ (0 43) 457 32 91 – www.kleinzwitserland.com
– gesloten 4 januari-13 februari en na 20.00 u.
Lunch 29 € – Menu 35/38 € – Carte 46/69 €

● Als u houdt van klassieke keuken, dan zal de kaart u hier beslist plezieren. Ook de eetzaal is ingericht naar de smaak van liefhebbers van traditioneel tafelen.

● The menu at Puur will certainly please lovers of classic cuisine, while the decor will delight those who enjoy traditional dining.

SLIJK-EWIJK
Gelderland – Overbetuwe 46 531 inw. – Atlas: **5**-B3
▶ Amsterdam 110 km – Arnhem 19 km – 's-Hertogenbosch 62 km –
Nijmegen 12 km
Michelin wegenkaart 532-T11

De Remketting zonder rest   🍴 🛋 🚲 🕭 🐾 🛜 **P** 🛏
Clara Fabriciuspark 15 ⊠ 6677 PN – 𝒞 (0 6) 13 56 15 82 – www.deremketting.nl
8 kam 🛏 – †55 € ††89 €
● Landelijk gelegen B&B met rustieke charme, tussen Arnhem en Nijmegen. Mooie kamers met elk een eigen sfeer (beneden of boven) in twee gebouwen. Tuin. Fietsen beschikbaar.
● A rural guesthouse with rustic charm, between Arnhem and Nijmegem. Pretty rooms with a personal touch in several buildings (ground and first floors), and a peaceful garden. Bicycles available.

SLUIS
Zeeland – 23 820 inw. – Atlas: **15**-A2
▶ Amsterdam 226 km – Middelburg 67 km – Brugge 21 km – Knokke-Heist 9 km
Michelin wegenkaart 532-F15 en 715-B8

🍴🍴🍴 **La Trinité** (François de Potter)   🏡 **AC** 🐾 ↩
🍀 *Kaai 11 ⊠ 4524 CL – 𝒞 (0 117) 46 20 40 – www.latrinite.nl – gesloten 1 tot 16 januari, 1 week in maart, laatste week juni-eerste week juli, 2 weken in oktober, woensdag en donderdag*
Lunch 40 € – Menu 58/79 € – Carte 82/98 €
● De thuisbasis van La Trinité is een voormalig bankkantoor waar u zowel een trendy aperitiefbar, een hip restaurant als achteraan een loungy terras vindt. De patronne bekoort met haar charme, de chef met zijn innovatieve keuken: een combinatie van fraîcheur, evenwicht en kwaliteit. Dit is genieten in drievoud!
● The home of La Trinité is a former banking office, where you will find a trendy aperitif bar, a cool restaurant and a comfy terrace at the back. The owner will delight you with her charm and the chef, with his innovative cuisine, which focuses on freshness, balance and quality. This is pleasure in triplicate!
→ Ganzenleverpastei met oester, miso en groene appel. Zeebaars met cannelloni van ricotta en spinazie, inktvis en artisjok. Witte chocolade, roos, aloë vera en yoghurt.

in Sint Anna ter Muiden Noord-West : 2 km

🍴🍴🍴 **De Vijverhoeve**   🏡 ↩ **P**
Greveningseweg 2 ⊠ 4524 JK – 𝒞 (0 117) 46 13 94
– www.restaurantdevijverhoeve.nl – gesloten woensdag en donderdag
Lunch 30 € – Menu 45/73 € – Carte 64/92 €
● Boerderijtje met rustieke charme waar u in de veranda zicht hebt op de mooie, Franse tuin. Chef Bart Grahame heeft zijn vader opgevolgd, maar de kookstijl bleef behouden: eerlijke, klassieke keuken waarin het product tot zijn recht komt.
● A small farm with rural charm and a conservatory overlooking a beautiful French garden. Chef Bart Grahame has succeeded his father but the cooking style remains the same: reliable, traditional cuisine doing full justice to the produce.

SLUISKIL – Zeeland → Zie Terneuzen

SNEEK (SNITS)
Fryslân – 84 180 inw. – Atlas: **4**-C2
▶ Amsterdam 125 km – Leeuwarden 27 km – Groningen 78 km – Zwolle 74 km
Michelin wegenkaart 531-T4 en 715-I2

 Sneek   🏡 🚲 📺 🛗 **AC** 🐾 kam. 🛜 🏋 **P**
Burgemeester Rasterhofflaan 1 (via A 7, afrit 22) ⊠ 8606 KZ – 𝒞 (0 515) 48 18 18 – www.hotelsneek.nl
112 kam – †95/155 € ††95/155 €, 🖙 15 € – 2 suites – ½ P
Rest – Menu 28/100 € 🍷 – Carte 29/46 €
● Sneek is een van de belangrijkste steden van Friesland. Sinds 2010 heeft het er een hotel bij zijn status waardig, een strakke en stijlvolle plek die de degelijkheid heeft van een ketenhotel zonder een gebrek aan persoonlijkheid.
● Since 2010, Sneek, one of the most important cities in Friesland, has been able to boast a hotel worthy of its status. This smart, stylish hotel offers the reliability of a chain hotel while maintaining its own individual character.

SOEST

Utrecht – 45 493 inw. – Atlas: **14**-B2
Amsterdam 42 km – Utrecht 18 km – Amersfoort 7 km
Michelin wegenkaart 532-Q9 en 715-G5

't Spiehuis

Biltseweg 45 (Noord : 3 km langs N 234) ✉ 3763 LD – ✆ (0 35) 666 82 36 – www.hetspiehuis.nl – gesloten 20 juli-16 augustus, zaterdagmiddag, zondagmiddag, dinsdag en woensdag
Lunch 35 € – Menu 55 € – Carte 54/81 €

• Karakteristiek huis aan de rand van de bossen, met een traditionele Hollandse ambiance. De kookstijl is gericht op de Franse klassiekers. Goede wijnselectie.

• Restaurant on the edge of woods, with traditional Dutch décor and specialising in classic French cuisine. Excellent wine list.

Eetvilla van den Brink

Soesterbergsestraat 122 ✉ 3768 EL – ✆ (0 35) 601 27 06 – www.eetvilla.nl – gesloten 24 en 31 december-8 januari en zaterdagmiddag
Lunch 25 € – Menu 35 € – Carte 37/50 €

• Deze villa (1928) aan de rand van Soest herbergt een restaurant waar u zich direct in goede handen voelt. Menugerechten ook in halve porties. Groen terras aan de voorkant.

• On the edge of town, this villa dating from 1928 houses a family restaurant where you will be well looked after. Dishes from the menu also available in half-portions. Plant-filled front terrace.

in Soestduinen Zuid : 3 km

Hilton Royal Parc

kam, rest,

Van Weerden Poelmanweg 4 ✉ 3768 MN – ✆ (0 35) 603 83 83 – www.soestduinen.hilton.com
109 kam – †100/180 € ††100/200 €, ☕ 23 € – 4 suites
Rest – Lunch 30 € – Carte 39/53 €

• Een eigentijds hotelgebouw, ruime kamers met balkon (een derde recent). Moderne voorzieningen, waaronder een health club en golfbaan. Restaurant met een luxueuze uitstraling en een prachtig uitzicht op de green.

• Contemporary architecture near the golf course. Large rooms with balcony (a third of them are brand new). All mod-cons, including a health club. Modern, luxurious restaurant with a terrace looking out over the golf course.

in Soesterberg Zuid : 4 km

The Oriental Swan

Rademakerstraat 2 ✉ 3769 BD – ✆ (0 346) 35 14 23 – www.orientalswan.nl – gesloten maandag
Menu 35/59 € – Carte 37/72 € – *(alleen diner)*

• Comfortabel, Aziatisch restaurant aan de doorgaande weg in Soesterberg. De Kantonese smaak spant hier de kroon, maar ook Thaïse gerechtjes worden geserveerd. Rijsttafels en menu's.

• A comfortable Chinese restaurant looking out onto the Soesterberg crossing. Predominantly Cantonese cuisine, with good choice of "rijsttafel" (rice table) and menus, including a more creative set menu.

SOESTDUINEN – Utrecht → Zie Soest

SOESTERBERG – Utrecht → Zie Soest

SON en BREUGEL

Noord-Brabant – 16 235 inw. – Atlas: **10**-C2
Amsterdam 114 km – 's-Hertogenbosch 31 km – Eindhoven 11 km – Helmond 17 km
Michelin wegenkaart 532-R13 en 532-S13 en 715-H7

La Sonnerie

Nieuwstraat 45 (Son) ✉ *5691 AB* – ℰ *(0 499) 46 02 22* – *www.sonnerie.nl*
38 kam – †99/119 € ††109/140 €, ⌑ 15 € – ½ P
Rest – Lunch 25 € – Menu 28/51 € – Carte ong. 40 €

● Dit voormalige klooster is verbouwd tot een hotel in familiebeheer en herbergt twee generaties kamers. De kapel wordt nu gebruikt voor vergaderingen, feesten en partijen. In het restaurant worden pasta's en klassiek bereide vis- en vleesgerechten geserveerd.

● A former cloister converted into a family-run hotel. It has rooms from different periods and a chapel used as a banquet and conference room. Restaurant serving pasta and classically prepared meat and fish dishes.

✗✗✗ De Gertruda Hoeve

Van den Elsenstraat 23 (Breugel) ✉ *5694 ND* – ℰ *(0 499) 47 10 37*
– www.gertrudahoeve.nl – gesloten 30 december-1 januari, 14 tot
18 februari, 13 juli-4 augustus, maandag en dinsdag
Lunch 25 € – Menu 35 € – Carte 57/63 € – *(eenvoudige lunchkaart)*

● Deze karaktervolle hoeve met rieten kap dateert van 1670. In zijn keuken zweert de patron bij streekproducten. Intieme en rustieke ambiance.

● The origins of this former farmhouse with a well combed thatched roof go back to 1670. Cuisine makes the most of regional products. Intimate rustic atmosphere.

SPIER

Drenthe – Midden-Drenthe 33 422 inw. – Atlas: **1**-A2
▶ Amsterdam 172 km – Assen 25 km – Groningen 51 km – Leeuwarden 102 km
Michelin wegenkaart 531-X6 en 715-K3

Spier - Dwingeloo

Oude Postweg 8 (A 28 - E 232, afrit 29) ✉ *9417 TG* – ℰ *(0 593) 56 48 00*
– www.hotelspier.nl
110 kam – †94/118 € ††94/118 €, ⌑ 14 €
Rest – Menu 30 € – Carte 30/48 € – *(open tot 23.00 u.)*

● Laat de drukte van snelweg A28 achter u en kom hier tot rust. Dit is de perfecte uitvalsbasis voor een wandeling of fietstocht in Nationaal Park Dwingelderveld. Geen zin? Dan geniet u toch gewoon van de kamers, de sauna of het zwembad; allemaal net vernieuwd. Vraag een kamer aan de bosrand voor complete rust.

● Leave the bustle of the A28 motorway behind you and enjoy a relaxing stay in this hotel, which makes the perfect base for a walk or a cycle ride in National Park Dwingelderveld. The facilities include a sauna and swimming pool, as well as comfortable guestrooms, all of which have been recently refurbished. The quieter rooms overlook the woods.

STAPHORST

Overijssel – 16 367 inw. – Atlas: **12**-B1
▶ Amsterdam 128 km – Zwolle 18 km – Groningen 83 km – Leeuwarden 74 km
Michelin wegenkaart 531-W7 en 715-J4

✗✗ De Molenmeester

Gemeenteweg 364 (Oost : 3 km) ✉ *7951 PG* – ℰ *(0 522) 46 31 16*
– www.demolenmeester.nl – gesloten zaterdagmiddag, zondagmiddag,
maandag, dinsdag en woensdag
Menu 35/53 € – Carte ong. 42 €

● Verzorgd, modern restaurant aan de rand van een traditioneel dorp. Op het achterterras heeft u uitzicht op een 19de-eeuwse molen. Gerechten van lokale, biologische producten: vers, seizoensgebonden en eerlijk.

● This classy, modern restaurant is on the outskirts of an old-fashioned village. The terrace offers a view of a 19C windmill. Simple, fresh and seasonal dishes based on local, organic products.

STEENBERGEN

Noord-Brabant – 23 374 inw. – Atlas: **9**-A2
▶ Amsterdam 130 km – 's-Hertogenbosch 85 km – Den Haag 82 km –
Middelburg 75 km
Michelin wegenkaart 5321-K13 en 715-D7

XX **In de Oude Stempel**

Kaaistraat 21 ✉ 4651 BL – ✆ (0 167) 56 73 81 – www.indeoudestempel.nl – gesloten 27 december-4 januari, 13 tot 22 februari, 27 april-10 mei, 28 juli-10 augustus, 24 oktober-1 november, maandag, dinsdag en woensdag

Menu 35/75 € – Carte 36/58 € – *(alleen diner)*

• In de Oude Stempel kan u met zijn naam enigszins verschalken. Van de tijd van toen houdt men de eerbied voor de pure smaken en de regionale verankerdheid over, maar deze filosofie wordt bijdetijds uitgevoerd. In de aanleunende brasserie (Puur) is de aanpak laagdrempeliger en zijn de gerechten eigentijds.

• The 'old' in the name of this restaurant can be a bit deceptive. While there is still respect for pure, traditional flavours and regional roots, the underlying philosophy has been given a modern twist. The adjacent brasserie (Puur) offers contemporary dishes.

STEENWIJK

Overijssel – Steenwijkerland 43 437 inw. – Atlas: **12-B1**

Amsterdam 148 km – Zwolle 38 km – Assen 55 km – Leeuwarden 54 km

Michelin wegenkaart 531-V6 en 715-J3

Stadslogement De Smederij zonder rest

Gasthuisstraat 34 ✉ 8331 JR – ✆ (0 521) 52 08 52 – www.stadslogementsteenwijk.nl

5 kam – †89 € ††89 €, ☕ 13 €

• Dit nostalgische adresje in een voormalige smederij (1836) ligt in een voetgangersstraat in het centrum. De werkplaats van de smid doet dienst als ontbijtzaal. Verschillende kamers zowel qua grootte als decoratie.

• This nostalgic address in a former smithy (1836) is located in a pedestrians-only street in the center. The workshop of the smith serves as the breakfast room. Different rooms in terms of size and style.

XX **Bovenmeester**

Woldpoort 57 ✉ 8331 KP – ✆ (0 521) 85 47 00 – www.bovenmeestersteenwijk.nl – gesloten 29 december-6 januari en maandag behalve feestdagen

Lunch 29 € – Menu 32/45 € – Carte 38/50 €

• Een hoofdonderwijzer is er al even niet meer in dit vroegere schoolgebouw. De kapstokjes hangen er nog, maar het interieur werd aangepakt en kreeg een hippe, warme inkleding en een gezellige loungeruimte. De kaart volgt de seizoenen en het keuzemenu is een topper: kwaliteit voor zachte prijzen.

• The head teacher left this former school building some time ago, and although the coat hooks are still in place, the decor has been pleasantly renovated. The result is a hip, warm atmosphere complemented by a cosy lounge area. The menu is seasonal, and the excellent multi-choice option offers quality cuisine at affordable prices.

in De Bult Noord : 3 km

De Eese rest, rest,

Duivenslaagte 2 ✉ 8346 KH – ✆ (0 521) 51 14 54 – www.hampshire-hotels.com/eese

56 kam ☕ – †70/100 € ††70/100 € **Rest** – Menu 28 € – Carte 30/36 €

• Dit rustige hotel in de bossen heeft standaardkamers, een luxevariant en junior suites. Grote openbare ruimten, vergaderzalen, binnenzwembad, sauna, fietsen, tennisbaan. Modern restaurant met wisselend dagmenu. Brasserie voor een eenvoudig maal. Terras in het groen.

• A peaceful hotel complex in a woodland setting, offering standard and deluxe rooms and junior suites. Spacious communal areas, meeting rooms, indoor pool, sauna, bicycles and tennis courts. Modern restaurant with daily changing menu, terrace and brasserie featuring simpler fare.

Huis ten Wolde

Onderduikersweg 6 ⊠ 8346 KP – ℰ (0 521) 53 54 00 – www.huistenwolde.nl
41 kam ⊑ – ♦70/115 € ♦♦80/120 € – ½ P
Rest – Menu 32/59 € – Carte 35/50 €

• Verscholen in de landelijke omgeving, staat dit nieuwgebouwd hotel in de stijl van een oude hoeve uit de streek. Elegante, functionele kamers met goede voorzieningen. Wellness in het souterrain. Aangenaam restaurant in de kelderverdieping voor het diner, waar ook het ontbijt wordt geserveerd. Lobby-restaurant voor de lunch.

• This newly built hotel in the style of an old farmhouse from the area is hidden in rural surroundings. Elegant and functional rooms with good facilities. Wellness zone in the basement. Nice restaurant in the cellar for dinner, where breakfast is also served. Lounge-restaurant for lunch.

STEVENSWEERT

Limburg – Maasgouw 24 017 inw. – Atlas: **8**-A2
▶ Amsterdam 184 km – Maastricht 37 km – Eindhoven 58 km – Venlo 39 km
Michelin wegenkaart 532-U16 en 715-I8

✗✗ **Herberg Stadt Stevenswaert**

Veldstraat Oost 1 ⊠ 6107 AS – ℰ (0 475) 55 23 76
– www.Herberg-Stevensweert.nl – gesloten 6 tot 17 februari, 7 tot 21 april, maandag en dinsdag
Menu 35/50 € – Carte 44/62 € – *(alleen diner tot 20.30 u.)*

• Up-to-date herberg aan een pittoresk plein in een voormalig garnizoensdorp. Wekelijkse kaart met creatieve gerechten van seizoenproducten. Duitse wijnen.

• This up-to-date inn is on a picturesque square in the centre of a former garrison town. Weekly menu with creative dishes made from seasonal produce. German wines.

STREEFKERK

Zuid-Holland – Molenwaard 29 190 inw. – Atlas: **17**-C2
▶ Amsterdam 89 km – Den Haag 56 km – 's-Hertogenbosch 76 km –
Rotterdam 34 km
Michelin wegenkaart 532-N11 en 715-F6

 De Limonadefabriek

Nieuwe Haven 1 ⊠ 2959 AT – ℰ (0 184) 68 93 35 – www.limonadefabriek.nl
– gesloten eind december-half januari, eind september-begin oktober, maandag en dinsdag
6 kam ⊑ – ♦75/125 € ♦♦100/150 €
Rest *De Limonadefabriek* – zie restaurantselectie
Rest *Bistro Prik* – Menu 28/65 € – Carte 43/63 € – *(alleen diner behalve van juni tot augustus)*

• Wilt u voor een totaalbelevenis gaan? Blijf dan na het eten gewoon lekker slapen bij De Limonadefabriek. 's Ochtends klieven de vogels langs uw raam door de lucht en strekt de waterspiegel zich voor u uit. Een belevenis!

• De Limonadefabriek offers the option of excellent dining combined with delightful accommodation. In the morning, enjoy views of the birds outside your bedroom window and the glistening water of the River Lek stretching out in front of you. An unforgettable experience.

✗✗✗ **De Limonadefabriek** – Hotel De Limonadefabriek

Nieuwe Haven 1 ⊠ 2959 AT – ℰ (0 184) 68 93 35 – www.limonadefabriek.nl
– gesloten eind december-half januari, eind september-begin oktober, zaterdagmiddag van oktober tot mei, maandag en dinsdag
Menu 35/65 € – Carte 43/65 €

• Nee, het vorige ponton is niet gezonken! De equipe ging gewoon voor een nieuwe constructie, maar bleef wel trouw aan het drijvende concept in de jachthaven. Meesterlijke keuken, fantastische prijs-kwaliteitverhouding, terras met uitzicht op de boten: het plezier is niet zo groot als het boek met reserveringen vol is!

• Very nice value for money at this floating restaurant at the end of a jetty. The chef-owner's exciting cuisine has even been featured in a book. Contemporary décor. Terrace with harbour views.

STRIJBEEK

Noord-Brabant – Alphen-Chaam 9 640 inw. – Atlas: **9**-B2
▶ Amsterdam 115 km – 's-Hertogenbosch 53 km – Den Haag 90 km –
Middelburg 111 km
Michelin wegenkaart 532-N13

XX **Ons Behaeghen**   🛋 & ⇄ **P**
Strijbeekseweg 57 ✉ 4856 AA – 𝒞 (0 76) 561 24 65 – www.onsbehaeghen.nl
– gesloten maandag en dinsdag
Menu 30/57 € – Carte 43/65 € – *(alleen diner van oktober tot maart behalve
zondag)*
• Een adres dat u beslist zal behagen. Het heeft er dan ook alles voor in huis:
gulle porties, een Franse keuken die met zijn tijd meegaat en een prijszetting
waardoor u met de glimlach naar buiten gaat.
• This restaurant has certainly hit on a winning formula. It offers generous portions of delicious, contemporary-style French cuisine at affordable prices.

TAARLO – Drenthe ➜ Zie Assen

TEGELEN – Limburg ➜ Zie Venlo

Ten ➜ Zie eigennaam

TERHERNE – Fryslân ➜ Zie Joure

TERNAARD

Fryslân – Dongeradeel 24 221 inw. – Atlas: **4**-C1
▶ Amsterdam 168 km – Leeuwarden 30 km – Assen 101 km – Groningen 54 km
Michelin wegenkaart 531-U2 en 715-I1

X **Herberg de Waard van Ternaard** met kam   🐾 🛋 🍴 kam, 🛜 ⇄
de Groedse 3 ✉ 9145 RG – 𝒞 (0 519) 57 18 46 – www.herbergdewaard.nl
– gesloten 31 december-1 januari, 19 tot 28 januari, maandag en dinsdag
5 kam ☲ – ♦89/109 € ♦♦139/179 € – ½ P   Menu 35/90 € – Carte 55/69 €
• Deze stijlvolle herberg (1860) kreeg een nieuw uiterlijk, zodat u er nu wordt
onthaald in een minimalistisch designdecor. Surprisemenu met een voorbeeldige
prijs-kwaliteitverhouding. Lichte kamers in eigentijdse stijl. Goed ontbijt (huisgebakken brood).
• After a makeover, this characterful inn (1860) welcomes guests into a minimalist all-wood décor. Surprise menu offering exemplary value for money. Luminous,
contemporary guestrooms. Homemade bread on the enticing breakfast table.

TERNEUZEN

Zeeland – 54 709 inw. – Atlas: **15**-B2
▶ Amsterdam 193 km – Middelburg 33 km – Antwerpen 56 km – Brugge 58 km
Michelin wegenkaart 532-I14 en 715-C7

🏨 **L'Escaut**   ⇐ 🛋 🚲 🍺 🅺 🍴 🛜 🧖
Scheldekade 65 ✉ 4531 EJ – 𝒞 (0 115) 69 48 55 – www.hotel-lescaut.nl
– gesloten 31 december-1 januari
28 kam ☲ – ♦80/125 € ♦♦90/140 €   **Rest** – Menu 38 € – Carte 34/57 €
• Centraal gelegen hotel tussen kaden en uitgaanswijken. Correcte kamers, waarvan sommige met uitzicht op de Westerschelde. In het laagdrempelige restaurant
kunt u terecht voor verschillende soorten oesters en vis. Verhoogd terras aan een
uitgaansstraat (weekends).
• A hotel with a central location between the harbour promenade and entertainment district. Immaculate rooms, some offering stunning views over the Western
Scheldt estuary. Guests can enjoy oysters and fish in the informal restaurant.
Raised terrace on a busy street in Terneuzen's entertainment district (weekends).

Churchill

Churchilllaan 700 ⊠ *4532 JB –* ℰ *(0 115) 62 11 20*
– www.hampshire-hotels.com/churchill
54 kam ⌂ *–* ♦100/130 € ♦♦100/148 €
Rest *–* Menu 30/35 € *–* Carte 36/42 € *– (open tot middernacht)*
• Dit hotel, naast de dijk langs de Westerschelde, is niet erg modern maar zeker correct. Restaurant en terras bieden een mooi uitzicht op de Schelde en de voorbijvarende boten.
• This hotel is situated on the dyke running along the Western Scheldt estuary. Although it may not be very modern, it is certainly clean and comfortable. The restaurant and the terrace offer fine views of the Scheldt river and the ships sailing by.

✕✕ d'Ouwe Kercke

Noordstraat 77a (voetgangersgebied) ⊠ *4531 GD –* ℰ *(0 115) 69 72 27*
– www.ouwekercke.nl – gesloten 1 januari, zondagmiddag behalve de laatste van elke maand en maandag
Lunch 30 € – Menu 33/58 € – Carte 41/67 €
• Lekker eten is geen zonde in deze voormalige kerk, waar dagverse vis de klok slaat (specialiteiten met tong, tarbot en kreeft). Kaart met namen van vissersboten. Ruime parking. Kookstudio.
• Indulge yourself in this former church where the local catch takes pride of place (sole, turbot and lobster specialities). Fishing boats specified on the menu. Cooking studio. Car park.

✕ Het Arsenaal
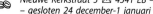

Nieuwstraat 27 ⊠ *4531 CV –* ℰ *(0 115) 61 30 00 – www.hetarsenaal.com*
– gesloten kerstavond, 1 januari, zaterdagmiddag en zondag behalve de laatste van elke maand
Menu 25/55 € – Carte 38/52 €
• Arsenaal uit 1840, omgebouwd tot een sfeervolle restaurantlocatie met muren van rode baksteen, robuuste balken en mooie gewelven. Voor- en achterterras, eigentijdse kaart.
• These 1840 barracks are now the scene of merrymaking. Red-brick walls, beams and vaulted ceilings. Terraces front and back, wine selection on display, contemporary cuisine.

in Sluiskil Zuid : 8 km

Dallinga

Nieuwe Kerkstraat 5 ⊠ *4541 EB –* ℰ *(0 115) 47 15 90 – www.dallinga.com*
– gesloten 24 december-1 januari
33 kam ⌂ *–* ♦70/83 € ♦♦90/105 €
Rest *–* Menu 23/33 € *–* Carte 33/56 € *– (gesloten zondagmiddag)*
• In het centrum, piekfijne kamers voor een sympathieke prijs, in een paviljoen en een voormalig, rustig klooster. Feestzaal met twee magisch verborgen biljarttafels. Fashionable restaurant met barokke elementen, lounge, open haard en een café met terras.
• In the heart of the village, spruce rooms at affordable prices in a pavilion and a peaceful former cloister. Reception room with two "magic" billiard tables. Fashionable restaurant with a neo-baroque look, fireplace lounge and terrace café.

TERSCHELLING (Eiland) – Fryslân ➔ Zie Waddeneilanden

TERWOLDE
Gelderland – Voorst 23 724 inw. – Atlas: **6**-C2
▶ Amsterdam 112 km – Arnhem 48 km – Apeldoorn 18 km – Deventer 9 km
Michelin wegenkaart 531-V9 en 532-V9 en 715-J5

XXX 't Diekhuus

Bandijk 2 ⊠ 7396 NB – ℰ (0 571) 27 39 68 – www.diekhuus.nl
– gesloten eerste 2 weken februari, dinsdag van juni tot september en zondag
van oktober tot mei
Menu 41 € – *(alleen diner) (een enkel menu)*
● Mooie, alleenstaande herberg met rieten dak, op een dijk. Menu van biologische streekproducten, waarvan sommige uit de moestuin aan de overkant. Terras aan de rivier.
● Pretty inn with thatched room in an isolated spot on a dyke. Menu featuring local organic produce, including vegetables from the kitchen garden. Terrace next to the river.

TEUGE

Gelderland – Voorst 23 724 inw. – Atlas: **6-C2**
▶ Amsterdam 105 km – Arnhem 36 km – Utrecht 78 km – Zwolle 45 km
Michelin wegenkaart 532-V9 en 715-J5

De Slaapfabriek zonder rest

De Zanden 47 ⊠ 7395 PA – ℰ (0 62) 882 87 81 – www.deslaapfabriek.nl
12 kam – †94 € ††94 €, ☑ 13 €
● Men gaat met plezier aan de slag in deze fabriek: de kamers zijn groot en hebben elk een stad als thema, de sfeer is prettig en de omgeving rustgevend. Er is geen receptie, een plek voor vrije (trek)vogels dus.
● This hotel (literally the 'sleep factory') boasts a pleasant atmosphere and tranquil surroundings. The spacious guestrooms are all decorated on the theme of a different city. The lack of a reception desk will appeal to independently minded travellers.

TEXEL (Eiland) – Noord-Holland ➔ Zie Waddeneilanden

TILBURG
Noord-Brabant – 210 270 inw. – Atlas: **9-B2**
▶ Amsterdam 110 km – 's-Hertogenbosch 23 km – Breda 22 km – Eindhoven 36 km
Michelin wegenkaart 532-P13 en 715-G7

Mercure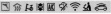

Heuvelpoort 300 ⊠ 5038 DT – ℰ (0 13) 535 46 75   Plattegrond: B1**b**
– www.mercure-tilburg.nl
91 kam – †89/185 € ††89/185 €, ☑ 19 €
Rest Taste! – ℰ (0 13) 535 32 96 – Menu 35/75 € – *(gesloten 28 juli-21 augustus) (alleen diner)*
● Hotel in het centrum, naast een winkelgalerij en een health center. De kamers zijn modern en aangenaam. U vindt hier ook een grand café en een stadsterras.
● A chain hotel on the main square next to a shopping arcade and well-equipped fitness centre. Modern bedrooms with a fresh design. Large café and popular city terrace.

Bastion

Kempenbaan 2 ⊠ 5018 TK – ℰ (0 13) 544 19 99   Plattegrond: C2**f**
– www.bastionhotelgroep.nl
40 kam – †80/140 € ††80/140 €, ☑ 12 € – ½ P
Rest – Carte 22/36 €
● Klein ketenhotel buiten het centrum, naast een groot park. De bereikbaarheid vormt geen enkel probleem, want het ligt aan de ringweg. Gestandaardiseerde kamers.
● A little chain hotel outside the town centre next to a large public park. Easy access owing to its location on the ring road. Newly refurbished bedrooms.

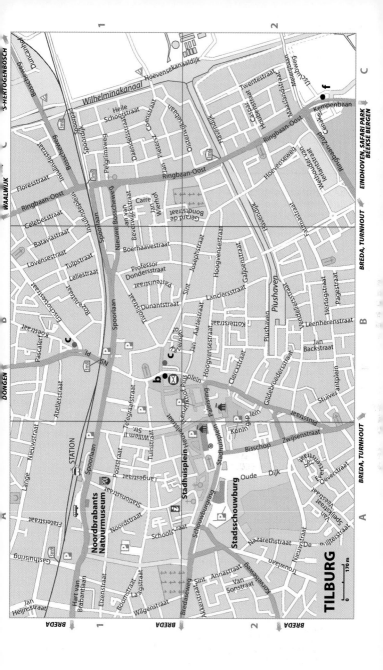

TILBURG

0 — 170 m

Noordbrabants Natuurmuseum

Stadhuisplein

Stadsschouwburg

WAALWIJK

'S-HERTOGENBOSCH

DONGEN

BREDA

BREDA

BREDA

BREDA

BREDA, TURNHOUT

BREDA, TURNHOUT

EINDHOVEN, SAFARI PARK BEEKSE BERGEN

❌❌❌ Auberge du Bonheur met kam

Bredaseweg 441 (N 282) (West : 3 km) ✉ *5036 NA* – ☎ *(0 13) 468 69 42*
– www.aubergedubonheur.nl
36 kam ⬚ – ♦99/140 € ♦♦99/160 € – ½ P
Lunch 33 € – Menu 40/80 € ♟ – Carte 60/74 € – *(gesloten zaterdagmiddag en zondag)*
● Licht en comfortabel restaurant met klassiek-moderne inrichting. Bar met trendy en enigszins rustieke ambiance. Eigentijdse keuken. Ruime kamers in een moderne dependance en een traditioneel landhuis aan de rand van de bossen.
● Bright, comfortable restaurant, decorated in a contemporary classic style. Trendy bar with rustic touches. Surrounded by forest, this small traditional-looking manor house is completed by a modern annexe containing the relaxing rooms.

❌❌ Hofstede de Blaak

Dussenpad 1 (West : 2 km via Baroniebaan) ✉ *5032 WL* – ☎ *(0 13) 463 88 99*
– www.hofstededeblaak.nl – gesloten 31 december-1 januari
Lunch 23 € – Menu 25/65 € – Carte 47/70 €
● Oude boerderij (1907), bediening in de Huiskamer of de prachtige Jachtkamer (eiken lambrisering, Delfts blauw mozaïek, jachttafereel). Actuele gerechten tegen scherpe prijzen.
● Old farm (1907), meals are served in the Huiskamer (Parlor) or the beautiful Jachtkamer (Hunting room) (oak panelling, delft blue mosaic, hunting scene). Current dishes for competitive prices.

❌❌ Kok Verhoeven

NS Plein 32 ✉ *5014 DC* – ☎ *(0 13) 545 10 88*   Plattegrond: B1**c**
– www.kokverhoeven.nl – gesloten 31 december-1 januari, 12 tot 18 februari en 27 juli
Lunch 25 € – Menu 35/55 € – Carte 45/67 € – *(gesloten zaterdagmiddag en zondagmiddag)*
Brasserij – Menu 25 € – Carte 40/47 €
● Het fashionable interieur, de kosmopolitische uitstraling, de toonbank waarop de fruits de mer zijn uitgestald ... Dit restaurant is een lust voor het oog! Uw smaakpapillen genieten hier vooral van verse, smakelijke vis en schaaldieren. Hebt u het liever wat laagdrempeliger? Dan kiest u toch gewoon voor de Brasserij.
● With its fashionable interior, cosmopolitan ambience and seafood counter, this restaurant is as much a feast for the eyes as it is for the taste buds. Enjoy delicious fresh fish and seafood in the main restaurant, or opt for something simpler and more reasonably priced in the Brasserie.

❌❌ L'Olivo

Heuvel 41 ✉ *5038 CS* – ☎ *(0 13) 542 67 31*   Plattegrond: B1**c**
– www.lolivo.nl – gesloten eerste week januari, 18 juli-15 augustus en dinsdag
Menu 34/55 € – Carte ong. 50 € – *(alleen diner)*
● De olijfboom staat voor traditie en kwaliteit, kenmerken die dit restaurant graag deelt. Dankzij de rustieke charme en warme ambiance waant u zich in Noord-Italië, het eten doet u helemaal wegdromen. De traditionele Italiaans-mediterrane keuken wordt gekookt zoals het hoort: met verse producten, gul en boordevol smaak!
● The olive tree represents tradition and quality – characteristics that this restaurant is proud to share. The rustic charm and warm ambience are strongly evocative of Northern Italy, as is the menu. Enjoy traditional Italian-Mediterranean cuisine perfectly cooked from fresh produce, which is full of rich aromas and plenty of flavour.

De prijzen voor het symbool ♦ komen overeen met de laagste prijs in laagseizoen en daarna de hoogste prijs in hoogseizoen voor een éénpersoonskamer.
Hetzelfde principe voor het symbool ♦♦, hier voor een tweepersoonskamer.

in Goirle Zuid : 5 km

 De Eetkamer
Tilburgseweg 34 ✉ *5051 AH –* ℰ *(0 13) 534 49 00 – www.eetkamergoirle.nl*
– gesloten zaterdagmiddag en zondagmiddag
Lunch 24 € – Menu 30 € – Carte 34/54 €
● What you see is what you get: De Eetkamer, dat is een brasserie met bistroflair (of was het nu omgekeerd?) met een degelijke keuken. De klanten van Tonny en Christel van Burk zijn laaiend enthousiast, zeker wanneer 's zomers het terras opent.
● De Eetkamer is an unpretentious brasserie serving good bistro fare in a relaxed atmosphere. Tonny and Christel van Burk have an enthusiastic following, especially in summer when meals are served on the outdoor patio.

TOLKAMER
Gelderland – Rijnwaarden 10 968 inw. – Atlas: **6**-C3
▶ Amsterdam 126 km – Arnhem 26 km – Emmerich 13 km
Michelin wegenkaart 532-V11 en 715-J6

 Slapen bij Toine
Europakade 10 ✉ *6916 BG –* ℰ *(0 316) 54 04 50 – www.bijtoine.nl*
15 kam – ♟70/83 € ♟♟98/108 €, ☲ 14 € – ½ P
Rest *Eten bij Toine* – Menu 33 € – Carte ong. 45 € – *(gesloten maandag en dinsdag)*
● Deze voormalige douanepost aan de rivier is veranderd in een sympathiek hotelletje, ingericht door kunstenaar Onno van Leeuwen. Sommige kamers bieden uitzicht op de Rijnkades. Eten bij Toine, dat is klassieke of Italiaanse kost, volgens de kaart van het moment.
● This former customs office by the river has been converted into an attractive small hotel and was refurbished by the artist Onno van Leeuwen. Some rooms offer a view over the Rhine quays. Dinner at Toine focuses on traditional or Italian cuisine, depending on the menu of the day.

XXX **Cuisine Toine Smulders**
Spijksedijk 2 ✉ *6917 AC –* ℰ *(0 316) 54 28 16 – www.copera.nl*
– gesloten 29 december-7 januari, maandag en dinsdag
Menu 33/98 € – Carte 41/77 € – *(alleen diner behalve zondag)*
● Stijl en design harmoniëren in deze villa aan de dijk langs de Rijn. De patron, opgeleid bij topkoks, geeft u de keuze uit eigentijdse gerechten die in een verrassings- en een meergangenmenu zijn gegoten.
● Style and design are in harmony in this villa on an embankment by the Rhine. The owner, who trained with top chefs, will offer you a choice of contemporary dishes in the form of a discovery menu or a multi-course menu.

TUBBERGEN
Overijssel – 21 206 inw. – Atlas: **13**-D2
▶ Amsterdam 162 km – Zwolle 65 km – Enschede 28 km – Nordhorn 28 km
Michelin wegenkaart 531-Z8 en 715-L4

 Droste's
Uelserweg 95 (Noord-Oost : 2 km) ✉ *7651 KV –* ℰ *(0 546) 62 12 64*
– www.drostes.nl – gesloten 31 december-12 januari
20 kam ☲ – ♟69/99 € ♟♟89/119 € – ½ P
Rest *Droste's* ⊛ – zie restaurantselectie
● Er hangt een enigszins trendy sfeer in dit aangename familiehotel buiten het centrum. Gemeenschappelijke ruimten en kamers met een gelikt, eigentijds decor.
● A bit of a trendy atmosphere prevails in this pleasant, out-of-the-way family establishment. Public areas and bedrooms are slick and contemporary in style.

XX **Droste's** – Hotel Droste's   𝄞 ▦ 🕮 ⌾ 🅿

Uelserweg 95 (Noord-Oost : 2 km) ✉ 7651 KV – 𝒞 (0 546) 62 12 64
– www.drostes.nl – gesloten 31 december-12 januari
Lunch 28 € – Menu 35/45 € – Carte 42/62 €

● De trouwe lezers van de Michelingids weten dat dit restaurant al meer dan 10 jaar geleden z'n Bib heeft gekregen en de filosofie ervan onverdroten voortzet: uitgelezen producten, verfijnde combinaties en een mooie presentatie. De inrichting, nieuw en modern, past goed bij de actuele gerechten.

● Faithful readers of the Michelin guide will know that this restaurant received its Bib more than 10 years ago and still follows its philosophy untiringly: carefully selected produce, sophisticated combinations and beautiful presentation. The new, modern interior complements the contemporary cooking.

UBACHSBERG

Limburg – Voerendaal 12 617 inw. – Atlas: **8**-B3
▶ Amsterdam 218 km – Maastricht 31 km – Eindhoven 88 km – Aachen 16 km
Michelin wegenkaart 532-U17 en 715-I9

XXX **De Leuf** (Robin van de Bunt) met kam   器 ⌾ 🎐 🛜 🅿

Dalstraat 2 ✉ 6367 JS – 𝒞 (0 45) 575 02 26 – www.deleuf.nl – gesloten
30 december-3 januari, carnaval, 3 tot 21 augustus, zaterdagmiddag,
zondag, maandag en na 20.30 u.
3 kam ⌑ – ♥120/145 € ♥♥120/145 €   Menu 50/130 € – Carte ong. 95 €

● Deze fraai verbouwde hoeve straalt klasse uit, maar heeft niets van zijn authentieke charme verloren. In de keuken staat jong talent aan het roer dat overtuigt dankzij zijn creativiteit, frisse productcombinaties en fijne smaken. Een keuken om van te genieten! Blijf gerust overnachten in een van de charmante kamers.

● This beautifully converted farm radiates class and has not lost any of its authentic charm. The creativity demonstrated by the young talent at the helm in the kitchen is very convincing with the fresh produce combinations and delicate flavours. Cuisine to savour. Charming guestrooms also available.

➜ Geuren van de zee met schelpdieren, citroengras en limoenblad 'Classic Paul van de Bunt'. Reebok met knolselderij van de barbecue, artisjok en zwarte knoflook. Kersen met Zwitserse munt, mascarpone, limoen en kriekbier.

UDEN

Noord-Brabant – 40 913 inw. – Atlas: **10**-D2
▶ Amsterdam 113 km – 's-Hertogenbosch 28 km – Eindhoven 32 km –
Nijmegen 33 km
Michelin wegenkaart 532-S13 en 715-H7

🏠 **Uden-Veghel** 🅽   🛜 ⮝ 🖃 & 🕮 ⌾ 🛜 🎿 🅿

Rondweg 2 ✉ 5406 NK – 𝒞 (0 413) 79 90 10 – www.hoteludenveghel.nl
105 kam – ♥68/95 € ♥♥68/95 €, ⌑ 14 € – ½ P
Rest – Menu 33 € – Carte 33/60 €

● Een impressionant gebouw vlak bij de A50, met een overwegend zwart getint designinterieur en moderne kamers. Wat wilt u nog meer? Goed uitgeruste vergaderzalen en een mooie skybar op de bovenste verdieping? Dan zit u hier op de juiste plek.

● This hotel is housed in an impressive building just off the A50. The predominantly black designer-style interior boasts modern guestrooms, well-equipped meeting rooms and a beautiful sky bar on the top floor.

🏠 **Arrows** zonder rest   ⮝ 🗓 ⮝ ⮝ ⮝ 🖃 🕮 ⌾ 🛜 🅿 ⮝

St. Janstraat 14 ✉ 5401 BB – 𝒞 (0 413) 26 85 55 – www.hotelarrows.nl
– gesloten 20 december-1 januari
40 kam – ♥89/104 € ♥♥99/120 €, ⌑ 15 €

● Deze familiezaak richt zijn pijlen op zakenmensen en kan heel wat troeven uitspelen: de rustige locatie in het stadscentrum, gratis parking, comfortabele kamers en mooie wellnessfaciliteiten. Arrows is een schot in de roos.

● This family-run hotel is perfect for business travellers. It has a quiet location in the city centre, free parking, comfortable guestrooms and lovely spa facilities. An excellent place to stay.

UITHOORN

Noord-Holland – 28 418 inw. – Atlas: **11-A3**

▶ Amsterdam 24 km – Haarlem 23 km – Den Haag 54 km – Utrecht 31 km
Michelin wegenkaart 532-N9 en 715-F5

Het Rechthuis aan den Amstel   ⑤ ← 🛖 🚲 🛎 🖾 ⅋ 🛜 🖴 ⚓

Schans 32 ⊠ 1421 BB – ℰ (0 297) 56 13 80 – www.hetrechthuis.nl – gesloten 31 december-3 januari
12 kam ⌷ – †79/120 € ††79/120 €   **Rest** – Menu 25 € – Carte 33/41 €
• In dit voormalige gerechtsgebouw kan men nu rustig slapen, want er worden geen vonnissen meer gewezen. Schitterend terras aan het water. Bootjes en fietsen beschikbaar. Comfortabele eetzalen, serre en zomerterras met weids uitzicht. Hollandse kaart.
• They no longer pronounce jail sentences at this former courthouse, now a hotel on the Amstel where you can sleep in peace. Attractive terrace on the water. Boats and bikes available. Comfortable dining rooms, panoramic conservatory and summer restaurant. Dutch menu.

✗ Amstelfort   🛏 🛖 ⅋ ⇆ 🅿

Grevelingen 30 ⊠ 1423 DN – ℰ (0 297) 56 64 44 – www.amstelfort.nl
– gesloten 27 december-2 januari en maandag
Lunch 25 € – Menu 34/68 € – Carte 43/56 € – *(alleen diner behalve donderdag en vrijdag)*
• Enkele gewelfde ruimtes van het oude Fort aan de Drecht (UNESCO werelderfgoed) vormen een aangenaam kader om te genieten van een eigentijdse keuken. Mooi terras aan het water.
• Enjoy contemporary cooking in the pleasant setting of a vaulted hall of the old "Fort aan de Drecht" (UNESCO World Heritage Site).

ULVENHOUT – Noord-Brabant ➔ Zie Breda

URK

Flevoland – 19 470 inw. – Atlas: **2-B2**

▶ Amsterdam 84 km – Lelystad 30 km – Emmeloord 12 km – Leeuwarden 86 km
Michelin wegenkaart 531-S7 en 715-H4

✗✗ De Boet   ← 🛖 ⅋ 🖾 ⅋ ⇆

Wijk 1 nr 61 (bij de haven) ⊠ 8321 EM – ℰ (0 527) 68 87 36
– www.restaurantdeboet.nl
Menu 38/58 € – Carte 36/61 €
• Urkers zijn een ras apart. Ze vormen de meest kerkelijke gemeenschap van Nederland en hebben een echte eilandmentaliteit. Wat hen nog verenigt: hun liefde voor De Boet, een monumentaal modern restaurant bij de jachthaven. Hier krijgt u het soort bijdetijdse gerechten op uw bord waarover u leest in culinaire magazines.
• One of the most religious communities in the Netherlands, people from Urk have their own identity and a real island mentality. However, they are united in their enthusiasm for De Boet, a monumental modern restaurant close to the marina. It serves the type of contemporary cuisine often described in food magazines.

UTRECHT

Utrecht – 328 164 inw. – Atlas: **14-A2**
▶ Amsterdam 36 km – Den Haag 61 km – Rotterdam 57 km
Michelin wegenkaart 532-P10 en 715-G5

© L. Maisant/hemis.fr

Hotels

Grand Hotel Karel V

Geertebolwerk 1 ✉ 3511 XA – ☎ (0 30) 233 75 55 Plattegrond: B2**q**
– www.karelv.nl
117 kam – 🚹109/259 € 🚹🚹129/379 €, ☕ 23 € – 4 suites
Rest *Grand Restaurant Karel V* Rest *Brasserie Goeie Louisa* – zie restaurantselectie

• Vind rust in deze oude commanderij van de Duitse orde in de Utrechtse binnenstad. Diverse typen kamers met hemelbedden, van klassiek tot eigentijds, vernieuwde fitness en wellness.

• Former Teutonic guardhouse in the heart of Utrecht. Lovely enclosed park, various types of room in the 18C wing and modern annexe, meeting rooms, auditorium and a spa.

Park Plaza

kam,

Westplein 50 ✉ 3531 BL – ☎ (0 30) 292 52 00 Plattegrond: A1**b**
– www.parkplaza.com
120 kam – 🚹89/205 € 🚹🚹89/205 €, ☕ 20 € – ½ P
Rest – Menu 39 € – Carte 34/47 € – *(open tot 23.00 u)*

• Modern hotel bij het station en een groot congrescentrum. Gezellige lobby, kamers van goed formaat en voorzien van geluidsisolatie, uitgebreid en gevarieerd ontbijtbuffet.

• Modern hotel building next to the station and a large conference centre. Welcoming lobby, well-designed and soundproofed rooms and breakfastbuffet with an extensive choice.

Mitland

kam,

Ariënslaan 1 ✉ 3573 PT – ☎ (0 30) 271 58 24 Plattegrond: D1**t**
– www.mitland.nl
141 kam – 🚹80/175 € 🚹🚹80/175 €, ☕ 16 €
Rest – Menu 25 € – Carte 33/48 €

• Gelegen buiten het centrum en met zijn vele faciliteiten een ware trekpleister voor sportieve groepen: bowlinghal, nieuwe fitness, zwembad en sauna. Restaurant met terras dat uitkijkt op de vestinggracht. Eigentijdse kookstijl.

• Buildings away from the centre, opening onto a park surrounded by water, near an old fortress. New lobby, practical guestrooms, meeting rooms, bowling alley, swimming pool and sauna. Dining room with a summer terrace and view of the ponds. Current cuisine.

Malie zonder rest

Maliestraat 2 ✉ 3581 SL – ✆ (0 30) 231 64 24 Plattegrond: C1**e**
– www.hampshire-hotels.com/maliehotel
45 kam – 🚹99/205 € 🚹🚹99/205 €, ☕ 16 €

- Aandachtstrekkers, zo omschrijft men de mooie gevels van deze twee statige panden uit de 19de eeuw het best. Mooi tuinterras, comfortabele kamers in boutique stijl en elegante gemeenschappelijke ruimtes.
- A hotel set in two 19C neoclassical houses in an upmarket residential area. Beautiful garden terrace, comfortable boutique style rooms and elegant public areas.

Dom

Domstraat 4 ✉ 3512 JB – ✆ (0 30) 232 42 42 Plattegrond: B1**a**
– www.hoteldom.nl
11 kam ☕ – 🚹150/240 € 🚹🚹150/240 €
Rest *Podium onder de Dom* – zie restaurantselectie

- Dom is een van de meest fashionable logeeradressen van Utrecht. 18de-eeuws vanbuiten, 21ste-eeuws vanbinnen en met een designinterieur om van te watertanden heeft het alles in huis om de veeleisende citytripper van vandaag te plezieren.
- Dom is one of the most fashionable addresses in Utrecht. With its 18C exterior and 21C interior, this hotel boasts an attractive designer-style decor. A delightful place to stay, which is bound to appeal to even the most demanding of visitors.

Mary K zonder rest

Oudegracht 25 ✉ 3511 AB – ✆ (0 30) 230 48 88 Plattegrond: B1**a**
– www.marykhotel.com
9 kam – 🚹120/165 € 🚹🚹120/165 €, ☕ 8 €

- Sommige hotels hebben hét, en Mary K is er zo een. Woorden schieten tekort om het design van dit op-en-top moderne hotel te beschrijven. Om er toch maar enkele te noemen: fris, speels en een tikje artistiek. U gaat gegarandeerd naar huis met ideeën voor de inrichting van uw eigen plek!
- Some hotels just have natural style and Mary K is one of them. It is hard to find the words to describe this ultra-contemporary hotel, which is bright, playful in tone and decorated with artistic touches. You are guaranteed to be inspired with new design ideas for your own home!

Restaurants

Grand Restaurant Karel V – Hotel Grand Hotel Karel V

Geertebolwerk 1 ✉ 3511 XA – ✆ (0 30) 233 75 75
– www.grandrestaurantkarelv.nl Plattegrond: B2**q**
– gesloten 27 december-5 januari, 20 juli-17 augustus en zondag
Menu 89/98 € 🍷 – Carte ong. 81 € – *(alleen diner)*

- Creatieve gastronomie in een luxueus, historisch decor. Cassetteplafond, schouw, kristallen luchters, oude schilderijen, klassiek meubilair. Tuinterras. Deskundige sommelier.
- Creative cuisine served in a historic luxury hotel. Coffered ceiling, fireplace, crystal chandeliers, old paintings and classic furniture. Garden terrace. Well-informed wine steward.

Podium onder de Dom – Hotel Dom

Domstraat 4 ✉ 3512 JB – ✆ (0 30) 635 08 88 Plattegrond: B1**a**
– www.podiumonderdedom.nl – gesloten 19 juli-1 augustus, zondag en maandag
Menu 45/69 € – Carte 51/80 € – *(alleen diner)*

- Rood velours kleurt de zaal en op het culinaire podium schitteren traditionele gerechten die langs de creatieve handen van de chef zijn gepasseerd. Het menu ligt vast en is zo opgesteld dat u op het einde beslist om een bisnummer vraagt.
- Traditional dishes handled with creativity shine on this culinary stage, while red velvet adds colour to the room. The menu may be fixed but it's also flexible enough if you need a curtain call.

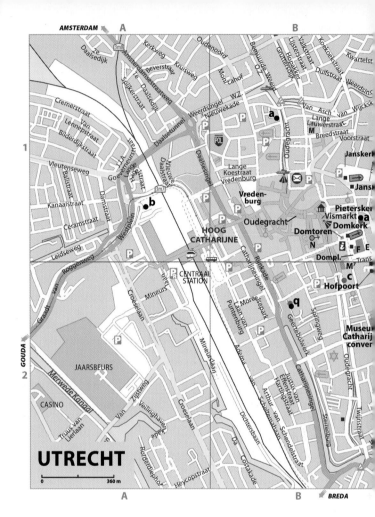

UTRECHT

0   360 m

BREDA

✗ **Goesting**

Veeartsenijpad 150 (via Veeartsenijstraat) ✉ *3572 DH*   Plattegrond: D1**n**
– ℰ (0 30) 273 33 46
– www.restaurantgoesting.nl
Lunch 25 € – Menu 33 € – Carte 30/48 €

● Goed, eigentijds restaurant in een woonwijk, achteraan een doodlopend straatje in een voormalige kennel. Sobere eetzaal met arcaden en parket. Mooi terras en tuin.

● A nice restaurant offering contemporary cuisine in a cul-de-sac in a residential area (the building was once a kennel!). Lovely terrace and garden.

Een lekkere maaltijd voor een scherpe prijs? Volg onze Bib Gourmand ⊛.

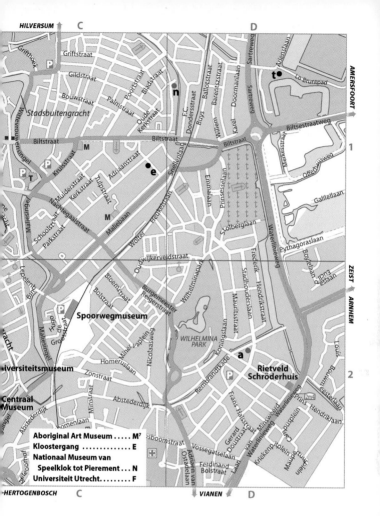

✗ **Elvi** ⓝ

😊 *Jan van Scorelstraat 21* ✉ *3583 CJ* – ☎ *(0 30)*   Plattegrond: D2**a**
251 39 13 – *www.restaurantelvi.nl* – *gesloten 31 december-1 januari,*
20 juli-9 augustus en zondag
Menu 33/47 € – Carte 45/71 € – *(alleen diner)*

• Proef voor u oordeelt, want wat eenvoudig lijkt pleziert in dit moderne restaurantje door zijn smaak. Het product staat hier centraal in een keuken die het midden houdt tussen Frans en Italiaans. Sommige exclusieve gerechten moet u minstens 1 dag op voorhand bestellen, het ruime keuzemenu is een aanrader.
• This deceptively simple looking restaurant serves delicious cuisine that is influenced by French and Italian traditions alike. Some of the more exclusive dishes should be ordered at least a day in advance, while the extensive set menu is highly recommended.

✗ **Brasserie Goeie Louisa** – Hotel Grand Hotel Karel V   🛏 🏠 ♿ Ⓜ 🅿

Geertebolwerk 1 ✉ *3511 XA –* ✆ *(0 30) 233 75 95*   Plattegrond: B2**q**
– www.goeielouisa.nl
Lunch 32 € – Menu 35/43 € – Carte 39/54 €
● Goeie Louisa is gehuisvest in een voormalig klooster. Gelukkig merkt u niets meer van die soberheid uit het verleden, behalve dan in het prettige vleugje geschiedenis dat het pand karakter geeft. Hedendaagse keuken op een klassieke basis.
● Goeie Louisa is housed in a former monastery. Fortunately it has lost all traces of its past austerity apart from a slight hint of history that gives the premises its character. Contemporary cooking with classic foundations.

✗ **Brasserie Bresson**   Ⓜ 🍴 ⇔

Oudegracht 214 ✉ *3511 NS –* ✆ *(0 30) 232 26 23*   Plattegrond: B2**c**
– www.brasseriebresson.nl – gesloten maandagmiddag en dinsdagmiddag
Menu 30 € – Carte 29/51 € – *(open tot 23.00 u.)*
● Dineert u graag à la française? Dan bent u met Brasserie Bresson (naar de fotograaf wiens foto's de muren sieren) vast in uw nopjes. Op de kaart kunt u uw kennis van het Frans opfrissen; van entrée tot dessert, alles lonkt naar la douce France.
● If you enjoy French cuisine, you will be delighted with Brasserie Bresson (named after the photographer whose photos decorate the walls). The menu provides an opportunity to practise your French with its selection of tempting delicacies from la douce France.

VAALS

Limburg – 9 685 inw. – Atlas: **8-B3**
▶ Amsterdam 229 km – Maastricht 27 km – Aachen 4 km
Michelin wegenkaart 532-V18 en 715-J9

🏰 **Kasteel Vaalsbroek**   🌳 🛏 🏠 🔲 🕸 🎿 ♨ 🚲 ♿ Ⓜ rest, 🍴 rest, 🛜

Vaalsbroek 1 ✉ *6291 NH –* ✆ *(0 43) 308 93 08 – www.vaalsbroek.nl*   🔺 🅿
125 kam 🛏 – ✝82/310 € ✝✝101/329 € – 5 suites
Rest – Menu 35/55 € – Carte 48/62 € – *(alleen diner)*
● Luxehotel met rustige kamers die van alle gemakken zijn voorzien, en een goed uitgerust fitnesscentrum. Op een steenworp afstand worden in een mooi kasteel congressen gehouden. Een oude watermolen herbergt het restaurant. Zomerterras aan de vijver.
● This luxury hotel with quiet bedrooms has all the amenities, as well as a well-equipped fitness centre. Conferences are held close by in a beautiful château. An old watermill houses the restaurant. Lakeside summer terrace.

🏰 **Kasteel Bloemendal**   🌳 🛏 🏠 🚲 🎿 Ⓜ rest, 🍴 🛜 🔺 🅿

Bloemendalstraat 150 ✉ *6291 CM –* ✆ *(0 43) 365 98 00*
– www.hotelbloemendal.nl
77 kam – ✝120/195 € ✝✝120/195 €, 🛏 17 €
Rest – Menu 38/58 € – Carte 50/74 €
● Ontdek het geslaagde huwelijk van een 18de-eeuws kasteel en een moderne nieuwbouw, een plek waar charme en karakter hand in hand gaan met een eigentijdse interpretatie van klassiek. Alles is piekfijn in orde, de gerenoveerde kamers zijn echte juweeltjes! De elegantie wordt doorgetrokken in het traditionele restaurant.
● This hotel is a successful combination of an 18C castle and a modern new building. A place where charm and character go hand in hand with a contemporary interpretation of the classics. There is real attention to detail throughout and the renovated guestrooms are particularly attractive. Elegant, traditional restaurant.

✗✗ **Schatull**

Akenerstraat 31 ✉ *6291 BA –* ✆ *(0 43) 306 17 40 – www.schatull.nl – gesloten 2 weken met carnaval, 2 weken in oktober, maandag en dinsdag*
Menu 30/43 € – Carte 48/64 € – *(alleen diner)*
● Dit Italiaanse restaurant in een patriciërshuis (1732) is ooit als café begonnen. Rustiek-modern decor met lambrisering, open haard en designverlichting. Drie vriendelijk geprijsde menu's: Schatull, Ospitalità Italiana en Euro-Toques.
● A former café is the location of this Italian restaurant set in a mansion dating from 1732. Rustic-modern décor combining woodwork, fireplace and designer lighting. Generous menu trio: "Ospitalità Italiana", "Euro-Toques" and "Schatull".

VAASSEN

Gelderland – Epe 32 351 inw. – Atlas: **6-C2**
▶ Amsterdam 98 km – Arnhem 36 km – Apeldoorn 10 km – Zwolle 33 km
Michelin wegenkaart 531-U9 en 532-U9 en 715-I5

⌂ **Mollenvlied** zonder rest
Hattumseweg 14 ✉ 8171 RD – ℰ (0 578) 57 18 56 – www.mollenvlied.nl
5 kam ☲ – †80/110 € ††90/120 €
● Dit charmante huis met rietdak, in een beboste, wildrijke omgeving, herbergt een bed and breakfast met alle comfort. Ideaal na een feestje in restaurant De Leest. Tiptop kamers.
● This charming thatched cottage in a secluded woodland setting houses a comfortable bed and breakfast where you can spend the night after enjoying a meal at De Leest. Impeccable rooms.

XXX **De Leest** (Jacob Jan Boerma)
❀❀❀ *Kerkweg 1 ✉ 8171 VT – ℰ (0 578) 57 13 82 – www.restaurantdeleest.nl*
– gesloten 27 december-6 januari, 26 april-5 mei, 19 juli-12 augustus, zaterdagmiddag, zondag en maandag
Lunch 54 € – Menu 110/148 € – Carte 88/131 €
● Kosmopolitische invloeden en inventiviteit zorgen voor een elegant contrast tussen zoet, zuur en smaak. Perfecte cuissons en subtiele productassociaties maken van elke hap een heerlijke ontdekkingstocht. Uw uitzonderlijke ervaring wordt volmaakt door het moderne interieur, een prachtig decor om te genieten van de signatuur van Jacob Jan Boerma: geschoeid op de leest van vakmanschap!
● Cosmopolitan influences and originality create an elegant contrast between sweet and sour flavours. Thanks to great cooking and subtle combinations, every bite you take is a delicious discovery. Your experience is completed by the beautiful modern interior; the perfect surroundings to enjoy the expertly crafted signature dishes of Jacob Jan Boerma.
→ Kort gebakken langoustines met kumquat, kokos, worteltjes en oosterse kerrie- en citroengrasjus. Geroosterd melklam met veldzuring, vadouvan en citroenpuree met salsa van tomaat. Creatie van yoghurt, aloë vera met een sorbet van karnemelk en groene appel.

VALKENBURG

Limburg – Valkenburg aan de Geul 16 814 inw. – Atlas: **8**-A3
▶ Amsterdam 212 km – Maastricht 15 km – Liège 40 km – Aachen 26 km
Michelin wegenkaart 532-U17 en 715-I9

 Hotels

 Grand-Hotel 　　　　　　　　　　　　　　▣ 🛜 🖺 P
Walramplein 1 ✉ *6301 DC –* ℰ *(0 43) 601 28 41*　　　　Plattegrond: B2**s**
– www.hotelvoncken.nl
– gesloten 29 december-9 januari en 15 tot 20 februari
39 kam ☕ *–* ❗75/145 € ❗❗89/155 € *– 2 suites – ½ P*
Rest *Voncken –* zie restaurantselectie
● Dit hotel aan een plein vlak bij de kasteelruïne wordt al meer dan 120 jaar door dezelfde familie gerund. Lounge-serre, verzorgde kamers en klassieke zalen.
● Grand Hotel run by the same family for more than 120 years, on a wooded square, close to the castle ruins. Veranda-lounge, fine guestrooms and classic public areas.

 Thermae 2000 　　　　　　🍴 ⌁ 🖺 🌐 🛁 ▣ ✄ 🛜 🖺 P
Cauberg 25 ✉ *6301 BT –* ℰ *(0 43) 609 20 00*　　　　Plattegrond: A2**a**
– www.thermae.nl
60 kam ☕ *–* ❗119/259 € ❗❗159/299 € *– ½ P*
Rest *–* Carte 42/55 € *– (alleen diner)*
● Wellness-concepthotel met indrukwekkend zwemparadijs en saunalandschap (toegang begrepen in de kamerprijs), ten volle te ontdekken met een van de dag-arrangementen. Bij restaurant Pure eet u een seizoen- en streekgebonden keuken en hebt u een mooi uitzicht op de Limburgse heuvels.
● A 'Health Farm' styled hotel with an impressive swimming and sauna complex (included in room price). Book one of the Spa Day offers to enjoy these facilities to the full. In Pure guests can sit and enjoy views of the hills in Limburg while a choice of seasonal cuisine and local dishes are served.

 Parkhotel 　　　🍴 🎋 🖺 🌐 🛁 🃏 ♿ ▣ ♿ rest, ✄ 🛜 🖺 P
Neerhem 68 ✉ *6301 CJ –* ℰ *(0 43) 601 32 41*　　　　Plattegrond: B2**n**
– www.parkhotelvalkenburg.nl
82 kam ☕ *–* ❗59/99 € ❗❗99/199 €
Rest *–* Menu 33 € *–* Carte 41/51 €
● Dit vakantiehotel uit 1890, tegen een beboste heuvel, heeft niets aan charme ingeboet dankzij zijn retro-uitstraling. Fietsers maken hier graag hun uitvalsbasis van en genieten eveneens van de grote, opgeknapte kamers en het wellnesscenter.
● This hotel built on a wooded hill in 1890 has kept its retro charm after a new lease of life. Large renovated rooms, lounges, a lovely pool and spa.

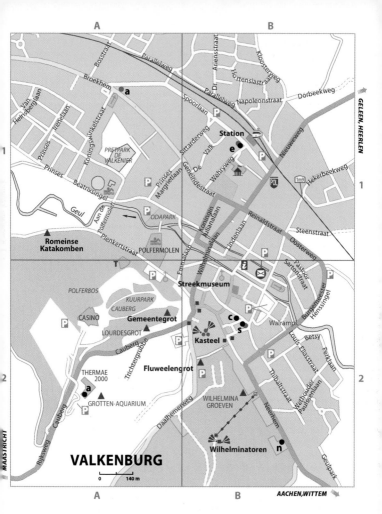

VALKENBURG

0 — 140 m

GELEEN, HEERLEN
MAASTRICHT
AACHEN, WITTEM

 Tummers 📶 🛜 🛁 🅿 🚗

Stationsstraat 21 ✉ *6301 EZ –* ✆ *(0 43) 601 37 41*   Plattegrond: B1**e**
– www.hoteltummers.nl
35 kam ☒ – 🛏78/150 € – 🛏🛏98/165 € – 2 suites
Rest *Tummers* 😊 – zie restaurantselectie

● Hotel tegenover het station, sinds 1930 van vader op zoon geëxploiteerd. Twee generaties kamers. Fraai, fashionable decor en meer comfort in de nieuwste kamers met eigen wellnessfaciliteiten.

● This hotel opposite the station has been run by the same family since the 1930s. The newer rooms are more comfortable and fashionable. Wellness facilities.

Rode symbolen wijzen op de bijzondere charme van de zaak 🏠 ✕✕✕.

⌂ **Hulsman**   🚴 📠 ⚒ 🛜 🛗 **P**

De Guascostraat 16 ✉ *6301 CT –* ℰ *(0 43) 601 23 26*   Plattegrond: B2**c**
– www.hotelhulsman.nl
24 kam ☷ – 📶48/58 € 📶📶69/99 € – ½ P
Rest *– (alleen diner voor hotelgasten)*
• In dit hotel kunt u comfortabel overnachten zonder platzak huiswaarts te keren. Lounge-bar, terras en rokerslounge. Halfpensionmenu ('s avonds) met een goede prijs-kwaliteitsverhouding.
• A family-run establishment where you can stay without spending a fortune. High marks for the good value for money on the half-board dinner menu. Half board menus (evenings) which are good value for money.

● Restaurants

🍴🍴 **Tummers** *– Hotel Tummers*   🛜 ♿ Ⓜ ⚒ **P** 🚗
😊
Stationsstraat 21 ✉ *6301 EZ –* ℰ *(0 43) 601 37 41*   Plattegrond: B1**e**
– www.hoteltummers.nl
Menu 30/50 € – Carte 45/71 €
• De naam Tummers staat synoniem voor kwaliteit, en dat merkt u in elke vezel van deze familiezaak. Het voelt allemaal erg deftig, met de keurige kelners, de kandelaars en de gestoffeerde stoelen. Ook de keuken is klassiek en op Franse leest geschoeid, maar toch worden hedendaagse invloeden niet geschuwd.
• Quality is evident in the very fabric of this family-run restaurant. It boasts an elegant ambience with smart waiters, candelabras and comfortably upholstered chairs. Based on French traditions, the cuisine is classic while remaining open to contemporary influences.

🍴🍴 **Chez Paul** ⓝ   🛜
Broekhem 130 ✉ *6301 HL –* ℰ *(0 43) 751 81 50 – www.restaurantchezpaul.nl*
– gesloten 29 december-4 januari, 18 tot 22 februari, 8 tot 21 juli en maandag en dinsdag behalve feestdagen
Menu 35/68 € – Carte 60/72 € – *(alleen diner)*
• Paul en Marion kunnen hun liefde voor Frankrijk niet verbergen. Het lichte interieur van deze villa krijgt de nodige warmte dankzij de charmante gastvrouw, de chef heeft de Franse keuken in de vingers. Hij geeft het een actuele invulling en brengt het mooi op smaak, bij voorkeur met geraffineerde sauzen.
• Paul and Marion cannot hide their love of France in this villa restaurant. She provides charming service in the brightly decorated dining room and he prepares the delicious French cuisine. Enjoy contemporary-style dishes that are full of flavour and served with fine sauces.

🍴🍴 **Jerome**   🛜 ⚒
😊
Broekhem 58 ✉ *6301 HJ –* ℰ *(0 43) 601 32 42*   Plattegrond: A1**a**
– www.restaurantjerome.nl – gesloten 28 december-3 januari,
25 februari-5 maart, 5 tot 17 mei, 24 augustus-6 september, maandag en dinsdag
Menu 35/77 € – Carte 52/62 € – *(alleen diner)*
• Een interessante eetgelegenheid. Modern decor in rood en antraciet, open keuken waar de jonge chef-kok experimenteert met de nieuwste culinaire trends, voor- en achterterras.
• A restaurant worth keeping an eye on. Contrasting modern décor (red and charcoal grey), and an open kitchen where the young chef explores the latest culinary advances. Front and back terraces.

🍴🍴 **Voncken** *– Hotel Grand-Hotel*   🛜 ⚒ 🔄 **P**
Walramplein 1 ✉ *6301 DC –* ℰ *(0 43) 601 28 41*   Plattegrond: B2**s**
– www.hotelvoncken.nl – gesloten 29 december-9 januari, 15 tot 20 februari en zondag
Menu 33/95 € – Carte 51/88 € – *(alleen diner)*
• Klassiek Frans restaurant in een traditioneel hotel. Lichte, kleurrijke eetzaal, stijlstoelen en een chef-kok die hier sinds 1978 de culinaire scepter zwaait. Lunch en diner ook in de serre.
• Classic French restaurant in a traditional hotel. Front terrace, bright and colourful dining room, period chairs, amusing Italian-style fresco and the same chef since 1978.

in Houthem West : 3,5 km

🏠🏠🏠 Château St. Gerlach   🐾 ≤ 🔑 📺 🌐 🏠 ♿ 🎷 🖼 📶 🛁 **P**
Joseph Corneli Allée 1 ✉ *6301 KK* – ℰ *(0 43) 608 88 88* – *www.chateauhotels.nl*
58 kam – 🛉175/335 € 🛉🛉175/335 €, ⬛ 30 € – 39 suites – ½ P
Rest *St. Gerlach* **Rest** *Bistrot de Liège* – zie restaurantselectie
• Luxueuze kamers en suites liggen verspreid over de dependances (1759) van
een neoklassiek kasteel. Park met moderne sculpturen, barokkerk en mooi, klas-
siek zwembad.
• Magnificent rooms and suites in the outbuildings of a neoclassical château.
Park with modern sculptures, baroque church and beautiful classical-style swimming pool.

XXX St. Gerlach – Hotel Château St. Gerlach   ≤ 🔑 🍽 ⇆ **P**
Joseph Corneli Allée 1 ✉ *6301 KK* – ℰ *(0 43) 608 88 88* – *www.chateauhotels.nl*
– *gesloten zondag en maandag*
Menu 78/88 € – Carte 70/87 € – *(alleen diner)*
• Laat uw maal, eigenlijds uw weelderig, u onderdompelen in een somptueuze
kasteelambiance, antieke lambrisering en kristallen luchters incluis. Als een kas-
teelheer of -vrouw kijkt u op het terras uit over het park, dat voor even het uwe is.
• Enjoy superb contemporary cuisine in the sumptuous surroundings of a former
castle, complete with wooden panelling and crystal chandeliers. Enjoy fine views
of the grounds from the castle terrace.

XX Bistrot de Liège – Hotel Château St. Gerlach   ≤ 🔑 ♿ **P**
Joseph Corneli Allée 1 ✉ *6301 KK* – ℰ *(0 43) 608 88 88* – *www.chateauhotels.nl*
– *gesloten na 20.30 u.*
Menu 35 € – Carte 43/51 €
• Baron de Selys de Fanson zou ongetwijfeld trots zijn dat zijn keuken is omgevormd tot een bistro die overloopt van de charme. Klassieke bistrokaart of streek-
menu, al dan niet te proeven op het uitnodigende terras.
• Baron de Selys de Fanson, the last resident here, would be proud today know-
ing that his kitchen has been turned into a bistro that simply oozes charm. Classic
bistro or regional menus, with the option of dining outside on the inviting terrace.

De prijzen voor het symbool 🛉 komen overeen met de laagste prijs in laagseizoen
en daarna de hoogste prijs in hoogseizoen voor een éénpersoonskamer.
Hetzelfde principe voor het symbool 🛉🛉, hier voor een tweepersoonskamer.

in Schin op Geul Zuid-Oost : 5 km

🏨 Heuvelzicht 🄽   ≤ 🔑 🏠 🍽 🎷 **P**
🐚
Vinkenbergstraat 22 ✉ *6305 PJ* – ℰ *(0 43) 459 81 81* – *www.heuvelzicht.nl*
– *gesloten 1 januari-14 februari en 2 tot 9 november*
26 kam ⬛ – 🛉55/75 € 🛉🛉86/112 € – 1 suite – ½ P
Rest – Lunch 20 € – Menu 25/45 € – Carte 41/57 € – *(gesloten
maandagmiddag, dinsdagmiddag en na 20.00 u.)*
• Het zicht op de groene vallei is prachtig, een bezoek aan de mooie omgeving
en het zonneterras zijn hier dus aanraders. Uitrusten doet u in kamers die piekfijn
onderhouden zijn, in het restaurant kunt u terecht voor een eigentijdse keuken.
• A visit to this hotel with a sun terrace in beautiful surroundings is highly recommended. It has a superb outlook over a green valley. Attractive guestrooms
in tip-top condition, as well as contemporary cuisine in the restaurant.

VALTHE – Drenthe ➜ Zie Odoorn

VEENDAM
Groningen – 27 792 inw. – Atlas: **7**-B2
▶ Amsterdam 213 km – Groningen 35 km – Assen 33 km
Michelin wegenkaart 531-AA4 en 715-L2

Parkzicht

Museumplein 3 ⊠ 9641 AD – ℰ (0 598) 66 68 88 – www.parkzicht.com
– gesloten 1 januari
47 kam ⌂ – †79/97 € ††94/129 €   **Rest** – Carte 26/56 €

● Dit centraal gelegen hotel in een pand uit 1930 wordt al vier generaties lang door dezelfde familie gerund. De moderne vleugels herbergen de kamers. Goede vergadercapaciteit. Grand café, gezellig restaurant en een groot terras aan het plein. Internationale kaart.

● This central hotel, run by the same family for four generations, is set in a 1930s house, flanked by modern wings that are home to the rooms. Good conference facilities. Huge café, welcoming restaurant and immense terrace on the square. International menu.

VEENHUIZEN

Drenthe – Noordenveld 31 024 inw. – Atlas: **1-A2**
◨ Amsterdam 173 km – Assen 16 km – Groningen 41 km – Leeuwarden 55 km
Michelin wegenkaart 531-X4 en 715-K2

 Bitter & Zoet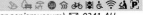

Hospitaallaan 16 (achter het Nationaal Gevangenismuseum) ⊠ 9341 AH
– ℰ (0 592) 38 50 02 – www.bitterenzoet.nl – gesloten 31 december-1 januari
15 kam ⌂ – †69/125 € ††69/125 € – 6 suites
Rest – Lunch 28 € – Menu 33/45 € – Carte 36/46 €

● Modern hotel dat zijn naam heeft aan de drankjes die in deze voormalige gevangenisapotheek werden gebrouwen. Vandaag wordt u er nog steeds opgekikkerd: de bosrijke omgeving zorgt voor zalige rust, de zes duplexsuites zijn ideaal voor familieplezier en het restaurant verwent u met lekker eten.

● A modern hotel that was named 'bitter & sweet' after the drinks that were once distilled in the former prison pharmacy. Nowadays, the property offers a haven of peace and quiet in a woodland setting. The six duplex suites are ideal for families, and the restaurant will spoil you with its delicious cuisine.

VEERE

Zeeland – 21 868 inw. – Atlas: **15-A2**
◨ Amsterdam 181 km – Middelburg 7 km – Zierikzee 38 km
Michelin wegenkaart 532-G13 en 715-C7

 't Waepen van Veere

Markt 23 ⊠ 4351 AG – ℰ (0 118) 50 12 31 – www.waepen.nl
– gesloten 5 januari-12 februari en 30 november-9 december
14 kam ⌂ – †75/130 € ††90/145 € – ½ P
Rest – Lunch 17 € – Menu 44 € – Carte 44/82 € – *(gesloten maandagavond en dinsdagavond van november tot maart)*

● Sfeervolle hostellerie, een oude bekende aan de Markt. Twee generaties keurige kamers op de verdiepingen. Vriendelijke, huiselijke sfeer. Eigentijdse gerechten van streekproducten, intieme ambiance en een terras aan de voorkant, onder de bomen.

● A traditional hostelry on the market square offering stylish guestrooms. Friendly, homely atmosphere. Contemporary regional fare, intimate ambience and a front terrace shaded by trees.

XX **De Campveerse Toren** met kam

Kaai 2 ⊠ 4351 AA – ℰ (0 118) 50 12 91 – www.campveersetoren.nl – gesloten 4 januari-5 februari en maandag en dinsdag van november tot april
12 kam ⌂ – †125/165 € ††150/165 € – 2 suites
Menu 35/65 € – Carte 64/84 €

● De keuken hier wordt omschreven als "streekgebonden koken met vee, veld en zee", een leuze die u als fijnproever alleen maar kunt toejuichen, vooral als ze met zoveel liefde en gulheid wordt bereid. Prachtig uitzicht op het Veerse meer.

● Regional cuisine featuring a wide selection of local products, including fish and seafood. The cuisine is carefully prepared with real attention to detail – a philosophy that connoisseurs will undoubtedly welcome wholeheartedly. Wonderful view of the lagoon.

VELDHOVEN

Noord-Brabant – 44 155 inw. – Atlas: **10**-C2

▶ Amsterdam 129 km – 's-Hertogenbosch 39 km – Eindhoven 8 km – Venlo 67 km
Michelin wegenkaart 532-R14 en 715-H7

NH Koningshof   ⇔ 🀫 🖻 🖋 ⅃⅄ ⅃ 🛱 ⅌ rest, 🛜 🀫 🅿
Locht 117 ✉ *5504 RM –* 🕾 *(0 40) 253 74 75 – www.nh-hotels.com*
509 kam – 🛉59/235 € 🛉🛉59/235 €, ⏛ 18 €
Rest – Menu 31 € – Carte 35/46 €

● Een van de grootste hotel-congrescentra van de Benelux, met honderden kamers en tientallen vergaderzalen, waaronder een congres-seminarruimte met een capaciteit van 2000 bezoekers. Italiaans-mediterrane keuken en brasserieambiance. Terras met schuifdak.

● One of the Benelux' largest hotel/convention centres with hundreds of guestrooms and tens of meeting rooms. It includes a conference and seminar area with a capacity of 2,000. Italian-Mediterranean cuisine in a brasserie atmosphere. Terrace with sunroof.

VELSEN – Noord-Holland → Zie IJmuiden

VENLO

Limburg – 100 428 inw. – Atlas: **8-B2**
▶ Amsterdam 181 km – Maastricht 73 km – Eindhoven 51 km – Nijmegen 65 km
Michelin wegenkaart 532-W14 en 715-J7

© H.-D. Falkenstein/imageBROKER/age fotostock

 Hotels

 De Bovenste Molen
Bovenste Molenweg 12 ⊠ 5912 TV – ℰ (0 77) 359 14 14
– www.bovenste-molen.nl
82 kam ⌑ – †73/133 € ††88/148 € – 3 suites – ½ P
Rest – Menu 35 € – Carte 35/55 € – *(open tot 23.00 u.)*
● Dit rustige, gemoderniseerde hotel in het groen spiegelt zich in een vijver.
Behaaglijke kamers, beautycenter, wellness, lounge-bar en een heerlijk terras.
● A peaceful, renovated hotel overlooking a lake and surrounded by greenery.
Cosy rooms, beauty centre, spa, lounge-bar and a lovely terrace.

Maashof ⓝ   🛏 🤶 🗝 🅿

Maashoflaan 1 ⊠ 5927 PV – ℰ (0 77) 396 93 09 – www.maashof.com
24 kam – †99 € ††99 € – ½ P
Rest – Menu 25/33 € – Carte 24/45 €
● De snelweg is vlakbij, maar toch ligt dit hotel in een rustig, groen domein met
een eigen visvijver. De ruime, functionele kamers bekoren zowel zakenmensen als
bezoekers die de omgeving willen verkennen.
● Although the motorway is nearby, this hotel is situated in a quiet and green
setting with its own fishing lake. The spacious and functional guestrooms appeal
to business travellers, as well as visitors wishing to explore the area.

Puur   🍴 🛏 🍽 rest, 🤶
Parade 7a ⊠ 5911 CA – ℰ (0 77) 351 57 90   Plattegrond: B2**z**
*– www.stadspoorthotels.nl – gesloten 22 december-2 januari, feestdagen en
zondag*
33 kam ⌑ – †65/150 € ††65/150 € – ½ P
Rest – Menu 15 € – Carte 28/35 €
● Kleine kamers met een trendy, maritieme of cosy look, achter een herenhuis in
een voetgangersgebied. Ontbijtbuffet, 's zomers op het terras. Parkeergarage
Arsenaal op 200 m.
● Small guestrooms with choice of trendy, nautical or cosy décor, behind a
manor house in the pedestrian district. Breakfast served in the courtyard in summer. Car park nearby.

 Mooi weer ? Laten we buiten op het terras eten: 🤶

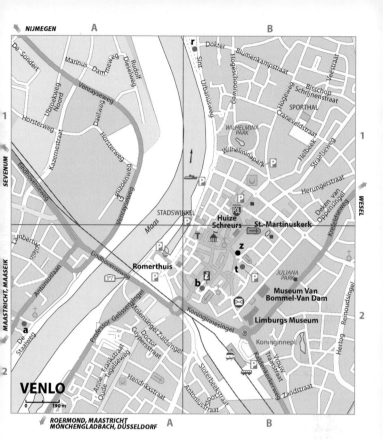

NIJMEGEN

SEVENUM

MAASTRICHT, MAASEIK

ROERMOND, MAASTRICHT
MÖNCHENGLADBACH, DÜSSELDORF

WESEL

STADSWINKEL

Huize
Schreurs

St.-Martinuskerk

Romerthuis

JULIANA
PARK

Museum Van
Bommel-Van Dam

Limburgs Museum

Koninginnepl.

VENLO

0   190 m

◯ Restaurants

𝕏𝕏𝕏 **Valuas** (Eric Swaghoven) met kam 　🕸 ≼ 🛋 |🛋| 🕭 rest, 🄰🄺 rest, 🛠 🛜 ♻ 🅿
✿✿   *St. Urbanusweg 11 ⊠ 5914 CA – ℰ (0 77) 354 11 41* 　　Plattegrond: B1**r**
      *– www.valuas-hr.nl – gesloten 15 juli-4 augustus, zaterdagmiddag, zondag en
      maandag*
      17 kam – 🛉65 € – 🛉🛉138 €, � 15 € – 4 suites
      Rest *Brasserie* 🏵 – zie restaurantselectie
      Lunch 45 € – Menu 60 € – Carte 64/83 €
      ● Chique zaal met arcaden en zuilen, schitterend terras dat uitkijkt op de Maas,
      hedendaagse keuken en wereldwijnen. Twee broers staan aan het roer in de keu-
      ken en de wijnkelder. Kamers in trek bij de zakelijke clientèle. De beste liggen aan
      de rivierzijde.
      ● Elegant dining area with arches and columns, terrace facing the Maas, contem-
      porary cuisine, good wines from all around the world and a lively duo of brothers
      at the helm. Business travellers appreciate the guestrooms, particularly on the
      river side.
      → Terriyaki van tonijn, texturen van basmatirijst, groenten en sesamzaadjes.
      Lamsrug met zoete aardappel, aubergine en vijgen. Dessert met munt, rozen, si-
      naasappel en bittere chocolade.

XX   La Mangerie ⇧

Nieuwstraat 58 ✉ 5911 JV – ✆ (0 77) 351 79 93   Plattegrond: B2**b**
– www.mangerie.nl – gesloten 13 tot 24 februari, 4 tot 26 augustus,
dinsdagmiddag, zaterdagmiddag, zondag en maandag
Menu 35/50 € – Carte 60/78 €

● Al meer dan 35 jaar is dit lichte, intieme restaurant synoniem voor lekker eten! De charme en het enthousiasme van Gerry en Hans Cals werkt hier aanstekelijk. Laat u gerust verleiden door een van de menu's: prachtvoorbeelden van de smaakvolle, eigentijdse keuken waarin streekproducten de voorkeur genieten.

● This restaurant celebrates its 35th year of great food in 2014! Charming welcome from the proprietress, intimate light-filled dining area, garden views, and delicious menus with names like 'regional bounty' and 'happy food'.

XX   Brasserie – Rest Valuas   ⇇ 🕮 ё 🕮 🍴 ⇧ **P**

St. Urbanusweg 11 ✉ 5914 CA – ✆ (0 77) 354 11 41   Plattegrond: B1**r**
– www.valuas-hr.nl – gesloten 15 juli-4 augustus en zondag
Lunch 30 € – Menu 35/43 € – Carte 52/75 €

● De sfeer in deze brasserie is gemoedelijk en het menu is in trek vanwege de prijs-kwaliteitsverhouding. Klassieke, Franse gerechten, stijlvolle ambiance, uitstekende wijnen, mooi terras aan de Maas.

● This brasserie is an icon of reasonably priced good food. Classical French recipes, smart décor, fine wine list and a lovely terrace overlooking the Maas.

X   Enfin ⓝ

Parade 19 ✉ 5911 CA – ✆ (0 77) 354 12 01   Plattegrond: B2**t**
– www.restaurant-enfin.nl – gesloten 24 december, 1 januari, 13 tot 18 februari,
zondagmiddag, maandag en dinsdag
Menu 25/54 € – Carte 48/55 €

● Eindelijk is Pim de Bruyn terug in zijn geboortestad om zijn rijke ervaring te delen. U moet op de Parade zijn om te smullen van zijn creatieve gerechten en verschillende huisgemaakte bereidingen. Dit is thuiskomen met smaak.

● Pim de Bruyn is finally back in his hometown to share his wealth of experience at his restaurant on the Parade. The menu features creative cuisine, as well as traditional homemade fare.

in Blerick

XX   De Cantharel   🍴 ⇧

Helling 2 ✉ 5921 GT – ✆ (0 77) 382 00 75   Plattegrond: A2**a**
– www.restaurantdecantharel.nl – gesloten 25 en 26 december, 2 weken
carnaval, 2 weken in september en dinsdag en woensdag van april tot
september
Menu 35/65 € ▾ – Carte 38/54 € – *(alleen diner)*

● Een charmant restaurant gerund door een echtpaar, naast een park aan de Maas. Lichte, moderne eetzaal met intieme ambiance. Hedendaagse "puur product" kookstijl, redelijk geprijsde wijnen.

● A small restaurant run by a couple near a park on the banks of the Maas. Airy, modern dining room with an intimate feel. Up-to-date cuisine and moderately priced wine list.

in Tegelen Zuid via A 73 : 5 km

🏠 Château Holtmühle   ✎ ⇇ 🖼 🎴 ⑯ 🍴 ♿ 🛎 ё rest, 🍴 rest, 🛜 🛁

Kasteellaan 10 (Zuid-Oost : 1,5 km) ✉ 5932 AG – ✆ (0 77)   **P**
373 88 00 – www.bilderberg.nl – gesloten 2 tot 10 januari
66 kam 🖵 – 🛏84/144 € 🛏🛏89/149 €
Rest – Lunch 28 € – Menu 40/55 € – Carte 46/79 € – *(gesloten zaterdagmiddag en zondagmiddag)*

● Een mooi kasteel met slotgracht. Gerenoveerd, stijlvol decor, vorstelijke kamers, ontbijtbuffet in een serre met uitzicht op het water, vergaderzalen, recreatieve faciliteiten.

● A beautiful old abode surrounded by moats. Refurbished manorial atmosphere, plush guestrooms, and breakfast in a conservatory overlooking the water. Seminar and leisure facilities.

Aubergine (Paul Pollux)

Maashoek 2a (Steijl) (West : 0,5 km) ⊠ *5935 BJ –* ℰ *(0 77) 326 03 90*
– www.restaurantaubergine.nl – gesloten eind december, maandag en dinsdag
Menu 53/88 € – Carte 75/88 € – *(alleen diner behalve zondag)*

• De spontane ontvangst, het stijlvolle interieur: de eerste indruk van Aubergine is meteen geslaagd. De chef imponeert met een harmonieus geheel van klassieke smaken en actuele inspiraties. De gerechten zijn precies, fijn, met veel aandacht voor groenten. Het specialiteitenmenu is een aanrader, net als de kamers.

• The warm reception and stylish interior offer an excellent first impression of Aubergine. The chef impresses guests with a harmonious blend of classic flavours and modern inspirations. The elegant, meticulously prepared dishes have a particular focus on vegetables. The specialities menu is highly recommended, as are the guestrooms.

→ Salade van langoustine met zacht gegaard buikspek. Lamspalet met voorjaarsgroenten. Blauwe bessen met rode biet en een schuim van witte chocolade.

VENRAY
Limburg – 43 112 inw. – Atlas: **8**-B1
▶ Amsterdam 166 km – Maastricht 104 km – Arnhem 72 km –
's-Hertogenbosch 82 km
Michelin wegenkaart 532-U13 en 715-I7

XXX **De Beejekurf**

Paterslaan 15 ⊠ *5801 AS –* ℰ *(0 478) 58 18 69 – www.debeejekurf.nl – gesloten eind december, 1 week carnaval, 20 tot 28 juli, maandag en dinsdag*
Menu 30/72 € – Carte ong. 50 € – *(alleen diner)*

• Meerkeuze- en verrassingsmenu's op basis van een moderne keuken, op actuele wijze gepresenteerd, tegen een goede prijs. Het interieur is hedendaags: ronde tafels, comfortabele stoelen, trendy luchters en veel ramen.

• Surprise and set menus based on modern cuisine against a competitive price, served in a fashionable way. Contemporary interior with round tables and comfortable chairs, trendy chandeliers and many windows.

 De prijzen voor het symbool 🛉 komen overeen met de laagste prijs in laagseizoen en daarna de hoogste prijs in hoogseizoen voor een éénpersoonskamer. Hetzelfde principe voor het symbool 🛉🛉, hier voor een tweepersoonskamer.

VIANEN
Utrecht – 19 596 inw. – Atlas: **14**-A2
▶ Amsterdam 50 km – Utrecht 19 km – Arnhem 67 km – Den Haag 67 km
Michelin wegenkaart 532-P11 en 715-G6

X **Brazz**

Korte Kerkstraat 27 ⊠ *4132 BJ –* ℰ *(0 347) 37 07 02 – www.brazzvianen.nl – gesloten 19 juli-10 augustus, zaterdagmiddag, zondag en maandag*
Lunch 30 € – Menu 39/69 € – Carte 55/73 €

• Laat het duidelijk zijn: bij Brazz krijgt u een keuken voorgeschoteld die resoluut creatief is. Het resultaat? Productcombinaties die kunnen verrassen en gerechten die mooi ogen. Een leuke plek voor een braspartij.

• Brazz is renowned for its resolutely creative cuisine. It offers occasionally surprising combinations of produce and dishes that are beautifully presented and pleasing to the eye. An attractive setting to enjoy good food.

VIERHOUTEN
Gelderland – Nunspeet 26 628 inw. – Atlas: **5**-B1
▶ Amsterdam 96 km – Arnhem 60 km – Lelystad 41 km – Utrecht 68 km
Michelin wegenkaart 532-T9 en 715-I4

X X **Klavertje Vier** 🏠 🅿

Nunspeterweg 21 ✉ 8076 PC – ☎ (0 577) 41 12 05 – www.klavertjevier.nl
– gesloten 31 december-1 januari, 2 weken in februari, 1 week in augustus,
maandag en dinsdag behalve feestdagen en na 20.30 u.
Lunch 29 € – Menu 35/50 € – Carte 41/60 € – *(alleen diner van oktober tot*
april)
 • Restaurant in een dorpje te midden de bossen dat wordt gerund door een
vriendelijk stel. Frans georiënteerde keuken op basis van Nederlandse producten.
Nostalgisch Hollands interieur en sympathiek terras. Hier kunt u uw geluk beproe-
ven.
 • The 'Four-Leaf Clover' is a restaurant in a village surrounded by forests and run
by a very friendly couple. French inspired cuisine created using Dutch ingredients,
a nostalgic Dutch interior and an attractive terrace.

VIJLEN
Limburg – Vaals 9 685 inw. – Atlas: **8**-B3
▶ Amsterdam 226 km – Heerlen 15 km – Maastricht 26 km – Simpelveld 7 km
Michelin wegenkaart 532-U18 en 715-I9

X **Uit de Kunst** Ⓝ met kam ⪕ 🏠 🛜 🅿

Vijlenberg 76 ✉ 6294 AZ – ☎ (0 43) 410 04 10 – www.uitdekunstvijlen.nl
– gesloten 10 tot 25 februari, eerste 2 weken augustus, dinsdag en woensdag
5 kam 🛏 – **♦**65/75 € **♦♦**80/90 €   Lunch 26 € – Menu 35/42 € – Carte 33/44 €
 • Op de Vijlenberg beoefenen wandelaars en fietsers de kunst van het afzien, in
deze moderne zaak op de top kent men de kunst van het genieten. Het prachtige
zicht op het terras is een lust voor het oog, de traditionele keuken een lust voor
het smaakpalet: verfijning in al zijn eenvoud, gewoonweg goed en lekker!
 • Hikers and cyclists who test themselves to their limits on the Vijlenberg are rewarded by this modern restaurant situated right at the top. The superb view from
the terrace is a feast for the eyes, while the traditional dishes served here are a
treat for the taste buds. Simple yet refined and delicious cuisine.

VINKEVEEN
Utrecht – De Ronde Venen 42 846 inw. – Atlas: **14**-A2
▶ Amsterdam 23 km – Utrecht 24 km – Den Haag 61 km – Haarlem 32 km
Michelin wegenkaart 532-O9 en 715-F5

X X **Villa Lokeend** met kam 🦢 🏠 ♿ rest. 🍽 🛜 ✿ 🅿 ⚓

Groenlandsekade 61 ✉ 3645 BB – ☎ (0 294) 29 15 44 – www.villalokeend.nl
8 kam 🛏 – **♦**100/125 € **♦♦**125/150 €
Menu 30/75 € – Carte 39/70 € – *(gesloten zaterdagmiddag en zondagmiddag)*
 • Restaurant aan de plassen, voor fijnproevers. Kleurrijk fashionable decor en een
pontonterras. Patio met platanen en bamboe. Eigentijdse keuken.
Verzorgde presentatie en jonge ploeg in dit restaurant. Moderne, spiksplinter-
nieuwe suites in levendige kleuren.
 • A lakeside restaurant that regales food lovers in a colourful trendy décor or on
the bangkirai terrace-deck. Patio dotted with plane trees and bamboos. Contemporary cuisine. Brand new modern suites in bright colours are also available.

VLAARDINGEN
Zuid-Holland – 70 981 inw. – Atlas: **16**-B2
▶ Amsterdam 78 km – Den Haag 28 km – Rotterdam 13 km
Michelin wegenkaart 532-L11 en 715-E6

🏨 **Delta** ⪕ 🚲 📧 🏧 🛜 🔎 🅿

Maasboulevard 15 ✉ 3133 AK – ☎ (0 10) 434 54 77 – www.deltahotel.nl
78 kam – **♦**75/145 € **♦♦**75/165 €, 🛏 19 €
Rest *Nautique* – zie restaurantselectie
 • Ruime, eigentijdse en comfortabele kamers in een modern pand dat vrij uitzicht biedt op de Maas en de voorbijvarende schepen.
 • This comfortable hotel, housed in a modern building, enjoys an open view of
the Maas river traffic. Good-sized modern rooms.

✗ **Nautique** – Hotel Delta ≼ 🛱 🕭 Ⓜ **P**
Maasboulevard 15 ✉ *3133 AK* – ℰ *(0 10) 434 54 77* – *www.deltahotel.nl*
Lunch 25 € – Menu 36/48 € – Carte 37/52 €
● Nautique, een hedendaagse panoramische brasserie van glas, staal en beton haalt de sfeer van buiten naar binnen met zijn eigentijdse nautische ambiance.
● Nautique is a modern brasserie made of glass, steel and concrete. The panoramic views bring the nautical atmosphere outside into this contemporary restaurant.

VLIELAND (Eiland) – Fryslân → Zie Waddeneilanden

VLISSINGEN
Zeeland – 44 444 inw. – Atlas: **15**-A2
▶ Amsterdam 205 km – Middelburg 6 km – Brugge 86 km – Knokke-Heist 80 km
Michelin wegenkaart 532-G14 en 715-B7

 Arion ≼ 🛱 🕭 🜨 🚲 🛎 🕭 Ⓜ 🛜 🆑 **P**
Boulevard Bankert 266 ✉ *4382 AC* – ℰ *(0 118) 41 05 02*
– www.amadore.nl/arion
66 kam 🖵 – 🛏50/80 € 🛏🛏50/80 € **Rest** – Menu 30 € – Carte 34/56 €
● Dit hotel aan de boulevard heeft grote, moderne en comfortabele kamers met een balkon dat uitkijkt op de zee of de stad. Ook luxekamers. Vergaderzalen en fitness. Modern restaurant, lounge met open haard, terras en uitzicht op het scheepsverkeer.
● This modern seafront building has spacious comfortable rooms, most with balconies overlooking the estuary (to the front) or the town (at the rear). Meeting rooms and fitness centre. Modern restaurant with a sitting room and fireplace, terrace, and a view of the busy maritime traffic.

 Solskin ≼ 🕭 🛜
Boulevard Bankert 58 ✉ *4382 AC* – ℰ *(0 118) 41 73 50* – *www.solskin.nl*
– gesloten 27 januari-3 februari
8 kam 🖵 – 🛏73/80 € 🛏🛏102/112 €
Rest Solskin – zie restaurantselectie
● Schuif de deuren naar uw terras open en krijg het gevoel een stap in de zee te zetten (kies een kamer aan de zeezijde)! Deze degelijke kamers zijn ideale logies voor wie Vlissingen aandoet en de sfeer er echt wil opsnuiven.
● Open the doors onto your patio and you will immediately feel as though you have stepped into the sea (make sure you book a seaview room). These practical rooms are an ideal choice for travellers staying in Flushing, particularly for those keen on a real breath of sea air.

 Truida ≼ 🛎 🕭 kam, 🛜
Boulevard Bankert 108 ✉ *4382 AC* – ℰ *(0 118) 41 27 00* – *www.hoteltruida.nl*
– open carnaval-november; gesloten eind september-begin oktober
20 kam 🖵 – 🛏73/105 € 🛏🛏88/123 €
Rest Waterfront – ℰ *(0 118) 41 55 55* – Carte 28/45 € – *(gesloten maandag in januari)*
● Goed gelegen familiehotel: pal aan de dijk en op wandelafstand van het centrum. De terrassen en 12 kamers bieden een zicht op zee, 8 kamers hebben een kitchenette. Vraag in het restaurant zeker een tafeltje aan het raam.
● A well-located family hotel right by the embankment and within walking distance of the centre. The terraces and 12 guestrooms all offer a sea view, with eight rooms boasting a kitchenette. Make sure you ask for a table by the window in the restaurant.

✗✗ **Solskin** – Hotel Solskin ≼ 🛱
Boulevard Bankert 58 ✉ *4382 AC* – ℰ *(0 118) 41 73 50* – *www.solskin.nl*
– gesloten 27 januari-3 februari
Menu 27/45 € – Carte 35/75 €
● Klassieke, visrijke kaart en twee menu's in dit restaurant aan de boulevard. Panoramisch terras met pergola aan de voorzijde. De eetzaal heeft een maritiem decor.
● A classic seafood repertory served in this coastal establishment in front of which is a panoramic pergola-terrace. Maritime theme in the dining room.

✗ De Gevangentoren ⟨ 🛋 🍴 ⇔

Boulevard de Ruyter 1 ⊠ *4381 KA –* ✆ *(0 118) 41 14 41*
– www.restaurantdegevangentoren.nl – gesloten maandag van november tot maart
Lunch 32 € – Carte 48/93 €
● Deze verdedigingstoren uit 1491 is in 1812 verbouwd. Ronde serre en een terras dat bij vloed pal aan het water ligt. Of het nu stormt of windstil is, het uitzicht op zee is steeds even prachtig.
● This gatehouse dating from 1491 was rebuilt in 1812. The circular conservatory and a terrace that is just above water level at high tide provide wonderful views of the sea, whether the weather is calm or stormy.

in Koudekerke Noord-West : 3 km – Veere

 Westduin ◈ 🛋 🖻 🕸 ⅃⅚ 🚲 ▮◈▮ 🕭 rest, 🎇 🤶 🗛 🄿

Westduin 1 (Dishoek) ⊠ *4371 PE –* ✆ *(0 118) 55 25 10*
– www.strandhotelwestduin.nl
116 kam ⌑ – ♦94/149 € ♦♦114/209 € – 4 suites **Rest** – Carte 28/58 €
● Hotel voor vakanties en vergaderingen, aan de voet van de duinen, vlak bij het strand. Vijf types kamers met terras of balkon, de beste in de nieuwe, ovale vleugel. Buitenfitness. Voor een drankje of snack kunt u terecht in de Six Degrees Lounge, a la carte eten doet u in restaurant Flavours. Terras met olijfboompjes.
● This hotel for holidaymakers and conferences is at the foot of the dunes, close to the beach. There are five types of guestroom with either a patio or a balcony. The best are in the new, oval-shaped annexe. Visit the Flavours restaurant for à la carte dining or the Six Degrees Lounge for a drink or a snack. Terrace with olive trees. Outdoor exercise equipment.

VOLENDAM
Noord-Holland – Edam-Volendam 28 754 inw. – Atlas: **11-B3**
▶ Amsterdam 23 km – Haarlem 41 km – Alkmaar 33 km – Den Haag 82 km
Michelin wegenkaart 531-P8 en 715-G4

 **Spaander** 🛋 🖻 🕸 ⅃⅚ 🚲 ▮◈▮ 🕭 rest, 🄰🄲 rest, 🎇 🤶 🗛 🄿

Haven 15 ⊠ *1131 EP –* ✆ *(0 299) 36 35 95 – www.spaander.com*
78 kam – ♦50/200 € ♦♦50/200 €, ⌑ 15 € – ½ P
Rest – Lunch 25 € – Carte 30/52 €
● In deze herberg hangen zo'n 1500 doeken van bekende schilders die daarmee hun onderdak betaalden. Voor een uniek uitzicht op het water boekt u een kamer aan de voorzijde. Hollandse keuken in de oude herberg, met enkele typische Volendammer gerechten. Informeer vooraf over hoe u het hotel het makkelijkst kunt bereiken.
● The walls of this inn are decorated with some 1500 paintings by well-known artists who donated them in exchange for a bed for the night. Book a room at the front for a unique view over the water. Enjoy Dutch cuisine in the old inn, including several typical dishes from Volendam. Enquire in advance for directions to the hotel.

in Katwoude Zuid-West : 3 km – Waterland

 Volendam 🛋 🖻 🕸 ⅃⅚ 🎇 🚲 🤶 🗛 🄿

Wagenweg 1 ⊠ *1145 PW –* ✆ *(0 299) 36 56 56 – www.hotelvolendam.com*
129 kam – ♦69/125 € ♦♦69/125 €, ⌑ 13 €
Rest – Menu 28/35 € – Carte 27/49 € – *(open tot 23.00 u.)*
● Aan een doorgaande weg ligt deze omvangrijke Volendamse vestiging van de Van der Valk-keten. De ruimste kamers vindt u in de nieuwere vleugel. Flinke fitnesszaal, sauna en zwembad. Groot restaurant met menu van het huis.
● This extensive establishment of the Van der Valk-chain in Volendam is situated on a through road. You can find the most spacious rooms in the new wing. Substantial gym, sauna and swimming pool. Big restaurant with in-house menu.

VOORBURG – Zuid-Holland ➜ Zie Den Haag, omgeving

VOORSCHOTEN – Zuid-Holland ➜ Zie Leiden

VORDEN

Gelderland – Bronckhorst 37 216 inw. – Atlas: **6**-C2
▶ Amsterdam 117 km – Arnhem 41 km – Apeldoorn 31 km – Enschede 51 km
Michelin wegenkaart 532-W10 en 715-J5

  Bakker 🚱 🏡 🚴 📶 ⛄ kam, 🅰 rest, 📶 ⚙ 🅿 🚗
Dorpsstraat 24 (dependance) ✉ *7251 BB –* ☎ *(0 575) 55 13 12 – www.bakker.nl*
30 kam ☑ – ♦65/85 € ♦♦95/150 € – ½ P
Rest – Menu 27 € – Carte 30/56 € – *(eenvoudige lunchkaart)*
● Herberg uit 1946 in dit dorp dat maar liefst acht kastelen telt! Rustige kamers voor een nette prijs en met uitzicht op een charmante tuin. Supercomfort in de dependance aan de overkant. Intiem restaurant met nostalgische sfeer. Waterpartij op het terras. Nederlandse keuken.
● Founded in 1946, this inn stands at the centre of the village. Peaceful rooms at modest rates, overlooking a charming garden. The rooms in the wing on the across the street are more comfortable. Dutch cuisine is served in the cosy, somewhat nostalgic restaurant. Terrace with water feature.

VREELAND

Utrecht – Stichtse Vecht 63 491 inw. – Atlas: **14**-A2
▶ Amsterdam 22 km – Utrecht 24 km – Hilversum 11 km
Michelin wegenkaart 532-P9 en 715-G5

XXX **De Nederlanden** (Wilco Berends) met kam 🕸 🛎 ⪕ 🏡 🚴 🅰 rest, 🍴 📶
❀ *Duinkerken 3* ✉ *3633 EM –* ☎ *(0 294) 23 23 26* ♻ 🅿 ♨
– www.nederlanden.nl – gesloten 29 december-5 januari, zaterdagmiddag en maandag
10 kam – ♦99/139 € ♦♦99/139 €, ☑ 20 €
Lunch 40 € – Menu 65/95 € – Carte 72/82 €
● Charmant adres bij een ophaalbrug. Klassieke lekkernijen en uitgelezen wijnen worden geserveerd in een verzorgd interieur of buiten. Open keuken, serre en gezellig salon. Schitterende kamers voor wie zich optimaal in Morpheus armen wil nestelen.
● Charming establishment located near a bascule bridge. Delicious classic cuisine and select wines served in a stylish décor or outdoors. Visible kitchen, veranda and cosy dining area. To prolong your stay under optimum conditions, try one of the superb rooms.
➜ Geplette langoustines met een slaatje van quinoa, munt, tomaat en sinaasappel. Gebraden duif met gekonfijte eendenbout, boontjes, rode-uiencompote en sinaasappel. Komkommersorbet met gin en tonic en een crème van limoen.

VUGHT – Noord-Brabant ➜ Zie 's-Hertogenbosch

De WAAL – Noord-Holland ➜ Zie Waddeneilanden (Texel)

WAALRE

Noord-Brabant – 16 765 inw. – Atlas: **10**-C2
▶ Amsterdam 128 km – 's-Hertogenbosch 47 km – Eindhoven 9 km –
Maastricht 89 km
Michelin wegenkaart 532-R14 en 715-H7

XXX **De Treeswijkhoeve** (Dick Middelweerd) 🕸 🏡 🍴 ♻ 🅿
❀ ❀ *Valkenswaardseweg 14 (langs N 69)* ✉ *5582 VB –* ☎ *(0 40) 221 55 93*
– www.treeswijkhoeve.nl
– gesloten 27 december-11 januari, 14 en 15 februari, 27 april-3 mei,
27 juli-16 augustus, zaterdagmiddag, maandag en dinsdag
Lunch 40 € – Menu 80/90 € – Carte 71/105 €
● Een maaltijd onder de platanen, tussen de sierlijk gesnoeide buxussen van dit fraaie boerderijtje is een uitzonderlijke ervaring. Superieure producten worden gecombineerd in creatieve gerechten, soms gewaagd maar altijd bijzonder geslaagd. Dit is gastronomie van topniveau!
● A charming little farmhouse where one can enjoy a meal among the box hedges in the shade of plane trees. Elegant interior and creative cuisine.
➜ Ceviche van makreel, inktvis en avocado. Gebraden lam met asperges, couscous, aubergine, geitenkaas en puree van gedroogde abrikoos. Soufflé en structuren van aardbei met een dragonroomijsje en hangop met vanille.

WAALWIJK

Noord-Brabant – 46 498 inw. – Atlas: **9-B2**

 Amsterdam 100 km – 's-Hertogenbosch 18 km – Breda 30 km – Eindhoven 50 km
Michelin wegenkaart 532-P12 en 715-G6

 NH

Bevrijdingsweg 1 (nabij N 261) ⊠ *5161 BZ* – ℰ *(0 416) 67 46 84*
– www.nh-hotels.com
120 kam – ♦85/125 € ♦♦85/125 €, ⊊ 18 €
Rest – Menu 33 € – Carte 29/50 €

• Dit moderne hotel is met stijl ingericht, van de lobby tot de fashionable kamers en van de vergaderruimten tot de eetzalen. Uitgebreid en gevarieerd ontbijtbuffet. De hele dag eenvoudige gerechten in de brasserie.

• Well laid out modern hotel, from the lobby to the fashionable rooms, meeting areas and dining rooms. Copious and varied breakfast buffet. Simple dishes all day long at the brasserie.

 Waalwijk

Burg. van der Klokkenlaan 55 ⊠ *5141 EG* – ℰ *(0 416) 33 60 45*
– www.hotelwaalwijk.nl
62 kam ⊊ – ♦79/97 € ♦♦88/106 €
Rest – Menu 28 € – Carte ong. 31 € – *(gesloten 31 december-1 januari) (alleen diner)*

• Een hotel in familiebeheer waar u niets te kort komt. Alle kamers zijn mooi gerenoveerd (sommige met kleurrijke schilderijen), de hedendaagse aanpak van het restaurant is uitstekend en zowel het centrum als de Elfteling zijn vlakbij.

• A family-run hotel offering beautifully renovated guestrooms (some adorned with colourful paintings) and an attractive contemporary-style restaurant. Both the centre and the De Efteling amusement park are nearby.

WAARLAND

Noord-Holland – Schagen 45 978 inw. – Atlas: **11-A2**
 Amsterdam 58 km – Haarlem 50 km – Alkmaar 17 km – Utrecht 97 km
Michelin wegenkaart 531-N6

⋔ **De Boereplaats** zonder rest

Jonkerstraat 31 ⊠ *1738 BP* – ℰ *(0 6) 30 37 09 91* – *www.deboereplaats.nl*
4 kam ⊊ – ♦50/95 € ♦♦100/190 €

• Een knipoog naar vroeger met alle gemakken van nu! Rustige B&B met sfeervolle accommodaties, ruime kamers en badkamers. Slaap eens romantisch in een authentieke hooiberg.

• A wink to the old days with all of today's mod and cons! Quiet B&B with pleasant accommodation, spacious rooms and bathrooms. Sleep romantically in an authentic haystack.

WADDENEILANDEN

Fryslân en Noord-Holland
Michelin wegenkaart 531 N5-X1 en 715 F2-J1

● De meeste hotelhouders boeken maar vanaf 2 overnachtingen.
→ It is usual that reservatios are accepted for a minimum of 2 nights.

© R. Usher/age fotostock

AMELAND
Fryslân – 3 578 inw. – Atlas: **4**-C1
▶ Amsterdam (veerpont) 169 km – Leeuwarden (veerpont) 30 km –
Dokkum (veerpont) 14 km

BALLUM

Nobel met kam   🐾 🛖 **AC** rest, 🍴 rest, 🛜 ⇔ **P**
Gerrit Kosterweg 16 ✉ *9162 EN –* 📞 *(0 519) 55 41 57 – www.hotelnobel.nl*
19 kam ⥅ – †93 € ††105/145 €
Menu 50/65 € – Carte ong. 63 € – *(gesloten maandag en dinsdag) (alleen diner)*
● Een van de betere restaurants van het eiland, in een oude herberg. Hip decor in het creatieve restaurant, dat aansluit bij de stijl van de kamers en mooi contrasteert met het typische café. Prima wijnen. Eigen slijterij in het pand ernaast, de Nobeltje-likeur moet u geproefd hebben!
● Occupying an old inn, Nobel is one of the better restaurants on the island. The hip decor in the creative restaurant, which blends in with the style of the rooms, provides an interesting contrast with the more typical look in the café. Excellent wines. Own wine and liquor shop next door: the Nobeltje liquor is a must!

HOLLUM

Dit Eiland zonder rest   🐾 🛏 🍴 🛜
Burenlaan 1 ✉ *9161 AJ –* 📞 *(0 519) 55 44 05 – www.diteiland.nl – open maart-oktober*
4 kam – †85/125 € ††110/155 €, ⥅ 15 €
● Een kunstenaar runt dit kleine, charmante en rustig gelegen galerie-hotel. Designelementen, mezzanine-lounge en kamers op de begane grond, aan een beeldentuin.
● An artist runs this small, peaceful hotel-cum-gallery. Designer touches, sitting room-mezzanine and ground floor rooms opening onto the garden dotted with sculptures.

Vraag wanneer u reserveert naar de prijs en categorie van de kamer.

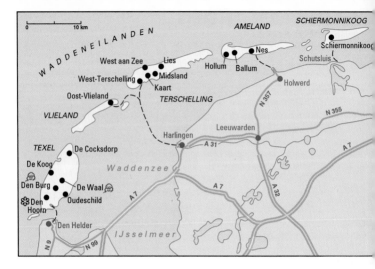

NES

Noordsee 🚭 🔲 🎠 🚲 🛗 ♿ 🍴 🛜 ♨ Ⓟ

Strandweg 42 ✉ 9163 GN – ☏ (0 519) 54 66 00
– www.westcordhotels.nl/noordsee – gesloten 5 en 6 december
110 kam ☲ – 🛏69/139 € 🛏🛏69/139 € – ½ P
Rest – Menu 25/53 € – Carte 28/41 € – *(alleen diner)*
• Dit moderne, comfortabele hotel biedt de keuze uit kamers, suites en studio's. U vindt er ook vergaderfaciliteiten en enkele recreatieve voorzieningen. Het restaurant laat u proeven van producten uit de streek.
• This modern and comfortable hotel offers a choice of rooms, suites or studios. There are also facilities for meetings and a selection of recreational activities. Regional produce is to the fore in the restaurant.

Ameland zonder rest 🦢 🚲 🛗 🍴 🛜 Ⓟ

Strandweg 48 (Noord : 1 km) ✉ 9163 GN – ☏ (0 519) 54 21 50
– www.hotelameland.nl – open 20 februari-27 november
35 kam ☲ – 🛏95/105 € 🛏🛏95/105 €
• Dit hotel aan de weg naar het strand kent al een lange familietraditie. Het heeft ruime, keurige kamers waarvan twaalf met een eigen balkon.
• This hotel on the road leading to the beach is part of a long-established family tradition. Spacious, well-kept guestrooms, twelve of which have private balconies.

Van Heeckeren zonder rest 🚲 🍴 🛜 Ⓟ

Torenstraat 22 ✉ 9163 HE – ☏ (0 519) 54 65 00 – www.vanheeckerenhotel.nl
34 kam – 🛏75/165 € 🛏🛏75/165 €, ☲ 14 €
• Hotel op een vrij rustige locatie in het centrum. Pico bello kamers (waaronder 5 split level) met kitchenette en een miniterras (kamers beneden). Lounge met open haard.
• Relatively quiet hotel despite its central location. Spruce rooms (5 of which are duplex) with kitchenette and a tiny terrace for those on the ground floor. Sitting room with fireplace.

Hofker zonder rest 🔲 🎠 🍴 🛗 🍴 🛜 ♨ Ⓟ

Johannes Hofkerweg 1 ✉ 9163 GW – ☏ (0 519) 54 20 02 – www.hotelhofker.nl
40 kam ☲ – 🛏63 € 🛏🛏93/99 €
• Dit hotel midden in het dorp beschikt over kamers met balkon, waarvan sommige met kitchenette. De gastvrouw is al de 4de generatie die zich over deze zaak ontfermt, wat, samen met de open haard, zorgt voor een zweem nostalgie.
• This hotel in the centre of a village offers rooms with balconies and some with a kitchenette. The hostess is the fourth generation to welcome guests here: this tradition, plus the open fire, adds a touch of nostalgia.

Nes zonder rest
Strandweg 39 (Noord : 1 km) ⊠ 9163 GL – ℰ (0 519) 54 21 83
– www.hotelnes-ameland.nl – gesloten begin januari-half februari
40 kam ☲ – †51 € ††63/79 €
● Dit etablissement ligt iets buiten het dorp, richting kust. De kamers bevinden zich op de eerste verdieping van het hoofdgebouw, maar de beste liggen in de bijbouw.
● Establishment slightly away from the centre, in the direction of the beach. Rooms occupy the first floor of the main building and the annexe, which has the best ones.

De selectie van de hotels, B&B's en restaurants wordt elk jaar geüpdatet. Vervang dus elk jaar uw MICHELIN gids!

SCHIERMONNIKOOG
Fryslân – 942 inw. – Atlas: **4**-D1
▶ Amsterdam (veerpont) 181 km – Leeuwarden (veerpont) 42 km –
Groningen (veerpont) 44 km

SCHIERMONNIKOOG

 Graaf Bernstorff 🔊 📧 🛱 kam, 🛁
Reeweg 1 ⊠ 9166 PW – ℰ (0 519) 82 00 50 – www.bernstorff.nl
17 kam ☲ – †120/150 € ††120/170 € – ½ P
Rest – Menu 29/35 € – *(alleen diner)*
● Aangenaam hotel in het centrum van het enige dorp op dit kleine Waddeneiland. Smaakvol ingerichte kamers en schitterende appartementen voor een langer verblijf. Menu en gerechten tegen een vaste prijs per gang in het restaurant, beschut terras.
● A pleasant hotel in the centre of the only village on this small island in the Wadden Sea. Elegantly furnished rooms and splendid apartments for guests who wish to stay longer. There is a set price for each course on the menu and individual dishes. Sheltered terrace.

 Duinzicht 🍃 🛏 🛱 🔊 📧 rest, 🛜 🛁
 Badweg 17 ⊠ 9166 ND – ℰ (0 519) 53 12 18 – www.hotelduinzicht.nl
35 kam ☲ – †50/67 € ††95/120 €
Rest – Lunch 14 € – Menu 23/50 € – Carte 30/59 €
● Het lijkt of de tijd heeft stilgestaan in dit nostalgische hotel in de schaduw van de vuurtoren. De kamers (de meeste met terras) liggen rond een gazon. Rustiek restaurant met een traditionele keuken, zoals aan tafel bereide tournedos Stroganoff.
● Time seems to have stood still in this nostalgic hostelry in the shadow of a lighthouse. Several wings of rooms (many with terrace) are laid out around a lawn. Rustic-style restaurant which serves traditional cuisine. Try dishes such as steak tournedos in a Stroganoff sauce prepared at your table.

TERSCHELLING
Fryslân – 4 780 inw. – Atlas: **3**-B1
▶ Amsterdam (veerpont) 115 km – Leeuwarden (veerpont) 28 km

KAART

 De Horper Wielen zonder rest 🍃 🛏 🛱 🛜 🅿 ⇥
Kaart 4 ⊠ 8883 HD – ℰ (0 562) 44 82 00 – www.horperwielen.nl
10 kam ☲ – †70/87 € ††70/87 €
● In de intieme ambiance van De Horper Wielen wacht u een gastvrij onthaal. Kleine, rustige kamers in een hotel dat een en al kalmte uitstraalt. Dankzij het goede ontbijt begint u de dag vol energie!
● A cordial welcome awaits guests in the intimate ambience of De Horper Wielen, a hotel that is a haven of tranquillity. Small, quiet bedrooms, plus a substantial breakfast to start the day.

LIES

De Walvisvaarder ⚐ 🚲 ⚷ 🛜 Ⓟ

Lies 23 ✉ 8895 KP – ℰ (0 562) 44 90 00 – www.walvisvaarder.nl – gesloten januari

69 kam ⬭ – ♦68/120 € ♦♦84/145 € – ½ P

Rest – *(alleen diner voor hotelgasten)*

• Voormalige boerderij (1760) midden op het eiland, ooit bewoond door een walvisjager, nu een echt familiehotel. Diverse types kamers in de dependances, waaronder tien junior suites aan de tuin. Het restaurant serveert een eenvoudige burgerkeuken in een vast menu.

• This former farm (1760) in the middle of the island was once the home of a whale hunter but has now been converted into a family hotel. Various types of guestrooms in the annexes, including 10 junior suites facing the garden. The restaurant serves simple, home-style cooking as part of its extensive menu.

 Zin om te vertrekken op de laatste minuut?
Bezoek de hotels op het internet om van promotieprijzen te genieten.

MIDSLAND

✗ 't Golfje 🍴 🛜 Ⓟ

Heereweg 22a ✉ 8891 HS – ℰ (0 562) 44 81 05 – www.restaurant-tgolfje.nl – gesloten maandag en dinsdag

Menu 44/74 € – *(alleen diner) (beperkt aantal zitplaatsen, reserveren)*

• Een culinaire oase op het eiland! De vrouwelijke finesse aan het fornuis en de knusse zaal zorgen samen voor een moment van intens genieten. Sterke wijnen doen de al even knappe gerechten, zoals waddenzeegarnaaltjes met kokos en wasabi, alle eer aan.

• A culinary oasis on this island, where the female chef's cuisine and the cosy dining room combine to offer a highly pleasurable dining experience. Robust wines do full justice to the equally choice dishes such as Wadden Sea shrimps with coconut and wasabi.

WEST-TERSCHELLING

🏨 Schylge 🛎 ⬱ 🖥 ⊛ ⚐ 🚲 🎱 ⚷ 🛜 ♿ Ⓟ 🚗

Burg. van Heusdenweg 37 ✉ 8881 ED – ℰ (0 562) 44 21 11 – www.westcordhotels.nl/hotels/Hotel-Schylge

98 kam ⬭ – ♦75/200 € ♦♦89/240 € – ½ P

Rest Op West – zie restaurantselectie

• Chic hotel aan de haven, een aanrader op de Waddeneilanden. Grote lounge, moderne, ruime kamers met balkon (de beste aan de havenzijde), goed ontbijtbuffet, vergaderzalen, zwembad, sauna en schoonheidsinstituut.

• This chic hotel on the harbour is the place to stay on the West Frisian islands. It has a large lounge, modern spacious bedrooms with a balcony (the best overlooking the harbour) and a plentiful breakfast buffet. There are also meeting rooms, a swimming pool, sauna and beauty centre.

🏨 Nap 🛜 🅰🅲 rest, 🛜

 Torenstraat 55 ✉ 8881 BH – ℰ (0 562) 44 32 10 – www.hotelnap.nl

30 kam ⬭ – ♦83/135 € ♦♦83/135 € – 2 suites – ½ P

Rest – Menu 25/33 € – Carte 30/48 € – *(gesloten na 20.30 u.)*

• Dit hotel aan de voet van een 16de-eeuwse, vierkante vuurtoren biedt al 150 jaar logies. Diverse typen kamers beneden, boven en in de dependances. Bistro met schilderijen van Nederlandse vuurtorens. Vriendelijk geprijsde lunch.

• A family inn for 150 years at the foot of a splendid 16C square lighthouse. A variety of rooms on the ground-floor, upstairs and in the outbuildings. Bistro embellished with a collection of paintings devoted to Dutch lighthouses. Low-price lunches.

⌂ Oepkes   🛜 🛜 📶 🅿

De Ruyterstraat 3 ⊠ 8881 AM – ℰ (0 562) 44 20 05 – www.oepkes.nl – gesloten 11 januari-20 februari
20 kam ⌣ – ♟70/95 € – ♟♟93/128 € – ½ P
Rest – Menu 28 € – Carte 36/50 € – *(gesloten zondagavond buiten seizoen)*
• Traditioneel hotel met een rustige, huiselijke ambiance. De kamers verschillen van formaat, maar bieden hetzelfde bescheiden comfort. Beschut terras voor. Informeel restaurant met een eenvoudige lunchformule en een uitgebreidere dinerkaart. Wie in half pension logeert, mag 's avonds a la carte eten. Kinderen welkom!
• A traditional hotel with a quiet, homely feel and a sheltered terrace to the front. The rooms vary in size but all offer the same modest comfort. Informal restaurant with a simple lunch selection and a more extensive dinner menu. Guests staying on half board may choose from the à la carte menu in the evening. Children welcome.

✕✕ Op West – Hotel Schylge   ≼ 🛜 🆔 🅿

Burg. van Heusdenweg 37 ⊠ 8881 ED – ℰ (0 562) 44 21 11
– www.westcordhotels.nl/hotels/Hotel-Schylge
Lunch 38 € – Menu 43/75 € – Carte 51/62 € – *(eenvoudige lunchkaart)*
• Hier vindt u wellicht de sterkste keuken van het eiland, op basis van mooie producten. Niet alleen met zijn hedendaagse gastronomie heeft Op West een troef in huis, het beschikt ook over een zomerterras met uitzicht op zee en jachthaven.
• Op West's cuisine is probably the most ambitious on the island. Based on well-sourced produce, its contemporary gastronomy is not its only trump card as it also boasts a summer patio commanding panoramic views of the bay.

✕ Caracol met kam   🛜 🆔 �֎ kam, 🛜

Molenstraat 7 ⊠ 8881 BR – ℰ (0 562) 44 36 94 – www.caracol.nl – gesloten zondag tot woensdag in januari en dinsdag
3 kam ⌣ – ♟140/200 € – ♟♟140/200 € – ½ P   Carte 36/63 € – *(alleen diner)*
• In de keuken van Caracol staat het product centraal. Als je mooie producten hebt, zoals verse vis uit de Waddenzee, dan behoeft een goed gerecht ook niet veel meer dan een eenvoudige bereiding. Doe daar nog een glas (hoofdzakelijk Portugese) wijn bij, en het genieten is compleet. Mooie kamers met wellnessvoorziening.
• Well-sourced produce is the central feature of the cooking at Caracol. As the ingredients here are so good (such as the fresh fish from the Wadden Sea) the fine dishes require little more than simple preparation for them to taste delicious. Pleasant rooms with spa facilities.

WEST AAN ZEE

🏨 Paal 8   ⌇ ≼ ▣ 🌀 ⚲ 🎐 🛜 📶

Badweg 4 ⊠ 8881 HB – ℰ (0 562) 44 90 90 – www.paal8.nl
– gesloten maandag tot donderdag in januari
56 kam ⌣ – ♟89/229 € – ♟♟89/229 € – ½ P
Rest De Grië – zie restaurantselectie
• Modern hotel midden in de duinen, met uitzicht op zee. Grote kamers met terras of panoramisch balkon, waarvan veel familiekamers. Huur een fiets (fietsverhuurdienst beschikbaar) en geniet na een deugddoende tocht van de wellnessfaciliteiten.
• A modern hotel set in the dunes with commanding views of the sea. Large bedrooms (some of which are family rooms) with a patio or a balcony boasting panoramic vistas. Hire a bike from the hotel before unwinding in the spa after an enjoyable cycle ride.

✕✕ De Grië – Hotel Paal 8   ≼ 🛜 ὅ ♻

Badweg 4 ⊠ 8881 HB – ℰ (0 562) 44 90 90 – www.paal8.nl
– gesloten maandag tot donderdag in januari
Lunch 24 € – Menu 35/65 € – Carte 34/50 €
• De Grië verwacht u voor een eigentijdse maaltijd in een warm decor. In dit laagdrempelige restaurant wordt een seizoenskaart gevoerd en kunt u de hele dag door terecht. Terras met zicht op de duinen.
• In De Grië, diners can enjoy a contemporary meal in a light, modern decor. This friendly restaurant offers a seasonal menu and simpler selections at lunchtime. Terrace overlooking the dunes.

TEXEL

Noord-Holland – 13 552 inw. – Atlas: **11-A1**

▶ Amsterdam (veerpont) 85 km – Haarlem (veerpont) 78 km –
Leeuwarden (veerpont) 96 km

DEN BURG

🏠 De Lindeboom
🖨 ⚙ 📺 kam, ⚒ 🛜 ♨ 🅿

Groeneplaats 14 ✉ 1791 CC – 𝒞 (0 222) 31 20 41 – www.lindeboomtexel.nl
25 kam 🛏 – ♦65/110 € ♦♦80/170 € **Rest** – Menu 26/38 € – Carte 36/57 €
• Sinds 1895 genieten reizigers gastvrijheid in dit historische pand, met (aan de
kant van de Vismarkt) het eerste bakstenen huis (1611) van het eiland. Restaurant
met retroambiance, brasserie in de serre en een zomerterras aan de voorkant.
• Travellers have been staying at this historic place since 1895, featuring (on the
Vismarkt side) the first brick building on the island, dating from 1611. Restaurant
with retro charm, a brasserie in a conservatory and summer terrace in front.

🏠 De 14 Sterren
🖨 🛋 🖨 ⚙ 🛜 ♨ 🅿

Smitsweg 4 (langs Pontweg, afrit ⑪) ✉ 1791 PG – 𝒞 (0 222) 32 26 79
– www.14sterren.nl – gesloten 4 januari-13 februari en 9 november-23 december
14 kam 🛏 – ♦60/95 € ♦♦110/130 € – ½ P
Rest – Lunch 13 € – Menu 29 € – Carte 36/54 €
• Landelijk gelegen hotelletje met verzorgde kamers, elk met een eigen sfeer.
Tien daarvan hebben een terras, waar u heerlijk in de zon kunt genieten. Het ontbijt wordt aan de deur bezorgd. Zuid-Europees georiënteerde keuken a la carte.
Terras aan de bosrand waar ook gegeten kan worden.
• A country stopover with charming rooms. Ten of them have terraces where you
can enjoy the summer sun. Breakfast served in your room. Italian-inspired cuisine
served inside or outdoors, on the edge of the woods.

⚒⚒ Peek met kam
🛜

*Gravenstraat 3 ✉ 1791 CJ – 𝒞 (0 222) 31 31 76 – www.peektexel.nl – gesloten
dinsdag en woensdag*
3 kam – ♦90 € ♦♦90/125 € Menu 33/45 € – Carte 37/53 € – *(alleen diner)*
• Deze trendy zaak is een vaste waarde in hartje Den Burg! De chef werkt graag
met eilandproducten en toont dat: u ziet lokaal dry aged rund drogen in de rij-
pingskast, in de wijnkast liggen dan weer klassieke wijnen. De moeite waard, net
als de moderne suites.
• This fashionable restaurant has made a name for itself in the centre of Den
Burg. The chef likes to work with local island produce, as is obvious from the local
beef drying in the aging cabinet. Classic wines feature on the wine list. Attractive
contemporary-style suites are also available.

⚒ Freya

*Gravenstraat 4 ✉ 1791 CK – 𝒞 (0 222) 32 16 86 – gesloten laatste 2 weken juli,
oudejaarsavond, feestdagen en zondag en maandag*
Menu 37 € – *(alleen diner)*
• Deze bistro zit vaak helemaal vol, dankzij het onovertroffen keuzemenu dat op
het krijtbord staat, net als de wijnsuggesties. Reserveren is dus noodzakelijk!
• This bistro-style restaurant is often fully booked thanks to its unbeatable blackboard menu and featured wines. Reservation : a must!

⚒ De Kern ⓝ
🖨

*Gravenstraat 16 ✉ 1791 CK – 𝒞 (0 222) 32 00 43 – www.restaurantdekern.com
– open februari tot oktober, schoolvakanties, weekends en feestdagen; gesloten
donderdag en zondag*
Carte 27/44 € – *(alleen diner behalve van april tot september en tot 20.30 u.)*
• Wat van buitenaf een winkeltje lijkt te zijn, is eigenlijk een gezellige bistro waar
het smikkelen geblazen is! De Italiaanse cuisine wordt hier met verse Texelse producten en boordevol smaak bereid. De keuken van chef Eelman dringt naar de
kern van de zaak door, het schittert in zijn eenvoud. Meer moet dat niet zijn …
• What looks like a shop from the outside is actually a cosy bistro serving hearty
cuisine. The Italian dishes prepared by chef Eelman are simple yet full of flavour
and are prepared with fresh produce from Texel. Well worth a visit.

DE COCKSDORP

 Molenbos 🐾 ⩽ 🚲 ⵖ kam, ✗ kam, 🛜 🅿️
Postweg 224 ⊠ 1795 JT – 𝒞 (0 222) 39 01 12 – www.molenbos.nl
– gesloten 4 januari-12 februari en 8 november-17 december
27 kam ☕ – ♦89/129 € ♦♦99/149 €
Rest – Menu 28 € – *(alleen diner tot 20.00 u.) (een enkel menu)*
● Dicht bij het dorp en het natuurreservaat, dat u vanuit de kamers aan de achterkant van de tweede verdieping kunt bewonderen (vraag ernaar bij uw reservatie). Goed uitgeruste kamers en terrassen met weids uitzicht.
● Near the village and its nature reserve, which you can admire from the rooms at the backside of the second floor (ask for one when making your reservation). Well-equipped rooms, panoramic terraces and facilities for those with reduced mobility.

 Airport Texel zonder rest ⩽ 🆎 ✗ 🛜 🅿️
Postweg 124 ⊠ 1795 JS – 𝒞 (0 222) 31 12 33
– www.hotelairporttexel.nl
10 kam ☕ – ♦165/275 € ♦♦165/275 € – 10 suites
● Een prima adres voor wie comfortabel wil slapen en wellicht een keer de lucht in wil. Suites en juniorsuites met terras of balkon en uitzicht op de taxibaan van de vliegclub.
● An address to remember for a comfortable night's sleep and perhaps for gaining some altitude! Suites and junior suites with terrace or balcony, and views of the flying club runway.

DEN HOORN

 Op Diek 🆕 zonder rest 🛏️ ⌓ ✗ 🛜 🅿️
Diek 10 ⊠ 1797 AB – 𝒞 (0 222) 31 92 62 – www.opdiek.nl – gesloten
22 november-26 december
23 kam ☕ – ♦58/63 € ♦♦90/120 €
● Deze voormalige stolpboerderij, met rieten dak, ligt in het centrum van het dorp en laat u overnachten in kamers die eerder klassiek zijn. Op Diek rijmt niet toevallig op authentiek …
● Situated in the village centre, enjoy traditional accommodation in this former farmhouse with a thatched roof. It is no coincidence that Op Diek rhymes with authentic in Dutch.

✗✗✗ **Bij Jef** (Jef Schuur) met kam 🐚 ✗ kam, 🛜 🅿️
❀ *Herenstraat 34 ⊠ 1797 AJ – 𝒞 (0 222) 31 96 23 – www.bijjef.nl – gesloten 4*
tot 16 januari, 22 februari-6 maart, 1 tot 12 november en maandag en dinsdag
behalve in juli en augustus
8 kam ☕ – ♦195/225 € ♦♦210/245 €
Menu 75/100 € – Carte 40/94 € – *(alleen diner)*
● Wie binnenkomt bij Jef, wordt getroffen door een gevoel van rust en ruimte. Het sobere design van het restaurant is dan ook speciaal ontworpen om zo goed mogelijk te genieten van de creatieve gastronomie op basis van lokale kwaliteitsproducten. De designkamers maken uw avontuur helemaal af.
● Guests will be overcome with a sense of peace and space as soon as they enter Jef's. The clean, pure lines of this restaurant have been specifically designed to allow guests to enjoy the creative cuisine, which is based as much as possible on high quality local produce. Even the designrooms enjoy the welcome sea breeze.
➔ Makreel met gazpacho, kappertjes en lichte knoflookcrème. Zacht gegaarde kabeljauw met buikspek, knolselderijbouillon en anijspaddenstoelen. Texels zuiglam.

 Verwar de bestekjes ✗ en de sterren ❀ niet! De bestekjes geven een categorie van comfort en service aan. De ster bekroont alleen de kwaliteit van de keuken, ongeacht de comfortcategorie.

DE KOOG

Grand Hotel Opduin

Ruijslaan 22 ⊠ 1796 AD – ℰ (0 222) 31 74 45
– *www.opduin.nl*
93 kam – ♦73/139 € ♦♦99/199 €, ☲ 18 € – 3 suites
Rest – Carte 39/51 € – *(alleen diner)*
● Het meest gerenommeerde hotel van het eiland, aan de rand van de duinen en dicht bij het strand. Vijf types kamers, vergaderzalen, mooi zwembad en wellnesscenter.
● The island's most well-equipped hotel, on the edge of the dunes, a stone's throw from the beach. Five kinds of rooms, conference rooms, a lovely swimming pool and full spa.

Boschrand

Bosrandweg 225 ⊠ 1796 NA – ℰ (0 222) 31 72 81 – www.hotelboschrand.nl
– *open 10 februari-15 november*
51 kam ☲ – ♦50/110 € ♦♦100/125 € – ½ P
Rest – *(alleen diner voor hotelgasten)*
● Functionele kamers met balkon of miniterras, verdeeld over de twee verdiepingen van dit hotel net buiten het dorp. Bos, duin, strand en camping liggen op loopafstand. Familiale aanpak.
● Functional rooms, all with balcony or mini-terrace, on two floors in a building on the outskirts of town. Woods, meadows and a campground in the immediate environs.

Greenside
 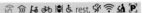

Stappeland 6 ⊠ 1796 BS – ℰ (0 222) 32 72 22 – www.hotelgreenside.nl
– *gesloten zondag tot donderdag van 4 tot 29 januari*
60 kam ☲ – ♦80/125 € ♦♦90/180 €
Rest – Menu 35/50 € – Carte 40/57 € – *(alleen diner)*
● Dit hotel aan de rand van het dorp, tussen twee meertjes, heeft piekfijne juniorsuites en kamers, de meeste met balkon. In het pand hangen overal spreuken. Fitness en sauna. Menu's van Texelse producten, geserveerd in een moderne setting of buiten.
● Located at a slight distance from the village, between two small ponds. This hotel has smart junior suites and rooms, generally with balconies. Aphorisms posted all around the hotel. Gym and sauna. Menus featuring the local produce, in a modern setting or outdoors.

Tesselhof

Kaapstraat 39 ⊠ 1796 AE – ℰ (0 222) 31 73 70 – www.hoteltesselhof.com
– *gesloten 25 november-25 januari*
48 kam ☲ – ♦55/85 € ♦♦70/160 €
Rest – Lunch 15 € – Menu 30 € – Carte 21/50 €
● In dit hotel in het centrum van het dorp heeft u de keuze uit traditionele en eigentijdse kamers, de meeste met terras of balkon. Populaire brasserie met een traditionele kaart en specialiteiten van het eiland.
● An establishment in the centre of town with traditional and contemporary rooms, many with a terrace or balcony. Popular brasserie offering traditional dishes and island specialities.

Strandhotel Noordzee

Badweg 200 ⊠ 1796 AA – ℰ (0 222) 31 73 65 – www.noordzee.nu
12 kam ☲ – ♦75/120 € ♦♦110/150 €
Rest – *(alleen diner voor hotelgasten)*
● Vakantiesfeer verzekerd in dit kleine hotel pal aan het strand. Eenvoudige, goed onderhouden kamers met panoramisch balkon. Café-restaurant in een strandpaviljoen, met uitzicht op zee. Traditionele gerechten.
● A small family-run hotel facing the sea with a holiday atmosphere. Tasteful, well-maintained rooms with panoramic balconies. Tavern-restaurant in a beach house-style conservatory. Traditional dishes and sea views.

OUDESCHILD

✗ 't Pakhuus

Haven 8 ✉ 1792 AE – ℰ (0 222) 31 35 81 – www.pakhuus.nl – gesloten maandag
Menu 35/55 € – Carte 43/85 €

• Havenrestaurant in een historisch pakhuis met tijdloos designinterieur. Op de dinerkaart vormt vis de hoofdmoot, maar er staan ook vleesgerechten op. Eenvoudige lunchkaart.

• This establishment on the harbour is located in a handsome 17C warehouse with a refurbished interior. Surf and turf dinner menu (mainly surf). More limited lunch menu.

Texel Suites ⭡

– www.texelsuites.com
3 kam ⌂ – 🛉215/240 € 🛉🛉229/269 €

• Prachtige design suites boven met parket, zichtbare balken. Uiterst moderne keuken en weids uitzicht op de haven. Fitnessruimte en sauna aanwezig.

• Superb designer suites on the upper floors: parquet floors, exposed beams, state-of-the-art kitchen and splendid view of the harbour. Fitness room and sauna available.

DE WAAL

✗✗ Rebecca met kam

Hogereind 39 ✉ 1793 AE
– ℰ (0 222) 31 27 45 – www.rebeccatexel.com
– gesloten 8 januari-1 februari en 18 november-6 december
18 kam ⌂ – 🛉54/59 € 🛉🛉88/120 € – ½ P
Menu 35 € – Carte ong. 55 € – *(gesloten maandag)*

• De menukaart van Michel Arends loopt over van de liefde voor goede producten, in het bijzonder voor alles wat biologisch en regionaal is. Zijn kennis en kunde zorgen ervoor dat de bereidingen steeds meer dan geslaagd te noemen zijn. De gerechten onderscheiden zich door hun volle smaken, hedendaagse inslag en gulle porties.

• Michel Arends' menu at Rebecca bears witness to his love of fresh produce, with the accent on organic and regional. The food is bursting with flavour, features a contemporary twist and comes in generous portions. His knowledge and expertise are revealed in the consistent excellence of his style of cooking.

VLIELAND

Fryslân – 1 110 inw. – Atlas: **3**-A2
▶ Amsterdam (veerpont) 115 km – Leeuwarden (veerpont) 28 km

OOST-VLIELAND

🏠 Strandhotel Seeduyn

Badweg 3 (met appartementen) (Noord : 2 km) ✉ 8899 BV – ℰ (0 562) 45 15 77
– www.westcordhotels.nl
150 kam ⌂ – 🛉79/189 € 🛉🛉79/189 € – ½ P
Rest – Menu 30/50 € – Carte 50/64 €

• De ligging pal aan zee vormt de charme van dit hotel. Moderne kamers met balkon of terras en uitzicht op zee. Heerlijke wellness. Om te eten hebt u de keuze tussen een rustig restaurant met hedendaagse gerechten, een toegankelijke brasserie met een brede kaart en een eenvoudiger, sfeervol restaurant op het strand.

• The charm of this hotel lies in its location right by the sea. Modern rooms with a balcony or patio. For lunch and dinner choose between a quiet restaurant offering modern cooking, a friendly brasserie with an extensive menu, or a simpler beach restaurant with a great atmosphere. Copious breakfast buffet.

 Badhotel Bruin

Dorpsstraat 88 ⊠ 8899 AL – ☎ (0 562) 45 28 28 – www.badhotelbruin.com
24 kam ☑ – †73 € ††125/135 € – 4 suites
Rest – Lunch 25 € – Menu 35/53 € – Carte 42/82 €

• Als u zich nestelt in het moderne comfort en de landelijke chic van Badhotel Bruin zou u het niet meteen verwachten, maar dit is het oudste hotel van het eiland. Deze kranige dame kan helemaal met haar tijd mee en beschikt over een saunapaviljoen dat u kunt afhuren. Restaurant met lichte gerechten en knusse tearoom.

• As you settle into the modern comfort and country elegance of the Badhotel Bruin, you would never expect to hear that this is the oldest hotel on the island. This spirited 'grande dame' keeps up with the times and even has a sauna pavilion available for hire. Restaurant for light meals, as well as a cosy tea room.

Het Armhuis

Kerkplein 6 ⊠ 8899 AW – ☎ (0 562) 45 19 35 – www.armhuis.com – gesloten half januari-half februari, maandag en dinsdag
Menu 35 €

• Armen en wezen werden vroeger opgevangen in dit pittoreske pand, vandaag geniet u er van lekker eten in een nostalgisch kader. Net als vroeger eet u hier wat de pot schaft, steeds klassiek geïnspireerd maar bijdetijds. Vraag aan Clara, de welgekende eigenaresse met pit, zeker om een kijkje te mogen nemen in de galerie.

• Once home to paupers and orphans, this picturesque building now offers its guests delicious cuisine in a nostalgic setting. Just as in the past, diners are served a dish of the day, which is usually a modern interpretation of a traditionally inspired recipe. Ask Clara (the locally well-known owner and a real character) for a look at the gallery.

WADDINXVEEN
Zuid-Holland – 25 508 inw. – Atlas: **17**-C2
▶ Amsterdam 46 km – Den Haag 29 km – Rotterdam 26 km – Utrecht 37 km
Michelin wegenkaart 532-M10 en 715-E5

Akkeroord

Akkeroord 1 (hoek Zuidelijke Randweg, Zuid : 3 km richting Gouda) ⊠ 2741 PZ – ☎ (0 182) 61 61 01 – www.akkeroord.nl – gesloten laatste week december, 28 juli-10 augustus, zaterdagmiddag, zondag en maandag
Lunch 33 € – Menu 40/47 € – Carte 41/49 €

• Bloemen aan de gevel, tuin met terras, chic en landelijk decor met grazende dieren op de achtergrond, moderne kunst, goede up-to-date keuken, redelijk geprijsde wijnen.

• A place with many assets: from the flowers in the window to the pretty garden terrace, the rural chic décor, modern art inside and out, fine contemporary cuisine and moderately priced wines.

't Baarsje

Zwarteweg 6 (Oost : 2 km, richting Reeuwijk) ⊠ 2741 LC – ☎ (0 6) 21 88 83 48 – www.dennisvanderwerf.nl – gesloten dinsdag
Menu 33/50 € – Carte 35/60 € – (alleen diner tot 20.00 u.)

• Charmant restaurantje in de polder. De naam herinnert aan het verleden van dit etablissement, een voormalig visserscafé. Veel wijnen zijn per glas verkrijgbaar. Kleine prijzen.

• Charming, discreet inn tucked away among the polders. The name, baarsje, means little perch, evoking the establishment's past as a fishermen's café. Several wines offered by the glass.

WAGENINGEN
Gelderland – 37 429 inw. – Atlas: **5**-B2
▶ Amsterdam 85 km – Arnhem 19 km – Utrecht 47 km
Michelin wegenkaart 532-S11 en 715-I6

De Wereld 🏨 ♿ 🅰 🛜 🅰 🅿

5 Mei Plein 1 ✉ 6703 CD – ☎ (0 317) 46 04 44 – www.hoteldewereld.nl
– gesloten 31 december-1 januari
12 kam – 🛏125/140 € 🛏🛏125/140 €, ☐ 18 € – 2 suites – ½ P
Rest *O Mundo* ✿ – zie restaurantselectie
● In dit gebouw werd op 5 mei 1945 de capitulatie van het Duitse leger onderte-
kend. Moderne gemeenschappelijke ruimten, kamers en suites. Verzorgd ontbijt.
● This building is where the capitulation of the German army in the Netherlands was signed on 5 May 1945. Modern interior, rooms and suites. Tasty
breakfasts.

O Mundo – Hotel De Wereld 🛜 ♿ 🅰 ⇄ 🅿
✿
5 Mei Plein 1 ✉ 6703 CD – ☎ (0 317) 46 04 44 – www.restaurantomundo.nl
– gesloten 31 december-1 januari, maandag in juli-augustus en zondag
Menu 40/85 € – Carte 65/92 €
● Deze chef bewijst dat een sterrenmaaltijd geen astronomisch bedrag hoeft te
kosten. Hij serveert een hedendaagse keuken die origineel is qua productcombinaties maar klassiek qua technieken.
● The chef at O Mundo presents contemporary cuisine. It is original in its combinations of products but classic in technique, proving that excellent cuisine need
not cost the earth.
➔ In kataifideeg gebakken langoustines met rauwe witlof, zure room, artisjok en
schuimpje van wortel. Anjouduif op het karkas gebraden met het gekonfijte
boutje, bereidingen van biet, crème van spinazie en eigen jus. Millefeuille met ci-
troenkwark, sinaasappel, meringue en roomijs van boterkaramel.

't Gesprek 🛜 🅰 ⇄ 🅿
😊
Grintweg 247 ✉ 6704 AN – ☎ (0 317) 42 37 01 – www.hetgesprek.com
– gesloten zaterdagmiddag en zondagmiddag van oktober tot april en
maandag
Lunch 28 € – Menu 33/50 € – Carte 47/58 €
● 't Gesprek is een zaak die charmeert met z'n ongedwongenheid. De keuken is
er van niveau: hedendaags, smakelijk en met sterke producten, maar tegen een
zachte prijs.
● Restaurant 't Gesprek's charm lies in its relaxed atmosphere. It serves delicious,
contemporary cuisine made from high quality ingredients, all at a friendly price.

DrinksandBites 🛜
Markt 9 ✉ 6701 CX – ☎ (0 317) 45 22 22 – www.drinksandbites.nl – gesloten
31 december-1 januari en zondag en maandag tijdens de winterperiode
Menu 28 € – Carte 40/51 € – *(alleen diner)*
● De drinks zijn wijnen die u uit de wijnkast kunt kiezen (ook per glas), met
advies van de sommelier. De bites zijn geraffineerde, creatieve bereidingen met
mooie producten. Deze moderne brasserie, op de Markt, laat zich inspireren
door grote broer O Mundo.
● This modern brasserie in the market square derives its inspiration from its big
sister, O Mundo. Find refined, creative dishes made with top quality ingredients,
accompanied by wines by the glass with advice provided by the sommelier.

WAHLWILLER – Limburg ➔ Zie Wittem

WAMEL
Gelderland – West Maas en Waal 18 410 inw. – Atlas: **5-B3**
◻ Amsterdam 94 km – Arnhem 48 km – 's-Hertogenbosch 30 km – Nijmegen 31 km
Michelin wegenkaart 532-R1 en 715-H6

De Weeghbrug 🛜 ⇄ 🅿
😊
Dorpsstraat 126 ✉ 6659 CH – ☎ (0 487) 50 12 73 – www.deweeghbrug.nl
– gesloten 31 december-1 januari, carnaval, maandag en dinsdag
Menu 35/88 € 🍷 – Carte 42/57 € – *(alleen diner tot 20.30 u.)*
● Charmante herberg in een rustig dorp bij de Waal. De eigenaar bereidt een
smakelijke keuken met dagverse producten, bij voorkeur uit de streek. Terras
aan de dijk.
● Delightful inn in a peaceful village near the Waal, where the chef-owner con-
cocts tasty, seasonal dishes using local market produce. Terrace next to the dyke.

WARKUM – Fryslân → Zie Workum

WARMOND

Zuid-Holland – 4 956 inw. – Atlas: **16**-B1

▶ Amsterdam 39 km – Den Haag 20 km – Haarlem 25 km – Rotterdam 46 km

Michelin wegenkaart 532-M9 en 715-E5

XXX **De Moerbei** (Hans de Bont)

Dorpsstraat 5a ✉ *2361 AK – 𝒞 (0 71) 515 68 98 – www.demoerbeiwarmond.nl
– gesloten zaterdagmiddag, zondag en maandag*

Lunch 40 € – Menu 55/75 € – Carte 71/89 €

● Verzorgd, eigentijds restaurant midden in het dorp, in een oude boerderij met rieten dak. Maaltijden in twee kleine, intieme vertrekken of in de schaduw van de grote bomen.

● Up-to-date restaurant in a former thatched roof farmhouse in the centre of town. Meals are served in three cosy little rooms shaded by large trees.

→ Tartaar van tonijn en crème van komkommer met soft shell krab. Proeverij van melklam, asperges en jus met licht gerookte knoflook. Taartje met frambozen, crème van witte chocolade en citroenroomijs.

X **Bistro Napoleon**

Dorpsstraat 20 ✉ *2361 BB – 𝒞 (0 71) 785 04 13 – www.bistronapoleon.nl
– gesloten maandag en dinsdag*

Menu 33/40 € – Carte 41/54 € – *(alleen diner behalve zondag)*

● De kleine Franse keizer zou ongetwijfeld zijn hart verloren hebben aan deze bistro die zijn naam draagt. Hier vindt u de keuken van zijn trotse vaderland, bereid door een equipe die in moederhuis De Moerbei de kneepjes van het vak leerde.

● The famous French emperor would undoubtedly have fallen for this bistro bearing his name, which specialises in the cuisine of his homeland. Dishes are prepared by a team who learnt their craft in De Moerbei restaurant.

WASSENAAR

Zuid-Holland – 25 675 inw. – Atlas: **16**-B1

▶ Amsterdam 49 km – Den Haag 11 km – Haarlem 48 km – Utrecht 71 km

Michelin wegenkaart 532-L10 en 715-D5

X **De Markiezen van Wassenaer**

Langstraat 10 ✉ *2242 KM – 𝒞 (0 70) 514 34 18 – www.demarkiezen.nl
– gesloten 22 december-10 januari, laatste week juli-eerste week augustus,
zondag en maandag*

Menu 29/55 € – Carte 26/40 €

● Door de eetzaal rijdt een miniatuurtrein terwijl het terras aan een verkeersvrije winkelstraat ligt. Kleine gerechtjes voor een zacht prijsje: zo valt er heel wat te proeven.

● A miniature train runs round the dining room, while the terrace commands a view of the busy pedestrian street. Small reasonably priced portions to sample at will.

WEERT

Limburg – 48 721 inw. – Atlas: **8**-A2

▶ Amsterdam 156 km – Maastricht 57 km – Eindhoven 28 km – Roermond 21 km

Michelin wegenkaart 532-T15 en 715-I8

🏠 **Hostellerie Munten**

Wilhelminasingel 276 ✉ *6001 GV – 𝒞 (0 495) 53 10 57
– www.hostelleriemunten.nl – gesloten 27 december-1 januari*

14 kam ☲ – †90/110 € ††100/120 € – ½ P

Rest *Hostellerie Munten* – zie restaurantselectie

● Deze hostellerie mag dan al meer dan 100 jaar oud zijn, de inrichting is toch bijdetijds. Lounge met open haard, dakkamers op de tweede verdieping, stadstuin.

● This hostelry may be more than a century old but its interior is completely up-to-date. Lounge with a log fire, attic rooms on the second floor, plus a city garden.

🍴🍴 **Bretelli** (Jan Marrees) 🕸️ ⟺
❄️ *Hoogstraat 8 ⊠ 6001 EV – 𝒞 (0 495) 45 20 28 – www.bretelli.nl – gesloten
30 december-3 januari, 17 tot 21 februari, 4 tot 20 augustus, zaterdagmiddag,
zondag en maandag*
Lunch 45 € – Menu 53/90 € – Carte 60/85 €

• Jan en Patricia Marrees geven u het gevoel thuis te komen. Zij zorgt voor de
attentvolle bediening, hij neemt u mee op een culinaire reis. Vlieg mee en ervaar
een wervelwind van elegantie, puurheid en techniciteit. Laat u van uw sokken
blazen door deze ambitieuze chef die met smaken durft te spelen.

• Jan and Patricia Marrees offer guests a sense of homecoming, with Patricia in
charge of the dining room and Jan running the kitchen. It is a maelstrom of
pure, elegant cuisine and technical wizardry. This ambitious chef, who is not
averse to experimenting with flavours, will blow you away.

➔ Schol en noordzeekrab met cashewnoten, radijssoorten en piccalilli. Kalfshaas
en -sukade met zoete aardappel en schorseneren, jus met sjalot. Kersen- en ko-
kosdessert met citroen en basilicum.

🍴🍴 **Hostellerie Munten** – Hotel Hostellerie Munten ♿ ⟺
*Wilhelminasingel 276 ⊠ 6001 GV – 𝒞 (0 495) 53 10 57
– www.hostelleriemunten.nl – gesloten 27 december-1 januari,
20 juli, 3 augustus, zaterdagmiddag en zondag*
Lunch 34 € – Menu 35/78 € 🍷 – Carte 47/64 €

• De hostellerie biedt u twee eetopties: suggesties op een leitje in de bistroambiance van de brasserie, of een restaurant met traditionele gerechten in de serre
of op het mooie terras in het groen.

• This hostelry offers two dining options. In the brasserie, choose from suggestions on a blackboard in a bistro ambience. While the restaurant serves traditional
food, either in the conservatory or on a pleasant garden terrace.

De selectie van de hotels, B&B's en restaurants wordt elk jaar geüpdatet.
Vervang dus elk jaar uw MICHELIN gids!

---

in Nederweert Noord-Oost : 5 km – Atlas: 8-A2

🍴 **Diverso** 🌳 Ⓚ ⟺ 🅿️
Brugstraat 44 ⊠ 6031 EG – 𝒞 (0 495) 62 50 00 – www.restaurantdiverso.nl
Lunch 28 € – Menu 30/35 € – Carte 32/59 €

• De zon in uw hart én op uw bord? Diverso is *the place to go*. Carpaccio di
manzo voor, pollo piri piri als hoofdgerecht en tarte Tatin als toetje: hier krijgt u
de sterkhouders van de zuiderse keuken geserveerd; vers en eerlijk bereid.

• If you are looking for food full of sunshine, then Diverso is the place to go. The
fresh, authentic cuisine is southern in flavour. It offers dishes such as beef carpaccio to start, piri piri chicken as a main course and tarte Tatin for dessert.

WEESP
Noord-Holland – 18 172 inw. – Atlas: **11**-B3
▶ Amsterdam 18 km – Haarlem 37 km – Hilversum 17 km – Lelystad 45 km
Michelin wegenkaart 531-P9 en 532-P9 en 715-G5

🍴🍴 **Minevitus** 🌳 Ⓚ ⟺
*Nieuwstad 32 ⊠ 1381 CC – 𝒞 (0 294) 41 35 29 – www.minevitus.nl
– gesloten zaterdagmiddag, zondag en maandag*
Lunch 34 € – Menu 37/42 € – Carte 46/72 €

• Chef Veltman hecht veel belang aan de kwaliteit van zijn producten, dat proeft
u in de klassieke gerechten die hij met een eigentijdse touch bereidt. Ruil uw stoel
in de moderne bistro gerust voor een plek op het mooie terras aan de Vecht.

• Chef Veltman attaches great importance to the quality of his produce. It shows
in his delicious cuisine, which is traditional yet prepared with a contemporary
twist. Dine either in the modern bistro or on the beautiful terrace overlooking
the Vecht.

Meyers CuliCafe

Nieuwstad 84 ⊠ 1381 CD – ℰ (0 294) 41 54 63 – www.meyersculicafe.nl
– gesloten zaterdagmiddag, zondag en maandag
Lunch 26 € – Menu 35/50 € – Carte 35/58 € – *(eenvoudige lunchkaart)*

• In dit gemoedelijke restaurant zijn de beste culinaire tradities van vader op zoon doorgegeven en aangepast aan de tijd. De menu's zijn allemaal even smakelijk en gul. Aan de overkant van de straat, langs de Vecht, is er een zomerterrasje.

• Culinary passion has been handed down from father to son in this establishment with a warm ambience. Attractive menus, canalside terrace on the other side of the street.

WEIDUM

Fryslân – Littenseradiel 10 948 inw. – Atlas: **4-C2**
▶ Amsterdam 142 km – Leeuwarden 13 km – Sneek 16 km – Zwolle 91 km
Michelin wegenkaart 531-T4 en 715-I2

⌂ Weidumerhout ❶ ← 🕥 🚲 ⚡ 🛜 🛋 🅿

Dekemawei 9 ⊠ 9024 BE – ℰ (0 58) 251 98 88 – www.weidumerhout.nl
– gesloten 15 december-11 januari
13 kam ☐ – ♦83/125 € ♦♦85/125 € **Rest** – *(alleen voor hotelgasten)*

• Rustige weilanden omringen deze oude boerderij, die met speelse elementen is verjongd. De kamers zijn ruim, designmeubilair frist het sobere interieur op. Ook in de drie chalets geniet u van het zicht op de velden, maar dan vanuit uw bed!

• Surrounded by idyllic meadows, this old farm has been brightened up with a few playful touches. The rooms are spacious and the designer furniture brightens up the sober interior. The view over the fields can also be enjoyed from the three cottages without even having to leave your bed!

✕✕ De Vijf Sinnen

Hegedijk 2 ⊠ 9024 EA – ℰ (0 58) 251 92 17 – www.devijfsinnen.nl – gesloten 23 februari-1 maart, 19 tot 25 oktober, zondag en maandag
Menu 39/57 € – Carte 34/46 € – *(alleen diner)*

• Chef Wilks kiest voor Franse traditie en internationale inspiratie en laat u graag in de pannen kijken, hij kookt namelijk in de zaal zelf. In de zomer worden vanaf vijf uur borrelhapjes geserveerd bij de majestueuze kastanjeboom.

• Chef Kevin Wilks combines French tradition with international inspiration, cooking in full view of guests in his open kitchen in the dining room. In summer, light snacks are served under the magnificent chestnut tree after 5pm.

WELL

Limburg – Bergen 13 275 inw. – Atlas: **8-B1**
▶ Amsterdam 168 km – Maastricht 106 km – Eindhoven 77 km – Nijmegen 49 km
Michelin wegenkaart 532-V13 en 715-J7

⌂ La Belle Meuse *zonder rest* ⚡ 🛜

Grotestraat 36 ⊠ 5855 AN – ℰ (0 478) 50 24 49 – www.labellemeuse.nl
4 kam ☐ – ♦85 € ♦♦95 €

• Dit karaktervol eind-18de-eeuwse huis aan de Maas werd volledig gerenoveerd. De kamers zijn gepersonaliseerd en van hoge standing. In de annex bevinden zich nog twee extra kamers en een lunchroom. Een charmant adresje.

• This character-rich end of the 18th century house along the Meuse was completely restored. The rooms are personalised and of high standing. In the attached building there are two more rooms and a lunchroom. A charming address.

De prijzen voor het symbool ♦ komen overeen met de laagste prijs in laagseizoen en daarna de hoogste prijs in hoogseizoen voor een éénpersoonskamer. Hetzelfde principe voor het symbool ♦♦, hier voor een tweepersoonskamer.

XX
Brienen aan de Maas (René Brienen)

Grotestraat 11 ⊠ *5855 AK – ℰ (0 478) 50 19 67 – www.renebrienen.nl*
– gesloten 1 week carnaval, laatste week september en maandag
Menu 43/85 € – Carte ong. 85 €

● U zult het al vermoeden: het zicht op de Maas is hier schitterend! Probeer dus zeker een plaatsje op het terras van dit voormalige veerhuiscafé te bemachtigen. De chef heeft een boontje voor regionale producten en verwerkt ze in karakter-volle, verzorgde gerechten die verrassend uit de hoek kunnen komen.

● The view of the river is spectacular from this former boatmen's pub, so it is definitely worth trying to get a table on the terrace. The chef uses regional produce to create distinctive, polished dishes that occasionally surprise.

→ Op de graat gebakken zeeduivel met een krokantje van langoustine. In hooi bereide ham met asperges en gefrituurd eitje. Lopend chocoladetaartje met gemarineerde ananas en sorbet van witte chocolade.

WELLERLOOI

Limburg – Bergen 13 275 inw. – Atlas: **8**-B1
▶ Amsterdam 160 km – Maastricht 95 km – Eindhoven 54 km – Nijmegen 46 km
Michelin wegenkaart 532-V13 en 715-J7

XXX
Hostellerie de Hamert met kam

Hamert 2 (baan Nijmegen-Venlo) ⊠ *5856 CL – ℰ (0 77) 473 12 60*
– www.hamert.nl – gesloten 28 december-8 januari, 29 juni-2 juli en dinsdag en woensdag van november tot april
10 kam ⌂ – ♦88 € ♦♦168 €   Lunch 38 € – Menu 55/68 € – Carte 61/75 €

● Mooie hostellerie waar u van een prachtig zicht geniet dankzij de geweldige ligging aan de oever van de Maas. Asperges zijn tijdens het seizoen koning op de kaart, die eerder klassiek is en een fraai aanbod wijnen presenteert. Mooie grote kamers, de meeste met balkon aan de waterzijde.

● A beautiful country hotel with magnificent views thanks to its superb location on the banks of the Maas. During the season, asparagus is the eye-catcher in the predominantly classic menu, which includes a fine selection of wines. Beautiful, spacious guestrooms (most with balconies overlooking the water) are available in a separate building.

WEMELDINGE

Zeeland – Kapelle 12 495 inw. – Atlas: **15**-B2
▶ Amsterdam 176 km – Middelburg 34 km – Brielle 84 km –
's-Hertogenbosch 126 km
Michelin wegenkaart 532-I13 en 715-C7

XX
De Oude Sluis

Wilhelminastraat 82 ⊠ *4424 BD – ℰ (0 113) 62 25 30 – www.deoudesluis.net*
– gesloten 20 april-8 mei, 1 week in oktober, 26 december-8 januari, maandag, dinsdag en na 20.30 u.
Menu 35/55 € – Carte 42/67 €

● Sympathiek restaurant in een dorp met een grote jachthaven. De vangst uit de Oosterschelde staat dagelijks op het menu. Zorgzaam bereide maritieme keuken.

● This welcoming restaurant stands in a village. It is home to a bustling marina and the local catch is prominent on the well-prepared menu.

WEST AAN ZEE – Fryslân → Zie Waddeneilanden (Terschelling)

WESTERLEE

Groningen – Oldambt 38 748 inw. – Atlas: **7**-B2
▶ Amsterdam 222 km – Groningen 39 km – Assen 66 km – Leeuwarden 101 km
Michelin wegenkaart 531-AA4 en 715-L2

Landgoed Westerlee zonder rest   🕭 ⨼ ⊕ 🐦 👫 🖾 🏧 🛜 ♨ 🅿

Hoofdweg 67 ⊠ 9678 PH – 𝒞 (0 597) 43 30 82 – www.landgoedwesterlee.nl
15 kam ⬚ – ✦89/195 € ✦✦89/195 €

● U waant zich een herenboer in dit stijlvolle countryhotel. Welzijn, authentieke charme en modern comfort vormen hier een prima trio. Het is heerlijk slapen in kamers die romantisch en tiptop in orde zijn.

● You will feel like a gentleman farmer in this stylish country hotel, where well-being, authentic charm and modern comfort go hand-in-hand. The romantic guestrooms have every creature comfort.

WESTERVELDE – Drenthe ➜ Zie Norg

WESTKAPELLE
Zeeland – Veere 21 903 inw. – Atlas: **15**-A2
▶ Amsterdam 219 km – Middelburg 19 km – Veere 28 km – Vlissingen 16 km
Michelin wegenkaart 532-F13 en 715-B7

 Zuiderduin Beachhotel   🚤 🛋 ⨼ 🐦 ⁒ 👫 🖾 rest, ⁒ rest, 🛜 ♨ 🅿

De Bucksweg 2 (Zuid : 3 km) ⊠ 4361 SM – 𝒞 (0 118) 56 18 10
– www.zuiderduinbeachhotel.nl
70 kam ⬚ – ✦69/199 € ✦✦69/299 €
Rest – Lunch 20 € – Menu 28/59 € – Carte 37/75 €

● Dit hotelcomplex ligt te midden van duinen, weiden en een villawijk. De meerderheid van de moderne kamers en suites heeft een terras of balkon. Tuin met zwembad en tennisbaan. Eetzaal met serre, vooral in trek bij de hotelgasten.

● Set amidst seashore dunes, meadows and a residential neighbourhood. Most of the modern rooms and suites boast a terrace or balcony. Pool and tennis courts in the garden. Dining room and veranda that caters essentially to the hotel's guests.

WEST-TERSCHELLING (WEST-SKYLGE) – Fryslân ➜ Zie Waddeneilanden (Terschelling)

WESTWOUD
Noord-Holland – Drechterland 19 298 inw. – Atlas: **11**-B2
▶ Amsterdam 55 km – Haarlem 63 km – Almere-Stad 78 km – Zaandam 42 km
Michelin wegenkaart 531-P6 en 715-G3

 La Normande zonder rest   🕭 👫 ⅋ 🛜 🅿 ⤴

Binnenwijzend 66 ⊠ 1617 KW – 𝒞 (0 228) 56 24 30 – www.lanormande.nl
4 kam ⬚ – ✦67/78 € ✦✦79/89 €

● Een goed B&B in de rust van de polder, tussen Enkhuizen en Hoorn. Ontvangst door een Normandische dame met zeebenen. Boottocht mogelijk.

● A peaceful B&B in the countryside between Enkhuizen and Hoorn, run by a woman from Normandy (a good sailor). Boat rides can be arranged.

WEZUP – Drenthe ➜ Zie Zweeloo

---

de WIJK – Drenthe ➜ Zie Meppel

WIJK AAN ZEE
Noord-Holland – Beverwijk 40 070 inw. – Atlas: **11**-A3
▶ Amsterdam 29 km – Haarlem 18 km – Alkmaar 27 km
Michelin wegenkaart 531-M8 en 715-E4

 Villa de Klughte zonder rest   🕭 🚤 ⨼ 👫 🛜 🅿

Van Ogtropweg 2 ⊠ 1949 BA – 𝒞 (0 251) 37 43 04 – www.hoteldeklughte.nl
13 kam – ✦70/120 € ✦✦83/143 €, ⬚ 10 €

● Mooie retrovilla, aan de rand van de duinen, waar het aangenaam toeven is in de tuin. De kamers hebben elk een eigen sfeer en een dvd-speler, sommige zijn uitgerust met een jacuzzi. Ontbijten doet u in een romantische ruimte, het diner (Indonesische gerechten) is enkel op aanvraag.

● Lovely retro-style villa, overlooking a garden, at the edge of the dunes. Rooms and junior suites decorated with personal touches, some with jacuzzi. All rooms have DVD players. Romantic breakfast nook, diner (Indonesian dishes) is organised on demand.

WIJK BIJ DUURSTEDE

Utrecht – 23 043 inw. – Atlas: **14**-B2

▶ Amsterdam 62 km – Utrecht 24 km – Arnhem 54 km – 's-Hertogenbosch 48 km

Michelin wegenkaart 532-R11 en 715-H6

✗ 't Klooster   🍴 ✿ ↩

*Markt 15 ⊠ 3961 BC – 𝒞 (0 343) 59 33 66 – www.brasserieklooster.nl – gesloten
27 december-4 januari, 11 tot 25 augustus, dinsdagmiddag, zaterdagmiddag,
zondagmiddag en maandag*

Lunch 30 € – Menu 35/80 € – Carte 55/75 €

● Bij 't Klooster hebben ze begrepen dat eenvoud siert. Frisse brasseriebereidingen en goede producten: een ongekunsteld, ijzersterk duo. De wijn mag u zelf kiezen in de wijnkamer en wordt u voor een vaste toeslag geschonken. Terras met uitzicht op het groen van het park.

● Demonstrating that simple things are often best, 't Klooster combines top quality produce with a fresh culinary approach. Delicious bistro-style dishes are accompanied by an impressive wine list. Outdoor terrace with views of the park.

WILHELMINADORP

Zeeland – Goes 36 954 inw. – Atlas: **15**-B2

▶ Amsterdam 163 km – Middelburg 27 km – Goes 4 km

Michelin wegenkaart 532-I13 en 715-C7

✗✗✗ **Katseveer** (Rutger van der Weel)   ≼ 🍴 ✿ ↩ **P** ⚓

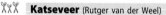

❀ *Katseveerweg 2 (richting Roodewijk, daarna parallelle route met N 256)
⊠ 4475 PB – 𝒞 (0 113) 22 79 55 – www.katseveer.nl – gesloten
25 december-8 januari, 3 tot 11 mei, 25 oktober-2 november, zaterdagmiddag,
zondag en maandag*

Menu 58/106 € – Carte 72/86 €

● Dit voormalige wachtlokaal van de veerpont biedt een mooi uitzicht op het scheepsverkeer. Het oog wil tenslotte ook wat, maar het zijn vooral uw smaakpapillen die hier zullen juichen dankzij de moderne keuken die niet vies is van technisch vernuft. Terras aan de Oosterschelde en modern, vernieuwd interieur.

● This former ferryboat waiting room boasts wonderful views of passing ships and a terrace that looks out onto the Eastern Scheldt. A pleasant location for modern cooking, which is not averse to employing technical ingenuity to delight the palate. Smart, modern interior.

➜ Oosterscheldekreeft met macadamianoot, bloemkool en eendenlever. Gebraden lamsrug met abrikoos, paprika en stroganoffsaus. Creatie van rabarber, vlierbloesem, citroen en vanille.

WINSCHOTEN

Groningen – Oldambt 38 748 inw. – Atlas: **7**-B2

▶ Amsterdam 230 km – Groningen 41 km – Assen 49 km

Michelin wegenkaart 531-AB4 en 715-M2

🏠 In den Stallen   🍴 ♿ ᕥ rest. 🛜 **P** ⚓

*Oostereinde 10 (Noord-Oost : 3 km, nabij A 7) ⊠ 9672 TC – 𝒞 (0 597) 41 40 73
– www.indenstallen.nl – gesloten 27 december-1 januari*

13 kam ⌓ – †57/67 € ††69/79 € – ½ P   **Rest** – Menu 27 € – Carte ong. 30 €

● Vlakbij snelweg A7 ligt deze voormalige boerderij, tussen velden en weiden. Wandel zeker eens naar het Oldambtmeer, waar het hotel kano's verhuurt. Sporten kan ook in de bowling, dineren in het restaurant: degelijke Hollandse keuken in een landelijke ambiance.

● This former farm lies between fields and meadows close to the A7 motorway and the Oldambtmeer lake, where the hotel hires out canoes to guests. In the restaurant, diners can enjoy straightforward Dutch cuisine in a rural atmosphere. A bowling alley is also available.

WINTERSWIJK

Gelderland – 28 881 inw. – Atlas: **6**-D2

▶ Amsterdam 152 km – Arnhem 67 km – Apeldoorn 66 km – Enschede 43 km

Michelin wegenkaart 532-Z11 en 715-L6

Stad Munster

Markt 11 ✉ 7101 DA – ✆ (0 543) 51 21 21 – www.hotelstadmunster.nl
20 kam – †45/75 € ††85/110 €, ☕ 14 €
Rest – Lunch 23 € – Menu 35 € – Carte 45/60 €

• Fraaie jugendstilherberg (1911), aan de Markt, waar zakenlui zich thuis voelen. Knusse, verzorgde kamers en decoratieve stijlelementen in de openbare ruimten. Brasserie met seizoensgebonden keuken.

• An impressive Jugendstil pub (1911) situated in the market square, where business clientele will feel very much at home. Cosy, well-maintained guestrooms with decorative features in the public areas. Brasserie serving seasonal cuisine.

Strandlodge

Badweg 4 ✉ 7102 EG – ✆ (0 543) 76 90 37 – www.slww.nl – gesloten maandagmiddag en dinsdag
Lunch 25 € – Menu 40 € – Carte 35/52 €

• Duik eens onder in dit voormalige badhuis van het openbare openluchtzwembad. Ontspannen sfeer, country interieur en knap terras met zicht op het water. De gerechten, eigentijds met veel huisbereidingen, kunt u in grotere porties delen met uw tafelgenoten.

• Originally part of the public baths, the building is nowadays a restaurant with a relaxed atmosphere, rustic-style interior and impressive terrace overlooking the water. Contemporary cuisine with larger portions that can be shared with your fellow diners.

WITTEM

Limburg – Gulpen-Wittem 14 444 inw. – Atlas: **8**-B3
Amsterdam 225 km – Maastricht 19 km – Aachen 13 km
Michelin wegenkaart 532-U18 en 715-I9

in Wahlwiller Oost : 1,5 km

Infini Ⓝ

Botterweck 3 ✉ 6286 DA – ✆ (0 43) 601 20 13 – www.restaurantinfini.nl – gesloten dinsdag en woensdag
Menu 40/68 € – Carte ong. 60 € – *(alleen diner behalve zondag)*

• Het samenspel van moderne kunst en rustieke elementen maken van deze elegante villa een heerlijke plek om te tafelen. De ambitieuze chef kiest resoluut voor een moderne keuken, met zeer bewerkte borden als resultaat. De soufflé, een specialiteit van het huis, is een absolute aanrader!

• The interplay of modern art and rustic features make this elegant villa a lovely setting for a fine dining experience. The ambitious chef strongly favours modern cuisine, resulting in very elaborate dishes. House specialities include the highly recommended soufflé.

't Klauwes

Oude Baan 1 ✉ 6286 BD – ✆ (0 43) 451 15 48 – www.klauwes.nl – gesloten 24 december, 31 december-4 januari, 1 week carnaval, eind augustus-begin september, zaterdagmiddag, maandag en dinsdag
Menu 38/55 € – Carte 47/69 €

• Dit restaurant in een oude boerderij met warme, rustieke ambiance wordt gerund door twee broers. Eigentijdse kaart en huisgemaakte wijnen. Terras met uitzicht op de wijngaard.

• Warm, rustic atmosphere at this well-maintained old farmhouse owned by two brothers. Modern menu, homemade wines and views of the vineyards from the terrace.

WOERDEN

Utrecht – 50 577 inw. – Atlas: **14**-A2
Amsterdam 52 km – Utrecht 21 km – Den Haag 46 km – Rotterdam 41 km
Michelin wegenkaart 532-O10 en 715-F5

✕✕ De Dukdalf ⩽ 🏠 ⚓

Westdam 2 ⊠ 3441 GA – ☎ (0 348) 43 07 85 – www.dedukdalf.nl
– gesloten 31 december-9 januari
Lunch 24 € – Menu 34/48 € – Carte 43/58 €
● Modern paviljoen op palen, aan de jachthaven, die vanuit de eetzaal te zien. Eigentijdse gerechten, eenvoudig en modern interieur en een mooi terras pal aan het water.
● Part of the marina, this modern pavilion on piles offers views which will enhance your meal. Contemporary cuisine, plain modern setting and attractive terrace level with the water.

✕✕ JanZen 🏠 AC ⇔ P

🔴 *Rietveld 130 ⊠ 3443 XE – ☎ (0 348) 68 80 01 – www.restaurantjanzen.nl*
– gesloten zaterdagmiddag en zondag
Lunch 29 € – Menu 35/50 € – Carte ong. 35 €
● Wat is het toch gezellig bij JanZen: een prachtig art deco pand dat wordt omringd door de polders. Actuele productcombinaties passeren de revue in gerechten die het verschil maken met generositeit en frisheid. Een keuken op basis van smaak.
● Eating out is always enjoyable at JanZen, which is housed in a beautiful Art Deco building surrounded by polders. Modern combinations of produce are used to create fresh, generous sized dishes that are full of flavour.

✕ Bistro 't Pakhuis AC 🍸

Havenstraat 15 ⊠ 3441 BH – ☎ (0 348) 43 03 40 – www.bistropakhuis.nl
– gesloten 3 tot 25 augustus, maandag en dinsdag
Carte 35/49 € – (alleen diner)
● Karakteristiek restaurantje in een voormalig kaaspakhuis, met nostalgisch en sfeervol decor. Traditionele gerechten op de kaart, meer up-to-date creaties op het krijtbord.
● Typical small restaurant which makes the most of this former cheese warehouse (a local speciality). "Old Holland" décor, soft lighting and traditional à la carte and blackboard menus.

Een lekkere maaltijd voor een scherpe prijs? Ga op zoek naar de Bib Gourmand . Ze onderscheiden restaurants met een onklopbare prijs-kwaliteitsverhouding.

WOLFHEZE

Gelderland – Renkum 31 565 inw. – Atlas: **5**-B2
▶ Amsterdam 93 km – Arnhem 10 km – Amersfoort 41 km – Utrecht 57 km
Michelin wegenkaart 532-T10 en 715-I5

🏠 De Buunderkamp 🛏 📶 🖳 🐾 ✕ 🚲 📱 ⅰ kam, AC rest, 🍸 rest, 🛜 🛁

Buunderkamp 8 ⊠ 6874 NC – ☎ (0 26) 482 11 66 P 🐾
– www.buunderkamp.nl
101 kam ⊡ – †84/164 € ††99/179 € – ½ P
Rest – Menu 30/48 € – Carte 35/55 €
● Dit hotel in de bossen biedt rust en comfort. Grote gerenoveerde kamers. Loungebar met een mooi terras dat uitkijkt op de natuur. Klassieke keuken in een modern jasje, lunchbuffet. Gezellige lounge salons.
● Peace and comfort at this hotel "lost" in the woods, perfect for a relaxing break. Large renovated rooms. Bar-lounge with an attractive terrace looking on to the forest. Classic meals and lunchtime buffet. Cozy lounge salon.

WORKUM (WARKUM)

Fryslân – Súdwest Fryslân 82 639 inw. – Atlas: **3**-B3
▶ Amsterdam 128 km – Leeuwarden 40 km – Zwolle 86 km
Michelin wegenkaart 531-R5 en 715-H3

XX Séburch

Séburch 9 ⊠ 8711 EE – 𝒞 (0 515) 54 13 74 – www.seburch.nl
– gesloten dinsdag behalve in juli-augustus en maandag
Menu 29/32 € – Carte 28/40 € – *(alleen diner)*

● Voormalige zeemansherberg (1850) boven aan de dijk en met uitzicht op de haven en de boten, waar de patron alles van afweet. Vrouwelijke chef-kok met een voorliefde voor de klassieke keuken, lichte en panoramische eetzaal, Friese ambiance.
● This restaurant is set in a former fisherman's inn dating back to 1850, located near the dyke and the old Workum. A female chef is cooking. Panoramic view. Frisian atmosphere.

WOUDRICHEM

Noord-Brabant – 14 425 inw. – Atlas: **9**-B1
▶ Amsterdam 79 km – 's-Hertogenbosch 32 km – Breda 40 km – Rotterdam 48 km
Michelin wegenkaart 532-P12 en 715-G6

XX Kruiden & Jasmijn

Kerkstraat 43 ⊠ 4285 BA – 𝒞 (0 183) 31 02 42 – www.kruidenenjasmijn.nl
– gesloten 2 weken carnaval, 2 tot 18 september, zaterdagmiddag, dinsdag en woensdag
Lunch 30 € – Menu 35/57 € – Carte 49/90 €

● Net binnen de muren van het vestingstadje vindt u dit leuke restaurant: zowel het gezellige interieur in pastelkleuren als het terras zullen u verleiden. De gerechten zijn helemaal met de tijd mee en worden met veel zorg bereid. De chef houdt van streekproducten en vooral van Oosterscheldekreeft tijdens het seizoen.
● This restaurant is just inside the walls of the fortified town. It offers a cosy interior decorated in pastel colours and an attractive terrace for outdoor dining. The carefully prepared dishes are contemporary in style with a focus on local produce, such as the Oosterschelde crayfish, in season.

X De Gevangenpoort

Kerkstraat 3 ⊠ 4285 BA – 𝒞 (0 183) 30 20 34 – www.degevangenpoort.nl
– gesloten zaterdagmiddag, zondag en maandag
Lunch 28 € – Menu 35/53 € – Carte 48/55 €

● Subtiele elementen herinneren aan het gevangenisverleden (de namen van ex-gevangenen zijn bijvoorbeeld in het hout gekerfd), maar vandaag geniet u er in alle vrijheid van moderne, technisch verzorgde gerechten in een eigentijds interieur. Bij Bistro Nok – onder het dak – kiest men voor een eenvoudigere formule.
● Subtle features in this restaurant, such as the names of former prisoners carved in the wood, remind guests of its former use as a prison. Today guests can enjoy modern, technically flawless cuisine in a contemporary-style setting, or opt for a simpler meal under the roof at Bistro Nok.

WOUW

Noord-Brabant – Roosendaal 77 027 inw. – Atlas: **9**-A2
▶ Amsterdam 137 km – 's-Hertogenbosch 83 km – Den Haag 92 km – Middelburg 69 km
Michelin wegenkaart 532-L13 en 715-E7

XX Mijn Keuken (Pieter Bosters)

Markt 1 ⊠ 4724 BK – 𝒞 (0 165) 30 22 08 – www.mijnkeuken.com – gesloten zondag behalve eerste en tweede van elke maand, dinsdagmiddag, zaterdagmiddag en maandag
Lunch 45 € – Menu 65/105 € – Carte ong. 75 €

● Stijlvol pand (oud gemeentehuis) op een charmant groen plein aan de voet van de kerk, waar een grote fontein voor verkoeling zorgt op het idyllische terras. Modern, romantisch interieur. Originele, smaakvolle kookstijl.
● This distinctive house (former town hall) is near the church. It stands on a delightful grassy square lined by lime trees whose fountain refreshes an idyllic terrace. Romantic modern interior and original, very tasty cuisine.
➜ Mousse van asperges met rauwe ham, ansjovis, gerookte boter en appel. Zacht gegaarde tarbot met een coulis van paprika, basilicumolie en bouillon van heldere tomaat. Crémeux van melkchocolade met framboos en een sorbet van olijfolie.

YERSEKE

Zeeland – Reimerswaal 21 859 inw. – Atlas: **15**-B2
▶ Amsterdam 173 km – Middelburg 35 km – Bergen op Zoom 35 km – Goes 14 km
Michelin wegenkaart 532-J14 en 715-D7

✕✕   Oesterbeurs   ⇔

Wijngaardstraat 2 ✉ 4401 CS – ℰ (0 113) 57 22 11 – www.oesterbeurs.nl
– gesloten maandag en dinsdag
Menu 37/65 € – Carte 52/90 €
● Een vrij plezierig adres in hartje Yerseke, in de voormalige beurs waar ook trou-
werijen plaatsvonden. Het restaurant staat lokaal bekend om de visgerechten.
● At the heart of Yerseke, in the old exchange house where weddings also took
place, a pleasant enough location, well-known in the area for its dishes which
taste of the sea.

✕   Nolet's Vistro   🏠 🎔 ⇔

Burgemeester Sinkelaan 6 ✉ 4401 AL – ℰ (0 113) 57 21 01 – www.vistro.nl
– gesloten eerste week januari
Menu 33/49 € – Carte 35/74 €
● Sympathiek bistrootje vlak bij de Oesterputten. De Oosterschelde is hoofdleve-
rancier voor de specialiteiten van de zaak: vis en schaal- en schelpdieren. De wijnsuggesties zijn uitstekend.
● An attractive bistro very close to the Yerseke oyster beds. The Oosterschelde
estuary is the main supplier of the restaurant's specialities: fish and shellfish. Excellent wine suggestions.

ZAANDAM

Noord-Holland – Zaanstad 149 622 inw. – Atlas: **11**-A3
▶ Amsterdam 9 km – Haarlem 27 km – Alkmaar 28 km
Michelin wegenkaart 531-N8 en 715-F4

🏨   Inntel   🔲 🏠 🕭 🎔 ♿ 🖥 ᵫ rest, 🎔 ❀ rest, 🛜 🔧

Provincialeweg 102 ✉ 1506 MD – ℰ (0 75) 631 17 11 – www.inntelhotels.nl
156 kam – ♥85/275 € ♥♥85/275 €, ☐ 16 € – 3 suites
Rest – Menu 25 € – Carte 32/45 € – *(gesloten maandag)*
● Dit volledig nieuwgebouwde, origineel hotel (2010) is een reuzenversie van een
typisch groen Zaans huisje, dat deel uitmaakt van een groot project in de stad. Er
zijn drie soorten themakamers, alle functioneel en modern ingericht. Wellness- en
fitnesscentrum. Restaurant en lounge-bar.
● This completely refurbished and very original hotel (2010) is a giant version of
a typically green "Zaans" house and is a part of a large city project. Three types of
rooms, all of them with a theme and functional, modern comfort. Wellness and
fitness centre. Restaurant and lounge-bar.

🏠   Bastion   🖥 ❀ 🛜 🅿

Wibautstraat 278 (langs A 8, afrit ①) ✉ 1505 HR – ℰ (0 75) 670 63 31
– www.bastionhotelgroep.nl
80 kam – ♥80/140 € ♥♥80/140 €, ☐ 14 €   **Rest** – Carte 24/37 €
● Ketenhotel aan een kruispunt nabij de ring van Amsterdam, tegenover een
benzinestation. Voor een luxekamer betaalt u slechts een klein supplement.
● Bastion chain motel at a crossroads near the Amsterdam ring road, across from
a service station. 'Deluxe' rooms available for a small extra fee.

✕✕✕   De Hoop Op d'Swarte Walvis   ⇐ 🏠 🎔 ❀ ⇔ 🅿 🎣

Kalverringdijk 15 (Zaanse Schans) ✉ 1509 BT – ℰ (0 75) 616 56 29
– www.dewalvis.nl – gesloten 27 december-1 januari, 27 april en maandag
Menu 35/61 € – Carte 43/64 €
● Sfeervol, 18de-eeuws weeshuis in een mooi museumdorp. Chic, elegant interieur in modern-klassieke stijl en een terras aan het water. Eigentijdse keuken en
eenvoudige gerechten in de brasserie.
● Former 18C orphanage in a lovely 'museum-village', now a restaurant serving
up-to-date cuisine in a chic and sophisticated décor. Waterside terrace. A small
number of simpler dishes available in the brasserie.

in Koog aan de Zaan Noord-West : 2 km

XX **De Vijfde Smaak** N

Hoogstraat 4 ✉ 1541 KX – ✆ (0 75) 628 55 88 – www.restaurantdevijfdesmaak.nl – gesloten 28 december-8 januari en maandag

Lunch 30 € – Menu 34/45 € – Carte 38/46 €

• De dubbele tegelhaard, het veegluik, de massieve plankenvloer: dit pand uit 1616 eert zijn verleden, maar voelt na renovatie ook eigentijds aan. Gulle borden laten u uitvoerig genieten van gerechten die doorspekt zijn met wereldse invloeden.

• This restaurant's double tiled fireplace with sweeping hatch and wooden floor are evidence of its historic past (the property dates from 1616), although it has also been renovated to create a more modern feel. It serves generous sized portions of dishes influenced by cuisine from around the world.

in Zaandijk Noord-West : 5 km

D'Vijf Broers rest, kam,

Lagedijk 32 ✉ 1544 DG – ✆ (0 75) 621 00 30 – www.devijfbroers.nl

14 kam – †85 € ††85 €, ☕ 15 €

Rest – Menu 33 € – Carte 36/44 € – *(eenvoudige lunchkaart)*

• Geheel gerenoveerd hotel, zowel binnen als buiten, met zicht op het water en de Zaanse Schans (typische huisjes en molens). Hedendaags comfort, mooi terras en eigen strandje. Restaurant met eenvoudige kaart.

• Entirely refurbished hotel, inside and out, with nice views on the Zaan river and the "Zaanse Schans" (typical green houses and windmills). Contemporary comforts, terrace and private beach. Restaurant with a simple menu.

ZAANDIJK – Noord-Holland → Zie Zaandam

ZALTBOMMEL

Gelderland – 27 182 inw. – Atlas: **5-A3**

▶ Amsterdam 73 km – Arnhem 64 km – 's-Hertogenbosch 15 km – Utrecht 44 km

Michelin wegenkaart 532-Q12 en 715-G6

XX **La Provence**

Gamerschestraat 81 ✉ 5301 AR – ✆ (0 418) 51 40 70 – www.la-provence.nl – gesloten 26 december-2 januari, 27 juli-16 augustus, zaterdagmiddag, zondag en maandag

Menu 35 € – Carte 53/67 €

• In dit oude, statige pand wordt u onthaald door klassieke gerechten en grote bordeauxwijnen. Eetzaal met schitterende belle-époqueluchter en een terras met zuidelijke ambiance.

• An old mansion house where meals are served under a wonderful Belle Époque chandelier. Classic dishes and vintage Bordeaux from the best years. Provencal atmosphere on the terrace.

XX **La Folie**

Gamerschestraat 45 ✉ 5301 AR – ✆ (0 418) 68 46 26 – www.restaurantlafolie.nl – gesloten 28 december-5 januari, 12 juli-3 augustus, maandagmiddag, zaterdagmiddag en zondag

Lunch 32 € – Menu 39/66 € – Carte 57/68 €

• De keuken van chef Kerkhofs heeft een Franse signatuur en is zeker niet bang van vernieuwende technieken; ook exotische invloeden weet hij in zijn culinaire palet te integreren. De uitstekende bediening houdt gelijke tred met de knappe kookkunsten.

• Chef Joris Kerkhofs' cuisine is French in style, but also makes good use of innovative techniques, integrating exotic influences into his culinary palette. The excellent service is on a par with the culinary expertise demonstrated in his cuisine.

✗ **De Eetgelegenheid**
Waterstraat 31 ✉ *5301 AH –* ✆ *(0 418) 51 50 18 – www.de-eetgelegenheid.nl*
– gesloten eind december-begin januari, 21 juli-11 augustus,
zaterdagmiddag, zondagmiddag en dinsdag
Menu 30/58 € – Carte 42/55 €
● Restaurant in een opgeknapt oud huis in het centrum, gerund door een echtpaar. Eigentijdse gerechten worden geserveerd in 3 kleine, gezellige zalen.
● This restaurant occupying a renovated old house in the centre of the village is run by a married couple. Contemporary-style dishes are served in three small, cosy dining rooms.

ZANDVOORT
Noord-Holland – 16 575 inw. – Atlas: **11-A3**
 Amsterdam 29 km – Haarlem 11 km – Den Haag 49 km
Michelin wegenkaart 531-M8 en 532-M8 en 715-E4

✗ **EVI**
Zeestraat 36 ✉ *2042 LC –* ✆ *(0 23) 573 66 80 – www.restaurantevi.nl*
– gesloten maandag en dinsdag
Menu 35 € – Carte 36/64 € – *(alleen diner)*
● Het team van EVI tekent voor een inventieve keuken waarin gespeeld wordt met kleur, smaak en textuur. Zo schotelen ze u bijvoorbeeld smeuïge kingkrab met krokante inktvis, mangochutney en rauwe venkelsalade voor.
● The team at EVI plays with colour, flavour and texture to create a selection of inventive dishes. Dishes such as smooth king crab with crunchy squid, mango chutney and raw fennel salad feature on the menu.

ZEDDAM
Gelderland – Montferland 34 834 inw. – Atlas: **6-C3**
 Amsterdam 129 km – Arnhem 29 km – Doetinchem 8 km – Emmerich 8 km
Michelin wegenkaart 532-W11 en 715-J6

🏠 **Landgoed Montferland**
Montferland 1 ✉ *7038 EB –* ✆ *(0 314) 65 14 44*
– www.landgoed-montferland.nl – gesloten 31 december-1 januari
8 kam ⌷ – †75/105 € ††90/115 €
Rest *Graaf van den Bergh* – Menu 40 € – Carte 44/64 €
● Hoog op een beboste verdedigingsheuvel vindt u dit oude landhuis met een fantastisch zicht. Grote, lichte kamers die zowel toeristen als zakenlui aantrekken. Wie bij de graaf gaat eten, mag zich verwachten aan een hedendaagse maaltijd in een comfortabel decor.
● Located on top of a wooded hill, once a defensive line, this old country house boasts marvellous views. The large, airy rooms will appeal to tourists and business guests alike. Enjoy contemporary dining in the restaurant's comfortable surroundings.

in Braamt Noord : 3 km – Montferland

✗✗ **Mezzo** met kam
Hooglandseweg 6 ✉ *7047 CN –* ✆ *(0 314) 76 02 22*
– www.mezzo-montferland.nl – gesloten 23 december-5 januari
7 kam – †65 € ††70 €, ⌷ 10 € – ½ P
Menu 40/70 € – Carte 40/80 € – *(gesloten maandag en dinsdag) (alleen diner)*
● Sfeervol, landelijk gelegen adresje dat opgesmukt is met een gevarieerde kunstcollectie. De keuken is klassiek – kreeft staat hier heel het jaar op de kaart – en wordt aangevuld met Italiaans getinte gerechten. Smaakvolle kamers en een goed verzorgd ontbijt.
● An atmospheric, rural location for this restaurant embellished with a varied art collection. Traditional cuisine featuring lobster is on the menu throughout the year, in addition to dishes with Italian inspiration. Tastefully decorated rooms and an excellent breakfast.

Utrecht – 61 250 inw. – Atlas: **14**-B2

▶ Amsterdam 55 km – Utrecht 10 km – Amersfoort 17 km – Apeldoorn 66 km
Michelin wegenkaart 532-Q10 en 715-G5

 Oud London 🔲 🍷 🛖 ♨ 🚲 🛎 ❤ 🅰🄲 ✂ kam, 🛜 🏍 🅿

Woudenbergseweg 52 (Oost : 3 km langs N 224) ✉ 3707 HX – 𝒞 (0 343)
49 12 45 – www.oudlondon.nl
87 kam – 🛉99/179 € 🛉🛉99/179 €, 🚻 15 € – 1 suite
Rest Brasserie 't VoorHuys – Lunch 30 € – Menu 35 € – Carte 41/66 €
• Hotel in een groene wijk, in 1804 als herberg opgericht door een soldaat van
Napoleon. Binnenplaats met terras, moderne lobby en wellness, comfortabele
kamers, prima service.
• A hotel in a leafy neighbourhood, originally an inn founded in 1804 by a Napoleonic soldier. Courtyard terrace, modern lobby and wellness centre, comfortable rooms and smooth service. The restaurant serves contemporary cuisine along classic lines in a pleasant and chic setting.

 Figi 🍷 ♨ 🚲 🛎 ❤ kam, ✂ rest, 🛜 🏍 🚗

Het Rond 2 ✉ 3701 HS – 𝒞 (0 30) 692 74 00
– www.figi.nl
94 kam – 🛉80/195 € 🛉🛉80/195 €, 🚻 20 € – 3 suites
Rest – Menu 35 € – Carte ong. 36 €
• Complex uit de jaren negentig met een congrescentrum, een schouwburg, een
bioscoop en een hotel dat beschikt over drie typen ruime, eigentijdse kamers.
Moderne glas-in-loodramen, brasseriesfeer en actuele kookstijl in het restaurant,
dat bestaat sinds 1908. Bar-serre met zicht op het stadhuis.
• Complex built in the 1990s with conference centre, theatre, cinema and hotel
with three types of large and modern bedroom available. Contemporary stained-
glass windows, brasserie ambiance and modern cuisine at the restaurant. Veranda-bar overlooking the town hall.

🏨 **Kasteel 't Kerckebosch** 🌿 🛏 🚲 ✂ rest, 🛜 🏍 🅿

Arnhemse Bovenweg 31 (Zuid-Oost : 1,5 km) ✉ 3708 AA
– 𝒞 (0 30) 692 66 66 – www.kasteelkerckebosch.nl
– gesloten 27 december-5 januari
30 kam – 🛉99/119 € 🛉🛉99/119 €, 🚻 18 €
Rest De Kamer van Lintelo – Lunch 25 € – Menu 35/50 € – Carte 43/58 € –
(gesloten zaterdagmiddag en zondagavond)
• Weelderig kasteel (1904) in groene omgeving. Indrukwekkende, neogotische
lounge met een mooie luchter en glas-in-loodramen. Kamers in het hoofdgebouw
en de recentere vleugel.
• Built in 1904, this opulent residence is surrounded by a manicured park. Impressive neo-Gothic lobby lit by a beautiful chandelier and stained-glass windows. Rooms in the main building and annexe.

🍽🍽 **Hermitage** 🍷 ⟷ 🅿

Het Rond 7 ✉ 3701 HS – 𝒞 (0 30) 693 31 59 – www.hermitage-zeist.nl
– gesloten 31 december-1 januari
Lunch 35 € – Menu 29/49 € – Carte 38/60 € – *(open tot 24.00 u.)*
• Deze chique, voormalige herberg bruist en valt in de smaak bij zowel vrienden
als zakenpartners. Decor in retrostijl met een Engelse touch, eigentijdse kook-
kunst, terras voor. Eenvoudige kaart in de bodega.
• This trendy and lively old inn has a retro bistro setting with English touches,
modern cuisine and pavement terrace. Café serving simpler meals.

 De prijzen voor het symbool 🛉 komen overeen met de laagste prijs in laagseizoen
en daarna de hoogste prijs in hoogseizoen voor een éénpersoonskamer.
Hetzelfde principe voor het symbool 🛉🛉, hier voor een tweepersoonskamer.

in Bosch en Duin Noord : 2 km

XXX   **De Hoefslag** (Karl van Baggem)   🛜 ⇔ **P**

❀   *Vossenlaan 28 ⊠ 3735 KN – 𝒞 (0 30) 225 10 51 – www.hoefslag.nl – gesloten*
25, 26 en 31 december-1 januari, zaterdagmiddag en zondag
Lunch 45 € – Menu 78/89 € – Carte 69/90 €
Rest *Bistro De Ruif* 🛜 – zie restaurantselectie
● Gezellige lounge met zicht op de keuken, lichte en moderne eetzaal met terras
aan de tuin; inventieve, geraffineerde gerechten op basis van hoogstaande producten; uitstekende bediening.
● Open kitchen and airy modern décor in a plush dining room overlooking a terrace and park. Tasty up-to-date dishes, specialities made with fine ingredients,
and elegant service.
→ Terrine van ganzenlever met pompoen, sinaasappel en wortel. Gebraden duif
met kikkererwten, koffie en appel. Kersensoufflé met witte chocolade en karnemelkroomijs.

X   **Bistro De Ruif** – Rest De Hoefslag   🛜 ⇔ **P**

☺   *Vossenlaan 28 ⊠ 3735 KN – 𝒞 (0 30) 225 10 51 – www.hoefslag.nl – gesloten*
25, 26 en 31 december-1 januari
Menu 35/45 € – Carte 39/62 € – *(alleen diner) (reserveren noodzakelijk)*
● Levendige bistro die bijna elke avond vol zit en naast grote klassiekers ook
gerechten met een knipoog naar andere oorden serveert. De prijs-kwaliteitverhouding is het vermelden waard. Reserveren is hier een must!
● This lively "bistro" style restaurant is crowded almost every night! You can order
classic dishes or recipes with an international touch and you will definitely get
value for your money. Make a reservation.

ZENDEREN

Overijssel – Borne 21 884 inw. – Atlas: **13**-C3
▶ Amsterdam 150 km – Zwolle 54 km – Arnhem 86 km – Assen 88 km
Michelin wegenkaart 531-Z9 en 532-Z9 en 715-L5

XXX   **Het Seminar**   🕸 🛜 & 🚫 ⇔ **P**

☺   *Hertmerweg 42 ⊠ 7625 RH – 𝒞 (0 74) 259 59 79 – www.hetseminar.nl*
– gesloten 1 tot 14 augustus, zaterdagmiddag, zondagmiddag, maandag en
dinsdag
Lunch 28 € – Menu 35/40 € – Carte 33/51 €
● Een voormalig klooster, verbouwd en gerestyled voor culinaire genoegens.
Streekproducten, goede wijnkelder, menu met een uitstekende prijs-kwaliteitverhouding, moderne serre, kapel voor feesten en partijen.
● This monastery converted into a restaurant has a wine list fit for a dean and a
menu with excellent value for money. There is a modern glasshouse and pretty
chapel available for receptions. Pleasant terrace.

XX   **De Kloostergang**   🛜 **P**

  Zenderensestraat 16 ⊠ 7625 TE – 𝒞 (0 74) 267 32 15 – www.dekloostergang.nl
– gesloten maandag en dinsdag
Lunch 23 € – Menu 35 € – Carte 44/65 €
● De missie van de chef: lekker koken, zonder meer. De werkwijze? Kwaliteitsproducten bewerken tot Frans geïnspireerde gerechten, bescheiden en vol van smaak.
● The chef at this restaurant has a simple mission – to cook delicious food. Using
top quality ingredients, he creates a range of French-inspired dishes, which are
modest in style and full of flavour.

ZEVENBERGEN

Noord-Brabant – Moerdijk 36 626 inw. – Atlas: **9**-A2
▶ Amsterdam 111 km – 's-Hertogenbosch 54 km – Bergen op Zoom 30 km –
Breda 17 km
Michelin wegenkaart 532-M13 en 715-E7

Golden Tulip   🏨 💺 🔟 🛜 🛁 **P**

Schansdijk 3 ⊠ 4761 RH – ℰ (0 168) 33 12 34 – www.goldentulipzevenbergen.nl
75 kam ⊾ – ♦80/130 € ♦♦80/140 € – ½ P
Rest *De 7 Bergsche Hoeve* – zie restaurantselectie
● Dit hotel, achter een oude herberg, beschikt over grote, goed ingerichte kamers waar de eigenaressen haar persoonlijke smaak heeft op kunnen botvieren. U vindt hier ook drie uitstekend uitgeruste vergaderzalen, een fitness en een ladies-room.
● This hotel behind an old inn provides large, well-furnished rooms, one of which offers special comfort for ladies. Three well-equipped conference rooms and fitness facilities are available.

XXX **De 7 Bergsche Hoeve** – Hotel Golden Tulip   🛜 ❤ **P**

Schansdijk 3 ⊠ 4761 RH – ℰ (0 168) 32 41 66 – www.hotelzevenbergen.nl
– gesloten zaterdagmiddag en zondagmiddag
Lunch 25 € – Menu 30/69 € – Carte 51/73 €
● Elegant restaurant in een oude boerderij die zijn rustieke karakter heeft behouden. Hier serveert men een klassieke keuken – met kreeft en oesters uit het homarium – die onder meer in een aantrekkelijk menu met keuze wordt aangeboden.
● This elegant restaurant in an old farmhouse has retained its rustic charm. Classic cuisine takes pride of place with plenty of choice on the menu, including oysters and lobsters from the lobster tank.

ZIERIKZEE
Zeeland – Schouwen-Duiveland 34 040 inw. – Atlas: **15**-B2
◼ Amsterdam 149 km – Middelburg 44 km – Breda 81 km – Rotterdam 66 km
Michelin wegenkaart 532-I13 en 715-C7

in Schuddebeurs Noord : 4 km

 Hostellerie Schuddebeurs   🌿 🍴 🛜 🚲 💺 🔟 🛜 🛁 **P**

Donkereweg 35 ⊠ 4317 NL – ℰ (0 111) 41 56 51 – www.schuddebeurs.nl
– gesloten 23 december-14 januari
19 kam ⊾ – ♦99/140 € ♦♦99/140 € – 3 suites – ½ P
Rest – Menu 37/49 € – Carte 42/67 €
● Het klinkt een beetje als een sprookje: in het bos van een rustig dorpje staat al meer dan 300 jaar deze typische hostellerie. Ontdek de eeuwenlange traditie van Zeeuwse gastvrijheid met een verblijf in dit comfortabele logies. In het restaurant kunt u gerust terecht voor de geuren en smaken van Zeeland.
● Like something out of a fairy tale, this typical country hotel has nestled in a quiet village in the woods for more than 300 years. A comfortable place to stay, offering traditional Zeeland hospitality. Guests of the restaurant can enjoy the aromas and flavours of Zeeland.

ZOETERMEER
Zuid-Holland – 123 561 inw. – Atlas: **16**-B2
◼ Amsterdam 64 km – Den Haag 14 km – Rotterdam 24 km
Michelin wegenkaart 532-L10 en 715-E5

 NH   🛜 💺 💺 🛜 ❌ rest, 🛜 🛁 🚗

Danny Kayelaan 20 (wijk 19) ⊠ 2719 EH – ℰ (0 79) 361 02 02
– www.nh-hotels.com
104 kam – ♦80/145 € ♦♦80/145 €, ⊾ 19 €
Rest – Lunch 21 € – Menu 30/35 € – Carte 34/57 € – *(gesloten vrijdagavond, zondagmiddag en zaterdag)*
● Zakenhotel in een modern gebouw, tussen het station en de kantorenwijk. Grote lobby-lounge, functionele kamers, fitness en vergaderzalen. A la carte menu, gepresenteerd in een modern brasseriedecor of op het terras.
● Business hotel in a modern building between the station and the business district. Large lobby, functional rooms, gym and meeting rooms. À la carte menu in a contemporary brasserie-style setting or on the terrace.

Bastion 🛏🗐💱📶P
Zilverstraat 6 (wijk 18) (nabij A 12, afrit ⑦) ✉ *2718 RL – ℰ (0 79) 361 10 71*
– www.bastionhotelgroep.nl
90 kam – ♦80/140 € ♦♦80/140 €, ⊠ 14 € – ½ P **Rest** – Carte 24/37 €
● Ketenhotel bij de ingang van een bedrijvenpark, vlak bij het spoor en de A12.
Praktische kamers met voldoende geluidsisolatie.
● A hotel at the entrance to the industrial zone, near the railroad tracks and the
A12 motorway. Practical rooms with adequate soundproofing.

👯👯 **Hofstede Meerzigt**
Zonnenberg 10 ✉ *2716 PG – ℰ (0 79) 351 59 02 – www.hofstedemeerzigt.nl*
– gesloten 27 december-3 januari, zaterdagmiddag, zondag en maandag
Lunch 30 € – Menu 35/100 €
● Oude boerderij met rietgedekte dependances. Moderne eetzaal met mezzanine
in de voormalige wagenschuur. In de hooiberg liggen de wijnen opgeslagen op
grote, plexiglazen rekken.
● An old farmhouse and thatched-roof outbuildings. Modern dining room with a
mezzanine in a former wagon shed. Hooiberg with large plexiglass wine shelves.

👯👯 **Hoeve Kromwijk** 🛏↺
Voorweg 133 (nabij N 469) ✉ *2716 NH – ℰ (0 79) 321 74 98*
– www.hoevekromwijk.nl – gesloten 27 december-6 januari, zaterdagmiddag,
zondag en maandag
Lunch 26 € – Menu 30/40 € – Carte 36/49 €
● Maandelijks hedendaags meerkeuzemenu met een sublieme prijs-kwaliteitverhouding in deze oude boerderij (1871) buiten het centrum, tussen twee parken.
Ruime, lichte eetzaal.
● Unbeatable value for money on the monthly multiple-choice menu served at
this 1871 farmhouse located between two parks on the outskirts of town. Bright
and spacious dining room.

ZOUTELANDE
Zeeland – Veere 21 868 inw. – Atlas: **15**-A2
▶ Amsterdam 213 km – Middelburg 12 km – Vlissingen 13 km
Michelin wegenkaart 532-F14 en 715-B7

👯👯 **'t Streefkerkse Huis** met kam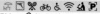
Duinweg 48 ✉ *4374 EG – ℰ (0 118) 56 15 21 – www.streefkerksehuis.nl*
– gesloten 31 december-20 februari en 22 oktober-4 november
6 kam ⊠ – ♦63 € ♦♦87/99 €
Menu 38/50 € – Carte ong. 44 € – *(gesloten maandag en dinsdag van oktober*
tot maart) (alleen diner)
● Charmante herberg met rieten dak boven op een duin. Gerenoveerde, eigentijdse eetzaal, salon met open haard en panoramisch terras. Hedendaagse kookstijl. Vanuit sommige kamers mooi uitzicht op het dorp en de polder. Up-to-date
badkamers.
● Adorable thatched inn perched on the top of a dune. A bright, up-to-date dining room, sitting room with fireplace and panoramic terrace. Contemporary fare.
Some of the rooms command a view of the village and polders. Attractive bathrooms.

ZUIDBROEK
Groningen – Menterwolde 12 370 inw. – Atlas: **7**-B2
▶ Amsterdam 200 km – Groningen 24 km – Assen 39 km
Michelin wegenkaart 531-AA3 en 715-L2

 Zuidbroek 🛏▦💱🚲&📶🛗P
Burg. Omtaweg 4 (langs A 7 - E 22, afrit 43) ✉ *9636 EM – ℰ (0 598) 45 37 87*
– www.hotelzuidbroek.nl
120 kam – ♦75/89 € ♦♦83/93 €, ⊠ 11 € – ½ P
Rest – Menu 23 € – Carte 25/50 € – *(open tot 23.00 u.)*
● Kolossale infrastructuur voor congressen, enorm sportcomplex, gigantische
expositiehal en kingsize kamers. Kortom, Zuidbroek ziet alles groot!
● Colossal building for conferences, huge sports complex, gigantic exhibition hall
and "king size" rooms: Zuidbroek sees everything large!

ZUIDLAND

Zuid-Holland – Bernisse 12 398 inw. – Atlas: **16**-B3

▶ Amsterdam 99 km – Den Haag 47 km – 's-Hertogenbosch 104 km –
Rotterdam 32 km

Michelin wegenkaart 532-K12 en 715-D6

%%% Cuisine Savoureuse

Ring 24 ⊠ *3214 AT* – ℰ *(0 181) 45 94 50 – gesloten zondag en maandag*
Menu 25/40 € – Carte 38/69 € – *(alleen diner)*
● Statig en stijlvol restaurant in een voormalig raadhuis annex bewaarschool uit
1878. De menukaart biedt aantrekkelijke hedendaagse gerechten, seizoengebonden surprise- en themamenu. Terras.
● Stylish, spacious restaurant set in an impressive building from 1878, once a
school and town hall. Ample contemporary à la carte choices, seasonal surprise
or theme set menus. Terrace on the square.

Blessing

– www.hotelblessing.nl
9 kam ⌓ – ♦99 € ♦♦108/138 €
● Voor wie genieten van de natuur wil combineren met elegant logeren is het
hotel een echte zegen.
● A delightful hotel that combines elegance with a charming, natural setting.

ZUIDLAREN

Drenthe – Tynaarlo 32 456 inw. – Atlas: **1**-B2

▶ Amsterdam 207 km – Assen 18 km – Emmen 42 km – Groningen 20 km

Michelin wegenkaart 531-Z4 en 715-L2

Tulip Inn Brinkhotel

Brink O.Z. 6 ⊠ *9471 AE* – ℰ *(0 50) 409 12 61 – www.hethotel.nl*
54 kam – ♦39/99 € ♦♦39/99 €, ⌓ 14 €   **Rest** – Menu 25 € – Carte 22/53 €
● Hotel aan het dorpsplein, waar jaarlijks de beroemde paardenmarkt wordt
gehouden. Moderne lobby, kamers aan de voorkant en de binnenplaats, goed
ontbijt, prima service. Brasserie en restaurant met serre aan de brink. Klassieke
kaart. Terras voor.
● Hotel on the leafy central square where a horse market is held every year. Modern lobby, bedrooms in front or on the courtyard, copious breakfast, good service.
Brasserie and veranda restaurant with views of the Brink. Classic menu, front terrace.

%%% De Vlindertuin (Jilt Cazemier)

Stationsweg 41 ⊠ *9471 GK* – ℰ *(0 50) 409 45 31*
*– www.restaurant-devlindertuin.nl – gesloten eerste week januari, eind juli-begin
augustus, zondag en maandag*
Menu 58/88 € – Carte ong. 79 € – *(alleen diner)*
● In deze Saksische boerderij (1719) worden smakelijke, creatieve gerechten
bereid. Intiem en gezellig decor, keuken in het zicht, wijnen per glas, mooi terras
aan de brink.
● An old Saxon farmhouse dating from 1719 serving tasty creative dishes. Cosy
interior, open kitchen, wines by the glass and pretty terrace facing a leafy square.
→ Krokant gebakken kalfszwezerik en -tong met voorjaarsknolletjes en lente-ui.
Gegaarde zeeduivel met langoustines, ponzu en pasta met citroengras. Kersendessert met yoghurt, witte chocolade en vanilleroomijs.

ZUIDOOSTBEEMSTER – Noord-Holland → Zie Purmerend

ZUIDWOLDE

Drenthe – De Wolden 23 761 inw. – Atlas: **1**-A3

▶ Amsterdam 157 km – Assen 38 km – Emmen 38 km – Zwolle 36 km

Michelin wegenkaart 531-X6 en 715-K3

BuitenHerberg Ter Linde 　　　　　 kam,

Ommerweg 68 ⊠ 7921 TE – ℰ (0 528) 37 05 16 – www.buitenherbergterlinde.nl
14 kam ⊊ – †75 € ††95 € – ½ P
Rest – Lunch 30 € – Menu 32/45 € – Carte 37/47 €

● Hoe kunt u beter de smaak van het platteland te pakken krijgen dan in een 17de-eeuwse hoeve tussen de weilanden? Ondanks het historische karakter van het gebouw zal het u aan niets ontbreken, want de herberg is helemaal gemoderniseerd.

● Where could you find a better place to develop a taste for the countryside than at this 17C farm surrounded by meadows? In spite of its historic character, present-day guests will want for nothing as this country inn has been thoroughly modernised.

 De Groene Lantaarn (Jarno Eggen) 　　　　　　　
ε3

Hoogeveenseweg 17 (Noord : 2 km) ⊠ 7921 PC – ℰ (0 528) 37 29 38
– www.degroenelantaarn.com
– gesloten 29 december-2 januari, 19 januari-12 februari, 27 juli-13 augustus, zaterdagmiddag, maandag en dinsdag
Lunch 40 € – Menu 58/90 € – Carte 53/100 €

● Creatieve keuken op basis van landelijke producten: rustieke, oude boerderij met modern, comfortabel interieur; uitstekende maar schappelijke wijn-spijscombinaties aanbevolen door de eigenaresse. Kortom, een huis vol verrukkelijke contrasten!

● A creative cuisine based on regional produce against the contrasting backdrop of a characteristic old farm with a modern, comfortable interior. Excellent yet affordable wine suggestions by the proprietress-sommelier. Lovely terrace in the garden.

→ Gerookte paling met aardappel, crème van uien en ingelegde groenten. Zacht gegaarde kalfstong met witlof en specerijenjus. Snijboontjes met amandelroom en sorbet van zuring.

ZUTPHEN

Gelderland – 47 164 inw. – Atlas: **6-C2**

▶ Amsterdam 112 km – Arnhem 30 km – Apeldoorn 21 km – Enschede 58 km
Michelin wegenkaart 532-W10 en 715-J5

 's Gravenhof 　　　　　　 kam, rest,

's Gravenhof 6 ⊠ 7201 DN – ℰ (0 575) 59 68 68
– www.hampshire-hotels.com/zutphen – gesloten 28 december-4 januari en zondag en maandag
65 kam – †30/79 € ††50/119 €, ⊊ 17 € – ½ P
Rest – Menu 28 € – Carte 33/49 €

● Dit 16de-eeuwse weeshuis aan een mooi plein in het oude centrum is nu een karaktervol hotel met een mix van heden en verleden. Moderne kamers. De gangen zijn net een doolhof. Designbrasserie, terras op het omsloten voorplein, gewelfde kelder met bar.

● 16C orphanage on a charming square in the old town, now a stylish hotel with décor which marries old with new. Modern guestrooms linked by labyrinthine corridors. Designer brasserie, enclosed courtyard terrace and bar in a vaulted cellar.

 't Schulten Hues (Peter Gast) 　　　　　　
ε3

's Gravenhof 5 ⊠ 7201 DN – ℰ (0 575) 51 00 05 – www.schultenhues.nl
– gesloten dinsdagmiddag, zondag en maandag
Lunch 50 € ♀ – Menu 115 € ♀/175 € ♀ – Carte ong. 85 €

● Het samenspel van kleur en licht brengen sfeer in dit elegante restaurant. Een lust voor het oog, net als de borden. Groenten en kruiden komen rechtstreeks uit de tuin, de chef neemt ze uitvoerig en met de nodige techniciteit onder handen. Hier krijgt u een inventieve kijk op Gelderse streekproducten.

● The play of colour and light in this elegant restaurant is highly evocative, providing a real feast for the eyes. The dishes are just as attractive, and expertly prepared by the skilful chef who extensively uses herbs and vegetables from the garden. Regional cuisine from Gelderland with an inventive and imaginative touch.

→ Groentjes & kruidjes. Lam in eigen vet bereid met tafelzuur en piccalilli. Dessert met rabarber, citrus, steranijs en granité van vlierbloesem.

❌❌ Galantijn   🏠

Stationsstraat 9 ✉ 7201 MC – 𝒞 (0 575) 51 72 86 – www.galantijn.nl – gesloten zondag en maandag

Menu 35/55 € – Carte 42/69 € – *(alleen diner)*

● In deze zaak, die zich een Franse allure aanmeet, bent u aan het goede adres voor "savoir vivre": een gezellig decor, vol moderne schilderijen, en een prettige, hedendaagse keuken.

● Soak up the French atmosphere in this restaurant, which radiates French allure and "savoir vivre". Attractive decor with plenty of modern paintings and pleasing, contemporary cuisine.

❌ Jan van de Krent   🅿

Burgemeester Dijckmeesterweg 27b ✉ 7201 AJ
– 𝒞 (0 575) 51 92 71 – www.janvandekrent.eu
– gesloten 27 december-6 januari, 25 februari-4 maart, zaterdagmiddag, zondagmiddag, maandag en dinsdag

Lunch 30 € – Menu 35 € – Carte 38/59 €

● Vis en schaal- en schelpdieren blinken hier uit door hun versheid. De keuken volgt de seizoenen, maar kreeft staat altijd op de kaart. Ook vleesliefhebbers vinden hun gading in deze mooie, klassiek ingerichte zaak.

● The fish and shellfish on offer here are famously fresh. The cuisine follows the seasons, but lobster features permanently on the menu. Meat lovers are also well taken care of in this beautiful, traditionally furnished restaurant.

ZWARTSLUIS
Overijssel – Zwartewaterland 22 139 inw. – Atlas: **12**-A1
▶ Amsterdam 123 km – Zwolle 16 km – Meppel 12 km
Michelin wegenkaart 531-V7 en 715-J4

🏠 Zwartewater   ⚓ ≤ 🏠 🔲 🏠 ❌ 🚲 🎪 ⚐ 🔲 🛜 🏠 🅿

De Vlakte 20 ✉ 8064 PC – 𝒞 (0 38) 386 64 44 – www.hotelzwartewater.nl
– gesloten 31 december-1 januari

51 kam 🛏 – 🛉61/85 € 🛉🛉90/125 €

Rest – Lunch 15 € – Menu 28/40 € – Carte 29/51 €

● De kamers van dit grote hotel zijn één voor één gerenoveerd. Speciale vermelding voor de kamers aan de waterkant, met balkon en knap zicht! Uitstekende sportvoorzieningen, immens congrescentrum en brasserie met terras aan het Zwartemeer.

● The guestrooms in this large hotel have been individually refurbished, although the rooms overlooking the water deserve a special mention thanks to their balconies and superb views. Excellent sports facilities, a vast conference centre and a brasserie with a terrace by the Zwartemeer lake.

ZWEELOO
Drenthe – Coevorden 35 769 inw. – Atlas: **1**-B2
▶ Amsterdam 184 km – Assen 34 km – Emmen 13 km – Groningen 60 km
Michelin wegenkaart 531-Z6 en 715-L3

🏠 Het Buytenhof *zonder rest*   ⚓ 🍴 ❌ 🛜 🅿 🚫

Hoofdstraat 24 ✉ 7851 AA – 𝒞 (0 591) 37 72 50
– www.hetbuytenhof.nl

4 kam 🛏 – 🛉75 € 🛉🛉90/95 €

● Voormalige boerderij (1906) met een dak van riet en pannen. Kamers met kitchenette en een bed op de mezzanine (met een steile trap), lounge met open haard, verzorgde tuin. Charmant onthaal.

● A charming welcome awaits guests at this former farm (dating back to 1906) with its thatched roof, pan tiles and well-kept garden. Some rooms have a small kitchen and a sleeping area on a mezzanine (accessed by a steep staircase). Lounge with a fireplace.

in Wezup Noord-West : 2,5 km

⌂ **Hunebed & Breakfast** zonder rest   🐾 🛏 🚲 ♿ ✗ 📶 🅿 🎴
*Westeinde 18 ✉ 7852 TB – ✆ (0 591) 38 28 17 – www.hunebedandbreakfast.nl
– gesloten 23 december-2 januari*
4 kam ⌲ – ♦75/90 € ♦♦75/90 €
• Oude Saksische boerderij op een pittoreske locatie. De korenschuur biedt
onderdak aan vier goede themakamers (Italiaans, Drents, Engels en Japans) zonder tv. De wondermooie tuin vormt een inspiratiebron voor gasten met groene
vingers!
• Traditional Saxon farm in a picturesque location. The granary offers accommodation in four comfortable, themed rooms – Italian, Drenthe, English and Japanese. The exceptionally beautiful garden will provide inspiration for green-fin-
gered guests.

ZWIJNDRECHT – Zuid-Holland → Zie Dordrecht

ZWOLLE

Overijssel – 123 159 inw. – Atlas: **12-B2**
▶ Amsterdam 111 km – Apeldoorn 44 km – Enschede 73 km – Groningen 102 km
Michelin wegenkaart 531-V7 en 715-J4

© Austrophoto/F1online/age fotostock

Hotels

Librije's Hotel

Spinhuisplein 1 ✉ 8011 ZZ – ✆ (0 38) 853 00 00 Plattegrond: B1**x**
– gesloten januari,14 juli-4 augustus, zondag en maandag
19 kam – 🚹295/625 € 🚹🚹295/625 €, ☕ 40 €
Rest *De Librije* ✿✿✿ – zie restaurantselectie

• Een voormalige, 18de-eeuwse gevangenis, nu een hotel dat luxe en stijl combineert. Exclusieve service, fashionable openbare ruimten, designkamers en een kook- en wijnschool.

• This 18C building has a shadowy past as a prison but has been transformed into a hotel blending luxury and character. Exclusive service, fashionable common areas, designer rooms, and cooking classes.

Lumen

rest, rest,

Stadionplein 20 ✉ 8025 CP – ✆ (0 88) 147 14 71 – www.hotellumen.nl
123 kam – 🚹71/161 € 🚹🚹81/171 €, ☕ 15 € – 2 suites
Rest *Bluefinger* – Carte 29/63 €

• Dit strakke designhotel – naast het voetbalstadion – heeft duidelijk iets met licht: het is genoemd naar de eenheid voor lichtstroom, heeft een uitgekiend lichtplan en een kunstige, kolossale lichtarmatuur als blikvanger in het atrium. Bij Bluefinger staan steaks en salades in de spotlights.

• This sleek design hotel – close to the football stadium – has taken the concept of light as its theme. It is named after the unit of luminous flux, has a sophisticated lighting scheme throughout and a huge light sculpture in the atrium, which is cleverly designed to catch the eye. Bluefinger puts steaks and salads in the spotlight.

De Koperen Hoogte

Lichtmisweg 51 (Noord : 8 km langs A 28 - E 232, afrit 22) ✉ 8035 PL – ✆ (0 529) 42 84 28 – www.dekoperenhoogte.nl – gesloten 31 december-1 januari
16 kam – 🚹125/150 € 🚹🚹125/150 €, ☕ 20 € – 2 suites
Rest *La Tour* – zie restaurantselectie

• Dit luxueuze etablissement aan de snelweg is gehuisvest in een oude watertoren aan een "aquagolfterrein". Grote kamers met alle comfort. In het Grand Café kunt u terecht voor lunch en diner.

• This luxury establishment lies close to the motorway and is housed in an old water tower near an 'aqua golf course'. Spacious rooms with all modern comforts. The Grand Café serves lunch and dinner.

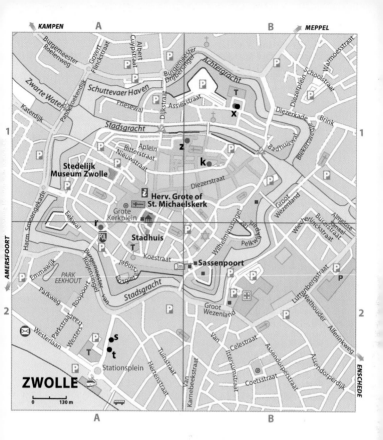

ZWOLLE

KAMPEN A B MEPPEL

AMERSFOORT ENSCHEDE

 Pillows 🄷 ⅃⅚ 🚲 ⎁ 🄰🄺 kam, ⚒ 🛜 🄰 🄿

Stationsweg 9 ⊠ 8011 CZ – ℰ (0 38) 425 67 89 — Plattegrond: A2**t**
– www.sandton.eu/zwolle
47 kam – 🛏99/169 € 🛏🛏99/169 €, ☟ 20 €
Rest – Lunch 19 € – Menu 33/48 € – Carte 45/57 € – *(gesloten zondagavond)*
● Monumentaal boetiekhotel, met modernere aanbouw, in een voormalig politiebureau. Deze zaak ligt op een paar passen van het station en heeft stijl: het interieur is chic, de kamers warm en ruim – met marmeren badkamers – en de sfeervolle lounge-bar leent zich graag voor een goede hap. U kunt hier op beide oren slapen.
● This impressive, stylish boutique hotel (with a more modern annexe) occupies a former police station and is located just a stone's throw from the train station. The interior is chic and the rooms are warm and spacious and have marble bathrooms. You can always get a bite to eat in the atmospheric lounge bar. A place where you can sleep soundly.

Standing : verwacht niet dat de service in een 🛇 of een 🄷 dezelfde is als 🛇🛇🛇🛇🛇 of een 🄷🄷🄷🄷.

Grand Hotel Wientjes 🛋 🚲 🛎 ᵫ kam, ℅ rest, 🛜 📶 **P**

Stationsweg 7 ⊠ 8011 CZ – 𝒞 (0 38) 425 42 54   Plattegrond: A2**s**
– www.bilderberg.nl – gesloten 24 december-5 januari
57 kam – ♦84/140 € ♦♦99/165 €, ☑ 18 €
Rest – Menu 40 € – Carte 45/62 €

● Dit hotel met neoklassieke uitstraling, op 200 m van het station, is erg in trek bij het zakenleven. Tiptop kamers, vergaderzalen, lounge en een café in retrochic. Chique brasserieambiance in het restaurant, traditionele schotels en verfijnde gerechten.

● This neoclassical hotel a stone's throw from the station is justly appreciated by a business clientele. Stylish bedrooms, conference rooms, lounge and chic 1900s café. A select brasserie atmosphere, traditional cuisine and more elaborate dishes offered at the restaurant.

 Mercure 🔕 🛋 🚲 🛎 ᵫ rest, 🎦 🛜 📶 **P**

Hertsenbergweg 1 (Zuid-West : 2 km) ⊠ 8041 BA – 𝒞 (0 38) 421 60 31
– www.mercure.com
72 kam – ♦50/129 € ♦♦50/129 €, ☑ 17 €
Rest – Menu 29 € – Carte 31/45 €

● Ketenhotel tussen ringweg en uiterwaarden. Moderne openbare ruimten, lounge-bar, business point, vergaderzalen. Moeilijke slapers vragen het best een kamer aan de kant van de weilanden. Restaurant met modern decor en zomerterras.

● Part of a chain, situated between the ring road and the river forelands. Modern public areas, a lounge bar, a business centre and meeting rooms. Light sleepers are advised to ask for a room on the side facing the fields. Restaurant with modern decor and summer terrace.

🏠 **Fidder** 🚐 🛋 🚲 ℅ rest, 🛜

Koningin Wilhelminastraat 6 ⊠ 8019 AM – 𝒞 (0 38) 421 83 95
– www.hotelfidder.nl – gesloten 20 december-2 januari
21 kam ☑ – ♦99/130 € ♦♦99/130 €
Rest – Lunch 23 € – Menu 30/52 € – Carte 32/45 € – *(gesloten zondag)*

● Drie retrohuizen vormen dit hotelletje met nostalgische charme, door broer en zus gerund. Lounge-bibliotheek, vintage bar, kleine tuin, plushy kamers met antiek meubilair. Steeds wisselende kaart met actuele gerechten, volgens het seizoen, geserveerd in een sfeervolle zaal of in de stadstuin.

● Run by a brother and sister team, this hotel is comprised of three old-fashioned houses full of nostalgic charm. Lounge-library, vintage bar, small garden and plush antique-furnished rooms. Up-to-date cuisine served in a cosy dining room or on the leafy patio.

 Restaurants

✗✗✗✗ **De Librije** (Jonnie Boer) 🕄 ℅ 🔄 🖨

❀❀❀ *Spinhuisplein 1 ⊠ 8011 ZZ – 𝒞 (0 38) 421 20 83*   Plattegrond: B1**x**
– www.delibrije.com – gesloten januari, 14 juli-4 augustus, dinsdagmiddag,
zondag en maandag
Lunch 85 € – Menu 125/188 € – Carte ong. 135 €

● De culinaire Bonnie & Clyde zwaaien nu de plak … in een gevangenis. De meesterwerken van de chef getuigen van ondeugende creativiteit en een uitstekende productkeuze. De gastvrouw verleidt u met de Kus van Thérèse, haar eigen wijn, en het eetbare stickie van Jonnie geeft u de genadeslag. Dit is het meest uitdagende koppel van gastronomisch Nederland.

● The culinary world's very own Bonnie and Clyde run this renovated 18C women's prison. Jonnie's masterpieces come with a hint of creative playfulness and make great use of superlative ingredients. Thérèse seduces you with the Kus van Thérèse - her own wine - and the edible joint-shaped treat you get when paying the bill.

→ Langoustines, koud gegaard met vanille en kerrie en ingelegde groenten. Op de graat gegaarde zeetong met onrijpe jeneverbessen, aardpeer en spek. Losgeslagen appeltaart.

XXX **La Tour** – Hotel De Koperen Hoogte   器 ✳ 🆔 ✧ P

Lichtmisweg 51 (Noord : 8 km langs A 28 - E 232, afrit 22) ✉ *8035 PL*
– ℰ (0 529) 42 84 28 – www.dekoperenhoogte.nl – gesloten
31 december-1 januari
Menu 45/75 € – *(alleen diner)*
● Van luxe gesproken: om het indrukwekkende uitzicht vanuit deze watertoren ten volle te appreciëren, hoeft u zelfs niet uit uw stoel te komen; de panoramische zaal draait in 3 uur volledig om zijn as! Klassieke keuken en uitgelezen wijnen.
● This smart restaurant occupies a water tower. The panoramic view can be enjoyed without even leaving your seat: the 360° dining room makes a complete rotation every three hours. Classic cuisine and superior wines.

XX **'t Pestengasthuys**   😋 🆔 ⇔

Weversgildeplein 1 ✉ *8011 XN – ℰ (0 38) 423 39 86*   Plattegrond: B1**k**
– www.pestengasthuys.nl – gesloten 29 december-5 januari, zaterdagmiddag, zondagmiddag en maandag
Lunch 34 € – Menu 40/70 € – Carte 54/66 €
● Bakstenen gevel, entresol, moderne eetzaal met hoog plafond en houten balken: dit pand (uit 1450) heeft karakter! Eigentijdse keuken op basis van lokale, bij voorkeur bioproducten. Bent u vegetarisch of heeft u allergieën? De chef past met plezier zijn gerechten aan, zonder dat u aan kwaliteit hoeft in te boeten.
● The brick façade, mezzanine floor and modern dining room with a high ceiling and timber beams lend plenty of character to this building, which dates back to 1450. The restaurant serves contemporary cuisine with a preference for local, organic produce. The chef will happily adapt his dishes for vegetarians or guests with allergies without compromising on quality.

X **Poppe**   & 🆔 ⇔

Luttekestraat 66 ✉ *8011 LS – ℰ (0 38) 421 30 50*   Plattegrond: A2**r**
– www.poppezwolle.nl – gesloten eerste week januari,
zaterdagmiddag, zondagmiddag en maandagmiddag
Menu 34/50 € – Carte 42/57 € – *(open tot middernacht)*
● Levendig restaurant in een voormalige smederij tussen vestinggracht en voetgangerscentrum. Rustiek interieur in warme tinten. Eigentijdse gerechten bereid in de open keuken. Dit huis is inmiddels al op weg naar z'n vierde decennium!
● This lively restaurant, which is soon to celebrate its 40th anniversary, is housed in a former smithy situated between the town moat and the pedestrian precinct. Contemporary dishes are prepared in the open kitchen and served in a rustic interior with warm colours.

Woordenlijst

Gastronomische Woordenlijst
→ *Gastronomical lexicon*

Woordenlijst
→ Lexicon

A

	→		→		→
aardappelen	potatoes	artisjokken	artichoke		
aardbeien	strawberries	asperges	asparagus		
amandelen	almonds	augustus	August		
appelen	apples	autoband	tyre		
april	April	avond	evening		
art deco	art deco	azijn	vinegar		

B

	→		→		→
badkamer	bathroom	boerderij	farm		
bagage	luggage	boot	ship		
bandenpanne	puncture	boter	butter		
bed	bed	bouillon	clear soup		
betalen	to pay	brood	bread		
bier	beer	brug	bridge		
bladerdeeg	puff pastry	buitenlucht	outside		
bloemkool	cauliflower				

C

	→		→		→
café-restaurant	café-restaurant	citroen	lemon		
carnaval	carnival	collectie	collection		
champignons	mushrooms	commissariaat	police headquarters		
charcuterie	pork butcher's meat	courgetten	courgette		

D

	→		→		→
december	December	droge witte wijn	dry white wine		
dieet	diet	droog	dry		
dienst inbegrepen	service included	druif	grape		
dinsdag	Tuesday	duif	pigeon		
dokter	doctor	dunne plakjes	thin slices		
donderdag	Thursday				

E

	→	→	→
eend	duck	envelop	envelopes
eetkamer	dining-room	erwtjes	green peas
ei	egg	everzwijn	wild boar
enkel hotelgasten	residents only		

F

	→	→	→
fazant	pheasant	forel	trout
februari	February	frambozen	raspberries
feest, feestdagen	bank holidays	fruitig	fruity
fles	bottle	fruitsap	fruit juice
fooi	tip		

G

	→	→	→
garnalen	shrimps	gerookt	smoked
gebak	pastries	gesloten	closed
gebraad	roast	gesmoord, in saus	stewed, with sauce
gedroogd vlees	dried meats	gevogelte	poultry
gefrituurd	fried	gevuld	stuffed
gegrild	grilled	gisteren	yesterday
gemarineerd	marinated	glas	glass
gember	ginger	goed	good, well
gemeentehuis	town hall	groenten	vegetables
gepaneerd kalfslapje	escalope in breadcrumbs	grot	cave

H

	→	→	→
haas	hare	hoeveel ?	how much ?
ham	ham	hond	dog
(rauw, gekookt)	(raw, cooked)	honing	honey
herberg	inn	houtsculpturen	wood carvings
herfst	autumn	huis	house

I

	→	→	→
inlichtingen	information	inwoners	residents, inhabitants
inrichting	installation		

J

	→	→	→
januari	January	juli	July
jenever	juniper berry	juni	June

K

kaas	cheese	kip	chicken
kalfshersenen	calf's brain	knoflook	garlic
kalfskotelet	veal chop	knol	turnip
kalfslever	calf's liver	koek	cake
kalfszwezeriken	sweetbread	koffie	coffee
kamer	room	komkommer	cucumber
kaneel	cinnamon	confituur	jam
kappertjes	capers	konijn	rabbit
kassa	cash desk	kool	cabbage
kasteel	castle	kort gebakken	rare
kasteeltje	manor house	krachtig	full bodied
kerk	church	krant	newspaper
kermis	fair	kreeft	lobster
kersen	cherries	kuikentje	young chicken
Kerstmis	Christmas	kwark	curd cheese
kinderbed	child's bed	kwartel	partridge

L

lam	lamb	lente	spring
landschap	site, landscape	licht	light
langoest	spiny lobster	linzen	lentils
langoustine	Dublin bay prawns	luchthaven	airport

M

maaltijd	meal	molen	mill
maandag	Monday	monument	monument
maart	March	mooi	fine, lovely
mei	May	morgen	tomorrow
melk	milk	morieljes	morels
mierikswortel	horseradish	mosselen	mussels
mineraalwater	mineral water	mosterd	mustard

N

niertjes	kidneys	nootjes	hazelnuts, nuts
noedels	noodles	november	November

O

oesters	oysters	op aanvraag	on request
oktober	October	ossenstaart	oxtail
olijfolie	olive oil	oud, antiek	old, antique
ontbijt	breakfast		

P

pannenkoeken	pancakes	perziken	peaches
parelhoen	guinea fowl	platteland	country
Pasen	Easter	politie	police
patrijs, jonge patrijs	partridge	poon	red mullet
pensen	tripe	postkaart	postcard
peper	pepper	prei	leek
peren	pears	pruimen	plums

R

rauwkost	raw vegetables	rivier	river
ree	roe deer (venison)	rivierkreeftjes	crayfish
reisagentschap	travel bureau	rode kool	red cabbage
rekening	bill, check	rode wijn, rosé	red wine, rosé
reservering	booking	room	cream
reserveren aanbevolen	booking essential	rund	beef
		rundsfilet	fillet of beef
rijst	rice	rustiek	rustic

S

saffraan	saffron	soepel	mellow
salie	sage	spinazie	spinach
schaaldieren	shellfish	spruitjes	Brussel sprouts
schaduwrijk	shaded	spuitwater	sparkling water
schilderijen	paintings	St Jacobsschelpen	scallops
selder	celery	station	station
september	September	stomerij	laundry
slakken	snails	straat	street
sleutel	key	strand	beach
sneeuw	snow	suiker	sugar
snoekbaars	perch pike		

T

taart	tart	tong	tongue
tarbot	turbot	tong	sole
te huur	for hire	tonijn	tuna
tentoonstelling	exhibition, show	trein	train
thee	tea	truffels	truffles
toegangsbewijs	admission ticket	tuin, park	garden, park
toerismebureau	tourist information office	tussenribstuk	sirloin steak

U-V

	→		→		→
uien	onions	verdieping	floor		
uitstap	excursion	vergezicht	view		
vakantie	holidays	verse worst	sausage		
vakantiedagen	bank holidays	vertrek	departure		
vandaag	today	vis	fish		
varkensfilet	fillet of pork	vliegtuig	aeroplane		
varkenskotelet	pork chop	vlier	elderberry		
veerpont	ferry	voetgangers	pedestrians		
venkel	fennel	vragen	to ask for		
verboden	prohibited	vrijdag	Friday		

W

	→		→		→
wagen	car	wissel	exchange		
wandeling	walk	witloof	chicory		
week	week	woensdag	Wednesday		
wekelijks	weekly	worst	sausage		
wijngaard	vines, vineyard	wortelen	carrots		
wild	game	woud, bos	forest, wood		
winter	winter				

Z

	→		→		→
zacht	sweet, mild	zomer	summer		
zalm	salmon	zondag	Sunday		
zaterdag	Saturday	zonnevis	John Dory (fish)		
zeeduivel	monkfish	zout	salt		
zeevruchten	seafood	zuring	sorrel		
zeewolf	sea bass	zwembad	swimming pool		
ziekenhuis	hospital				

Onderscheidingen 2015

De sterrenrestaurants

→ Starred establishments

✿✿✿ 2015

Vaassen	De Leest
Zwolle	De Librije

✿✿ 2015

Amsterdam	Bord'Eau
Amsterdam	Ciel Bleu
Amsterdam	Librije's Zusje Amsterdam **N**
Amsterdam	&samhoud places
Amsterdam / Amstelveen	Aan de Poel
Breskens / Hoofdplaat	De Kromme Watergang
Giethoorn	De Lindenhof
Haarlem / Bloemendaal	Chapeau!
Haarlem / Overveen	De Bokkedoorns
Harderwijk	't Nonnetje **N**
Heeze	Boreas
Kruiningen	Inter Scaldes
Maasbracht	Da Vinci
Maastricht	Beluga
Nuenen	De Lindehof **N**
Rotterdam	FG - Francois Geurds
Rotterdam	Parkheuvel
Rotterdam / Kralingen	Fred
Waalre	De Treeswijkhoeve

✿ 2015

Amersfoort	Blok's	Arnhem / Duiven	't Raedthuys
Amsterdam	Bridges	Bennekom	Het Koetshuis
Amsterdam	La Rive	Blokzijl	Kaatje bij de Sluis
Amsterdam	Lastage	Breda	Wolfslaar
Amsterdam	Le Restaurant	Breskens	Spetters
Amsterdam	RON Gastrobar	Bussum	Soigné
Amsterdam	Sazanka **N**	Cadzand / Cadzand-Bad	Pure C
Amsterdam	Sinne **N**	Castricum	Apicius
Amsterdam	Vermeer	Drachten	Koriander
Amsterdam	Vinkeles	Driebergen-Rijsenburg	La Provence
Amsterdam	Yamazato	Eindhoven	Avant-Garde Van Groeninge

N → *Bedrijf met een nieuwe onderscheiding* → *Newly awarded distinction*

N → *Bedrijf met een nieuwe onderscheiding* → *Newly awarded distinction*

Bib Gourmand

➜ Verzorgde maaltijden voor een schappelijke prijs

➜ Good food at moderate prices

Amsterdam	A-Fusion	**Edam**	L'Auberge Damhotel
Amsterdam	Bistrot Neuf	**Eersel**	Promessa
Amsterdam	Brasserie van Baerle **N**	**Eindhoven**	Umami by Han **N**
Amsterdam	Elkaar	**Epe**	't Soerel
Amsterdam	Envy	**Etten-Leur**	Bistro Het Lelijke Eendje
Amsterdam	Hoofdstad	**Gemert**	Kastanjehof **N**
Amsterdam	La Sirène	**Gouda**	Jean Marie **N**
Amsterdam	Le Garage	**Groningen**	Bistro 't Gerecht
Amsterdam	Le Hollandais	**Den Haag**	Basaal
Amsterdam	Oud-Zuid **N**	**Den Haag**	Les Ombrelles
Amsterdam	Serre	**Den Haag**	Maxime
Amsterdam	Tempo doeloe	**Den Haag / Leidschendam**	Brasserie NL
Amsterdam	Van Vlaanderen	**Haarlem**	Fris **N**
Amsterdam /		**Haarlem**	Patxaran Pintxos y Tapas **N**
Amstelveen	De Jonge Dikkert	**Haarlem / Bloemendaal**	Terra
Andelst	Kromhout	**Heerlen**	Cucina del Mondo **N**
Andijk	1619 Eten en Drinken **N**	**Helvoirt**	LEF
Andijk	Meijer's **N**	**'s-Hertogenbosch**	Artisan
Apeldoorn	Sizzles	**Hilvarenbeek**	Auberge Het Kookhuys
Apeldoorn	Twenty2	**Holten / Holterberg**	Hoog Holten
Beek	De Lindeboom New Style	**Hoorn**	Hendrickje Stoffels
Beetsterzwaag	Lyf's	**Hulst**	Roes
Bergen	DjaDjan	**IJmuiden / Velsen**	Beeckestijn **N**
Bergen op Zoom / Halsteren	Het Oude	**Kortgene**	De Korenbeurs-Willem 4
	Raadhuis	**Lamswaarde**	Petrus en Paulus Hoeve
Breda	De Stadstuin **N**	**Leiden / Voorschoten**	De Knip
Breda	Salon de Provence	**Linschoten**	Bij Mette
Bruinisse	De Vluchthaven	**Maartensdijk**	Zilt en Zoet **N**
Bussum	Faulk **N**	**Maastricht**	L'Auberge
Castricum	Le Moulin	**Maastricht**	Manjefiek
Cuijk	Carpe Diem	**Maastricht**	Rantree **N**
Dalfsen	Herberg de Witte Gans	**Markelo**	Il Campanile
Delft	Le Vieux Jean	**Middelburg**	De Gespleten Arent
Deventer	't Arsenaal	**Middelharnis**	Brasserie 't Vingerling
Deventer	Bouwkunde	**Molenrij**	't Korensant
Drachten / Boornbergum	Het Spijshuys	**Montfoort**	De Schans
Echt / Peij	Hof van Herstal	**Nieuwerbrug**	De Florijn

N ➜ *Bedrijf met een nieuwe onderscheiding* ➜ *Newly awarded distinction*

N ➡ *Bedrijf met een nieuwe onderscheiding* ➡ *Newly awarded distinction*

Aangenaam overnachten

➜ Particularly pleasant accomodations

Amsterdam	Amstel
Amsterdam	Okura
Amsterdam	Sofitel The Grand

Amsterdam	Andaz
Amsterdam	Conservatorium
Amsterdam	Grand Hotel Amrâth
Amsterdam	Hotel de l'Europe
Amsterdam	Waldorf Astoria
Beetsterzwaag	Landgoed Lauswolt
Den Haag	Hotel Des Indes
Den Haag / Scheveningen	Kurhaus
Valkenburg / Houthem	Château St. Gerlach
Zwolle	Librije's tel

Amsterdam	Ambassade
Amsterdam	Canal House
Amsterdam	Estheréa
Amsterdam	The College
Amsterdam	The Dylan
Brummen	Kasteel Engelenburg
Groningen	Prinsenhof
Den Haag / Rijswijk	Savarin
Hilvarenbeek / Esbeek	Huize Rustoord
Leuvenum	Het Roode Koper
De Lutte	Landhuis De Bloemenbeek
Maastricht	Kruisherenhotel
Ootmarsum / Lattrop	Landgoed de Holtweijde
Rotterdam	Pincoffs
Santpoort	Landgoed Duin en Kruidberg
Schoorl	Merlet
Slenaken	Klein Zwitserland

Amsterdam	Albert
Blokzijl	Kaatjes Résidence
Den Haag	Paleis
Haarlem	Lambermon's Suites
Oostkapelle	Villa Magnolia
Otterlo	Sterrenberg
Slenaken	Het Gulpdal
Wageningen	De Wereld

Castricum	Het Oude Raadhuis
De Rijp	Het Pakhuys
Utrecht	Mary K

Broek in Waterland	Inn on the Lake
Nijensleek	De Nijenshof
Nunspeet / Hulshorst	Groote Engel
Well	La Belle Meuse

Aangename restaurants

→ Particularly pleasant restaurants

XXXX

Amsterdam	Bord'Eau
Amsterdam	Ciel Bleu
Amsterdam	La Rive
Amsterdam	Librije's Zusje Amsterdam
Amsterdam / Amstelveen	Aan de Poel
Beetsterzwaag	De Heeren van Harinxma
Haarlem / Overveen	De Bokkedoorns
Kruiningen	Inter Scaldes
Rotterdam	Parkheuvel
Santpoort	De Vrienden van Jacob
Zwolle	De Librije

XXX

Aalst	De Fuik
Amsterdam	Vinkeles
Amsterdam	&samhoud places
Bennekom	Het Koetshuis
Breskens / Hoofdplaat	De Kromme Watergang
Brummen	Kasteel Engelenburg
Eindhoven	De Karpendonkse Hoeve
Giethoorn	De Lindenhof
Groningen / Aduard	Herberg Onder de Linden
Den Haag	Calla's
Den Haag / Rijswijk	Savarin
Den Haag / Scheveningen	Seinpost
Heelsum	De Kromme Dissel
Heeze	Boreas
's-Hertogenbosch	Noble
's-Hertogenbosch / Rosmalen	Die Heere Sewentien
Hilversum	Lakes
Houten	Kasteel Heemstede
De Lutte	De Bloemenbeek
Maasbracht	Da Vinci
Maastricht	Beluga
Meppel / De Wijk	De Havixhorst
Noordeloos	De Gieser Wildeman
Oss	Cordial
Ouwerkerk	De Vierbannen
Rotterdam	Wereldmuseum

Rotterdam / Kralingen	In den Rustwat
Schoorl	Merlet
Sluis	La Trinité
Texel	Bij Jef
Ubachsberg	De Leuf
Vaassen	De Leest
Valkenburg / Houthem	St. Gerlach
Vreeland	De Nederlanden
Waalre	De Treeswijkhoeve
Wilhelminadorp	Katseveer
Zeist / Bosch en Duin	De Hoefslag
Zoetermeer	Hofstede Meerzigt
Zuidwolde	De Groene Lantaarn
Zutphen	't Schulten Hues

Amersfoort	De Saffraan
Amsterdam	Bridges
Amsterdam	Het Bosch
Amsterdam	Hoofdstad
Amsterdam	Le Garage
Amsterdam / Amstelveen	De Jonge Dikkert
Amsterdam / Amstelveen	Kronenburg
Breda	Wolfslaar
Cadzand / Cadzand-Bad	Pure C
Doorwerth	Adriano
Dordrecht	Blanc
Drachten / Rottevalle	De Herberg van Smallingerland
Eindhoven	Zarzo
Geertruidenberg	't Weeshuys
Gouda / Reeuwijk	Kaagjesland
Den Haag	Des Indes
Harderwijk	Basiliek
Holten / Holterberg	De Swarte Ruijter
Hoorn	Lucas Rive
Joure	't Plein
Kaag	Tante Kee
Kerkrade	Pirandello
Lelystad / Lelystad Haven	't Dijkhuysje
Maastricht	Kruisherenrestaurant
Maastricht	Tout à Fait
Middelburg	De Eetkamer
Monnickendam	Posthoorn
Naarden	Het Arsenaal
Noordwijk aan Zee	Villa de Duinen
Roermond	Damianz
Rotterdam	Huson
Schagen	TOV
Tilburg	Kok Verhoeven
Veere	De Campveerse Toren
Ameland	Nobel
Waddinxveen	Akkeroord
Wageningen	O Mundo
Well	Brienen aan de Maas
Zaltbommel	La Provence

Amersfoort	Blok's
Amsterdam	Daalder
Amsterdam	Izakaya
Amsterdam	MOMO
Amsterdam	RON Gastrobar
Apeldoorn	Sizzles
Blokzijl	Kaatje bij de Sluis
Breda	Chocolat
Breskens	Spetters
Domburg	Het Badpaviljoen
Holten / Holterberg	Bistro de Holterberg
Huizen	Club Newport 1852
Loenen aan de Vecht	Tante Koosje
Maastricht	Rantree
Oisterwijk	SEC eten en drinken
Sleeuwijk	Brasserie BovendeRivieren
Ternaard	Herberg de Waard van Ternaard
Vijlen	Uit de Kunst
Terschelling	't Golfje
Vlieland	Het Armhuis

Spa

→ Mooie ruimte van welzijn en ontspanning

→ Extensive facility for relaxation and well-being

Aldtsjerk	Landgoed De Klinze	🏨
Amsterdam	Andaz	🏨
Amsterdam	Conservatorium	🏨
Amsterdam	Hotel de l'Europe	🏨
Amsterdam	Okura	🏨
Amsterdam	Waldorf Astoria	🏨
Apeldoorn	Apeldoorn	🏨
Arnhem / Duiven	Duiven	🏨
Beetsterzwaag	Landgoed Lauswolt	🏨
Ten Boer	Boerderij Blokzijl	⌂
Breukelen	Breukelen	🏨
Cadzand / Cadzand-Bad	Noordzee	🏨
Cadzand / Cadzand-Bad	Strandhotel	🏨
Domburg	Badhotel	🏨
Dordrecht	Dordrecht	🏨
Eindhoven	Pullman Cocagne	🏨
Ermelo	Heerlickheijd van Ermelo	🏨
Garderen	Résidence Groot Heideborgh	🏨
Den Haag	Crowne Plaza Promenade	🏨
Den Haag	Hotel Des Indes	🏨
Den Haag / Kijkduin	NH Atlantic	🏨
Den Haag / Rijswijk	Savarin	🏨
Heelsum	Klein Zwitserland	🏨
Heerenveen / Oranjewoud	Tjaarda	🏨
Hoevelaken	De Klepperman	🏨
Horst	Parkhotel	🏨
Kamperland	De Kamperduinen	🏨
Kerkrade	SnowWorld	🏠
Leende	Jagershorst	🏨
Leeuwarden	Grand Hotel Post-Plaza	🏨

Michelin Travel Partner
Société par actions simplifiées au capital de 11 288 880 EUR
27 Cours de l'Île Seguin - 92100 Boulogne Billancourt (France)
R.C.S. Nanterre 433 677 721

© Michelin et Cie, Propriétaires-Éditeurs 2014
Dépôt légal 11/2014
NUR 440/504

Printed in Italy, 10/2014

Compogravure : JOUVE, Saran (France).

Impression-Reliure : LEGO PRINT, LAVIS (Italie)

De redactie heeft zeer veel zorg besteed aan de samenstelling en controle van deze gids. Bovendien moet de praktische informatie (administratieve formaliteiten, prijzen, adressen, telefoonnummers, internetadressen …) beschouwd worden als indicatief gezien de voortdurende evolutie van deze gegevens : het is niet geheel uitgesloten dat, op het ogenblik van verschijning van de gids, zekere gegevens niet meer correct of volledig zijn. U wordt ook verzocht zich te bevragen bij de officiële instellingen alvorens bepaalde stappen te ondernemen (vooral administratieve en douane formaliteiten). Wij nemen geen enkele verantwoordelijkheid voor deze informaties